Francis LINOSSIER.

LES
MYSTÈRES DE LYON.

90 centimes.

PARIS | **LYON**
F. CAJANI, 25 rue Fontaine-Saint-Georges. | F. CAJANI, 9, rue Trois-Maries.
DESERTLE, 20, passage Bourg-l'Abbé. | BALLAY et CONCHON, 6, quai de Retz.

Et chez tous les libraires de France et de l'Etranger
1856.

LES
MYSTÈRES DE LYON

PAR
Francis LINOSSIER.

CHAPITRE PREMIER.

La lutte. — Le café Berger.

On était au mois d'octobre 1840.

Neuf heures du soir sonnaient à l'horloge de l'Ecole-Vétérinaire, lorsque, franchissant les portes de Vaise, un jeune homme, à la tournure élégante, entra dans la ville. Il écouta attentivement chacun des coups résonnant lentement sur le timbre; puis, il hâta le pas.

Le quai était désert. — Un brouillard épais s'élevait en colonnes transparentes autour des becs de gaz, placés de distance en distance en suivant les sinuosités de la rive; on entendait le clapotement de la Saône dont les eaux, grossies par les pluies, venaient se briser en écumant contre la berge. Sur la rivière on apercevait, comme une étoile dans un ciel nuageux, la lanterne du bateau des préposés de l'octroi.

Arrivé devant les roches de Pierre-Scize, notre élégant s'arrêta un instant pour reprendre haleine.

A l'époque où commence notre récit, les noires roches que surplombait autrefois la prison royale, d'où partirent Cinq-Mars et de Thou, pour marcher à l'échafaud dressé par Richelieu, étaient nues et arides, quelques pas en avant, sur un piédestal naturel de granit, une statue en bois vermoulu, grossièrement peinte, les bras brisés, semblait implorer les passants et leur demander l'aumône d'un monument plus digne de celui qu'elle rappelait si grotesquement au souvenir des ingrats habitants de Vaise, qui, chaque année, trouvent dans la générosité testamentaire du *bon allemand*, Jean Kléberger, des dots pour les plus sages jeunes filles de leur faubourg.

Le jeune homme allait se remettre en route, lorsque, sortant des anfractuosités des roches, une espèce de colosse, vint, tout-à-coup, se jeter sur lui. Sans s'émouvoir d'une attaque aussi brusque, il repoussa d'une main ferme l'agresseur, et, dans ce mouvement, rapide comme la pensée, son manteau, s'étant écarté, laissa voir un homme de 30 à 35 ans, mis avec la dernière recherche.

— Arrière fripon, s'écria-t-il, je suis pressé.

— Tu ne passeras pas.

— Allons donc, avec un bon poing on passe toujours et partout.

— Tu ne passeras pas, hurla le colosse dont la voix tremblait.

Cet homme n'était pas un assassin éprouvé, il avait hésité à frapper son ennemi par derrière, et le sentiment de vengeance qui l'animait, n'avait pu vaincre l'émotion naturelle d'un homme qui va commettre un meurtre.

La lame aiguë d'un poignard s'enfonça dans les épais vêtements de l'élégant, qui, saisissant le bras de son adversaire, s'empara du poignard et le lança dans la rivière.

Cette fois, envisageant son adversaire, il s'arrêta tout ébahi :

— Comment ! c'est toi, Bernard, dit-il ; ah ! çà, depuis quand fais-tu le métier de détrousser les passants ?

— Depuis qu'il y a des gens assez lâches pour....

La colère suffoquait le colosse ; le sang affluait à ses tempes, ses yeux étaient injectés de sang : c'était le type de ces hommes du port qui déchargent le sable sur nos quais. Par sa taille, il ressemblait à une statue qui aurait quitté son piédestal ; mais là s'arrête la ressemblance, car ses formes épaisses, heurtées, incorrectes, sa figure hébétée, son regard sans expression, sans vie, sans pensée, eussent fait honte au ciseau du plus mince statuaire : au point de vue artistique, il était digne de servir d'enseigne à un cabaret avec cette devise : *Au beau Tambour-major.* — Rien n'est plus menteur qu'une enseigne.

Le colosse s'élança sur le jeune homme ; celui-ci, souple et agile, évita le coup de poing qui l'eût assommé, et, tandis que son adversaire, ébranlé par sa fausse attaque, reprenait son applomb, il chercha à entrer en explication. Le visage de l'élégant, sur lequel le plaisir ou le travail avait laissé, dans des rides légères, les traces de leur passage, était pâle; sa physionomie intelligente, son regard pénétrant disaient qu'il était un de ces hommes qui sont les premiers partout où le hasard les a placés, qui dominent par la puissance de leur volonté, ou subissent la tyrannie de leurs passions; héros ou infâmes d'après les circonstances: acteurs sur le premier plan dans la comédie qui se joue sur la scène du monde, mais qui ne peuvent jamais être comparses, et que le dénouement fatal du drame conduit à la gloire, à la réputation ou à l'échafaud. Né soixante ans plus tard, Cartouche, au lieu d'être rompu vif sur la place de Grève, serait mort général en chef des armées de Napoléon.

— Bernard, fit-il, tu es ivre ou tu es fou.

— Ivre, Georges, je ne dis pas non; mais fou pas le moins du monde.

Et sans discuter plus longtemps, il enlaça le jeune homme dans ses bras d'hercule, et le porta vers la Saône pour l'y précipiter. Notre élégant s'aperçut alors que la colère de Bernard le rendait incapable de rien comprendre et que son existence ne dépendait plus que de son courage. Enlevé de terre et de ses bras garrotés dans ceux de Bernard, il se crut perdu sans ressource, car son ennemi pouvait le briser sur le garde-fou en fer, qui se trouve à cette partie du quai; ce fut précisément ce qui le sauva. Arrivé près d'une borne, il appuya son pied dessus, et, se servant de sa jambe comme d'un ressort, il repoussa Bernard au milieu de la route : il fut obligé de l'y suivre; car, bien qu'il fût parvenu à dégager son bras gauche, ce n'était pas assez pour échapper à la puissante étreinte du colosse qui ne le quitta pas; s'il pouvait soutenir la lutte quelques instants de plus, il était indubitablement sauvé : on apercevait au loin la lumière rouge d'un omnibus de Vaise qui s'avançait vers eux. Bernard sentit qu'il était perdu de toutes manières; aussi, rassemblant de nouveau ses forces, il emporta Georges jusqu'au garde-fou protecteur, et là, se renversant en arrière, il l'entraîna dans sa chute, décidé à le noyer avec lui. Mais sa résolution l'abandonna dans ce moment suprême, il étendit malgré lui les bras et laissa Georges s'enfoncer libre dans l'eau bouillonnante qui s'ouvrit un instant sous le poids des deux corps, et les ramena bientôt à la surface. Par une fatalité facile à comprendre, au moment où la tête de Georges sortait de l'eau, Bernard était si près de lui qu'il n'eut qu'à avancer le bras pour le refouler au fond... Tout paraissait fini pour ces hommes; Bernard seul nageait encore, mais si lourdement qu'il ne pouvait espérer de vaincre la force et la rapidité de la Saône qu'il regardait déjà comme son tombeau.

Cette lutte acharnée, silencieuse, terrible, que personne ne voyait, que personne ne devinait, avait lieu au centre de la ville, en face de la boucherie des Terreaux.

Les voitures glissaient sur le quai; le claquement du fouet, qui annonce que les heureux et les riches vont à une fête, se mêlait aux fanfares des trompettes d'omnibus, cet équipage communiste de la petite bourgeoisie; les arabesques dorées des boutiques élégantes étincelaient aux reflets du gaz comme étincellent les diamants d'une jolie femme aux bougies d'un bal. Le murmure monotone et puissant des flots, qui semblaient chanter l'hymne des morts de ses deux victimes, se confondait dans le bruit joyeux de la ville laborieuse faisant succéder quelques heures de paresse, d'oisiveté et de plaisir au travail de la journée.

Cependant, Georges avait mis à profit le court instant pendant lequel il avait reparu à la surface de l'eau; sa respiration, suffisamment renouvelée, lui avait permis de reprendre ses esprits, et, dégagé de son manteau qui gênait ses mouvements, il plongea, nagea quelques secondes entre deux eaux, puis reparut à plusieurs brassées de distance de son adversaire. Les rôles changèrent : ce fut lui qui refoula Bernard au fond. Le sentiment de la conservation, étouffant alors celui de la vengeance, Bernard chercha dans des mouvements embarrassés et lourds, à soutenir son corps hors de l'eau; ses lèvres étaient bleues, ses dents serrées, il était épuisé et sans voix par cette immersion prolongée; la mort allait l'atteindre, quand sa main rencontra un corps dur, il le saisit instinctivement : c'était la roue d'un bateau à vapeur amarré le long du quai, vers lequel Georges l'avait poussé. Quand Georges le vit en sûreté, il fit deux brassées pour reprendre son manteau qui s'était accroché à un obstacle; puis, se lançant au milieu du fleuve avec l'insouciance et la légèreté d'un baigneur au mois d'août, il franchit en se jouant le passage dangereux de la Mort-qui-Trompe, prit pied au dessous du café Neptune et disparut dans l'allée noire d'une maison du quai Villeroy.

Les Brotteaux qui, aujourd'hui, forment une ville nouvelle, aux maisons élégantes, aux rues larges et spacieuses qui se coupent à angle droit, n'ont pris de l'importance qu'après la révolution de 93.

Avant cette époque, les Brotteaux étaient la promenade aristocratique; de longues allées d'arbres, faisant suite au pont Morand, conduisaient à un *rond-point* ayant pour ceinture une route sablée, où les beaux de l'époque faisaient caracoler leurs chevaux, étalant leurs ridicules costumes aux yeux des jeunes femmes assises sur une pelouse disposée en amphithéâtre.

Une maison élevée, placée au delà du *rond-point*, était occupée par le restaurateur à la mode; le nom du restaurant avait quelque chose de sinistre qui a éveillé la curiosité de plus d'un étymologiste; il s'appelait l'*Hôtel de la Vengeance*.

Nous avons vainement cherché l'origine de ce nom, sans être plus heureux que nos devanciers, et comme notre intention est avant tout d'être historien fidèle, nous nous abstiendrons de tout commentaire, ne voulant pas substituer la fantaisie à l'histoire.

Les hôpitaux de Lyon possédaient aux Brotteaux d'immenses terrains, qu'ils utilisèrent en faisant construire des maisons, jetant ainsi les fondations d'une ville dépendante de la Guillotière, mais dont, en réalité, elle n'est qu'un faubourg. Le siége jeta à terre les constructions, car, hélas! la guerre ressemble à un moissonneur infatigable qui renverse tout sur son passage; les boulets sont des armes égalitaires ne laissant rien debout devant eux.

Pendant la révolution, les Brotteaux devinrent le théâtre des vengeances et des haines; la guillotine, placée au centre des Terreaux, et dont on a découvert dernièrement le piédestal, ne fonctionnait plus assez vite au gré des chauds patriotes; cinq minutes pour couper une tête, c'était trop. Le temps était précieux pour ces niveleurs qui voguaient à l'égalité sur une mer de sang : on dut avoir recours à un moyen plus expéditif. Les *Noyades* de Nantes, inventées par Carrier, faisaient rougir de honte le patriotisme de Couthon : il inventa les fusillades.

Chaque jour les Brotteaux protégèrent de leurs frais ombrages ces tueries atroces; chaque jour de nouvelles victimes, dont le seul crime était d'être honnêtes, étaient conduites sur cet abattoir humain. Aux joyeux propos d'amour, au rendez-vous mystérieux, avaient succédé les larmes et les cris de douleurs; et cependant rien n'était changé dans la mise en scène, les oiseaux chantaient dans leurs nids, le soleil inondait de ses chauds rayons cette nature riche et puissante.

Dieu, à côté de la souffrance, a mis, pour remède, l'oubli qui console et sèche les pleurs sous son indifférence. Si le passé, secouant son linceul, nous racontait sa lugubre histoire, les Brotteaux seraient pour les Lyonnais un lieu maudit; la goutte de rosée, tremblante sur la feuille humide, se teindrait à nos yeux d'une nuance de sang; le vent qui souffle à travers les platanes nous apporterait le bruit sinistre des fusils, frappant de leurs balles meurtrières les innocents immolés en holocauste au dieu barbare de la fraternité.

Chacun de nos compatriotes a, dans cette page sanglante, un nom plein de douloureux souvenirs; chacun a payé son tribut à cette date funèbre.

De cette époque, grosse de larmes, que reste-t-il ? Un monument mesquin, une espèce de catafalque en pierres de taille, qu'on a décoré du nom pompeux de *Chapelle expiatoire* indigne de servir d'église au plus pauvre village de la Bresse.
— Quatre capucins desservent cet autel.

La dernière heure de la révolution sonnait à peine, que les maçons, la truelle à la main, le chant aux lèvres, reconstruisaient ce qu'elle avait renversé ; l'impulsion fut encore donnée par les hôpitaux.

De 1800 à 1803, les Brotteaux eurent une physionomie particulière ; ils n'étaient pas encore une ville : ils n'étaient plus la campagne ; les maisons s'élevaient une à une, de loin en loin, comme jetées au hasard et au caprice, jusqu'à ce que, réunies en un tout homogène, alignées, hautes, et fières comme des soldats de la vieille garde, elles formèrent la ville élégante, qui tend à détrôner le vieux Lyon, aux rues étroites et tortueuses, malpropres.

Les saltimbanques s'emparèrent des deux lignes, sur lesquelles on a construit le cours Morand. La clarinette du Paillasse, la grosse caisse d'Arlequin attiraient chaque dimanche la population ouvrière, qui se donnait à cœur joie le luxe du spectacle à dix centimes, applaudissant les lazzis de *Guignol*, le polichinelle lyonnais, dont le langage a conservé dans toute son originalité primitive l'accent monotone de l'ancien ouvrier en soie.

En parlant de *Guignol*, un nom se trouve naturellement sous notre plume, c'est celui du père Thomas. Le père Thomas éleva la réputation de Guignol à son apogée, il lui fit ouvrir les salons les plus aristocratiques, il en fit le commensal assidu de toutes les fêtes du monde élégant ; les petites comédies improvisées par le père Thomas étaient de fines satires, dans lesquelles il n'épargnait ni la vanité, ni les ridicules des riches. Il fut le Molière de la bourgeoisie, et comme autrefois l'auteur de Tartufe flagella en face les vices de la cour, aussi courageux que lui, le père Thomas se fit pardonner de dire la vérité, parce qu'il sut la dire avec esprit.

Le lecteur voudra bien nous excuser si, pour le conduire au café Berger, où se passe la seconde scène de notre roman, nous avons pris le chemin le plus long. Un nom éveille un souvenir, un souvenir en amène un autre, le passé ressemble à un chapelet dont les grains se suivent.

Berger, qui trône maintenant dans sa gloire au Palais-Royal, débutait alors, et, sa queue de billard à la main, marchait à cette réputation qui nous l'a fait enlever par Paris ; ce grand centre qui attire à lui les célébrités les plus hétérogènes.

Cinq villes se disputèrent autrefois la naissance d'Homère, Berger n'a pas voulu laisser, à son égard, la postérité dans le même embarras ; il a accolé son nom à celui de la petite ville où il est né, et sur l'enseigne de son café resplendissait en lettres jaunes qui se détachaient sur un fond bleu le nom et la patrie du grand homme : BERGER DE THOISSEY.

Plus tard, nos enfants chercheront sur la carte cette petite ville du département de l'Ain, le berceau où dormit l'enfance de Berger, ils ne la trouveront pas ; mais son nom vivra, protégé contre l'oubli, par le nom de celui qui l'a illustré.

Qu'on ne nous accuse pas d'exagération, il nous suffirait pour nous justifier d'ouvrir le premier livre d'histoire, et nous trouverions, à chaque page, à chaque siècle, des illustrations moins brillantes qui ont survécu ; nous citerions Chamillard, qui fut ministre de Louis XIV, grâce à son talent au billard ; si Berger eût vécu à cette époque, Chamillard n'eût pas été ministre.

Le café Berger était le rendez-vous de tous les amateurs de billard ; il se composait d'une société hétérogène, mais unie par un même goût. Le riche et le pauvre, le fabricant et le commis oubliaient sur ce terrain leur haine et leur jalousie ; il n'y avait plus que des hommes devant un tapis vert et des billes blanches ; la véritable et la seule aristocratie admise était celle de l'habileté : un beau coup de queue était plus estimé que dix quartiers de noblesse.

Berger était d'une taille moyenne et d'une corpulence un peu forte, ce qui ne l'empêchait pas d'être d'une légèreté remarquable à tous les exercices du corps. Ne dédaignant pas de servir ses pratiques et de donner le coup de torchon classique sur la table de marbre, on le voyait circuler dans son café, échangeant un sourire avec celui-ci, une poignée de main avec celui-là, jetant à un autre un calembourg, il rappelait César, dictant, en même temps, en dix langues différentes. Sa figure était expressive, son œil vif et son sourire moqueur : on l'aimait et on le craignait ; on l'aimait pour ses excellentes qualités de cœur, on le craignait pour sa moquerie impitoyable, franche ; car elle vous attaquait en face, le mot épigrammatique vous frappait en pleine poitrine, comme l'épée d'un parfait gentilhomme.

Paris avait expédié tour à tour ses plus habiles joueurs de billard ; semblables aux anciens chevaliers de l'époque d'Artus, ils envoyèrent un cartel à Berger, tous voulurent briser une lance avec ce Richard-Cœur-de-Lion, qui n'avait pas encore trouvé son rival ; ils vinrent tous et s'en retournèrent tous la honte au front ; à la première passe d'armes, Berger les avait désarçonnés, et leur avait fait mordre la poussière du champ clos.

Ce soir là Berger était plus sérieux que d'habitude, chaque fois que la porte du café s'ouvrait, son regard étincelait d'impatience, puis retombait dans son indifférence calme et impénétrable. Autour du billard, assis pêle-mêle sur des chaises, sur des tables, se trouvait une foule bariolée de spectateurs ; la blouse coudoyait l'habit, la main calleuse serrait la main gantée d'un *Jouvin* beurre frais ; la même pensée était dans tous les cœurs, le même nom sur toutes les lèvres.

L'heure d'une grande bataille approchait ; Berger avait ramassé le gant jeté par un champion redoutable, des paris considérables étaient ouverts ; ses partisans chantaient d'avance l'hymne de son triomphe ; ses ennemis entonnaient le *de profundis* de sa défaite.

— Georges ne viendra pas.
— Il viendra.
— Le rendez-vous était pour dix heures, il est onze heures..... Il a eu peur.
— Lui, peur, jamais ; vous ne le connaissez pas.
— Après tout, lorsqu'il s'agit d'être vaincu, vaut mieux tard que tôt.
— Vous avez parié pour Berger ?
— Oui.
— Je parie pour Georges ; voulez-vous tenir deux cents francs ?
— J'accepte.

Tel est le croquis des colloques qui s'établissaient dans les différentes parties de la salle ; l'impatience allait grossissant et montant comme l'eau d'une rivière sur le point de déborder, et la confiance des amis de Berger s'augmentait de la crainte des amis de Georges.

Onze heures et un quart sonnèrent, la porte s'ouvrit, Georges parut : un hourah d'acclamations salua son entrée.

Georges avait une toilette exquise ; comme Richelieu qui se faisait parfumer à la bergamotte avant de monter à l'assaut, le jeune homme s'était paré pour le combat. Sa figure, calme, souriante, ne trahissait pas la plus légère émotion ; le souvenir de l'affreuse scène à laquelle nous avons fait assister le lecteur, n'avait laissé aucune trace, et il était sorti de la Saône aussi frais, aussi dispos que s'il fût sorti d'un bain.

— Veuillez m'excuser, Messieurs, dit-il, mon retard est involontaire ; on m'a jeté dans la Saône devant l'Ecole-Vétérinaire, et, ajouta-t-il en souriant, j'ai été obligé de venir à la nage.

— Comment ! s'écrièrent en foule les assistants ?

— C'est une trop longue histoire, qui ferait les délices d'une *chronique locale* du *Courrier de Lyon*, si j'avais l'inconvenance de vous ennuyer en vous la racontant ; je suis à vos ordres lorsque vous voudrez commencer.

— Je refuse la partie, fit Berger ; après une pareille aventure, vous ne pouvez avoir la main sûre : je ne veux pas profiter de mes avantages.

Pour toute réponse, George saisit une queue, plaça deux billes sur le billard, puis frappant la troisième, il lui fit toucher successivement les quatre bandes, et elle vint mourir, en caressant doucement sur son passage les deux autres billes.

— Vous le voyez, dit-il, la Saône a été pour moi le fleuve du Styx, je suis invulnérable comme Achille.

— Allons, Messieurs, faites les enjeux, cria Berger.

Georges quitta son habit, et se livra, en causant, à ces préparatifs qui décèlent un joueur habile ; il choisit une queue, la fit sauter dans sa main pour se rendre compte si elle n'était ni trop légère ni trop lourde, avec une lime il adoucit le procédé et le couvrit de blanc.

Berger avait disparu, il revint bientôt tenant une queue dont la poignée était garnie d'ivoire ; c'était sa lance de combat : une queue d'honneur que lui avaient donnée les admirateurs enthousiastes de son talent.

— Combien y a-t-il, demanda Georges ?
— Quinze cents francs, répondit l'un des assistants.
— Très-bien !
— Quelles sont les conditions ?
— Une seule partie en deux cents carambolages.

La partie commença.

Nous n'en suivrons pas tous les détails ; le récit en serait difficile pour nous, monotone pour le lecteur, une page de dessin linéaire serait le seul moyen de nous faire comprendre et de rendre exactement toutes les péripéties de cette lutte.

Les billes glissaient sur le billard, on eût dit qu'un fil imperceptible les dirigeait, elles semblaient suivre un courant magnétique, avoir une intelligence, une pensée, une volonté.

L'avantage fut d'abord à Berger ; sans désemparer il fit cent-cinquante carambolages.

La galerie applaudit ; un silence profond succéda à ces applaudissements : Georges débutait.

L'émotion était à son comble, on n'entendait que l'haleine courte, fiévreuse des spectateurs et le bruit sec des billes se heurtant entre elles ; l'œil se perdait à suivre toutes les courbes qu'elles décrivaient sur le billard.

Tout-à-coup, un cri poussé par la foule proclama la victoire :

— Deux cents points ! Gagné ! Vive Georges !

Berger s'approcha courtoisement du vainqueur :

— Monsieur, dit-il, une seule chose me console d'avoir été vaincu, c'est de l'avoir été par un joueur de votre force.

— Il n'y a, répondit Georges, nulle honte dans une défaite ; pour réussir parfois, au billard comme partout, il faut plus de bonheur que de talent : j'ai été heureux, voilà tout.

— Je vote un bol de punch à la santé du vainqueur.

— Accepté ! cria-t-on de toutes parts.

Pendant que la partie était engagée, et alors que l'attention des spectateurs était absorbée par l'intérêt du jeu, un jeune homme, portant le costume ecclésiastique, était entré dans le café ; personne ne l'avait remarqué, mais, lorsque chacun eut pris place autour des tables pour boire le bol de punch annoncé, le jeune prêtre se trouva seul debout au milieu de la salle, et tous les regards se portèrent naturellement sur lui.

— Messieurs, dit-il d'une voix douce, me permettrez-vous de vous faire une proposition ?

— Henry, s'écria Georges, en se levant subitement et en venant prendre la main de l'ecclésiastique, toi ici, que viens-tu faire ?

— Vous donner l'occasion de faire une bonne action.

— J'aurais dû m'en douter, c'est la vie à toi.

— Georges ! fit le prêtre avec embarras.

La modestie du jeune prêtre faisait monter le rouge à son visage.

— Messieurs, dit-il, je sors à l'instant même de chez une famille, autrefois riche, maintenant malheureuse ; si vous saviez, Messieurs, tout ce qu'il y a de navrant dans cette misère, non pas la misère toute nue, en haillons, couchée sur un grabat ; mais dans cette misère qui grelotte dans une robe de soie, qui glace le sang dans une main blanche, vous comprendriez la pitié qu'elle m'a inspirée. Mais, hélas ! je ne suis pas riche, l'argent que j'ai pu donner a apaisé la faim d'aujourd'hui ; la faim reviendra demain, comme un créancier impitoyable, toujours âpre au gain, sa facture à la main ; qui l'acquittera ? Je m'en allais triste ; j'allais mendier quelques miettes chez les heureux, qui secouent par les fenêtres les nappes de leur festin ; le hasard m'a fait passer devant ce café, au mouvement, à la foule, j'ai deviné qu'il y avait ici une fête, et, comme le plaisir rend l'âme bonne, je suis entré, convaincu qu'il me suffirait de vous parler d'une souffrance pour que vous m'aidiez à la soulager.

— Excellent cœur, fit Georges, cœur d'or. Tu as eu raison, Henry, notre aumône ne te fera pas défaut.

— Bravo, bravissimo ! s'écria Berger en s'emparant du chapeau du jeune prêtre, vous parlez comme un livre monsieur Georges. — Pardon si je prends votre chapeau, mais il me portera bonheur pour ma quête. — Allons, Messieurs, du courage à la poche, s'il vous plaît.

Pendant que Berger, oublieux de sa défaite, circulait à travers les tables, tendant la bourse improvisée, gourmandant hautement l'avare qui cherchait à glisser incognito une menue pièce de monnaie, Georges s'entretenait à voix basse avec le jeune prêtre.

— C'est bien, dit-il, en lui serrant la main, c'est un coup hardi, je vais le tenter ; et s'adressant aux spectateurs : Messieurs, il vient de me pousser une idée.

— Voyons l'idée.

— J'ignore ce que produira la collecte ; selon toutes les probabilités, ce ne sera qu'une somme modeste ; nous soulagerons une misère, nous ne la guérirons ; nous sécherons des larmes sans en tarir la source. Une bonne action incomplète est une bonne action manquée.

— Que diable voulez-vous faire ?

— Donner à cette malheureuse famille la *poule* que nous venons de jouer.

— Quinze cents francs ! s'écrièrent, avec un mouvement de terreur les perdants.

— Adopté, répondirent les perdants.

La discussion s'engagea vive et animée. Georges, comme toutes les natures enthousiastes et primesautières, parlait avec chaleur : cette idée, qu'il avait jetée comme un hasard, sans l'approfondir, sans en calculer les chances de réussite, le séduisit ; sa tête s'échauffa, il se grisa de sa parole ; il eut la chaude éloquence du cœur, avec la persuasive éloquence de l'esprit.

Les joueurs tenaient fermes : le chiffre de quinze cents francs flamboyait comme une épée, et mettait sur la défensive leur générosité. Notre siècle est lâchement égoïste : entre les lèvres, qui disent : Je donne », et la main, qui exécute la pensée des lèvres, existe un abîme. On trouve toujours des pleurs pour une souffrance ; mais les pleurs signent rarement une traite sur la caisse ; le cœur, qui sert d'antichambre pour aller au coffre-fort, s'ouvre facilement, mais se referme plus facilement encore. La vanité est, de tous les sentiments, celui qu'on exploite le plus aisément dans l'intérêt de la misère ; cette vérité, triste à signaler, trouve sa preuve dans le mode de souscription mis en pratique depuis quelques années : telle personne refusant brutalement une aumône légère au malheureux, qui murmure tristement une prière au seuil de sa porte, souscrira sans hésitation pour une œuvre de charité ; car son nom s'épanouira, en grosses lettres dans un journal, et son orgueil touchera ainsi les honoraires de sa générosité.

Lyon a, dans le monde entier, une réputation supérieure à celle que lui a faite son commerce ; réputation plus digne, plus noble, plus élevée, car elle a pour origine la charité, et

aumônes.

Il n'existe pas en France une seule ville possédant un plus grand nombre d'établissements de bienfaisance, et nous n'entendons pas parler ici des hospices sous le patronage du conseil municipal, mais de ces maisons de secours pour les indigents, fondées à l'aide d'associations particulières. A la tête de l'œuvre, se trouvent les jeunes femmes, portant les noms les plus aristocratiques du monde financier et de la noblesse; chacune d'elles a, dans l'entreprise, sa part de travail et de dévouement : guérir ceux qui souffrent, consoler ceux chez lesquels la souffrance est incurable, telle est la devise de ces jeunes femmes riches, titrées, aimables et aimées, qui passent souvent d'un bal élégant à la mansarde du pauvre. Que de larmes ont été séchées par un mouchoir de dentelle! que de blessures ont été pansées par une main blanche, qui ne semblait être faite que pour s'occuper des futilités de la toilette. Les maris sont les banquiers naturels de ces associations charitables; et la même prière porte aux pieds de Dieu le nom béni des époux.

Ces œuvres ont des ramifications qui ne s'arrêtent pas à ceux qui possèdent, chacun y concourt, dans la proportion de sa force et de ses moyens; les artistes musiciens, que l'on rencontre partout où se présente l'occasion d'une bonne action, apportent leur cotisation en organisant, chaque année, des concerts, dont le produit est versé dans la caisse d'une de ces associations.

Nous ne donnerons pas la nomenclature de ces établissements; nous craindrions d'être ingrats si nous en oubliions quelques-uns.

Georges avait déjà amené dans son parti quelques uns des récalcitrants, Berger aidant, la poule fut votée à l'unanimité, et la somme fut remise au jeune prêtre.

— C'est bien, dit-il à Georges, voilà une bonne action qui te sera comptée.

— J'en ai besoin, répondit celui-ci en riant; car, si l'on tient au ciel un livre en partie double des péchés et des bonnes actions, mon doit dépasse de beaucoup mon avoir.

— Monsieur le curé acceptera-t-il un verre de punch, demanda Berger, en souriant de ce bon sourire, qui épanouissait sa figure franche et ouverte.

— Volontiers.

— A vos pauvres, le premier toast, fit Berger, en emplissant un verre.

— Merci, à vos succès de joueur!

— N'allez pas griser mon pauvre ami, dit Georges; car, s'il a le cœur fort, il a la tête faible.

Le jeune prêtre s'assit à une table, la conversation prit une tournure générale. On causa un peu de tout, de politique, de religion, de plaisirs; et, dans ces questions assez épineuses, le jeune prêtre sut se concilier l'esprit des assistants, par la franchise indulgente qu'il sut donner à ses paroles.

— Parole d'honneur, monsieur le curé, dit Berger, si je vous écoutais longtemps, je me ferais capucin.

— Vous en avez déjà l'encolure.

— Il n'est pas besoin d'être dans un ordre religieux pour pratiquer la religion, répondit, avec douceur, le jeune prêtre; la religion, qu'on fait si farouche, si terrible, est, avant tout, bienveillante et facile; quelques ignorants, qui se posent en esprits forts, la travestissent en croquemitaine; tandis qu'elle est une bonne mère, ayant toujours le pardon aux lèvres, l'absolution pour le péché. Les pratiques religieuses elles-mêmes n'ont qu'un tort, celui d'être régulières et visibles: on craint la moquerie du monde, et on lui sacrifie souvent sa conscience. Mais la religion a une double face : elle se compose des devoirs envers Dieu, et des devoirs envers la société et la famille; or, il existe beaucoup de bons citoyens, beaucoup d'excellents pères, qui sans s'en douter, prient Dieu tous les jours pour leur pays et pour leurs enfants : quelle que soit la forme d'un vœu, il est toujours une prière que le créateur entend.

— Encore un verre, monsieur le curé, s'écria Berger, que l'éloquence du jeune prêtre altérait sans doute.

— Non, merci, répondit le jeune homme en se levant; il m'est plus facile de lire mon bréviaire, que de boire sans dangers. Je recommande de marcher droit, et vous m'exposeriez à marcher de travers ; je ne prêcherais guère d'exemple. Puis, j'ai hâte de retourner vers ces malheureux, auxquels votre générosité va apporter le bonheur. — Veux-tu m'accompagner, Georges?

— Pourquoi?

— Ne seras-tu pas aise de connaître ceux que la charité de ces messieurs va rendre si heureux.

— J'accepte.

Georges prit son manteau, et s'approchant d'un jeune homme, auquel il n'avait pas adressé la parole pendant toute la soirée?

— Qu'y a-t-il de nouveau, parle vite, lui demanda-t-il tout bas?

— Serrières a accouché hier la comtesse de Saint-Agrève.

— Bravo! et Fabre?

— Il a plaidé ce matin dans l'affaire Bertini.........

— Très-bien.

— Il a fait acquitter Fernioul.

— Ce Fernioul est un affreux coquin, c'est un assassin sans cœur : nous en avons besoin, il nous appartient; qu'il vienne demain au rendez-vous.

— A quel endroit?

— Chez moi. Charge-toi d'écrire aux SIX : que tout le monde soit exact à huit heures; nous avons une importante question à résoudre.

— J'écrirai.

Les deux jeunes gens se serrèrent silencieusement la main. La figure de Georges, qui, pendant cette conversation, faite à voix basse, s'était teinte d'une expression grave et sérieuse, reprit subitement son indifférence accoutumée.

— Je suis à vos ordres, monsieur le curé, fit-il, en prenant le bras du jeune prêtre.

Et ils sortirent ensemble.

CHAPITRE II.

La mansarde.

Il y a mansarde et mansarde. La première est ce joyeux grenier, chanté par Béranger, où la jeunesse insouciante roucoule ses gais refrains, que l'amour visite sous les traits d'une adorable grisette, aux yeux fripons, aux lèvres roses; la seconde est le grenier triste, désert, où le vent siffle comme un vieillard radoteur, où il fait froid, où, sur les murs délabrés, et à travers lesquels suinte la pluie humide il semble voir écrit ce mot terrible, qui inspira à Victor Hugo *Notre-Dame de Paris* : FATALITÉ.

La mansarde est un point de départ ou un point d'arrivée. Point de départ, elle est habitée par le jeune homme, au début de sa carrière, alors que l'avenir se teint des nuances bleues des illusions printanières; alors que la souffrance se mêle de la lie sans limite des espérances; point d'arrivée, la mansarde est habitée par ceux que la fortune a écrasés sous ses roues, brisés dans sa course; pour eux l'avenir n'existe pas, ils jettent tristement les yeux vers le passé qui leur parle de ce qu'il ont été, de ce qu'ils ont pu posséder. Nouveaux Tantales, ils tendent leurs mains suppliantes vers cette vie, déjà si loin, et se trouvent face à face avec la réalité hideuse, et la misère en haillons.

Il y aurait un roman plein d'intérêt, plein d'études morales à faire sur la mansarde dans laquelle débute la jeunesse qui va à l'avenir, et s'éteint la viellesse qui va à la tombe, dans laquelle éclate le rire joyeux aux rayons d'un soleil de mai, et coulent les larmes glacées aux rigueurs d'un hiver.

La famille pour laquelle le jeune prêtre était venu implorer la charité des habitués du café Berger, demeurait au sixième étage d'une maison située à l'angle de deux rues, en face de la Rotonde.

La fenêtre s'ouvrait sur les vastes plaines du Dauphiné. Pendant l'été, le panorama naturel, qui se déroulait devant les yeux, était magnifique; à droite et à gauche s'étendent de longues promenades de peupliers, champ-clos, où les joueurs de boules viennent, chaque jour, rivaliser de talent et d'adresse. Une route sablée, conduisant aux Charpennes, semblable à un large ruban blanc, se détache sur la marqueterie des blés jaunes et des prairies vertes. Quelques uns des forts, qui servent de ceinture à la ville, jetés, comme au hasard, dans ce paysage, ressemblent, avec leurs murs tapissés de lierre, à de délicieuses maisons de campagne; les canons, dont la bouche bâille aux meurtrières, n'ont rien d'effrayant; et la sentinelle, qui se promène sur le bastion, a, par sa démarche calme et tranquille, l'allure d'un propriétaire dans son jardin.

Ce tableau splendide, que nous avons admiré bien souvent, est encadré par les longues chaines de montagne du Dauphiné, dont les dentelures, vaporeuses et incertaines, se découpent sur un ciel bleu. Souvent dans une belle matinée de printemps, on aperçoit le Mont-Blanc, drapé dans son hermine, fier et menaçant, car sa vue annonce, dit-on, les jours pluvieux.

Il était une heure du matin, une bougie éclairait, de sa lumière vacillante, la petite mansarde. Une jeune femme, encore belle, quoique ses traits eussent passé au laminoir de la souffrance, travaillait silencieusement auprès d'une table; mais le vent glacial, qui glissait à travers les portes mal jointes, bleuissait ses doigts, et les rendait incapables de tenir l'aiguille laborieuse. Elle posa son ouvrage, son regard se promena lentement autour d'elle, les larmes vinrent à ses yeux et inondèrent son visage.

L'aspect de cette chambre était triste et saisissait le cœur; on devinait la misère : non pas cette misère insouciante, en haillons, cette gueuserie qui rit dans ses guenilles; mais cette misère, partie du luxe, qui, dans le chemin de la vie, a laissé les déchirures de ses vêtements de soie aux buissons. Quelques-uns de ces brimborions, que le caprice sème sur les tapis des appartements élégants, se voyaient sur les meubles vermoulus; un buvard en maroquin vert, aux arabesques d'or, portant les initiales L. B., était ouvert sur la table.

La jeune femme avait trente ans à peine. Ses cheveux blonds descendaient en boucles légères autour de sa figure pâle et fatiguée; la teinte douce de la chevelure s'harmoniait admirablement avec la teinte mate de son visage. Comme l'eau d'une fontaine, tombant goutte à goutte, creuse un sillon sur le rocher, les larmes avaient tracé des rides sur ses joues amaigries.

Elle avait dû bien souffrir, car elle était déjà flétrie et fanée; chaque souffrance avait emporté un lambeau de sa beauté, chaque trait avait un charme inconnu, ce charme qu'on ne peut pas définir, qui attire le cœur à lui et s'en empare, qui fait la femme reine et maîtresse par la seule puissance d'un regard, qui courbe les volontés les plus féroces et les fond au sourire d'une bouche gracieuse, ce charme ravissant qu'une fée bienveillante glisse dans votre berceau, rendait encore la jeune femme belle dans sa douleur et sa misère.

Elle était vêtue d'une robe de taffetas noir garnie de deux rangs de volants découpés, un mantelet de la même étoffe la protégeait contre le froid; car le foyer était sans feu; le vent soufflait avec violence; les vêtements usés se déchiraient et chaque trou, bouche babillarde, disait : Je souffre, j'ai faim, j'ai soif. La misère était écrite fatalement sur chaque couture qui s'éraillait; il n'était plus même permis à la malheureuse femme d'avoir la pudeur de ses privations; sa toilette fanée comme elle, la livrait à la pitié.

Tout-à-coup elle tressaillit, elle prit la bougie sur la table et s'approcha sur la pointe des pieds de l'angle de l'appartement où se trouvait un berceau.

Elle se mit à genoux devant la couchette de l'enfant qui la regardait avec de grands yeux bleus limpides comme l'eau d'un lac; il ouvrit ses petits bras blancs, et en entourant le cou de sa mère :

— Maman, j'ai bien froid, dit-il.

La jeune femme jeta rapidement les yeux autour d'elle, et son regard, d'abord vif comme la pensée, s'éteignit dans une larme; elle se dépouilla de son mantelet et le mit sur le lit.

— J'ai faim, fit encore l'enfant.

La pauvre mère éclata en sanglots, l'innocent enfant était cruel sans s'en douter.

— Demain tu déjeuneras avec du café au lait, dit la jeune femme à travers ses pleurs.

— Ne pleure pas, maman,—ou je vais pleurer moi aussi.

— Sois raisonnable, Jules.

— Pourquoi ne retournons-nous pas chez papa, il fait bien plus chaud qu'ici, j'ai un joli lit, et je mange à mon aise ?

Les larmes suffoquaient la jeune femme.

— Oh ! tais-toi, tais-toi, enfant, ne parle pas de ton père.

L'enfant se mit à pleurer : l'instinct du cœur lui fit comprendre qu'il était la cause de la douleur de sa mère, aussi couvrit-il sa figure de baisers.

On frappa à la porte : la jeune femme se leva subitement.

— Qui est là ? demanda-t-elle avec une inquiétude qu'expliquait assez l'heure avancée de la nuit.

— C'est moi, madame, répondit la voix douce du prêtre.

— Monsieur Duméry ?

— Moi-même.

La porte s'ouvrit, et le jeune prêtre, suivi de Georges, entra dans l'appartement.

— Pardonnez-moi ma visite, madame, fit le prêtre, mais j'ai pensé qu'il n'était jamais trop tard pour venir annoncer une bonne nouvelle.

— Que voulez-vous dire ?

— Ce soir, en vous quittant, je vous engageais à espérer. Le ciel, que je priais pour vous, m'a envoyé une heureuse inspiration : je suis entré au café Berger, on jouait, je me suis adressé aux joueurs, ils m'ont donné les quinze cents francs d'enjeu, et je vous les apporte.

— Merci, mon Dieu, merci pour mon enfant !

Georges, enveloppé dans son manteau, se trouvait caché dans la pénombre de l'appartement; il n'avait pu ni être vu, ni voir la jeune femme; aux derniers mots qu'elle prononça, il s'avança rapidement, et, ouvrant son manteau :

— Louise ! s'écria-t-il.

— Georges ! répondit la jeune femme avec un mouvement d'effroi.

— Vous connaissez Georges, madame, dit le prêtre, j'en suis ravi, car alors je pourrai vous dire que c'est à lui et à sa chaleureuse éloquence que je dois le succès de mon entreprise.

Louise regardait Georges avec anxiété; ses lèvres, subitement pâlies, balbutièrent des paroles inintelligibles. Georges promenait ses regards autour de lui et semblait demander, à ce qui l'entourait, l'explication d'un étrange mystère.

Le jeune prêtre ne vit pas cette pantomime, il mit sur la table les quinze cents francs de la *poule*.

— Remportez cet argent, monsieur Duméry, dit Louise, je ne veux ni ne dois l'accepter.

— Pourquoi ?

— Cet argent me porterait malheur.

— Votre orgueil se révolte devant l'aumône, parce que l'aumône vient de la pitié, et qu'on n'accepte pas la pitié du monde; mais cet orgueil s'humiliera devant ce berceau, où repose votre enfant, qui, demain peut-être, vous dira qu'il a faim.

— Mon enfant, mon enfant, s'écria Louise avec angoisse, si j'accepte pour toi l'argent de cet homme, tu me rends infâme !

— Vous me détestez donc [bien, dit Georges avec amertume.

— Je vous méprise.

Il y eut un moment d'affreux silence ; le prêtre venait de comprendre que le hasard lui avait fait mettre en présence la victime et le bourreau.

— Georges, tu es de trop ici, dit le jeune prêtre avec fermeté.

— Je ne sortirai pas avant de m'être justifié.

— Justifié ! ! ! fit la jeune femme, avec un écrasant mépris.

— Oui Louise, croyez-vous que si j'eusse su l'état d'affreuse misère auquel je vous ai réduite, peut-être par ma faute, je ne serais pas accouru vous apporter des consolations et vous préserver du besoin.

— Suis-je donc descendue si bas, que vous puissiez vous justifier par une insulte : du jour où j'aurais reçu de vous un secours, je me serais faite l'égale de la fille entretenue, je me serais vendue.

— Oh ! Louise, Louise !

— Georges, mon malheur date de la première fois où je vous ai vu : pour vous j'ai trompé un honnête homme, que vous appeliez votre ami, qui m'avait donné son nom ; pour vous, pendant une année entière, j'ai usurpé l'affection de mon mari, l'estime de ma famille : pendant une année entière, ma vie a été un mensonge de chaque instant ; j'oubliais tout en me réfugiant dans votre amour ; dès qu'il m'a manqué, mon masque est tombé : épouse adultère, j'ai été chassée du foyer domestique ; femme coupable, on m'a marquée au front ; mon enfant a été atteint du même coup qui me frappait : pauvre innocent dont j'ai sali le berceau : il lui a fallu partager ma misère, comme il partagera ma honte.

— Louise, dit Georges, pardonnez-moi, en vous aimant je n'avais rien calculé, je n'avais rien regardé au-delà de mon amour. Le mal est-il donc irréparable, je suis riche.....

— Encore ce mot : de l'argent, de l'argent, toujours de l'argent ! votre argent me rendra-t-il mon honneur flétri, ma considération perdue ? me rendra-t-il ce pauvre enfant, qui n'apprendra à penser que pour me haïr ?

— Vous êtes impitoyable ; Dieu m'est témoin que je voudrais au prix de ma vie, vous restituer le bonheur que je vous ai ravi.

Il y eut, dans l'accent avec lequel Georges prononça ces paroles, tant de regrets, tant de douleur, que le jeune prêtre s'approcha de lui, et lui prenant la main :

— Pauvre ami, lui dit-il, tu souffres bien. Dans ce monde, toute faute porte fatalement son châtiment : pour toi le moment de l'expiation est arrivé, accepte-la avec le courage qui convient à un homme de cœur, relève-toi par l'énergie de ta volonté, répare le passé par l'avenir. Et vous, madame, soyez indulgente pour le coupable qui s'est agenouillé devant vous ; rappelez-vous la prière que vous faites à Dieu chaque matin : « Pardonnez-nous nos offenses comme nous les pardonnons à ceux qui nous ont offensés. » Pardonnez à Georges.

— Je vous pardonne, fit la jeune femme avec douceur.

— Que dois-je faire pour que vous croyiez à la sincérité de mon repentir.

— Il faut partir, demain tu viendras me voir, nous causerons ensemble ; espère, l'espérance est une prière.

Georges remercia le prêtre du regard, contempla un instant Louise qui sanglottait, et sortit brusquement sans oser lui adresser la parole.

Le prêtre se trouva seul avec la jeune femme.

Toute la force factice, qui avait soutenu Louise devant Georges, l'abandonna après son départ. Ses yeux se fermèrent, sa bouche se contracta, son corps s'agita, dans ces spasmes saccadés qui précèdent une crise, et elle tomba froide et glacée sur le parquet ; dans sa chute, sa tête, frappant contre l'angle d'un meuble, elle se fit une large blessure d'où le sang s'échappa avec violence : elle poussa un cri et s'évanouit.

Le jeune prêtre, qui dans sa vie de dévouement et de visites au chevet des malades, avait assisté à plus d'un accident pareil, n'éprouva que l'émotion inséparable de la pitié, mais cette émotion ne lui fit pas perdre le sang-froid si nécessaire dans de telles circonstances ; il prit Louise dans ses bras, la transporta sur le lit, étancha le sang avec de l'eau fraîche ; puis l'enveloppant dans son manteau pour la préserver du froid, il allait sortir pour chercher un médecin, lorsque l'enfant, qui s'était réveillé au cri poussé par sa mère, se jeta au bas de sa couchette, et se précipita en pleurant sur le corps inanimé.

— Maman, maman, s'écria-t-il, dis-moi que tu n'es pas morte ?

— Tranquillisez-vous, mon petit ami, l'évanouissement de votre mère n'offre aucun danger sérieux ; et si vous voulez être bien sage, vous irez vous coucher pendant que je me rendrai chez le médecin.

— Quitter maman, jamais ! fit l'enfant en se cramponnant à sa mère.

Le prêtre n'insista pas, et il descendit rapidement pour se mettre à la recherche d'un médecin ; dix minutes s'étaient à peine écoulées qu'il rentrait dans la mansarde, suivi d'un nouveau personnage.

Le médecin, nommé Raymond, était un type à part, c'était une ordonnance en habit noir, en cravate blanche et à lunettes d'or ; la cinquantaine avait poudré à frimas sa chevelure jadis blonde, et passant la main sur son front, l'avait dégarni de cheveux. Ses petits yeux noirs brillant derrière de longs cils, semblaient vouloir puiser dans la pensée de son interlocuteur, ses lèvres minces laissaient tomber la parole brève, sèche, et ne la rendaient jamais douce et bonne par le sourire ; il parlait lentement comme s'il eût calculé l'effet de chaque mot ; ses mouvements étaient brusques, et il exigeait de ceux qui le secondaient auprès du lit d'un malade une obéissance passive.

Malgré cet aspect sévère, M. Raymond était le meilleur de tous les hommes : il avait fait de son art, non un commerce, mais une mission ; et, entre le riche et le pauvre, qui sonnaient en même temps à sa porte, il donnait la préférence au pauvre. « Les riches, disait-il, vont vers le médecin dès qu'ils ont peur d'être malades ; les pauvres ne viennent le trouver que lorsque, déjà malades, ils ont peur de la mort. » Aussi, toutes les fois qu'il se rendait dans un grenier, glissait-il, avant de sortir de chez lui, quelques pièces d'or dans sa poche ; et l'ordonnance du médecin servait d'enveloppe à l'aumône de l'honnête homme.

Avec une pareille conduite, M. Raymond n'avait acquis qu'une médiocre fortune ; il était plus riche en bonnes actions, qu'en rentes sur le grand-livre : mais si les bonnes actions se convertissent au ciel en rentes sur le grand-livre tenu par Dieu, il était plus millionnaire que Rothschild.

M. Raymond s'approcha du lit, écarta l'enfant qui sanglottait, s'assura de la régularité du pouls, et se retournant vers le prêtre :

— Ce n'est rien, lui dit-il ; un peu de calme et de repos, et l'évanouissement cessera de lui-même. Pourriez-vous m'éclairer un peu, afin que je voie le visage.

Le prêtre obéit : il prit la bougie, et vint se placer près du médecin.

Tout-à-coup celui-ci recula comme épouvanté ; il saisit la bougie, l'approcha de la malade qu'il examina avec attention.

— Non, non, c'est impossible, murmurait-il tout bas ; et cependant......

Et il se pencha sur le lit, cherchant à éclairer un doute.

— Le nom de cette femme, demanda-t-il, avec vivacité, au jeune prêtre ?

— Elle se nomme Louise Brunel.

— Je ne m'étais pas trompé.... pauvre femme : comment cela se fait-il ?

— Vous n'avez pas deviné qu'une faute......

— Eh ! monsieur, une faute ne légitime pas la conduite du mari. Lorsqu'une femme a porté votre nom, on ne la chasse pas comme un valet ; on lui doit on se doit à soi-même, de lui assurer une existence digne de celle qu'elle a eue, on ne la frappe pas lâchement dans sa vie matérielle, on ne torture pas son corps par des souffrances physiques. M. Brunel sera l'assassin de sa femme ; la misère avec une conscience tranquille, n'est qu'un malaise ; la misère avec un remords est un poison.. J'irai trouver M. Brunel, je lui parlerai et je...

— Et vous n'obtiendrez rien. Oh ! vous ne comprenez pas avec votre cœur qu'il existe des natures cyniquement égoïstes, des êtres qui n'ont d'affection dans l'âme qu'autant que cette affection leur rapporte ; de pitié qu'autant que cette pitié peut leur être utile : vous ne comprenez pas la vengeance qui se nourrit des douleurs de sa victime, et s'abreuve de ses larmes.

— Vous avez raison, je ne comprends pas ces monstruosités morales. Je vois le mal, il m'indigne et je ne sais pas le réparer ; mais vous, monsieur, vous qui, par votre état, êtes le médecin de l'âme comme nous sommes les médecins du corps, vous qui guérissez les plaies du cœur comme nous guérissons les blessures physiques, dites-moi ce que je puis faire pour cette malheureuse femme, car votre ministère est ici plus utile que le mien ; je ne vous demande qu'une part dans votre bonne action : voulez-vous m'accepter pour complice ?

— Je vous remercie, et j'accepte ; on ne m'a pas trompé, monsieur, et quelque belle que soit votre réputation de charité vous lui êtes supérieur.

Pendant ce dialogue, l'enfant qui, devant le médecin, s'était éloigné du lit de sa mère, était venu s'asseoir derrière les deux interlocuteurs, et il les regardait avec ses grands yeux bleus, tandis que son petit corps grelottait.

Le prêtre l'aperçut en se retournant.

— Comment tu n'es pas couché, Jules ?

— Je ne me coucherai pas tant que maman sera morte, répondit Jules avec résolution.

— Elle dort, et il ne faut pas l'éveiller.

— Bien sûr.

— Viens mon enfant, continua l'excellent prêtre, en emportant l'enfant dans ses bras, et en le déposant sur son berceau, reste tranquille et demain ta maman t'embrassera lorsque nous lui dirons que tu as été bien sage.

Jules sourit à la promesse des baisers de sa mère, ses membres délicats raidis par le froid eurent bientôt repris leur moite chaleur, ses paupières s'abaissèrent et il s'endormit avec l'insouciance de la fraîche jeunesse.

M. Raymond s'était rapproché de la jeune femme ; un léger tressaillement, suivi d'un soupir, annonça au médecin que l'évanouissement touchait à sa fin ; en effet, la malade ouvrit les yeux, son regard se promena lentement autour d'elle, comme si elle cherchait à réunir ses souvenirs, elle regarda le docteur mais elle ne put distinguer ses traits, car il tournait le dos à la lumière.

— Comment vous trouvez-vous, lui demanda-t-il ?

— Je vais mieux.

— Tranquillisez-vous, cette indisposition n'aura pas de suite ; mais surtout ne vous laissez pas aller à une tristesse qui pourrait avoir une funeste influence sur votre santé ; songez qu'à côté de la douleur il y a toujours l'espérance qui console pour la pensée d'un avenir meilleur.

— Qui êtes-vous donc, monsieur, pour me parler ainsi ?

— Un médecin aussi charitable que savant, répondit le prêtre qui vint se mêler à la conversation.

— Je suis mieux que cela, dit M. Raymond, je suis un ami ; madame, autrefois, me donniez ce titre, et j'espère lui prouver aujourd'hui que j'en étais digne.

— Monsieur Raymond ! s'écria Louise, car, par une de ces intuitions subites du cœur, elle venait de reconnaître le médecin.

— Lui-même.

— Oh ! Monsieur ! Monsieur... la jeune... en cachant sa tête entre ses mains.

— Ne rougissez pas, Madame, si je n'étais pas votre ami, je vous dirais qu'un médecin est semblable à un prêtre, qu'il ne se rappelle jamais ce qu'il a vu, que son devoir est de taire les secrets que lui font découvrir sa profession, comme le confesseur tait les secrets confiés au tribunal de la pénitence.

— Vous ne me méprisez pas trop ?

— Il n'appartient à personne de mépriser quelqu'un ; le mépris est une lourde pierre sous laquelle on écrase les malheureux ; mais si avant de la jeter on s'interrogeait soi-même, si on connaissait l'origine et les causes du malheur, on deviendrait plus indulgent ; si je vous méprisais je ne vous demanderais pas de me continuer la bonne amitié dont j'ai toujours été fier et dont je serai heureux maintenant, puisqu'elle me permettra de vous être utile.

— Que vous êtes bon ! dit Louise en tendant au médecin sa main blanche et amaigrie.

— Eh ! mon Dieu non, répondit M. Raymond, en saisissant la main du prêtre, voilà un jeune homme, voilà tout.

— Voyons, causons un peu, d'abord ma première ordonnance porte en tête : « quitter Lyon. »

— J'y avais songé, dit le prêtre, mais où aller ?

— Le voyage ne sera pas long, repartit le médecin ; je possède à Montluel une sœur, bonne vieille fille, qui n'a sur la terre autre chose à aimer que ses oiseaux et son chien ; je vous y conduirai demain ; elle vous accueillera comme une famille envoyée par Dieu, et je suis convaincu qu'il lui suffira de vous voir, vous et votre enfant, pour vous adorer tous les deux.

— Je ne puis pas accepter.

— Il le faut ; en qualité de médecin, je l'ordonne, comme ami, je vous en prie ; vous ne pouvez pas rester à Lyon, à chaque pas vous vous heurtez à un souvenir, à une pensée du passé, le corps paie toujours par sa santé les chagrins de l'âme, et que deviendrait ce cher enfant si un malheur....

— Je consens à tout, monsieur, et ma reconnaissance....

— Ne parlons pas de reconnaissance, le meilleur moyen de me la prouver c'est de m'obéir en vous laissant conduire par moi ; je vous demande pardon, Monsieur, continua le médecin en s'adressant au jeune prêtre, j'usurpe un peu vos fonctions de consolateur.

— Vous vous en acquittez trop bien, répondit en souriant M. Duméry, pour que je ne vous pardonne pas. Allons, madame, du courage, on ne doit jamais désespérer, le désespoir est le doute, l'espérance est la foi ; et Dieu ne veut pas qu'on doute de sa bonté.

La jeune femme tendit une main à chacun de ses deux amis, quelques larmes glissèrent silencieuses sur son visage pâle, mais un de ces ineffables sourires, que le cœur envoie aux lèvres, disait qu'elle souffrait moins.

Le médecin et le jeune prêtre causèrent encore longuement avec Louise, ils prirent ensemble toutes les dispositions nécessaires pour le prochain départ de la jeune femme ; et il fut convenu que M. Duméry l'accompagnerait dans la voiture de M. Raymond, jusqu'à Montluel.

Le médecin sortit le premier, car il comprit que sa tâche était terminée, et que celle du prêtre commençait.

Avec la confiance, la religion était entrée dans le cœur de Louise ; la grande douleur est irréligieuse ; lorsqu'on souffre beaucoup, on est plus près du blasphème que de la prière ; on ne revient à Dieu que lorsque l'espérance, semblable au soleil, a chassé sous ses chauds rayons les nuages qui obscurcissaient ce ciel bleu, qu'on appelle l'avenir.

C'était un tableau digne du pinceau d'un maître, que celui de la petite mansarde, éclairée par la lumière tremblante d'une bougie.

Au premier plan, se détachait la noble et sévère figure de M. Duméry, assis auprès du lit, les mains jointes sur la poitrine, le regard baissé vers la terre ; ses longs cheveux noirs retombaient en boucles élégantes sur un cou légèrement incliné ; l'homme de Dieu écoutait la confession de

la femme du monde sans qu'un fibre de sa physionomie trahit la plus légère émotion; on eût dit un ange étranger à toutes les passions de la terre. Parfois, ses grands yeux bleus, se levant sur la pénitente pleins de miséricorde et d'indulgence, semblaient dire : « courage et espérance, » les deux mots d'ordre, à l'aide desquels le prêtre relève du champ de bataille de la société, les blessés et les mourants. Louise était couchée, sa main droite soutenait sa tête, les larmes, — rosée du cœur, comme les appelle poétiquement lord Biron, — inondaient son visage : sa voix, au timbre sec et vibrant, se perdait quelquefois dans les sanglots.

La confession est de nos pratiques religieuses celle qui a soulevé le plus de polémiques; mais en allant au fond de la question, on trouve les attaques dirigées, non contre la confession elle-même, mais contre les confesseurs.

Toute faute a pour première expiation l'aveu : à qui le faire? à Dieu ; mais Dieu est bien loin, notre faible imagination s'effraie à la pensée de sa toute puissance, il nous faut des devoirs, des pratiques qui établissent nos rapports avec lui, il faut un intermédiaire entre lui et nous, il faut, après le péché, l'absolution que nous entendons, le conseil qui dirige et guide notre vie nouvelle, purifiée de son passé.

Le criminel qui sort du tribunal de la pénitence est meilleur, car une voix lui a dit : « Dieu te pardonne » ; il marche, débarrassé de ses souillures, confiant dans l'avenir, car une voix lui a dit: « espère. »

La confession est surtout nécessaire à la nature expansive de la femme ; il est de ces secrets qu'il lui faut garder seule sous peine de se proclamer infâme, ces secrets sont la gangrène qui flétrit le cœur, ou le poison lent qui conduit au tombeau; le confessionnal, pour ces victimes de leur imagination et de leur faiblesse, devient un creuset où, en se purifiant, les nobles instincts reprennent leur puissance.

Louise se tut, le jeune prêtre lui parla quelque temps avec la chaleur, et les larmes s'arrêtant d'elles-mêmes, le visage de la jeune femme se teignit d'une douce mélancolie.

M. Duméry regarda sa montre.

— Trois heures, dit-il en se levant, je vous laisse ; vous avez besoin de quelques heures de repos, demain matin nous partirons à l'heure qu'il vous plaira.

— A dix heures, si cela vous est indifférent.

— A dix heures soit, répondit M. Duméry, vous serez prête....

— Mes préparatifs seront bientôt faits, fit Louise en jetant un mélancolique regard autour de la mansarde.

Le jeune prêtre partit. La distance qu'il avait à parcourir pour rentrer chez lui était grande: car il demeurait dans le quartier Saint-Paul, près de l'église dont il était l'un des vicaires ; mais il ne calculait jamais une fatigue lorsque cette fatigue pouvait être utile à quelqu'un, et ce soir il avait une bonne action à ajouter à toutes celles dont sa vie était déjà si pleine.

Les Brotteaux sont, pendant la nuit, habituellement déserts, à l'époque seule du carnaval sont envahis par la joyeuse foule qui se rend aux bals masqués, jetant sur son passage les refrains des quadrilles à la mode, hurlant, vociférant, préludant au plaisir comme les sauvages de l'Amérique préludent aux repas funèbres dans lesquels on sert, rôtie sur le gril, la chair des ennemis vaincus ; les honnêtes rentiers qui habitent le cours Morand et le quai d'Albret, et qui ont la naïveté de croire que la nuit a été faite par Dieu pour clore ses yeux sur le duvet d'un oreiller, ont adressé pétition sur pétition à l'autorité municipale chargée de veiller à la tranquillité publique. L'autorité municipale a rédigé des arrêtés écrits de ce style sec, concis, dont un bureaucrate a le secret, mais la trompette du *Chicard* a bravé les édits, et les *Pierrots* poussent des *ut* de poitrine à faire pâmer de plaisir une salle de spectacle.

Heureusement pour l'abbé Duméry, dont le costume se fût trouvé assez déplacé au milieu d'une bande de ces jeunes fous, on était au mois d'octobre et l'heure des saturnales nocturnes n'avait pas encore sonné ; il put donc franchir tranquillement l'espace qui le séparait du pont Morand. Malgré l'heure avancée de la nuit, un préposé au péage veillait aux portes. Les actionnaires du pont Morand sont insatiables, maîtres de tout le cours du Rhône compris entre les portes Saint-Clair et le pont de la Mulatière, ils prélèvent un impôt colossal sur la ville de Lyon, dont les habitants sont tous appelés aux Brotteaux par leurs occupations ou leurs plaisirs ; jamais leur rapacité n'a été prise en défaut, et lors de ces incendies qui brûlèrent les vastes chantiers de bois situés derrière la rue Sully, il fallut que la population lyonnaise qui accourait pour porter secours payât, son passage. Qu'importait à messieurs les actionnaires que les bras manquassent pour arrêter les progrès des flammes ? que leur importait ces fortunes que le vent dispersait dans ses tourbillons de fumée? Il y avait l'occasion d'une magnifique recette à faire; et l'important pour eux était de ne pas laisser échapper cette occasion. Il y a longtemps que cet impôt a fourni le prétexte de protestations très significatives, et, en 1786, trois pauvres diables furent pendus pour avoir refusé de le payer.

Quoiqu'en 1840 l'abbé Duméry ne courût plus la chance d'être pendu pour le même motif, il glissa sa monnaie dans la main de l'employé et continua son chemin en ayant soin de s'envelopper hermétiquement dans son manteau, car le vent soufflait avec violence, et l'on n'avait pas encore mis les plaques de tôles protectrices qui garnissent maintenant les garde-fous.

Le jeune prêtre arriva rapidement sur la place Saint-Georges où se trouvait la maison dans laquelle il habitait; il gravit dans l'obscurité les marches d'un escalier en spirale, et rentra chez lui.

L'appartement de l'abbé Duméry possédait toutes les qualités renfermées dans le mot confortable; il n'y avait ni luxe inutile, ni meubles sculptés, mais en revanche on y voyait tout ce qui rend la vie intérieure bonne et facile, tout ce « je ne sais quoi » qui fait qu'en entendant la bise siffler, et la pluie tomber rapide et retentissante sur le pavé de la rue, on se sent heureux de vivre parce qu'on n'a à souffrir ni du froid ni de l'humidité.

Une veilleuse, placée dans un réservoir de verre dépoli, répandait dans la chambre à coucher une douce clarté ; dans le foyer, les bûches, soigneusement recouvertes de cendre chaude, sommeillaient, prêtes à se réveiller au premier coup de pincettes et à lancer dans les airs leurs étincelles joyeuses ; sur une chaise, placée à l'angle de la cheminée, était étendue une robe de chambre en soie marron ; à l'autre angle, dans les profondeurs d'un fauteuil à la Voltaire, le corps ramassé sur lui-même, ronflait de toute la force de ses poumons une bonne vieille de soixante et dix-sept ans : c'était la domestique très canonique du jeune prêtre. La vieille Marguerite était, quant au physique, peu agréable à voir, sa petite figure ensevelie sous les plis d'une coiffe aux larges plis, avait une expression méchante ; sa bouche, que ne soutenaient plus des dents parties depuis longtemps, était cachée par un menton qui se relevait en décrivant un quart de cercle, tandis qu'un nez diapré de tabac tombait perpendiculairement dessus ; sous cette enveloppe peu séduisante Marguerite cachait un cœur d'or, et sa vie peut se résumer en un mot peu compris de nos jours: « dévouement. » Elle avait vécu non pour elle, mais pour les autres; élevée par le grand père de M. Duméry, elle avait été successivement la domestique du grand-père et du père, et lorsque la mort de ses parents eut fait l'abbé orphelin, elle vint s'établir chez lui avec son rouet, son chat et ses habitudes.

Au bruit qu'occasionna nécessairement l'entrée du jeune prêtre, elle se réveilla, étendit ses bras, poussa un long bâillement, et se mit à tisonner le feu comme par instinct.

— Comment, tu n'es pas encore couchée, Marguerite, dit M. Duméry ?

— Est-ce que j'ai l'habitude de me coucher avant que vous soyez rentré ?

— Je le sais bien, et c'est justement ce qui me contrarie; à ton âge on a besoin de repos.

— A mon âge on ne doit dormir que lorsque son maître dort.

Lyon, Imp. H. Storck.

Le dévouement de Marguerite était bien quelque peu tyrannique ; l'abbé le subissait sans se plaindre et n'avait pas le courage de la gronder ; aussi lui fallut-il boire sans murmurer l'infusion de tilleul que la vieille domestique venait de lui préparer ; son service achevé, elle se retira.

M. Duméry s'enveloppa dans sa robe de chambre, s'étendit voluptueusement dans un fauteuil et se mit à réfléchir aux évènements de la journée.

— Pauvre Georges, murmura-t-il ?

M. Duméry avait voué à Georges une amitié dont Pollux et Castor eussent été jaloux ; Georges, le libertin, dont le nom était dans toutes les chroniques scandaleuses, qui, dans un jour de son existence, avait plus commis de péchés que le prêtre n'en avait commis dans sa vie entière, Georges était adoré de ce jeune prêtre aux mœurs si sévères. Nous ne chercherons pas à expliquer cette affection, car elle est une exception ; les affections ont en général pour principe une sympathie de goûts et d'idées.

M. Duméry se mit à genoux sur son prie-dieu placé à la tête de son lit ; il resta longtemps absorbé dans une prière et prononça plusieurs fois le nom de Georges ; la prière achevée, le prêtre poussa un ressort caché dans un panneau de la boiserie sur lequel se trouvait un Christ d'ivoire, le panneau glissa sur lui-même et laissa voir le portrait d'une délicieuse femme en toilette de bal ; elle était blonde, et ses grands yeux bleus ombragés de longs cils avaient une expression de profonde tristesse.

— Marie, murmura le prêtre, en couvrant ce portrait de baisers, à toi ma dernière pensée de chaque soir, à toi ma première pensée de chaque matin. Le panneau glissa de nouveau sur lui-même, lorsque le prêtre releva la tête, il ne vit plus devant lui que le Christ d'ivoire.

— Mon Dieu, dit-il, pardonnez-moi.

Deux larmes glissèrent sur le visage de M. Duméry. — Dans cette existence en apparence si calme, il y avait un mystère, peut-être une faute !

CHAPITRE III.

La réunion des Six.

Le quartier Saint-Jean est le plus ancien de Lyon ; la ville construite à son origine sur la montagne de Fourvière, comme l'indique son nom latin LUGDUNUM « longue dune » ou « longue colline, » s'étendit insensiblement sur la rive droite de la Saône.

Au moyen-âge, la ville se trouvait divisée entre les trois pouvoirs qui se disputaient la priorité ; le clergé occupait toute la partie comprise entre la place Saint-Jean et la place du Gouvernement, la noblesse avait ses hôtels dans les rues adjacentes ; enfin, le commerce, qui devint au XVe siècle une puissance à la quelle les rois eux-mêmes eurent plus d'une fois recours dans leurs embarras financiers, avait établi ses comptoirs dans les rues avoisinant la place du Change, point central des opérations commerciales.

Pour le poète, pour l'artiste, pour l'archéologue, pour l'historien, le quartier Saint-Jean est un livre dans lequel il peut lire toute l'histoire du passé : quelques lignes sont effacées, mais l'imagination ou la science complètent le sens de la phrase inachevée ; c'est un livre illustré de vignettes d'or, semblable à ces missels sur lesquels s'usaient la vie et le travail de ces laborieux moines qui nous ont conservé les richesses littéraires de Rome et d'Athènes ; le temps en a terni les dorures, noirci les couleurs et les figures des images, mais le livre est encore précieux, et ses pages sont écrites en style sublime.

Au XIVe siècle il y eut à Lyon, comme une invasion italienne, le commerce s'accrut par l'arrivée de ces étrangers apportant avec leurs richesses cette habileté commerciale qui plaça si haut la réputation de l'Italie au moyen-âge. Les fortunes s'élevaient à des chiffres fabuleux. François 1er emprunta six millions à la banque de Lyon. Un simple particulier, Laurent de Cappony, pendant la famine de 1573, nourrit à ses frais quatre mille personnes durant un mois.

Les commerçants firent alors construire ces maisons élégantes qui existent encore dans le quartier Saint-Jean ; mais hélas ! la truelle stupide, le badigeon inintelligent, ont transformé ces pimpantes marquises, si séduisantes dans leur jeunesse, en affreuses vieilles, couvertes de blanc de ceruse et de carmin ; il faut être artiste pour deviner ce qu'elles ont été en voyant ce que la spéculation, le lucre, l'indifférence, les ont faites.

Grattez le plâtre de la première façade de ces antiques demeures et vous trouverez l'écusson d'une noble famille ; ayez le courage de parcourir la rue du Bœuf, peuplée aujourd'hui par ces marchands de bric-à-brac qui vendent aux pauvres les habits et les meubles dont les riches ne veulent plus ; soulevez le heurtoir en bronze de la maison portant le numéro 28, le marteau est un chef-d'œuvre de la Renaissance, époque féconde en chefs-d'œuvre ; entrez dans la maison portant le numéro 14, et vous serez dans le somptueux hôtel des Croppet de Varissan ; dans l'un des angles de la cour, il existe un puits au-dessus duquel s'élève une pyramide en pierre, qui fut érigée par les chanoines-comtes de Saint-Jean pour perpétuer le souvenir d'un service rendu par l'un des seigneurs de Varissan, qui en 1562, lors de la prise de Lyon par le baron des Adrets, cacha dans ce puits les titres les plus précieux de l'Eglise. Continuez votre course à travers ce musée de l'ancienne ville, saluez en passant le palais des seigneurs de Gadagne, de ces seigneurs si riches que leur nom passa dans le proverbe populaire, *riche comme Gadagne* ; jetez un regard sur la maison si coquette placée à l'angle de la rue Porte-Froc et de la rue Saint-Jean, cette maison a appartenu à François d'Estaing, chamarier de l'église ; le nom de la rue Porte-Froc « Porta Fratrum, » la porte des frères, vous rappellera une vieille coutume : une porte placée à l'angle de cette rue et de la rue de la Bombarde fermait le cloître, et c'était là que le Chapitre venait recevoir les rois et les revêtissait de l'aumuse et du surplis.

Nous n'en finirions pas si nous voulions détailler toutes les richesses archéologiques qu'on rencontre dans ce pieux pèlerinage à travers le vieux Lyon ; chaque pas amène un souvenir, le plâtre se mêle aux annales, et, dans presque toutes les maisons du quartier Saint-Jean, on voit les cages d'escaliers du moyen-âge, des arceaux gothiques, des sculptures de la Renaissance ; il existe sous le plâtre une seconde ville, c'est l'histoire taillée en pierre, moulée en bronze de notre passé.

Lorsqu'on revient de ce voyage, pendant lequel l'imagination, évoquant les souvenirs fournis par l'érudition, a peuplé toutes ces antiques demeures des poétiques figures qui les animaient autrefois, on se sent pris d'une amère tristesse ; on se demande ce que c'est que la gloire et la fortune pour lesquelles on sacrifie souvent sa vie et son honneur ; on se demande avec découragement, ce que signifie ce grand mot « avenir », qui résonne à l'oreille et enivre les têtes. L'avenir, pour nous, c'est un point perdu dans l'immensité, un atome du monde physique, un parfum que le vent dissipe. Que sont devenues toutes ces familles si riches, si puissantes, si fières de leurs splendides hôtels ? que sont-ils devenus eux-mêmes, ces splendides hôtels qui leur ont servi de tombeau et dont la pierre a été plus solide que leur renommée ? hélas ! le noble hôtel des seigneurs de Gadagne est actuellement occupé par une *gargotte* où l'on trempe la soupe à dix centimes, et son propriétaire, qui a beaucoup ri de notre ad-

pauvres pour trouver un avocat assez éloquent qui eût prouvé au jury qu'ils étaient pleins de vertus ; mais jamais il n'avait pu aborder les causes plus lucratives du mur mitoyen. Le procès Hémelin captivait alors l'attention publique ; on en attendait l'issue avec l'anxiété du boutiquier retiré du commerce attendant l'éclipse de lune annoncée ; l'avocat qui devait prendre la parole était l'une des gloires du barreau lyonnais ; la veille du jour fixé pour les débats, cet avocat tombe rapidement malade, grâce à un breuvage habilement administré par son médecin, notre ami Serrières, Fabre se présente pour le remplacer, il est accepté. Sa plaidoirie, préparée laborieusement pendant trois mois de veille, passe pour une improvisation. Hémelin, assassin de son père et de sa mère, est acquitté. Le succès de Fabre s'élève à la hauteur de la colonne Vendôme, nous chantons sa gloire dans tous les salons qui nous sont ouverts : Monce qui, en sa qualité d'ingénieur, rédige les articles scientifiques d'un journal quotidien, écrit sur ce procès une longue tartine qu'il fait reproduire par les journaux ; Fabre, ignoré hier, est maintenant un avocat distingué ; il mourait de faim, et il gagne aujourd'hui dix mille francs par an !

— Vingt mille, s'il vous plaît, interrompt Fabre en riant, mais mon triomphe ne vaut pas celui de Serrières.

Serrières tuait modestement les gens à un franc par visite ; prenant ainsi le chemin de la Charité, non pas comme médecin en chef, mais comme pensionnaire, lorsque la princesse de ***, traversant la ville de Lyon pour se rendre en Italie, est prise subitement des douleurs de l'enfantement. Accoucher une princesse, c'est tout un avenir de fortune pour un médecin ; l'Association vient en aide à l'obscurité de notre ami Serrières ; une des sommités médicales a été choisie par le prince, les domestiques de l'hôtel, payés par la caisse de l'association, nous nomment l'heureux médecin auquel l'honneur de l'accouchement est réservé ; Georges, désigné par le sort, se présente chez lui au moment où il va sortir pour se rendre aux ordres du prince. — Monsieur le docteur Martin, dit-il ? — C'est moi. — J'ai à vous parler. — Hâtez-vous, car je suis pressé. — Monsieur, vous m'avez insulté. — Moi ! — Hier, vous avez dit en plein café, que j'étais un lâche. — Vous êtes fou. » — La colère fait sortir le docteur de son caractère, la querelle se prolonge, et lorsque Georges le laisse libre il arrive à l'hôtel pour trouver la princesse accouchée par Serrières que le hasard a amené, à point, et qui, décoré par le prince, devient comme par enchantement l'un des médecins les plus en vogue de notre ville.

— Eh bien ! Messieurs, vous avez tous réussi, j'ai tenu mes promesses, que désirez-vous encore, dit Georges ?

— L'appétit vient en mangeant, répondit Monce, l'ingénieur ; par ce que nous avons fait, nous avons la conscience de ce que nous pourrions faire ; les résultats obtenus nous disent ceux auxquels nous pouvons atteindre. Notre association grandit avec nous, et sa puissance s'augmente de notre force ; nous étions inconnus, elle nous a rendus célèbres : nous étions pauvres, elle nous a faits riches, nous isoler les uns des autres, c'est retourner à notre point de départ ; rester unis, c'est marcher à pas de géant au but que chacun de nous a rêvé.

— Et quels sont vos rêves ?

— Je veux vingt mille francs de rente et la croix de la Légion-d'Honneur.

— Vous les aurez, répondit froidement Georges.

— Moi, je demande, dit Paul Martin, un capital de trois cent mille francs, pour m'établir fabricant.

— A quel époque ?

— Dans un an.

— Dans un an, à pareil jour, la caisse de l'association mettra à votre disposition la somme que vous désirez.

— J'ai manifesté le désir d'être député, s'écria de Thézieux.

— Aux prochaines élections, tu seras le candidat de l'opposition, et je me charge seul de la réussite de ta candidature.

Maintenant, Messieurs, à mon tour de dire ce que j'exige de vous.

— Parlez, s'écrièrent en même temps tous les jeunes gens.

— Seul de l'association, je n'ai jamais rien voulu pour moi-même, aujourd'hui je serai exigeant, car il s'agit pour moi plus que d'une ambition à satisfaire, il s'agit du bonheur de ma vie entière.

— Qu'est-ce donc, demanda de Thézieux, avec un sentiment mêlé d'intérêt et de curiosité.

— Permettez-moi de me taire, c'est un secret. Quelqu'un d'entre vous connaît-il M. Brenilliers ?

— Moi, répondit Paul Martin. M. Brenilliers est un fabricant, un habile fripon, qui a réalisé rapidement une brillante fortune, orgueilleux comme tous les parvenus, dur et cruel pour l'ouvrier, mais cachant ses vices sous le voile de la religion : il est de toutes les confréries, et chaque année on le voit aux processions de la Fête-Dieu, armé d'un long cierge, la tête au soleil, les yeux pieusement baissés vers la terre.

— C'est bien cela, fit Georges, qui, pendant que Paul Martin parlait, avait parcouru de regard quelques notes écrites au crayon sur un calepin. Il faut que dans quinze jours, cet homme nous appartienne, qu'il n'y ait pas dans sa vie un seul secret dont nous ne soyons les maîtres.

— Comment ?

— Cette lettre m'apprend que M. Brenilliers a gagné un procès à l'aide d'un titre faux ; Fabre ira trouver son adversaire et le décidera à en rappeler. M. Brenilliers est malade, je lui ferai prendre Serrières pour le traiter : il est des secrets qu'on ne confie qu'à un médecin ; Serrières fera, à son tour, accepter Monce par l'architecte des maisons que son nouveau client fait construire ; enfin, pour pénétrer dans les mystères de sa fortune et de ses spéculations commerciales, Paul entrera chez lui en qualité de premier commis.

— Mais, fit Paul Martin, il faudrait pour cela que la place du premier commis fût vacante.

— Elle le sera bientôt : le premier commis actuel n'a que vingt-cinq ans, il est trop jeune pour résister longtemps aux séductions de Florette, à laquelle la caisse de l'association allouera quatre mille francs pour enlever le jeune homme, et nous en débarrasser pendant un mois.

— Adopté.

Le timbre tinta trois fois. A ce signal, qui était celui dont se servaient les membres de l'association pour se faire ouvrir, il y eut parmi les jeunes gens un mouvement d'effroi.

— Y aurait-il un traître parmi nous, dit Georges ?

Personne ne lui répondit, et aucun regard ne se baissa devant son regard interrogateur.

Le timbre tinta de nouveau ; cette fois, plus sec, plus vibrant : on devinait que l'impatience s'emparait du visiteur inconnu.

— Messieurs, fit Georges, il vaut souvent mieux aller au devant du danger que de le fuir ; laissez-moi seul ; mais surveillez ce qui va se passer afin de me venir en aide si j'ai besoin de vous.

Les cinq jeunes gens disparurent par les portes cachées dans la boiserie. Georges répara rapidement le désordre de l'appartement, prit des pistolets dont il fit jouer les batteries, puis, appuyant le pied sur le ressort qui ouvrait la porte d'entrée, il attendit.

Un homme d'une cinquantaine d'années, à la tournure élégante, vêtu d'un habit bleu à boutons de métal, recouvert d'un paletot marron, pénétra dans le sanctuaire réservé aux délibérations secrètes avec l'aisance et la dignité d'un ambassadeur entrant dans les salons d'un ministère.

Georges l'examina avec attention : il ne le connaissait pas ; ses lèvres s'entrouvraient pour lui demander ce qu'il désirait ; celui-ci ne lui en laissa pas le temps.

— Mais c'est admirable, monsieur le comte, s'écria-t-il !

Georges tressaillit.

L'étranger, appliquant son lorgnon sur l'œil, se mit à regarder les détails de l'ornementation avec cette joie radieuse d'un archéologue érudit devant un chef-d'œuvre.

— Du Louis XIII le plus pur, continua-t-il, qui diable se douterait que la rue Juiverie possède une pareille merveille.

— Monsieur, répondit Georges, j'attends que vous me disiez qui vous êtes et ce que vous voulez.

— Ce que je veux, d'abord quant à mon nom, vous ne le saurez qu'autant que ma proposition sera acceptée par vous.

— Quelle proposition ?

— Celle d'une entreprise commerciale qui vous permettra d'arriver rapidement à la fortune qui vous est nécessaire pour réaliser vos projets, et je crois même votre bonheur.

L'étranger appuya sur les derniers mots de sa phrase comme s'ils renfermaient un sens que Georges devait saisir.

— Dois-je me fâcher ou rire, répondit celui-ci ?

— Ni l'un ni l'autre ; vous fâcher, serait inutile, avant de venir ici j'ai pris mes précautions ; vous avez des armes, j'en ai aussi, — et il montra les crosses luisantes de deux pistolets ; — rire, serait perdre une occasion superbe de sortir de la position gênée dans laquelle vous vous trouvez.

— Pourrai-je, du moins, savoir ce qui me vaut l'intérêt que vous me portez ?

— Votre réputation.

— Ma réputation ?

— Vous avez ce que j'aime dans un jeune homme : l'activité du plaisir qui fait qu'on se ruine, et l'activité du travail qui fait qu'on s'enrichit ; puis, j'ai sur vous un avantage immense : vous ne me connaissez pas, et je vous connais.

— Vous me connaissez ?

— En voulez-vous une preuve : Monsieur le comte de Fargues, vous vous nommez Georges Duval.

Georges pâlit légèrement ; mais il se rendit rapidement maître de cette émotion, et s'approchant d'un riche bureau qui se trouvait placé contre la boiserie par laquelle les cinq jeunes gens étaient sortis, il ouvrit un tiroir, et lut sur une carte ces deux mots écrits au crayon : *Roncey, banquier* ; il revint près de la table, feuilleta pendant quelques instants un livre relié en maroquin rouge et arrêta son regard sur une page en tête de laquelle se lisait : *Banquiers*. Georges venait d'égaliser la partie ; il offrit un fauteuil à l'inconnu et s'assit en face de lui.

L'étranger avait un regard fixe et scrutateur, son nez aquilin et un peu fort lui donnait une ressemblance avec un oiseau de proie ; et cependant son embonpoint, sa figure colorée, un sourire bienveillant pouvaient, aux yeux de beaucoup de personnes, le faire passer pour ce que, dans le monde, on appelle un excellent homme.

— Nous commençons à nous entendre, fit-il, en se carrant commodément dans un fauteuil ; causons donc tranquillement, et surtout, je vous en prie, laissez de côté cette petite susceptibilité d'amour-propre, qui est l'apanage des esprits étroits et mesquins, et qui me gênerait beaucoup pour la proposition que je viens vous faire.

— Parlez, je vous écoute.

— Je suis riche, et c'est à moi seul que je dois mes richesses ; parti sans fortune, je suis arrivé par la persévérance et le travail.

Un sourire ironique plissa les lèvres de Georges.

— Avec ce que je possède je puis vivre largement ; avoir le luxe qui éblouit et le confortable par lequel on est heureux : mais, à mon avis, la vie sans spéculations financières est impossible ; les spéculations sont pour moi ce qu'étaient les guerres pour Napoléon.

— La comparaison est flatteuse.

— Pour moi ?

— Non, Monsieur, pour Napoléon.

L'ironie de Georges n'était plus transparente ; elle frappait en pleine poitrine, l'étranger ne la comprit pas ; absorbé en lui-même, il était dans un de ces moments où l'on s'écoute parler ; sa figure était épanouie au souvenir de ses hauts faits ; il savoura voluptueusement la prise de tabac qu'il avait puisée dans une magnifique tabatière en platine : Georges contemplait, avec un sentiment de profond dégoût, cet homme qui, selon une expression triviale, mais qui rend notre pensée, se déboutonnait sans pudeur devant lui, car, notre héros qui, dans sa vie passée, s'était plongé dans tous les vices du bas étage, n'était jamais cependant descendu assez bas pour qu'il perdît les nobles instincts de loyauté et d'honneur ; il avait commis des fautes et non des crimes ; coupable aux yeux du monde qui juge d'après les actes sans tenir compte des intentions, il avait été plus faible que vicieux.

— Monsieur, dit-il, arrivons au fait.

— J'y arrive, je sais que vous êtes dans un de ces moments fatals où votre avenir va se jouer.

— Comment ?

— Ne m'interrogez pas, ne me demandez pas d'où je tiens mes renseignements sur votre compte, je ne vous répondrais pas ; je continue. Je vous disais que votre avenir allait se jouer ; mais pour mettre de votre côté les chances favorables, il vous faut une fortune.

— Quand il en serait ainsi, quel rapport ma position a-t-elle avec votre visite ?

— Vous ne le devinez pas ?

— Non.

— Eh bien ! je veux vous donner la fortune qui vous manque.

— Vous êtes trop bon, répondit Georges, en souriant avec dérision.

Combien voulez-vous : un million, deux millions ? je me charge de vous les faire gagner.

— Vous avez découvert une mine d'or.

— Oui.

— Où ?

— A Lyon.

— Si votre intention est de me faire deviner un logogriphe, je vous avouerai que je suis très peu habile en ce genre de divertissement d'esprit.

— Je vais parler plus clairement. Depuis quelques années, le jeu est devenu, à Lyon, un vice à la mode : les spéculations de la bourse ont développé cette passion, et plusieurs fils de famille ont perdu leur fortune sur le tapis vert, tandis que plus d'une faillite d'un fabricant a pu trouver son explication dans les chances défavorables du lansquenet. Dans les maisons où l'on joue, on n'admet que des personnes connues ; aussi les chevaliers d'industrie, rapidement découverts, ne tardent-ils pas à être expulsés. Supposez une association de jeunes gens....

Au mot d'association, Georges tressaillit ; il crut que son interlocuteur connaissait le secret des SIX ; l'étranger ne vit pas ce mouvement d'effroi, ou n'eut pas l'air de le voir.

— Ces jeunes gens, continua-t-il, convenablement placés dans la société, patronés par leurs noms et leurs positions, corrigeraient les rigueurs du sort et se le rendraient favorable par des moyens connus, mais qu'on n'oserait soupçonner chez eux ; ils débuteraient du reste par perdre des sommes colossales, éloignant ainsi tout soupçon et donnant par l'appât du gain une nouvelle activité au jeu.

Georges voyait parfaitement où l'étranger voulait en venir ; mais son but était de l'amener à se livrer à lui complètement.

— Mon Dieu ! Monsieur, fit-il avec une admirable naïveté, je ne me rends pas compte de ce que je puis avoir à faire dans tout ceci.

— Vous vous chargerez de trouver les jeunes gens ; dans vos relations de société vous avez dû rencontrer beaucoup de ces élégants dont l'existence est un mystère, la fortune un mythe, et qui ne reculeront pas devant ces considérations exagérées de ce que beaucoup d'imbéciles appellent l'honneur.

— Oui, mais qui reculeront devant la crainte des galères.

— « Qui ne hasarde rien n'a rien. » C'est un proverbe vieux comme le monde. Vous vous mettrez à la tête de l'entreprise, car c'est là une véritable entreprise ; nous pren-

ration pour la vaste cheminée de sa cuisine, à laquelle il préférerait un fourneau économique, se trouve mal à l'aise dans ces appartements où logèrent les rois ; la maison de François d'Estaing est maintenant une fabrique de bretelles, l'hôtel du Gouvernement est transformé en restaurant ; des rouliers culottent leurs pipes dans les chambres habitées jadis par le comte de Soissons, la reine de Suède, le prince de Conty, et l'on joue aux cartes dans la salle où moururent Camille de Neuville et le maréchal de Villeroy !

La rue Juiverie, qui tire son nom des Juifs qui l'habitaient au moyen-âge, est incomparablement la plus belle de l'ancienne ville, cette rue a eu ses jours de gloire et de fastes : Charles VIII et Louis XII y donnaient des fêtes et des tournois ; et tandis que les chevaliers gagnaient leurs éperons d'or sous les yeux de leurs souverains, les valets ou écuyers organisaient des joûtes dans la rue *Pepin*. Ces joûtes étaient un spectacle grotesque. En travers de la rue, on suspendait un pot de terre, vulgairement appelé *Tupin*, on le remplissait d'eau, on attachait un anneau au-dessous ; les joûteurs habiles, montés sur leur cheval, enfilaient l'anneau avec une lance, et l'eau tombait sur la croupe du cheval sans les toucher ; les maladroits qui brisaient le vase étaient inondés. A la suite de ces jeux, défendus quelques années plus tard, la rue Pepin échangea son nom contre celui de Tupin, qu'elle a conservé jusqu'à ce jour.

François I*er*, se rendant en Italie, lors de cette malheureuse campagne dans laquelle il perdit à Pavie *tout fors l'honneur*, habita la maison de la rue Juiverie, portant le nº 14, qui est maintenant occupée par des ouvriers ; dans cette même rue, dans la maison portant le nº 8, on voit au fond de la cour une galerie couverte unissant les deux ailes du bâtiment ; cette galerie fut construite par Philibert Delorme, pour Antoine Builloud, général des finances de la Bretagne.

Georges habitait le premier étage de la maison de la rue Juiverie portant le nº 10 ; cet appartement, que nous avons visité avant d'écrire ce chapitre, a une physionomie particulière : on y trouve un mélange de toutes les époques archéologiques.

La chambre dans laquelle se trouvait Georges, le lendemain de sa victoire sur Berger, est d'une hauteur prodigieuse ; la lumière y tombe par une lanternaue en verre placé au centre du plafond, les murs recouverts de bois peint en couleur de chêne sont encadrés de baguettes et de sculptures d'or ; en face de la cheminée, sous le manteau de laquelle dix hommes pourraient être assis à l'aise, sont placées deux fontaines en pierre sculptée ; l'ornementation appartient au règne de Louis XIII.

Trois vastes salons, dans lesquels on pénètre de la chambre où nous avons introduit le lecteur par des portes cachées dans la boiserie, sont décorés dans le même style ; un boudoir complète l'appartement, délicieux boudoir peint à fresque, nid coquet, où il a dû se débiter plus d'un propos d'amour.

Georges, assis devant une large table couverte de papier et de lettres ouvertes, était abîmé dans ses réflexions ; on devinait à la pâleur de sa figure, qu'une pensée dominait chez lui toutes les autres.

Huit heures du soir sonnèrent à la pendule, Georges releva la tête, c'était l'heure fixée pour la réunion.

Le dernier son du timbre s'était à peine évanoui dans le silence glacial de l'appartement, qu'un autre timbre d'un ton plus grave tinta trois fois ; sans quitter son fauteuil, le jeune homme appuya le pied sur un ressort placé dans le parquet ; on entendit le bruit d'une porte qui s'ouvrit et se ferma rapidement. Un nouveau personnage entra et se débarrassa d'un manteau dans lequel il avait moins cherché à se préserver du froid qu'à se cacher.

Ce personnage était celui avec lequel Georges avait échangé quelques mots à voix basse au café Berger.

Il se nommait Lucien de Thézieux ; il avait vingt-huit ans. D'une taille au-dessous de la moyenne, il possédait cette grâce de tournure que la nature a donnée aux petits hommes comme aux petites femmes, pour les dédommager de la dignité qu'elle leur a refusée ; sa figure pâle était expressive, ses yeux noirs traduisaient, avec la rapidité de l'électricité, ses plus fugitives pensées ; ses lèvres minces se plissaient dans un sourire moqueur ; il plaisait aux gens d'esprit qui n'ont pas peur de la moquerie, il était détesté par tous les sots qui la craignent.

— Comment, je suis arrivé le premier, s'écria-t-il en souriant, c'est exemplaire !

— As-tu écrit aux SIX, demanda Georges ?

— Très-exactement.

— Tu as indiqué huit heures comme l'heure du rendez-vous ?

— Oui.

— C'est bien.

Georges retomba dans son silence et se mit à lire quelques lettres. Lucien de Thézieux alluma un cigare à l'une des vingt bougies qui brûlaient dans deux candélabres en bronze doré, pirouetta sur ses talons et se promena de long en large en fredonnant un air d'opéra.

— Georges, fit-il tout-à-coup, en se plaçant en face de son interlocuteur, si femme te résistait et qu'elle donnât à un autre l'amour que tu lui demandes, que ferais-tu ?

— Il y a un an, j'aurais brûlé la cervelle à cet homme ; aujourd'hui je le laisserais tranquille et je m'inquiéterais aussi peu de la femme que de la cendre du cigare que tu fumes en ce moment.

— Mon cher ami, tu es comme le vin, tu deviens meilleur en vieillissant ; moi, je suis comme le lait, je deviens plus mauvais ; il y a un an, j'aurais laissé à cet homme sa maîtresse ; aujourd'hui, je le tuerai.

— Et après ?

— Après, la femme sera à moi.

— Après.

— Eh bien... ! c'est tout.

— Non ce n'est pas tout, tu n'aimeras pas cette femme, et tu n'en seras jamais aimé, car entre elle et toi se trouvera un cadavre ; tu auras de plus pour ta vieillesse un souvenir, que l'expérience changera en remords.

Ce langage sévère et moral n'avait pas toujours été, à ce qu'il paraît, celui de Georges, aussi Lucien allait-il lui répondre, lorsque le timbre sonna trois fois. Georges appuya le pied sur le ressort ; quatre jeunes gens, enveloppés de larges manteaux, entrèrent rapidement.

La réunion était au complet.

Le costume des nouveaux arrivants était celui des hommes du monde élégant : le plus âgé avait trente ans à peine, le plus jeune vingt-cinq. Comme chacun d'eux joue un rôle important dans cette histoire, nous croyons utile de donner, en quelques lignes, l'esquisse de leur physionomie particulière.

Marc Fabre était avocat, il avait de l'esprit, une jolie tournure, il parlait avec cette facilité fatigante que l'on acquiert au barreau ; amoureux de sa personne, il trouvait très-naturel que toutes les femmes eussent de lui l'excellente opinion qu'il en avait lui-même ; il était laborieux et il avait passé les heures que la jeunesse sacrifie aux plaisirs, dans l'étude aride du droit ; il s'était déjà fait un nom par quelques plaidoiries remarquables.

Julien Serrières était médecin, cachant sous des dehors légers un caractère sérieux, sous un langage futile une science profonde ; il était le médecin à la mode des salons aristocratiques ; sa réputation lui permettait de tuer ses malades sans qu'on le trouvât mauvais, il abusait peu de ce privilége des grands docteurs, et il venait d'obtenir dans un concours le titre de chirurgien en chef de l'un des hospices de Lyon.

Paul Martin était commis et intéressé dans l'une des premières maisons de fabrique ; élevé chez des ouvriers en soieries, ouvrier lui-même jusqu'à l'âge de dix-huit ans, il avait quitté la *banquette* pour le comptoir ; habitué au labeur, il avait courbé la tête sans murmurer sous le joug oppressif et tyrannique du patron ; non pas qu'il manquât d'énergie, mais il possédait, avec la conscience de sa position, cette ténacité qui rampe pour s'élever, qui s'humilie et se fait esclave pour être plus tard dominatrice et maîtresse. Paul Martin ne voyait dans sa vie qu'un but à atteindre : la fortune; et pour atteindre ce but, il eût vendu son âme au diable, si le diable eût voulu l'acheter; il avait en haine les riches, mais sa haine n'était pas la haine impuissante qui se croise les bras et jette l'insulte; il voulait s'enrichir pour devenir l'égal de ceux qui l'avaient torturé.

Maurice Monce était ingénieur; élève distingué de l'école centrale, il avait assez de talent pour se passer d'intrigue, et assez d'intrigue pour se passer de talent.

Les jeunes gens s'assirent autour de la table; Georges se leva.

— Messieurs, dit-il, je vous ai réunis pour vous faire une communication d'une haute importance, je demande à me retirer de l'association.

— Nous refusons, répondirent en chœur les cinq jeunes gens.

— C'est moi qui ai fondé l'association, continua Georges, et je me crois en droit de la rompre.

— Ce droit, fit Fabre, qui, en sa qualité d'avocat, prenait la parole dans toutes les discussions, ce droit n'existe pas plus pour vous que pour nous, et votre titre de fondateur ne vous le donne pas ; pourquoi, Georges, nous abandonner dans l'entreprise que nous avons faite ensemble et dont nous sommes sur le point de recueillir les résultats. Une entreprise inachevée est une entreprise manquée ; vous retirer de nous, c'est compromettre notre avenir que nous vous avions confié.

— Je ne reviendrai pas sur la détermination que j'ai prise.

— Veuillez alors me faire passer le livre des statuts de la société.

Georges ouvrit un bahut en chêne sculpté, prit une cassette de fer et en tira un livre, qu'il remit à Fabre.

— Vous rappelez-vous l'article 6, demanda l'avocat?

— Parfaitement.

— Je crois que vous l'avez un peu oublié, permettez-moi de vous le rappeler, et Fabre lut à haute voix :

Article 6.

« Tout membre de l'association qui voudra se retirer, ne le pourra que d'après l'assentiment unanime des autres membres; dans le cas où, malgré un vote négatif, il persisterait à se retirer, comme sa retraite peut, par les secrets qu'il possède, porter un grave préjudice à l'association et compromettre son existence, il sera déclaré traître et félon; chacun des associés se battra en duel avec lui jusqu'à ce qu'il soit tué ; les noms des membres seront tirés au sort pour fixer l'ordre à suivre dans les duels. »

— M'avez-vous écouté, Georges, fit l'avocat?

— Oui.

— Eh bien ?

— Faites ce qu'il vous plaira.

Sans se départir de son calme habituel, Paul Martin écrivit chacun des noms des associés sur un morceau de papier, les déposa dans une urne, et la présentant à Georges :

— Pourriez-vous être assez bon, dit-il, pour tirer vous-même.

— Volontiers.

Le premier nom fut celui de Lucien de Thézieux, les autres noms se succédèrent dans l'ordre suivant : Paul Martin, Fabre, Monce, Serrières.

Il y eut alors un moment de désordre, les jeunes gens causaient à haute voix, le visage enflammé par la colère, Georges seul, impassible et calme, semblait être étranger à la scène qui se passait autour de lui. Lucien de Thézieux, que le sort venait de désigner pour son premier adversaire, s'approcha de lui.

— Georges, dit-il, tu sais combien je t'aime, tu sais l'amitié que je t'ai vouée et qui ne reculerait devant aucun sacrifice ; veux-tu, qu'esclave du serment qui me lie, je sois forcé à me battre avec toi.

La voix tremblait aux lèvres de Lucien; il y avait dans son regard une expression de douleur poignante, Georges lui tendit la main.

— Tu as un bon et noble cœur, je t'aime, moi aussi pour ta franchise et ton dévouement; je ne me battrai pas avec toi.

— C'est impossible.

— Il me sera peut-être bien permis de me laisser tuer.

— Tais-toi, Georges, ne parle pas ainsi, la pensée de ta mort, venue de moi, serait un remords pour ma vie entière; soit, je n'irai pas à ce duel ; je me ferai sauter la cervelle.

— Non, mais comment revenir sur la détermination que je viens de prendre à la face de tous ? j'aurais l'air d'avoir peur.

— Ton courage est au-dessus de tout soupçon.

— Eh bien ! j'accepte pour toi, pour toi seul, entends-tu, je consens à rester encore pour quelque temps membre de l'association.

— Mais quel est le motif qui t'avait fait prendre la résolution de nous quitter.

— C'est un secret dont je te dirai le premier mot : je suis amoureux.

— Toi ! s'écria Lucien, avec un tel étonnement qu'il trahissait un peu de scepticisme.

— Oui, moi, amoureux, comme tu l'as été peut-être à dix-huit ans, avec toute la poésie d'un cœur vierge, avec toutes les illusions du printemps de la jeunesse ; et avec cet amour m'est venue la honte de ma vie passée, de ces débauches dans lesquelles j'ai flétri mon corps ; avec cet amour m'est venue la pensée de la réhabilitation ; Georges, le mauvais sujet, est mort pour faire place à Georges l'honnête homme ; mes yeux se sont ouverts à la lumière, j'ai compris qu'entreprendre une lutte contre la société était sottise et duperie ; que cette croisade contre les vices du monde était la lutte ridicule de Don Quichotte contre un moulin à vent ; que pour trouver le bonheur il fallait vivre de l'existence normale de tous.

Georges parlait avec la chaleur qu'on a toujours sous l'impression d'un sentiment vrai; Lucien l'écoutait sans l'interrompre ; mais lorsqu'il eut fini :

— Mon ami, lui dit-il, je te remercie de m'avoir confié une partie de ton secret, le jour où tu m'en croiras digne, tu me le confieras en entier ; laisse-moi maintenant faire part à ces Messieurs de...

— Non, je préfère leur parler moi-même.

Georges éleva la voix, il se fit un religieux silence.

— Messieurs, dit-il, est-il quelqu'un parmi vous qui pense que je puisse reculer devant un danger?

Tout le monde se tut.

— Est-il quelqu'un parmi vous qui pense que je pâlirais devant la gueule d'un pistolet ou la pointe d'une épée ?

Personne ne répondit.

— Je vous remercie de la bonne opinion que vous avez de moi, parce qu'alors il me sera permis de vous dire, sans vous expliquer le motif de ma conduite, « oubliez ce que j'ai dit, il y a un instant, je suis encore des vôtres. »

Cinq mains se tendirent vers Georges, et pressèrent la sienne avec effusion.

— Bravo ! dit Paul Martin, tout est oublié, c'était mal à vous, Georges, de vous éloigner de nous. N'est-ce pas vous, qui êtes venu nous tirer de notre insouciance en nous dire: « Vous êtes des sots et vous ne réussirez à rien, vous êtes isolés, sans fortune, réunissez-vous ; remplacez l'argent qui vous manque par l'association, unissez vos faiblesses séparées et vous en ferez une force locomotrice ; Lyon est une ville neuve où les vices fleurissent au soleil de l'indifférence comme les bluets dans un champ de blé, servez-vous de ces vices comme d'échelon pour arriver à la richesse à laquelle vous marchez tous par des chemins différents ; soyez dévoués à la cause commune, la réussite est certaine. » Et, pour justifier vos promesses, trois mois après que nous eûmes signé le pacte qui nous liait ensemble, grâce à vous, nous étions déjà sortis de notre obscurité.

Fabre croupissait dans son cabinet désert, son nom était inscrit sur le tableau des avocats, il avait été quelquefois nommé d'office pour défendre la vie d'affreux coquins, trop

drons Lyon pour le centre de nos opérations. Lyon est une bonne ville, facile à exploiter ; Vichy, Spa, Aix, Bagnères, nous fourniront aussi, pendant la saison des eaux, l'occasion de réaliser de magnifiques bénéfices.

— Vous me proposez simplement de diriger une association de *Grecs*.

— De Grecs soit, le nom ne fait rien à l'affaire.

— J'avoue cependant que cette entreprise me répugne un peu.

— Des scrupules, jeune homme, fit l'étranger en riant, allons donc, les scrupules sont les illusions des spéculateurs; avec eux on meurt de misère, et de faim ; mais l'industrie que les journaux appellent si pompeusement « la reine du monde civilisé » n'est autre chose qu'un vol organisé sous le patronage de la loi. Que fait le commerçant ? il achète une marchandise avariée et la vend comme si elle était de première qualité; acheter le meilleur marché possible, vendre le plus cher possible, voilà en quoi consiste le commerce; c'est-à-dire tromper des deux côtés, et celui auquel on achète et celui auquel on vend, il n'y a de voleurs que ceux qui ont la sottise de se laisser prendre ; les autres sont proclamés habiles et honnêtes. Nous opérons sur le jeu comme les *boursiers* opèrent sur les rentes; remarquez, du reste, que la langue française a certaines considérations pour les joueurs *intelligents*; vous les appelez escrocs, elle les nomme *Grecs*, le mot est plus doux ; vous appelez « voler » ce qu'elle appelle gracieusement « corriger la mauvaise fortune. »

— Mais qui fournira les capitaux nécessaires pour mettre l'entreprise dans des conditions favorables ?

— Moi.

— Ah ! ce sera vous ; et quel est le chiffre que vous avez fixé ?

— Deux cent mille francs.

— Il y a de quoi perdre cinq parties d'écarté.

— Cinq cent mille francs.

— Peuh ! fit Georges avec dédain.

— Comment peu, mais c'est une somme énorme.

— Comme argent c'est quelque chose, mais vous n'exposez rien comme position, nos chances ne sont pas égales.

— J'expose cinq cent mille francs.

— Les donnerez-vous au moins de suite ?

L'étranger hésita.

— Vous voyez, dit Georges, vous avez déjà peur, je me soucie médiocrement de tenter cette spéculation : parlons d'autre chose :

— Non, non, pas du tout, je suis si sûr du succès de cette entreprise que je donnerais la moitié de la somme comme arrhes.

— C'est différent, avez-vous l'argent sur vous ?

— Non, mais ma signature suffit.

— Alors vous allez me faire un billet.

— A vue sur l'une des premières maisons de Lyon ?

— Si cela vous est indifférent, je le préférerais à ordre et sur la banque.

— Comme il vous plaira.

L'étranger paraissait vivement contrarié, il avait été entraîné au-delà de ce qu'il avait voulu faire, et pour décider Georges à accepter ses propositions, il avait été moins prudent qu'il ne s'était promis sans doute de l'être.

— Monsieur, dit Georges, ne serait-il pas nécessaire d'esquisser le plan d'un acte qui établirait clairement notre position respective et celle de nos associés ; car j'ai oublié de vous demander quelle part vous vous réserviez dans les bénéfices.

— Cinquante pour cent.

Et, prenant la plume, il écrivit pendant quelque temps en déguisant l'association sous le nom d'opération de banque.

— C'est parfait, dit Georges, en parcourant rapidement l'acte du regard, et en présentant une lettre de change à l'étranger, qui la remplit sans la signer.

— Maintenant, Monsieur, j'espère que vous ne me ferez plus mystère de votre nom.

— Nullement, je me nomme Charles Crozat et je suis capitaliste.

— C'est un bien beau nom, répondit le jeune homme, en accompagnant sa remarque d'un sourire moqueur.

On se rappelle que Georges, quelques minutes après l'entrée de l'étranger, s'était approché d'un bureau et avait lu dans une carte placée dans un tiroir ces mots écrits au crayon : « *Rancey, banquier*; » cette carte avait été écrite par Paul Martin qui, du salon dans lequel s'étaient retirés les cinq jeunes gens, avait reconnu le banquier à travers de petits verres qui remplacent dans certains endroits de gros clous dorés, et il s'était empressé de faire parvenir à Georges ce renseignement, en mettant la note qu'avait lue celui-ci dans un tiroir qui, glissant sur lui-même, établissait une communication entre les deux appartements ; on se rappelle encore que Georges, se rapprochant de la table, avait ouvert un livre relié en maroquin rouge et que son attention s'était fixée sur une page portant en tête le mot *Banquiers*, et il avait trouvé la note suivante : « M. Rancey, banquier, possède trois à quatre millions ; en 1820, il entra en qualité de commis dans la maison de banque dont il est aujourd'hui le chef; il fut l'amant de la femme de son patron et il a épousé la fille de sa maîtresse ; on le soupçonne de hâter par le poison la mort de Mlle de la Corèze, tante de sa femme dont il est l'héritier. »

Pendant toute la scène que nous venons de raconter, Georges savait donc parfaitement à qui il avait affaire.

Abandonnant subitement l'air moqueur avec lequel il avait écouté le banquier pendant toute la conversation :

— Monsieur, dit-il avec dignité, vous croyez me connaître mais vous me connaissez mal, et Georges Duval pas plus que le comte de Fargues ne peut être le complice de vos infâmes projets; si je vous ai écouté jusqu'au bout, c'est que j'ai voulu savoir jusqu'où irait votre lâche cupidité. Je vous connais moi aussi....

Le banquier devint pâle et s'agita convulsivement sur son fauteuil.

— Je refuse votre proposition, continua Georges, j'ai là votre traite que vous allez me signer, non pas du nom de Charles Crozat, qui est celui d'un honnête rentier de la Voûte, mais de celui de Rancey, qui est celui d'un banquier riche, considéré, parce que la considération s'attache à la fortune.

M. Rancey, blémissant de colère et de rage, porta instinctivement la main sur ses pistolets ; Georges, calme, les bras croisés, debout en face du banquier, le dominait de toute la puissance de son regard ; sa parole vibrante résonnait dans le silence profond de la vaste salle ; les positions étaient changées, et toute l'assurance du banquier avait disparu.

— Monsieur Rancey, dit Georges, n'êtes-vous pas ce commis qui, en 1820, débuta dans la maison de banque dont vous êtes le chef aujourd'hui et qui s'est élevé en étant, successivement, l'amant de la femme de son patron et l'époux de la fille de sa maîtresse ?

Le banquier regardait le jeune homme avec des yeux hagards ; le bonhomme avait fait place au joueur maladroit qui s'est laissé surprendre à faire sauter la coupe ; il pensa que l'audace seule pourrait le tirer de la position dans laquelle il s'était jeté ; dominant son émotion, il répondit d'une voix qu'il s'efforça de rendre ferme, mais qui, en dépit de lui-même, tremblait sur ses lèvres.

— Ma réputation d'honnête homme est ma seule réponse à vos infâmes calomnies.

— Votre réputation d'honnête homme, s'écria Georges, en riant d'un rire sardonique ; allons donc, vous oubliez que vous venez devant moi de vous dépouiller de votre hypocrite honnêteté ; ayez le courage d'écouter un peu vos vérités ; je sais que dans un salon, si je vous parlais ainsi, vous me souffletteriez pour me forcer de me battre avec vous ; car, dans le monde, il est certaines lois, dites d'*honneur*, auxquelles il faut se soumettre, et un peu de bravoure cache souvent beaucoup d'infamie ; mais nous sommes seuls et j'espère que vous mettrez à m'écouter la même complaisance que j'ai mise à vous entendre.

— Qu'avez-vous à me dire ?

— Vous allez d'abord me signer cette lettre de change?
— Jamais.
— Nous y reviendrons — car j'ai disposé de cette somme, et j'ai résolu de la rendre...
— A qui?
— Mais à ceux que vous avez dépouillés; le nombre en est grand, aussi ces deux cent cinquante mille francs, ne sont-ils qu'un faible à-compte, vous me les avez donnés et je les garde; avec cet argent vous vouliez faire des dupes, je ferai des heureux; vous souvient-il de M. Boursier?
— Je ne le connais pas.
— Dans ce cas, permettez-moi de vous raconter son histoire; elle est pleine d'intérêt; rien n'y manque, ni la partie sentimentale, ni la partie dramatique; un romancier pourrait en faire un roman tiré à vingt-mille exemplaires, un dramaturge, un drame qui aurait cent représentations.

Georges causait avec cette nonchalance et ce laisser-aller, qui donne tant de charme à la conversation; le banquier semblait cependant y trouver un médiocre intérêt : mais une volonté plus forte que la sienne le retenait cloué sur son fauteuil.

— M. Jules Boursier, continua Georges, qui, pendant ces quelques minutes de silence, avait considéré attentivement M. Rancey, M. Jules Boursier était un jeune homme de vingt-huit ans, ayant de l'esprit, de la tournure, mais sans fortune; employé dans une maison de fabrique, il attendait avec patience que le Hasard, cette divinité du paganisme, adorée en secret par les Chrétiens du xixe siècle, voulût bien lui sourire. Reçu dans le monde, il avait fait la connaissance d'un banquier riche à millions. Un soir, dans un bal, le banquier l'aborda le sourire aux lèvres : « Eh bien! mon ami, lui dit-il, quand nous marions-nous? Quand Dieu le voudra, répondit le jeune homme en souriant. — Alors je serai Dieu pour vous, je veux vous marier. — Vous? — Oui, comment trouvez-vous mademoiselle Henriette Mercier. — Très jolie et très aimable. — La prendriez-vous pour votre femme? — Je serais, en effet, obligé de la prendre pour l'épouser, car ses parents ne me la donneraient pas. — Bref, un mois après cet entretien, Jules Boursier épousait Henriette Mercier, et se trouvait à la tête d'un commerce dont les premiers fonds avaient été fournis par l'opulent banquier.

— Eh bien! Monsieur, dit M. Rancey, avec une feinte modestie, ce banquier était un honnête homme.

— Laissez-moi achever mon histoire, vous en tirerez ensuite la morale. Le banquier avait marié le jeune homme, parce que lui-même désirait Henriette, et que, ne pouvant faire de la jeune fille sa maîtresse, il avait pensé qu'il arriverait plus facilement à ses fins en lui donnant pour époux un homme qui lui devrait sa position; malheureusement il arriva qu'Henriette aimait son mari, et qu'elle répondit avec une noble indignation aux dégoûtantes propositions de son adorateur. Que fit le banquier pour se venger? car vous comprenez bien qu'il lui fallait une vengeance; dans les quarante-huit heures, il exigea le remboursement de la somme qu'il avait avancée au jeune homme; il acheta les autres créances, puis, seul créancier sous divers noms, il le fit déclarer en faillite, car il ne lui suffisait pas de le ruiner, il voulait encore le tuer dans son avenir, en lui rendant, par le jugement infamant qui pesait sur lui, toute spéculation commerciale, tout crédit impossible. Voulez-vous maintenant que je vous nomme ce banquier, il s'appelait Rancey; et vous êtes trop habile pour ne pas deviner que les deux cent cinquante mille francs vont être restitués par moi à M. Jules Boursier. Signez donc! Monsieur.

Et, en disant ces mots, Georges présentait avec autorité la lettre de change au banquier.

Celui-ci était comme privé de sentiment; il avait écouté le jeune homme sans aucune émotion apparente, et comme s'il eût été complètement étranger à la ruine de Jules Boursier; mais aux dernières paroles de Georges, il se leva brusquement, l'amour de l'argent venait de lui rendre son courage.

— Je ne signerai pas, dit-il avec fermeté.

— Alors je porte votre projet d'acte au parquet.
— Je nierai.
— Je me porterai, s'il le faut, partie civile, je fournirai des preuves, des témoins.
— Des témoins, grâce à Dieu, vous n'en avez pas.
— Qui sait!

Georges jeta un rapide regard vers l'appartement dans lequel s'étaient retirés ses associés; ce regard fut compris; car, au même instant, le timbre se fit entendre, et le jeune homme, poussant le ressort, Fabre entra, et saluant le comte de Fargues, s'inclina cérémonieusement devant le banquier qui, abasourdi, le regardait avec étonnement.

— Je vous dérange, mon cher comte, fit Fabre, s'il en est ainsi, dites-le moi, je pars.
— Nullement.

M. Rancey connaissait maître Fabre, qui jouissait dans le monde de la réputation d'un avocat distingué, sa familiarité avec Georges l'étonna, car la proposition qu'il était venu lui faire, est une preuve de la triste opinion qu'il en avait; il crut l'occasion favorable pour sortir, il se leva, tendit la main vers l'acte qu'il avait écrit, Georges devina ce mouvement et, s'emparant du papier :

— Mon cher Fabre, dit-il, votre présence, loin d'être inopportune, va nous être très-utile; Monsieur me consultait sur un projet pour lequel votre avis nous sera d'un grand secours.

M. Rancey regardait le jeune homme avec effroi, se demandant tout bas ce qu'il allait dire et ce qu'il allait faire.

— Monsieur Rancey, continua Georges, s'est trouvé à son insu la cause innocente de la ruine d'un jeune négociant, M. Jules Boursier, et il veut lui rendre en secret les capitaux dont la justice l'a proclamé le légitime propriétaire.

— Ah! monsieur, s'écria avec enthousiasme Fabre, ce n'est plus de l'estime que j'ai pour vous, c'est de l'admiration.

— Voyez plutôt, fit Georges, en tendant le projet d'acte à l'avocat, voici une lettre de change de deux cent cinquante mille francs à mon ordre, dont je dois remettre le montant à M. Boursier.

— Je crois que vous vous trompez, dit le banquier en retenant la main du jeune homme.

— En effet, répondit Georges en jetant un regard significatif à M. Rancey, et il remit à Fabre le billet à ordre.

— Il ne manque plus que la signature.
— Monsieur allait la mettre lorsque vous êtes entré.
— Faites alors, et si Monsieur Rancey me le permet, je profiterai de l'occasion qui m'est offerte pour lui parler d'une affaire qui l'intéresse au plus haut degré.
— Qu'est-ce donc, demanda le banquier?
— Hier, continua l'avocat, j'ai reçu la visite du docteur Serrières, médecin de mademoiselle de la Corèze.
— Ma pauvre tante, fit M. Rancey, devenu subitement attentif.
— Pauvre, pas tant, mademoiselle de la Corèze possède trois cent mille francs de capital sans compter ses propriétés qui peuvent bien avoir une valeur de deux cent mille francs.
— C'est une fortune qui revient entièrement à ma femme; mais j'en donnerais le double pour conserver la santé de cette excellente femme, dit le banquier d'un air hypocrite.
— Le docteur Serrières est venu me consulter; car il a des soupçons sur l'origine de la maladie de votre tante.

M. Rancey pâlit.
— Que soupçonne-t-il donc, balbutia-t-il?
— Mais qu'elle a été empoisonnée.
— Empoisonnée! et par qui?
— C'est justement pour que je fasse des recherches auxquelles je suis habitué par état que M. Serrières s'est rendu chez moi.
— Et que supposez-vous? murmura en tremblant M. Rancey.
— « Cherche à qui le crime profite, dit le légiste; » voilà d'où vient mon embarras, car mademoiselle de la Corèze a pour héritière unique madame votre épouse.

— Signez donc, fit Georges, en présentant la lettre de change à M. Rancey.

Celui-ci, pâle, les traits en désordre, les yeux fixés sur l'avocat, signa machinalement, comme si une puissance magnétique eût dirigé sa main.

— Ainsi, dit-il, le docteur Serrières désespère de la sauver.

— Au contraire, mademoiselle de la Corrèze, dans quinze jours, entrera en pleine voie de convalescence.

Le banquier respira bruyamment, alors seulement il vit entre les mains de Georges la lettre de change qu'il venait de signer.

— Je vous remercie, dit en souriant le jeune homme, de m'avoir mis de moitié dans une bonne action, ces deux cent cinquante mille francs seront intégralement remis à M. Boursier, et je vous garderai le secret.

M. Rancey se leva, balbutia quelques compliments banals et sortit le visage décomposé.

— Bien joué, s'écria Fabre, après le départ du banquier.

— Nous avons gagné la partie, répondit Georges, ce n'est pas sans peine.

La séance, interrompue par l'arrivée de M. Rancey, fut reprise par les associés; on procéda au dépouillement des correspondances.

— A propos, dit Georges, en s'adressant à de Thézieux, et Fernioul?

— Mon client, demanda Fabre en souriant?

— Oui, répondit de Thézieux, je lui ai donné rendez-vous dans un cabaret borgne du quai de la Baleine.

— Va le chercher et amène-le,

Un quart d'heure après, de Thézieux rentra suivi de Fernioul.

Fernioul, que Fabre avait fait acquitter, avait été accusé de meurtre sur M. Bertini, riche propriétaire habitant le village de Sainte-Colombe, situé sur la rive droite du Rhône, en face de Vienne : c'était un homme petit et trapu, au regard fauve ; il portait le costume des paysans des environs de Lyon. Il promena lentement ses yeux d'un gris vert sur l'assemblée, et tourna sa casquette entre ses doigts en attendant qu'on lui dit ce qu'on voulait de lui.

— Fernioul, fit Georges, vous avez voulu assassiner M. Bertini, et vous lui avez volé cinq cents francs.

— Moi, allons donc, Monsieur, et il montra Fabre, a prouvé à mes juges que j'étais complètement innocent.

— Il m'eût été beaucoup plus facile de prouver que vous étiez coupable.

— Ne discutons pas sur votre culpabilité, dit Georges, qu'allez-vous faire?

— Je n'en sais rien.

— Combien vous faut-il pour vivre?

— Cela dépend.

— Soixante francs par mois vous suffiraient-ils?

— C'est peu.

— Mettons quatre-vingts; je vous les offre, à une condition.

— Laquelle?

— C'est que vous vous dévouerez à moi.

— Je le veux bien.

— Vous logerez dans un garni, situé au n° 271 du port de Vaise ; là, vous rencontrerez un nommé Bernard ; vous tâcherez de vous lier avec lui et de devenir son ami.

— C'est facile.

— Tous les soirs, à huit heures, vous vous trouverez au bout du pont de Pierre près du café Neptune ; c'est là que je vous donnerai mes ordres ; voici quarante francs pour votre première quinzaine ; maintenant partez, et rappelez-vous que, sorti d'ici, vous ne devez reconnaître aucun de nous.

Fernioul prit les quarante francs, les compta plusieurs fois, puis, les enferma dans un sac de cuir, s'en alla en gromelant entre ses dents :

— Qué chance ! me v'la rentier, vais-je en griller de ces bouffardes; brave jeune homme je te promets ma reconnaissance et ma protection, Fernioul a toujours tenu ses promesses.

Ce qui se passa alors est inutile à dire ; pendant que la discussion s'engage entre les membres de l'association, nous profiterons de cette occasion pour dire ce qu'était cette association et le but qu'elle se proposait.

A part de Thézieux, qui possédait une brillante fortune, et qui appartenait à l'une des premières familles du Dauphiné, les autres jeunes gens étaient pauvres et sortaient par leurs parents de la classe ouvrière; ils n'avaient ni la richesse qui remplace la naissance, ni la naissance qui remplace parfois la richesse ; réussir dans la carrière que chacun d'eux avait embrassée était donc une chance du hasard : le travail n'est pas toujours synonyme de réussite, il ressemble souvent à ces chevaux qui, tournant dans un cercle, marchent continuellement sans faire un pas en avant ; le talent à besoin d'un piédestal pour être jugé ; inconnu, il est comme ces statues qui, renversées de leur socle, sont foulées aux pieds par la foule indifférente et ignorante des chefs-d'œuvre recouverts de boue et de poussière. — Georges avait jugé sainement son époque, il avait compris que pour parvenir, le mérite était impuissant, livré à ses propres forces ; les annonces et les réclames, dont le commerce remplit les colonnes des journaux, lui avaient tracé la route qu'il devait suivre ; chaque membre de l'association devint pour ses associés une réclame et une annonce vivante, ils se patronnaient les uns les autres ; celui qui avait franchi un degré de cette rude échelle qui conduit à l'avenir tirait après lui les autres et leur tendait la main ; ils s'élevaient ensemble, chaque effort individuel poussait la roue du char portant la fortune de tous ; les lois les plus sévères régissaient l'association, il n'était permis à aucun de songer à soi personnellement, et de discuter ce qu'on exigeait de lui ; obéir était le premier devoir.

L'association avait fait de rapides progrès, par un moyen souvent mis en usage ; les six associés, reçus dans le monde, pénétraient dans les mystères du foyer domestique ; Fabre et Serrières, avocat et médecin, connaissaient les secrets des luttes intestines et des maladies honteuses ; Martin et Monce, jetés dans les spéculations commerciales, étaient initiés aux secrets des positions financières ; enfin, de Thézieux et Georges, héros de boudoirs, obtenaient, de la faiblesse de leurs maîtresses, des aveux qui leur livraient les maris, pieds et poings liés, par la crainte du scandale. Hâtons-nous d'ajouter que les associés ne se servaient des secrets qu'ils avaient découverts qu'autant qu'ils pouvaient être utiles à leur cause.

Un registre était ouvert, sur lequel chacun des membres écrivait ses remarques et ses découvertes.

Autour des six membres se groupaient des agents subalternes, *bravi*, dont les services étaient payés, et dont le dévouement utile ne pouvait jamais être redoutable en compromettant l'association ; car ils travaillaient dans l'ombre et les yeux bandés, ils n'étaient que le bâton qui frappe sans avoir l'intelligence de ses coups.

Nous aurons l'occasion, dans le cours de ce livre, de parler de quelques-uns de ces associés secondaires, jouant un rôle important.

L'association avait une caisse dans laquelle on puisait pour faire face aux frais que nécessitaient certaines entreprises ; les premiers fonds avaient été versés par Georges et de Thézieux ; plus tard, les quatre autres membres versèrent leur cotisation en donnant une part proportionnelle sur les bénéfices, que leur rapportait leur profession.

Les réunions avaient lieu, comme nous l'avons vu, dans l'appartement de Georges, rue Juiverie, ou dans une maison de campagne achetée par l'association, située en face de l'Ile Barbe, sur la rive gauche de la Saône ; cette villa servait admirablement les projets des jeunes gens ; car, par sa position topographique et élevée, elle dominait toutes les propriétés voisines ; à l'aide d'un télescope, d'un puissant calibre, les associés assistaient, témoins inconnus, à plus d'une scène intime, et ils avaient découvert ainsi des secrets d'une haute importance.

La villa de l'association était censé appartenir à de Thé-

Lyon, Imp, H. Storck.

zieux, et ses associés n'étaient aux yeux du monde, qu'une réunion d'amis auxquels il offrait l'hospitalité, de frais ombrages, et un bon dîner arrosé de vin de champagne.

Ce qu'on appelle le monde, se divise, à Lyon, en trois catégories distinctes : la noblesse, le commerce et la *colonie* ; cette dernière, composée exclusivement des chefs des administrations civiles et militaires, a ses mœurs et ses habitudes indépendantes de la ville dans laquelle elle se trouve provisoirement ; c'est donc dans la noblesse et le commerce qu'on peut seulement étudier le caractère lyonnais.

La noblesse lyonnaise ne compte dans ses rangs aucun de ces vieux noms qui ont marqué dans l'histoire, elle appartient à cette catégorie de nobles campagnards, qui, à l'époque où la noblesse était avec le clergé l'un des principaux pouvoirs, vivait retirée dans ses châteaux, loin des intrigues de la cour et du cotillon. Elle a conservé, de nos jours, ses mœurs sévères ; profondément religieuse, attachée, par ses sympathies, à des idées politiques, que trois révolutions successives ont classé parmi les utopies, on la rencontre peu dans les lieux publics, aux théâtres et aux promenades ; comme leurs aïeux, les nobles d'aujourd'hui vivent chez eux et entre eux. Pendant l'hiver, ils habitent le quartier de Bellecour ; aux premiers jours du printemps, ils s'enfuient dans leurs maisons de campagne ; car, hélas ! leurs splendides fortunes ont passé aux mains de la bourgeoisie, et ils n'ont plus ni hôtels, ni châteaux. Aussi la noblesse a-t-elle en haine profonde le commerce ; elle le hait pour le luxe et la richesse qu'elle lui envie. Les Terreaux et Bellecour sont deux camps ennemis ; les Terreaux rient du noble pauvre et orgueilleux, cachant vaniteusement sa misère sous son blason, semblable à l'Espagnol, couvrant ses guenilles d'un riche manteau ; Bellecour se moque du *Turcaret* enrichi, ignorant, fier, et reniant son père. Les salons de la noblesse sont peu animés, car il leur manque ce qui est le nerf de la guerre et du plaisir : « l'argent ; » mais, en revanche, on y trouve cette politesse exquise dont le code n'est écrit nulle part, et qu'on n'apprend que par la tradition ; cette politesse bienveillante qui donne du prix à la parole la plus indifférente, et vous fait respecter en même temps qu'elle vous fait aimer. Les opinions politiques de la noblesse ne lui permettent pas d'accepter des fonctions administratives ; son influence est négative, et l'on peut dire de son existence dans notre ville ce qu'on disait du roi constitutionnel : « elle règne mais ne gouverne pas. »

Le commerce, à Lyon, est plus qu'un pouvoir, c'est une aristocratie ; être fabricant, c'est avoir un blason, des privilèges ; être inscrit dans ce livre d'or, qui a pour titre l'*Indicateur Lyonnais*, c'est avoir ses entrées aux bals de la Préfecture ; la jeune fille dans ses rêves charmants, que la jeunesse verse sur sa couche virginale, se voit l'heureuse épouse d'un fabricant ; à lui la vie embellie par toutes les jouissances que donne le luxe. Entrez au théâtre, demandez à qui appartiennent les loges d'avant-scène, et l'on vous répondra : « à M. X...., fabricant » : prenez au hasard l'une de ces villas coquettes assises au soleil sur les rives si souvent chantées de la Saône, demandez le nom de son propriétaire, et l'on vous répondra : « M. X...., fabricant » ; à qui cet équipage qui soulève sous les pieds de ses chevaux fougueux la poussière de nos quais : « à M. X.... fabricant » ; à qui cette maison dont six étages s'élèvent orgueilleusement ? « à M. X..., fabricant. » Toujours lui, partout lui, rien que lui. Nouveau marquis de Carabas, il possède tout ; mais quel est le *Chat-botté* qui lui a acquis ces richesses dont il est si fier, et qui le rendent parfois si sot et le font si insensible ? Ce chat-botté se nomme « le travail. »

Lorsque nous parlons du commerce lyonnais, nous n'entendons parler que de son commerce de soieries, industrie locale qui fait notre ville l'une des premières dans le monde industriel, et rend l'univers entier notre tributaire.

Comme le noble de Bellecour a l'orgueil de son blason, le fabricant des Terreaux a l'orgueil de sa fortune ; et cette fierté, grandissant avec sa richesse, il arrive à estimer les hommes non d'après ce qu'ils valent, mais d'après ce qu'ils possèdent. Il y a, disons-le, les ex car, s'il se rencontre dans la fabrique l ise que cants, fils de leurs œuvres, qui, partis très-bas, ne s rivés à la fortune qu'en passant par la rude école de l'économie et du travail, et qui n'ont d'autre science que celle des mathématiques, dont les froids calculs dessèchent le cœur, bon nombre, appartiennent à des familles déjà riches, débute dans la carrière commerciale après avoir reçu une brillante éducation. Cette double composition du commerce lyonnais en fait ainsi un tout sans homogénéité, sans caractère distinctif, sans type dont nous puissions esquisser la silhouette.

L'industrie des soieries est la gloire de notre ville, gloire incontestée et incontestable : les nations rivales qui ont voulu lutter contre elle ont été et seront éternellement vaincues ; parce que ce qui fait la supériorité de Lyon, c'est je ne sais quoi dont les artistes sortis de l'école St-Pierre, ont le secret ; c'est le goût ; le goût, sentiment exquis du bien et du beau, dont la théorie et les préceptes ne sont écrits nulle part, qui casse les arrêts de la mode elle-même, cette souveraine capricieuse.

Malheureusement pour le fabricant, il est avant tout industriel et n'est pas commerçant : absorbé dans les détails de la composition, il ne s'occupe pas de la spéculation ; elle l'effraie, il en a peu. Le résultat en est peut-être plus de sécurité dans les affaires, plus de loyauté et de probité dans les rapports commerciaux ; mais cette timidité est préjudiciable à la prospérité de l'industrie elle-même, qui, vue de plus haut, comprise avec des idées plus larges, produirait cent fois ce qu'elle produit. Les fabricants exploitent laborieusement et parcimonieusement un filon d'or, il leur faudrait le courage de faire audacieusement une tranchée dans une montagne mine de platine et de diamants.

Nous avons esquissé à grands traits les principaux caractères de la société lyonnaise, nous l'étudierons plus sérieusement dans d'autres chapitres et en suivant le développement de notre action, nous pénétrerons dans le sanctuaire où se consomment tant de crimes, où se cachent tant de vices ; il y a beaucoup à dire, beaucoup à écrire ; uu seul fait nous étonne, c'est que dans l'œuvre que nous avons entreprise nous n'ayons pas été devancés par d'autres écrivains ; nous ne cherchons pas à provoquer l'intérêt aux dépens du scandale, nous ne faisons que traduire par des faits nos observations personnelles. Si nous le pouvons, en montrant le mal, nous donnerons le remède ; aucune maladie n'est incurable, mais il faut la connaître pour la guérir, et si nous n'avons pas ce dernier mérite, nous aurons toujours celui de l'avoir indiqué aux médecins de ce pauvre corps social si souffrant.

A onze heures du soir, Georges leva la séance. — Les jeunes gens sortirent à l'exception de Georges et de Thézieux, qui, après le départ de leurs associés, entrèrent dans le boudoir donnant dans le second salon.

Une jeune femme, le sourire aux lèvres, arrangeait avec un peigne d'écaille sa chevelure noire devant une glace, et fredonnait un air de valse.

Elle se retourna légèrement en entendant entrer les deux amis.

Enfin, c'est vous, dit-elle à Georges, vous vous êtes fait attendre, et, s'adressant à Thézieux : — Bonjour, petit.

— Causons peu et causons bien, répondit Georges.

— Tiens ! vous parlez comme Sancho Pança.

— Ne plaisantez pas, je vous en prie, fit Georges, ce que j'ai à vous dire est sérieux, voilà pourquoi j'ai voulu que Thézieux assistât à cet entretien.

— Dans ce cas, faites-moi passer mon tabac et mon papier.

En disant ces mots, la lionne se coucha sur un divan, appuya sa tête sur un coussin, roula avec l'habileté de l'Espagnol une cigarette entre ses doigts effilés ; puis, aspirant la fumée, elle la lança au plafond en suivant du regard ses tourbillons bleus.

— Parlez, Georges, je vous écoute, et elle ferma ses beaux yeux comme si elle se recueillait dans une prière.

CHAPITRE IV.

La famille Bernard. — La Guillotière. — La rue Mercière. — Le statuaire Lemot.

Nous sommes forcé, pour l'intelligence de notre récit, de retourner en arrière de quelques années; dans cette revue rétrospective nous trouverons l'occasion naturelle de parler de Lyon, car notre but est, avant tout, d'écrire l'histoire de notre ville et de l'étudier moralement et topographiquement.

Par une belle soirée du mois de mai de l'année 1825, un jeune homme de vingt-cinq ans cheminait sur la route de Grenoble en se dirigeant vers la Guillotière, il portait le costume de paysan du Dauphiné, et sa figure intelligente confirmait la réputation de finesse et de ruse dont jouissent les habitants de cette province; une petite fille, de cinq ans à peine, était assise sur ses bras nerveux, tandis qu'un petit garçon d'une dizaine d'années, oublieux de la fatigue d'une longue route que les voyageurs avaient faite à pied comme l'attestait la poussière blanche qui couvrait leurs vêtements, dansait et gambadait en cueillant des fleurs aux buissons du chemin.

— Marie, dit le jeune homme, en posant l'enfant à terre, marche un peu, je suis fatigué.

— Donne-moi la main, fit le petit garçon, qui, prenant la main de sa sœur, l'embrassa tendrement.

Le jeune homme suivit pendant quelques instants les deux enfants sans les quitter du regard, lorsqu'arrivé à un carrefour, il s'arrêta indécis. Heureusement que la venue d'un nouveau personnage le tira de son hésitation; c'était un petit vieillard d'une soixantaine d'années, mis avec la propreté minutieuse du bureaucrate.

— Monsieur, demanda le jeune homme, en abordant ce nouveau personnage, pourriez-vous m'indiquer la route que je dois suivre pour me rendre le plus promptement à la Guillotière ?

— J'y vais de ce pas, et si vous le voulez, je vous servirai de guide.

— Volontiers.

— Dans ce cas, prenons le chemin du *Repentir*.

— Quel singulier nom !

— Mais je ne trouve pas, puisque c'est la promenade favorite des nouveaux mariés; du reste cette route a toujours été fréquentée par les maris; il est vrai qu'autrefois la promenade qu'ils y faisaient était moins agréable; obligés de monter à rebours sur un âne, la queue en guise de bride, ils étaient poursuivis par les insultes de la foule.

— Pourquoi cette singulière comédie ?

— Pour apprendre aux maris à se faire respecter dans leur ménage ; car c'était là une punition infligée aux maris débonnaires, et qu'on appelait la *chevauchée de l'âne*.

Le jeune homme se mit à rire.

— Diable, diable, fit le vieillard, en montrant les enfants, seriez-vous marié ?

— Non, ces enfants sont mon frère et ma sœur.

— Serait-il indiscret de vous demander votre nom ?

— Je me nomme Bernard.

— Vous êtes lyonnais ?

— Non, Monsieur, je suis d'un petit village du Dauphiné.

— Vous venez sans doute voir à Lyon quelques parents ?

— Je viens y chercher fortune.

— Je vous plains, mon ami, d'avoir quitté votre village pour la ville ; au village la vie est douce et tranquille, Dieu y a mis des jouissances à la portée de tous, pour les apprécier il suffit d'avoir un peu de cœur ; l'été vous travaillez en plein champ baigné dans les chauds rayons de ce soleil qui fait éclore les fleurs et réchauffe le sang ; vous avez pour vous reposer un duvet d'herbe, pour abri un accacia aux parfums odorants, votre regard plonge dans l'immensité d'un ciel sans nuage ; à la ville vous remplacez toutes ces joies célestes par les joies terrestres de la vanité ; vous macérez votre corps par les privations, vous étiolez votre jeunesse dans une mansarde, fournaise au mois de juin, glacière pendant l'hiver ; vous courbez votre volonté d'homme sous le caprice d'un maître ; vous sacrifiez vos sentiments à celui qui, en échange du travail auquel succomberait une bête de somme, vous jette parcimonieusement de quoi vivre ; il est vrai que vous portez un habit de drap plus fin, un chapeau de soie au lieu d'un bonnet de coton, des gants et des bottes ; pauvres fous qui ne comprenez pas que ce costume dont vous êtes si fier est une livrée sous laquelle vous cachez votre misère. Je ne vous connais pas, mon ami, mais croyez-en les conseils d'un vieillard qui a beaucoup vu, beaucoup observé : retournez bien vite au village ; allez auprès de votre père cultiver votre petit coin de terre, n'ambitionnez pas les plaisirs vides et creux de la ville dont le plus beau spectacle ne vaut pas un myosotis éclos sur les bords d'un ruisseau.

— Monsieur, répondit Bernard, ce n'est point l'ambition, ni la vanité qui me conduisent. Je suis orphelin, et ces deux enfants ont besoin de moi ; voilà pourquoi je suis venu à la ville demander le pain que donne le travail.

— C'est bien, jeune homme, dit le vieillard, en serrant la main de Bernard ; puisqu'il en est ainsi, je me mets à votre service, j'ai quelqu'influence, je vous aiderai à trouver une bonne place. Si je ne me trompe, vous avez une instruction supérieure à celle qu'ont ordinairement les paysans.

— Je la dois à notre curé dont je servais la messe, et qui, en échange, m'a appris le peu que je sais.

Pendant cette conversation, Bernard et son nouvel ami étaient arrivés à la Guillotière. Cette ville n'avait pas à cette époque l'importance qu'elle a aujourd'hui. Paradin prétend que Guillotière, qu'on écrivait autrefois *Grillotiere*, a pour origine « *les grillets et sonnettes de mulet de voiture desquels il n'est jamais dégarni.* » Le père Ménestrier fait venir ce mot des *grillets*, petits animaux qui peuplaient les vastes prairies de la rive gauche du Rhône ; M. Bunel, dans l'*Album Lyonnais* attribue à un cabaretier du XIVe siècle, appelé Grillot, dont l'auberge était très fréquentée, l'honneur d'avoir donné son nom à ce faubourg ; enfin, plusieurs étymologistes pensent que Guillotière vient de *gui* que les Druides allaient cueillir dans les plaines du Dauphiné et de l'*hostière*, hôtellerie. Cette étymologie nous semble la plus probable.

Le large pont, qui unit la Guillotière à Lyon, était si étroit en 1825, que deux voitures pouvaient à peine y passer de front ; depuis, on l'a élargi par deux vastes trottoirs qui sont en quelque sorte des balcons suspendus en dehors du monument ; aussi le passage offrait-il un danger sérieux, et nous en citerons comme preuve l'événement arrivé le 18 octobre 1711 (1).

---

(1) Cet événement, qui coûta la vie a une centaine de personnes, eut pour cause l'encombrement provoqué par la voiture de la dame Servien, de la Part-Dieu, et l'imprudence des gardes qui fermèrent les barrières du pont ; ces derniers, qu'on accusa d'avoir aidé au désordre pour faciliter les vols nombreux qui se commirent dans cette circonstance, furent condamnés à mort et roués sur la place des Terreaux.

La construction du pont de la Guillotière avait eu, du reste, pour origine un accident terrible. En 1240, Philippe-Auguste et Richard roi d'Angleterre, partant pour la croisade, se réunirent à Lyon ; le pont de la Guillotière était alors en bois et appartenait aux religieux de l'Hôpital, trop faible pour supporter le poids inouï de la suite des deux rois, il se brisa. Richard perdit dans cette catastrophe l'un de ses plus fidèles serviteurs : sa douleur fut telle qu'il donna aux religieux de l'Hôpital l'autorisation d'aller quêter en Angleterre. De son côté le pape Innocent IV accorda des indulgences à tous ceux qui travailleraient à cet utile monument.

Lorsque nos voyageurs furent au milieu du pont, Bernard s'arrêta, et, s'accoudant sur le garde-fou, il se mit à regarder silencieusement la ville du côté de Saint-Clair.

Il faisait nuit, quelques rares lanternes, suspendues à des poteaux élevés se balançaient au vent.

— Mon ami, dit le vieillard, en lui frappant doucement sur l'épaule, il y a cent ans, à la place où vous êtes, un homme dans votre costume, du même pays que vous, aussi pauvre que vous, s'accouda comme vous venez de le faire, et la même pensée qui vous est venue, lui vint aussi ; il était sans fortune, et, en contemplant cette grande ville dont les maisons se déroulent sur les deux rives du fleuve, il pensa qu'avec la jeunesse, la volonté et le travail, il devait gagner des richesses. — A sa mort, il laissa à ses enfants plus que des millions et des palais, il laissa un nom honorable que ses concitoyens ont donné à une place. — Si vous le voulez, je vous raconterai à ce sujet une légende que je tiens de mon grand-père ?

— J'y consens, répondit Bernard, cela abrégera la longueur du chemin.

— Je commence par vous dire que je ne crois pas un seul mot de cette légende. A l'époque où son héros, M. Tholozan, vivait à Lyon, les fortunes se construisaient difficilement ; le commerce n'était pas ce qu'il est aujourd'hui, un jeu dans lequel on hasarde sur des chances problématiques ; on travaillait beaucoup et l'on se contentait de peu ; car on n'avait pas besoin pour vivre du luxe qui coûte si cher ; on était heureux à bon marché ; il fallut donc trouver une explication surnaturelle à l'origine de cette fortune fabuleuse, voilà ce qui a donné lieu au conte que je vais vous dire.

La petite Marie avait repris sa place sur les bras de Bernard, Paul, le petit garçon, s'était approché du vieillard, attiré par la perspective d'une *histoire*.

M. Bonamy (c'est le nom du vieillard) aspira avec bruit une prise de tabac, jeta sur son auditoire un regard de complaisance ; sa figure s'épanouit d'aise et de contentement ; convaincu de l'attention de ses auditeurs il entama son récit.

« Lyon dormait : la ville laborieuse et aristocratique, qui porte dans ses armoiries le *Lion* de son bienfaiteur Marc-Antoine, dormait couchée voluptueusement entre les rives de ses deux fleuves, dans lesquels la belle nonchalante baigne ses pieds ; le sommeil avait jeté ses voiles noires sur cette puissante reine qui donne à toutes les royautés de la terre leurs vêtements de pourpre et d'or.

» Au ciel, nageant dans une atmosphère bleue, parsemée d'étoiles diamantées, brillant d'un doux éclat, la lune, lampe d'opale, éclairait le repos de la cité indépendante, ne relevant des rois que parce qu'elle s'était donnée à eux ; mais ayant conservé seule, entre toutes, ses priviléges, ses juges et ses tribunaux.

» Un homme jeune, la tête appuyée entre ses deux mains, les deux coudes sur le parapet du pont de la Guillotière, regardait la ville, dont les clochers et les monuments se découpaient en silhouette sur un fond d'azur.

» Cet homme avait le costume de ces élus de Dieu qui, confiant un grain à la terre, en récoltent en épis dorés comme la crosse d'or d'un archevêque ; des cheveux plats couvraient son front, et de lourds sabots étaient à ses pieds.

» Minuit sonna au beffroi de l'Hôtel-de-Ville, et les sons de la cloche nocturne s'éteignirent emportés dans une brise légère.

» Minuit ! l'heure des invocations diaboliques ; minuit ! l'heure des sorcières d'Allemagne, et de leur rendez-vous au Sabbat ; minuit ! l'heure à laquelle les lutins d'Ecosse vont dérober les baisers aux lèvres roses de leur bien-aimée.

» L'inconnu ne tressaillit pas : il était brave. Un sourire effleura sa bouche, mais ce sourire était une mauvaise pensée venue de l'enfer ; il rêvait à la fortune, et en contemplant Lyon, la ville princière, il songeait à couper un morceau de sa robe royale pour s'en faire un manteau.

» En relevant la tête, il vit devant lui un élégant seigneur, l'épée à la poignée d'acier au côté, en perruque poudrée et parfumée.

» — Tu es ambitieux, lui dit le seigneur, veux-tu en échange de tes rêves réalisés, me donner ton âme ?

» — Qui êtes vous, demanda d'une voix assurée l'inconnu ?

» — Regarde.

» Et ôtant son chapeau, il fit voir deux cornes qui pointaient sur son front.

» — Le diable ! murmura l'inconnu en se signant.

» — Lui-même. — Veux-tu un million ?

» — Non.

» — Deux millions ?

» — Non.

» — Un palais ?

» — Non !

» La voix tremblait aux lèvres de l'inconnu, comme les feuilles de peuplier au vent froid du nord ; il jetait un regard de désespoir vers la chapelle de Fourvières, murmurant tout bas une prière à la Vierge pour qu'elle le fît sortir vainqueur de la lutte qui se livrait en lui, entre sa cupidité et sa vertu.

» — Ecoute, continua le diable en souriant, je t'ai offert un palais ; consens-tu à être à moi, si je t'y fais entrer roi ?

» — Roi !

» — Oui, Roi.

» — Par dieu ! se dit l'inconnu, l'occasion est belle, acceptons toujours, je serai riche, et si l'on veut me nommer *roi*, je refuserai la royauté.

» Le pauvre fou espérait tromper le diable !

» — Eh bien ! dit celui-ci avec impatience.

» Les vertus ne sont pas de mise en enfer ; il était bien permis au diable de s'impatienter un peu.

» — J'accepte.

» Au même instant, l'élégant seigneur se fondit en fumée, laissant, comme trace de son passage, une odeur de soufre et de roussi.

» L'inconnu vit bientôt les promesses de Satan se réaliser, sa fortune fut rapide, car le diable poussait à la roue ; au début, il avait une pièce de vingt-quatre sous dans sa poche ; vingt ans plus tard, il possédait des millions, il avait le titre d'écuyer, il était secrétaire du roi près de la cour des monnaies de Lyon, il avait fait construire un passage qui portait son nom : il se nommait Tolozan ; il acheta le noble fief de *Montfort*, et se fit appeler : Tolozan de Montfort.

» Un jour, comme dans un moment de vanité et d'orgueil, il voulut un palais pour loger toutes ses richesses ; six mois après, le *palais* Tolozan était debout, comme par enchantement, sur le port Saint-Clair.

» Le diable avait pris la truelle des mains des maçons, et construit lui-même l'édifice.

» Tolozan n'avait plus qu'à être roi ? — et son âme appartenait au diable.

» C'était la fête de l'Epiphanie, le palais Tolozan était splendidement illuminé, les voitures déposaient au perron d'élégantes femmes en toilette de bal.

» On se mit à table.

» Le vin de Champagne ruisselait à larges flots dans des coupes de vermeil, lorsqu'entra dans la salle du festin un vieillard à longue barbe blanche, il venait demander sa part du gâteau : la part du pauvre.

» En le voyant, Tolozan tressaillit.

» Tout à coup, comme l'amphytrion portait son verre à ses lèvres, les cris « le roi boit » retentirent en cœur.

» Tolozan était ROI.

» Les vitres du palais se brisèrent avec éclat, les bougies s'éteignirent d'elles-mêmes, on vit alors Tolozan emporté dans les bras du vieillard, dont les yeux lançaient une lumière phosphorescente.

» Le diable avait gagné la partie. »

— Eh bien ! que pensez-vous de mon histoire, demanda M. Bonamy avec un sentiment visible de satisfaction ?

— Mais elle est amusante, répondit Bernard, et elle me prouve une chose, c'est que si je ne suis point assez habile pour faire fortune à Lyon, je pourrai toujours glaner de quoi vivre dans une ville où d'autres récoltent des millions.

Bien raisonné; à propos, j'ai oublié de vous demander où vous alliez loger?

— J'ai l'adresse d'une maison.

— *Rue du Bessard* — Pouah ! s'écria M. Bonamy avec un profond dégoût, après avoir lu le billet que lui avait remis Bernard.

— Qu'avez-vous donc, demanda celui-ci ?

— Rien, si ce n'est que la rue qu'on vous a indiquée n'est pas une rue très catholique ; vous êtes fatigué, venez souper chez moi avec votre petite famille, cela vous remettra, et nous chercherons ensemble le travail qui vous convient.

Bernard accepta avec reconnaissance l'offre pleine de cordialité de M. Bonamy.

Les voyageurs se trouvaient sur la place des Célestins, il était dix heures du soir, les cafés resplendissaient de lumières se reflétant dans des glaces dorées ; au bruit de la foule joyeuse et animée se mêlaient les cris des marchands ambulants et des marchands de contremarques ; c'était le Palais-Royal en miniature. Il y avait de l'ivresse et de la folie dans ce mouvement, on se sentait pris de vertige, il vous montait à la tête des vapeurs asphyxiantes. Quelques jeunes gens élégants, aux traits flétris par la débauche, se promenaient, pâles comme des cadavres, attendant l'heure de l'ouverture des maisons de jeu, tripots infâmes dans lesquels ils perdaient leur honneur avec leur fortune ; de belles filles, aux regards impudiques, étalaient aux yeux des passants leurs épaules demi-nues, mettant en étalage leurs charmes et leur jeunesse ; tous les vices se coudoyaient dans cette étroite enceinte : la corruption, lave brûlante des grandes villes, qui étouffe sous sa cendre tous les nobles instincts de l'intelligence, tous les dévouements de cœur, y coulaient à larges flots.

Et cependant, le lendemain, lorsque, semblable au libertin qui répare les fatigues de la nuit d'insomnie par le sommeil de la matinée, la place des Célestins était encore plongée dans le repos, on la parait de fleurs, car c'était là que se tenait le marché ; la grisette au frais sourire venait y acheter le rosier dont le vert feuillage devait embellir et parfumer la fenêtre de sa mansarde ; et la jeune fille dépensait gaiment les économies de son salaire pour l'achat du bouquet destiné à la fête d'une mère tendrement aimée.

Le théâtre des Célestins qui sert de décor principal à cette place et dont la façade sans physionomie architecturale domine les maisons, rappelle par son nom son origine ; tout l'espace compris entre le passage Couderc et la Saône appartenait d'abord à une commanderie des Chevaliers-du-Temple ; cet ordre ayant été aboli, les Chevaliers-Hospitaliers de Saint-Jean-de-Jérusalem lui succédèrent et ne tardèrent pas à être remplacés eux-mêmes par les Célestins. Ces derniers ayant été suprimés, le roi de Sardaigne revendiqua la propriété du monastère, et il le vendit au prix de 1,410,000 francs au sieur Devouge, qui le divisa en propriété particulière. Etrange chose que les événements ! ce sanctuaire réservé autrefois à la prière est devenu un lieu de plaisirs ; on chante les couplets grivois là où autrefois on n'entendait que des hymnes religieux ; le rire éclate dans cette enceinte consacrée jadis à la méditation. Hélas ! il en est ainsi dans ce monde, la génération nouvelle oublie celle qui l'a précédée, on danse sur des tombeaux, il n'y a pas un pavé de nos rues qui ne couvre la sépulture d'un cadavre ; le sang a ruisselé sur la place des Terreaux et l'on ne pouvait la traverser sans en avoir jusqu'à la cheville, qui se le rappelle ? quelques vieillards peut-être, contemporains de ces tristes époques, qui, les premiers, passent indifférents.

Le petit Paul s'était arrêté devant un jeune homme qui tenait un violon à la main, et qui, par ses lazzis et ses grimaces, provoquait l'hilarité de la foule, l'enfant riait aux éclats.

— Viens donc, Paul, dit Bernard.

Mais Paul n'écoutait pas la voix de son frère, car le pauvre enfant, depuis son entrée à Lyon, se trouvait transporté dans le monde merveilleux des contes des *Mille et une Nuit* ; il n'avait pas assez d'yeux pour voir, pas assez d'oreilles pour entendre ; le funambule en habit rouge, queue et lunettes rouges qui captivait son attention, était, au reste, l'une des célébrités lyonnaises ; c'était le père Thomas, le saltimbanque philosophe qui eut deux femmes et une fortune ; la première lui mangea sa fortune, et il se consola gaiement de la perte de ses richesses par la perte de sa femme.

M. Bonamy prit la main de Paul et parvint à le décider à quitter la place en lui promettant de le conduire, le dimanche suivant, aux Brotteaux, où le père Thomas avait son théâtre, magnifique théâtre, dont le premier grand rôle épousa la fille du directeur ; et le lendemain de ses noces, dans un moment d'ivresse, lui enfonça deux côtes : pauvre père Thomas ! Consolé de la promesse qu'on lui faisait, l'enfant suivit, sans murmurer, M. Bonamy, qui, après avoir fait traverser aux voyageurs le passage, alors en construction, auquel M. Couderc a donné son nom, les conduisit dans la rue Mercière, où il possédait un magasin de mercerie.

La rue Mercière, comme l'indique son nom, était habitée principalement par des merciers ; en 1825, sa composition était à peu près celle d'aujourd'hui, on y voyait aussi quelques magasins de librairie et de jouets d'enfant ; alors elle était dans toute sa gloire et sa prospérité ; la rue Centrale, cette rivale qui l'a étouffée sous son luxe, n'existait pas, et elle mettait en communication les Terreaux et Bellecour. Là, point de meubles d'Acajou, de glaces dorées, mais un comptoir de bois ciré dans lequel on eût pu se mirer, c'était le commerce de détail tel qu'il existait sous François Ier ; le fils succédait à son père ; avec l'héritage il conservait les habitudes et les mœurs paternelles, rien ne changeait, ce n'est le visage du marchand ; l'honnêteté et la probité étaient deux divinités respectées ; sur l'enseigne on ne lisait pas ce qu'on y lit à présent : « A la bonne foi. » « A la confiance. » La bonne foi était assise sur le vieux fauteuil de paille, et la confiance entrait sous les pas de l'acheteur. Le détaillant en veste ronde, sa casquette à la main, guettait le passant sur le seuil de sa boutique ; de jeunes filles au minois éveillé, poursuivaient le chaland, jusqu'au milieu de la rue, de leurs cris : « Vous faut-il quelque chose ? » « Entrez, la vue ne coûte rien. » A l'heure où nous écrivons, c'est-à-dire vingt sept ans après les évènements que nous racontons, on trouve encore les vestiges de ces anciennes coutumes ; et il faut souvent subir, dans cette rue, les offres de services des marchands.

La rue Mercière était le trait d'union entre la finance et la noblesse, elle se composait de cette classe bourgeoise de second ordre qui fit la révolution de 1830 ; et qui monta régulièrement sa garde, lors de l'institution de la garde nationale. Le dimanche, jour consacré au repos par Dieu et le détaillant, vous eussiez reconnu une famille de la rue Mercière, car elle avait son cachet particulier, sa physionomie distincte ; le père, vêtu d'une redingote de castorine et d'un pantalon de nankin ; la *bourgeoise*, d'une robe d'indienne ; ils allaient bras dessus bras dessous à Tivoli, le soir, au retour, on mangeait la tranche de cervelas arrosée d'un verre de bierre.

Hélas ! trois fois hélas ! la rue Mercière n'existe plus qu'à l'état de momie et de fossile ; elle n'est plus fréquentée que par les piétons non curieux de la boue et qui craignent le soleil ; car on est sûr d'y trouver toujours la première, et de ne jamais y voir le second : *Sic transit gloria mundi*. Le luxe, ce poison lent qui corrompt tout, s'est glissé dans le cœur du commerçant, et l'ingrat a déserté l'ancien quartier dans lequel se construisait lentement de solides fortunes ; maintenant il s'agit, non pas de gagner, mais de gagner vite, il faut arriver, coûte que coûte, la poste n'a plus que la vitesse d'un colimaçon ; les chemins de fer sont devenus poussifs ; c'est une course au clocher ; on monte à cheval, puis on jette tout ce qui est trop lourd, l'honneur et la probité ; mais, en revanche, au lieu de ces boutiques étroites, aux comptoirs usés par le travail, on a des magasins dont l'élégance est celle de la chambre à coucher d'une petite maîtresse ; le pied s'y enfonce dans des moelleux tapis, l'œil s'y mire dans des glaces que Fouquet eût payées des millions ; le gaz, ce soleil de la nuit, inventé par le génie des hommes, verse ses rayons dorés sur les étalages somptueux ; les commis sont des lions parlant doucereusement du bout de leurs dents blanches, se parfumant pour la vente, comme autrefois Richelieu se parfumait pour le combat : les acheteurs, trompés et contents, paient toutes ces folles profusions de dépenses séductrices.

Madame Bonamy, à laquelle son mari présenta Bernard et les enfants, était le type le plus pur de la boutiquière lyonnaise, la figure colorée, le pied large et plat, la taille courte et épaisse, elle avait deux visages et deux voix : le visage de la boutique et celui de l'arrière-boutique ; le premier, gracieux et bienveillant ; le second, froid et revêche : la voix de la boutique avait la douceur de la flûte, celle de l'arrière-boutique, le son aigu de la clarinette. Heureusement pour M. Bonamy que la recette de la journée avait été bonne, ce fut à ce motif qu'il dut un accueil assez amical, sur lequel il ne comptait pas, car il était en retard ; le magasin était fermé depuis longtemps, et sa conduite pouvait scandaliser tout le quartier : le brave homme raconta à sa femme sa rencontre avec Bernard, et les confidences qu'il en avait reçues.

— J'ai pensé, Bibiche, dit-il en terminant, qu'offrir à souper à ce digne garçon et à sa petite famille serait une bonne action.

— Tu as bien fait, répondit Madame Bonamy, les honnêtes gens sont rares par le temps qui court, c'est une bonne fortune que de pouvoir les obliger.

On passa dans l'arrière-boutique, l'ameublement était digne du magasin ; une immense armoire de chêne, une table de bois blanc, quelques chaises, dans l'angle, le lit nuptial dans lequel, depuis trente ans, Monsieur et Madame Bonamy reposaient leurs charmes, flétris hélas ! comme se flétrit la fleur sur la même branche ; couche honnête où Madame Bonamy était entrée jeune fille, où elle devait mourir ; tel était le croquis de la chambre, qui ressemble peu, on le voit, à l'arrière-boutique d'un magasin de 1852, petit boudoir où la boutiquière passe voluptueusement les heures laissées oisives par le travail, en exécutant sur le piano les œuvres des compositeurs à la mode, en répondant à la lettre d'amour cachée dans sa chiffonnière de bois d'ébène.

Une chandelle classique éclairait l'arrière-boutique qui servait aussi de salle à manger : le souper était servi.

Tout-à-coup, M. Bonamy poussa un cri de surprise ; il y avait de quoi, que le lecteur en juge :

Sur la table se trouvait une tourte, du petit salé, une salade de laitues.

C'était un souper digne de Lucullus, soupant chez Lucullus ; or, l'honnête mercier avait par principe une sobriété qu'eussent enviée les naufragés de la *Méduse*.

M. Bonamy se tâta pour s'assurer s'il était bien éveillé ; il appela Madame Bonamy.

— Madame, m'expliquerez-vous ces dépenses inutiles ?

L'économie du détaillant le poussait à la colère ; heureusement qu'une bouffée de vent, se parfumant du carmin du petit salé, vint caresser ses narines ouvertes, il aspira voluptueusement, et le gourmand trouva ce parfum plus doux que celui de la rose ; sa colère tomba subitement ; au *vous* terrible de sa première question succéda le *tu* amical, il reprit d'une voix plus douce :

— Dis-moi donc pour qui tu as fait tous ces préparatifs ?
— Devine.
— Tu attends quelqu'un à souper ?
— Oui.
— Qui ?
— Cherche un peu.
— Je ne devine pas.
— Tant mieux, tu auras le plaisir de la surprise.

M. Bonamy, plus curieux que Madame Barbe-Bleue, employa toutes les ressources de l'éloquence pour obtenir de sa femme le secret qu'elle se refusait obstinément de dire ; il eut recours aux grands moyens ; un baiser retentit sur le visage de Madame Bonamy qui resta inflexible comme le Temps.

On frappa à la porte.

— Mariette, s'écria Madame Bonamy, en s'adressant à une grosse domestique, faites griller le hareng pour la salade.

Et elle entra dans le magasin pour ouvrir la porte d'entrée.

Le hareng était le *nec plus ultra* du luxe aux yeux de M. Bonamy, aussi un seul mot sortit-il de ses lèvres, mot qu'il scanda avec une précision qui dut faire tressaillir d'aise dans son tombeau Boileau-Despréaux

— Un ha-reng !

Le roi eût pu entrer et M. Bonamy l'eût accueilli par cette simple phrase :

— Sire, je vous attendais.

Le personnage qui entra sur les pas de la mercière, était un homme entre deux âges, d'une élégance de bon goût, et l'on devinait que cet homme avait non seulement vécu dans le monde, mais qu'il y avait joué un rôle important ; il s'avança vers M. Bonamy qui le regardait avec une expression grotesque de surprise.

— Eh bien ! lui dit-il, vous ne me reconnaissez pas ?
— Non, cependant vos traits ne me sont pas inconnus.
— Ce sont ceux d'un ami.
— Attendez.
— Voyons.
— Vous êtes…, non.
— Faut-il que je vous dise mon nom ?
— Lemot ! s'écria, tout-à-coup, M. Bonamy.
— Enfin.

Aux poignées de main, succédèrent ces excellents baisers, monnaie courante du cœur, parmi laquelle se mêle souvent de fausses pièces.

Celui que M. Bonamy venait de reconnaître, n'était autre que Lemot, le célèbre statuaire, dont Lyon est fier à juste titre.

— Ventrebleu ! dit le mercier, revenu de son émotion, je vous embrasse comme un vulgaire mortel, sans songer que vous êtes devenu un grand homme.

— Mon cœur n'a pas changé, et il se souvient toujours de ses amis.

— Dire que je vous ai connu pas plus haut que cette table et qu'aujourd'hui vous voilà…

— Avec des cheveux gris.
— Et un beau nom.
— Plus, un rhumatisme.
— Quel âge avez-vous donc ?
— Je suis né en 1773, calculez, cela fait, si je ne me trompe, cinquante-deux ans.
— Les années passent si vite, du moins vous les avez bien employées.
— Le mieux que j'ai pu.

— Voilà le hareng, fit Madame Bonamy, qui, pendant la reconnaissance des deux amis, avait rempli ses fonctions de ménagère ; pratiquant ainsi à son insu le précepte de Brillat-Savarin : « Convier quelqu'un, c'est se charger de son bonheur pendant tout le temps qu'il est sous notre toit. »

On se mit à table ; M. Bonamy plaça Lemot à ses côtés, Madame Bonamy assit près d'elle la petite Marie, Bernard et Paul se trouvèrent en face du statuaire.

La conversation, interrompue un instant, fut reprise au cliquetis des fourchettes sur les assiettes.

— Si le père Lemot vous voyait, serait-il heureux, dit le mercier.

— Pauvre père, fit tristement le statuaire.

— Il avait le pressentiment de ce que vous seriez un jour. Que de fois, lorsque j'allais le voir dans son atelier de menuisier, il a posé son rabot sur l'établi pour me parler de vous. « Vois-tu, me disait-il, je sens là (et il mettait la main

sur son cœur) que mon *petit* sera un grand musicien. »
Alors, vous apprenicz là musique.

— C'est vrai, la musique a été l'une des erreurs de ma jeunesse.

— Et lorsque vous obtintes le premier prix de sculpture de l'Académie, sa joie fut telle qu'il se grisa comme un Suisse. « Mon *petit* sera un grand statuaire ! criait-il dans son ivresse. » Vous avez justifié le proverbe : In vino veritas.

— J'ai travaillé, voilà tout.

Lemot était modeste ; pour réussir dans la carrière artistique, travailler ne suffit pas ; il faut encore cette puissance créatrice qui vient de Dieu, que le travail féconde, et dont la persévérance récolte le fruit mûr. Mais, comme il le disait lui-même, il avait prodigieusement travaillé ; car la nomenclature de ses œuvres est considérable, nous ne citerons que les principales : les statues de Lycurgue, de Brutus, de Cicéron, le quadrige, en bronze, de l'église de Saint-Marc à Venise, les deux figures de la Victoire et de la Paix de l'arc de triomphe du Carrousel, enfin, la statue équestre de Henri IV, qui a été placé à Paris sur le Pont-Neuf.

— N'avez-vous pas servi pendant quelque temps, demanda M. Bonamy ?

— Il l'a bien fallu, l'empereur Napoléon ne plaisantait pas. Dès que je l'ai pu, continua le statuaire, je suis revenu à mes travaux.

— Vous avez réussi, répondit M. Bonamy.

— Pas mal.

— Vous êtes officier de la Légion-d'Honneur.

— Et membre de l'Institut.

— Professeur à l'école des Beaux-Arts.

— Et baron.

— Baron !

— Oui, baron.

Pour le coup, le mercier était arrivé au paroxisme de l'étonnement ; cet étonnement n'avait rien que de très-naturel, et était justifié par la vue de l'homme, qui, parti de l'échoppe d'un menuisier, était parvenu si haut par la puissance de son génie.

— Par quel hasard êtes-vous donc venu à Lyon ? dit M. Bonamy.

— Ce n'est point le hasard, mais mes affaires ; je suis venu voir le piédestal que M. Heurtaut, l'architecte, a fait élever pour placer la statue en bronze, que je suis en train de couler.

— Comment le trouvez-vous ?

— Trop nu et trop bas ; le gouvernement a donné les marbres, le conseil municipal a voté soixante et dix mille francs, dans de pareilles conditions on pouvait faire mieux. A mes yeux, ce piédestal a le seul mérite d'avoir été construit rapidement, car il fallut douze ans pour élever celui de la statue de Martin Desjardins, que la mienne va remplacer, tandis que le statuaire et les frères Keller, les fondeurs, n'avaient mis que deux ans pour achever leur œuvre.

— Et quelle est la somme qui vous a été allouée ?

— Trois cent quarante mille francs.

— C'est bon marché pour un chef-d'œuvre, et qui plus est un chef-d'œuvre d'un Lyonnais.

— Je le voudrais, je paierais ainsi ma dette de reconnaissance à ma ville natale.

— Vous viendrez pour la fête de l'inauguration.

— Certainement.

— Quand aura-t-elle lieu ?

— Je pense que ce sera au mois d'octobre.

— Puis-je compter sur une nouvelle visite ?

— Je vous le promets.

Le souper était sur le point de finir, la conversation prit alors ce caractère d'intimité qu'il n'acquiert qu'à ce moment du repas, moment plein de charme, où, suivant l'expression d'une femme d'esprit, on caquette ses morceaux. Lemot et M. Bonamy parlèrent de leurs amis communs, plusieurs étaient morts, et ils donnèrent quelques regrets à leur souvenir.

Minuit sonna à l'horloge de cuivre dont la caisse haute et droite ressemblait à un grenadier en faction. Lemot se leva.

— Vous vous couchez habituellement de bonne heure, j'ai dérangé vos habitudes, dit-il, c'est ce qu'on pardonne le moins.

— Dérangez-les plus souvent, fit gracieusement madame Bonamy avec un sourire.

Le mercier voulut accompagner le statuaire qui s'y opposa.

— Je demeure à deux pas.

— Je vais du moins vous faire accompagner. Mariette, allumez votre falot.

— Pourquoi ?

— Pour vous éclairer. Lyon n'est pas la ville des lumières, les rues sont obscures, il pourrait peut-être vous arriver malheur.

M. Bonamy avait raison ; car, à cette époque, Lyon n'était éclairé que par six cent quarante-cinq reverbères projetant une lumière douteuse ; ce ne fut qu'en 1836 que le conseil municipal traita pour l'éclairage au gaz ; on compte aujourd'hui plus de quinze cents becs dont le prix est de deux centimes et demi par bec et par heure.

Le mauvais éclairage avait donné lieu à l'usage des falots, petite lanterne de verre ; aucun habitant ne sortait le soir sans en être muni ; la population lyonnaise ressemblait ainsi à une population de vers luisants ; les commissionnaires, sous le nom de « porte-falots », offraient leurs services aux personnes qui se rendaient en soirée : le gaz a détruit de nos jours cette petite industrie.

M. Bonamy voulut ouvrir lui-même à Lemot la porte de son magasin ; précédé de Mariette, le statuaire sortit après avoir salué affectueusement la mercière. Comme Lemot n'est qu'un personnage épisodique, que nous ne reverrons plus, nous compléterons en quelques lignes son histoire.

L'inauguration de la statue de Louis XIV, sur la place de Bellecour, eut lieu le 6 novembre de la même année, en présence de M. Rambaud, maire de Lyon, du général Roguet, commandant du département, et du lieutenant-général Paultre de Lamothe.

A midi les tambours battirent aux champs.

Alors on enleva le voile blanc, fleurdelisé d'or, qui couvrait la statue, et les cris : « Vive le roi ! vivent les Bourbons ! » la saluèrent au bruit des salves d'artillerie, et tandis que les régiments présentaient les armes, deux discours furent prononcés ; le soir, il y eut illumination et feu d'artifice.

Sur le piédestal on grava les inscriptions suivantes :

LUDOVICO MAGNO,
REGI PATRI HEROI.

LUDOVICI MAGNI,
STATUAM EQUESTREM
INIQUIS TEMPORIBUS
DISJECTAM
CIVITAS LUGDUNENSIS
REGIO QUE RHODHANICA
INSTAURAVERUNT ANNO M. D. CCCXXV.

La République de 1848 menaça d'être aussi dangereuse pour la statue de Lemot, que le fut la république de 93 pour la statue de Desjardin. Une affiche de l'un des édiles lyonnais annonça qu'on allait procéder à sa destruction : heureusement il n'en fut rien ; la malencontreuse affiche n'eut d'autre résultat que de faire rire aux dépens de celui qui, par faiblesse, l'avait écrite et signée ; mais, pendant deux ou trois mois, il y eut un club en plein vent autour de la balustrade en fer du cheval de bronze ; les exaltés racontaient les crimes du grand roi, et le faisaient comparaître à la barre de leur tribunal ; les érudits de ces juges en blouses bleues, rendant leurs sentences entre les deux bouffées de fumée d'un *brûle-gueule*, reprochaient à Louis XIV la révocation de l'édit de Nantes, cette dernière faute que lui inspira le bigotisme intolérant de madame de Maintenon ; révocation qui porta à l'industrie lyonnaise un grave préjudice en provoquant l'émigration de beaucoup d'ouvriers tisseurs, emportant avec eux, en Allemagne et en Suisse, les secrets du tissage de la soierie, dont Lyon, jusqu'à ce jour avait conservé le monopole exclusif.

— Oui, Messieurs, hurlait un Mirabeau improvisé, Louis XIV est la première cause de la diminution du prix des façons, car c'est lui qui, par la révocation de l'édit de Nantes, a fait transporter les métiers à la Jacquard en Allemagne.

— Et le gueux se permet d'aller à cheval, tandis que les honnêtes gens qu'il a ruinés, vont à pied : A bas ! à bas !

— Il faut brûler sa statue.

— Nous en ferons des assignats.

— J'ai une idée sublime, s'écriait un patriote.

— Voyons ?

— Que diriez-vous si je faisais de cette statue un monument républicain ?

— Allons donc, impossible.

— Que le gouvernement me fasse les frais d'un pinceau et d'un pot de vernis blanc, et je me charge de vous prouver que le mot impossible n'est pas plus français pour moi qu'il ne l'était pour Napoléon.

— Comment ?

— Voici mon procédé que je vous livre sans demander un brevet : Je peins en blanc Louis XIV et son cheval... puis j'écris au-dessous... devinez ?

— Quoi ?

— J'écris : *Louis Blanc.*

Et l'on battait des mains, et l'on riait aux éclats : l'esprit français trouve toujours, dans les circonstances les plus tristes, l'occasion de quelques mots heureux, et de quelques éclats de rire.

Le conseil municipal dut prendre une mesure protectrice pour sauver l'œuvre de Lemot ;

Le *Conseil* mit aux voix cette affaire importante,

et les inscriptions dorées disparurent pour faire place à l'inscription suivante :

CHEF-D'ŒUVRE DU CITOYEN LEMOT.

Sous cette mascarade ridicule, Louis XIV a traversé sans péril les jours d'orage ; dès que le soleil a relui, il a jeté son masque et repris sous son nom les titres de héros et de père de la patrie. L'histoire écrite sur les monuments est encore plus mensongère que celle du père Loriquet.

Lemot ne survécut que deux ans à la fête de l'inauguration, il mourut en 1827 ; ses restes, d'après son désir, furent transportés en Vendée, dans le château de Clisson qu'il avait réparé.

Pendant tout le souper, on comprend facilement le sentiment de discrétion qui avait empêché Bernard de prendre part à la conversation des deux amis. Paul s'était endormi sur sa chaise, et la petite Marie reposait doucement sur les bras de son frère, le berceau favori de la jolie enfant.

M. Bonamy rentra dans l'arrière-boutique, le visage radieux.

— Eh bien, dit-il, en s'adressant à Bernard, vous le voyez, pour réussir, il ne faut que de la bonne volonté et du travail.

— J'ai la bonne volonté ; quant au travail....

— Je me charge de vous le procurer ; venez demain, c'est dimanche, nous pourrons causer à notre aise.

Bernard comprit que ces mots renfermaient l'invitation polie de se retirer.

Après avoir remercié chaleureusement l'excellent mercier de son accueil, et s'être fait indiquer la route qu'il devait suivre pour se rendre rue du Bessard, il se disposa à sortir. Madame Bonamy embrassa tendrement Marie, en lui glissant dans la main un morceau de tourte.

Arrivé au haut de la rue Mercière, Bernard entra dans celle des Souffletiers, et se trouva sur le quai Villeroi, qui tire son nom de la famille des Villeroi, gouverneurs de Lyon, de 1608 à 1790. Le plus célèbre, celui qui fit le plus pour notre ville, fut sans contredit Camille de Neuville de Villeroi, né à Rome en 1606. Il fut d'abord abbé d'Aînay, puis archevêque de Lyon en 1653 ; son frère aîné, Nicolas de Neuville, duc de Villeroi, lui délégua en qualité de lieutenant, les pouvoirs de sa charge de gouverneur ; car, vivant à la cour, il ne pouvait pas s'occuper des intérêts de ses administrés. — Camille, réunissant les deux pouvoirs, temporel et spirituel, avait une influence considérable dont il n'usa que pour faire le bien. Lorsque Nicolas de Neuville de Villeroi mourut, son fils hérita de sa charge, mais il en laissa, comme son père, la jouissance à son oncle Camille, qui, pendant quarante ans, fut la providence des Lyonnais. Vêtu comme le plus obscur des prêtres de son diocèse, accessible à tous, il allait voir lui-même les malheureux et leur porter, avec l'argent qui cicatrise la misère, les douces paroles d'une religion qui console. On lui doit la fondation de plusieurs couvents. Pendant l'émeute de 1693, il sut habilement allier la fermeté à l'indulgence, réprimer et pardonner ; il était partout, oubliant des fatigues que son grand âge rendaient dangereuses, car elles hâtèrent ses derniers jours. Ami de saint François de Sales pendant sa vie ; après sa mort, il eut l'honneur d'avoir son oraison funèbre prononcée par Massillon. Camille de Neuville a été mieux qu'un grand homme, il a été un homme utile, les grands hommes vivent ordinairement pour eux, leur ambition est toute personnelle, ils ne sont que de l'égoïsme vaniteux ; ceux dont l'existence fut employée modestement au bonheur de leurs semblables sont plus rares ; car la gloire, cette plante des tombeaux, ne fleurit pas sur le marbre de leur mausolée ; leur nom, conservé dans quelques cœurs reconnaissants, ne tarde pas à mourir. — Depuis quelques années, toutes les villes, fouillant dans leur histoire, élèvent des statues aux enfants qui les ont illustrées. La ville de Lyon oubliera-t-elle ce prélat dont la vie fut un long dévouement, et dont l'éloge peut se résumer en deux mots : « *Transiit benefaciendo* » ?

Le quai Villeroi était, comme aujourd'hui, occupé par des orfèvres ; sur les bords de la Saône se trouvaient des maisons dont les eaux venaient baigner les pieds ; cette partie du quai s'appelait : *La mort qui trompe*, nom que portait autrefois la rue des Souffletiers, qui le tirait d'une enseigne sur laquelle était représenté un squelette embouchant une trompette.

Cette enseigne rappelait la lugubre histoire de la peste qui l'avait inspirée.

Cette peste fut apportée à Lyon, en 1628, par les soldats de nos armées d'Italie ; elle fut terrible ; le nombre des morts devenait tous les jours plus nombreux, la ville fut abandonnée par toute la bourgeoisie et la noblesse. Le travail, s'arrêtant brusquement, les malheureux ouvriers se virent placés entre l'alternative de mourir de la contagion ou de la faim ; le prévôt des marchands et les échevins firent paraître une ordonnance par laquelle les riches furent obligés de nourrir les pauvres. Le peuple qui, de tout temps, cherche une cause directe au mal qu'il ne comprend pas, accusa les huguenots ; les rues furent chaque jour ensanglantées par des meurtres. Mais la maladie empirait ; on entassait les cadavres dans les chariots, et on les jetait pêle-mêle dans d'immenses trous creusés hors des portes ; on cite un ouvrier graveur, qui, pour ne pas être enterré tout nu, se cousit lui-même jusqu'au cou dans son linceul ; un vieillard, qui, après avoir perdu tous ses enfants, se coucha de telle sorte sur le bord de la fosse dans laquelle il avait enseveli sa famille, qu'en mourant il devait tomber dans son tombeau. Les mesures les plus sévères furent prises pour empêcher la propagation de la peste ; quatre hospitaliers, armés d'arquebuses, parcouraient continuellement la ville, tuant sans pitié le malade qui, contre les ordres des échevins, s'était hasardé à sortir.

Il semble que la mort soit le seul spectacle auquel on ne puisse s'habituer ; cependant au bout de quelques mois, alors que le mal était dans toute sa fureur, les hospitaliers conduisaient gaiement leurs charettes de cadavres au son du haut-bois ; ils dressaient des tables , et , à leurs chansons bachiques, se joignaient les cris des mourants jetés par mégarde avec les morts ; aux parfums savoureux de leur vin, se mêlait l'odeur fétide des cadavres en putréfaction ; puis , pour servir d'escorte à ces saturnales atroces, suivaient des femmes accompagnant, en riant, leurs maris jusqu'au lieu de la sépulture. — Que le lecteur soit indulgent pour elles, elles avaient si peu connu leur époux ; car, pour réparer les désastres de la peste, on permettait de se remarier de suite. — On se mariait à huit heures du soir , on se couchait à dix heures dans le lit nuptial, et le lendemain l'heureux mari mourait convaincu de la fidélité de son épouse ; la femme, bien différente de la veuve du Malabar, laissait son mari s'étendre seul dans la couche funèbre sans la partager avec lui ; la peste, on ne sait trop pourquoi, se conduisait vis-à-vis du sexe féminin avec une galanterie sans pareille ; nous ne parlons pas de la vertu et de la morale, ces deux pauvres filles avaient été frappées les premières par la contagion.

Le nombre des morts fut estimé à soixante mille ; une seule maison de la ville, dit la Chronique, fut épargnée : elle n'était pas habitée.

Nous avons cherché quelque monument qui rappelât aux Lyonnais cette époque funeste, nous n'en avons pas trouvé ; une petite tour, placée sur le pont de Pierre , avait été transformée en chapelle, afin que les pestiférés , entassés sur les quais, pussent entendre la messe ; cette chapelle a disparu avec le vieux pont ; mais on en avait du reste, depuis longtemps , changé la destination ; car, lorsque nous l'avons vue , elle était occupée par un poste de pompiers.

Au milieu de la Grande-Côte, à droite en montant à la Croix-Rousse, on voit sur une pierre de marbre, placée au-dessus de la porte d'allée d'une maison , ces mots écrits en lettres d'or :

NON ULTRA PESTIS.
1628.

Avant 93 , cette inscription , surmontée d'une petite niche dans laquelle était une statue de saint Roch, commençait ainsi :

EJUS PRÆSIDIO.

Les chauds patriotes qui avaient en haine les saints, — ces nobles du royaume célestes, — enlevèrent la statue , et effacèrent la première ligne qui dès lors était un non-sens.

De la peste de 1628, qui coûta la vie à soixante mille habitants , il ne reste donc d'autre souvenir qu'un petit morceau de marbre, dont un épicier voudrait pas pour le foyer de sa cheminée , et une phrase latine tronquée , que ne comprend pas un seul des ouvriers qui montent tous les jours la Grande-Côte ; tandis qu'un monument religieux, sur lequel on écrirait en français correct l'origine de sa fondation , serait pour le peuple un enseignement salutaire, et renfermerait la double pensée du Dieu qui punit et du Dieu qui pardonne. Malheureusement, à Lyon, on ne comprend un monument qu'autant qu'il est d'une utilité pratique. Dans ces dernières années, on a élevé une statue à Jacquard ; puis, comme si le conseil municipal s'était repenti de sa munificence pour celui auquel notre ville doit sa prospérité commerciale, le piédestal a été transformé en fontaine, et , du haut de son marbre blanc, l'inventeur des métiers mécaniques assiste au caquetage des portières de la place Sathonay.

Bernard hésita ne sachant quelle route il devait suivre, car les abords du Pont-de-Pierre étaient un véritable dédale de petites rues étroites et tortueuses, parmi lesquelles il était difficile de se reconnaître ; la place de l'Herberie n'existait qu'à l'état de rue , son nom lui venait du marché aux herbes qu'on y avait établi ; au centre, en face du pont, se trouvait une ile de maisons dont la démolition est l'origine de la place d'Albon.

Le Pont-de-Pierre ou le pont du Change , construit en 1076, par les ordres de l'archevêque Humbert, a été démoli en 1846, après une existence de 770 ans ; sa construction n'offrait rien de remarquable comme architecture, sa seule qualité était dans sa solidité : les matériaux qu'on employa à sa construction en donnent l'explication facile ; ce furent des décombres de monuments romains ; car on a trouvé, lors de sa démolition , plusieurs inscriptions latines. Ce pont était étroit, les maisons placées sur la première arche de la rive gauche, habitées par des marchands de chapeaux de paille , des orfèvres et des merciers , en rendaient l'entrée dangereuse ; on dut songer à le remplacer. En 1843, l'ingénieur Jourdan jeta les fondations d'un nouveau pont, qui prit le nom de Nemours, parce que ce prince en posa la première pierre ; deux ans suffirent pour son achèvement. Un triste accident, qui rappelle celui que nous avons raconté à propos du pont de la Guillotière, se passa en 1845 sur l'ancien Pont-de-Pierre. C'était le 1er mai, jour de la fête de Louis-Philippe, la foule encombrait le Pont-de-Pierre, pour jouir du coup d'œil du feu d'artifice tiré sur le pont Tilsit. Tout-à-coup, les cris « le pont s'écroule » jetèrent l'effroi parmi les spectateurs. Cette nouvelle offrait quelque vraisemblance , car on avait déjà à moitié démoli les premières arches ; chacun voulut se sauver, le désordre fut immense, plusieurs personnes périrent, beaucoup furent blessées.

Bernard s'était assis sur une borne en attendant qu'un passant lui indiquât son chemin ; heureusement pour lui, qu'un chiffonnier lui vint en aide.

— La rue du Bessard, s'il vous plait ? demanda Bernard
— Ah ! farceur, s'écria le chiffonnier, puis , apercevant les deux enfants, il comprit sans doute qu'il s'était trompé, aussi reprit-il d'une voix moins familière et plus honnête : prenez la rue de la Pêcherie, en face de vous, allez jusqu'au bout , tournez à droite, et vous serez dans la rue du Bessard.

Le jeune homme remercia son cicérone déguenillé , et entra courageusement dans la rue de la Pêcherie ; nous avons dit « courageusement, » et cet adverbe est ici à sa place , quelques lignes de description le justifieront complètement.

Supposez une rue étroite, aux maisons noires, éclairée par deux reverbères se balançant en travers à une corde formant un triangle, encombrée de matériaux provenant du quai du duc de Bordeaux , alors en construction ; au milieu , un grand bâtiment décrépit, exhalant l'odeur asphyxiante de poisson pourri, c'est la Pêcherie, marché où la poissarde, le poing sur la hanche, le nez rougi par la boisson , débite sa marchandise et son catéchisme d'épithètes grossières à l'adresse de l'acheteur ; au haut de la rue, un autre bâtiment la coupant à angle droit, dont les vastes flancs laissent échapper le parfum nauséabond de viandes saignantes, de sang croupi sur les dalles humides : c'est la Boucherie des Terreaux.

Supposez maintenant qu'il est minuit , que toute la population bruyante qui anime pendant le jour ce quartier, est endormie ; puis , pour rompre la solitude de ce repaire, quelques filles de joie, quelques ribaudes taillées sur le modèle des compagnes adorées des truands de la cour des miracles , sentant l'ail et le vin comme elles sentent le vice, agaçant de gros garçons bouchers aux bras nus , et leur laissant prendre des baisers sur leurs lèvres bleuies par l'eau-de-vie.

Lyon, Imp, H. Storck,

CHAPITRE V.

La rue du Bessard. — Histoire de la Belle Cordière. — Une perle dans un fumier.

Bernard arriva sans mauvaise rencontre dans la rue du Bessard.

L'étymologie de ce nom n'offre aucun intérêt ; anciennement cette rue servait de dégorgeoir à un canal mettant en communication le Rhône et la Saône, et comme les eaux du fleuve sont plus élevées que celles de la rivière, elles déterminèrent à cet endroit une pente sensible, ce qui lui fit donner le nom de *Baissard*, d'où vint *Bessard* par corruption.

Cette rue aboutissait à l'une des extrémités sur le quai du duc de Bordeaux, et coupait perpendiculairement la rue Lanterne ; un seul côté était garni de maisons, l'autre était occupé par la boucherie des Terreaux, vaste monument construit en pierre de taille.

Etrange chose que les destinées. Le canal emportait dans son courant les immondices de la ville, la rue du Bessard devint le cloaque impur des immondices de la société ; née dans la fange, elle conserva sa souillure native, et fut l'une de ces rues, qu'une honnête femme n'ose pas traverser en plein jour ; dans lesquelles un homme qui se respecte, n'ose entrer, lorsque vient la nuit, dont l'obscurité favorise le libertinage.

Pour nous, l'existence de la rue du Bessard a été un problème que nous n'avons pu résoudre ; la seule réponse que nous ayons pu trouver au point d'interrogation que nous nous sommes posé bien souvent, c'est qu'elle payait patente, et que le conseil municipal, comme cet empereur romain, qui avait mis un impôt sur les fosses d'aisances, trouvait sans doute que l'argent qu'il en tirait ne sentait pas mauvais. On transporte hors des barrières le fumier, dont les exhalaisons pestilentielles peuvent compromettre la santé des habitants ; et on laisse s'amasser ce fumier moral, qui attaque l'âme, la flétrit et la gangrène. — Non seulement la rue du Bessard a existé, mais elle a existé longtemps ; il y a cinq ou six ans à peine, qu'elle a disparu. Nous avons vu la prostitution grouillant en bas blanc, traînant dans la crotte des ruisseaux fangeux, ses jupes sales ; mettant en étalage, comme la boucherie, sa voisine, la chair de ses filles, flétries par le libertinage, usées par la débauche ; nous avons vu ces prêtresses éclopées du culte de Vénus, assises en mendiantes sur les escaliers des portes d'entrée, fredonnant des chansons immorales, d'une voix au timbre cassé par les excès, souriant aux passants d'un sourire libertin.

Parfois, par une belle journée d'été, lorsque le ciel était pur et sans nuages, que l'air était saturé de cette haleine voluptueuse, dont les baisers font éclore les fleurs et mûrir les fruits ; toutes ces femmes vivant dans le vice et par le vice, sortaient de leurs demeures humides, et accroupies, comme les bohémiennes de Callot, sur les dalles du quai d'Orléans, elles baignaient dans les rayons vivifiants du soleil leur pauvre corps ; car le soleil, astre pudique, n'entrait jamais dans la rue du Bessard.

Le vice avait ainsi droit de cité : il payait patente ! — Il avait ses magasins au centre du Lyon élégant, à trente pas de l'Hôtel-de-Ville et du bureau des mœurs ; c'était un commerçant, ayant ses comptoirs, ses clients, sa marchandise ; la loi le protégeait, entretenait pour lui des officiers municipaux, vérifiait ses denrées. Il payait patente !

Et personne n'y prenait garde ! Personne n'élevait la voix pour demander qu'un coup de balai municipal débarrassât de ces ordures la route qu'il fallait traverser, tous les jours, pour se rendre à son travail où à ses plaisirs ; personne ne comprenait que ces filles déguenillées, qui regardaient passer la foule joyeuse sur le quai d'Orléans, comme ces insulteurs, suivant autrefois le char du triomphateur, semblaient lui dire : « Lyon, ville pleine d'orgueil et de vanité sous tes habits de soie, qui t'intitules vaniteusement la ville des aumônes, qui as pour couronne la chapelle de Fourvières, perle cachée dans un bouquet de fleurs, baisse un peu les yeux ; vois à tes pieds, je suis le VICE, le vice qui vit de tes munificences, auquel tu donnes, non par pitié, mais par lâcheté ; le vice que tu as fait insolent, parce que tu en as fait ton ami. »

Des rues telles que la rue du Bessard sont nécessaires, à ce que disent les moralistes ; nous ne discuterons pas cette nécessité qui est celle du poison et de la guerre qui tuent ; mais ne pouvait-on pas défendre au vice de planter sa tente au centre de la ville ? on pouvait certainement, puisqu'on l'a fait depuis, en lui assignant les Brotteaux pour ville, les rues *Madame* et *Monsieur* pour quartier ; on l'a parqué, numéroté, classé ! A-t-il perdu quelques clients ? Ses fonds ont-ils baissé ? Nous ne le croyons pas ; le vice est une plante vivace aux fruits toujours abondants.

Le vice a deux physionomies : il se couvre de fleurs, se pare de robes de soie, séduit par son luxe, ou se montre dans toute sa hideuse nudité ; le premier est celui du monde fashionable, le second celui du peuple. La rue du Bessard appartenait au second ; elle avait pour visiteurs les joueurs d'orgue, les hommes du port, les remplaçants militaires, les escrocs, les voleurs ; c'était une véritable taverne de truands ; les coups de poings y voltigeaient avec les jurons, et l'eau-de-vie était la boisson habituelle des hôtes de cet aimable séjour ; quant à leur langage, c'était celui des bagnes, cet argot auquel Eugène Sue a initié ses lecteurs dans les *Mystères de Paris*.

Les filles de la rue du Bessard n'avaient pour elles ni la jeunesse ni la beauté ; elles brillaient par leurs difformités physiques comme morales ; elles étaient séduisantes par leurs difformités ; l'une était borgne, l'autre bossue, une troisième était brèche-dents ; d'autres, enfin, vieillies sous les harnais du libertinage, avaient les cheveux blancs, les yeux bordés d'un cercle rouge, le visage couvert de rides.

Hélas ! la vieillesse, cette chose grande et sainte, qui rend la femme respectable et la fait respecter, n'était qu'un nouvel attrait pour les chalands ; ces malheureuses femmes, dont les corps s'en allait par lambeaux, ne songeaient point à se purifier de leur passé afin de pouvoir se coucher tranquilles dans le linceul ; elles jetaient au hasard la vie qui succède à la tombe, comme elles avaient jeté au caprice leur vie de cette terre ; leur cœur et leur âme, flambeaux qui guident et consolent s'étaient éteints, dans leur charpente osseuse, cadavre par anticipation. Elles riaient, les infâmes, sous cette couronne de cheveux blancs que Dieu met aux victimes qu'il veut en holocauste ; elles insultaient à sa bonté, à sa miséricorde, comme elles insultaient la société.

Le rez-de-chaussée de chaque maison était ouvert aux regards curieux : une table de bois, couverte de verres et de bouteilles, quelques escabeaux noircis, tremblants sur leurs pieds, tel était l'ameublement du temple dont nous avons dépeint les prêtresses.

Si nous étions romancier, on nous accuserait d'exagération ; historien, nous en appelons au témoignage de nos contemporains. Nous pourrions nous étendre sur un pareil sujet : il est de ces choses si honteuses que les raconter, fût-ce même dans l'intérêt de la vérité, c'est se salir soi-même ; mettons en pratique le précepte de Boileau :

> Le latin, dans ses vers, brave l'honnêteté,
> Mais le lecteur français veut être respecté.

Respectons donc nos lecteurs en nous respectant nous-même.

Bernard aperçut une lanterne de papier rouge, éclairée

par une chandelle, sur laquelle se détachait en lettres noires l'enseigne suivante :

ISSI ONT LOG' A LA NUIT.
OU Ô MOI.

Nous ne conseillerons pas à nos lecteurs d'apprendre à leurs enfants la langue française, ou l'orthographe en leur faisant lire les enseignes ; la grammaire et le bon sens y sont souvent étrangement violés, ce sont des tours de force de cacographie ; nous avons lu « écurie » écrit ainsi : « et quriz. » Jacques Arago, dans un spirituel article sur notre ville, en cite deux que nous lui empruntons ; la première est ravissante de bêtise :

MAISON D'ÉDUCATION POUR LES DEUX SEXES ET AUTRES.

N'est-ce pas là le pendant de la fameuse devise des philophes de la scolastique parlant *de omni re scibili et cognoscibili et quibusdam aliis ?*
La seconde, tout le monde la connaît, tout le monde a pu la lire sur la caserne du quai de Serin :

GRANDE CASERNE DE SERIN.

Cet affreux calembourg n'a-t-il pas dû être la cause de plus d'un duel ? Les arbres étiolés du bois de la Tête-d'Or pourraient nous le dire.
Les enseignes sont, avec les monuments, les premières choses qui frappent le regard des étrangers ; or, nous demandons quelle opinion ils doivent avoir de la langue des Lyonnais, s'ils les jugent sur leurs enseignes où les fautes d'orthographe foisonnent, où la langue usitée est une langue bâtarde. Nous voudrions une razia complète de ces *enseignes-tableaux* qui font pouffer de rire. Que signifie le tableau du *Soldat laboureur* pour un fabricant de peignes ; du *Fidèle Berger*, le beau Némorin en culotte de velours rouge à galons de satin blanc, dont les confiseurs se sont emparés exclusivement ; des *Quatre fils Aymond*, montés sur le célèbre Bayard, et qui s'épanouit sur le quai de l'Hôpital au dessus d'un marchand de vin ? — Le soldat laboureur n'a jamais fabriqué de peignes ; Némorin n'a jamais vendu des pralines et du sucre candi ; les quatre fils Aymond n'ont jamais tenu cabaret.
Bernard saisit de nouveau le marteau de la porte d'allée, et frappa un coup d'une telle violence que la maison, lézardée, tressaillit jusque dans ses fondements.
Une vieille femme, en costume nocturne, ouvrit une fenêtre du premier étage, tendant sa chandelle en dehors, et se servant de sa main en guise de réflecteur, elle chercha à voir dans l'obscurité de la rue, quels étaient les visiteurs qui troublaient ainsi son sommeil.
— Que voulez-vous ? demanda-t-elle d'une voix aigre.
— Un lit, répondit Bernard.
— Je n'en ai plus.
Et la fenêtre se referma, la vieille disparut, les deux enfants se mirent à pleurer.
Bernard souleva de nouveau le marteau, mais cette fois, au premier coup en succédèrent dix autres; c'était un vacarme à réveiller, avant l'époque fixée, tout le palais de la *Belle au bois dormant.*
La vieille femme reparut à sa fenêtre : de laide qu'elle était la colère la rendait horrible ; le timbre de sa voix était celui d'une corde de violon sur laquelle on promène un archet sans colophane.
— Ah ça ! aurez vous bientôt fini votre tapage ?
— Pas avant que vous m'ayez ouvert.
— Je vous ai dit que je n'avais plus de lit.
— Vous me donnerez le vôtre.
— Le mien, comptez dessus.
— Une fois, deux fois, voulez-vous m'ouvrir ?
— Non.
— Alors, j'enfonce la porte.
Pour joindre le geste aux paroles, et faire suivre la menace de son exécution, le jeune homme mit à terre la petite Marie, et s'avança vers la porte d'allée ; la vieille femme suivit le mouvement ; au moment où Bernard allait se servir de ses bras nerveux comme d'un levier :

— Attendez donc un moment, fit-elle, je descends.
Quelques secondes après, la clé tournait dans la serrure, et Bernard entrait en vainqueur dans la place.
— Il paraît, dit-il, que vous n'êtes pas aimable lorsqu'on vous réveille pendant votre premier sommeil.
— Le diable lui-même ne le serait pas avec un gaillard aussi violent.
— Chacun a ses défauts.
— Qu'est-ce que c'est que cette petite marmaille, s'écria la vieille, en apercevant les enfants. Est-ce que par hasard vous prenez ma maison pour une maison d'éducation ?
— Je ne vous demande pas des réflexions, mais un lit.
— Je n'en ai plus.
— Allons nous recommencer, dit Bernard, avec un ton d'autorité qui commandait le silence. — Quel est le prix ?
— Du mois ?
— Non, de la nuit.
— Trois sous.
— C'est cher ; n'importe, préparez-moi deux lits.
— Comment, deux lits ?
— Est-ce que vous vous imaginez que je vais coucher avec ces enfants ?
— Il paraît que c'est quelqu'un de calé, grommela la vieille ; dire ! quel prince.
Pendant ce colloque, Bernard, suivant la vieille femme, Paul suivant Bernard, ils étaient arrivés au premier étage : la loueuse de garnis ouvrit une porte, et précédant ses locataires, elle les fit entrer dans une vaste salle, où se trouvaient vingt lits sur deux rangs ; chaque lit était occupé par deux dormeurs dont les mèches des bonnets de coton se caressaient amoureusement ; l'air lourd et méphitique qui circulait dans cette vaste salle n'était pas l'air parfumé des senteurs de la rose et du jasmin ; Bernard sentit son cœur se soulever. Dans son existence campagnarde il avait ignoré ce qu'était la malpropreté des grandes villes, qui vient de la misère, et si, après sa journée de travail, il n'avait pas toujours eu un duvet de plumes pour reposer son corps fatigué, en revanche, il avait trouvé dans les fénières du foin pour se faire une couche voluptueuse.
Nos lecteurs ignorent probablement ce que sont les *garnis* où l'on loge à la nuit au prix modique de dix centimes. Topographiquement c'est un large et spacieux dortoir dont les lits sont à peine séparés par l'espace nécessaire à une chaise ; une paillasse, garnie de feuilles de blé de Turquie, un drap roux, une couverture de laine composent le lit dans lequel on rencontre nécessairement un compagnon qu'on ne connaît pas et dont, pendant six ou huit heures, on respire l'haleine ; le lendemain on se quitte sans s'être dit bonjour, et le soir, le compagnon d'hier est remplacé par un nouveau. Nous ne dirons pas tout ce qu'il peut y avoir de dangereux pour la santé dans une telle cohabitation ; les statistiques des médecins ont prouvé combien la mortalité était fréquente dans ces bouges ; mais nous aborderons une autre question, sur laquelle on ne s'est pas assez appesanti.
Les garnis sont d'ordinaire fréquentés par des gens sans aveu, sans position, par les escrocs et les filous ; par toute cette population d'individus sous la surveillance de la haute police ; l'apologue d'un fruit pourri qui dans un fruitier gâta tous les autres, peut s'appliquer à ces établissements. Un honnête homme condamné, par son modique salaire, à les fréquenter, y court des dangers sérieux ; il faut que son cœur soit enveloppé de ce triple airain dont parle Horace, pour qu'il résiste longtemps au vice ; à chaque instant il lui faut subir de dégoûtantes propositions, entendre des théories immorales. La vertu, l'honneur et la probité, ces trois anges gardiens qui protègent les hommes, et qui, lorsque la mort leur ouvre le tombeau, lui ouvrent les portes du ciel, y sont traités cavalièrement : on les prostitue, on les salit, on les tourne en ridicule ; et le ridicule est l'arme la plus terrible qui tue sans pitié, sans miséricorde. L'ouvrier qui souffre est bien près de la faute, la misère est une mauvaise conseillère, et le crime qu'on repoussait avec horreur lorsqu'on pouvait vivre par son travail, devient

moins effrayant lorsqu'il vous donne ce que les labeurs ne peuvent plus donner.

Une goutte d'eau qui tombe régulièrement sur un rocher, le creuse et le mine insensiblement: il en est ainsi du vice. Qu'il se présente à vous sans costume, les yeux se détournent avec dégoût; mais qu'il prenne des allures hypocrites; que chaque jour, à chaque instant il soit à vos côtés; qu'il profite de vos moments de découragement et de tristesse; alors l'oreille se fait à son langage, ses paroles qui glissaient sur votre esprit, comme un liquide sur une glace, s'infiltrent une à une; on les recueille, on les emporte avec soi; la semence vivifie, elle grandit, l'arbrisseau se fait arbre, ses racines s'étendent; on est déjà vicieux, on ne tardera pas à devenir criminel.

La police déploie une sévérité très grande à l'égard des garnis: cette sévérité est inhabile à saisir les hommes dangereux, car ils jouent avec elle une partie égale; ils connaissent ses ruses, et lorsqu'elle entre par une porte, ils s'esquivent par l'autre; les novices paient pour les autres, et ils vont achever dans les bagnes et les prisons une triste éducation dont le noviciat a eu lieu dans les garnis.

Là, point de pudeur, point de retenue, les sexes sont indifféremment mêlés, le fripon parle tout haut de sa dernière prouesse; on l'applaudit, on le loue, on le complimente; on se moque des lois qui régissent la société, des agents qui les font exécuter, et des imbéciles qui s'y soumettent. Le langage qu'on y parle, a lui-même quelque chose qui révolte, l'*argot* a un mot comique pour tout ce qui est saint, tout ce qui est triste. On rit de tout, du camarade auquel la guillotine a tranché la tête, et du malheureux qu'on a assassiné. Tel était le monde dans lequel le hasard avait conduit Bernard.

La vieille femme lui montra deux lits placés à l'extrémité de la salle, et les découvrit avec orgueil pour montrer les draps, sur lesquels les locataires qui y avaient logés, avaient laissé des traces peu agréables de leur passage.

— J'espère que c'est coquet, dit-elle.
— Oui, c'est assez malpropre, répondit flegmatiquement Bernard.
— Malpropre, savez-vous que mon garni est le mieux tenu de tous ceux de Lyon, s'écria avec indignation la vieille mégère, demandez plutôt à ces Messieurs.

Les Messieurs que désignait la vieille, étaient cinq ou six hommes vêtus de blouses bleues, qui discutaient en fumant leur pipe dans l'angle de l'appartement en face de Bernard.
— Si vous n'êtes pas content, continua l'hôtesse, vous pouvez vous en aller.
— C'est ce que j'allais vous prier de faire vous-même.

L'hôtesse sortit en qualifiant tout bas Bernard d'aristocrate.

Paul s'était déshabillé, et il entrait déjà dans son lit.
— Eh bien! Paul, fit Bernard, et notre prière.

L'enfant rougit, s'agenouillant auprès de Marie, qui, les mains jointes sur la poitrine, ressemblait à un ange; il commença la prière, tandis que Bernard, debout, les bras croisés, couvait du regard sa petite famille.
— « Notre père qui êtes aux cieux... »
— Tiens! on chante des psaumes, interrompit l'un des personnages désignés par la vieille.
— Nous vous dérangeons peut-être, dit poliment Bernard?
— En aucune façon; continuez, c'est amusant.
— Ah! cela vous amuse?
— Beaucoup.
— Je vous plains.

Ces quelques mots furent dits par Bernard, avec un tel accent de pitié, que l'interrupteur se tut. Il est tels mots sans importance qui, par le ton avec lequel on les prononce, prennent une valeur immense; aussi, Paul put-il achever sa prière sans être interrompu.

Lorsque les deux enfants furent couchés, Bernard, après les avoir tendrement embrassés au front, fit comme eux et ne tarda pas à s'endormir.

Les cinq individus qui causaient à voix basse assis sur leur lit, lorsque le jeune campagnard était entré dans la salle, reprirent leur conversation.
— Ce scélérat de Fernioul a-t-il de la chance.
— J'ai du courage, répondit celui dont on venait de dire le nom, tandis que vous, vous n'êtes que des capons.
— Parce que nous n'aimons pas tuer.
— Eh bien! qu'est-ce que c'est que de tuer quelqu'un, c'est le supprimer.
— Tu n'as donc pas de cœur?
— Moi, reprit Fernioul, j'ai le cœur sensible comme une tendre fiancée; la preuve, c'est que j'ai été sur le point de me convertir.
— Allons donc!
— Parole d'honneur, il y a trois mois, j'étais, vous le savez, à la prison de Roanne. L'abbé Perrin...
— Le brave homme, dit l'un.
— L'excellent prêtre, fit un autre.
— Le bon enfant, exclama un troisième.

Cet éloge spontané, qui sortait de la bouche de trois scélérats, était mérité; l'abbé Perrin a été un de ces hommes qui vivent non pour eux, mais pour les autres, dont la charité est la muse, le dévouement l'existence. Pendant trente ans de sa vie, aumônier de la prison de Roanne, il ne faiblit jamais sous la lourde tâche qu'il s'était imposée; il allait de maison en maison, quêtant pour ses prisonniers, on le rencontrait dans les rues, transformé en marchand d'habits, couvert de hardes, de vieilles bottes sous le bras, de vieux chapeaux à la main; personne ne songeait à le trouver ridicule. Tout le monde se découvrait respectueusement devant ce prêtre, qui ignorait lui-même combien il était grand et sublime; on se pressait sur son passage, car l'opinion publique l'avait canonisé; on le considérait non pas comme un homme, mais comme un saint. Aussi voit-on dans toutes les maisons des ouvriers lyonnais, son portrait à côté du tableau de Notre-Dame-de-Fourvières, la protectrice de Lyon; on s'agenouille pieusement devant l'image du vertueux ecclésiastique, qui a mis en pratique les deux vertus les plus difficiles, l'oubli de soi-même et l'humilité; l'abbé Perrin a été, dans sa longue carrière, plus utile que le sont cent légions de ces prêtres qui font de leur sacerdoce un métier qu'ils mettent au service de leur ambition; l'ambition était pour lui une divinité inconnue, il ne demandait jamais que pour ses prisonniers; et lorsque la croix de Légion-d'Honneur, cette récompense que Napoléon a créée non point uniquement pour ceux qui versent leur sang sur le champ de bataille, mais encore pour ceux qui, dans la sphère de leurs fonctions, rendent des services à l'humanité; lorsque, disons-nous, la croix de la Légion-d'Honneur vint se placer sur cette soutane si usée, si couverte de taches, l'abbé Perrin, tout honteux de cet honneur, demanda pardon à Dieu de l'orgueil qui la lui fit attacher à sa boutonnière. Les prisonniers l'aimaient comme leur père, il les appelait ses enfants, et jamais expression ne fut plus vraie. Que de malheureux égarés n'a-t-il pas rendus au monde? Que de larmes n'a-t-il pas séchées! Et cependant il n'était point orateur, il ne savait pas tourner de longues phrases, enchâsser convenablement l'épithète, ranimer l'attention par une heureuse antithèse; il avait mieux que l'éloquence, il avait l'onction qui vient du cœur et va au cœur.

Voyez sur cette charrette, cet homme aux cheveux rasés, aux bras liés derrière le dos, aux traits flétris par la douleur, aux muscles contractés par l'effroi du supplice; cet homme est un criminel que la justice des hommes a condamné, et qu'on conduit à la tombe. Près de lui est un vieillard vénérable, à la longue chevelure blanche, un christ d'ivoire à la main, il se penche à l'oreille du criminel qui le repousse; tout-à-coup, on aperçoit l'instrument fatal, la foule pousse l'environne pousse un cri de joie: le spectacle va commencer. Le prêtre se penche de nouveau à l'oreille du patient: « Mon fils, lui dit-il, Dieu pardonne à qui se repent: repentez-vous. » Une larme brille dans les yeux du coupable, il s'agenouille et baise le Christ; le couteau glisse en grinçant dans ses rainures, une tête sanglante roule dans le panier, la société compte un enfant de moins, la terre un cadavre de plus, et le prêtre une bonne action à ajouter à toutes celles de sa vie. Ce prêtre, est-il besoin de le nommer, de dire qu'il s'appelait l'abbé Perrin, que, pendant trente ans, il fut toujours à son poste, l'envoyé de Dieu auprès du criminel pour sauver l'âme de celui dont le bourreau demandait le corps?

La mort de l'abbé Perrin, arrivée dans un âge très-avancé, fut un événement grave; pendant un mois, elle fut le sujet de toutes les conversations, chacun contait son anecdote: maintenant encore, le souvenir de cet excellent homme est l'aliment de plus d'une causerie du coin du feu, et son nom est synonyme de deux vertus : charité et dévouement.

Nous n'avons pas eu la prétention d'écrire l'histoire de l'abbé Perrin ; mais dans cet ouvrage, galerie historique, où nous esquissons les portraits de tous ceux qui ont illustré notre ville, il devait avoir sa place ; nous devions un tribut à sa mémoire; car, si, comme ceux qu'on est convenu d'appeler de grands hommes, il n'a pas légué des chefs-d'œuvre dont la cité lyonnaise puisse s'énorgueillir, il a laissé l'exemple d'une noble vie.

— Ma parole d'honneur, continua Fernioul, l'abbé Perrin a manqué de me convertir; voici le fait.
— Voyons.
— Un jour, nous étions, avec quelques camarades, dans le préau, il vint nous trouver; il s'assit au milieu de nous, et entama un petit discours, chouettement tourné sur le vol; pendant qu'il parlait, j'aperçus flâner dans la poche de sa soutane une tabatière de buis. J'ai la mauvaise habitude de ne pouvoir apercevoir une poche ouverte sans éprouver le besoin d'y opérer une visite domiciliaire ; je combattis un instant, la nature l'emporta, et la tabatière passa de la soutane dans mon habit.
— Tiens, c'est très-drôle.
— Ne ris donc pas, animal, avant d'avoir entendu la fin de mon récit, il est aussi attendrissant que la complainte, en trente deux couplets, de Damon et Henriette. — Après son discours, l'abbé Perrin promena son regard autour de lui. Nous pleurions tous comme des biches. Dans sa joie de nous avoir si bien convaincus, il voulut savourer une prise de tabac ; il met la main dans sa poche, la tabatière n'y était plus, par la raison très-simple qu'elle était dans la mienne. « Mes enfants, nous dit-il, l'un de vous m'a pris ma tabatière. » Nous protestons tous, moi le premier, de notre innocence. « Je n'accuse personne, continue-t-il, et, comme je ne veux point connaître le coupable, je vais mettre cinq sous dans ma main, il fermera les yeux, il me rendra ma tabatière et prendra les cinq sous afin de s'acheter du tabac. »
— L'abbé se lève, exécute ponctuellement ce qu'il a dit, je lui rends sa tabatière, et je prends les cinq sous (1).
— C'est peu délicat de ta part.
— Je me proposais de faire dire avec cet argent une messe pour le repos de mon âme, mais comme une messe coûtait un franc, j'ai acheté selon ses désirs du tabac que j'ai fumé à son intention.
— Ton anecdote ne vaut pas la mienne, dit l'un des escrocs.
— Mon cher ami, répondit sentencieusement Fernioul, on ne juge bien que par comparaison, raconte d'abord, nous jugerons après.
— J'étais dans un moment de débine atroce, la fortune, déesse capricieuse, était pour moi une maîtresse infidèle.
— Mon cher, tu abuses de l'éloquence que tu as reçue de la nature.
— J'étais horriblement mal vêtu, je n'avais plus de chapeau, ce que, par parenthèse, je ne regrettais pas ; le chapeau est un luxe de la civilisation, puis il est souverainement incommode, lorsque, comme moi, on a beaucoup de connaissances ; ce qui vous condamne à un exercice de salutations qui devient à la longue fatigant.

(1) Historique.

— Abrége ou je vais me coucher.
— J'avais des souliers, auxquels il ne manquait que des semelles pour en faire des souliers utiles, tandis que je ne possédais que l'agréable. En traversant un jour le Pont-de-Pierre, je rencontrai l'abbé Perrin, j'étais une de ses anciennes connaissances, et la police m'avait déjà envoyé plus d'une fois à la prison de Roanne réfléchir aux vicissitudes et à la vanité des grandeurs humaines. L'abbé Perrin, en me voyant, s'approcha de moi : « Eh bien, mon enfant, me demanda-t-il, comment cela va-t-il ? » — « Pas très bien. » — « Est-ce que vous ne marchez plus dans les sentiers de la vertu ? » — « Ne m'avez-vous pas dit que ces sentiers étaient remplis de ronces et de pierres ? » « Oui. » — « Comment, alors, voulez-vous que je marche dans un pareil chemin, mes souliers n'ont point de semelles. » Au même instant, l'aumônier s'agenouille devant moi, ôte mes souliers, me les met aux pieds, prend les miens et s'en va avant que j'aie eu le temps de le remercier (1).

La conversation des voleurs fut interrompue par les cris : « au meurtre, à l'assassin ! » auxquels succéda le bruit de vitres brisées avec éclat.

Les habitués du garni ne levèrent pas même la tête de dessus leurs oreillers; ils gromelèrent quelques injures contre les tapageurs qui troublaient leur sommeil, et se retournèrent tranquillement de l'autre côté.

Bernard s'était mis sur son séant, s'adressant aux personnages qui ne s'étaient point encore couchés.
— Est-ce que vous n'entendez pas ce tapage ?
— Parfaitement, dit Fernioul.
— Qu'est-ce que c'est ?
— Un particulier qui s'explique, sans doute, avec sa particulière.

Les cris redoublèrent plus violents; on apercevait la rue éclairée par des chandelles dont la lumière, paraissant et disparaissant avec rapidité, annonçait le désordre, désordre auquel on était, du reste, habitué dans ce quartier.
— On assassine quelqu'un, dit Bernard.
— C'est possible, répondit flegmatiquement l'un des escrocs ; ça se voit souvent, nous sommes tous mortels.

Bernard regarda avec mépris son interlocuteur, s'habilla avec rapidité, et il allait franchir la porte, lorsqu'il pensa à Paul et à Marie.
— Pourriez-vous, dit-il, avoir la complaisance de veiller sur ces enfants.
— Soyez tranquille, on aura soin des mioches.

Rassuré par cette promesse, le jeune campagnard sortit.
Paul, éveillé par le bruit, chercha des yeux son frère, et ne le voyant pas, il se mit à pleurer.
— As-tu bientôt fini d'arroser le plancher, fit Fernioul, impatienté, car le tapage qui en se prolongeant commençait à l'inquiéter.

Paul se tut, mais il se leva et s'habilla.
— Mes amis, dit un des hommes à blouse bleue, dont le nez était surmonté d'une verrue colossale, je crains que ce bruit n'amène la police, et je crois prudent de nous esbigner.
— J'adopte l'idée, qui est celle d'un homme sensé.

Les cinq hommes s'esquivèrent doucement, Fernioul marchait le dernier, lorsqu'il se sentit retenir par sa blouse ; il se retourna et vit Paul se cramponnant à lui en pleurant.
— Je veux mon frère, dit l'enfant.
— Est-ce que tu crois, par hasard, que je l'ai dans ma poche ; allons, viens avec nous, je te conduirai vers lui.

Ils descendirent ensemble l'escalier en colimaçon de la maison et se trouvèrent bientôt dans la rue.

Maintenant expliquons l'événement qui a amené le combat auquel Bernard prend sa part, distribuant à droite et à gauche des coups de poing capables d'assommer un bœuf.

Dans la maison située à côté de celle du garni, au second étage, à la même heure où le jeune campagnard menaçait la vieille femme d'enfoncer la porte d'allée, dans une chambre dont la propreté était le seul luxe, une femme, délicieu-

(1) Historique.

sement belle, était couchée sur un canapé de paille ; à ses pieds un jeune homme de vingt ans la regardait avec amour, interrompant parfois sa causerie pour baiser une main blanche sur laquelle couraient, à travers une peau satinée, de petites veines bleues.

Ce jeune homme était Georges, le héros que nous avons mis en scène au premier chapitre de cet ouvage, mais Georges, avec quinze ans de moins ; il était dans cette ravissante vingtième année où fleurit dans le cœur le premier amour. Sa beauté était dans toute sa fraicheur ; sa physionomie, daguéréotype perpétuel qui reproduit les émotions de l'âme, était souriante ; sur son front, pur comme la glace unie d'un miroir, pas une ride ; dans ses cheveux, noirs comme l'aile d'un corbeau, pas un cheveu blanc ; dans son esprit, pas une mauvaise pensée ; dans ses yeux bleus, pas une larme. — Pour lui, la vie était un large fleuve sur lequel sa nacelle coquette, portant pour devise, à la proue, le mot d'ordre de la jeunesse « Speranza », glissait doucement balancée par le courant.

La jeunesse est le diamant de l'existence ; elle n'a qu'un tort, celui d'être trop rapide. Depuis quelques années, les jeunes gens gaspillent sottement cette richesse ; on dirait qu'ils ont honte d'être jeunes ; ils se créent des soucis, des tristesses ; ils ont les ambitions à la place des rêves ; ils ressemblent à un voyageur qui, s'étant mis en route, les escarpins aux pieds, la badine à la main, remplirait ses poches de lourds cailloux.

La jeune femme que Georges contemplait amoureusement, était une fille de la rue Bessard ; — c'est-à-dire qu'elle était inscrite à la police, et qu'elle vivait en se prostituant.

Si nos lecteurs nous accusent de salir notre héros, en lui donnant pour maîtresse une prostituée, nous leur répondrons qu'il y a deux manières d'aimer une femme de cette espèce ; la première, pour le plaisir sensuel qu'elle procure, cet amour n'était pas celui de Georges ; la seconde, de l'aimer en imagination : la femme physique n'est alors que le prétexte d'un amour qui existe en dehors d'elle, elle est l'image matérielle d'un ange rêvé. L'histoire nous fournit de nombreux exemples de pareils amours, et l'on cite, à Athènes, plusieurs statues qui inspirèrent des passions qui conduisirent leurs victimes au tombeau.

Dans Louise, Georges aimait une poétique femme dont sa mémoire avait retenu toutes les poésies, qui fut la plus belle comme la plus spirituelle des Lyonnaises du xvie siècle.

La pauvre Louise n'était pas à une hauteur d'intelligence suffisante pour son amant ; mais de même qu'en assistant à la représentation d'un opéra italien, on devine une situation sans entendre les paroles du libretto ; de même, Louise écoutait souvent Georges sans le comprendre, devinant par intuition le sens de ses paroles.

— Oh ! reste ainsi, dit le jeune homme, laisse-moi te contempler, tu es bien le type de ma Loyse tant aimée : voilà son bras rond, sa bouche rouge comme une cerise, sa gorge tant chantée par les poètes, ses longs cheveux blonds, ses sourcils si noirs, ses dents si blanches (1).

— Toujours cette femme !

— Ne vas-tu pas en être jalouse, fit Georges en souriant ?

— Oui, je suis jalouse, car,ce n'est pas moi que tu aimes, c'est elle ; je suis une statue de cire que tu animes d'une autre âme, que tu habilles d'un autre costume, que tu appelles d'un autre nom ; je suis jalouse, parce qu'à ton amour j'ai rattaché ma vie, parce que j'ai retrouvé par lui ma jeunesse, et mon cœur que je croyais avoir perdus.

Louise était sincère ; chez les femmes comme elle, un amour n'est pas un sentiment, mais une passion ; déshéritées des affections tranquilles de la famille, sans espérances dans l'avenir, lorsque dans leur existence il leur arrive de rencontrer un homme leur parlant un autre langage, que celui qu'elles entendent ordinairement, elles se cramponnent

___
(1) Tous les détails que nous donnons sur Loyse Labé sont textuellement historiques.

à lui avec la rage du noyé, saisissant une branche qui peut les sauver. Elles boivent avec gloutonnerie son amour, elles se grisent, elles s'enivrent, car si elles descendent au fond de leur conscience, elles comprennent que cette passion n'ira pas au-delà de quelques mois, de quelques années ; qu'un jour fatal arrivera nécessairement où il se retirera d'elles, les laissant lourdement retomber dans la fange d'où il les a tirées. Aussi, sont-elles capables de tous les dévouements, de tous les sacrifices ; elles sont supérieures en cela aux femmes honnêtes, qui, aimées et se sachant dignes de l'être, traitent d'égal à égal avec leurs amants, tandis que les prostituées s'en comprenant indignes, se font esclaves et demandent l'aumône d'une caresse et d'une douce parole.

— Tu es folle, Louise, fit Georges, ta jalousie se donne pour rivale une femme morte depuis trois cents ans. Que t'importe si je t'aime en toi. Lorsque je t'embrasse, lorsque je te dis que je t'aime, est-ce à elle ou à toi que je suis infidèle ? Je suis heureux : laisse-moi mes illusions.

— Elle était donc bien séduisante, cette femme, demanda Louise avec une profonde tristesse ?

— Juge toi-même : elle te ressemblait trait pour trait ; il n'y a pas dans ton visage un seul trait qui ne soit copié sur un des siens. Lorsque je t'ai rencontrée pour la première fois, je t'ai reconnue, car son image était dans mon cœur.

— Flatteur, méchant.

— Veux-tu que je te raconte sa vie.

— Egoïste, c'est encore pour me parler d'elle.

— Je veux te forcer à l'aimer, te forcer à être fière de ce que je t'aime en toi.

— Je t'écoute, mon beau poète ; mais, avant de commencer, fais-moi passer ce verre d'eau et cette petite fiole, placée sur la cheminée.

— Que contient cette fiole ?

— Une potion que m'a ordonné mon médecin.

Louise versa quelques gouttes du liquide dans l'eau, qui se teignit d'une nuance jaunâtre ; au moment de porter le verre à ses lèvres, elle hésita ; elle contempla Georges, assis auprès d'elle, avec un regard dans lequel passa tout son cœur.

— Allons, murmura-t-elle, ayons du courage, n'attendons pas le réveil, il serait trop affreux.

Et saisissant le verre avec un mouvement nerveux, elle avala d'un seul trait le contenu.

Ses yeux se levèrent tristement vers le ciel.

Elle voulut sourire, sa bouche se contracta dans une grimace. Le jeune homme n'avait rien vu de toute cette muette scène ; la tête enfoncée dans ses deux mains, il se recueillait religieusement dans ses souvenirs, il songeait à Louise Labé ; il oubliait la pauvre femme qu'il torturait impitoyablement, à laquelle, dans son égoïsme, il arrachait l'âme par lambeaux.

Louise s'étendit sur le canapé ; dans ce mouvement, elle découvrit une jambe qui eût fait la fortune d'une danseuse, un pied qui eût chaussé la pantoufle de Cendrillon ; et, appuyant sa figure pâle sur l'épaule de son amant :

— J'attends que tu commences, mon ami, dit-elle, d'une voix douce.

Georges tressaillit comme si on l'eût réveillé ; il continua tout haut à dire ce qu'il pensait tout bas ; Louise n'existait plus pour lui ; ce n'était pas à elle qu'il parlait, mais à lui-même.

Comme le récit de notre héros ne remplirait point notre but, car Louise Labé était pour lui une figure isolée du cadre dans lequel elle se trouve ; et que pour nous, au contraire, elle a une physionomie historique dépendante d'une époque, nous substituerons notre prose à son langage de poète : si l'intérêt dramatique y perd, la vérité y gagnera.

Cet amour de Georges pour une femme qu'il n'avait entrevue qu'à travers des œuvres poétiques, pour laquelle il s'était passionné en étudiant la littérature lyonnaise du xvie siècle, peut paraître à nos lecteurs une pure création de notre imagination ; cependant, de telles amours existent dans la nature chez les âmes ardentes et intelligentes.

Lyon, au xvie siècle, n'était pas ce qu'il est aujourd'hui, une ville où l'industrie a tout absorbé, tout étouffé, où il n'y a plus que deux classes d'individus, ceux qui possèdent et ceux qui ne possèdent pas. Au xvie siècle, il n'en était point ainsi : Lyon portait une riche couronne parsemée de diamants et de perles fines, et accueillait en grand seigneur le poète qui lui rendait visite.

Les savants étaient alors nombreux ; les plus célèbres furent Etienne Dolet, Claude Paterin, Symphorien Champier, Philibert Girinet, Humbert de Villeneuve.

La poésie s'était réfugiée chez les femmes : Jeanne Gaillarde, Pernette du Guillet, Jeanne Crest, étaient les gracieuses muses de notre ville ; mais celle qui les dominait toutes par la puissance de son talent, par la grâce de son esprit, par l'élégance de sa beauté, était Louise Labé, dont Marot avait prévu l'avenir ; car, dans un voyage à Lyon, alors que Louise avait douze ans à peine, il répondit à des poètes dont il avait reçu des éloges pompeux :

Adolescents qui la peine avez prise
De m'enrichir de los non mérité
Pour en louant bien dire vérité
Laissez moi là et louez-moi Loyse.

Louise Labé était la fille d'un cordier. Au début de sa vie elle annonça ce qu'elle devait être plus tard ; comme Pic de la Mirandole, à dix ans elle parlait l'italien et l'espagnol ; elle ne négligea pas les exercices physiques, elle montait admirablement à cheval et maniait habilement une épée. A seize ans, elle montra un grand courage au siège de Perpignan, sous le costume et le nom du capitaine Loys ; les chroniques ne nous disent pas le motif qui l'avait conduite à ce siège, nous devons supposer que l'amour y était pour quelque chose. A son retour, elle épousa Ennemond Perrin, cordier, brave homme qui aurait pu être son père, et qui la laissa vivre à sa guise, mettant à la disposition de ses caprices son immense fortune.

Comme poète, le talent de Loyse Labé est incontestable ; plusieurs de ses poésies sont de petits chefs-d'œuvre de sentiment et de délicatesse ; comme femme, sa réputation ne nous est point parvenue aussi pure ; beaucoup l'ont trop louée, beaucoup l'ont trop critiquée sévèrement ; les uns lui donnent la chasteté des Muses, les autres l'appellent courtisane : lesquels devons-nous croire ?

Louise était jeune, belle et spirituelle ; elle était la reine d'une cour nombreuse, dont les courtisans étaient l'élite de la société lyonnaise ; son époux n'était qu'un brave homme, très peu fait, avec son tablier de peau, sa figure enluminée, pour réaliser les rêves de sa femme ; les mœurs du seizième siècle étaient très relâchées, si la galanterie n'était pas une vertu, elle n'était pas non plus un vice ; on pardonnait facilement aux autres parce qu'on avait soi-même à se faire pardonner. Louise a donc peut-être été légère ; elle a peut-être effeuillé quelques-uns des pétales de son cœur ; elle a aimé comme elle a été aimée. Soyons indulgents, ne salissons pas cette poétique figure, qui nous sourit à travers trois siècles ; n'attaquons pas son cœur dont nous respirons le parfum dans ses suaves poésies ; soyons pour elle ce qu'a été la tradition populaire qui a conservé précieusement son nom ; car, en 1789, la garde bourgeoise du quartier de l'Hôtel-Dieu l'inscrivit sur son drapeau, et un peintre la peignit armée d'une du pique, coiffée d'un bonnet phrygien, et écrivit au-dessous du portrait cette devise :

Tu prédis nos destins, Charly (1), belle cordière,
Car, pour briser nos fers, tu volus la première.

C'était là un honneur qui ne revenait point à Louise ; jamais elle n'a prédit la révolution, ni parlé d'autres fers que de ceux « du gentil dieu d'amour. »

La maison habitée par Louise, située dans la rue Confort, fut démolie lorsqu'on perça la rue qui porte son nom

« rue Belle-Cordière », elle avait un magnifique jardin dans lequel on se réunissait pour causer. Ces réunions étaient nombreuses et brillantes ; nous avons déjà dit quelques noms des célébrités contemporaines de Louise Labé, nous devons en citer quelques autres : Louise Sarrasin qui parlait le grec, le latin et l'hébreu ; Claudine Péronnes ; Catherine de Vauzelles et Clémence de Bourges, l'amie de Louise, sa rivale en poésie et qui avait sur l'épinette un talent si remarquable que Henri II et Catherine de Médicis voulurent l'entendre. Pauvre Clémence, qui mourut de désespoir en apprenant la triste fin de son fiancé Jean du Peyrat, tué à Beaurepaire.

Louise Labé occupe une digne place dans les *Portraits divers* de M. de Sainte-Beuve, qui cherche à justifier sa mémoire des accusations de quelques critiques.

« C'est qu'aussi, dit-il, Louise Labé telle qu'on la rêve, et telle que nous l'avons devinée d'après ses aveux, demeure, par plus d'un aspect, le type poétique et brillant de la race des femmes lyonnaises, éprises qu'elles sont de certaines fêtes naturelles de la vie, se visitant volontiers entre elles avec des bouquets à la main, et goûtant, d'instinct, les vives élégances, les fleurs et les parfums. Que si l'on nous pressait trop sur cette théorie des Lyonnaises, que nous ne croyons que vraie, il serait possible de citer à l'appui, aujourd'hui encore, celui des noms célèbres de femmes, qui résument le mieux la grâce elle-même (1). »

Louise Labé est une délicieuse figure qu'on aime à considérer dans ce passé déjà si loin ; en la regardant, on oublie que le poète fut une femme aussi prodigue de ses baisers que de ses vers, qu'elle eut les faiblesses de Magdeleine comme elle en eut la beauté ; son nom, en traversant les siècles, est venu à nous, purifié de toutes les injures dont le couvrirent des contemporains jaloux. Louise Labé est une des plus belles perles de notre écrin, ne la regardons pas de trop près, ne cherchons point à examiner si elle a quelque défaut qui en déprécie la valeur. Soyons fiers de celle qui fut la première entre toutes ces femmes célèbres qui illustrèrent notre ville au xvie siècle, et qui furent le modèle sur lequel se modelèrent les Parisiennes. Que l'image de Louise Labé, dont Foyatier nous a conservé les traits dans un buste de marbre placé dans notre musée, soit pour nous une image sainte et respectée ; ne marchandons pas notre admiration à un grand poète qui a doré notre blason, enrichi notre histoire, et qui a demandé humblement pardon de ses fautes aux dames lyonnaises, dans les vers suivants si touchants de douce mélancolie :

Ne reprenez, dames, si j'ay aimé
Si j'ay senti mille torches ardentes,
Mille travaux, mille douleurs mordantes ;
Si, en pleurant, j'ai mon temps consumé,
Las ! que mon nom n'en soit par vous blâmé,
Si j'ay failli, les peines sont présentes,
N'aigrissez point leurs pointes violentes.

On le comprend, Georges ne parla point comme nous venons de le faire de Louise Labé ; pour lui, elle était, avant tout, la femme qui avait été la plus belle de toutes les femmes, à l'époque où toutes les femmes étaient belles, la plus spirituelle alors qu'elles étaient toutes spirituelles. Il entra dans cette petite maison de la rue Confort, à la porte de laquelle, les grands seigneurs laissaient, avec leurs équipages, la vanité de leur rang, l'orgueil de leurs titres, pour venir, humbles vassaux, s'agenouiller devant cette fille et femme de cordier, qui, par son génie, avait fait de son salon une cour royale. Il assista, témoin indiscret, aux confidences que Clémence de Bourges fit de son amour à son amie, sous les accacias en fleurs de ce jardin, paradis terrestre, où l'on cueillait si souvent le fruit de la science ; il admira les bras blancs de Loyse, plus blancs que l'hermine dont étaient doublées ses vastes manches, il baisa les plis

---

(1) Le père de Louise se nommait Charly ; Labé n'était qu'un surnom.

(1) C'est probablement le nom de Mme Récamier qui est ici sous-entendu.

de sa longue robe traînante, garnie de fourrures, ouverte devant, et laissant voir un corsage de satin bleu de ciel, dessinant, les contours d'une gorge moulée sur celle de la Vénus de Milo. Sa parole avait produit sur lui l'effet du hatchi, et l'avait transporté dans la région des rêves fiévreux.

La pauvre Louise l'écoutait, un sourire triste errait sur sa bouche : parfois elle passait sa main dans ses longs cheveux noirs et contemplait avec amour le large front de cet enfant, assez jeune pour trouver le bonheur dans des chimères. Lorsque Georges se tut, elle l'attira doucement à elle, et déposa un baiser sur son front.

Le jeune homme se leva comme s'il eût éprouvé une commotion électrique : les lèvres de Louise étaient glacées ; il la regarda, elle était pâle.

— Qu'as-tu, dit-il, tu souffres ?

— Ce n'est rien, viens près de moi ; causons, mon ami, parle-moi. Dis-moi que tu m'aimes.

— Si je t'aime !

— Es-tu bien sûr de ne pas t'abuser toi-même ?

— Si j'en suis sûr ! Tu me le demandes ?

— Eh bien ! tu te trompes, Georges, tu ne m'aimes pas : oh ! il m'en coûte de détromper ton cœur, de te faire voir clair dans ton affection, tu ne m'aimes pas ; ton amour pour moi n'est qu'un état nerveux, il est dans ton imagination et non dans ton cœur.

— Louise....

— Pour m'aimer, tu as fait une chose qui ferait rire, et se moquer de toi un homme sensé ; tu es allé en poète chercher dans tes souvenirs. Tu m'as affublée d'un costume qui n'était pas le mien, j'avais les traits d'une femme dont la gracieuse figure t'a souri à travers un siècle couché dans la poussière ; tu l'as fait revivre en moi, ma ressemblance avec elle a favorisé tes illusions.

— Tu prends au sérieux une plaisanterie....

— Je ne te ferai pas de reproche, Georges, car je te dois le seul bonheur de mon existence ; tu ne pouvais pas aimer Louise la prostituée, cette femme qui appartient à tout le monde, parce que tout le monde peut l'acheter ; tu ne pouvais pas descendre jusqu'à moi sans te dégrader, je ne pouvais plus m'élever jusqu'à toi, j'étais déjà trop bas, trop infâme. La réhabilitation sur cette terre, pour nous, est impossible, il faut, pour se purifier, le feu au métal, le tombeau à nos corps. Les hommes n'ont pas l'âme assez vaste pour le pardon qui doit nous absoudre.

— Pourquoi me dire toutes ces choses si tristes ?...

— Parce que je ne veux pas que tu éprouves trop de regrets lorsque.... Tu m'as aimée parce qu'au début de ta vie, j'ai été la première femme qui s'est présentée à toi ; parce que mon amour était un amour facile. Tu as fait ce que font tous les jeunes gens de ton âge.

— Un amour qui calcule et réfléchit, n'est pas l'amour tel que je le comprends.

— C'est une erreur, Georges, le véritable amour, est celui qui peut se reposer, heureux dans le présent, et regarder tranquillement l'avenir ; c'est celui que donne et qu'éprouve la femme légitime. Notre existence à nous, est un voyage en chemin de fer, tout disparaît, tout fuit derrière nous, nous distinguons à peine les objets qui passent rapidement devant nos yeux, nous ne savons pas où nous conduit ce monstre qui se nourrit de flamme et vomit la vapeur par ses larges naseaux ; nous n'avons ni passé, ni présent, ni avenir ; malheur à nous si la voiture s'arrête ! le contre-coup nous tue, car alors nous voyons froidement ce que nous sommes, ce que la prostitution nous a faites ; nous descendons dans les catacombes de notre conscience, et, nous en revenons le rouge au front, la mort dans l'âme.

— Pauvre femme !....

— Oui, tu dis vrai : pauvres femmes ; auxquelles les plus généreux jettent en aumône un peu de pitié. Eh bien ! Georges, comprends-tu maintenant comment un amour pour une fille comme moi ne peut pas durer ? comprends-tu qu'un jour, on doit le rejeter avec dégoût, comme on rejette le vin dont on s'est enivré un instant ? Tu ne peux pas, tu ne dois pas traîner ta vie à la remorque de la mienne ; tu es jeune, tu as en toi la double intelligence qui fait entreprendre et réussir ; continue ta route, laisse-moi mourir dans l'ornière du chemin.

— Te quitter, Louise, t'abandonner seule avec ton désespoir. Oh ! non, je t'aime, que m'importe le monde, je ne lui demande rien, que m'importe ses préjugés !

— Ses préjugés sont les lois que tout homme sage doit subir. Ne cherche pas à te faire une existence en dehors des lois communes, c'est impossible. Tu m'aimes, je le sais, mais à ton âge le cœur ressemble à une vaste mer, où une vague efface l'autre ; une affection nouvelle remplacera la mienne : le même rosier porte plusieurs fleurs sur une tige unique. — Séparons-nous.

— Jamais.

— J'avais prévu ton refus. aussi est-ce moi qui te quitterai.

— Pour un autre que tu me préfères ?

— Ingrat !

Ce seul mot fut prononcé avec une sublime résignation. Louise leva les yeux au ciel ; sa voix commençait à se voiler, et son corps était agité de tremblements nerveux.

— J'ai bien soif, Georges, fit la jeune femme.

Georges présenta à Louise un verre rempli d'eau, qu'elle but avec avidité.

— Oh ! je souffre, murmura-t-elle, je brûle.

— Tu es malade ?

— Oui.

— Laisse-moi aller chercher un médecin.

— C'est inutile.

Puis elle balbutia, si bas, que Georges, penché sur elle, n'entendit pas ses paroles : « Mon Dieu ! donnez-moi du courage jusqu'au bout ». — Écoute, continua-t-elle, je t'ai dit pourquoi tu m'aimais, pourquoi tu ne pourrais pas m'aimer longtemps, laisse-moi te dire pourquoi je t'aime. — Je t'aime, mon Georges, parce qu'avant toi je n'avais even aimé, parce que dans mon pauvre cœur flétri, tu as fait éclore la fleur qui le parfume : l'espérance. Oh ! tu m'as donné un beau rêve, j'ai aimé et j'ai été aimée ; aussi je n'attendrai pas le réveil, tu fermeras mes yeux, et tu prieras pour la pauvre Louise.

— Que parles-tu de mourir, lorsque nous sommes jeunes tous les deux, lorsque l'avenir est devant nous. — Tu as la fièvre, tu as le délire.

— Georges, je souffre et je sens que je vais mourir.

Le jeune homme s'élança vers la porte.

— Ne t'en vas pas, mon ami, ne me laisse pas seule, murmura la pauvre femme.

— Je ne puis te voir souffrir ainsi sans secours.

— Il est trop tard, les secours seraient inutiles, je me suis....

La voix manqua à Louise, elle aspira l'air bruyamment, ses lèvres décolorées achevèrent en tremblant la phrase incomplète, car elle comprenait que l'aveu qu'elle allait faire était celui d'un crime.

— Je me suis empoisonnée.

Georges ne prononça pas un seul mot ; mais se dressant pâle, les cheveux hérissés, les yeux hagards, il poussa un cri qui renfermait le paroxisme du désespoir.

Le jeune homme bondit comme un tigre blessé, renversant avec violence les meubles qui se trouvaient sur son passage ; il prit le verre en cristal dans lequel Louise avait bu la mort et le brisa sur le plancher.

— Je brûle, criait la jeune femme en se tordant sur le canapé. De l'eau, je me meurs.

Georges remplit d'eau un nouveau verre et souleva Louise entre ses bras, tandis qu'elle buvait.

Comme si ce breuvage eût calmé subitement les souffrances de l'infortunée, ses traits reprirent leur physionomie habituelles, ses yeux, sortis de leurs orbites, reprirent leur doux regard ; un sourire triste comme le pâle rayon d'un soleil d'hiver glissa sur ses lèvres, et passant ses bras autour du cou de Georges, qui pleurait agenouillé devant elle; elle lui dit d'une voix d'un timbre sombre:

— Pardonne-moi, mon ami, de te faire souffrir; ne pleure pas, vois-tu, moi je suis calme, j'ai du courage, je ris..... après avoir été aimée par toi, je ne pouvais plus vivre, je ne pouvais pas attendre le réveil de ce rêve que ton amour m'a fait si beau...; voilà pourquoi je me suis tuée... Lorsque je serai morte, promets-moi de me faire élever un tombeau, ne mets sur la pierre que mon nom et mon âge: « LOUISE VINGT-DEUX ANS. » Je ne veux pas que les passants, en apprenant ce que j'ai été, détournent avec dégoût la tête de mon cercueil, comme ils la détournent de moi; préserve mon tombeau de la honte et du mépris, dans lesquels, fille perdue, j'ai vécu sur cette terre... Tu y viendras quelquefois, n'est-ce pas, prier pour la pauvre Louise; tu y planteras quelques rosiers, tu en cueilleras les fleurs, il me semble que leur parfum viendra de moi, et qu'elles te diront combien je t'ai aimé... Continue courageusement ta vie, mon Georges; l'avenir est large pour toi, ton intelligence le rendra bon; gare-toi de l'amour d'une fille comme moi, cet amour est fatal, il tue toujours la femme si elle a encore un peu de cœur; ou l'homme en lui enlevant son énergie, sa volonté, en le souillant par son contact aux yeux de la société.

Les souffrances recommencèrent plus vives. Louise continua à se tordre, comme si elle eût voulu se débarrasser d'un vêtement qui la brûlait.

Au même instant, la porte s'ouvrit devant un homme, le *brûle-gueule* aux lèvres, le chapeau sur l'oreille, le visage insolent, vêtu d'une veste ronde, d'un pantalon de velours olive, portant suspendu au bras droit, par une lanière de cuir, un bâton noueux.

Cet homme était l'ancien amant de Louise, avant qu'elle connût Georges, mais un amant dans le style de ceux des filles de bas-étage, c'est-à-dire un de ces êtres abrutis par la boisson, se vautrant dans le vice avec la volupté du porc dans le fumier, meurtrissant de coups la chair de sa maîtresse, un amant...

Qui la bat et la fouaille
Depuis le soir jusqu'au matin,

selon, l'expression énergique d'Auguste Barbier, qui la pousse au libertinage dont il tire un profit, car il prélève sa part de maître sur les bénéfices. Mais, enfin, il aimait Louise à sa manière, brutalement, cyniquement, grossièrement.

Bras-de-Fer, tel est le surnom sous lequel cet homme était connu dans la rue du Bessard, aimait Louise, et haïssait Georges, qui lui avait enlevé en elle la seule affection dont sa nature grossière fût capable.

A la vue du désordre, des meubles renversés, de la jeune femme couchée sur le canapé, et du jeune homme qui pleurait, la figure de Bras-de-Fer s'illumina de joie; s'arrêtant sur le seuil de la porte, il contempla pendant quelques minutes ce spectacle.

— Ah çà! mes tourtereaux, dit-il, en s'avançant lentement sur ses jambes avinées, il paraît que l'amour n'est plus au colombier, on se chamaille ici.

Au son de cette voix, Louise se leva sur son séant, et l'œil, fixe, le geste bref:

— Sortez, dit-elle, avec dignité.

— Tiens, tiens, on ne se tutoie donc plus, continua Bras-de-Fer en ricanant. Fichtre c'est grand genre; ça me chausse.... Bonjour, Madame la comtesse, j'ai bien l'honneur......

Le reste de la phrase se perdit dans un hoquet vineux.

La présence de cet homme avait porté à la pauvre femme le dernier coup. Elle serait peut-être morte heureuse dans les bras de Georges dont l'amour l'avait réhabilitée avec elle-même, comme ses larmes et ses douleurs l'avaient réhabilitée devant Dieu. Bras-de-Fer lui parut tout son passé, qui se dressait devant elle pour lui dire qu'elle n'avait rien à espérer de la clémence divine.

Elle poussa quelques râlements et s'agita dans les convulsions de l'agonie.

— Nous avons des attaques de *nerfles*, c'est de plus en plus bon ton, dit Bras-de-Fer.

— Taisez-vous infâme. Ne voyez-vous pas que cette femme va mourir, répondit Georges, en se levant et en se plaçant devant le cadavre.

— Qui mourir! Louise! hurla Bras-de-Fer, complètement dégrisé.

— Oui, mourir, mourir empoisonnée.

Et, s'agenouillant devant sa maîtresse, il lui prit la main qu'il couvrit de baisers.

— Empoisonnée, vociféra Bras-de-Fer, et c'est vous qui l'avez tuée, qui me le dites; car ma Louise était autrefois une fille rieuse, gaie, toujours chantant, toujours riant; c'est vous qui lui avez appris à connaître les larmes; oh! vous me payerez tout ce que vous m'avez fait souffrir.

Levant son gourdin sur la tête de Georges, il allait le frapper; celui-ci, qui, à défaut de la force, avait l'agilité, s'élança sur le bâton, s'en empara et le cassa sur ses genoux; Bras-de-Fer, saisissant le jeune homme, le lança avec une telle violence contre la croisée que les vitres se brisèrent avec éclat.

Les deux hommes se prirent à bras-le-corps.

Comme la pensée du danger que courait son amant eût rendu la vie à Louise, elle ouvrit les yeux et le vit terrassé sous les bras vigoureux de son adversaire: elle poussa un cri, appela Georges, et glissa évanouie du canapé sur le plancher.

Ce cri de Louise transforma en rage la colère de Bras-de-Fer; car il lui disait que sa dernière pensée, comme sa dernière parole, avait été pour ce rival qu'elle lui avait préféré.

Le jeune homme était perdu; il appela au secours, les habitués de la rue du Bessard accoururent; mais aucun ne vint au secours de Georges, car Georges portait un habit, des gants et un chapeau de soie, ils se croisèrent tranquillement les bras, et regardèrent le combat dans lequel l'avantage était au *voyou* sur l'élégant, par conséquent du côté de leur sympathie.

C'est alors que Bernard, bousculant tout le monde, entra dans la chambre.

Bernard était brave comme le Bussy inventé par Alexandre Dumas, et si vous lui aviez demandé s'il avait peur, il vous eût répondu en vous regardant avec ses grands yeux étonnés: « La peur, qu'est-ce que c'est que ça? »

Dans un combat singulier, le courage vient de la confiance en soi; or, Bernard réalisait les deux types païen et religieux de la force musculaire, il était en même temps, l'Hercule grec et le Samson chrétien. On citait de lui des prouesses qu'eussent enviées ces deux héros; il possédait donc, au suprême degré, le courage brutal que nous appellerons le courage du coup de poing, par l'habitude de la lutte, et par la conscience de sa force, car il avait foi dans ses bras nerveux, comme Jeanne-d'Arc dans son épée.

S'élancer sur Bras-de-Fer, dont le genou était appuyé sur la poitrine de Georges, renversé à terre, le terrasser fut pour Bernard l'affaire de quelques secondes.

Le jeune homme, à peine débarrassé de son adversaire, oublieux du péril qu'il venait de courir, s'élança vers sa maîtresse, à laquelle, personne n'avait fait attention, la prit dans ses bras et la déposa sur le canapé; un léger souffle, s'échappant des lèvres décolorées de Louise, vint effleurer le visage de Georges; il tressaillit, Louise n'était pas morte, elle respirait encore.

Pendant ce temps, Bras-de-Fer s'était rué sur Bernard, mais comprenant qu'il n'était point son égal, il avait appelé à son aide tous ses camarades de débauche, jusqu'alors témoins silencieux du combat. Seul, contre tous, notre campagnard ne s'émut point, vingt fois il s'était trouvé dans une position semblable, et en était sorti vainqueur; un coup de poing étendit Bras-de-Fer sur le carreau, le sang lui sortit par la bouche et les narines, tandis qu'une écume floconneuse blanchissait sa bouche, et glissait à travers ses dents serrées. Délivré de l'agresseur principal, Bernard, s'armant d'une chaise, la fit pirouetter autour de lui avec la rapidité de l'aile d'un moulin; les corps tombaient et s'entassaient pêle et mêle comme des capucins de cartes; Bras-de-Fer se releva, et disparut en courant dans les escaliers; sa fuite détermina une panique générale, chacun l'imita; notre héros, maître du champ de bataille, s'assit tranquillement sur son arme, et s'essuya le front.

— Monsieur, lui dit Georges, je n'ai pas le temps de vous remercier, aidez-moi à transporter cette femme chez moi.
— Volontiers.

Le jeune campagnard s'avança vers Louise pour l'emporter, Georges s'y opposa.

— Non pas, lui dit-il, ouvrez-moi la marche je crains de rencontrer encore mon ennemi sur notre route.

— Vous avez raison, répondit Bernard qui, retroussant les poignets de ses manches avec l'orgueil de Henri IV retroussant sa moustache, ajouta mentalement : je m'en charge.

Georges prit dans ses bras Louise, qui ne donnait plus aucun signe de vie.

Dans la rue, réveillée en sursaut, et remplie de curieux, les deux personnages furent accueillis par des bravos.

Il en est toujours ainsi, être vainqueur, c'est avoir raison.

Georges demeurait sur la place des Terreaux, au troisième étage d'une maison située en face de l'Hôtel-de-Ville : son appartement, meublé avec goût et sans profusion, était celui d'un jeune homme qui vit dans le monde et y joue un rôle convenable; il se composait de trois pièces : d'un salon, d'une chambre à coucher et d'une cuisine.

Après avoir déposé Louise sur son lit, le jeune homme, s'adressant à Bernard :

— Mon ami, lui dit-il, rendez-moi un dernier service : allez me chercher un médecin.

— Pour cela, c'est impossible, je suis arrivé hier à Lyon et je ne connais pas la ville.

Bernard avait hâte de retourner auprès de sa petite famille après s'être excusé, et avoir promis à Georges de venir le voir, il rentra dans son garni, où l'attendait une grande douleur; Paul n'y était plus, nos lecteurs se rappellent qu'il avait été emmené par Fernioul. Le jeune campagnard interrogea vainement, personne ne put lui donner des renseignements pour le guider dans ses recherches, il demanda à l'hôtesse le nom de celui avec lequel l'enfant avait disparu ; elle lui répondit, qu'elle ne le connaissait pas.

Bernard fut obligé d'attendre le lendemain matin pour faire sa déposition à la police, — cet argus aux cent yeux qui voit tout et ne sait rien. Ces quelques heures d'attente lui semblèrent des siècles; car les heures, hirondelles légères, qui volent à tir-d'ailes sur nos joies, sont des culs-de-jatte, se traînant terre à terre sur nos souffrances; c'est ce qu'a dit mieux que nous Lafontaine :

<blockquote>Le temps qui fuit sur nos plaisirs
Semble s'arrêter sur nos peines.</blockquote>

CHAPITRE VI.

Les Terreaux. — Le palais Saint-Pierre. — Un exorcisme au XVIe siècle. — L'Antiquaille.

Nous avons dit que l'appartement de Georges était situé sur la place des Terreaux.

A l'époque où existait le canal dont nous avons parlé à propos de la rue du Bessard, qui, mettant en communication le Rhône et la Saône, traversait la place des Carmes, la place des Terreaux et le terrain occupé par le Grand-Théâtre, les deux rives de ce canal étaient garnies de maisons, dans lesquelles se trouvaient des guinguettes fréquentées par des négociants lyonnais. Lorsque la population s'accrut, elle abandonna la rive gauche de la Saône, berceau de Lyon, et s'établit dans la presqu'île formée par la rivière et le fleuve, et comprise entre la Croix-Rousse et Perrache; les premières améliorations furent d'assainir la nouvelle ville en comblant le canal; on rapporta de la terre, on le remplit de *terreaux*, d'où est venu le nom de Terreaux.

L'Hôtel-de-Ville, qui était autrefois sur la place Saint-Nizier, avait été presqu'entièrement détruit en 1562, lors de l'invasion des protestants sous la conduite du farouche baron des Adrets. Jamais on ne vit une pareille dévastation, l'acharnement des vainqueurs était dirigé principalement contre les églises ; des bandes de démolisseurs, armées de marteaux et de piques, les jetaient à terre, ne laissant pas pierre sur pierre; les tombeaux furent violés, on jeta dans la Saône les cendres et les ossements; la basilique des Machabées, dont les historiens louent le luxe et les richesses, fut renversée de fond en comble; le portail de Saint-Jean fut mutilé à coups de hache, plusieurs de ses figurines furent décapitées.

En 1646, les échevins donnèrent des ordres pour la construction d'un nouvel hôtel-de-ville ; ils choisirent pour emplacement la partie des Terreaux située à l'est, et pour architecte Simon Maupin, modeste voyer à 900 francs de gage par an, ce qui ne l'empêcha pas de produire une œuvre remarquable; car si notre Hôtel-de-Ville n'est pas un chef-d'œuvre, comme le croient, dans leur vanité, nos compatriotes, il a du moins de l'élégance et de la hardiesse.

Au nom de Simon Maupin, nous devons ajouter celui de deux hommes qui travaillèrent avec lui : Gérard Desargues, géomètre, et Thomas Blanchet, qui peignit à fresque les principales salles.

Ce travail ne revenait-il pas de droit à Jacques Stella, peintre lyonnais, vivant à cette époque, dont le nom est resté célèbre et vénéré dans les annales de la peinture ; qui jouit pendant sa vie d'une réputation justement méritée ; car, protégé par Richelieu, il eut le titre de peintre du roi, fut logé au Louvre, décoré de l'ordre de Saint-Michel, et enterré à St-Germain-l'Auxerrois ? Qu'avait donc fait Jacques Stella pour être ainsi mis à l'index, pour que les échevins préférassent à lui, artiste de génie, un homme de talent ? Ce qu'il avait fait : il avait eu le tort immense de naître à Lyon, tache originelle, que notre ville ne pardonnait pas plus il y a deux cents ans, qu'elle ne le pardonne aujourd'hui.

L'Hôtel-de-Ville que nous possédons n'est point tel qu'il fut construit par Simon Maupin ; les vastes jardins dont Jean de Bussières a chanté en latin les fleurs et les délicieux ombrages, ont disparu ; la petite chapelle placée au-dessous du pavillon de l'horloge, a été détruite en 1793 ; du reste, avant cette époque, l'Hôtel-de-Ville avait déjà subi de grands changements : un incendie, en 1674, ayant fait crouler le plafond de la grande salle, le grand escalier, les deux pavillons du nord. Jules Hardouin Mansard, chargé de sa restauration, en altéra le style; la toiture, à pans coupés, ornée de fleurs et de trophées, fut remplacée à pans mansardés, qui écrasent le monument et lui donnent la physionomie d'une maison bourgeoise du dix-neuvième siècle. Jules Hardouin voulut peut-être honorer la mémoire de son oncle Mansard, l'inventeur des *mansardes* : s'il en est ainsi, la reconnaissance est souvent maladroite.

L'Hôtel-de-Ville est un monument qui s'est prostitué à tous les puissants du jour et leur a ouvert ses portes ; il a arboré tous les drapeaux : le drapeau blanc des Bourbons, le drapeau rouge de la Révolution, le drapeau tricolore de la République, de l'Empire, de la Monarchie constitutionnelle, de la République de 1848 ; de son balcon on a jeté au peuple le nom du maître auquel il devait obéir, du régime auquel il devait crier : *Vivat !* Mais, enveloppé dans son manteau grisâtre, — vêtement que le temps donne aux ruines, — malgré les mutilations qu'il lui a fallu subir de la part des vainqueurs ou des vaincus, malgré les cris de haine et de vengeance, qui ont ébranlé ses épaisses murailles, l'Hôtel-de-Ville, sanctuaire du pouvoir, est resté debout, paraissant dire à la foule qui le contemple, que l'autorité fut de tous les temps la protectrice la plus intelligente de la liberté; qu'elle est nécessaire à la vie d'une nation ; car, s'élevant après les émeutes, on la salue comme l'arc-en-ciel, qui promet de beaux jours et le soleil après la tempête.

L'histoire du palais Saint-Pierre, situé à la droite de l'Hôtel-de-Ville, n'est point sans intérêt pour notre ville.

Construit en 1667 par de la Valfinière, gentilhomme d'Avignon, sur le terrain de l'Ancienne abbaye de Saint-Pierre, ce monument n'a d'autre mérite que la régularité ; son style est un mélange de dorique et de corinthien ; nous préférons l'intérieur à l'extérieur ; la galerie voûtée, supportant un balcon qui fait le tour de la cour, est assez gracieuse.

Les religieuses qui l'habitèrent jusqu'à la Revolution, portaient le nom de dames de St-Pierre ; elles étaient, en effet, toutes de grandes dames ; car, pour faire vœu de pauvreté dans ce couvent, il fallait être non-seulement fort riche, mais encore justifier de plusieurs quartiers de noblesse. L'abbesse était une véritable reine, ne relevant que d'elle-même, s'intitulant abbesse par la grâce de Dieu, et faisant porter devant elle une crosse d'or. — Les religieuses, comme les comtes chanoines de Saint-Jean, menaient gaillardement la vie; jouissant d'excellents revenus, qu'elles devaient aux libéralités de Lothaire II, qui leur avait concédé des propriétés immenses dans le Beaujolais; elles buvaient une partie des vins de leurs vignobles ; vendaient fort cher l'autre, et, ne s'inquiétant de rien, prenaient le plaisir pour devise. Les mœurs de ces dames étaient légères comme un ballon qu'il ne faut pas toucher avec une épingle ; on parlait beaucoup plus dans les cellules des intrigues amoureuses que de l'éternité; on y écrivait des billets doux et l'on y donnait des rendez-vous. Plusieurs fois les archevêques avaient parlé de réforme, mais à ce mot, qui sonne toujours mal à l'oreille, il y avait eu émeute parmi les saintes filles, et l'abbesse, se dressant dans sa toute-puissance, avait fait rentrer dans le silence les insolents réformateurs.

L'archevêque François de Rohan voulut abattre l'indépendance de ce couvent et le réformer ; mais, s'il était prince par le sang comme il était prince par l'Eglise, il trouva dans l'abbesse Antoinette d'Armagnac, une antagoniste à sa taille, car elle appartenait à cette noble famille des comtes d'Armagnac, qui prétendaient descendre de Clovis.

L'archevêque fit des remontrances, l'abbesse lui répondit en déclinant sa juridiction.

Il en appela au pape : le pape donna gain de cause aux Armagnac sur les Rohan.

Le roi et le parlement furent obligés d'intervenir dans cette querelle à laquelle le nom des deux personnages donnait une importance immense.

Les religieuses de Saint-Pierre se soumirent comme se soumettent les femmes ; elles promirent d'être sages, elles promirent beaucoup trop pour pouvoir tenir un peu, et la petite chronique scandaleuse continua à vivre sur les anecdotes que fournissait la vie aventureuse de ces dames.

Quelque temps après la lutte entre François de Rohan et Antoinette d'Armagnac, il se passa au Palais-Saint-Pierre un événement qui sembla, aux yeux du peuple, donner raison à l'archevêque, en prouvant que Dieu était pour lui.

Deux religieuses s'aimaient d'amour tendre comme les pigeons de Lafontaine; entre elles, point de secret, point de mystères ; elles se disaient tout, et les secrètes tentations que Satan faisait subir à leur corps vierge, et leurs rêves de la nuit et leurs espérances, ces rêves du jour.

Elles étaient toutes deux de noble et haute famille : la première se nommait Alis de Tésieux ; la seconde, Antoinette de Grolée. Alis avait de longs cheveux noirs, des yeux noirs, la peau bistrée de l'Espagnol. Antoinette avait une chevelure blonde, des yeux bleus, la peau blanche d'une fille du nord ; Alis était vive, violente ; chaque émotion, chaque sentiment, nous pourrions même dire chaque affection, était chez elle spontanée ; Antoinette, plus douce, plus calme, avait dans le caractère la douceur morale, dont son gracieux visage était la traduction physique.

Un jour, Alis était tristement assise sous les arbres épais du cloître ; son pied creusait le sable avec impatience, quelques larmes silencieuses glissaient sur sa figure. Antoinette lui prit affectueusement la main.

— Tu es triste, lui dit-elle, dis-moi ta tristesse afin que je te soulage, j'en veux ma part.

— Il est revenu.

— Qui, il?

— Lui.

— Lui, Lui, et tu ne m'en as jamais rien dit de lui? j'ignore ce qu'il est, Lui? est-il un chevalier aux éperons d'or ? Lui est-il blond ? A-t-il les yeux bleus ? — Parle vite, — tu vois bien que je brûle de connaître le récit de ton roman ; car il y a un roman dans tes larmes et dans ta douleur.

Alis soupira, et, s'approchant d'Antoinette comme si elle craignit que les épaisses murailles du cloître eussent des oreilles :

— Il y a deux ans, dit-elle, lors de l'entrée du roi François Ier à Lyon, j'allai avec ma mère à Bourg-Neuf, pour voir défiler le cortège. — C'était splendide ! la marche était ouverte par les douze conseillers en robes de damas et en pourpoints cramoisis, ils étaient suivis par les marchands allemands, habillés de draps gris, les Lucquois de damas noir, les Florentins de velours. Les enfants de la ville, précédés de leur capitaine et de leurs valets, vêtus de satin blanc, de velours, venaient après ; enfin, devant François Ier, marchaient, en se tenant par la main, huit jeunes filles, vêtues de blanc, représentant huit Vertus dont la première lettre du nom se trouvait dans le nom du roi. Eh bien ! dans ce brillant cortège, je n'avais remarqué qu'un seul homme.

— Lui, demanda Antoinette, en souriant malicieusement?

— Oui, lui, Albert, qui chevauchait fièrement sur un cheval blanc auprès du dais ; il était déjà passé, et je regardais encore : tout-à-coup la foule, se précipitant sur les pas du cortège, je fus renversée, foulée sous ses pieds, je m'évanouis, et lorsque je revins à moi. devine qui je trouvai près de moi ?

— Lui, toujours lui; il doit être partout maintenant.

— Il me tenait dans ses bras, ma main était dans la sienne, je lus dans son regard qu'il m'aimait, et je devinai qu'il allait me le dire : « Gentille damoiselle, fit-il, après vous avoir sauvé la vie, ne me donnerez-vous pas un peu de votre amour. — « Ma reconnaissance... » — « La reconnaissance est l'aumône de la pitié, interrompit-il, je n'en veux pas. — Vous m'avez mal compris, noble chevalier.... » — « Chevalier, je ne le suis point, je ne suis que varlet d'armes ; mais si, pour vous plaire, il ne faut que ce titre, demain j'aurai gagné mes éperons d'or. » — « Il y avait dans sa voix tant d'assurance que je fus ému. « Eh bien ! dis-je, faites ce que vous dites, et.... » Ma phrase n'était point achevée qu'Albert, remontant sur son cheval, et le faisant caracoler gracieusement devant moi : « A demain donc ! noble damoiselle. » Et, piquant des deux, il rejoignit le cortége. »

Le lendemain il y eut un tournoi à la Grenette. Albert tint sa promesse. Proclamé vainqueur, il reçut la main du roi lui-même les éperons d'or. Pendant toute la durée du séjour du roi à Lyon, nous nous vîmes tous les jours ; mais il fallut nous séparer, Albert partit pour la campagne d'Italie.

J'entrai en qualité de dame d'honneur auprès de la reine régente, que François Ier avait laissée à Lyon. Une nuit (il était environ minuit), je veillais encore, je songeais à Albert, lorsque je reçus l'ordre de descendre auprès de la reine pour mon service. L'appartement royal était en désordre ; la reine se promenait avec agitation, tandis que les conseillers Humbert Gimbre et Benoit Chastillon, commis à la garde des clefs, la tête nue, se tenaient respectueusement debout : « Que votre majesté, fit Chastillon, daigne nous dire si nous devons ouvrir aux trois cavaliers qui se sont présentés aux portes du pont du Rhône, et qui sont, disent-ils, porteurs d'un message important pour votre altesse. « Quel est leur nom, demanda la reine ? — « M. de Montpezat. » — « Un gentilhomme de la maison de mon fils, mais alors ils viennent de la part du roi. » — Oui, majesté. »

— « C'est par cela que vous auriez dû commencer, dit avec vivacité la reine : qu'on ouvre à l'instant même à ces gentilshommes, et qu'on les introduise auprès de moi. » Un quart d'heure après, les trois messagers du roi entraient chez la reine, c'étaient de Montpezat, le vicomte Adrien et Albert de... « Eh bien ! demanda la reine, quelle nouvelle nous apportez-vous, M. de Montpezat ? » — Une bien triste et douloureuse nouvelle ! Notre bien-aimé roi, vaincu à Pavie, est prisonnier de Charles-Quint. » — La reine se laissa tomber sur un fauteuil, le comte Adrian, mettant le genou devant elle, lui remit une lettre de François 1er; elle en brisa le sceau, et elle lut :

« De toutes choses, ne m'est demouré que l'honneur et la vie qui est sauve. »

Ces quelques lignes, si laconiques et si dignes, amenèrent les larmes aux yeux de la reine ; elle congédia tout le monde, ne gardant près d'elle que Montpezat, auquel elle fit raconter les détails de la malheureuse campagne. Tandis que les ordres les plus sévères sont donnés par le chancelier, pour la défense de la ville, Albert, dans le trouble qui suivit, trouva l'occasion de me parler. « Alis, me dit-il, mon devoir m'appelle auprès du roi, puis-je compter sur toi ? Jure-moi d'être fidèle et d'attendre mon retour. » Je fis ce serment. Deux heures plus tard, les trois envoyés de François 1er remontaient à cheval.

Ma famille apprit mes relations avec Albert ; trop fière pour consentir à une pareille union, elle voulut mettre entre mon amant et moi une barrière infranchissable, et malgré mes prières, malgré mes larmes, elle me força à entrer au couvent. Hier, Albert est revenu, je l'ai vu et il m'a demandé compte de mes promesses, il m'a rappelé ma parole, il exige que je le suive. Que dois-je faire ? Faut-il écouter mon cœur qui me dit : « pars » ou ma raison qui me dit : « reste » ?

Alis laissa tomber sa tête entre les mains, et se mit à sangloter.

— Écoute-moi, ma chère Alis, lui répondit Antoinette, veux-tu que je te donne un conseil ?
— Oui.
— Eh bien ! tu te trouves placée entre deux serments, entre celui que tu as fait à Dieu, et celui que tu as fait à Albert; quelle que soit ta détermination, il te faut être parjure ; mais entre Dieu et Albert, il n'y a pas à balancer ; sacrifie ton amour à ton devoir, tu trouveras en ce monde la récompense de ce sacrifice dans ta conscience, en l'autre tu la recevras dans le ciel.

La jeune fille ne répondit pas. Demander un conseil et le suivre font deux ; on ne le trouve bon qu'autant qu'il est conforme au désir secret ; dans le cas contraire, on le trouve mauvais. Ainsi fit Alis. Une nuit elle s'enfuit du couvent pour suivre son amant.

Ce fut un grand scandale : les dames de Saint-Pierre, toutes légères qu'elles étaient, jetaient sur leurs fautes le voile du mystère ; on pouvait les soupçonner, on ne pouvait pas les accuser. La fuite d'Alis ne permettait pas même le doute, et sa faute retomba comme une lourde pierre sur la réputation déjà écornée de l'abbaye de Saint-Pierre.

Alis fut punie sévèrement, car Dieu se chargea de la punition ; Albert l'abandonna, et la malheureuse fille reprit à pied le chemin de Lyon, tendant la main pour vivre. Sa beauté, qui lui avait été si funeste, s'en alla bien vite par les privations, et, un jour qu'on lui avait brutalement refusé l'aumône d'un morceau de pain, épuisée de fatigue, mourant de faim, elle se coucha dans un champ de blé. Quelques paysans la virent et la relevèrent : elle était morte.

La famille d'Alis de Tézieux voulut la faire enterrer au couvent, les dames de Saint-Pierre s'y opposèrent.

Antoinette, qui avait pleuré beaucoup après le départ de son amie, sentit ses douleurs se renouveler plus vives en présence de l'insulte faite à son cadavre. Pendant huit nuits on la vit se lever et se diriger vers le cimetière du cloître, où elle creusait une tombe avec ses mains ; on lui parlait, elle ne répondait pas ; sa tâche terminée, elle retournait dans sa cellule, se couchait, et, à son réveil, n'avait aucun souvenir de ce qu'elle avait fait, elle se rappelait vaguement, dans un songe avoir vu Alis, pâle et les traits défaits, lui demander de l'ensevelir. Pendant le jour, elle s'évanouissait subitement, et tombait en syncope.

Le conseil supérieur des dames de Saint-Pierre s'assembla pour délibérer sur la maladie d'Antoinette ; les plus érudites déclarèrent que la jeune fille était possédée du démon ; et le résultat de la séance fut une lettre adressée à l'archevêque pour le prier de venir exorciser une des religieuses.

L'archevêque était absent ; Adrien de Montalembert, aumônier du roi, et l'évêque Barthélemy du Bois, se rendirent auprès de la possédée, armés d'eau, de sel et d'huile.

Comme la langue qu'affectionne, à ce qu'il paraît, le démon est la langue latine, on lui parla en latin, que nous traduirons en français pour l'intelligence de notre récit.

— Au nom du Père, du Fils et du Saint-Esprit, dit l'évêque, esprit malin, je t'adjure de sortir.

Antoinette s'agita convulsivement.

— Eh bien ! ma fille demanda l'aumônier du roi, êtes-vous soulagée ?
— Non, Monseigneur.
— Vous sentez toujours le diable ?
— Oui, Monseigneur.
— Où ?
— Là, dans la poitrine.

On fit dissoudre du sel dans de l'eau qu'on jeta sur la poitrine de la religieuse.

— Au nom du Père, du Fils et du Saint-Esprit, dit une seconde fois l'évêque, esprit malin, je t'adjure de sortir.

— Cela va-t-il mieux, interrogea Adrien de Montalembert ?

— Non, Monseigneur, répondit Antoinette, le diable s'agite dans ma poitrine, il me brûle, il me déchire.

Le démon tenait bon, il trouvait probablement le logement convenable.

— Mon enfant, dit l'abbesse, est-ce que vous ne pourriez pas nous indiquer un moyen de faire cesser les poursuites du démon.

— Je crois, répondit timidement Antoinette, que si l'on réhabilitait Alis en l'enterrant dans le couvent, je ne serais plus tourmentée.

— Je jure alors solennellement, s'écria l'abbesse, de faire rendre à Alis de Tézieux les honneurs de la sépulture.

On prépara une troisième opération ; cette fois on prit de l'huile pour mettre le diable à la porte, et on en frotta légèrement la poitrine de la religieuse.

— Au nom du Père, du Fils et du Saint-Esprit, dit encore l'évêque, esprit malin, je t'adjure de sortir.

A peine ces mots étaient-ils prononcés, qu'Antoinette, tombant à genoux :

— Mon Dieu, murmura-t-elle, soyez béni, car vous m'avez délivrée.

Les dames de Saint-Pierre entonnèrent des hymnes religieuses. Adrien de Montalembert et l'évêque Barthélemy du Bois, le regard triomphant, sortirent en vainqueurs du Palais-Saint-Pierre.

Le peuple remplissait la place des Terreaux ; à la vue des deux prélats, dont l'attitude attestait la victoire, il cria *vivat* et s'agenouilla sur leur passage.

Le 17 février 1527, jour de cet exorcisme, fut un jour de fête pour la ville de Lyon.

Depuis cette époque, quoiqu'au dire des chroniques, plusieurs des religieuses du Palais-Saint-Pierre aient eu le diable au corps, aucune ne se plaignit.

. Nos lecteurs pourraient croire que cette anecdote est tirée de notre imagination ; il n'en est rien cependant, elle est historique, quant au fond ; et tant aux noms cités, la forme seule est notre propriété ; les détails nous ont été fournis par Adrien de Montalembert, lui-même, l'un des témoins et des acteurs de cet exorcisme, et nous les avons trouvés dans un livre publié par lui, à Paris, en 1528, sous ce titre : *La merveilleuse histoire de l'esprit qui, depuis naguères, est apparu aux religieuses de Saint-Pierre de Lyon.*

Cette anecdote n'ajoute rien à l'histoire du Palais-Saint-Pierre, ce n'est pas à ce point de vue que nous l'avons racontée ; mais elle a un intérêt immense, si l'on songe que cet exorcisme eut lieu au xvi⁰ siècle, dans ce siècle où le soleil de l'intelligence se leva, inondant la France de ses rayons et dissipant les ténèbres de l'ignorance.

Le Palais-Saint-Pierre est devenu, à la Révolution, un édifice public. Qu'en a-t-on fait ? Un *Palais-des-Arts*. Et, pour justifier, sans doute, ce titre pompeux, la municipalité a transformé le rez-de-chaussée en boutiques occupées par un artiste... en cheveux ; un Purgon, pharmacien breveté ; un Vatel, donnant à dîner à 1 fr. 25 cent. ; une marchande de modes, etc... Ce Palais est bien, en effet, le Palais-des-Arts... utiles... Voilà pour l'extérieur. Entrons dans l'intérieur, et d'abord remettez votre canne et votre parapluie au concierge, qui, revêtu de la superbe livrée de la ville, vous offre le baume *Large*, pour la guérison des cors aux pieds, baume dont il est le *seul dépositaire* ; ce concierge, auquel on a confié l'entrée du sanctuaire, et qui, malgré ses hautes fonctions, se livre modestement au commerce de l'onguent, ne vous rappelle-t-il pas Cincinnatus, retournant à la charrue après le triomphe ! — La vaste cour sablée est embellie par des jardinets, où fleurs, fruits et légumes vivent dans une touchante intimité républicaine. Autour de cette cour, sous les galeries, et adossées aux murs, sont les antiquités romaines trouvées à Lyon. Lorsque vous êtes religieusement enseveli dans les réflexions provoquées par ces quelques pierres brisées, par ces inscriptions inachevées, qui rappellent le souvenir d'un grand peuple, tout-à-coup vous entendez des cris, une porte s'ouvre, et vous voyez sortir des hommes au visage pâle, aux traits bouleversés.

N'entrez pas dans cet antre, n'y mettez pas les pieds ; que Dieu vous sauve de la tentation de franchir le seuil de ce gouffre où l'on blasphème, où l'on grince des dents, où l'on maudit, et qui vomit des cadavres ; levez les yeux, regardez son nom qui flamboie : — « Bourse. »

Le diable n'a pas été chassé du Palais-Saint-Pierre, lors de l'exorcisme de 1527 ; il est dans cette cuve étroite dans laquelle bout le vice.

Et l'on appelle le Palais-Saint-Pierre, le Palais-des-Arts. Hélas ! L'art est-il donc dans le jeu de la hausse et de la baisse, de la fluctuation des rentes, du cours des chemins de fer ; et le véritable artiste du xix⁰ siècle serait-il l'agent de change ?

Continuons notre course dans cette vieille abbaye ; au premier, au second étage, des musées, que personne ne visite ; des salles réservées aux cours publics, dont les professeurs prêchent dans le désert ; une bibliothèque sans lecteurs, et une école de dessin.

Franchement, le Palais-Saint-Pierre n'est qu'une immense ménagerie où l'on rencontre un peu de tout : des animaux empaillés et de vieux savants ; des chefs-d'œuvre et des pots de pommade ; des statues en marbre et des pilules purgatives ; des livres et des biftecks. Si l'art y est logé, il est logé aux mansardes ; on lui a mesuré le terrain, l'air et l'espace.

Allons donc ! l'art est un grand seigneur avec lequel il ne faut point marchander ; sa noblesse est vieille comme le monde, son blason est un blason royal, et chaque époque a ajouté quelques fleurons à sa couronne princière ; l'art est d'origine divine, il n'appartient à aucun régime, il fleurit et fut honoré dans les républiques, dans les royaumes et les empires; il lui faut à lui seul un palais ; ne le condamnez pas à coudoyer sur son passage le boutiquier commerçant ; biffez au budget une ligne des revenus et chassez les vendeurs du temple.

La place des Terreaux est le cœur de la ville, et comme c'est du cœur que part le sang et ses pulsations, la place des Terreaux fut de tous les temps le théâtre sur lequel se jouèrent les drames politiques. Écrire l'histoire des Terreaux, serait écrire l'histoire de Lyon.

En 1825, époque à laquelle se passent les événements que nous racontons, sa physionomie était à peu près celle d'aujourd'hui.

Georges, après le départ de Bernard, ne perdit pas une seconde, il réveilla une de ses voisines, charmante grisette qui avait dépensé à son adresse ses plus agaçants sourires, et il la pria de veiller auprès de Louise, tandis qu'il irait chercher un médecin.

Marguerite, bonne et excellente fille, ne se fit point prier, elle s'enveloppa dans son peignoir, jeta sur ses cheveux en désordre un coquet bonnet, et s'installa près de Louise, dont le visage, affreusement défiguré, était marqueté de taches noires, indices du poison.

— Pauvre femme, dit la jeune fille, morte peut-être.

— Morte ! répéta machinalement Georges, que ce mot fit tressaillir, et qui s'approcha de sa maîtresse. Oh ! non, continua-t-il, Dieu n'a pas voulu qu'elle accomplît son affreux projet, et je la sauverai.

— Quel projet ? demanda Marguerite.

— Elle a voulu mourir.

— Mourir lorsque vous l'aimiez, répondit la jeune fille, avec un accent qui trahissait le secret de son cœur.

A peine Georges était-il sorti, que Marguerite, qui s'était agenouillée pour demander à Dieu qu'il rendît la vie à Louise, entendit frapper à la porte.

— Qui est là, demanda-t-elle ?

— Ouvrez, répondit une voix.

— Qui êtes-vous ?

— Ouvrez, répéta la même voix.

La peur commençait à s'emparer de Marguerite ; elle s'arma de résolution.

— Je n'ouvrirai pas que vous ne m'ayez dit votre nom.

— Au nom de la loi, ouvrez.

A ces mots, la jeune fille crut qu'elle allait s'évanouir.

Pourquoi la loi, qui protège les honnêtes gens contre les fripons, les bons contre les mauvais, a-t-elle toujours quelque chose d'effrayant ? Le chapeau d'un gendarme est un épouvantail ; la justice, quel que soit le costume qu'elle prenne, glace d'effroi ceux qui n'ont rien à en redouter. — Ce sentiment ne viendrait-il pas de l'esprit d'indépendance se trouvant au fond de tous les cœurs, et se révoltant contre l'autorité à laquelle il faut se soumettre ?

Marguerite ouvrit.

Cinq agents de police, précédés de Bras-de-Fer, entrèrent avec ces allures et ces façons impertinentes, qui sont l'apanage de ces aimables particuliers.

— Vous avez ici une femme, demanda à Marguerite celui qui paraissait être le chef, où est-elle ?

— Qu'est-ce que cela vous fait, répondit la jeune fille ?

— Répondez, s'il vous plaît, plus poliment, dit l'agent en se rengorgeant dans son uniforme, ou je vous empoigne.

« Empoigner » est le « *quos ego* » de l'agent de police.

La jeune fille ne sourcilla pas.

— M'avez-vous entendu, reprit le sergent ?

— Oui.

— Eh bien ! dépêchez-vous à me dire où est cette femme.

Marguerite ouvrit les rideaux du lit sur lequel était couchée Louise.

— Est-ce ça, demanda à Bras-de-Fer le sergent de ville ?

Bras-de-Fer répondit par un hochement de tête ; les larmes aux yeux, les bras croisés, il contemplait avec amour son ancienne maîtresse.

Sur un geste de leur chef, les quatre hommes s'emparèrent de Louise, la chargèrent sur leurs épaules.

— Cette femme ne sortira pas d'ici, s'écria Marguerite révoltée de cette brutalité.

— Tiens, est-ce vous, par hasard, qui vous y opposerez.

— Oui.

— Dans ce cas, en route.

Les quatre hommes sortirent.

Au moment de partir, Bras-de-Fer, s'approchant de la jeune fille :

— Petite mère, lui dit-il en ricanant, si *mosieu* Georges vous demande qui est-ce qui lui a joué ce tour, vous lui direz que c'est Bras-de-Fer.

Marguerite se mit à la fenêtre, une voiture stationnait à la porte de la maison; les quatre hommes y déposèrent Louise et montèrent à côté d'elle.
— Où allons-nous, demanda le cocher?
— Parbleu! à l'Antiquaille, répondit l'un des agents de police.

La voiture partit au trot de deux chevaux et disparut rapidement dans l'étroite rue Saint-Pierre.

Nous ne croyons pas utile d'expliquer à nos lecteurs comment Bras-de-Fer avait suivi Georges, comment, après l'avoir vu sortir, il était allé lui-même chercher les agents de police, qui, amenés par le bruit dans la rue du Bessard, partaient tristes et confus de n'avoir pu saisir personne. Quant au motif de cette conduite, il l'avait dit lui-même à Marguerite : il avait voulu se venger de Georges.

Si, d'un autre côté, on trouve que les agents avaient été au-delà de leurs pouvoirs en venant s'emparer de Louise jusque dans l'appartement de Georges, nous leur répondrons que Louise, à leurs yeux, n'était pas une femme, mais une marchandise passée sous un numéro d'ordre à la police, et que leur brutalité, nullement excusable, avait pour origine le zèle. Or, le zèle administratif est de toutes les choses de ce monde celle qui fait commettre le plus d'injustice ; l'employé ne voit que sa position personnelle et les avantages que peut lui rapporter son activité, souvent inintelligente.

— « Empoigner » d'abord, quitte à relâcher après les innocents ; voilà la devise des sergents de ville, devise très-peu rassurante pour les honnêtes gens.

Quelques minutes après l'enlèvement de Louise, Georges rentra ; il était seul, il n'avait pas pu trouver un médecin ; il alla droit au lit où reposait sa maîtresse ; en le voyant vide, il poussa un cri.

— Qu'est devenue Louise, demanda-t-il à Marguerite?
— On l'a enlevée, répondit la jeune fille.
— Qui?
— La police.
— Où l'a-t-on conduite?
— A l'Antiquaille.

Demandes et réponses s'étaient croisées avec la rapidité de l'éclair ; Georges s'élança dans la rue et se mit à la poursuite de la voiture qui emportait Louise.

Le jeune homme ne marchait pas, il volait ; son regard plongeait dans l'obscurité, son oreille attentive recueillait tous les bruits. Arrivé au pied de la côte qui conduit à l'Antiquaille, il entendit le roulement sourd des roues sur le pavé ; rassemblant ses forces, il doubla la vitesse de sa marche ; mais, au moment où il allait atteindre la voiture, le grand portail de l'Antiquaille se referma brusquement.

Georges se pendit à la sonnette et l'agita comme s'il eût sonné le tocsin.

Un guichet, pratiqué dans le portail, s'ouvrit, et la figure peu bienveillante du concierge se plaça dans ce cadre.

— Que voulez-vous? demanda-t-il avec un tel accent que, si on n'eût pas entendu les mots, on eût pu traduire la phrase par : « Allez au diable.. »
— Je veux entrer, répondit Georges.
— On n'entre pas à cette heure.

Georges prit trois pièces de cinq francs, et les jeta à la face du boule-dogue humain. L'argent entre, à ce qu'il paraît, partout et à toute heure de la nuit, car le concierge, le ramassant :
— Monsieur, dit-il, si je puis vous être utile à quelque chose......
— Il m'est impossible de pénétrer maintenant dans l'Antiquaille?
— Impossible, vous seriez le roi lui-même, que....
— Il vient d'arriver un fiacre, fit Georges, en l'interrompant?
— Oui.
— Dans cette voiture il y avait une jeune femme évanouie?
— Je ne sais pas.

— Vous allez vous informer de l'état de sa santé, et me rapporter une réponse ; je l'attends.
— J'y vais.

Le jeune homme se promena quelques minutes de long en large ; le concierge ne tarda pas à revenir.
— Eh bien? demanda Georges.
— Le chirurgien interne vient de faire prendre un vomitif à cette jeune femme, qui, à ce qu'il dit, avait voulu s'empoisonner avec de l'opium.
— Après?
— Cela a provoqué des vomissements, la jeune femme a repris ses sens, et le chirurgien prétend qu'elle est sauvée.

Georges bondit de joie, comprenant qu'il tenterait vainement de se faire ouvrir la porte de l'Antiquaille. Rassuré sur la vie de sa maîtresse, il reprit le chemin de la place des Terreaux.

Puisque notre intrigue nous a conduit à l'Antiquaille, parlons un peu de cet édifice.

Lyon, nous l'avons déjà dit, fut construit, à son origine, sur la montagne de Fourvières ; ce fut là que s'établirent les vainqueurs après la conquête des Gaules ; aussi tous les monuments que nous possédons sur cette colline ont-ils une origine romaine. L'Antiquaille, dont l'étymologie du nom *antiquitas*, antiquité, atteste la vieillesse, quoique sa construction soit de forme moderne, fut le palais des préteurs. Caligula l'habita pendant plusieurs années ; prodigue et cruel, il avait rapidement dépensé les trésors amassés par Tibère. La Gaule étant riche, il pensa qu'il lui serait facile d'y rétablir le déficit de ses finances. D'après ses ordres, on lui donna la liste des principaux personnages ; il les condamna à mort et s'empara de leurs biens, les vendit aux enchères, et malheur à qui n'enchérissait pas ! Ce n'était point assez pour sa cupidité ; il eut l'idée d'un impôt assez singulier. Il fit publier qu'au premier de l'an, il recevrait lui-même, sur le seuil de son palais de l'Antiquaille, les étrennes des bons citoyens ; la foule fut immense : la peur fit, de tous les Lyonnais, d'excellents citoyens.

Caligula devait bien, en échange, quelques fêtes à ceux qu'il avait si indignement dépouillés. Ces fêtes furent si splendides, que Rome voulut en avoir de pareilles ; mais elles trahissaient la cruauté de leur fondateur ; c'étaient des combats littéraires, dans lesquels le vaincu, condamné à donner le prix au vainqueur, était obligé d'en faire le panégyrique et d'effacer ses propres écrits avec sa langue, sous peine d'être battu de verges ou d'être précipité dans le Rhône.

Claude naquit à l'Antiquaille ; cet empereur eut toujours un grand amour pour sa ville natale. Il obtint pour elle, du Sénat, le titre de Colonie romaine ; le discours prononcé dans cette circonstance fut gravé sur des tables d'airain (1).

Germanicus, Caracalla, Géta virent aussi le jour au palais de l'Antiquaille.

Au milieu du IIe siècle, l'Antiquaille devint une prison, où furent renfermés les chrétiens, en attendant qu'on les livrât au supplice.

Des apôtres, partis de l'Asie-Mineure, avaient répandu la religion chrétienne dans les Gaules, et fait de nombreux prosélytes. Il devait en être ainsi ; cette religion proclamait l'égalité à une époque où l'égalité n'existait point, où une population d'esclaves gémissait sous la volonté tyrannique et sanguinaire de quelques maîtres. Parmi tous ces envoyés, portant la *bonne nouvelle*, se distinguait Pothin, vieillard presqu'octogénaire, puisant dans son courage et sa foi les forces nécessaires pour sa noble entreprise. Lorsque les néophytes demandèrent un chef, il fut naturellement choisi, et ouvrit cette longue succession de quarante-deux évêques et de soixante-et-dix-huit archevêques qui ont eu, à Lyon, jusqu'à M. de Bonald, le pouvoir spirituel.

---

(1) Les tables de Claude, déposées aujourd'hui au Palais-Saint-Pierre, furent retrouvées, en 1524, par Roland Gerbaud, dans une vigne située sur la côte Saint-Sébastien, et sur l'emplacement de laquelle on a construit la rue des *Tables-Claudiennes*.

Avec le règne de Marc-Aurèle commencèrent les persécutions.

Le christianisme n'était pas une religion reconnue; elle prêchait les vertus, blâmant ainsi les vices des vainqueurs; elle élevait les esprits, elle traitait avec la même égalité riches et pauvres, puissants et misérables; aussi, se cachait-elle. Une île boisée, située sur le Rhône, était le lieu des réunions. — Il fallait trouver un crime aux chrétiens; le mystère, dont la prudence les faisait s'entourer, fut le prétexte dont on se servit pour les accuser aux yeux de la multitude. Ces réunions, où l'on ne parlait que de pardon et d'amour, furent transformées par l'accusation en orgies, dans lesquelles on injuriait les dieux et on se livrait au meurtre et au libertinage.

On entassa les chrétiens pêle-mêle dans les cachots de l'Antiquaille; chaque jour, on en jetait quelques-uns aux bêtes féroces, afin de faire de la place aux nouveaux arrivants. La cruauté inventait à chaque instant de nouvelles tortures pour ces malheureux; on leur arrachait les ongles avec des tenailles; on leur coupait la chair par lambeaux; après les avoir écorchés on les laissait exposés aux rayons du soleil; on les faisait asseoir sur des chaises de fer rougies au feu. — Pothin avait échappé pendant quelque temps aux recherches; arrêté et conduit devant les juges, il répondit sans faiblesse et sans forfanterie.

— « Quel est ton Dieu, lui demandèrent-ils? »
— « Vous le connaîtrez si vous en êtes dignes. »

Pareille réponse justifia l'arrêt de mort qui suivit le jugement. Mais le malheureux vieillard, brisé par les coups qu'il avait reçus, en se rendant à la prison, mourut avant l'heure fixée au supplice; ce fut une proie qui échappa aux bourreaux.

Le caveau dans lequel Pothin mourut a été transformé en chapelle; il existe encore aujourd'hui; la voûte en est soutenue par une colonne de pierre à laquelle, dit la chronique religieuse, fut attachée sainte Blandine.

Blandine était une jeune esclave, belle et charmante enfant pour laquelle la vie eût dû être un long sourire; renfermée avec sa maîtresse à l'Antiquaille, elle attendait avec résignation le jour et l'heure de son supplice.

Ce jour vint, cette heure sonna.
— Du courage! mon enfant, dit à Blandine sa maîtresse.
— J'en aurai, répondit simplement la jeune fille.

Le juge était sur son tribunal, entouré des bourreaux, tenant à la main les instruments de torture.

Il fut ému à la vue de cette enfant si frêle et si délicate.
— Qui es-tu? lui demanda-t-il.
— Je suis chrétienne.
— Abjure une religion qui te fait criminelle.
— Il n'y a pas de criminel dans notre religion.

Sur un geste du juge, les bourreaux s'emparèrent de Blandine, l'attachèrent à une colonne, déchirèrent ses vêtements et la frappèrent de verges.

Le sang ruisselait chaud et rouge sur une peau blanche et unie comme du marbre de Paros; Blandine ne poussa pas un cri, pas un gémissement, pas un soupir; ses yeux se levaient radieux vers le ciel, dont elle entrevoyait les joies que lui gagnait le martyre.

Les bourreaux s'arrêtèrent un instant pour reprendre haleine et s'essuyer le front.
— Abjure, dit de nouveau le juge.
— Je suis chrétienne, répondit d'une voix douce et tranquille la jeune fille.

Alors les bourreaux, prenant des tenailles, lui arrachèrent le bout des seins.

Le sourire resplendissait aux lèvres de Blandine.

On jeta un filet sur la jeune fille, et on la livra aux bêtes.

Un taureau s'élança tête baissée; ses cornes s'enfoncèrent, en la déchirant, dans la chair, et il lança le corps à dix pas dans l'arène.

Blandine respirait encore; un soldat, ayant pitié de ses souffrances, lui plongea son glaive dans la poitrine.

Le palais de l'Antiquaille fut tour-à-tour le palais des rois de Bourgogne et des ducs de Savoie. Au xve siècle, il devint une propriété particulière, et, au xviie, les filles de Mathieu de Sève, trésorier de France, le transformèrent en couvent de la Visitation.

En 1804, le conseil municipal en fit l'acquisition, et il est aujourd'hui un hospice de fous, un hôpital pour les filles publiques.

N'y a-t-il pas, dans cette étrange destinée de l'Antiquaille, un profond enseignement? Devons-nous en tirer cette conclusion, que les grandeurs et la misère se touchent de bien près, ou que notre siècle est meilleur que ses aînés; puisque, du palais de despotes sanguinaires, de la prison, antichambre du supplice pour les premiers chrétiens, il a fait un asile où la piété et la religion protègent et consolent les malheureux?

Mais pourquoi, par une économie sordide, salir les plus belles choses; pourquoi avoir réuni, sous le même toit, la fille publique et le fou? Quel rapport y a-t-il entre ces deux êtres?

La fille publique inspire le dégoût, le fou la pitié; — entre ces deux sentiments, il y a un abime; — le dégoût éloigne, la pitié attire.

Les réunir, c'est faire retomber sur l'un un peu du mépris qu'on a pour l'autre; c'est insulter le malheur en le traitant comme le vice.

La folie n'est point une maladie honteuse; elle a souvent pour origine une noble infortune, pour source presque toujours le cœur et l'intelligence.

Chez les femmes dont la nature est plus impressionnable, les émotions sentimentales provoquent quelquefois la folie.

Ces folles, qu'on entend rire à travers les grilles de l'Antiquaille, sont les héroïnes de romans pleins de larmes.

Une mère pleurait son enfant qu'elle croyait mort sur le champ de bataille... Un jour il revint; à sa vue, la raison de la pauvre femme s'échappa dans un cri de joie..... et l'Antiquaille lui ouvrit ses portes.

C'était pendant la Révolution, l'échafaud était dressé sur la place des Terreaux, coupant toutes les têtes qui s'élevaient trop haut; une jeune fille avait caché chez elle son jeune maître; découvert, il allait être traîné au supplice. La jeune fille se rendit auprès du juge du tribunal révolutionnaire: en échange de la vie du noble, il lui demanda les deux seules choses qu'elle possédât: son honnêteté et sa jeunesse. Elle donna son honnêteté et sa jeunesse; mais le patriote sans-culotte manqua à sa promesse, le noble fut exécuté. La jeune fille, devenue folle, est aujourd'hui à l'Antiquaille.

Chez les hommes, la folie naît principalement de l'intelligence tendue vers un but unique. Salomon de Caüs fut enfermé à Bicêtre; et l'Antiquaille compte, parmi ses fous, plus d'un inventeur malheureux et incompris.

La folie, loin de nous paraître ridicule, nous a toujours semblé sainte et respectable; ces malheureux, dont on se moque, ne seraient point ce qu'ils sont, s'ils avaient eu moins de cœur ou moins d'intelligence. Voilà pourquoi nous trouvons que le conseil municipal a commis, non pas une bévue, mais un crime moral, en donnant le même asile à la folie et à la prostitution. Car la prostitution a pour point de départ le vice et la paresse, elle n'a rien qui rende indulgent pour elle; sans pudeur, comme le cynique Diogène, elle s'étale et marche la tête haute. Approchez-vous de ce lit sur lequel la maladie, née du libertinage, a couché une fille publique. Les souffrances, ce creuset auquel se purifient les natures chez lesquelles il se trouve encore un peu de cœur, n'amènent à ses lèvres que le blasphème pour Dieu, l'injure pour ces anges de la terre qu'on nomme sœurs, qui veillent à leur chevet.

L'antiquaille, palais des empereurs, des rois et des ducs; prison d'où partirent, pour le martyre, notre premier archevêque et les premiers chrétiens de la Gaule; monastère, purifié par la prière et les mortifications, est, en 1852, un hôpital de filles publiques et un hospice d'aliénés.

Que deviendra-t-il? — Quel sera la suite de sa longue histoire?

Dieu seul le sait.

CHAPITRE VII.

Les Terreaux. — Les pénitents de la Miséricorde. — Un amour dans le monde.

Après sa course à l'Antiquaille, Georges, rentré chez lui, s'était couché, et, malgré les émotions de la nuit, il s'était endormi de cet excellent sommeil de vingt ans, qu'embellissent les rêves et que ne tourmentent point les noirs soucis.

Dix heures du matin sonnaient à l'Hôtel-de-Ville, lorsque la sonnette de son appartement fut agitée brusquement; le jeune homme se leva sur son séant, bâilla, étendit les bras, s'enveloppa dans sa robe de chambre, prit ses pantoufles, et alla ouvrir.

Celui qui sonnait était un Mercure galant, à cette petite différence près avec le Mercure de l'Olympe, qu'il avait des souliers ferrés au lieu d'ailes aux pieds, un gourdin en guise de caducée, et qu'il parlait le charabia d'Auvergne.

— Bonjour, monsieur Georges, dit le Mercure, qui s'appelait prosaïquement Pierre.

— Bonjour. — Eh bien! qu'est-ce que tu me veux?

— C'est une lettre, vous savez, de la petite dame.....

Et puisant dans sa poche, Pierre en tira la missive.

— Merci, répondit Georges.

— C'est qu'il y a une réponse.

Georges brisa le cachet; la lettre avait quatre pages de cette écriture menue, serrée, connue sous le nom classique de *pattes de mouches*.

Il y eut chez le jeune homme un mouvement comique d'effroi à la vue de cette longue épître.

— Reviens dans une heure, dit-il, en fermant la porte sur le nez de Pierre, pour couper court à l'entretien.

Georges se recoucha, s'arrangea commodément pour lire la lettre.

A la première ligne il bâilla.

A la seconde, il ferma un œil.

A la troisième, il ferma la moitié du second œil.

A la cinquième, il s'endormit.

Pauvres femmes! si vous pouviez regarder de près ces héros si séduisants dans vos boudoirs, si étincelants d'esprit et d'élégance dans les salons et les bals; si vous pouviez un peu puiser dans le secret de leurs besoins matériels, les voir mangeant gloutonnement, dormant grossièrement, affublés d'un bonnet de coton, les lèvres épaisses, les paupières lourdes de sommeil; tout le prestige de votre amour s'évanouirait. Vos amants, dépouillés des illusions poétiques dont vous les entourez, ne seraient à vos yeux que de vulgaires mortels, et vos maris en supporteraient alors avantageusement la comparaison.

Georges dort. La lettre a glissé ouverte sur le parquet, ses quatre pages, tachetées de noir, sont là provoquant la curiosité du lecteur; la lire est si facile pour nous, l'occasion est si bonne. — Lisons donc en supprimant ce qui est inutile; vingt pages d'une lettre d'amour peuvent se réduire facilement en vingt lignes. La paraphrase est, de toutes les figures de rhétorique, celle dont abusent le plus les amoureux.

« Georges,

» Je veux commencer ma lettre par le mot qui la finira, parce que ce mot renferme la pensée de mon cœur.

» Je vous aime.

» Oui, je vous aime de toutes les forces de mon âme; — je vous aime avec le cœur, parce que vous m'avez comprise; — je vous aime avec orgueil, parce que vous êtes le plus noble de tous les hommes que je connais.

» Après vous avoir dit pourquoi je vous aime, — permettez-moi de vous dire pourquoi je n'aime pas mon mari.

» Une femme a toujours besoin de se justifier devant son amant; car pour être à lui il faut qu'elle soit coupable; et lui seul peut lui donner l'absolution de sa faute.

» Mon mari n'est pas un homme : — c'est un fabricant d'étoffes.

» Un fabricant, — Georges, — est un homme qui se lève à sept heures chaque matin, dîne à deux heures dix minutes, se couche à onze heures vingt minutes, change de chemise deux fois par semaine, se fait la barbe le jeudi et le dimanche, et gagne de l'argent.

» Ses affaires sont le thermomètre de son caractère; aimable lorsqu'elles sont à la hausse, maussade lorsqu'elles sont à la baisse.

» Il aime d'abord sa femme pour la dot qu'elle lui apporte, son affection est en raison directe du chiffre; — plus tard il l'aime par vanité; elle est la montre de sa prospérité, il la pare de dentelles, de diamants de bijoux.

» Son commerce est le pivot autour duquel tournent tous ses sentiments, et son ambition entoure sa vie du cercle de Popilius.

» Pour être la femme de cette horloge, on doit être née dans l'atmosphère dans laquelle elle vit; on doit avoir, dès son bas âge, emmailloté son intelligence, son cœur et son imagination.

» Je suis une enfant du midi; je suis venue au monde dans ce pays où les fleurs foisonnent, où le sang bout sous les chauds rayons du soleil. — Les premières paroles que j'ai prononcées ont été des paroles d'amour; j'étais l'unique affection d'une bonne mère qui n'est plus, et qui, en m'aimant, m'a appris à aimer.

» Aussi, lorsque, à peine mariée, j'ai compris qu'il fallait arrêter le mouvement de mon cœur, j'ai été effrayée de l'avenir.

» C'est alors, Georges, que je vous ai connu; vous, jeune comme moi, plein d'illusions comme moi, et nous nous sommes pris par la main en disant : « Marchons ensemble. »

» Si, aux yeux du monde, j'ai commis une faute, Dieu me l'a pardonnée, car il ne m'eût pas permis d'être heureuse par elle : et je suis heureuse.

» Je suis heureuse quand je pense à vous, et j'y pense toujours.

» Ce soir, Georges, nous nous verrons chez madame Dutillier; — ce bal, je voudrais être belle, belle à rendre toutes les autres femmes jalouses, tous les hommes amoureux. — J'aurai pour toilette une robe de votre nuance préférée, pour coiffure la guirlande de lierre que vous m'avez donnée.

» Adieu, mon Georges, — je vous aime, voilà tout ce que je sais, tout ce que je veux savoir, tout ce que je désire que vous sachiez bien.

» Emma.

» P. S. Renvoyez-moi, par le messager, mon éventail; je crains que mon mari ne s'aperçoive de sa disparition. »

On a vu l'indifférence avec laquelle Georges avait reçu cette lettre; la jeune femme qui l'avait écrite avait à ses yeux, un tort immense que les hommes ne pardonnent jamais. Elle avait été au devant de son amour; elle lui avait dit avec franchise la pensée de son cœur, au lieu de mentir et d'amener le jeune homme à un aveu et à une déclaration par ces étroits sentiers du sentiment dont les coquettes connaissent tous les détours.

Etre aimé ne suffit pas, il faut encore que, pour être aimé, il y ait une difficulté à vaincre; il faut, dans un amour, que le cœur et la vanité aient une part égale.

Emma était belle, jeune, spirituelle, — trois qualités qui font, dans le monde, les femmes d'élite. Si elle eût rencontré dans son mari une intelligence et un cœur en harmonie avec le sien, elle eût ajouté à ces qualités une vertu : elle lui eût été fidèle. — Mais M. Brémont était fabricant; c'est-à-dire que sa femme n'occupait dans sa vie que la seconde place, son commerce se trouvait avant elle; il s'en occupait après son travail; elle était pour lui une distraction, pas autre chose. Emma usa de toutes les coquetteries

féminines pour lui inspirer un peu de l'amour, tel qu'elle le comprenait; la montre de M. Brémont marquait, avec une aiguille inflexible, l'heure à laquelle le sentiment devait finir.
— A sept heures du matin, le mari prenait sa carapace de fabricant et se bardait de chiffres.

Après les larmes vint le dégoût, après le dégoût l'ennui, l'ennui, lèpre fatale, qui gangrène le cœur. Entre deux bâillements Georges se présenta à Emma tout parfumé de ses vingt ans, couvert de ces belles fleurs qu'on nomme illusions.

Georges parla et elle l'écouta avec ivresse; car Georges parlait comme elle pensait.

Tout roman, toute églogue, toute bucolique, commencé dans un salon ou sous l'ombrage d'arbres verts, a un dénoûment unique : ce dénoûment a deux noms : pour l'homme, il s'appelle triomphe; pour la femme, il s'appelle faute.

Emma écouta d'abord Georges, l'aima et fut coupable.— Ces trois périodes de son amour ne durèrent qu'un mois; parce que, femme à l'imagination ardente, elle ne calcula rien, et ne s'entoura pas de cet attirail de petites coquetteries, cavalerie légère qui, en amusant les amants, les tient en respect, et retarde leur victoire; elle n'eut pas l'infamie de sa chute, parce qu'elle ne regarda pas où elle marchait, et qu'elle suivit les inspirations du cœur.

Georges n'avait pas tardé à être las de cet amour; les hommes se détachent d'une femme en raison de ce qu'ils obtiennent d'elle; les femmes, au contraire, s'attachent en raison de ce qu'elles accordent. Georges avait tout obtenu. Emma tout accordé; Georges n'aimait plus, Emma aimait davantage.

M. Brémont était donc aveugle? M. Brémont était le mari d'Emma; le mari, qui paie les violons et fait les frais, est toujours le dernier qui s'aperçoit de la comédie et qui en découvre le secret. — M. Brémont adorait Georges, le proclamait le plus spirituel de tous les jeunes gens, l'invitait à dîner, et grondait chaque jour sa femme du mauvais accueil qu'elle faisait à son jeune ami.

Le jeune homme se réveilla, étendit nonchalamment la main vers la lettre, et en commença la lecture par un *aparté* très peu flatteur pour Emma :
— Que diable veut-elle encore ?

Il se leva, chercha pendant quelques instants dans son secrétaire, et en tira un délicieux éventail peint par Bouché, et monté sur ivoire; il le tourna dans ses doigts, l'éventail plia et fut sur le point de se rompre.
— Hélas! murmura-t-il, si mon amour était aussi facile à briser.

Cette seconde réflexion prouve que Georges en était arrivé, dans ses relations avec madame Brémont, à ce moment difficile où l'amant cherche l'occasion de se retirer et de dire convenablement à sa maîtresse :
— Madame, vous m'avez donné ce que vous aviez de plus précieux au monde, votre honneur, je l'ai gardé religieusement, et, à part quelques amis, auxquels j'ai raconté que j'avais le bonheur d'embrasser vos lèvres roses, tout le monde ignore que vous m'avez aimé. — Séparons-nous donc avant que la satiété n'amène le dégoût; votre nom sera inscrit avec d'autres sur le calendrier de ma jeunesse, et votre souvenir sera gardé dans mon cœur comme on conserve dans un herbier la fleur flétrie et sans parfum.

La sonnette tinta, Georges, pensant que le visiteur n'était autre que Pierre venant chercher la réponse, alla ouvrir la porte l'éventail à la main.
— Mon père! s'écria-t-il.
— Moi-même, répondit en riant M. Duval, est-ce que ma visite te gêne? dans ce cas, mon garçon, je me retire, je reviendrai lorsque tu seras libre.
— Non pas, entrez.
— Que diable tiens-tu donc à la main ?
— Un éventail.
— Mauvais sujet!

M. Duval avait environ soixante-deux ou trois ans; il était encore vigoureux et plein d'activité; sa figure et sa tournure étaient celles d'un homme du peuple, son costume celui d'un propriétaire campagnard. Contemporain du siége de Lyon, il avait assisté comme témoin et acteur au drame révolutionnaire. Ami de Bertrand et de Chalier, il avait salué la république avec enthousiasme; mais, lorsque la révolution, changeant de face, ne devint plus qu'une boucherie organisée sous le patronage d'une loi barbare, sans renier ses opinions républicaines, il avait rompu avec ses amis, s'était marié, avait vécu en honnête commerçant et s'était acquis une fortune honorable.

De son passé il n'avait conservé qu'une haine vivace, impitoyable contre la noblesse; lorsqu'il en parlait, son visage s'animait subitement, un sourire ironique plein d'un sanglant mépris plissait ses lèvres. — Il avait élevé Georges dans ses idées libérales et dans sa haine contre les nobles. De pareilles idées étaient trop en harmonie avec la nature ardente du jeune homme pour qu'il ne les acceptât pas sans contrôle; il avait, du reste, pour son père un respect profond. M. Duval, indulgent pour les folies de jeunesse de son enfant, se l'était donné pour ami sans rien perdre de sa dignité paternelle; son expérience lui permettait de faire de la morale, il en usait, mais il n'en abusait jamais en faisant dégénérer la morale en reproches.

Le seul point de ressemblance qu'il y eût entre le père et le fils était dans l'énergie de leur caractère, énergie qui ne subit aucune volonté, lame d'acier qui tranche toutes les difficultés; seulement, la lame de Georges était dans un fourreau de velours, celle de M. Duval dans un fourreau de cuir; le premier avait cette aristocratie de formes, élégance native qu'on n'acquiert point, le second avait cette allure plébéienne, qui, comme une tache de graisse, s'étend et devient plus visible sur l'habit du parvenu.

M. Duval s'assit dans un fauteuil tandis que son fils s'habillait.
— Sais-tu que tu es un muscadin, mon cher Georges, dit M. Duval, en promenant ses regards autour de l'appartement.
— J'aime le luxe, voilà tout.
— Voilà tout; tu es charmant, mais il te manque deux choses pour soutenir ton luxe : — la fortune d'abord, et l'amour du travail, qui donne la fortune.
— Attendez donc un peu, je n'ai que vingt ans.
— A ton âge, je me levais à cinq heures du matin et je me couchais à dix heures du soir.
— Vous allez me gronder, fit Georges avec câlinerie.
— Te gronder, non pas mon enfant, les gronderies sont un délassement de vieille femme; je veux te donner un conseil.
— Lequel ?
— Celui de travailler. — Je sais que tu vas me dire ton éternelle phrase : « Je suis jeune. » Mais cette jeunesse est précisément un champ fertile que le travail doit fructifier; plus tard, la terre se dessèche, devient aride, vainement on l'arrose de ses sueurs, le sillon ne s'ouvre plus devant le soc de la charrue. — Grâce à Dieu, nous ne sommes plus à cette époque où quelques êtres privilégiés possédaient tout sans avoir jamais rien fait; où ils naissaient avec un titre qu'ils n'avaient point gagné, une fortune qu'ils n'avaient point acquise; aujourd'hui, tous les hommes naissant égaux, ont une part égale au soleil et à l'avenir; entre eux il n'y a plus d'autres distinctions que celles produites par le travail. Travaille donc pendant que tu as encore le bras ferme, l'intelligence vive et rapide; de la paresse viennent la misère et les regrets de la vieillesse.

Tel était le thème favori qu'avait développé cent fois M. Duval, et dans lequel se laissait voir un peu l'oreille du tribun révolutionnaire. Georges écoutait son père, se promettait d'écouter ses conseils; mais le lendemain il reprenait sa vie oisive; la jeunesse l'emportait sur la raison.
— Voyons, qu'as-tu fait depuis ma dernière visite, demanda M. Duval?
— Moi..... rien.

Lyon, Imp. H. Storck.

— Est-ce que tu n'es pas allé chez le banquier pour lequel je t'avais donné une lettre de recommandation ?
— Si.
— Eh bien ?
— Eh bien ! le premier jour, il m'a dit : « Revenez. » Le second : « Vous êtes bien jeune. » — Le troisième : « Je n'ai point de place dans ma maison. »
— Nous chercherons autre chose. — Car je veux, — et tu trouveras, dans cette circonstance, ma volonté inflexible, — je veux que tu parviennes ; que le nom que tu portes devienne un nom distingué, comme il est celui d'un honnête homme. — J'en ai fait à son lit de mort le serment à ta pauvre mère, et l'on ne ment pas à ceux qui vont mourir.

M. Duval ouvrit la fenêtre, appuya sa tête entre ses mains et se mit à regarder l'Hôtel-de-Ville, comme s'il eût voulu cacher à son fils les larmes qui glissaient sur ses joues.

Le souvenir de sa femme, morte depuis dix ans, provoquait toujours chez lui les pleurs ; il n'en parlait qu'avec un sentiment plein de respect. Georges l'avait vainement interrogé sur cette douleur, qui n'était point celle du souvenir fleurissant sur la tombe ; M. Duval avait chaque fois évité une réponse directe.

— Ta mère, disait-il, n'a pas été une femme mais un ange ; je n'eusse jamais osé élever mon amour jusqu'à elle, si elle n'eût pas descendu jusqu'à moi ; sa vie a été un dévouement, qui a produit l'ingratitude. Pour t'expliquer ce qu'elle a souffert, il faudrait te dire ce qu'elle était, et ce serait mettre dans son cœur une haine contre ceux qui l'ont torturée et qui t'ont dépouillé, mon enfant. — Un jour viendra peut-être où tu sauras tout ; ce jour sera pour nous un jour de vengeance, car alors tu seras fort, et tu pourras demander compte des larmes qu'a versées ta mère.

Ces réponses, qui n'apprenaient rien à Georges, lui avaient seulement fait supposer, qu'héritier d'une grande fortune, il en avait été frustré. Sur le portrait de sa mère qu'il possédait, elle était debout, la main appuyée sur une table, et dans le costume que portait avant la révolution le monde aristocratique ; le fond du tableau représentait un appartement, au dessus d'une porte, sur un cartouche, étaient peintes des armoiries.

— Ma mère était de race noble, pensa le jeune homme, un jour que ses yeux étaient tombés, par hasard, sur le cartouche qu'il n'avait point remarqué jusqu'alors.

Et il se mit à étudier le blason.

Trois jours après, il avait déchiffré les armoiries, et découvert qu'elles étaient celles des comtes de Saint-Bel.

Un matin qu'il se trouvait avec son père devant le portrait :

— Avez-vous fait attention, lui demanda-t-il, aux armoiries qui sont peintes sur ce tableau ?
— Des armoiries, allons donc, répondit M. Duval avec embarras.
— Si, si, regardez bien.
— C'est une fantaisie de peintre.
— Non, car ces armes sont historiques et elles appartiennent à la famille des comtes de Saint-Bel.
— M. Duval tressaillit.
— Ah ça ! fit-il en souriant d'un sourire maladroit qu'il voulut jeter comme un voile sur son visage étonné, est-ce que tu te figurerais descendre de la cuisse de Jupiter ?
— Je ne crois pas que la noblesse des comtes de Saint-Bel remonte aussi haut, répondit Georges en riant.

Malgré toutes ses prières et toutes ses supplications, le jeune homme ne put obtenir aucun aveu de son père, qui se renferma dans le mutisme le plus absolu ; il n'en resta pas moins convaincu que sa mère appartenait à la famille de Saint-Bel. — Sans doute elle avait, contre la volonté de ses parents, épousé M. Duval ; la date du mariage, contracté en 1794, ouvrait un champ vaste aux suppositions ; mais la vérité flottait indécise au milieu du grand lac qu'on appelle le doute.

Georges s'habilla, mit dans sa poche l'éventail de madame Brémont, et, prenant le bras de son père, ils sortirent pour faire ensemble quelques courses.

A la porte, il rencontra Pierre et lui remit l'éventail.

M. Duval demeurait à Oullins, dans une petite maison de campagne, voisine de celle de Jacquard, avec lequel il était en relation d'amitié. Modeste dans ses goûts, il vivait heureux attendant, sans effroi, la fin d'une carrière bien remplie et après laquelle il pourrait se présenter sans crainte devant le tribunal suprême.

Chaque dimanche, M. Duval passait la journée avec Georges ; le plus souvent le jeune homme se rendait à Oullins ; quelquefois l'excellent père venait surprendre son fils à Lyon.

C'est à l'une de ces visites que nous avons fait assister le lecteur.

— Le diable emporte la ville, s'écria M. Duval, en se promenant avec Georges, à quatre heures de l'après-midi sur la place Bellecour, rendez-vous, à cette époque, de la société élégante.

— Je vous remercie pour elle de votre souhait, répondit Georges.

— Quatre heures ! Ici les heures se traînent comme des limaces.

— Je ne trouve pas, moi, — et je préfère de beaucoup la promenade animée des Tilleuls, à votre solitude d'Oullins.

— Tu appelles ça une promenade, dit M. Duval ; — mais c'est-à-dire que ce qu'il y a de plus difficile ici c'est de se promener.

— Au moins, on voit du monde.

— Et du joli ; vos femmes avec leurs robes à manches de gigot, leurs collerettes vastes comme des fraises et leur chapeau surchargé de rubans, ressemblent à des caricatures.

— Vous êtes peu flatteur.

— Vos muscadins, avec leur chapeau pointu, leur *jeune France* (1), leur pantalon collant et leurs bottes à éperons, ne sont-ils pas du dernier ridicule ?... Autrefois...

— Autrefois, interrompit Georges, tout était mieux ; n'est-ce pas ce que vous alliez me dire. C'est qu'autrefois vous voyiez avec vos yeux de vingt ans et que maintenant vous ne voyez plus qu'à travers les lunettes incolores de la vieillesse ; autrefois les femmes vous paraissaient belles, parce qu'elles étaient belles pour vous ; les ridicules que vous reprochez à nos élégants, vous les trouviez charmants parce que vous en aviez votre part.

— Tu as peut-être raison. — N'importe, ces promenades dans lesquelles on se donne rendez-vous pour se moquer les uns des autres, pour critiquer la toilette, la démarche, m'ont toujours semblé une invention de la coquetterie et de la vanité.

— La Bruyère l'a dit avant vous.

— Je ne connais pas M. La Bruyère ; — mais il doit être un homme d'esprit.

La place Bellecour, en dix-huit cent cinquante-deux, est encore la promenade la plus fréquentée de Lyon ; par la raison très-simple qu'elle est à peu près la seule. Le conseil municipal, toujours fécond en idées, a seulement fait arracher les tilleuls, qui donnaient encore de l'ombre, pour les remplacer par des marronniers, qui portent en dix-neuf cent cinquante-deux. L'armée envahissante des filles entretenues, — qui, depuis quelques années, se sont multipliées aussi nombreuses que les grains de sable de la mer, — s'est emparée de cette promenade et en a chassé, en grande partie, les honnêtes femmes. Toutes les troupes légères de nos lorettes en robes de soie, en châles de dentelles, ornements qui relèvent de la marchandise, — sont là pendant l'été, de cinq à neuf heures du soir, sous les armes, braquant l'escopette de leurs yeux bleus ou noirs sur les promeneurs masculins.

La place Bellecour existait déjà au IIe siècle, elle portait alors le nom de « *Bella Curia* » ; elle devint ensuite un jeu de mail. En 1713, elle prit une grande importance par les

---

(1) C'était le nom donné alors à la barbe.

embellissements qu'on lui fit subir, en y plaçant la statue en bronze de Louis XIV, et les deux statues du Rhône et de la Saône, chefs-d'œuvre de Guillaume et Nicolas Coustou, qui, transportées, en 1793, à l'Hôtel-de-Ville, y dorment poudreuses et oubliées. En parlant de ce qui a été et de ce qui a été détruit, nous trouvons toujours cette date fatale : 1793 ; car les révolutionnaires s'attaquèrent non seulement aux hommes mais aux monuments ; ils crurent effacer tout le passé, en renversant les édifices qui le rappelaient.

Ce vandalisme inintelligent coûta à Lyon plusieurs œuvres remarquables ; les façades de Bellecour, dues à Robert Decotte, l'un des plus célèbres architectes du siècle de Louis XIV, tombèrent sous la hache et le marteau des démolisseurs.

Napoléon, premier consul, posa la première pierre des nouvelles façades, qui sont loin de valoir celles de Robert Decotte. On rapporte que l'Empereur, étant revenu à Lyon, à la vue des nouvelles constructions, s'écria : « Quelles casernes m'ont-ils donc f.... là... ! »

La maison faisant l'angle de la rue du Plat et de la rue Louis-le-Grand, qui alors avait pris le nom de rue Bonaparte, porte, sur une pierre de marbre, l'inscription suivante :

LE XXIX IVIN MDCCC
BONAPARTE
POSA LA PREMIÈRE PIERRE DE CES ÉDIFICES
ET LES RELEVA PAR SA MVNIFICENCE,

La statue de Louis XIV avait été détruite ; on voulut la remplacer par celle de Napoléon ; c'était justice, non seulement parce qu'il était naturel de mettre sur la place Bellecour la statue du grand homme qui lui avait rendu son ancienne splendeur, mais encore parce que Napoléon fut toujours le protecteur intelligent de l'industrie lyonnaise. Pendant que le conseil municipal discutait sur le devis, l'aigle se brisa les ailes et tomba mourant sur les neiges de la Russie ; le conseil municipal n'en continua pas moins à discuter ; seulement, au lieu de commander à Lemot la statue de Napoléon, il lui commanda une statue de Louis XIV ; c'était une lâche ingratitude et une basse flatterie à la royauté de retour de l'exil.

L'hospice de la Charité, dont l'église se trouve sur la place Bellecour, est un monument qui date du XVIIe siècle ; avant cette époque une association de citoyens, sous le nom de « l'Aumône générale » avait déjà organisé des secours pour les pauvres. Cette association avait eu lieu lors de la famine, de 1531.

Une chronique raconte que la Bourgogne, également en proie à la famine, plaçait sur des bateaux les malheureux mourant de faim et laissait aller les embarcations à la dérive ; les Lyonnais accueillirent ces infortunés ; on éleva des petites cabanes en planches sur les terrains appartenant au Chapitre d'Ainay. — Les riches étrangers, entre les mains desquels se trouvaient alors le commerce et les richesses, vinrent en aide à cette œuvre charitable. Jean Kléberg, natif de Nuremberg, ou le « Bon Allemand », donna à lui seul plus de soixante-dix mille francs. — L'association survécut à la famine qui l'avait inspirée. Elle s'établit dans les bâtiments occupés maintenant par l'hôtel du Parc ; au-dessus d'une niche vide, creusée sur la façade intérieure, on voit encore aujourd'hui l'inscription suivante gravée sur une table de marbre :

BVREAV
DE L'AVMOSNE GÉNÉRALE DE LION
1673.

Plus tard, l'Aumône générale se fondit avec l'Hospice de la Charité.

Cet hospice recueille les vieillards et les enfants trouvés ; le même asile est donné à la vieillesse, qui s'en va de ce monde, et à la jeunesse, qui y entre.

— Cinq heures, s'écria M. Duval, en regardant sa montre, mon cher Georges, l'amour paternel a des limites, je t'ai sacrifié une journée de magnifique soleil, je retourne à Oullins voir mes fleurs...

— Et vos melons, répondit le jeune homme, en interrompant son père.

— Mais oui, mes melons, que tu trouves très-bons, ingrat.

M. Duval embrassa son fils, monta en voiture et partit.

Georges se sentit plus léger ; un père, lorsqu'on a vingt ans, est un peu gênant. S'il est votre ami, c'est un ami auquel son expérience donne le droit de faire de la morale ; et la morale est une pilule purgative, on a beau la dorer, elle est toujours amère.

Le jeune homme gravit au pas de course la côte sur laquelle est construit l'Antiquaille ; le portier était à son poste ; mais sa figure rébarbative se teignit d'un air bienveillant à la vue de Georges. Puissance magique des pièces de cinq francs, rien ne vous résiste, pas même le cœur d'un portier.

Le cerbère consentit à aller s'informer des nouvelles de Louise, et revint bientôt : le mieux se continuait et le médecin avait fixé à huit jours à peine l'époque de la sortie de la jeune femme.

Le jeune homme, délivré ainsi d'une crainte qui l'avait poursuivi depuis son lever, rentra chez lui pour se préparer à aller au bal de madame Dutilliers, bal où il devait rencontrer madame Emma Brémont.

Georges voulait rompre avec Emma, et il résolut de ne point retarder la rupture davantage.

Placé entre deux amours, entre l'amour d'une femme du monde et celui d'une fille publique, il donnait la préférence à la prostituée. — C'est que l'amour d'Emma n'allait point à la nature franche et loyale du jeune homme, obligé de jouer un double rôle, de flatter le mari, et de mettre sur son visage un masque hypocrithe. — Si l'amour pour une fille publique est plus bas, il peut du moins marcher le visage découvert ; le monde le blâme, mais à vingt ans, on brave par fanfaronnade ce qu'on appelle les préjugés de la société, et ce qui en est, en réalité, les lois morales. Puis, Georges se passionnait à cette idée, sous laquelle succombent tant de jeunes gens, il voulait réhabiliter Louise, la relever, en l'appuyant sur son cœur, du fumier sur lequel le vice l'avait couchée.

Tout amour commence par des œillades et se continue par des lettres, et Emma avait beaucoup écrit à son amant ; Georges rassembla toutes les missives éparses, et les mit sous une enveloppe ; en rompant avec sa maîtresse, son intention était de se conduire en, ce qu'on est convenu d'appeler, un honnête homme ; — c'est-à-dire qu'il voulait lui rendre tout ce qu'il en avait reçu, moins les baisers et les caresses, son honnêteté et son bonheur, deux choses qu'une femme ne retrouve jamais.

Il s'habilla, prépara son plan d'attaque, — et, à huit heures, frisé, parfumé, le sourire sur les lèvres, entrait dans le salon de madame Dutilliers.

M. Dutilliers était un commissionnaire en soie, et il demeurait place de la Miséricorde.

M. Dutilliers avait toutes les vertus négatives, — ou, ce qui est plus exact, tous les vices utiles à sa position industrielle.

Il vantait tout haut la loyauté commerciale et tout bas la traitait de duperie.

Il achetait très-bon marché, vendait fort cher.

Il faisait un escompte très-fort aux fabricants, et n'en acceptait point de ceux qui lui achetaient.

Il commanditait de jeunes fabricants et leur prêtait des fonds à un taux élevé.

Il avait dans l'odorat commercial le flaire du corbeau qui sent le cadavre ; et il savait s'abattre à point sur les fabricants dont les affaires étaient en mauvais état.

Il promettait des augmentations d'appointements à ses commis, et, lorsque ceux-ci les lui demandaient il les leur promettait encore.

Tant de qualités avaient eu un résultat que nous ne qualifierons point d'honnête, le mot serait impropre, mais un résultat superbe, pécuniairement parlant ; M. Dutilliers avait doublé, triplé, quintuplé sa fortune paternelle ; sa vanité avait fait comme sa fortune. Il est vrai que les fabricants brûlaient perpétuellement sous son nez un encens d'éloges hyperboliques, et que les coups de chapeau pleuvaient sur son passage comme la grêle par un temps d'orage. Lorsqu'il entrait dans un magasin on l'eût pris pour Louis XIV entrant dans la cour de Versailles ; pour peu qu'il en eût manifesté le désir, on eût illuminé la rue des Capucins le jour de sa fête.

Physiquement, M. Dutilliers était un homme ordinaire, ni beau, ni laid, ni grand, ni court, ayant du linge très-blanc, et des habits de drap très-fin ; un sourire protecteur errait par fois sur ses lèvres ; il marchait avec la dignité d'un maître de danse, et accompagnait chaque parole d'un geste à contre-sens. Agé de soixante-dix ans, sa chevelure grisonnait en gazon touffu sur sa tête aux joues rebondies ; et en le voyant, un physiologiste eût pu dire : « Voilà un homme qui fait quatre repas par jour, qui dort sans cauchemar, vit sans inquiétude, et qui nourrit beaucoup plus son corps que son esprit. »

Cependant M. Dutilliers avait de la littérature, il était abonné à la *Gazette du Lyonnais*, dont il lisait régulièrement chaque matin les quatre pages. Ses opinions politiques étaient celles d'un conservateur ; — il voulait conserver sa fortune et se trouvant très-heureux, il pensait que tout le monde devait l'être.

Madame Dutilliers, sa femme, avait été jeune et coquette, elle n'était plus jeune depuis longtemps, mais elle était toujours coquette ; elle mignardait, parlait prétentieusement du bout des lèvres, et remplaçait les charmes partis par des dentelles et des bijoux.

Ces deux époux, qui s'étaient aimés d'un amour calme et sans saveur, d'un amour classique, dont la température ne s'était jamais élevée plus haut que cinq ou six degrés au-dessus de zéro, avaient passé leur vie l'un près de l'autre, se pardonnaient réciproquement leurs peccadilles, leurs défauts et leurs travers ; sans enfants, et ne sachant à qui léguer leurs richesses, ils les dépensaient en luxe, dont leur orgueil se parfumait. — Leurs bals étaient en grande réputation dans le monde des Capucins ; on quêtait une invitation, et on ne l'obtenait qu'à la condition d'être de la plus pure aristocratie d'argent, d'avoir trois ou quatre quartiers de cette noblesse, c'est-à-dire trois ou quatre cent mille francs.

Georges était un joli cavalier, un beau danseur, on l'invitait pour ses jambes, il le savait et ne s'en formalisait point, payait consciencieusement en ailes de pigeon et en entrechats le souper qu'on lui offrait et riait tout bas de l'importance ridicule que s'affublait M. Dutilliers, et de la coquetterie surannée de madame Dutilliers.

Lorsqu'il entra dans le salon, le bal venait de s'ouvrir. Après avoir présenté ses respects à madame Dutilliers, qui coqueta avec lui pendant quelques minutes, et salué M. Dutilliers qui l'accueillit d'un impertinent : « Ah ! c'est vous, jeune homme, » et lui tourna le dos, Georges parcourut du regard les femmes assises sur deux rangs de banquettes. Sur le premier se trouvaient les danseuses, en grande tenue, robes décolletées jusqu'au milieu des reins, fleurs dans les cheveux, sourire agaçant et moqueur aux lèvres, éventail à la main ; sur le second étaient assises les mamans, et les vieilles femmes, ce qu'on appelle la tapisserie ; affreuse tapisserie aux figures décrépites. Madame Brémont n'était point encore arrivée ; Georges s'esquiva dans un salon de jeu.

Il s'approcha d'un groupe dans lequel la conversation semblait très-animée.

— C'est horrible ce que vous nous racontez-là, s'écriait une grande dame, dont la tête était couverte de fleurs de toutes les nuances.

— C'est de l'histoire, répondit laconiquement M. Raymond, avec lequel nos lecteurs ont déjà fait connaissance.

— Mais votre histoire est une histoire de croque-mort.

— Eh ! tenez, voici M. Georges Duval, fit le médecin en prenant amicalement la main du jeune homme, interrogez-le et vous verrez que je ne m'amuse point à faire un conte de revenant.

— Que disiez-vous à ces dames qui les a si fort effrayées, demanda Georges ?

— Je leur disais que ce soir elles allaient danser sur des cadavres de pendus.

— Je ne comprends pas.

— Où sommes-nous ?

— Chez M. Dutilliers.

— Très-bien ! Mais où est située la maison ?

— Place de la Miséricorde.

— Eh bien ! ce nom ne vous rappelle rien ?

— Non.

— Faites donc donner de l'éducation à vos enfants pour qu'ils apprennent toute, excepté ce qu'ils devraient savoir : l'histoire de leur pays. — Cette maison dans laquelle retentissent aujourd'hui les accords de l'orchestre d'un bal, ces salons tout resplendissants de lumières et de femmes jeunes, belles, riches, couvertes de diamants, se trouvent sur l'emplacement de la chapelle des Pénitents-de-la-Miséricorde, qui allaient recueillir les suppliciés, et leur rendaient les derniers honneurs.

— Je l'ignorais complètement, fit Georges, et j'aime mieux avouer mon ignorance, en vous priant de la faire cesser.

— Mon cher ami, voilà ce qui s'appelle s'en tirer en homme habile ; et, si ces dames le permettent, je me ferai un plaisir de vous raconter l'histoire des Pénitents-de-la-Miséricorde. — Cela me sera d'autant plus facile que j'ai été moi-même Pénitent de cet ordre.

— Vous ?

— Oui.

— Ainsi, vous avez été fossoyeur, fit en souriant malignement la jolie et spirituelle comtesse de Sennecey.

— Mais oui, répondit M. Raymond, sans comprendre le but de la question.

— Vous étiez fossoyeur, vous êtes aujourd'hui médecin ; l'on peut donc dire de vous, avec une légère variante, ce que Boileau a dit d'un autre :

Il met toujours les gens en terre,
Il n'a pas changé de métier.

Un éclat de rire accueillit cette épigramme, celui qu'elle frappait fut le premier à applaudir.

— Madame, dit-il, en se retournant vers la comtesse, il est toujours permis d'être méchante lorsque, comme vous, on sait l'être avec esprit.

La ritournelle annonça le commencement d'un quadrille.

— Mesdames, la musique vous fait son invitation, continua M. Raymond, ne la faites pas attendre.

— Et l'histoire des Pénitents-de-la-Miséricorde, demandèrent quelques dames.

— Elle ne vaut pas pour vous un *chassez-croisez* ou un *en avant-deux*.

— Vous me rendez la monnaie de ma pièce, dit madame de Sennecey.

— Je ne me le permettrais pas.

— Alors, il n'y a qu'un moyen de me prouver que vous ne m'en voulez pas ; c'est de nous raconter votre histoire.

— Avec plaisir.

Une jeune femme, aux formes exubérantes, se leva du canapé sur lequel elle était assise.

— Y a-t-il de l'amour dans votre histoire, demanda-t-elle au médecin ?

— Oui Madame, répondit celui-ci, il y a cet amour qui, venu de Dieu, conduit à Dieu et qu'on appelle « la charité. »

La jeune femme leva dédaigneusement les épaules et entra dans la salle de danse.

— La petite sotte, s'écria avec vivacité la comtesse de Sennecey, elle renie la seule divinité à laquelle elle ait toujours sacrifié ; tous les hommes qui se sont adressés à elle prétendent qu'il n'y a pas une meilleure dame de charité, et qu'elle ne refuse jamais l'aumône.

Georges offrit une chaise à M. Raymond et se plaça de façon à voir tout ce qui se passait dans le salon où l'on dansait.

— Mesdames, dit le médecin, j'ai soixante ans; du berceau à cinquante ans on va à l'avenir'; à cinquante on va à la tombe; dans la première période on vit du présent, dans la seconde du passé; on fait dans la jeunesse une ample moisson de souvenirs, dont le récit charme la vieillesse; pardonnez-moi donc en faveur de mon âge; en croyant être laconique, je serai peut-être prolixe; — voilà mon exorde.

— Auquel j'applaudis de mes deux mains, dit madame de Sennecey.

— Au commencement de l'année 1625, Cæsar Laure, seigneur de Cruzol, natif de Milan et l'un des plus habiles teinturiers du XVIIᵉ siècle, traversait un matin la place des Terreaux, où se tenait alors le marché aux porcs; il s'arrêta à la vue d'un cadavre que dévoraient ces animaux; c'était le corps d'un pendu, que le bourreau avait jeté, selon l'habitude, dans le fossé placé près du gibet. Cet horrible spectacle, qui émut vivement Cæsar Laure, se renouvelait tous les jours sous les yeux de la foule indifférente.

Cæsar Laure était riche, et il put réaliser le projet charitable que lui inspira son humanité. Il voulut donner une sépulture respectée aux malheureux dont la justice des hommes réclamait la vie et auxquels Dieu pardonnait sans doute.

— Ayant obtenu l'autorisation de Messieurs de la Sénéchaussée et siége du Présidial de Lyon pour faire construire une chapelle, il acheta des Carmes des Terreaux le terrain nécessaire à la construction. Les Carmes mirent à cette vente des conditions très-onéreuses, et ils exigèrent que tous les offices fussent dits par des religieux de leur ordre, l'ordre des Pénitents de la Miséricorde étant composé de laïques et d'ecclésiastiques (1).

Malgré toutes les entraves mises à l'entreprise de Cæsar Laure, et les querelles que lui suscitèrent les Carmes, dans leur avarice, elle prospéra rapidement. Créée, à son origine, pour accompagner le supplicié au gibet et enlever le corps qui était enseveli dans un caveau de la chapelle; elle fit mieux encore, elle s'occupa des vivants; elle vint en aide aux prisonniers très-malheureux, adoucit leurs souffrances par la charité et l'aumône, souvent même leur rendit la liberté en payant leurs dettes. Les confrères de la Miséricorde allaient dans les prisons consoler la douleur et porter leur aumône.

La religion qui inspire de pareils dévouements n'est-elle pas une religion sublime; et ces hommes, qui employaient les loisirs de leur opulence à secourir les malheureux, ne mettaient-ils pas noblement en pratique le précepte d'amour du Dieu fait homme :

« Aimez-vous les uns les autres ? »

Car pour être reçu membre de la confrérie des Pénitents de la Miséricorde, il fallait être riche : on n'admettait ni les artisans, ni les personnes vivant du travail de leurs mains.

Vêtus d'une longue robe de toile noire, sur la manche droite de laquelle était brodée la tête décollée de saint Jean-Baptiste, patron de la confrérie; la taille serrée d'une ceinture de laine rouge, d'où pendait un chapelet noir, terminé par une croix et une tête de mort saillante, les Pénitents de la Miséricorde se couvraient encore la tête d'un sac dans lequel étaient pratiquées deux ouvertures pour les yeux, voulant échapper ainsi aux ovations, et pratiquer la charité sans que leur vanité en récoltât les fruits.

Tout a bien changé :

Répand-on un bienfait, il faut qu'un journaliste,
Dans sa feuille aussitôt en imprime la liste.

En comparant le présent au passé, fit en souriant M. Raymond, on trouve toujours que le premier vaut mieux que le second; ce n'est point mon opinion, peut-être est-ce parce que j'appartiens plus au passé qu'au présent.

En 1789, les pénitents furent chassés de leur chapelle, qui ne devait plus se rouvrir. La République en a fait un magasin de fourrage; la Restauration un entrepôt de marchandises; la spéculation vient d'en faire une maison de six étages (1).

Et vous dansez, Mesdames, où autrefois j'ai prié, où autrefois j'ai enseveli les pendus, après, en ma qualité de médecin, les avoir saignés pour m'assurer que la vie s'était entièrement retirée du cadavre; car j'ai été, et je m'en fais gloire, un Pénitent de la Miséricorde, un « fossoyeur » comme m'a appelé madame de Sennecey.

— « Et vous n'avez pas changé de métier », répondit la spirituelle comtesse en rappelant son épigramme, et en lui donnant un correctif, puisque, ajouta-t-elle, avec un ravissant sourire, vous êtes toujours au service des malheureux.

— Ai-je été bien ennuyeux, demanda M. Raymond ?

— Vous narrez avec tant d'esprit ! riposta une jeune femme, jetant au hasard une de ces phrases toutes faites, qui sont en circulation dans la société comme la monnaie de billon est en circulation dans le commerce.

— Vous narrez avec tant de cœur ! murmura tout bas à l'oreille du médecin madame de Sennecey.

M. Raymond rougit de plaisir; un compliment est toujours agréable à entendre lorsqu'il est sincère, aussi, se retournant vers la comtesse :

— Madame, lui dit-il, si j'avais vingt ans, je serais amoureux de vous; — si j'avais eu le bonheur d'être père, j'aurais demandé à Dieu de me donner une fille comme vous.

Pendant ces quelques mots échangés à voix basse entre M. Raymond et Madame de Sennecey, Georges s'était levé et avait offert son bras à la comtesse pour rentrer dans la salle de danse.

Nous avons cherché à esquisser les principaux traits de la société dans laquelle se trouve notre héros, on doit donc comprendre ce qu'était le bal et ce qu'il devait être par la composition de ses personnages.

Le plaisir est, dans la nature, une jolie fille sans corset, le sourire aux lèvres, la gaité au cœur, la jambe nue, les cheveux au vent.

Le plaisir, tel que fait le monde commerçant, est une pauvre fille, qui étouffe dans son corset, dont la tête est surchargée de diamants, dont le pied est emprisonné dans une bottine de satin blanc.

Pauvre fille, qui rit les larmes aux yeux, qui danse en tremblant de froisser sa robe de soie.

La vanité est une harpie qui souille toutes les joies, qui empoisonne tous les mets, et la vanité était entrée par la porte à deux battants dans le salon de madame Dutillers.

Les femmes s'étaient parées, s'inquiétant moins d'être belles que de paraître riches. Une fleur bleue eût été ravissante dans ce nuage de cheveux blonds; mais que coûte une fleur ? — Et une lourde rivière surchargeait ce front de quinze ans. — Il est vrai que cette rivière avait été achetée quarante mille francs. — N'y avait-il pas de quoi faire mourir de rage depuis madame A..... jusqu'à madame X..... ?

Dans ce bal, vous eussiez vainement cherché une femme qui, pour être belle, s'était contentée d'être simple.

La simplicité est une parure bonne pour la femme qui n'a pas crédit chez un bijoutier.

Tout le monde a pu avoir quinze ans, les roses de la jeunesse aux joues et une robe de mousseline blanche. — N'a pas qui veut de l'or, des diamants et des dentelles.

Ainsi pensent, dans leur orgueil ignorant, les dames du monde commerçant.

Mais « quinze ans » sont une parure que Dieu seul donne,

---

(1) Les Carmes ou religieux du Mont-Carmel, vinrent de la Palestine s'établir à Lyon à la fin XIIIᵉ siècle. L'archevêque Louis de Villars leur concéda le terrain situé près de la place qui porte leur nom. La chapelle des Pénitents de la Miséricorde était placée en face de l'église des Carmes, c'est-à-dire à gauche, en entrant sur la place de la Miséricorde, par la place des Carmes.

(1) L'histoire des Pénitents de la Miséricorde offre peu d'incidents; leur lutte avec les Carmes des Terreaux, dont la rapacité s'accrut en raison de la prospérité de l'ordre de la Miséricorde, n'a qu'un intérêt médiocre, et nous croyons n'avoir rien à ajouter au récit de notre personnage.

qui, perdue, ne se retrouve plus; — et que tout l'or d'une mine ne pourrait acheter.

Les femmes se mesuraient du regard; les épigrammes voltigeaient sur leur bouche; elles se souriaient, et se déchiraient tout bas.

Quant aux maris, ils se promenaient, causaient de leurs affaires, regardaient l'effet produit par leurs femmes, et hasardaient quelques pièces de cinq francs sur le tapis vert d'une table de jeu.

La partie belligérante du bal, c'est-à-dire les jeunes gens de dix-huit à vingt ans, étaient à leur poste; l'eau ruisselait sur leurs fronts; on ne les avait invités que pour danser, et ils dansaient.

L'orchestre était excellent; on ne l'avait pas choisi à cause de sa qualité, mais à cause du prix qu'il se faisait payer. — Il coûtait très cher, tout le monde le savait, et M. Dutillers tenait à sa réputation de faire grandement les choses.

Enfin, s'ennuyait-on ou s'amusait-on? — Nous croyons qu'on s'ennuyait.

Nous n'aimons pas les bucoliques, nous n'avons jamais chanté les joies champêtres; et cependant, bien souvent dans le monde, nous avons songé au village, nous nous sommes rappelé la fête du hameau.

Quelle différence !

Pour orchestre, un vieux ménétrier jouant de la cornemuse, râclant du violon, juché sur un tonneau, tout couvert de rubans, le visage enluminé par des libations fréquentes, entremêlant ses fausses notes de lazzis burlesques, terminant ses figures pas le fameux : « Embrassez vos dames. »

Pour danseuses, les filles du village en robe de cotonnade bleue ou rouge, en souliers ferrés, un coquet bonnet sur d'épais cheveux.

Pour danseurs, de gros paysans, gras et joufflus, riant de ce rire sans souci, qui fend la bouche jusqu'aux oreilles ; distribuant à leurs danseuses les coups de poing et les pincées de l'amitié.

Pour parquet, le sable blanc de la *Grand'Place*, ou l'herbe glissante du grand-pré.

Pour rafraîchissement, du vin à quatre sous le pot, dans lequel la jeune fille trempe ses lèvres rouges.

Pour dôme à la salle de bal, l'ombrage des grands arbres verts.

Pour lustre, le soleil.

De la fête du village, on en parle un an d'avance, on s'en souvient un an après.

Si vous voulez savoir ce qu'est le plaisir d'un bal, allez un jour à la fête du village.

Georges donnait le bras à la comtesse de Sennecey.

Madame de Sennecey, grâce à son esprit, avait su, sans rompre avec la société de Bellecour, se faire accepter de la société des Terreaux.

— Voyez donc, lui dit Georges, la vieille mademoiselle T....., avec une couronne de lierre.

— Eh bien ? vous ne trouvez pas cette coiffure affreusement ridicule sur la tête d'une femme de soixante ans.

— En aucune façon : le lierre est le plus bel ornement des ruines.

— J'ai bien envie de lui raconter ce que vous venez de me dire pour vous brouiller avec elle.

— Demain je lui dirai qu'elle est fort jolie, — et nous nous raccommoderons.

L'orchestre venait de terminer la dernière figure du quadrille, les danseurs reconduisirent les danseuses à leur place; et les rafraîchissements circulèrent, sous la surveillance de madame Dutillers, cherchant à protéger les plateaux, portés par les domestiques, contre la voracité des jeunes gens qui, oubliant un peu les préceptes du bon ton et de la convenance, se précipitaient sur les glaces, et s'en emparaient sans s'inquiéter des jeunes femmes.

Georges conduisit madame de Sennecey vers un groupe de jeunes femmes qui riaient aux éclats.

— Délicieux.

— Excellent.

— Parfait.

— Mon Dieu, mesdames, dit la comtesse, dites-moi donc ce qui provoque ce chorus d'approbation, faites-moi un peu part de votre hilarité.

— J'ai raconté, répondit une grande femme maigre et sèche, dont les lèvres pincées décelaient une de ces créatures mauvaises qui passent une moitié de leur vie à médire, — j'ai raconté à ces dames l'anecdote arrivée, il y a huit jours, dans la rue Louis-le-Grand ; vous la connaissez sans doute ?

— Nullement.

— Eh bien ! figurez-vous que madame X..... trompait son mari pour un officier d'artillerie. — Les soupçons, dans de pareilles occasions, conduisent rapidement à la certitude. — M. X..... usa du vieux moyen de comédie, il épia. Chaque matin sa femme se rendait à la messe ; un jour il la suit et il la voit entrer dans une allée de la rue Louis-le-Grand. Le portier, interrogé, répond qu'en effet un officier d'artillerie demeure dans cette maison. — Pendant deux heures, M. X..... se promène pour surprendre l'infidèle ; pendant deux heures, il ne sort de l'allée qu'un soldat d'artillerie portant sur son dos une armoire à glace. — Impatienté, le mari rentre chez lui, trouve sa femme tranquillement assise au coin de son feu et qui lui reproche de l'avoir fait attendre pendant une heure pour déjeûner. — Or, voici ce qui est arrivé : les deux amants avaient aperçu le mari ; s'inspirant de la circonstance, l'officier d'artillerie avait enfermé sa maîtresse dans l'armoire que M. X... avait vu passer sans soupçon devant lui.

De nouveaux éclats de rire accueillirent cette seconde édition de l'anecdote.

— Votre histoire est assez amusante, dit madame de Sennecey, mais elle est incomplète.

— Comment ?

— Il lui manque une morale.

— Quelle morale pouvez-vous en tirer ?

— J'en ai trouvé une pour les jeunes gens : Il ne suffit pas d'avoir des meubles, il faut savoir s'en servir. »

On applaudit beaucoup.

Le monde est une étrange chose : on y parle toujours d'honneur et de probité; mais, trouve-t-on l'occasion de dire un scandale, de salir une réputation, de rire d'un malheur, on ne la laisse point échapper ; la haine et la jalousie font patte de velours, les griffes sont dessous, et elles égratignent dès qu'elles le peuvent.

Il y a la scène et les coulisses.

Sur la scène, l'actrice joue convenablement son rôle, elle se couvre de fard, de blanc ; — dans les coulisses, le fard et le blanc tombent; l'actrice si séduisante n'est plus qu'un laideron.

Georges n'avait écouté que d'une oreille ; madame Emma Brémont venait d'entrer dans le salon.

CHAPITRE VIII.

Le Bal.

Madame Emma Brémont était d'une taille moyenne; une luxuriante chevelure noire faisait ressortir la pâleur mate de de son visage; ses yeux noirs, ombragés de longs cils, étaient surmontés de sourcils dessinant un arc parfait; son nez, un peu effilé à son extrémité, appartenait au style grec le plus pur ; ses lèvres rose-vif reposaient sur des dents blanches, que laissait apercevoir un sourire finement railleur ; une main courte et potelée, un pied mignon et cambré. Voilà la femme telle que l'eût dessinée un peintre, — et devant ce portrait, exposé au salon, plus d'une personne se fût arrêtée pour l'admirer.

Mais pour nous, qui, au lieu d'un pinceau, tenons une plume, ce portrait est incomplet ; il ne donne que les traits, c'est-à-dire des lignes droites ou courbes ; que des nuances, du rose, du blanc et du noir ; il lui manque ce feu sacré du cœur et de l'intelligence, qui anime le visage, lui imprime un cachet particulier, — en un mot, — il lui manque la physionomie.

De ces yeux, noirs comme l'aile d'un corbeau, s'élançait un regard vif, pénétrant, chaud ; les narines ouvertes, les lèvres humides respiraient la sensualité orientale ; une ride légère, imperceptible, qui traversait le front dans toute sa longueur, était un indice d'une volonté impérieuse ; chaque mouvement de ce corps élégant était plein de la brusquerie espagnole.

Le mari, M. Brémont avait trente-cinq ans, — quinze ans de plus que sa femme et c'étaient quinze années de trop ; — car elles avaient fait de M. Brémont un homme positif, et son positivisme était une glace à côté du soleil des illusions d'Emma ; nous l'avons dit, le soleil n'avait point fondu la glace.

Il avait fait son mariage comme il eût fait une affaire. Emma était la fille d'un marchand de soie du Midi ; un jour, entre la vente de deux ballots, on avait traité de la vente de la fille, garantie vertueuse, spirituelle et jolie.

M. Brémont aimait sa femme ; — il l'aimait sincèrement, profondément ; il en était fier et jaloux ; il lui donnait de belles robes, de magnifiques parures, mais il n'eût jamais dérobé, en sa faveur, une heure à ses entreprises commerciales.

S'il eût épousé une jeune fille du monde commerçant lyonnais, il eût été heureux, car elle ne lui aurait demandé que ce qu'il offrait à Emma, de riches toilettes ; — Emma demandait, elle, de l'amour.

De l'amour, grand Dieu ! lorsqu'il faut avoir l'esprit toujours tendu ; lorsqu'il faut être une sentinelle attentive ne laissant passer aucune occasion de spéculation fructueuse, sans croiser bayonnette.

M. Brémont avait commis une sottise en se mariant, et il l'ignorait complètement.

Le soir, à son retour du magasin, il trouvait ses pantoufles et sa robe de chambre près du feu ; il racontait ses prouesses de la journée, ses ventes heureuses ; il discutait de la hausse ou de la baisse des soies, lisait son journal, se couchait, et était un excellent coucheur. — Qu'est-ce que sa femme pouvait désirer de plus ?

N'avait-elle pas tout ce qui fait le bonheur ? — une femme de chambre, une cuisinière et un domestique mâle ; un appartement chaud et élégant pendant l'hiver ; pendant l'été, une délicieuse maison de campagne, située sur les bords de la Saône ; pour y aller, un coquet coupé traîné par deux chevaux de prix.

Notre mari était arrivé à cet âge où le corps se déforme par l'embonpoint ; si on lui eût coupé les jambes à leur origine, il eût ressemblé à ces petits bons hommes en carton qu'on appelle des ramponneaux ; sa chevelure, jadis blonde, puis rouge, redevenait blonde en blanchissant ;

Son menton, sur son sein, descend à triple étage.

Après cette description, nous croyons pouvoir ajouter, sans être accusé de partialité, que M. Brémont n'était pas beau ; — quelques-unes de nos lectrices le trouveront peut-être laid..... nous sommes plus indulgent qu'elles.

Malgré tous ses ridicules, malgré sa laideur, M. Brémont était un excellent homme, qu'on aimait pour ses qualités de cœur et d'esprit ; il était honnête, ne pressurait ni ses commis ni ses ouvriers ; il causait avec agrément parce qu'il ne cherchait point à être spirituel. — Il méritait d'être heureux.

Nous avons fait faire connaissance à nos lecteurs avec la femme et le mari ; quant à l'amant, nous n'avons point à en parler, on sait qu'il se nomme Georges Duval.

Emma avait ce que l'on peut appeler la beauté du bal ; certaines femmes, charmantes dans l'intérieur tranquille et calme de leur ménage, sont, dans le monde, écrasées par la toilette ; la lumière éblouissante des bougies les fane, elles ressemblent à ces fleurs qui ne sont belles que dans les lieux humides et abrités, et dont le parfum et la fraîcheur s'en vont aux rayons du soleil ; il en est d'autres, au contraire, dont la beauté a besoin pour briller de l'éclat d'une fête, de robes élégantes, dont le visage resplendit sous la chaude haleine d'un salon splendidement éclairé. — Emma avait cette beauté.

En apercevant Georges, elle lui envoya un de ces sourires qui, pour tous, n'était qu'un sourire, mais qui, pour le jeune homme, signifiait : « Je vous aime. »

La résolution de Georges fut ébranlée. « Comment, pensa-t-il, dire à la femme qui vous a tout donné : « Madame, retirez-vous, je ne veux plus de vous, vos caresses et vos baisers m'ennuient. »

M. Brémont s'approcha de Georges, et lui prenant la main :

— Eh bien ! mon jeune ami, lui dit-il, comment vont les jambes ce soir ?

— Pas mal, je vous remercie.

— Vous ne venez plus nous voir, c'est très-mal de nous négliger ainsi. — Ma femme compte sur vous pour un quadrille, et je me suis engagé en votre nom.

— « Mon Dieu, se dit tout bas Georges, serrer la main d'un homme qui vous appelle son ami, usurper son affection pour lui voler sa femme. Oh ! non, je ne veux plus jouer plus longtemps ce rôle. C'est infâme ! »

Georges avait pesé à la balance de sa conscience ses scrupules d'amant et ses scrupules d'honnête homme, les seconds l'emportèrent.

A partir de ce moment, la rupture de ses relations avec Emma fut résolue.

Il ne s'agissait que de trouver une occasion, ou de la faire naître.

Il invita Emma pour le prochain quadrille.

Emma le remercia de son invitation par un sourire auquel il répondit par un regard glacial.

Pauvre femme, elle allait monter pas à pas la rude montagne du repentir et de l'expiation.

L'amant est toujours le premier qui frappe ; — le mari n'arrive qu'après ; — la première souffrance vient toujours d'où est venue la faute.

L'orchestre préluda. — Les danseurs prirent la main de leurs danseuses,

Georges se mit en place avec Emma ; en face d'eux se trouvaient madame de Senneçay et M. Brunel.

Nous connaissons la comtesse ; — M. Brunel, qui joue un rôle important, était un homme d'une quarantaine d'années ; sa figure et sa tournure n'avaient rien de particulier ; grand et maigre, il parlait peu, souriait rarement. Il était fabricant de tulles, et sa réputation commerciale n'était point, comme le soleil, sans tache ; on l'accusait tout bas de faire la contrebande des dentelles ; ses absences fréquentes, sa fortune, qui croissait avec rapidité, donnaient quelque poids à ces accusations.

M. Brunel était lié avec Georges, autant que la différence de leur âge le permettait. Un jour, il le prit à part :

— Etes-vous brave, lui demanda-t-il ?

Georges réfléchit un instant, puis, avec cette conviction qui vient de la conscience :

— Je suis brave, répondit-il.

— Etes-vous ambitieux ?

— Oui.

— Eh bien ! lorsque vous voudrez devenir riche, dites-le-moi, et je me charge de votre avenir.

Le jeune homme n'avait point interrogé M. Brunel sur les moyens qu'il avait pour l'enrichir ; il les soupçonnait, et, quoiqu'il désirât les richesses, comme il était à cet âge où l'on renvoie toujours l'exécution d'un projet au lendemain, il s'était dit : « Plus tard. »

M. Brunel était le mari d'une jolie femme, nommée Louise, qu'il conduisait peu dans le monde; car sa jalousie lui faisait voir un amant dans chaque homme qui lui souriait ou lui parlait. Il cachait sa jeune épouse, comme un avare cache son or.

Emma était ravissante; le bonheur est au visage ce qu'est le soleil à la campagne; il l'anime, le vivifie, et Emma était heureuse, elle était au bras de Georges; son amour se lisait dans ses longs yeux noirs, dans son sourire.

Amour, amour, quand tu nous tiens,
On peut bien dire : Adieu prudence.

Tout le monde eût pu voir ce qui se passait dans le cœur d'Emma; et personne ne le vit, parce que chacun avait aussi quelque secret à cacher.

Le monde est un grand théâtre sur lequel se joue une perpétuelle comédie.

Il y a ce que l'on dit et ce que l'on pense ;
Ce que l'on fait et ce que l'on voudrait faire.
On y joue le drame et le vaudeville.

Tous sont acteurs ; — mais à des degrés différents ; — les premiers emplois sont tenus par les jeunes gens et les jeunes femmes ; les vieillards et les maris ne sont que les comparses ; seulement les seconds deviennent quelquefois les traîtres.

L'amour est toujours la passion qui sert de nœud à l'intrigue.

Maintenant faut-il donner une simple preuve à ce que nous avançons ; la voici :

Drames, mélodrames, vaudevilles, représentés sur le théâtre, sont tous tirés de la vie réelle, et le meilleur ouvrage dramatique est celui qui se rapproche le plus de la vérité.

Nous allons assister à une scène de drame.

Les décors sont : une salle de bal avec des tentures de damas rouge, trois lustres au plafond, trois cents personnages en grande toilette, et l'orchestre exécutant un quadrille.

Les deux acteurs en scène sont : Georges et Emma.

L'orchestre commence.

GEORGES.

(Haut.) Vous avez une toilette d'un excellent goût (Bas.) Pourquoi avez-vous pris cette guirlande de lierre ? elle vous va très-mal.

EMMA.

(Haut.) Vous êtes toujours flatteur. (Bas.) C'est vous qui me l'avez donnée, et je l'aime comme tout ce qui me vient de vous.

GEORGES.

(Haut.) Il fait bien chaud. (Bas.) Il semble qu'au lieu de cacher notre amour, vous preniez plaisir à l'afficher.

EMMA.

(Haut.) C'est vrai, on étouffe (Bas.) Pardonnez-moi, Georges, si je vous ai déplu, c'est en croyant vous plaire.

(Le premier violon de l'orchestre exécute un solo.)

GEORGES.

(Haut.) Quel délicieux motif. (Bas.) J'ai réfléchi, nous devons rompre.

EMMA.

(Elle pâlit d'abord, puis dissimule sa pâleur sous un sourire.)

(Haut.) Je crois qu'il est tiré du *Barbier de Séville*. (Bas.) Que dites-vous rompre, et pourquoi ?

GEORGES.

(Haut.) Non, c'est du *Devin de Village*. (Bas.) Parce que nos relations seront tôt ou tard découvertes par votre mari.

EMMA.

(Haut.) Avez-vous déjà beaucoup dansé ? (Bas.) Vous avez peur ; autrefois vous m'aimiez et vous ne réfléchissiez pas.

GEORGES.

(Haut.) Non, c'est mon premier quadrille. (Bas.) Je vous aime toujours, et c'est parce que je vous aime que je ne veux pas vous rendre malheureuse.

Le quadrille en est à la pastourelle. M. Brunel conduit la comtesse, sa danseuse, vers Georges.

(Pendant l'avant-trois.)

LA COMTESSE (à Georges).

Qu'est-ce que vous disiez donc tout bas à madame Brémont ?

GEORGES (avec embarras).

Moi.... rien.... Ah ! si.... Je lui racontais comment M. Berteil avait épousé madame Fernil...

LA COMTESSE (avec intention).

C'est donc un secret, puisque vous le disiez à l'oreille de Madame ?

GEORGES.

Mais oui, c'est un secret....

LA COMTESSE.

J'adore les secrets que tout le monde connaît : racontez-moi, je vous prie, le vôtre.

GEORGES.

M. Berteil faisait la cour à madame Vermeil, une veuve très-agréable...

LA COMTESSE.

« Tout ce qui reluit n'est pas or ; » la beauté et les qualités de cette dame ne sont que du *vermeil*.

GEORGES.

Je vous prends en contravention de calembour ; vous avez la réputation d'une femme d'esprit, et vous mettez en circulation de la fausse monnaie.

LA COMTESSE.

Au fait, avocat, au fait.

GEORGES.

Eh bien ! le fait est que M. Berteil n'avait pas osé se déclarer ; — ce qu'on n'ose dire...

LA COMTESSE (en l'interrompant).

On le chante.

GEORGES.

Non, on l'écrit. — Notre amoureux écrivit donc une lettre brûlante, capable de mettre le feu à un rocher.

LA COMTESSE.

Et à plus forte raison à un cœur inflammable comme l'amadou.

GEORGES.

La lettre écrite, il ne s'agissait plus que de la faire parvenir à son adresse.

LA COMTESSE.

Ça coûte deux sous par la petite poste.

GEORGES.

Quel prosaïsme ! Mais une lettre qui arrive ainsi après avoir séjourné pendant trois heures dans la boîte aux lettres, entre une missive d'épicier faisant une commande de pains de sucre à son fournisseur, et la dépêche d'une cuisinière écrivant au pays, après avoir cahoté dans le caisson du facteur, a perdu tout son parfum ; M. Berteil voulait que sa déclaration arrivât pure et vierge de toute souillure.

LA COMTESSE.

Alors, au lieu de « faire parvenir à son adresse » , 'dites « avec adresse. »

GEORGES.

Second calembour ; au troisième je me tais. — J'ai oublié de vous dire qu'on était au mois de janvier, époque des neiges, des bals et des manchons. Dans une soirée où se trouvait madame Vermeil, M. Berteil aperçut le manchon de petit-gris de sa jeune veuve, y glissa sa lettre; mais voyez le malheur ou plutôt le bonheur; madame Fernil, elle aussi, avait un manchon de petit gris, l'amoureux s'était trompé et ce fut à elle qu'arriva la déclaration. Avec ses charmes personnels, cette dame, également veuve, possédait quatre cent mille francs, juste trois cent quatre-vingt mille francs de plus que M. Berteil; elle exigea de lui une explication, et le jeune homme, très-embarrassé, ne trouva d'autre moyen pour sortir de sa position que de jouer une scène de haute comédie; se jetant à ses genoux, il lui dit qu'il l'aimait en secret depuis un an, qu'il ne mangeait plus, qu'il ne dormait plus et mille autres balivernes qui ont cours dans le sentiment. Parler d'amour à madame Fernil, c'était parler de mariage; on parla donc de mariage. M. Berteil était aimable, joli cavalier, et voilà comment il s'est marié.

LA COMTESSE (riant).

Très-joli.

EMMA.

Oh! j'en ris jusqu'aux larmes.

(Elle porte son mouchoir à ses yeux et essuie deux grosses larmes tremblantes au bout de ses longs cils).

Oh! comédie humaine, combien tu es triste.
Que de pleurs sous les rires! Que de douleurs sous une robe de fête! Que de mensonges!
Mentir, il le faut; livrer sa vie intime, les secrets de son cœur à cette foule avide, devant laquelle vous jouez votre rôle de comédien, c'est s'exposer au rire et au scandale.
Le scandale, voilà ce qui séduit, voilà ce qu'on aime; il est si bon de pouvoir justifier au tribunal de sa conscience ses infamies et ses turpitudes, en les comparant à des infamies et des turpitudes plus grandes encore.
O vous tous qui souffrez, cachez dans le monde vos souffrances sous la gaîté, vos larmes sous un sourire; le monde est impitoyable.
Après le quadrille, Georges reconduisit madame Brémont à sa place. — Personne ne se fût douté qu'entr'eux venait de se passer un drame; le sourire était sur leurs lèvres.

— Il faut que je vous parle, dit la jeune femme à voix basse.
— Quand?
— Ici, ce soir même, je le veux.
— Où?
— Dans le boudoir, — allez, — j'y serai dans cinq minutes.

Georges fit un profond salut; malgré le calme apparent de sa figure, il était vivement ému; il connaissait la nature violente d'Emma, il savait qu'elle ne reculerait pas devant un éclat; et, nous l'avons dit, il était ce qu'on est convenu d'appeler un homme d'honneur; il voulait bien prendre à une femme sa vertu et son bonheur, mais il ne voulait pas la compromettre.

Les hommes à bonnes fortunes ont une morale à eux.
Le jeune homme traversa le salon et entra dans une salle de jeu; en face de la porte par laquelle il était entré, se trouvait une autre porte, masquée par une portière, il la souleva et pénétra dans un délicieux boudoir.

Ce boudoir avait une forme octogone, il était tendu de damas bleu. Chaque panneau était encadré par une baguette d'or; sur les huit panneaux, quatre étaient garnis de glaces, recouvertes de dentelles blanches, relevées de chaque côté par une torsade de soie bleue, à laquelle pendait un gland d'argent; les quatre autres étaient ornés de tableaux représentant l'Amour et Psyché, Mars et Vénus, le Jugement de Paris et les trois Grâces.

Autour du boudoir se trouvait un canapé très-bas en velours bleu, avec des coussins frangés d'argent.
Au milieu s'élevait une étagère quadrangulaire comme une pyramide d'Égypte; chaque rayon était couvert de vases

de ces pâles fleurs qui naissent et meurent loin du soleil; une banquette, assortie au canapé, entourait à sa base cet édifice de verdure parfumée.

Une lampe en cristal était suspendue au plafond par des chaînettes d'argent.

Dans le gris-perle azuré de ce plafond, peint à fresque, voltigeaient des amours aux joues roses, tandis que des satyres à la lèvre lascive, au regard libertin, poursuivaient, en les agaçant, des naïades fuyant dans les roseaux.

De tous ces détails, Georges ne vit rien; — il existe des moments dans la vie où l'on regarde sans voir.

Il se crut seul, et il se trompait; — dans un angle obscur du boudoir, sur l'étagère, un homme dormait du sommeil le plus calme. Le jeune homme s'assit, et il n'en était pas à la première ligne de ses réflexions que la portière fut soulevée et que madame Brémont entra.

Elle était pâle, toutes les émotions, contenues jusqu'à ce moment, venaient de s'échapper de sa poitrine pour s'écrire sur son visage, car elle se sentait délivrée des regards curieux qui pesaient sur elle.

Comédienne, elle rentrait dans les coulisses; elle jetait son rouge et son blanc.

— Sommes-nous seuls, demanda-t-elle d'une voix brève, en s'asseyant près de Georges?
— Oui, répondit celui-ci, mais quelle imprudence.
— Ne parlons pas de prudence. — Répondez-moi. Avez-vous réfléchi sérieusement à ce que vous venez de me dire tout-à-l'heure?
— Oui.
— Vous voulez rompre?
— Oui.
— Pourquoi?
— Parce que, fit le jeune homme avec vivacité, je suis las du rôle qu'il me faut jouer; parce que je suis condamné à mentir à chaque instant; parce que je sens la rougeur me monter au front lorsque M. Brémont me prend la main et me nomme son ami; parce qu'enfin notre amour est un crime, et qu'il est sans issue.

— Georges, répondit Emma, dans les dangers auxquels nous expose notre amour, la part n'est pas égale, la mienne est la plus forte; je joue mon avenir, vous peu de chose; et cependant vous ai-je jamais parlé de mes craintes? Je ne vois que vous, je ne regarde que vous: — je vous aime.

— En êtes-vous bien sûre.
— Écoutez-moi: — Le jour où je me rendis à notre premier rendez-vous, j'allais sortir lorsque je rencontrai sur le seuil de la porte la domestique portant mon enfant sur ses bras; à cette vue, je reculai épouvantée; une femme peut tromper son mari, mais elle frémit lorsqu'elle songe que sa faute retombera comme une tache ineffaçable sur le front de son enfant; un mari n'est qu'un maître que vous impose la loi brutale des hommes, un enfant est une partie de vous-même qui se détache de vous, et par lequel vous continuez à vivre après votre mort. Eh bien! Georges, lorsque je vis mon fils me tendre ses petites mains blanches, me sourire de ses petites lèvres roses, un instant je résolus de renoncer à vous; s'il eût pu balbutier ce seul mot « ma mère » j'étais sauvée, car ce mot m'eût rappelée à mes devoirs, et je fus restée pure. — Pour venir à vous, j'ai marché, en le souillant, sur le berceau de mon enfant; me demanderez-vous encore si je vous aime?

Le jeune homme fut effrayé de l'accent passionné et violent avec lequel parlait Emma; jusqu'à ce jour, il n'avait vu dans ses relations avec elle, qu'un fil de soie et d'or qu'au premier caprice il pourrait briser; mais il comprit qu'il s'était trompé, que sa maîtresse avait mis dans son amour toute sa vie; et qu'il se trouvait dans cette alternative terrible, ou de la tuer en la quittant, ou d'être infâme en continuant à être le faux ami du mari.

Il se trouvait placé entre un double crime.

O hommes à bonnes fortunes! que de vices il vous faut avoir pour votre métier; — que de vous plains.

Le voleur, qui, le pistolet sur la gorge, vous prend votre

bourse, a pour excuse la faim, le besoin, la misère ; il serait peut-être honnête homme s'il était riche.

Mais vous, quelle est votre excuse ?

Vous prenez à une malheureuse femme plus que quelques pièces d'or, vous lui prenez toute sa vie.

Vous êtes des assassins.

Le voleur cache son crime ; vous vous parez du vôtre.

La justice des hommes envoie aux galères le voleur ; le monde tresse une couronne au séducteur.

Une *bonne fortune*, qui a fait chasser une femme du foyer domestique, qui a privé par le suicide les enfants de leur père, et proclamé bien haut, par l'organe du ministère public, l'infamie qu'il leur faudra porter pendant toute leur existence, transforme le séducteur en héros.

Nous l'avons vu sur le banc de la cour d'assises.

Il avait des bottes vernies, des gants paille, les moustaches relevées en crocs, il souriait au public féminin venu pour le voir.

Le tribunal admettait pour lui des circonstances atténuantes.

Des circonstances atténuantes ! ne serait-ce pas très-amusant, si ce n'était horrible.

On le condamnait au maximum à deux ans de prison.

Expliquera qui voudra cette indulgence du jury, composé de pères de famille, jaloux de leurs femmes et de leur honneur.

Le monde juge aussi après le tribunal ; au mari le ridicule, à l'amant le pardon.

Georges n'en était point encore arrivé à être un homme à bonnes fortunes dans l'acception complète du mot ; dans sa liaison avec Emma, il avait été sincère ; et, lorsque la première fois, il avait dit « je vous aime », cette phrase sur ses lèvres, traduisait la pensée de son cœur.

Mais entre Emma et lui, il y avait cette différence, que la jeune femme au début avait brûlé ses vaisseaux, parce qu'elle avait compris qu'elle ne pouvait plus retourner en arrière, tandis que le jeune homme n'avait vu que le présent sans l'avenir, le jour sans le lendemain.

Aujourd'hui tous les deux étaient effrayés de leur position ; — la lumière s'était faite; ils voyaient clair.

L'égoïsme souffla à l'oreille de Georges de rompre à tout prix avec sa maîtresse, et il mit ce conseil de son égoïsme sur le compte de l'honneur.

Il se dit donc que son honneur exigeait la rupture avec Emma : il est avec la conscience des accommodements.

Emma s'était levée, et, droite et pâle comme une statue de marbre blanc, elle attendait la réponse qui allait décider de son avenir.

Georges baissa le regard devant ce regard profond qui cherchait à lire jusqu'au fond de son cœur.

— Vous m'aimez, soit, dit-il ; mais votre amour n'en est pas moins une faute.

— Toujours ce mot ; — vous ne me répondez pas. — Pourquoi voulez-vous me quitter ?

Le jeune homme hésita; le coup qu'il allait porter devait être terrible.

— Parce que, balbutia-t-il, je ne vous aime plus.

— Ah !

Emma tomba évanouie sur le canapé.

Au même instant, la portière fut soulevée et donna passage à un jeune homme ayant au bras deux jeunes femmes.

Dans le salon, on s'était aperçu de la disparition de Georges, puis de celle d'Emma ; on les avait épiés, suivis, on les avait vus entrer dans le boudoir ; et on avait chargé les trois personnages qui entraient de les surprendre.

Le monde est si heureux de trouver sur son chemin quelques réputations à flétrir.

Les trois personnages arrivaient à point.

Mais ils se trouvèrent en face de M. Brémont.

M. Brémont, le dormeur, que les deux amants n'avaient point vu ; caché derrière la colonne de verdure, il avait tout entendu, et n'avait paru que pour sauver sa femme.

— Comment, dit-il en souriant, vous venez surprendre nos secrets ?

— Quel secret ? répondit une jeune femme.

— Celui d'une surprise que vous ménageaient M. Georges et ma femme.

Au son de la voix de son mari, Emma, comme sous une influence magnétique, avait repris ses sens, et elle jouait machinalement avec son éventail.

— Une surprise, fit la seconde curieuse.

— Oui, Mesdames, vous avez découvert ce que nous voulions vous cacher ; M. Georges et madame Brémont répétaient quelques passages d'un duo qu'ils se proposent de chanter.

La députation sortit désappointée et alla raconter que M. Georges et madame Brémont allaient chanter un duo.

La nouvelle circula rapidement ; et les soupçons s'envolèrent, laissant tristes et désespérés ceux qui les avaient eus.

Après le départ des trois personnages, M. Brémont se retournant vers sa femme l'œil flamboyant de colère.

— Vous m'avez entendu, Madame, dit-il, il faut que vous chantiez.

— Comment, répondit Georges, vous voulez que..... dans cet état.....

— Silence, Monsieur, j'ai bien ri, moi. — Donnez le bras à Madame ; — après le *duo* nous partirons ; vous viendrez avec nous, M. Georges, je l'exige, je le veux.

Georges s'inclina. — Un amant surpris ne s'appartient plus, il appartient au mari.

— Allons, continua M. Brémont, prenons nos masques de comédiens ; songez que tous les yeux sont attachés sur nous, et qu'il n'y a que nous qui devons savoir ce qui s'est passé dans ce boudoir.

Georges donnant le bras à Emma, M. Brémont les suivant, ils entrèrent tous les trois dans le salon le sourire aux lèvres.

Madame Dutillers accourut au devant d'eux.

— Comment, ma jolie sournoise, dit-elle, qu'est-ce que je viens d'apprendre, vous allez nous faire entendre quelques roulades de votre gosier de rossignol ; que c'est aimable à vous ! — Mais venez vite, tout le monde attend avec impatience.

Et prenant la main de la jeune femme, elle la conduisit au piano.

Emma laissa errer un instant ses doigts sur les touches, elle sentait la fièvre qui la brûlait.

Elle commença ; — sa voix, tremblante d'abord, s'affermit ; Georges chantait avec elle.

Le morceau dura vingt minutes ; les forces de la jeune femme étaient à bout.

Pendant ce temps, M. Brémont, debout, la tête appuyée contre la tapisserie, une main sous sa chemise, avait l'air de suivre avec attention la musique, dont il marquait la mesure, son visage était la plus pure expression de l'extase.

M. Brunel s'approcha de lui, au moment où les applaudissements éclatèrent de toutes parts après un trait final.

— Heureux mortel, lui dit-il, vous vous pâmez d'orgueil, — une jolie femme, qui a toutes les qualités et toutes les vertus ; — c'est trop de bonheur.

— Mais je ne m'en plains pas, répondit M. Brémont, avec un sourire tout parfumé de joie et de vanité.

Il retira sa main de dessous sa chemise et la cacha vivement ; cette main était tachée de sang.

Il avait labouré sa poitrine avec ses ongles.

Oh ! les plus habiles acteurs ne sont pas sur le théâtre ; les plus horribles drames ne se jouent pas sur la scène du théâtre.

Le duo terminé, M. Brémont prit le bras de sa femme et la promena pendant quelque temps dans le salon, écoutant, le sourire sur les lèvres, les compliments que chacun faisait à la jolie chanteuse.

— Madame, dit-il, en s'adressant à madame Dutillers, permettez-nous de nous retirer.

— Déjà, répondit la vieille coquette.

— Si j'en croyais Emma, nous resterions jusqu'au dernier quadrille ; mais, quoi qu'il m'en coûte de la priver d'un plaisir, je dois être raisonnable, et empêcher de compromettre sa santé par des veilles trop prolongées.

— C'est de la tyrannie.

— Tous ceux qui protégent sont des tyrans, parce que leur protection est quelquefois gênante ; heureusement que ma femme sait combien je l'aime et ne m'accuse pas.

— Oh non ! mon ami, balbutia Emma.

— Vous êtes un ménage comme on n'en voit plus ; répondit madame Dutilliers ; — eh bien ! retournez dans votre nid, beaux tourtereaux.

Monsieur et madame Brémont firent leurs adieux à quelques personnes.

Au moment où ils allaient sortir du salon, ils furent arrêtés par M. Dutilliers.

A propos, Brémont, lui dit-il, avez-vous quelques pièces de satin rose dans votre magasin ?

— Oui.

— J'irai vous voir demain, nous ferons une affaire.

M. Dutilliers, on le voit, mêlait l'*utile dulci* ; s'occupant de son commerce au milieu des fêtes ; il se promettait bien le lendemain de payer deux ou trois sous de moins par mètre ; le fabricant ne doit-il pas payer les violons des bals du commissionnaire.

M. Brémont lança un regard à Georges, celui-ci le comprit, il s'approcha de lui.

— Voulez-vous me permettre de profiter de votre voiture, lui demanda Georges ?

— Comment donc ! répondit M. Brémont ; mais votre demande me prouve que vous me traitez en ami, et je vous en remercie.

On était dans l'antichambre.

Les domestiques, assis sur les banquettes, attendaient leurs maîtres en mangeant des glaces et en jouant aux cartes.

Dans un bal, les mieux traitées ne sont pas les personnes qui se trouvent au salon, mais celles qui sont dans l'antichambre.

L'explication en est facile : pour aller au salon, les rafraîchissements passent par l'antichambre.

M. Brémont jeta lui-même sur les épaules de sa femme une pelisse fourrée ; il eut pour elle toutes ces attentions minutieuses qui trahissent le mari à sa lune de miel.

Car M. Brémont comprenait qu'il était devant des espions plus habiles et plus clairvoyants que ceux qu'il venait de tromper.

Les domestiques ont un instinct qui double la vue.

Ils sont jaloux de leurs maîtres.

Esclaves auxquels on a mis la livrée, collier de peine, ils maudissent tout bas ceux qu'ils sont obligés de servir ; ils les détestent et n'ont de bonheur que lorsque, ayant découvert quelques petites infamies derrière le rideau conjugal, ils peuvent les répandre et les dire pour justifier leur friponnerie et leurs vices de bas étage :

La calomnie est la vase de la société ; — la vase est toujours en bas, et les domestiques sont au dernier échelon de l'échelle sociale.

Nos trois héros furent encore là de bons acteurs.

Aussi lorsqu'ils sortirent, on disait à l'antichambre :

— En v'là un mari qui dorlote sa femme.

— Une femme qui adore son mari.

Au salon :

— Je crois que M. Georges tire sa poudre aux moineaux en faisant la cour à madame Brémont.

— Madame Brémont n'est que très-coquette, mais elle est vertueuse.

— Puis M. Georges est si jeune.

Personne n'avait deviné le secret de la comédie.

CHAPITRE IX.

Après le bal. — Légende de la tour de la Belle-Allemande. — L'île Barbe.

La place de la Miséricorde était remplie de voitures.

M. Brémont fit avancer la sienne, offrit la main à sa femme, dit quelques mots à voix basse au cocher ; puis, se plaçant près d'Emma, il indiqua à Georges le siège de devant, sur lequel le jeune homme s'assit.

Tout cela s'opéra sans qu'il y eût une seule parole d'échangée de part et d'autre.

Le cocher fouetta ses chevaux, la voiture roula pendant quelques instants sur le pavé ; au mouvement plus doux, au bruit moins sec, Georges comprit qu'elle quittait la ville, et qu'elle glissait maintenant sur le sable fin d'une grande route.

Il voulut interroger M. Brémont et lui demander où il le conduisait, la question s'arrêta sur ses lèvres, il craignit qu'on le soupçonnât d'avoir peur.

Il jeta un regard curieux à travers les vitres de la portière, malgré la rapidité de la course, il distingua la Saône ; il comprit que M. Brémont avait donné l'ordre à son cocher de le mener à sa maison de campagne.

Le danger que l'on peut voir est moins terrible. Sans être complétement rassuré, le jeune homme sentit sa frayeur diminuer.

Il se trouvait en face d'un homme qu'il avait outragé dans son honneur, blessé dans ses affections; cet homme que se proposait-il de faire ?

Le tuer.

Mais on n'emmène pas dans sa voiture, devant ses domestiques, celui que l'on veut assassiner, et le mari qui laisse passer une minute entre la découverte de la faute et la punition, a une minute de réflexion; c'est assez pour qu'il ne se transforme pas en assassin.

Restait le duel.

A vingt pas, Georges mettait une balle dans une pièce de cinq francs ; à cinq pas, M. Brémont n'aurait pas atteint un bœuf.

Georges maniait l'épée comme un mousquetaire ; M. Brémont n'avait de sa vie touché un fleuret.

Les chances favorables étaient donc toutes pour l'amant contre le mari.

Emma était pâle comme la dentelle blanche qui flottait sur ses épaules ; ses membres étaient glacés, ses lèvres tremblantes.

M. Brémont ne jouait point l'Othello, les bras croisés, enfoncé dans un angle, il se taisait ; ce silence semblait le silence glacial du tombeau.

Derrière la voiture, emprisonné dans une livrée trop étroite pour lui, nous retrouvons un de nos personnages, Bernard, entré depuis le matin, grâce aux recommandations de M. Bonamy, au service de M. Brémont.

Le paysan trouvait bien que ses souliers le blessaient un peu, que son habit le gênait, et regrettait tout bas ses sabots et sa veste de bure ; mais il n'avait pas le choix du métier qui pouvait le faire vivre. Madame Bonamy s'était provisoirement chargée de la petite Marie ; quant à Paul, toutes les recherches faites pour le retrouver avaient été infructueuses.

Aussi de grosses larmes glissaient-elles sur le visage de Bernard songeant à son jeune frère.

Cette voiture était une voiture maudite ; dedans, dehors, tous ceux qu'elle emportait avaient une douleur au cœur.

Un seul sifflotait un refrain de chanson bachique, c'était le cocher, qui, ayant beaucoup bu, se trouvait très-heureux, et était très-gai.

Mais les croque-morts, qui conduisent les corbillards, sont aussi fort gais.

Le malheur n'est pas toujours à pied ; on le voit, il va quelquefois en voiture.

Tout-à-coup, Georges, dont les yeux regardaient machinalement les arbres et les maisons qui bordent le chemin et qui disparaissaient comme des verres de lanterne magique, Georges éprouva une commotion violente, et une sueur froide perla sur son front.

Il venait d'apercevoir la tour de la Belle-Allemande.

Tous les Lyonnais ont vu cette petite tour grise et délabrée, à laquelle le temps a donné une ceinture de lierre toujours vert, et qui est située sur la première colline à la sortie du quai de Serin.

Quel rapport pouvait-il y avoir entre la tour de la Belle-Allemande et la position actuelle de Georges, et d'où venait qu'à sa vue il avait tressailli ?

Un jour que le jeune homme, en compagnie de M. Brémont, cheminait sur cette même route, celui-ci, lui montrant la tour de la Belle-Allemande, lui demanda s'il en connaissait la légende.

— Nullement, répondit Georges.
— Dans ce cas, je veux vous la raconter (1).

« C'était aux temps de la féodalité ; à cette époque où le
» roi n'était que le premier des nobles, et les nobles des
» voleurs de grands chemins.
» La tour barbare appartenait à un vieux comte laid,
» cruel et jaloux.
« Il avait épousé une fille d'Allemagne, aux longs che-
» veux d'or, aux grands yeux bleus comme un ciel d'été, à
» la peau blanche comme l'hermine d'un manteau royal,
» et à la taille élancée et souple comme le cou d'un cygne.
» Elle se nommait Gertrude.
» Un soir, Gertrude, accoudée sur la plate-forme de la
» tour, contemplait le soleil se couchant derrière la monta-
» gne de Fourvières, et teignant en rouge de pourpre les
» flots azurés de la Saône ; elle écoutait le chant du rossi-
» gnol, et soupirait tout bas en songeant au pays natal.
» Le vent glissait faisant courber la tête orgueilleuse des
» hauts peupliers et se parfumait, en les caressant, aux
» panaches violets des lilas en fleur.
» Le soleil disparut, les flots rouges devinrent argentés
» aux reflets de la lune, et le rossignol se tut.
« Alors s'allumèrent au ciel les étoiles, ces diamants
» dont Dieu a semé sa demeure divine ; on n'entendait que
» le bruissement du feuillage et le cri du grillon, le noir
» anachorète des grands prés verts.
» Gertrude soupira, quelques larmes glissèrent de ses
» yeux bleus.
» Une voix douce s'éleva du pied de la tour et dit dans
» une ballade toutes les tristesses et toutes les douleurs de
» la jolie comtesse.
» Quel était celui qui avait ainsi deviné ses pensées ; Ger-
» trude voulut le connaître, et ordonna à l'une de ses fem-
» mes d'aller le chercher.
» La suivante revint tenant par la main un beau page,
» tout rouge et tout honteux ; il avait de longs cheveux,
» plus noirs que son pourpoint de velours noir, une peau
» plus blanche que les crocs de satin blanc de ses haut-de-
» chausses ; bel enfant de quinze ans que l'amour s'était plu
» à embellir.
» Gertrude eût bien voulu se fâcher, point ne l'osa.
» Depuis ce jour, Hector (c'était le nom du joli page au
» service du comte farouche) vint tous les soirs auprès de la
» comtesse chanter à ses genoux de gentils chants d'amour.
» Mais le bonheur fut de courte durée.

---

(1) La légende que nous donnons ici n'a nullement un caractère historique, et nous l'avons choisie entre un grand nombre parce qu'elle nous a semblé plus poétique. — Les historiens diffèrent sur l'origine du nom de la *Belle-Allemande* donné à cette tour ; quelques-uns prétendent qu'elle fut construite par Jean Kléberger, qui avait épousé la demoiselle Pelonne de Bonzin, veuve d'un premier mari, et célèbre plutôt par sa beauté ; d'autres font dériver ce nom d'Isabelle Allemand, héritière des comtes de Sathonay, qui l'habita pendant plusieurs années.

» Un soir le comte revint et les surprit ; il tira sa dague ;
» les deux amants se jetèrent dans les bras l'un de l'autre
» pour mourir du même coup.
» La jalousie est cruelle, le comte comprit qu'en les for-
» çant à vivre séparés, sa vengeance serait plus terrible.
» Il fit jeter Hector dans un cachot du château de Pierre-
» Scyse, et enferma sa femme dans la tour dont il fit
» murer la porte d'entrée.
» Quand on était entré au château de Pierre-Scyse on en
» sortait rarement.
» De sa prison, Hector apercevait Gertrude (1) venant
» pleurer sur la plate-forme, et faire des signaux à son bel
» ami.
» L'amour, qui donne des ailes, donna au jeune page la
» force de Samson ; saisissant les barreaux d'une main
» ferme, il les brisa, et, libre, se jeta dans les flots.
» Il allait atteindre la rive, mais la jalousie veillait.
» La balle d'un mousquet, tiré par le mari, le frappa au
» front, le cadavre tournoya un instant dans les eaux en-
» sanglantées, puis il disparut entraîné par le courant.
» La comtesse, s'enveloppant alors dans les plis de sa
» robe blanche, s'élança du haut de la tour.
» Son beau corps fut brisé, et on ne releva qu'un mor-
» ceau de chair sanglante.
» Gertrude ne pouvait plus vivre, car elle avait perdu
» ce qui soutient les malheureux :
» L'espérance.
» Et les lieux où elle aima, où elle souffrit, où elle mou-
» rut ont été consacrés par la tradition populaire, qui ap-
» pelle encore aujourd'hui cette tour :
» La tour de la *Belle-Allemande* ».

Telle fut la légende qu'avait racontée M. Brémont.

Georges, après l'avoir écouté, s'était écrié en riant :
— Mais, votre comte est une affreuse canaille.
— Non pas, avait répondu le narrateur. — Je sens que si ma femme me trompait, je trouverais mieux que la mort pour me venger de son amant.

Le lecteur comprend maintenant combien était naturel le mouvement d'effroi du jeune homme à la vue de la tour de la Belle-Allemande, surtout si en se rappelant la légende, il se rappelait la réflexion dont l'avait fait suivre M. Brémont.

Au bout d'une demi-heure la voiture s'arrêta à la grille en fer d'une maison de campagne.

Bernard descendit sur l'invitation du cocher et agita la sonnette.

Cinq minutes après, le fermier, portant une lanterne et accompagné par deux énormes chiens, vint ouvrir.

La voiture entra ; M. Brémont descendit le premier, offrit la main à sa femme, suivi de Georges, et précédé de Bernard, auquel le fermier avait remis une bougie : il pénétra dans la maison.

Arrivé dans la chambre de madame Brémont, il ordonna à son domestique de préparer à souper.

— Monsieur, dit Georges, lorsqu'ils furent seuls, je ne vous ai point interrogé ; maintenant me permettrez-vous de vous demander ce que vous vous proposez de faire.

— Vous allez le savoir, — seulement il faut que nous ne soyons point dérangés par les domestiques ; si je vous ai conduit ici, c'est pour être plus libres. — Les murs ont des oreilles, et les murs d'une maison de campagne sont moins curieux et moins bavards que ceux de la ville ; — puis, se retournant vers sa femme, M. Brémont continua : — Ma chère amie, tu ne peux pas rester en costume de bal, ce serait t'exposer à prendre froid ; passe dans ton cabinet à

---

(1) Le château de Pierre-Scyze, château royal, habité par le commandant de la ville, fut le premier édifice détruit après le siège de Lyon. Il était situé sur des rochers escarpés que l'on voit encore en entrant à Vaise par Lyon ; les pieds de ce château-fort n'étaient point baignés par la Saône, comme pourrait le faire supposer la légende ; mais les poètes de toutes les époques se sont peu inquiétés de la vérité topographique.

toilette, et mets un peignoir, M. Georges est assez de *nos amis*, pour te permettre cette petite infraction aux lois de l'étiquette.

Emma obéit.

Le cocher dressa la table.

Georges prit un journal, pour cacher son embarras et se mit à lire.

— Ma foi, se dit-il tout bas, advienne que pourra.

Et songeant à Emma :

— Pauvre femme, murmura-t-il !

Maintenant que nos personnages sont placés, faisons en quelques lignes la description du théâtre où va se passer la scène.

La maison de campagne de M. Brémont, adossée contre la montagne de Caluire, avait sa façade tournée du côté de l'Ile-Barbe, et était située sur la route, dont elle était séparée par un vaste jardin anglais, elle se trouvait à cinquante pas environ de la maison du Vernay (1).

Elle était peignée, frisée, musquée, sur son toit d'ardoises pas une tuile brisée, sur sa robe rose pas une tache ; le jardinier avait taillé et fait la barbe à tous les arbres du jardin. Les platanes avaient été transformés en parasol, et leur surface supérieure était aussi unie que du taffetas, une longue allée de charmille, bordant une terrasse qui dominait la grande route, avait aussi subi cette castration stupide, et n'était plus qu'un immense couloir peint en vert.

La régularité plait à l'œil, qui la prend souvent pour le beau.

Cet effet d'optique n'est qu'un contre-sens, et c'est surtout à la campagne qu'on peut appliquer ce vers si souvent cité de Boileau :

Pour elle un beau désordre est un effet de l'art.

Comparez la campagne telle qu'elle est sortie des mains de Dieu, et telle que le mauvais goût la transforme.

Là les arbres se développent au hasard et aux caprices de la sève, les branches s'entrelacent, se tordent, s'embrassent et se confondent ; elles ressemblent à ces *lascivæ puellæ* dont parle Virgile, lascives jeunes filles qui n'ont d'autre guide que leurs passions, d'autres lois que leurs désirs.

Ici les arbres sont comme des soldats à la revue, ils sont alignés, sur deux ou trois rangs, à distances égales, leur chevelure de feuillage a été tondue à la mal-content ; une feuille dépasse les autres feuilles, un coup de ciseau la jette à terre, une branche sort de l'alignement, un coup de serpette la fait tomber.

Les jardiniers sont les vandales de la nature.

La défigurer ainsi, n'est-ce pas mettre un corset sans couture et une jupe de crinoline à la Vénus de Milo !

Maintenant, après avoir fait la part du blâme, faisons la part de l'éloge.

Les poètes allemands chantent les bords du Rhin, les poètes français les bords de la Saône.

Si le Rhin est un fleuve large, majestueux, la Saône est une rivière aux flots bleus et transparents, puis elle est femme, elle a la grâce qui remplace la majesté.

Oh ! c'est un ravissant spectacle que celui qui se découvre aux yeux du voyageur sur le pont du bateau à vapeur, lorsqu'il arrive en face de l'Ile-Barbe.

A gauche et à droite, sur des collines peu élevées dont la cime est couronnée de peupliers, ces géants des forêts balançant au vent leur panache effilé, non couchées, dans la mousse et des bouquets de bois, de coquettes villas aux volets verts, aux toits dont l'ardoise découpée scintille au soleil comme les écailles d'un noir serpent. Rien ne trouble le religieux silence de cette pittoresque campagne, si ce n'est le bruit sourd de la Saône, odalisque qui dort dans son lit de sable blanc, où le son de la cloche d'un couvent appelant les fidèles à la prière, et les chastes fiancées du Seigneur à l'office.

Sur la rive droite est Saint-Rambert (1), heureux village où il n'y a point de pauvres parce qu'il y a beaucoup de riches, et que ceux qui ont, donnent à ceux qui n'ont pas.

A l'extrémité de ce panorama, on aperçoit dans un nuage de fumée et de poussière des maisons hautes et noires, on devine des chaudières qui mugissent, lançant par leurs naseaux enflammés la vapeur qui s'échappe en sifflant : c'est Vaise ; — Vaise avec ses usines, faubourg noir et boueux qui, placé à l'entrée de Lyon, ressemble à un mendiant accroupi aux portes d'une cathédrale.

Enfin, au centre du tableau, flottant sur l'eau, se trouve l'Ile-Barbe, île toute mignonne, décor d'opéra-comique peint par ce grand décorateur qu'on appelle Dieu.

Tout est petit dans cette île en miniature, elle a un petit bois, une petite chapelle avec un clocheton, de petites villas aux murs blancs et roses ; fraîches comme des jeunes filles en robes d'été ; chacune d'elles a un nom, nom tout d'amour comme celui qu'on donne à un enfant chéri, elles s'appellent « Mon-Bijou, » « Mon-Caprice, » « Ma-Folie. » — Au nord, l'île est terminée par un château de mélodrame aux tours crénelées, aux murailles couvertes de lierre, vert linceul que le temps jette sur les ruines ; à ses pieds sont de noirs rochers où les flots viennent se briser en écume ; au midi, elle descend dans la rivière par une pente douce ; plantée de saules nains auxquels pendent des festons de volubilis dont les fleurs retombent en grappes de la terre ferme et s'entrelacent aux nénuphars.

Il semble que Dieu, dans un jour de bonté et de clémence, a fait jaillir cette île toute parfumée du sein de l'onde, comme autrefois, d'un coup de trident, Neptune fit jaillir Délos.

L'Ile-Barbe a-t-elle une page historique ? Ce petit espace a-t-il eu, lui aussi, ses ères de révolution, a-t-il subi des transformations morales et topographiques, a-t-il été autre chose qu'un nid pour les amours et les heureux qui viennent maintenant s'y endormir loin des tracas et des soucis de la ville ?

Hélas ! dans l'univers il n'existe pas un coin de terre qui n'ait été le théâtre de quelque événement, pas un grain de sable qui n'ait été baigné dans une goutte de sang ; et l'Ile-Barbe, ce berceau de fleurs, a vu, elle aussi, les haines ensanglanter son tapis de verdure.

Détachons donc de l'histoire générale de Lyon, le feuillet où se trouvent inscrits ses fastes et ses revers, sa grandeur et sa décadence.

Nous avons raconté les persécutions exercées contre les chrétiens sous le règne de Marc-Aurèle, ces persécutions eurent le résultat qu'elles devaient avoir ; elles augmentèrent le nombre des prosélytes, en poétisant, par le martyre, la religion chrétienne.

On fêtait à Rome la dixième année du règne de Sévère ; les Lyonnais, qui avaient à faire oublier à cet empereur leur attachement pour la cause d'Albin, voulurent célébrer avec pompe les décénales ; mais les chrétiens, encouragés par leurs chefs, refusèrent de prendre part aux réjouissances. Ce refus fut le signal de nouvelles persécutions, plus terribles que les premières, qui avaient eu au moins les apparences de la justice, tandis que cette fois, il n'y eut qu'un bourreau — et ce bourreau fut le peuple (2).

Le nombre des victimes s'éleva, dit-on, à dix-neuf mille

---

(1) Cette belle maison du Vernay fut construite par Balmont, riche négociant lyonnais du XVIII° siècle. Ce négociant acquit sa fortune par une contrebande d'un nouveau genre ; il vidait des dindes, au lieu de truffes, les remplissait de galons d'or fabriqués à Trévoux ; on le surnomma, pour ce fait, Balmont la Dinde. Cette maison appartient aujourd'hui au collège royal.

(1) Le nom de ce village vient, par corruption, de saint Raguebert, martyr, qui fut inhumé sous le portique de l'église.

(2) On voit que dans toutes ces persécutions, derrière le motif religieux, prétexte faux, se cachait un intérêt privé ; en 202, époque dont nous nous occupons, le peuple n'immola pas les chrétiens à cause de leur religion, mais parce que, en ne voulant point sacrifier aux dieux pour fêter Sévère, ils compromettaient la ville de Lyon aux yeux de l'empereur.

sans compter les femmes et les enfants qui furent tous égorgés sans pitié (1).

Qu'on juge par ce chiffre de ce que dut être le massacre.

Quelques malheureux échappés à cette tuerie, se cachèrent dans l'ile Barbare, située sur la Saône, et qui tirait sans doute son nom de l'état inculte dans lequel elle se trouvait à cette époque. Le peuple, fatigué de meurtres, les laissa vivre. La petite colonie défricha la terre; les fleurs et les fruits remplacèrent bientôt les ronces et les broussailles. Une femme, sainte Dorothée, les réunit en communauté, fondant ainsi le premier monastère des Gaules.

Nous ne suivrons pas les destinées de l'ile Barbare ou Ile-Barbe dans tous ses détails, son histoire appartient plutôt à l'histoire religieuse qu'à celle de Lyon.

En 725 les Visigoths passèrent comme une avalanche; l'île fut dévastée.

Elle sortit plus belle de ses cendres, grâce à la protection toute puissante de Charlemagne, qui ordonna à Leydrade de relever les murs de l'abbaye.

Au XIIe siècle ce monastère atteignit l'apogée de sa puissance.

Tous ses moines descendaient des plus nobles familles de France; ils avaient des vassaux, des propriétés immenses, la direction de cent trente-sept églises, et tel était leur pouvoir spirituel qu'ils avaient le droit de délier et d'absoudre. Leur chapelle de la Vierge, construite au XIe siècle par l'abbé Hogier, était en si grande vénération, que les mariniers, en passant devant l'île, se découvraient, cessaient leurs chants, et recommandaient leur âme à Marie. Le prieur remplaçait l'archevêque de Lyon, pendant ses absences.

Tant de puissance, tant de richesses amenèrent nécessairement la corruption, les mœurs se relâchèrent. Les religieux, grands seigneurs par la naissance, vécurent en grands seigneurs; l'île ne fut plus pour eux qu'une maison de plaisance dans laquelle ils passaient gaiment une vie arrosée de bons vins et parfumée d'amour.

Le pape tonna, les religieux attendirent le verre en main la fin de la tempête.

Mais, en 1562, s'eleva cette trombe qui engloutit sur son passage tout ce qui portait le signe fatal du christianisme.

C'était le farouche baron des Adrets à la tête des protestants.

Le Monastère de l'Ile-Barbe fut détruit et ne recouvra jamais son antique splendeur.

Il parvint, modeste et ignoré, jusqu'à la Révolution française, qui ne pardonna pas plus aux chrétiens que ne l'avait fait le baron des Adrets.

Les églises de l'abbaye furent démolies pour ne plus être relevées.

Vendue comme propriété du clergé, l'Ile-Barbe fut achetée par l'avocat François Perrussel au prix de cent soixante-mille francs.

Maintenant nous avons dit ce qu'elle est; un petit paradis de plaisirs et de fêtes, dans lequel quelques riches fabricants se sont fait un hamac ombragé de lilas, embelli de fleurs, pour endormir dans l'oisiveté du dimanche les ennuis de leur travail.

Parfois la clarinette d'un aveugle et le violon d'un ménétrier font danser sous les grands arbres les grisettes et les commis en nouveautés; les canotiers lyonnais y abordent en chantant leurs refrains bachiques, et viennent cuver le vin de leurs orgies sur la pelouse verte.

Voilà ce qu'est devenue l'île où vécurent sainte Dorothée, saint Ambroise, saint Loup; où de pieux martyrs arrachèrent de leurs mains ensanglantées les ronces et les épines qui couvraient la terre inculte; à la même place où s'agenouillaient de chastes anachorètes, se couchent la lorette et le lion « en partie fine. »

Quant aux vogues de Pâques et de Pentecôte, autrefois très

(1) Selon quelques historiens, saint Irénée, martyr de Lyon, qui a donné son nom à l'un de nos faubourgs, périt lors de cette persécution. Nous n'avons pas trouvé de détails sur sa mort.

à la mode et qui amenaient à l'Ile-Barbe toute la population lyonnaise, nous avons cru inutile d'en parler, car elles ne sont plus que l'ombre d'elles-mêmes; nous devons cependant signaler encore un fait. Lorsque le pape Pie VII vint à Lyon, il fit, le 17 avril 1805, dans une gondole magnifiquement décorée, une promenade à l'Ile-Barbe; mais lorsqu'il y fut arrivé, il refusa, comme il l'avait promis, de donner la bénédiction papale parce que l'île religieuse était devenue mondaine.

Pendant que nous avons fait nos excursions historiques dans le passé, madame Brémont avait remplacé sa toilette de bal par une robe de chambre de mousseline d'Ecosse.

Le domestique avait dressé la table.

Georges, assis, tenait à la main un journal, dont il n'avait pas lu une seule ligne, mais qu'il avait l'air de lire avec attention.

M. Brémont, le sourire sur les lèvres, comme un propriétaire qui se propose de faire dignement les honneurs de sa maison, se promenait, surveillant avec un soin méticuleux tous les détails du souper.

— Pierre, dit-il, en s'adressant au cocher, avez-vous fait préparer une chambre pour M. Georges?

— Oui, Monsieur.

— La chambre verte?

— Oui, Monsieur.

— Très-bien! vous pouvez aller vous coucher, nous nous servirons nous-mêmes; vous attellerez demain matin, à sept heures, il faut que je sois de bonne heure à Lyon.

Le domestique sortit.

— Enfin! dit M. Brémont avec calme, dénouons les cordons de nos masques, nous sommes seuls et nous pouvons parler le visage découvert.

Georges sentit son cœur battre avec violence.

Emma, pâle comme un suaire, devint plus pâle encore.

Le sang-froid du mari effrayait les deux coupables plus que ne les eût effrayés sa colère.

M. Brémont prit la main de sa femme, la conduisit vers un fauteuil et se mit près d'elle.

— Je vous ai dit, fit-il, pourquoi je vous ai amenés ici; nous sommes plus libres, et personne autre que nous ne connaîtra le secret de cet entretien.

Se retournant ensuite vers Emma:

— Monsieur votre père vous a donné en dot cent mille francs; cette somme a prospéré dans mon commerce, et, en calculant approximativement les bénéfices que je lui dois, je puis, sans me tromper de beaucoup, les estimer à cent mille francs; je suis donc votre débiteur de deux cent mille francs. — Maintenant, M. Georges, pourriez-vous me dire quel est le chiffre de votre fortune?

— Je vous avouerai que je ne comprends pas le but de votre question, répondit Georges.

— Cela est tout-à-fait inutile pour le moment; répondez-moi d'abord: combien avez-vous?

— Trente mille francs.

— C'est peu. N'importe, deux cent mille francs et trente mille constituent un revenu de onze mille cinq cents francs; avec de pareilles rentes, un ménage peut vivre honorablement.

— Oh! monsieur, s'écria Emma, qui n'avait point encore parlé depuis la scène du bal; je devine votre projet, vous voulez vous tuer.

— Pour vous laisser épouser votre amant, non pas, s'il vous plaît, ce serait pousser trop loin la complaisance, et il me déplairait autant de jouer le rôle de Georges Dandin que celui d'Othello. M. Georges, mettez la main sur votre cœur et dites-moi: aimez-vous encore ma fem..... Madame?

— Oui, répondit le jeune homme.

— Et vous, Madame, aimez-vous Georges?

— Oui, balbutia Emma.

M. Brémont se tut un instant, promenant son mouchoir sur son front humide; il essuya furtivement une larme, il sentait son courage faiblir.

Georges et Emma, criminels devant leur maître et leur juge, attendaient avec anxiété qu'il s'expliquât.

— Eh bien! continua M. Brémont, voilà ce que je vous propose : Dans un mois, je partirai avec Emma pour l'Italie; lorsque nous serons arrivés, j'écrirai à mes amis que je suis veuf ; je prendrai le deuil , je jouerai la douleur; alors, M. Georges, vous pourrez rejoindre cette femme que vous m'avez volée; il n'y aura ainsi de déshonneur pour personne.

Georges fut abasourdi par cette proposition.

Il avait calculé toutes les issues possibles à cette scène, mais la seule qu'il n'avait point prévue fut celle qui se présenta. — Il crut à la sincérité de M. Brémont, et, loin de voir, dans ce qu'il lui offrait, une trappe tendue sous ses pas, pour faire culbuter le héros romantique et le jeter dans la boue, il se sentit pris de pitié pour ce mari qui se sacrifiait à sa femme, et qui, faisant deux parts, prenait pour lui la souffrance et donnait à Emma le bonheur.

Georges n'était point à la hauteur du rôle que voulait lui faire jouer M. Brémont. Son amour pour Emma n'avait été qu'un incident dans sa vie; s'il acceptait la proposition, cet amour devenait toute sa vie; il était une fleur que, dans un jour de caprice, il avait attachée à sa boutonnière, et il se transformait en un lourd boulet, rivé aux pieds, qu'il lui faudrait traîner jusqu'à la tombe.

Refuser, c'était s'avouer lâche et menteur ; descendre de son piédestal aux yeux d'Emma, c'était élever le mari, et sa vanité souffrait de lui faire la courte échelle.

La vanité est de tous les sentiments du cœur humain celui qui se trouve partout, dominant la joie et la douleur.

Mais, en acceptant par orgueil, Georges changeait tout son avenir.

Il y eut un instant de lutte entre son égoïsme et sa vanité.

L'égoïsme triompha de la vanité.

Il sentait, sous le regard interrogateur de M. Brémont, le rouge de la honte lui monter au visage ; il devinait les yeux d'Emma fixés sur lui.

— Monsieur, répondit-il lentement, car il espérait qu'une excuse acceptable de son refus pourrait lui venir, — la proposition que vous me faites est certainement bien au-dessus de tout ce que j'avais espéré... Mais, d'un autre côté, elle est tellement en dehors des usages que.....

— Répondez, dit sèchement M. Brémont, oui ou non.

Georges hésita un instant.

— Eh bien ! non, s'écria-t-il.

Emma s'était levée , et sa vie, suspendue aux lèvres de Georges, s'échappa à ces mots, et elle retomba inanimée sur son fauteuil.

Sa dernière illusion venait de s'envoler, et le bandeau venait de tomber de ses yeux.

— Voilà celui que vous m'avez préféré, Madame, dit froidement M. Brémont, en se retournant vers elle, et en montrant Georges avec mépris.

S'avançant ensuite vers Georges et le terrassant sous un regard terrible :

— Maintenant, Monsieur, je vais vous dire pourquoi je ne vous ai pas souffleté.

Georges se releva devant cette insulte.

— Ah ! je sais, continua M. Brémont, que vous êtes un de ces fanfarons de bravoure qui mettent leur honneur à défendre leur corps ; les touche-t-on du bout du doigt, ou les frappe-t-on du bout de la botte, ils vous demandent réparation et tuent froidement leur adversaire. — L'honneur, Monsieur, le véritable honneur a sa place au cœur, et celui-là vous manque.

— Monsieur.

— Silence ! et écoutez-moi ; si je ne me suis pas battu avec vous, ce n'est point par peur, mais par respect pour moi-même, pour cette malheureuse femme , pour mon enfant; car la goutte de sang, tombant d'un pareil duel sur son berceau, le souillerait ; c'est que je n'ai pas voulu proclamer ma honte au profit d'un ridicule amour-propre ; c'est que je veux que le nom que portera mon fils soit un nom sans tache. Vous m'avez pris mon bonheur, en échange, je ne vous demande qu'une chose : le silence.

— Je vous le promets.

— Vous êtes, aux yeux du monde, l'ami de la maison ; — si nos relations se rompaient subitement, le monde, avec son instinct de haine, aurait bientôt découvert le motif de la rupture ; il faut qu'elle soit insensible, nous trouverons un prétexte ; nos opinions en politique sont différentes, c'est assez pour que nous ayons, dans ces dissidences, l'occasion d'une querelle devant quelques témoins. — Mais, en attendant, vous continuerez à venir dîner, comme par le passé, chez moi, tous les jeudis, vous assisterez au bal que je donnerai dans huit jours ; vous serez galant et empressé auprès de ma femme.....

— Comment, vous exigeriez.....

— Croyez-vous que je ne souffrirai pas plus que vous, et, continua M. Brémont, en s'approchant de Georges si près que son souffle brûlait le visage du jeune homme, n'avez-vous pas deviné que sous ce calme menteur j'ai une colère qui bouillonne. Oh ! si je n'avais été père, je vous eusse assassiné.

Georges recula, il eut peur.

M. Brémont prit un flambeau et conduisit le jeune homme jusqu'à la chambre qu'il lui avait fait préparer.

— Nous partons à sept heures, fit-il, en le saluant.

— Je serai à vos ordres.

A peine la porte de l'appartement de Georges eût-elle été refermée que M. Brémont laissa tomber sa tête entre ses mains, et éclata en sanglots.

Les larmes chez une femme ne sont que la pluie légère du printemps. Qu'un ennui, qu'une contrariété vienne obscurcir leur ciel, un nuage crève, l'eau tombe encore que le sourire, ce soleil du visage, brille déjà.

Chez un homme, les larmes viennent du cœur, c'est la vapeur s'échappant d'une chaudière trop pleine ; elles brûlent la paupière et tracent un sillon brûlant sur la joue.

M. Brémont pleurait parce qu'il avait terrassé la nature sous la volonté, et que la nature l'emportait à son tour, parce que, depuis le moment où il avait dit : « Dénouons les cordons de nos masques, » il s'était mis sur le visage un masque d'impassibilité qui l'étouffait.

Allons, se dit-il, du courage !

Et, essuyant ses pleurs , il rentra dans l'appartement où se trouvait Emma.

Elle était à genoux, mais un peu affaissée sur elle-même, les bras croisés sur la poitrine, ses longs cheveux noirs s'étaient détachés, et, retombant sur son peignoir blanc, enveloppaient son visage et en faisaient ressortir la pâleur ; les larmes, perles transparentes, glissaient rapides de ses yeux.

C'était la statue du Repentir, telle que l'eût sculptée Phidias.

A cette vue, M. Brémont s'arrêta sur le seuil de la porte, et contempla, pendant quelques instants, Emma en silence.

La nuit augmente les émotions de l'âme qui, se repliant sur elle-même, n'est distraite par aucun bruit extérieur.

Il était deux heures du matin.

Le bruissement des feuilles, agitées par le vent, troublait seul le calme profond.

Deux bougies éclairaient la chambre.

Cette chambre était celle d'Emma.

M. Brémont s'était plu à l'embellir, comme les fidèles embellissent le temple de leur Dieu.

Tous les souvenirs du passé défilèrent devant lui, semblables à une bande de rieuses et fraîches jeunes filles se tenant par la main et laissant flotter les plis de leurs robes dans l'herbe fleurie des prés.

Il se rappela les premiers jours de son mariage. Emma avait alors seize ans, c'est-à-dire pour couronne seize fleurs printanières, mais plus fraîche que toutes était cette fleur blanche qu'on appelle la pureté.

Puis, un jour, Emma devint mère, sur la même tige venait d'éclore un bouton.

Au bonheur enivrant de l'amant se joignit le chaste bonheur du père.

Il vit Emma berçant sur ses genoux un joli chérubin aux joues roses, aux cheveux blonds.

Que de rêves faits à deux sur ce berceau aux rideaux bleus.

Comme le travail devint léger alors; si le père sentait la fatigue appesantir sa paupière, il murmurait tout bas: « Pour mon enfant, » et le courage revenait.

Là s'arrêtait les souvenirs de M. Brémont.

Entre le présent et le passé, il y avait un abîme dans lequel Emma avait tout jeté, et sa couronne de jeune fille et sa vertu.

Retourner au passé, on ne le pouvait plus. — Quel serait l'avenir ?

M. Brémont descendit un à un les degrés de sa conscience, et, la lampe à la main, il en interrogea les plus secrets replis.

Sa conscience lui répondit :

— Coupable, non ; mais maladroit, oui.

En effet, M. Brémont s'était dit :

— Je suis commerçant ; si je me laisse aller à mon amour pour Emma, il me sera impossible d'apporter dans mes affaires le calme nécessaire ; si, d'un autre côté, prenant six ou huit mois de liberté, au début de mon mariage, je me montre à elle tel que je suis, ce sera faire naître chez elle le besoin d'être aimée, et lorsque, retournant à mes occupations, elle se trouvera seule, elle reportera sur un autre la passion qu'elle aurait eue pour moi. Soyons donc bon, respectueux, froid et dissimulons notre amour.

M. Brémont, on le voit, s'était grossièrement trompé.

En voulant éviter un écueil, il était allé se briser contre un autre.

Son amour contenu s'était éteint comme un feu recouvert de cendres ; et, au bout de quelque temps, il n'avait plus été qu'un mari dans tout le positivisme du mot.

Emma, de son côté, dont la nature ardente demandait une affection, avait été conduite à une faute par l'indifférence de M. Brémont.

En comprenant qu'il s'était trompé dans ses calculs, et en même temps que son amour se réveillait, M. Brémont sentit lui venir au cœur une immense indulgence pour la coupable.

Il s'avança vers Emma, toujours agenouillée :

— Relevez-vous, lui dit-il d'une voix triste mais sans colère.

— Monsieur, fit-elle, je ne vous demande point un pardon dont je suis indigne, mais dites-moi ce que je dois faire ?

M. Brémont allait répondre lorsque ses yeux tombèrent sur un portrait.

C'était celui de son enfant.

L'enfant était en chemise, couché sur des coussins de velours sous un berceau de chèvre-feuille ; ses deux bras étaient passés autour du cou d'un chien de Terre-Neuve aux longs poils, qui le regardait avec des yeux de respectueuse et protectrice affection ; les fleurs retombaient en grappes blanches autour de ce petit corps tout couvert de fossettes, s'enfonçant mollement dans la chair rose.

A cette vue, M. Brémont tressaillit.

Une sueur froide perla sur son front ; il devint pâle, ses lèvres se contractèrent, et la main qu'il tendait vers le portrait tremblait sous des secousses nerveuses.

Il voulut parler et balbutia des mots inintelligibles.

C'est que tout son avenir allait se jouer sur une question.

Mari, il avait perdu sa femme ; père, l'était-il encore ?

— Madame, dit-il d'un timbre de voix si sombre qu'il fallait être, pour l'entendre, dans une de ces surexcitations morales pendant lesquelles les sens doublent leur puissance, — cet enfant est-il à moi ?

— Oh ! monsieur, s'écria la jeune femme avec indignation.

— Alors, relevez-vous, car si je n'ai plus de femme, il me reste la mère de mon enfant.

Emma se leva, et retomba sur son fauteuil.

— Emma, dit-il, il faut que je vous parle ; oh ! ne redoutez de moi ni violence ni colère ; vous le voyez, je suis calme. — Vous m'avez mal connu et par conséquent mal jugé ; vous avez cru que je ne vous aimais pas, cependant je vous ai aimée plus que ce Georges que j'ai forcé à se démasquer devant vous en lui proposant ce que je n'eusse point accepté, car il vous eût rendue malheureuse, et vous eût reproché la faute qu'il vous a fait commettre. — Mes torts....

— Vos torts, murmura la jeune femme, avec un mouvement de honte, vous parlez de vos torts, vous !...

— Oui, Madame, j'en ai eu ; — j'ai sottement consulté mon expérience au lieu de consulter mon cœur ; mon expérience me disait de ne point développer en vous une passion à laquelle mes occupations de tous les jours ne me permettaient pas, en restant près de vous, de donner un aliment nécessaire ; tandis que mon cœur me conseillait de vous parler de cet amour, qui me faisait tressaillir de joie et d'orgueil lorsque dans les fêtes où je vous conduisais vous étiez la plus belle, comme vous étiez la plus aimée.

Emma regardait son mari avec étonnement. — C'était la première fois qu'elle l'entendait parler ainsi ; jusqu'à ce jour elle n'avait vu que son visage, elle vit sa physionomie, cette illumination des traits par le cœur, et elle le trouva beau ; l'écorce du fabricant se brisait sous la douleur de l'amant trahi.

— Mon amour, continua M. Brémont, pactisa avec mon égoïsme ; j'étais heureux et je ne m'inquiétais pas si vous l'étiez. A mesure que ma fortune grandissait, l'ambition entrait dans mon cœur ; peut-être cette ambition venait-elle de mon enfant, mais elle nuisit à mon amour ; j'étais riche, en vous donnant de magnifiques toilettes, je croyais que cela devait suffire à votre bonheur ; j'étais fou ! j'oubliais que la vanité ne remplit que la tête ; et je repoussais un cœur qui venait à moi, plein de dévouement et d'affection. — Vous voyez bien, Madame, que vous n'êtes point seule coupable.

— Oh ! Monsieur, vous êtes bon comme Dieu, car vous êtes indulgent comme lui ; mais votre bonté m'accable plus que ne le ferait votre colère, car elle double mes remords.

— Chassez-moi ; demain je partirai, je retournerai près de mon père.

— Partir, dites-vous, et votre enfant ?

— Ne me permettrez-vous pas de l'emmener ?

— Non, Madame, car la place d'un enfant est près de son père, comme la place d'une mère est près de son enfant.

— Restez, je vous en prie.

— Ne me condamnez pas à vivre devant un juge.....

— Il n'y a plus de juge en moi ; mais un père qui vous dit : « N'enlevez pas à mon enfant les caresses de sa mère. »

— Si ce soir, lorsque j'ai surpris votre entretien avec M. Georges, je n'avais pas été obligé de me montrer afin de sauver votre réputation, ni l'un, ni l'autre n'eussiez jamais su que je possédais votre secret. — Mon rôle eût été plus facile, car je n'aurais point été condamné à vous faire rougir devant moi.

— Ainsi, Monsieur, dit Emma en hésitant, vous... me... pardonnez.

— Ne prononçons pas ce mot, Madame, le pardon vient de Dieu, qui pèse à la balance de sa justice la faute et l'expiation. — Je puis me taire, prendre sur l'honneur l'engagement de ne point vous rappeler ce que j'ai appris aujourd'hui, ne m'en demandez pas davantage.

— Mais alors, pourquoi exiger que je reste ?

— Pour votre enfant. — Votre départ serait l'aveu public de votre faute. — Voulez-vous qu'un jour, lorsque notre enfant sera grand, on vienne lui jeter à la face cette injure : « Ta mère était...

— Oh ! par pitié, n'achevez pas.

— Laissons à ce pauvre enfant, sainte et respectée, la religion de la famille ; qu'il n'ait pas sa part de la honte d'une faute dont il est innocent. — Du courage ! Madame, la vie qui va commencer pour nous sera toute une vie de douleur et de tristesse ; j'aurai toujours devant les yeux celle qui m'a trompé, comme vous aurez devant vous celui que vous avez trahi ; je me sens la force de supporter cette existence, demandez à Dieu de vous la donner. Rien ne sera changé dans nos relations extérieures ; vous continuerez à aller dans le monde comme par le passé ; nous avons annoncé un bal pour la semaine prochaine, demain vous ferez vos invitations ; vous vous commanderez une toilette élégante ; pas d'économie ; je veux que le monde me conserve ma réputation d'excellent mari.

— Ordonnez, Monsieur, et je vous obéirai.

— Quant à nos relations intérieures, elles sont rompues ; à partir de ce jour, veuillez voir en moi un ami, pas autre chose. Maintenant, Madame, vous êtes fatiguée, vous avez besoin de repos, couchez-vous.

Emma se leva ; en passant devant le portrait de son enfant, elle tomba à genoux.

— Oh ! mon enfant, murmura-t-elle, je jure de ne vivre que pour toi, et la mère réhabilitera la femme coupable.

M. Brémont s'étendit sur le canapé.

Le sang affluait à ses tempes, il étouffait. — Il déchira avec vivacité sa cravate, et, plongeant sa tête entre ses deux mains, il se mit à pleurer.

Georges en entrant dans la chambre que lui avait fait préparer M. Brémont ne s'était pas couché.

Trois sentiments se combattaient en lui : — la honte, l'inquiétude et la joie.

Il était honteux du rôle qu'il avait joué, et comprenait toute la supériorité qu'avait eue sur lui le mari.

Il était inquiet de ce qui allait se passer entre M. Brémont et sa femme.

Il était joyeux d'avoir définitivement rompu avec Emma des relations qui lui pesaient.

Cette joie était indigne ; mais l'amour d'Emma était pour lui une prison ; le prisonnier, respirant l'air de la liberté, ne songe plus à la sentinelle qu'il lui a fallu tuer ; il en était ainsi de Georges, il respirait à pleins poumons, sans pitié pour les deux cœurs sur lesquels il avait marché en les brisant.

Cependant il résolut de savoir à tout prix quelle serait la conduite de M. Brémont avec sa femme.

Le moyen le plus simple était d'écouter. — Georges se glissa dans le corridor, et écouta à travers la porte.

Puis, rassuré par ce que nous avons raconté, il rentra dans sa chambre, se coucha et s'endormit en murmurant :

— Allons, tout cela s'est mieux passé que je ne l'aurais cru.

Telle fut l'oraison funèbre de l'amant sur le tombeau de son amour.

Oh ! pauvres femmes ! pauvres folles ! — Voilà l'histoire du roman de vos fautes, et le revers prosaïque de la médaille dorée de vos intrigues coupables.

Cinq minutes après, Georges dormait.

CHAPITRE X.

Le voisin Jacquard.

C'était le lendemain du jour où se sont passés les événements que nous avons racontés dans le chapitre précédent.

Le ciel était bleu et sans nuages ; et le soleil de mai jetait à pleines mains ses rayons dorés sur la nature, belle comme une jeune fille à quinze ans ; les arbres secouaient au vent léger leur chevelure d'un vert tendre, encore toute parfumée des fleurs d'avril.

Un cavalier, monté sur un cheval blanc dont la longue queue flottait à terre, et dont les nazeaux respiraient bruyamment l'air, semblait prendre part à cette joie de la nature en fête ; parfois, se couchant comme l'Arabe sur le cou de son cheval, il le lançait au galop ; d'autres fois, retenant la bride et enfonçant les éperons dans ses flancs humides de sueur, il le faisait se dresser et caracoler en piaffant sur le sable blanc de la chaussée Perrache.

Il était huit heures du matin.

Sur la route chevauchaient de joyeuses laitières, juchées sur leur âne, aux joues fraîches comme les pommes de leur jardin, au linge blanc comme le lait de leurs brebis, souriant, chantant, découvrant, dans leurs exercices d'équitation, le bas d'une jambe nerveuse et d'un mollet dont plus d'une grande dame eût été jalouse.

Leur costume, qui a disparu depuis quelques années (car la vanité s'est glissée même dans les mœurs campagnardes), avait quelque chose de pittoresque, il se composait d'une robe serrant la taille, d'un tablier à bavollet, d'un bonnet à la Charlotte Corday, dont le tulle était plissé en petits canons et de dessous lequel s'échappaient des cheveux en boucles partant du milieu du front, et allant en augmentant progressivement de volume jusqu'à l'oreille.

A gauche, roulait en grondant le Rhône ; les ailes des moulins, battant régulièrement l'eau verte du fleuve, chantaient l'hymne du travail ; des hercules, nus jusqu'à la ceinture, au corps bronzé par le soleil, déchargeaient le sable des bateaux sur la rive.

A droite, le tableau avait pour horizon la colline dentelée de Sainte-Foy, renommée par ses vins, se mirant, la coquette, dans l'onde transparente de la Saône, timide fiancée, qui, quelques pas plus loin, rencontre l'époux auquel elle s'unit pour ne plus le quitter, jusqu'à ce qu'ils se perdent ensemble dans la Méditerranée.

C'est Michel Perrache, architecte, qui a retardé l'union des deux époux ; car autrefois la Saône se jetait dans le Rhône un peu au-dessous de l'abbaye d'Ainay ; une île, appelée l'île Moignat, occupait l'espace compris entre Ainay et la Mulatière.

Perrache eut l'heureuse idée de combler le bras peu profond du Rhône et de reculer considérablement l'île le confluent des deux fleuves (1). Ce projet, présenté en 1765, fut mis à exécution en 1768 ; mais son auteur n'eut pas le bonheur de voir l'œuvre complètement achevée ; les exigences de certains propriétaires, la malveillance des hôpitaux, qui refusaient la concession gratuite des graviers nécessaires aux remblais, retardèrent les travaux qu'un arrêté du Conseil d'État fit reprendre en 1786.

Le nom de Perrache n'en a pas moins été donné à cette presqu'île, qui a agrandi considérablement la ville dans sa partie méridionale, et qui a rendu, en encaissant les deux fleuves, la navigation plus facile.

Le cavalier, qui était Georges, entendit derrière lui le galop d'un cheval ; arrêtant le sien, il attendit quelques instants, et fut rejoint par un jeune homme à peu près de son âge.

— Bonjour, Georges, dit le nouvel arrivant.
— Bonjour, Henry.
— Où vas-tu de si grand matin ?
— Je vais voir mon père, et toi ?
— Moi, je vais à Saint-Genis, chez mon oncle.
— Alors, nous ferons route ensemble.
— J'y compte bien.

Georges se mit à fredonner un air d'opéra.

---

(1) On lit dans la *Petite chronique lyonnaise*, publiée par M. Morel de Voleine, la note suivante sur Perrache :

« Le projet de Perrache rencontra, à son début, de très-fortes
» oppositions, on n'en comprit pas la portée, on n'en pressentit
» pas l'avenir, on s'est vengé de la supériorité de cet illustre
» Lyonnais par des caricatures. Je possède sur Perrache un dessin
» à la plume dont je n'ai rencontré la production nulle part. —
» Il serait étonnant, néanmoins, qu'il n'eût pas été publié à l'époque. On y représente Perrache à genoux sur les bords du
» Rhône, vidant dans le fleuve des sacs d'écus que lui passent
» quatre personnages, actionnaires probablement de l'entreprise ;
» leurs noms sont au-dessus, ce sont MM. de Bellescise, de Montribond, de Fleurieux et l'abbé Guiguet. »

— Que diable as-tu donc? tu es gai comme un pinson, lui demanda Henry.

— C'est vrai, j'ai du bonheur plein mes poches.

— Tu devrais bien m'en donner un peu.

— Juge par toi-même; as-tu quelquefois été à un premier rendez-vous?

— Moi, non, répondit Henry, en rougissant comme une jeune fille.

— Tu es un sournois qui cache son jeu, et je te soupçonne fort.... enfin, n'importe. — Eh bien ! mon cher, un premier rendez-vous, c'est la joie la plus pure du paradis terrestre; tout vous paraît ravissant sur votre chemin; vous rencontrez une vieille femme, vous la trouvez jolie, un créancier, vous lui donnez une poignée de main ; enfin, tout semble vous sourire; les arbres vous envoient des baisers, et les fleurs vous saluent.

— Alors, tu te rends à un premier rendez-vous d'amour.

— Non, mon ami, la joie que j'éprouve est encore supérieure à celle dont je viens de te peindre les délices.

— Ah ! bah !

— Malheureusement, le premier rendez-vous n'est pas le dernier, un autre lui succède, et à mesure que le nombre en augmente, le dégoût monte comme la mer, et il arrive un jour où l'on comprend qu'il existe un bonheur plus grand que celui du premier rendez-vous.

— Et lequel ?

— Celui de rompre avec sa maîtresse. — Tiens ! entends cet oiseau qui chante, tu ne sais pas ce qu'il me dit : « tu es libre » ; vois ce bonhomme qui nous regarde avec cet air si bête, s'il me parlait, je sens qu'il me dirait : « Vous êtes libre. » — « Libre! libre ! » Voilà le mot que j'entends bruire à mon oreille, que m'apporte le vent dans son tourbillon, le Rhône dans le bruit de ses flots.

— Mon cher ami, je te félicite de ta philosophie et je ne te l'envie pas. — Ton bonheur vient d'une tristesse; car la femme que tu as quittée pleure sans doute, ce bonheur pour moi serait un remords.

— Henry, tu aurais dû naître au temps des amours sans fin et de la fidélité, si ces deux choses ont existé sur cette terre. — Mais, avec la délicatesse de cœur, tu te prépares une vie pleine de larmes.

— J'espère être heureux d'une autre manière, répondit le jeune homme avec émotion.

— Tu espères, c'est très-bien ; mais, enfin, si tu aimais une femme mariée....

— Je n'aimerai jamais une femme mariée, interrompit Henry.

— Ah ça ! naïf enfant, te figures-tu qu'on dirige et guide ses amours.

— Oui ; car un amour illégitime....

— Oh ! « un amour illégitime », voilà un mot charmant.

— Ris du mot, si tu le veux, mais laisse-moi achever ma pensée. Un amour, qui ne peut se déclarer et marcher au grand jour, est un amour coupable, et on doit l'arracher de son cœur.

— Alors, mon cher, je n'ai qu'un souhait à former pour toi, c'est que tu n'aimes jamais, parce que tu ne rencontreras pas une femme qui te comprenne, et elle te tromperait.

— Si j'aimais, et qu'une femme me trompât, je me ferais prêtre.

— Tiens ! c'est une idée, s'écria Georges en riant, je n'y avais pas songé.

Henry ne répondit pas à son ami ; mais sa voix ferme, ses grands yeux bleus, dont le regard avait une grande énergie, attestaient que chez lui, entre une résolution et son exécution, il n'y avait pas d'intermédiaire.

Il était le fils d'un riche négociant ; né dans l'aisance, il avait, par l'habitude du luxe, acquis cette tournure distinguée, qui est moins le résultat d'une naissance aristocratique, que celui de la fortune qui, vous prenant à votre berceau, vous est restée fidèle. Élevé par sa mère, femme aux mœurs sévères et religieuses, il avait dans le caractère un peu de la douceur féminine répandue sur les traits de son visage aux traits purs et corrects ; camarade de collége de Georges, il avait entretenu avec lui quelques relations, que rendait peu intimes leur manière différente d'envisager l'existence.

Georges éparpillait son cœur et l'avait monnayé, jetant quelques pièces sur son passage ; Henry, au contraire, devait aimer comme il aimait sa mère, avec un sentiment respectueux. Le premier aimait souvent et peu longtemps, le second ne pouvait aimer qu'une fois et toujours.

Les deux cavaliers se trouvaient au pied de la colline sur laquelle est assis le petit village d'Oullins, et ils apercevaient déjà le château du Perron, occupé maintenant par un pensionnat, et qui fut la demeure de l'archevêque de Montazet (1).

— Veux-tu déjeûner avec moi, demanda Georges ?

— Je ne puis pas.

— Tu as tort, je te ferais faire la connaissance d'un bonhomme très-amusant.

— Qui donc ?

— Jacquard.

— L'inventeur des métiers mécaniques ?

— Oui, il demeure à Oullins, et c'est le voisin de mon père.

— J'aurais bien envie d'accepter, mais je n'ai pas le temps.

— Mon cher ami, tu commets un crime de lèse-poésie.

— Que veux-tu dire ?

— N'es-tu pas poète ?

— Je fais quelquefois des vers, sans avoir la prétention d'être....

— Eh bien ! en ta qualité de nourrisson des muses, dit Georges en souriant, tu dois une visite à la maison dans laquelle est mort l'ami de Ducis.

— Thomas ?

— Oui, Thomas, l'auteur de *la Pétréide*.

— Il est mort à Oullins ?

— Dans la maison même qu'habite notre ami Jacquard ; ainsi, tu le vois, je te propose de faire d'une pierre deux coups.

— Tu me décides, dit Henry.

Les deux jeunes gens étaient arrivés ; le garçon de ferme prit les chevaux par la bride et les conduisit à l'écurie.

M. Duval poussa un cri de surprise, en voyant son fils, et reçut Henry avec ce sans-façon de forme et de langage qui enlève ce qu'il y a d'embarrassant dans une présentation.

Georges alla lui-même à la cuisine pour commander le déjeûner.

Pendant les préparatifs du déjeûner, Georges se rendit chez Jacquard, dont la maison de campagne était voisine de celle de M. Duval.

C'était une petite maison bien modeste, entre cour et jardin ; et qui, par un étrange hasard, avait déjà été la demeure d'un homme célèbre, l'académicien Thomas. — Jacquard avait alors soixante-et-treize ans ; sa figure, empreinte de douceur, avait une teinte de tristesse mélancolique ; de longs cheveux blancs retombaient sur son cou ; il causait peu, s'exprimait avec difficulté et avait l'accent lourd et dur à l'oreille de l'ancien ouvrier en soie ; mais, lorsqu'il parlait mécanique, cette difficulté de parole disparaissait subitement, et il devenait presque éloquent ; sa toilette était celle d'un campagnard ; il portait de préférence une grande redingote grise, mais à la boutonnière de tous ses

---

(1) Antoine Malvin de Montazet, fils du marquis de Montazet et de Françoise de Fontages, fut nommé archevêque de Lyon en 1758. — Il eut une administration assez orageuse, à cause de la protection que malgré sa vie fastueuse, il accorda aux jansénistes. Sa nièce, madame la marquise de Montazet, se coupa la gorge au château du Perron, avec un rasoir de son oncle. — Cet événement fut la cause de fâcheuses et calomnieuses rumeurs sur la moralité du prélat.
M. de Montazet a donné son nom à la place qui se trouve à l'entrée du pont de l'Archevêché sur la rive droite de la Saône.
(Notes tirées de la *Petite Chronique lyonnaise*, par M. Morel de Voleine.

habits était attaché le ruban rouge, dont il tirait une grande vanité, faiblesse bien pardonnable à cet excellent homme, qui avait tant fait pour les autres, sans jamais songer à lui.

Lorsque Georges entra, il s'adressa à une vieille femme, filant au rouet, pour obtenir d'elle la permission d'emmener Jacquard déjeûner avec lui.

Cette vieille femme se nommait Toinette.

Toinette était une de ces domestiques, dont l'espèce est perdue, qui se dévouaient à leurs maîtres, s'associant à leur bonne et mauvaise fortune. Depuis quarante ans elle était auprès de Jacquard, et elle avait pris sur lui un empire qui s'explique facilement.

Les hommes de génie, et nous croyons pouvoir donner, sans flatterie, ce nom à l'inventeur des métiers-mécaniques, les hommes de génie ont une vie en dehors des existences vulgaires ; absorbés par leur pensée et le travail continuel de leur intelligence, ils ne s'occupent pas des détails matériels, ils mangent lorsqu'on leur donne à manger, ils boivent lorsqu'on leur donne à boire, ils dorment lorsqu'on les couche ; ce sont de grands enfants auxquels il faut une *bonne* qui les habille et les déshabille ; Toinette était la bonne de Jacquard.

Georges connaissait toute la puissance administrative de la vieille domestique ; aussi, ce fut à elle qu'il s'adressa.

— Bonjour, Toinette, comment cela va-t-il, ce matin ?
— Pas mal, je vous remercie.
— Vous travaillez toujours, vous êtes active comme à vingt ans.
— Malheureusement, je n'ai de mes vingt ans que l'activité.
— Oh ! vous avez bien encore le cœur de la jeunesse ?
— Moi ! répondit Toinette, en arrêtant subitement son rouet, et en fixant le jeune homme à travers son pince-nez, planté perpendiculairement sur un cartilage volumineux qui enfouissait dans ses vastes flancs des livres de tabac, — vous me flattez, vous avez quelque chose à me demander ?
— Oui, dit Georges en souriant.
— Qu'est-ce donc ?
— Je vais vous le dire. — Comment se porte M. Jacquard ?
— Très-Bien.
— Alors, vous allez lui permettre de venir déjeûner avec moi.
— Déjeûner avec vous, grand Dieu ! non pas, le pauvre homme est trop fatigué.
— Vous venez de me dire qu'il se portait bien.
— C'est vrai, mais la moindre imprudence...
— Je vous promets que nous serons sobres comme des Spartiates.
— Non.
— Ma bonne Toinette, voyons, un peu de complaisance.
— Soit, mais promettez-moi de ne lui pas faire boire de votre vin de Bordeaux.
— Je vous le promets.
— Jurez-le moi.
— Je vous le jure, fit comiquement le jeune homme, en étendant la main sur le rouet de la vieille femme.

Toinette se leva et appela Jacquard.

Le vieillard, en entrant, embrassa le fils de son vieil ami.

— Savez-vous ce que vient faire M. Georges, demanda Toinette ?
— Non.
— Il vient vous inviter à déjeûner.
— Eh bien ? dit Jacquard, en regardant Toinette avec anxiété pour savoir ce qu'il devait répondre.
— Eh bien ! répéta la domestique, avec un sourire qui était un acquiescement.
— Comment, tu me permets, ma bonne Toinette, dit avec une joie enfantine ?
— Certainement, mais à une condition.
— Laquelle ?
— C'est que vous ne boirez pas.

— J'en fais le serment.

Jacquard prit le bras de Georges, et il était déjà arrivé au seuil de la porte, lorsque Toinette lui barra le passage.

— Comment, dit-elle, vous allez sortir dans cette toilette ?
— Puisque je ne vais qu'à deux pas.
— Allons, venez ici que je vous habille.

Et, sans attendre la réponse du vieillard, Toinette le força à s'asseoir, peigna les quelques cheveux blancs qui lui restaient, fit à sa cravate un nœud à rosette.

Le vieillard se contempla avec satisfaction dans la glace, et murmurant à l'oreille de Georges :

— Cette Toinette est d'une coquetterie !

Le déjeûner fut plein d'entrain ; Jacquard, d'une timidité excessive, malgré son grand âge, se laissa aller à la gaîté communicative des deux jeunes gens ; Georges lui offrit un verre de ce fameux vin de Bordeaux que la gouvernante avait mis à l'index.

— Et Toinette ? fit le vieillard dont le regard caressait amoureusement le liquide brillant dans le cristal.
— Elle n'en saura rien.
— C'est qu'elle me gronderait.
— Et moi donc, s'écria Georges en riant, ne lui ai-je pas juré de ne pas vous faire boire ? Pour vous, je deviens parjure.
— Au fait, dit Jacquard, avec la mutinerie d'un enfant se révoltant contre l'autorité d'un professeur qu'il sent loin de lui, Toinette est trop sévère ; mon médecin prétend que le vin est le lait des vieillards.
— Votre médecin est un homme d'esprit, répondit M. Duval ; vive le lait que la Gironde nous envoie en bouteille !
— Allons, à votre santé, continua Georges, en remplissant de nouveau le verre de Jacquard.
— Quelle jolie couleur, fit celui-ci en mettant son verre entre ses yeux et la lumière.
— Et quel parfum, murmura Henry, en le savourant à petites gorgées.

Après le repas, on se mit sur le banc de pierre adossé à la maison ; les jeunes gens allumèrent des cigarres, et les deux vieillards causèrent politique.

Tout-à-coup, une chaise de poste aux panneaux armoiriés et qui avaient annoncée les coups de fouet des postillons, s'arrêta à la porte.

Un grand personnage maigre et blond, couvert de décorations, mit la tête à la portière ; c'était assez pour reconnaître un Anglais (1).

— Monsieur, dit-il, en s'adressant à Jacquard qui s'était levé.
— Plaît-il, dit celui-ci en s'avançant.
— N'est-ce pas ici que demeure M. Jacquard ?
— Oui, Monsieur.
— Eh bien ! bonhomme, ayez donc l'obligeance de vous informer s'il peut recevoir la visite de lord A.....
— Ce sera pour lui un grand honneur.
— Faites-moi le plaisir de faire la commission dont je vous charge et de ne pas faire des réflexions, dit l'Anglais avec l'impatience des gens habitués à commander et à être obéis.

Jacquard fut tellement terrifié par cette brusquerie que, perdant son peu d'assurance, il balbutia une réponse inintelligible.

Georges, choqué du ton de l'étranger et ému de l'embarras du vieil ami de son père :

— Milord, fit-il, si vous aviez eu l'honnêteté d'attendre un instant, vous auriez su que votre commission était faite, car Monsieur n'est autre que Jacquard lui-même.
— Oh ! Monsieur, s'écria l'Anglais, en descendant de voiture et en mettant son chapeau à la main, me pardonnerez-vous mon impolitesse et ma grossièreté ?

(1) Cette anecdote est historique, ainsi que tous les détails donnés sur Jacquard.

— Vous m'avez traité de bonhomme, répondit le vieillard, avec un doux sourire, il n'y a là aucune insulte.
— Si, Monsieur; car j'aurais dû reconnaître en vous l'homme illustre qui a doté son pays d'une invention sublime.
— Tous les hommes se ressemblent.
— Monsieur, continua l'Anglais, je désirerais avoir avec vous un entretien particulier.
— Vous pouvez parler devant ces Messieurs, ce sont mes amis et je n'ai jamais eu dans ma vie à me repentir de ma confiance dans l'amitié.
— Comme il vous plaira; mais, comme ce que j'ai à vous dire est de la plus haute importance, je me permettrai de vous faire remarquer que le lieu n'est pas très-convenable pour une conversation sérieuse.
— Votre remarque est juste, dit M. Duval, veuillez m'excuser si je ne vous ai pas offert plutôt d'entrer chez moi.
Tous les personnages entrèrent chez le père de Georges, qui fit les honneurs de chez lui avec une politesse pleine de bon goût, et qui ne trahissait point l'ancien révolutionnaire.
Lorsqu'on se fut assis sous une tonnelle de vignes vierges:
— Monsieur, commença l'Anglais, en s'adressant à Jacquard, je ne viens pas en mon nom personnel, mais au nom de l'Angleterre.
A ce nom, le vieillard releva la tête; Jacquard, comme tout cœur français, à cette époque, haïssait l'Angleterre.
— C'est l'Angleterre, continua lord....., qui m'envoie près de vous, pour réparer, si vous le voulez, une grande injustice.
— Quelle injustice, Monsieur, demanda le vieillard?
— Vous avez enrichi votre patrie d'une découverte qui a place au premier rang des nations industrielles. Quelle a été votre récompense?
— La voilà, répondit Jacquard, en montrant avec orgueil le ruban fané noué à sa boutonnière.
— La croix, fit dédaigneusement l'autre.
— La croix de la Légion-d'Honneur, dont Napoléon a décoré tous les braves qui vous ont plus d'une fois vaincus.
L'Anglais se mordit les lèvres.
— Mais, est-ce assez, continua-t-il? Quelle a été votre part dans les richesses immenses que vos métiers font gagner chaque année à Lyon.
— Lyon m'a accordé une pension de mille écus.
— C'est le gage que je donne à mes laquais.
— Vos laquais vous servent, Milord; quelque grand seigneur que vous soyez, mon pays est encore plus noble que vous, et les mille écus qu'il me donne, valent pour moi un million.
L'Anglais se mordit de nouveau les lèvres.
— Monsieur, dit-il, je suis un maladroit, car je vous blesse, lorsque nul n'a plus que moi une estime profonde pour vous. Avec un homme tel que vous, on doit marcher droit au but: Vous avez fait de nouvelles découvertes?
— Oui.
— Personne ne les connait?
— Personne.
— Faites-les-moi connaître, et je vous jure que l'Angleterre vous les paiera au poids de l'or.
J'ai trois mille livres de rente, je m'en contente et je suis heureux.
— Eh bien! puisque vous n'êtes pas ambitieux, venez auprès de nous; vous aimez la gloire; en Angleterre, l'industrie est une reine; vous serez honoré plus que ne l'est un roi.
— Vous me parlez de gloire, Milord, dit le vieillard, en secouant doucement la tête; si vous en parliez à ces jeunes gens, et il montrait Georges et Henry, ils vous croiraient peut-être, parce qu'à vingt ans c'est un breuvage qui enivre, tandis qu'au mien, ce n'est plus que de l'absinthe.
Ainsi, fit tristement l'Anglais, vous refusez.
— Je refuse. — Que penseriez-vous du soldat qui, désertant son drapeau, passerait à l'ennemi? Je suis un soldat industriel et je veux mourir fidèle au drapeau de la France. Oh! je le sais, continua le vieillard avec amertume et en s'animant progressivement comme enivré par ses souvenirs, mes concitoyens ont été ingrats envers moi; un jour, le peuple, dans son injuste colère, a voulu me jeter à l'eau, car il m'accusait de le ruiner et de lui enlever le pain de son labeur; une autre fois, j'ai vu mon métier, le fruit de mes insomnies, de mon travail, brûlé publiquement sur la place des Terreaux; j'ai eu souvent à supporter les dédains orgueilleux de quelques sots fabricants qui éclaboussaient, avec la roue de leur cabriolet, le pauvre vieillard qui a fait leur fortune. Eh bien! dans ces moments de découragement et de misère, jamais je n'ai maudit ma patrie, car la patrie est une mère, et, fut-elle injuste, elle a droit au dévouement de ses enfants. Dieu choisit une paysanne et en fit une fille inspirée qui chassa les Anglais du territoire français; comme elle, j'ai été entre ses mains divines un instrument; il m'a pris, pauvre ouvrier, et m'a dicté ce que j'ai fait; j'ai soixante-treize ans, encore un pas, et je me coucherai dans ce lit mortuaire d'où on ne se relève que pour rendre compte au Seigneur de sa vie sur cette terre, et je veux pouvoir dire: « J'ai rempli fidèlement la mission que vous m'aviez donnée. » — Vous m'offrez des richesses, Milord, mais vous voulez acheter une chose que tout l'or de l'Angleterre ne saurait payer: la conscience d'un honnête homme. Vous m'offrez la gloire, mais la gloire est une fleur qui n'est belle que cueillie sur la terre natale.
A ces mots, Jacquard retomba épuisé sur son fauteuil.
Oh! Il avait été beau ce vieillard en cheveux blancs, se dressant fier et orgueilleux devant ce lord qui était venu l'acheter; sa figure, pleine de bonhomie, s'était illuminée sous l'influence d'un sentiment de noble indignation; sa parole avait été vive, animée, imagée; sa difficulté de prononciation, son accent trivial avaient disparu: il s'était transfiguré.
Mais l'émotion avait été trop violente et l'avait brisé; la pâleur se répandit sur son visage, et il fut pris d'un tremblement nerveux et ferma les yeux. Tandis que Georges allait chercher Toinette, M. Duval lui fit respirer quelques odeurs.
Il reprit ses sens, et promena lentement ses regards autour de lui, comme s'il cherchait à s'expliquer ce qui venait de se passer, et il aperçut M. Duval dont les yeux étaient remplis de grosses larmes qu'il ne cherchait pas à cacher.
— Voyez, Milord, dit-il en se retournant vers l'Anglais, et en soupirant doucement, les richesses que vous me promettez me donneraient-elles un ami comme celui-là.
— M. Jacquard, fit lord..., avec émotion, donnez-moi votre main; je répondrai à ceux qui m'ont envoyé près de vous, que j'ai serré la main du plus honnête homme de la France.
— Et, sacrebleu, vous aurez raison, murmura M. Duval, qui pensait qu'un juron valait deux affirmations.
Au même instant, on entendit Toinette qui s'annonçait comme l'orage par des éclats d'une voix de tonnerre.
— Voilà la tempête, murmura Jacquard, avec la résignation du campagnard habitué aux averses.
— Nous vous soutiendrons, dit M. Duval, qui voyait le courage de son ami s'évanouir devant le danger.
— Eh bien! c'est gentil, — cria Toinette pour exorde. Vous êtes dans un joli état, et voilà peut-être quinze jours sans quitter la chambre... Venez me demander une autre fois la permission de déjeûner ici... C'est votre vin de Bordeaux dont vous avez bu, j'en suis sûre.
Tout en parlant et en grondant, Toinette s'était approchée du vieillard, elle l'avait pris sous le bras avec le soin protecteur d'une mère pour son enfant.
— Madame, dit l'Anglais, qui surmontait en faveur de Jacquard son orgueil naturel pour parler à une domestique, le seul coupable, dans cette circonstance, c'est moi, qui suis la cause du malaise de M. Jacquard, en provoquant sa colère par mes insultes.

Toinette fut en même temps calmée par le ton poli de l'étranger, et furieuse de ce qu'il lui disait.

Aussi l'accent avec lequel elle lui répondit traduisait-il ces deux sentiments opposés.

— Vous l'avez insulté, dit-elle, et que vous a-t-il fait, lui qui ne donnerait pas une chiquenaude à un enfant.

— Je ne le connaissais pas, et je l'avais mal jugé ; il a bien voulu accepter mes excuses, serez-vous assez bonne pour les accepter aussi.

Toinette fut profondément flattée de la politesse de l'homme dont elle avait admiré la chaise de poste et les domestiques à la tenue encore plus belle que celle du garde-champêtre d'Oullins. Elle lui sourit gracieusement, et sa voix, comme le tonnerre qui s'éloigne, ne laissa plus échapper que quelques grognements sourds.

Allons, ce ne sera rien, fit-elle doucement, venez.

Jacquard se souleva péniblement de dessus son fauteuil, et, après avoir remercié du regard lord..... pour son intervention, et avoir serré la main de M. Duval, il sortit appuyé sur le bras de Toinette.

— Comment, dit lord..., M. Jacquard permet-il à sa domestique de le traiter avec une pareille familiarité, en Angleterre, nous ne le permettrions pas.

— Aussi, en Angleterre, répondit M. Duval, vous n'avez que des domestiques qui vous volent et vous détestent ; en France, d'un domestique, on fait quelquefois son ami, dont le dévouement ne manque jamais.

— Vous connaissez M. Jacquard ?

— Beaucoup, et si vous m'aviez consulté avant de lui parler, je vous aurais dit ce qui est arrivé.

— Mais le moyen de s'imaginer qu'un homme refuse la fortune. En Angleterre....

— En Angleterre, Milord, interrompit M. Duval, le sentiment de nationalité dont vous êtes si fiers n'est que l'égoïsme d'une nation ; un Anglais n'eût pas refusé une proposition pareille à celle que vous êtes venu faire à Jacquard ; parce qu'un Anglais a individuellement ce sentiment d'égoïsme. Ici, nous aimons notre patrie non comme vous avec l'orgueil, mais avec le cœur ; nous savons vivre et mourir pour elle, et nous le faisons sans fanfaronnade. Jacquard en est l'exemple.

— Avouez que son pays a été ingrat pour lui.

— Oui, Milord, profondément ingrat ; l'homme de génie, qui a ranimé l'industrie lyonnaise, qui serait tombée faute de bras, est inconnu, et n'a d'autre ressource que trois mille francs de pension ; la somme, comme vous l'avez dit, que vous donnez à votre laquais.

— Il n'a donc jamais rien demandé ?

— Il n'y a que les intrigants qui demandent et obtiennent. Jacquard est un honnête homme, qui a résolu en même temps un problème industriel et une grande question philantropique.

— M. Jacquard est un philantrope, dit en riant lord....

— Oui, Milord, et un véritable philantrope qui, dans son œuvre, n'a pas songé à lui mais aux autres. — Il faudrait vous raconter l'histoire de cette vie si laborieusement remplie, toujours en lutte avec les jalousies malveillantes et les préjugés aveugles ; et vous verriez, milord, que le titre de philantrope est un titre qui convient à mon ami.

— Et si je vous priais de me raconter cette histoire, hasarda l'Anglais.

— Je vous la raconterais sur-le-champ, parce que personne plus que moi n'a été initié aux détails de cette existence, et que chaque détail est une louange pour Jacquard, parce qu'enfin je vous prouverais que mon ami est plus qu'un homme de génie, qu'il est un homme de cœur.

— Eh bien ! Monsieur, si cela ne dérange aucune de vos occupations, je serai heureux de vous écouter.

Lord.... sortit pour donner l'ordre à son postillon de remiser la chaise de poste, et il revint bientôt.

— Est-ce que tu ne pars pas ? demanda Georges à Henry.

— Ma foi, non, répondit celui-ci, j'ai vu pour la première fois de ma vie un grand homme, et je suis curieux d'en connaître l'histoire.

CHAPITRE XI.

Histoire de Jacquard.

Joseph-Marie Jacquard, dit M. Duval, naquit à Lyon dans une pauvre mansarde, le 7 juillet 1752.

Son père, Jean-Charles Jacquard, était ouvrier en étoffe d'argent ou de soie ; sa mère, Antoinette Rives, liseuse de dessins ; et son grand-père, Isaac-Charles Jacquard, tailleur de pierres à Couzon.

Tels furent les illustres parents de Jacquard, qui étaient loin de se douter que le petit bonhomme, qui criait comme un diable, serait un jour un grand homme.

Son enfance n'offre aucune particularité qui mérite d'être racontée. Lorsqu'un homme est devenu célèbre, les biographes, qui écrivent sa vie, lui prêtent des mots charmants, qui font présager chez l'enfant les destinées du grand homme futur.

Si Jacquard se distingua par quelque chose, ce fut par son cœur ; il était bon, affectueux, d'un caractère plein de douceur ; il subissait les caprices de ses camarades sans se plaindre. Il y avait en lui une tendance à la mélancolie et à l'observation.

Lorsqu'arriva l'âge du travail, il ne voulut pas apprendre le métier de son père et entra en qualité d'apprenti chez un relieur.

Ce fut là que commença à se développer son goût pour la mécanique : il modifia quelques outils et en inventa quelques-uns.

L'enfant s'était insensiblement fait homme ; Jacquard avait dix-neuf ans.

En se rendant tous les matins chez son patron, il jetait à la dérobée un regard dans la boutique de maître Boichon, armurier. — Oh ! ne croyez pas que ce fut la pensée de quelque mécanisme à inventer qui le faisait regarder et rougir quelquefois ; non, derrière les vitres, il y avait une mutine jeune fille, aussi vive qu'il était calme, aussi étourdie qu'il était sérieux. — C'était la fille de l'armurier ; et, comparant la joie qu'il éprouvait lorsqu'il la voyait à sa tristesse lorsqu'il ne la voyait pas, il comprit qu'il l'aimait.

Il jura de n'aimer qu'elle et de l'aimer toujours.

Ce serment, tout jeune homme le fait à vingt ans, et le trahit à vingt-un ans.

Jacquard fut fidèle au sien, mademoiselle Boichon fut son premier et dernier amour.

Mais, M. Boichon était orgueilleux, et, lorsque le père de Jacquard lui demanda pour son fils la main de la jeune fille, il refusa net.

— Pourquoi ne voulez-vous pas consentir au bonheur de ces deux enfants ? dit le père Jacquard.

— Parce que cela ne convient pas, répondit M. Boichon.

— Vous devriez bien vous inquiéter un peu si cela leur convient, car, enfin, ils sont plus intéressés que vous dans la question.

— Ma fille fera ce que je voudrai.

— Parbleu ! ce que vous voulez ; c'est la rendre malheureuse. Elle aime mon fils, elle est aimée. Que leur faut-il de plus pour être heureux ? De la fortune : j'ai une petite maison dont Joseph héritera après ma mort. Eh bien ! en attendant, ils travailleront ; le pain que l'on gagne est meilleur, et l'on s'aime davantage lorsque l'on a un peu souffert ensemble.

— J'ai dit non, fit avec impatience M. Boichon, c'est non.

— Réfléchissez, je vous en prie, pourquoi réduire au désespoir deux enfants dont vous avez l'avenir entre les mains.
— On se console.
— On en meurt quelquefois, rappelez-vous Thérèse et Faldoni (1); et craignez de vous préparer les remords de la mère de Thérèse.
— Thérèse et Faldoni étaient deux fous.
— Ils étaient amoureux : nos enfants le sont aussi.
— Je ne consentirai jamais.
— Donnez au moins un motif à votre refus ?
— Eh bien ! je ne veux pas que ma fille épouse le fils d'un canut.

Le père Jacquard sentit la colère qui lui faisait tinter les oreilles.
— M. Boichon, dit-il, vous êtes un sot orgueilleux ; et, comme tous les orgueilleux, vous n'avez point de cœur.

Et, mettant fièrement son chapeau, il sortit de la boutique de l'armurier.

Joseph attendait son père avec inquiétude, en se promenant à quelque distance du magasin de M. Boichon.
— Eh bien ? demanda-t-il, dès qu'il l'aperçut.
— Eh bien ! mon enfant, M. Boichon craint de mésallier sa noble race en donnant sa fille au fils d'un canut.

Joseph ne répondit pas, et essuya tristement une larme.
Le lendemain, il faisait ses débuts chez M. Barret, imprimeur-libraire ; car il voulait s'élever pour se rapprocher de sa maîtresse. — Dans ce nouveau métier, il eut encore l'occasion de montrer sa science sur le mécanisme en perfectionnant quelques outils.

Un an après, il perdit son père, et se trouva propriétaire d'une petite maison.

Prenant son courage à deux mains, il se rendit auprès de M. Boichon, qui fut cette fois moins orgueilleux, parce que sa fortune était moins élevée ; l'année qui venait de s'écouler avait été funeste à son commerce.

La fortune est le thermomètre de l'impertinence de certaines gens, elle s'élève ou s'abaisse avec elle.

L'armurier accueillit favorablement la demande du jeune homme, consentit au mariage et promit une dot qu'il ne paya jamais.

Mais, comme l'amour avait signé au contrat, les deux époux se trouvèrent heureux dans leur médiocrité ; un enfant ne tarda pas à rendre plus charmante cette union, en créant une affection commune, qui n'enleva rien à celle qui était née avant l'hymen.

Jacquard établit sa femme dans la maison paternelle, lui acheta une fabrique de chapeau de paille, et lui donna pour domestique Toinette, qui ne devait plus la quitter.

Les jours se suivirent et se ressemblèrent par un bonheur continu, qui dura vingt ans.
— Dans cette première partie de la vie de Jacquard, vous le voyez, Milord, dit M. Duval, l'homme de génie n'a pas encore paru ; il n'est aux yeux de ceux qui le connaissent, qu'un mécanicien très-adroit à ranger les horloges et les tournebroches, et cependant il a quarante et un ans, et il se trouve à cette seconde période où l'intelligence, s'élevant depuis l'enfance jusqu'à quarante, redescend et retourne à l'impuissance de l'enfance.

Quelque peu que l'on soit dans la société, quelque modeste que soit la place que l'on y occupe, les événements politiques vous atteignent toujours, et ont une influence sur votre existence.

La Révolution française venait d'éclater.

Lyon, qui l'avait accueillie sans enthousiasme, parce que tout changement de gouvernement est nuisible aux intérêts d'une ville commerçante, protesta ensuite contre la République, en condamnant, en exécutant Châlier.

La Convention décréta le siège de Lyon, qui se prépara à le soutenir en relevant ses fortifications, en s'organisant militairement, et en nommant le comte Louis Perrin de Précy général.

Jacquard, dont les affaires étaient en mauvais état, avait été, depuis quelque temps, obligé d'accepter un emploi dans une carrière de plâtre, située aux environs ; à la nouvelle des événements, il accourut auprès de sa femme.
— Que viens-tu faire ? lui dit-elle.
— Je viens me battre.
— Te faire tuer !
— Me faire tuer, s'il le faut, pour une cause que je crois grande et sainte.
— Tu es fou, Joseph.
— Allons, Charles, dit Jacquard à son fils, qui avait alors quinze ans, tu es un homme, et la place de tout homme qui peut porter un fusil ou une épée, est sur les remparts.

Madame Jacquard pleura, supplia, tout fut inutile ; pour la première fois de sa vie Jacquard eut une volonté inflexible.

Charles était à cet âge où le danger a un attrait irrésistible, il se para comme s'il se fût paré pour une fête.

Toinette se multipliait pour consoler sa maîtresse, et faire des recommandations de prudence au jeune homme.

Pendant soixante-deux jours, Jacquard se battit avec un courage qui ne faiblit pas un seul instant ; puisant dans la conscience du devoir une énergie qui n'était pas dans sa nature.

Le 9 octobre, l'armée de la Convention entrait victorieuse par le faubourg de Saint-Just ; Lyon était vaincu.

Les assiégeants étaient exaspérés de la longue résistance des assiégés. Il y avait plus que du courage, mais de la témérité à s'exposer à leurs représailles. Jacquard se cacha ; son fils Charles, grâce à son âge, put circuler librement dans la ville, il vint me trouver et me prier de sauver son père.
— Diable, dis-je, c'est difficile.
— Avec un passeport, nous pourrions...
— Un passeport, impossible, on n'en délivrera pas.
— J'ai trouvé, s'écria Charles.
— Quoi ?
— Un double enrôlement dans un régiment républicain pour mon père et moi.
— C'est une idée ; mais comment aborder les représentants du peuple ?
— N'étiez-vous pas l'ami de Châlier.
— Oui.
— Eh bien ! cela suffit pour que vous soyez bien accueilli.
— Tu as, ma foi, raison.

Je m'habillai, et nous nous rendîmes à l'Archevêché, que les représentants du peuple avaient choisi pour domicile.

Les sentinelles avaient reçu une consigne sévère ; heureusement je rencontrai Bertrand, l'ancien maire de Lyon, et l'un de mes amis, qui la fit lever en ma faveur.

Charles m'attendit dans la cour de l'Archevêché.

Nous arrivâmes ensemble dans la chambre où se tenaient les six représentants du peuple.
— Citoyen, dit Bertrand, en s'adressant à Couthon, je te présente un véritable patriote.
— Qu'est-ce que tu veux ? me demanda Couthon.
— Une grâce, lui répondis-je.
— Pour quelque rebelle, pour quelque aristocrate ?
— Bertrand t'a dit que j'étais un patriote.
— Un patriote n'implore pas l'indulgence pour les ennemis de la république.
— Eh ! qui te parle d'indulgence ; je désire un enrôlement pour deux citoyens dévoués à la république.

---

(1) En 1770, il se passa, aux environs de Lyon, un événement qui émut profondément la population. Une jeune fille, nommée Thérèse, était aimée d'un jeune homme, appelé Faldoni, qui demanda sa main à ses parents ; mais ils refusèrent, ne le trouvant pas assez riche. — Profitant un jour de l'absence de sa mère, Thérèse fit venir son amant à une maison de campagne, située près d'Irigny, — ils passèrent la journée ensemble ; puis, le soir, ils s'enfermèrent dans la chapelle de la maison, et, après s'être juré au pied de l'autel une *fidélité éternelle*, ils se brûlèrent la cervelle avec des pistolets attachés à leur bras au moyen de rubans. — La maison où s'accomplit ce double suicide devint en grande vénération parmi les amoureux qui s'y rendaient en pèlerinage.

— Tu les connais?
— Oui.
— Tu en réponds?
— Comme de moi-même.

Couthon me remit deux enrôlements signés des six représentants, et dont le nom des enrôlés était en blanc.

Le même soir, Jacquard et son fils, enrôlés dans le régiment de Rhône-et-Loire, partaient pour Toulon ; laissant, l'un sa femme, l'autre sa mère aux soins et au dévouement de l'excellente Toinette.

Voilà Jacquard transformé en militaire, faisant l'exercice en compagnie des volontaires qui, par leur costume, ressemblaient plutôt à des voleurs de grands chemins qu'aux soldats d'une grande nation. Charles s'était rapidement façonné à ce mode d'existence, assez semblable à celle des Bohémiens de Callot, sa gaité réagit heureusement sur Jacquard, qui serait mort de tristesse et de dégoût.

Mais il devait, hélas! subir une terrible épreuve.

Il fut nommé membre du conseil de discipline, cette nouvelle fonction lui donnait la surveillance des condamnés militaires.

Un jour, c'était près du village d'Haguenau, il était tristement assis au pied d'un arbre, prêtant une médiocre attention à la fusillade d'un combat engagé à peu de distance.

Charles s'approcha de lui :
— Qu'as-tu père, lui demanda-t-il doucement?
— Je songe à ta mère, dont je n'ai pas reçu de nouvelles depuis un grand mois.
— Ma mère se porte bien.
— Qu'en sais-tu?
— J'ai fait un beau rêve.
— Enfant. — Et qu'as-tu rêvé?
— J'ai rêvé que nous retournions à Lyon, j'étais officier, et ma mère se promenait fièrement à mon bras.
— Tu aimes donc la vie militaire?
— Si je l'aime, père ; s'élever par son courage et son épée, n'est-ce pas ce qu'il y a de plus grand et de plus noble ; lorsque je vois le général passer devant nous sur son cheval blanc, que les soldats lui présentent les armes, que les tambours battent aux champs, je me dis tout bas : « un jour viendra où moi aussi je serai général. »

La fusillade qui, pendant cette conversation, s'était éloignée, se rapprocha tout-à-coup.
— Entendez-vous, s'écria Charles, on se bat à côté de nous ; là-bas, il y a des hommes qui gagnent leur premier grade ; oh! si vous le vouliez, mon bon père?
— Quoi?
— Vous me laisseriez mettre à la tête des soldats qui sont sous vos ordres, et qui rachèteront leur faute par leur conduite.
— Je ne puis pas.
— Vous le pouvez ; vous n'avez qu'à faire un geste pour être obéi.

Au même instant, une balle perdue coupa, en sifflant, une branche de l'arbre sous lequel était assis Jacquard.
— Vous le voyez, dit Charles, les combattants viennent de notre côté, dans quelques minutes vous serez forcé de faire ce que je vous demande ; mais alors, on dira que vous avez eu peur, parce que vous n'êtes pas allé au devant du danger.
— Eh bien! soit, mon enfant, je consens, mais à une condition.
— Laquelle?
— C'est que, pendant le combat, tu resteras près de moi.
— Je vous le jure, s'écria le jeune homme avec joie, et vous verrez que votre fils est un brave.

Jacquard s'approcha des soldats.

Ah ça! vous autres, vous plairait-il, en échange de votre punition, que je leve, d'aller goûter un peu des prunes qui se distribuent là-bas.
— Parbleu! je le crois bien, s'écria un soldat, vous nous proposez une distribution de prunes, et voilà vingt-quatre heures que nous n'avons rien mangé.

Un houra de bravos accueillit la demande et couvrit la réponse.

L'action fut vive, les balles pleuvaient, les hommes tombaient, Jacquard ne quittait pas son fils du regard, le retenant lorsque, entraîné par sa jeunesse et son ardeur, il voulait se jeter au plus fort de la mêlée, le couvrant de son corps lorsque le sabre d'un ennemi le menaçait.

Tout-à-coup, il le vit chanceler, il s'élança et le reçut dans ses bras.

Une pâleur livide s'étendit rapidement sur le visage du jeune homme; ses yeux ouverts ne distinguaient plus les objets, sa main frappait inutilement l'air comme il cherchait à saisir quelque chose.

Jacquard l'étendit à terre, ouvrit son habit ; il avait été frappé en pleine poitrine, le sang s'échappait à larges flots.

Charles, se soulevant sur le bras droit tandis que de l'autre il enveloppait le cou de son père.
— Embrasse...., murmura-t-il d'une voix éteinte, embrasse ma mère pour moi.... je t'aime.... adieu.... je meurs.

Il retomba, il était mort.

Quelle triste réalité à la place d'un beau rêve.

Jacquard s'agenouilla devant le cadavre de son enfant et le contempla en versant des larmes ; on se battait autour de lui sans qu'il y prît garde.

Le soir, en relevant les cadavres, on trouva le père tenant son fils enlacé dans ses bras.

Lorsque Jacquard revint à lui, il était fou, il appelait Charles et causait avec lui.

Peu à peu, la raison lui revint, mais avec elle la pensée de la perte qu'il avait faite ; ses cheveux blanchirent en une nuit.

Ses chefs en eurent pitié, et ils obtinrent, pour lui, du général, un congé illimité.

Il reprit le chemin de Lyon. A mesure qu'il approchait de la ville, il sentait augmenter sa douleur ; que répondre à sa femme, lui demandant ce qu'il avait fait de son enfant?

Puis, il allait se trouver en présence de tous les objets qui lui rappelleraient son fils ; dans l'angle de la chambre était le berceau où Charles avait dormi ses nuits d'enfance, et la petite chaise sur laquelle on l'asseyait pour se mettre à table.

Il n'eut pas le courage, en arrivant à Lyon, de se rendre chez sa femme, il vint me voir, et me raconta les détails de la mort de son fils.

Le soir, il se glissa furtivement chez lui.

Toinette lui ouvrit, et poussa un cri de joie.
— Tais-toi, lui dit-il tout bas.

Mais Toinette, tout entière au bonheur de revoir son maître, ne l'entendit pas, appela madame Jacquard, qui arriva tremblante d'émotion.

A la vue de son mari, dont les cheveux avaient blanchi, elle pressentit le malheur ; elle fit un pas pour l'embrasser et s'arrêta.
— Et Charles, demanda-t-elle?
— Charles, répondit machinalement Jacquard.
— Où est mon enfant? s'écria-t-elle.
— Charles, répéta le pauvre père, sans savoir ce qu'il disait.
— Il est vivant, s'écria madame Jacquard?
— Oui, vivant, fit d'un air hébété le pauvre père.
— Oh! vous mentez. — Il est.... mort!
— Oui, mort, ajouta l'infortuné, en laissant tomber sa tête sur sa poitrine, comme s'il eût été dans le monde des songes.

Madame Jacquard s'évanouit.

On la porta sur son lit qu'elle ne quitta pas pendant un mois.

Toinette fut la providence des deux époux. — L'instinct du cœur lui inspira la seule consolation pour un père et une mère pleurant la mort de leur unique enfant : elle pleura avec eux. Insensiblement leur douleur, comme toutes les douleurs et les joies terrestres, devint moins vive, mais elle laissa, comme trace de son passage, une tristesse profonde au cœur de la femme, et augmenta la mélancolie du mari.

— Si j'étais l'historien de Jacquard, dit M. Duval, je diviserais sa biographie en quatre parties : la première, le prenant au berceau et se terminant au siége de Lyon ; la seconde, à cet endroit ; la troisième, à l'époque où il est venu habiter Oullins, et la dernière à sa mort ; car la nécrologie est le complément fatal de toute biographie complète ; j'espère que Jacquard nous fera attendre ce complément encore longtemps. — Vous m'accuserez peut-être de prolixité, Milord, continua le père de Georges, en s'adressant à lord.... mais songez que je parle de mon plus fidèle et plus vieil ami.

— Nullement, répondit lord...., tout ce qui concerne un homme tel que M. Jacquard offre de l'intérêt, on est heureux de puiser dans la vie intime d'un homme de génie, et de le voir aux prises avec les petites misères de l'existence de tous.

— Au reste, je n'abuserai pas longtemps de votre complaisance, car je n'ai plus à vous raconter que la troisième partie de l'histoire, la quatrième vous la connaissez. Vous avez vu Jacquard vivant en excellent propriétaire, inconnu et oublié, se laissant conduire en enfant par Toinette, la craignant comme un écolier craint son professeur, vous....

— Vous avez, interrompit lord...., réhabilité cette pauvre servante dans mon opinion ; un dévoûment pareil au sien est rare, il fait en même temps son éloge et celui de M. Jacquard, et justifie un de vos proverbes français : « Les bons maîtres font les bons domestiques. — Toinette est-elle dévote ?

— A ennuyer les saints du paradis par ses prières, répondit Georges, en souriant.

— Eh bien ! soyez assez bon pour lui faire don, de ma part, de ce chapelet en ivoire, monté en or, que j'ai reçu des mains même du pape. — Maintenant, ajouta lord...., en se tournant vers M. Duval, pardonnez-moi de vous avoir interrompu si longtemps, je vous écoute.

— Jusqu'en 1800, fit M. Duval, c'est-à-dire jusqu'à l'âge de quarante-huit ans, Jacquard ne s'était occupé de la mécanique qu'à de rares intervalles, en amateur, cherchant une distraction dans une prédisposition naturelle ; mais n'essayant pas à s'élever plus haut parce qu'il lui manquait les connaissances nécessaires qui doublent la puissance intellectuelle et lui prêtent leur secours ; une particularité qu'il faut aussi signaler, c'est que Jacquard, n'ayant pas été ouvrier en soie, n'avait pas pu, par la pratique journalière, saisir les modifications qu'il y avait à apporter au tissage des étoffes. — Je vous ai dit que mon ami était un philantrope, Milord, je suis convaincu, en effet, que ce fut une pensée de véritable philantropie qui lui fit inventer le métier mécanique.

Pour bien me comprendre, il faut que je vous explique ce qu'étaient les ouvriers en soie avant l'invention de Jacquard.

Vous avez parcouru les ateliers, Milord ; car, en Angleterre, un grand seigneur ne rougit pas d'être un industriel. Vous avez vu une population active, laborieuse, la santé aux joues, la force aux bras, ne demandant à Dieu que deux choses : du travail et de la santé pour le travail.

Autrefois il n'en était pas ainsi, le canut (1) était un pauvre diable aux formes grêles, à la figure hébétée, au langage lent comme sa pensée ; il n'y avait en lui ni courage, ni énergie, ni passion : sa vie était une longue souffrance, et il se résignait à souffrir. C'était un crétin tel qu'il en existe encore dans la Suisse. C'est que pour que une intelligence qui raisonne, une volonté qui agit, il faut un corps dans lequel le sang circule, portant la vie et la chaleur. Le travail, en tuant le corps, tuait l'âme du même coup.

On ne voyait pas de petit-fils de canut, une famille n'allait pas jusqu'à une seconde génération. Chaque année la campagne envoyait de beaux gars pour renouveler ce peuple abâtardi ; au bout de six mois, santé, jeunesse avaient été flétries, perdues, broyées.

Le canut était facile à reconnaître à son tricorne, à ses bas chinés, à son habit de velours, à son air timide et craintif.

D'où venait ce dépérissement ? — Du métier façonné dont le maniement était difficile et pénible. L'ouvrier assis sur la banquette était obligé de jeter ses jambes à droite et à gauche, tandis que des enfants (qu'on employait parce que le prix de la journée pour eux était moins élevé) tiraient les lacs (1) à l'aide desquels se faisait le dessin. L'ouvrier était ainsi condamné à un exercice de gymnastique fatigante et dangereuse ; les enfants, obligés de se courber pour le travail, déformaient leurs membres trop frêles.

Modifier le métier était donc plus qu'un progrès pour l'industrie ; c'était une œuvre morale, c'était la réorganisation physique et intellectuelle d'une classe nombreuse.

Cette double question fut résolue par Jacquard qui, en 1801, exposa son métier modèle. Le matin du jour où le jury devait décerner les médailles, mon ami vint me trouver, il entra chez moi en se frottant les mains avec un air de satisfaction et de contentement dont, ma femme s'aperçut la première.

— Je parie, M. Jacquard, lui dit-elle, que vous avez quelque bonne nouvelle à nous annoncer.

— Moi, dit-il, non.

Et il souriait de plus belle.

— Voyons, fis-je à mon tour, voulez-vous déjeûner avec moi, je suis convaincu que le vin vous déliera la langue.

— Cela se peut « in vino veritas. »

— Vous parlez latin ?

— J'ai pour voisin un vieux professeur qui cite ce proverbe toutes les fois qu'il se grise, et il se grise tous les jours.

— Je comprends l'origine de votre érudition.

Nous causâmes pendant quelques instants des événements du moment.

— A propos, dit Jacquard, savez-vous que c'est aujourd'hui la distribution des médailles accordées aux exposants.

— De quelle exposition me parlez-vous, lui répondis-je ?

— De l'exposition du palais Saint-Pierre, voulez-vous y venir ?

— Pourquoi faire ?

— Mais pour voir la distribution des récompenses.

— Prenez garde, le vin opère, vous allez vous trahir, lui dit ma femme en souriant, et en me jetant un regard qui signifiait « accepte. »

— Ai-je dit quelque chose, s'écria-t-il avec un effroi comique ?

— Nullement.

— Venez-vous ?

— Avec plaisir.

J'avais deviné en partie son secret.

En entrant au palais Saint-Pierre, nous vimes la cour encombrée de machines : l'une d'elles était entourée de canuts qui l'examinaient en connaisseurs, émettant tout haut leur opinion. Jacquard écoutait avec tant d'attention les différentes remarques faites sur cette machine que je reconnus en lui l'inventeur.

La séance commença comme commencent toutes les

---

(1) Nous ne savons pas pourquoi ce nom de *canut*, donné aux ouvriers en soie, a été pris en mauvaise part et est considéré par eux comme une injure ; il dérivait de *canette*, petite bobine sur laquelle on dévide la soie nécessaire au tissage (la trame). Depuis quelques années, les ouvriers en soierie ont formé une société ayant à peu près les bases du compagnonage des autres corps de métiers, et ont remplacé le nom de canut par celui de *ferrandinier*, qui dérive de *ferrandine*, petite navette dont on se sert pour la confection des étoffes de soie, ou bien encore de *ferrandine*, ancien tissu qui ne se fabrique plus aujourd'hui.

(1) Le mot *lac* est ici pris dans le sens de lacet, corde ; ceux qui les tiraient étaient appelés *tireurs de lacs*.

séances de ce genre, par un discours sur l'industrie, auquel succéda un discours sur le commerce, puis un troisième sur l'agriculture.

Enfin, vint la distribution.

Lorsqu'on proclama les premiers prix, qui étaient les médailles d'or, j'aperçus la figure de Jacquard s'animer tout-à-coup.

On nomma les lauréats, le nom de mon ami ne fut point prononcé.

Il pâlit légèrement.

On proclama les médailles d'argent.

Le nom de Jacquard ne fut encore point prononcé.

Il était pâle, il devint blême.

Restaient les médailles de bronze.

Après quelques nominations, la voix du président appela :
— M. Joseph-Marie Jacquard.

Le visage de mon ami passa rapidement du blanc au rouge.

— Le jury, continua le président, vous accorde une médaille de bronze pour avoir inventé un mécanisme qui supprime un ouvrier dans la fabrication des tissus brochés (1).

Un immense houra, accueillit cette proclamation. Tout entier à son triomphe, Jacquard ne vit pas ce que renfermait de colère ces cris qu'il prit pour des applaudissements, il alla recevoir la récompense; mais lorsqu'il revint près de moi, aux regards furieux qui se croisaient autour de nous, je compris qu'il était imprudent pour lui de rester au milieu de ces ouvriers dont une maladresse du jury avait fait des ennemis, en le désignant comme inventeur d'un métier *supprimant un ouvrier*.

— Venez, lui dis-je, en lui prenant le bras.
— Attendons encore un moment, nous verrons la fin de la séance.
— Non, partons de suite, lui répondis-je.
— Pourquoi ?
— Je suis pressé.

Nous sortîmes, je ne remarquai pas qu'on nous suivait, nous nous dirigeâmes du côté du quai Saint-Clair.
— Eh bien ! me dit-il, avez-vous deviné ?
— Quoi ?
— Que j'avais inventé un métier pour le tissage.
— Non.
— Il y a un an que j'y travaille ; et j'ai réussi au-delà de toutes mes espérances. — Dans vingt ans le nombre des métiers sera doublé, et la fabrique lyonnaise sera sans rivale: comprenez mon procédé, il est simple comme tout, je remplace....
— Vous m'expliquerez cela plus tard, hâtons le pas.
— Mais nous ne marchons pas, nous courons.
— Il faudrait que nous eussions des ailes.

Je crus, en effet, apercevoir des gens d'assez mauvaise mine, qui marchaient en gesticulant et se dirigeaient de notre côté.

Je ne m'étais pas trompé, nous étions à peine sur le quai Saint-Clair, qu'ils s'élancèrent sur nous.
— Le voilà, s'écria l'un d'eux en saisissant Jacquard par le collet de son habit.
— Qu'est-ce que vous me voulez, demanda Jacquard, avec une émotion facile à comprendre.
— Nous voulons te jeter à l'eau.
— Pourquoi ?
— Tu demandes pourquoi, lorsque tu nous ruines, lors-

---

(1) Quelques auteurs ont accusé Jacquard de n'avoir été que le copiste d'un métier de Vaucanson qu'il trouva à l'école des Beaux-Arts. — Cette récompense, accordée en 1801, est une justification complète de cette accusation, puisqu'il n'alla à Paris qu'en 1804. — Voici ce que nous croyons de plus conforme à la vérité; l'idée mère de l'invention de Jacquard lui appartient en réalité, mais il la modifia, en effet, sur un mécanisme de Vaucanson qui, nommé par le cardinal Fleury, inspecteur des manufactures de soie, avait inventé un métier qui ne put jamais être employé pour le tissage des étoffes.

que tu nous enlèves notre pain en inventant un métier qui supprime un ouvrier. A l'eau ! à l'eau !
— A l'eau ! hurla la foule qui, en grossissant, devenait effrayante.
— Vous vous trompez, mes amis, dit Jacquard tremblant de frayeur, et vous me bénirez un jour, car mon métier......
— Ton métier, on le brûle sur la place des Terreaux, et toi, nous allons te jeter à l'eau.
— A l'eau ! à l'eau Jacquard ! vociférent des voix menaçantes.

L'un des agresseurs s'empara du malheureux inventeur qui, s'oubliant lui-même, ne pensait qu'à son œuvre detruite, et murmurait : « On brûle mon métier... » — L'élan était donné, en quelques secondes Jacquard se vit soulevé de terre et emporté vers le Rhône. Il n'y avait pas un instant à perdre, le danger était sérieux. Dans le désordre, j'avais été séparé de mon ami. Que faire pour le sauver ? Parler à cette foule, c'eût été impossible, puis elle ne m'eût pas écouté; opposer la violence à la violence, c'eût été folie ; seul contre tous, pouvais-je espérer que la lutte serait à mon avantage.

Déjà la foule avançait vers le parapet du quai, trois pas encore et Jacquard était précipité dans les eaux du Rhône.

A cette vue je ne calculai rien, fou, insensé, avec les forces multipliées par la colère, je me précipitai, renversant tout sur mon passage; je saisis Jacquard, et, l'arrachant des mains de ses assassins, je l'emportai dans mes bras, et m'élançai dans un magasin, dont la porte se referma sur nous.

La foule s'arrêta un instant, étonnée de mon audace ; puis, comme honteuse d'avoir été vaincue par un seul homme, elle entreprit le siège du magasin.

Heureusement que des soldats, attirés par le bruit, dispersèrent l'émeute.

Jacquard était évanoui.

Lorsqu'il revint à lui, ses yeux étaient hagards.
— Mon ami, s'écria-t-il, avez-vous entendu ce que m'ont dit ces hommes : on brûle mon métier sur la place des Terreaux.
— Calmez-vous, lui répondis-je.
— Oh ! non, c'est impossible, fit-il comme se parlant à lui-même, il faut que je m'en assure.

Il se leva du canapé sur lequel je l'avais étendu, et marcha vers la porte.
— Où allez-vous ? lui dis-je, en me mettant devant lui.
— Sur la place des Terreaux.
— Y songez-vous ?
— Il le faut.
— Vous voulez donc vous faire tuer ?
— L'incertitude me tue, me dit-il avec une profonde tristesse, je veux voir si ce que ces hommes m'ont dit est vrai ; restez ici, il n'y a du danger qu'il soit pour moi seul.
— Ingrat, lui répondis-je, n'est-ce pas lorsque vient le danger et la douleur qu'en véritable ami on doit les partager ? Je vous accompagne.
— Merci, vous m'avez sauvé déjà la vie en exposant la vôtre. C'est assez de dévouement.
— Jacquard, tenez-vous à mon amitié ?
— Si j'y tiens, s'écria-t-il en me serrant la main.
— Eh bien ! sortons.

Nous prîmes les rues détournées dans la crainte de rencontrer quelques-uns des ouvriers qui avaient pris part à l'infâme guet-à-pens dirigé contre Jacquard.

Quel affreux spectacle pour mon pauvre ami ; au centre de la place des Terreaux, s'élevaient des tourbillons d'étincelles ; c'était le métier mécanique qui brûlait. La populace se tenant par la main, dansait en chantant des rondes autour de ce feu de joie improvisé.

La place des Terreaux, éclairée par les flammes vacillantes, les sévères et noires façades de l'Hôtel-de-Ville et du palais Saint-Pierre, une foule en haillons, grouillant, criant, beuglant, sautant : tout ce tableau était effrayant.

Jacquard, appuyé sur mon bras, le contemplait d'un œil humide.

Lyon, Imp. H. Storck.

— Hélas ! me dit-il, j'ai passé mes nuits sans sommeil pour ce peuple dont la misère et les souffrances m'avaient ému : je lui apporte le bonheur et la richesse... voilà ma récompense.

Deux grosses larmes glissaient sur ses joues.

— Ami, lui dis-je, le peuple ressemble souvent à ces bêtes fauves déchirant la main qui leur donne à manger. N'attendez pas de lui votre récompense, elle est placée plus haut.

Et je lui montrai le ciel (1).

Jacquard jura de ne plus s'occuper de mécanique ; mais son serment fut un serment d'ivrogne.

Six mois après ces événements, nous nous trouvions au café avec quelques-uns de nos amis communs ; je lisais machinalement le journal, lorsque mes yeux tombèrent sur un avis qu'avait fait insérer la société royale de Londres, offrant un prix considérable à l'inventeur d'un métier à fabriquer le filet pour la pêche maritime.

— Tenez, dis-je à Jacquard, voilà qui vous intéresse.

— Qu'est-ce ? me répondit-il.

Je lus tout haut l'article du journal.

— Le résultat de ma première invention est peu fait, dit-il tristement, pour m'encourager à en tenter une seconde.

— Avouez plutôt, ajouta l'un de nos amis, que la chose vous paraît impossible.

— Impossible, s'écria Jacquard, avec la vivacité d'un vieux grognard dont on mettrait en doute le courage, rien n'est impossible.

— Eh bien ! tâchez de gagner le prix offert par la société royale de Londres.

— Je ne m'en soucie pas.

— Peste, vous êtes ambitieux, la somme est ronde.

— Je n'ai jamais ambitionné l'argent.

— Vous êtes servi à souhait ; la société française d'encouragement a mis au concours le même sujet, et elle donne simplement pour prix une médaille d'or.

— Je préférerais aux bank-notes des Anglais la médaille française.

— Obtenez-la donc..., fit son interlocuteur, en souriant..., si vous le pouvez.

— Si je le veux, je le puis.

— Orgueilleux.

Jacquard ne répondit pas. Un mois plus tard, les mêmes personnages se trouvaient encore réunis au café.

— N'est-ce pas vous, dit-il à celui qui l'avait plaisanté dans la première conversation, n'est-ce pas vous qui m'avez défié de fabriquer un filet à la mécanique.

— Moi, je ne vous ai nullement défié, je vous ai seulement dit que la chose était impossible.

— Voilà l'impossible réalisé, répondit-il.

Et il jeta un filet parfaitement exécuté sur la table.

— Mais vous avez gagné le prix de la société royale de Londres ou de la société d'encouragement.

— Je ne me soucie ni de l'un ni de l'autre.

— Pourquoi ?

— Parce que j'ai déjà trop souffert pour m'exposer à de nouvelles déceptions.

J'essayai vainement de le faire changer d'idée, mes efforts furent inutiles.

Quinze jours s'étaient écoulés, lorsqu'un matin entra, dans son modeste appartement de la rue de la Pêcherie, un brigadier de gendarmerie, qui l'invita poliment à le suivre à la Préfecture.

Une invitation de cette espèce, surtout lorsqu'elle vous est apportée par un gendarme, ne peut pas se refuser; aussi Jacquard s'empressa-t-il d'obéir.

Il fut introduit sans retard dans le cabinet du préfet.

— C'est vous qui vous nommez Joseph-Marie Jacquard, demanda le préfet ?

— Oui, Monsieur.

— Très-bien, vous allez partir à l'instant même pour Paris.

— Vous dites, Monsieur ? demanda Jacquard qui crut avoir mal entendu.

— Je dis que vous allez partir à l'instant même pour Paris.

— Pourquoi faire.

— Je n'en sais rien.

Jacquard commençait à être visiblement ému.

— Mais enfin, M. le préfet, continua-t-il en joignant les mains, pourriez-vous m'expliquer.....

— Rien.

— Quel est mon crime ?

— Je l'ignore.

— Vous m'arrêtez ?

— Oui.

— De quel droit.

— Du droit que me donne cet ordre.

— Seriez-vous assez bon pour me le faire connaître.

— Volontiers.

Le préfet lut :

« Ordre est donné au préfet du Rhône de faire chercher, » au reçu de cette dépêche, le nommé Joseph-Marie » Jacquard, et de l'expédier immédiatement à Paris.

» *Signé* : le premier consul,

» BONAPARTE. »

Pour le coup, Jacquard crut qu'il dormait, et il se pinça pour s'assurer qu'il était bien éveillé.

— Vous avez entendu ? dit le préfet.

— Parfaitement.

— En route donc.

— Comment, vous ne me donnerez pas même le temps de faire mes adieux à ma femme ?

— Impossible.

— Me permettrez-vous au moins de lui écrire ?

— Oui, mais promptement, et à la condition que je lirai la lettre.

— Comme il vous plaira.

Jacquard prit la plume, d'une main tremblante, écrivit cette laconique lettre à sa femme :

« Ma chère amie,

» Un ordre du premier consul me fait arrêter et conduire » à Paris ; comme je n'ai pas sur la conscience le plus » léger péché, je pars sans frayeur, convaincu qu'il me » suffira de parler pour me justifier, lorsque je connaîtrai » ce dont on m'accuse.

« TON MARI. »

— Allons, en voiture, s'écria le préfet.

— Comment en voiture, dit Jacquard, qui depuis le commencement de cet entretien, croyait avoir un pénible cauchemar et attendait avec impatience le réveil.

— La chaise de poste est en bas, les relais sont commandés, vous irez comme un trait d'enfer.

— J'en suis charmé, répondit le pauvre diable, qui ne savait plus ce qu'il disait.

Une chaise de poste attelée de quatre chevaux était, en effet, dans la cour de la préfecture, les postillons à cheval n'attendaient que le signal.

Le préfet, qui avait accompagné Jacquard, ouvrit lui-même la portière.

— Après vous, dit Jacquard.

— Oh ! je ne vous accompagne pas, dit en souriant le fonctionnaire public, mais je vous ai donné un compagnon de voyage.

Jacquard monta dans la voiture, et vit son compagnon de voyage : c'était un gendarme.

---

(1) Quelques historiens racontent autrement cette anecdote ; d'après eux, le métier modèle de Jacquard aurait été vendu publiquement, en 1801, sur la place des Terreaux, *le bois pour du vieux bois, le fer pour du vieux fer*, et cela d'après une ordonnance du conseil des prud'hommes. Ce fait injurieux pour le conseil des prud'hommes est démenti par une seule date ; le conseil des prud'hommes n'a été institué par Napoléon qu'en 1806.

— Vous connaissez vos ordres, lui dit le préfet.
— Oui, Monsieur, répondit le gendarme.
— M. Jacquard, fit le fonctionnaire avec une politesse exquise, je vous souhaite un bon voyage.

Et sur un geste, la chaise de poste s'ébranla et partit au claquement des fouets des postillons et des grelots de ses quatre chevaux.

C'était la première fois que Jacquard allait en chaise de poste, et il regretta le coche d'eau et la carriole.

— Monsieur, dit-il gracieusement au gendarme, serait-il indiscret de vous demander les ordres que vous avez reçus.
— Nullement.
— Quels sont-ils?
— De vous tirer dessus si vous cherchez à vous échapper, répondit le gendarme en frappant sur sa carabine.

Jacquard crut qu'il allait se trouver mal, il renversa la tête en arrière, et... il s'endormit.

Après toutes ces émotions, Dieu lui devait bien ce léger dédommagement.

Lorsqu'il se réveilla, il vit son compagnon de voyage déjeûnant avec du saucisson qu'il arrosait d'un verre de vin de Bordeaux.

— Vous avez bien dormi? demanda le gendarme.
— Mais, oui, fort bien, répondit Jacquard, auquel le sommeil avait rendu sa tranquillité d'esprit, et qui trouvait déjà que la voiture était excellente.
— Accepteriez-vous une tranche de pâté froid? dit le gendarme.
— Avec plaisir.

Comment trouvez-vous ce vin?
— Il a un fumet délicieux.
— Si vous mangiez maintenant une aile de cette volaille truffée?
— De la volaille truffée, je l'adore; mais d'où diable tirez-vous ces provisions?
— De ce panier. — Ce sont nos provisions de route; comme nous ne devons pas descendre, on a lesté le bâtiment avec des vivres.
— C'est un très-bon lest.
— Allons, un verre de vin de champagne et un biscuit.
— Du champagne, à présent; ventre-saint-gris! comme disait le roi Henri IV, parlez-moi d'être prisonnier pour mener joyeuse vie.

Et il se mit à fredonner :

L'autre jour, quittant mon manoir (1),
Je fis rencontre sur le soir
D'un *globiste* de haut parage;
Il s'en allait, tout bonnement,
Chercher un lit au firmament;
Et moi je lui dis: Bon voyage!

— Vous chantez comme un rossignol, mais ça doit vous altérer. — Buvez donc, dit le gendarme, en remplissant le verre de son prisonnier.
— Second couplet, s'écria Jacquard :

Sœur Modeste, dans son couvent,
A l'aspect d'un globe mouvant,
S'écriait : Ah! chose effroyable!
Il va pleuvoir dans nos jardins
Des étourdis qui, par essaims,
Nous rempliront d'air inflammable.

— Quelle belle voix, quelle belle voix! Avez-vous servi, dit le gendarme.
— Oui, pourquoi?
— Parce que vous avez la voix de mon ancien colonel lorsqu'il commandait les manœuvres.

Enchanté de ce compliment, excité par des libations nouvelles, Jacquard entonna le troisième couplet à tue-tête :

Lise disait à son époux,
Qui se plaignait d'un rendez-vous

---

(1) Cette chanson, dont nous ne donnons que quelques couplets, fut composée à propos des ballons dont l'inventeur, Mongolfier, fit le premier essai à Lyon..... Autrefois, du reste, on faisait des chansons sur tous les événements du jour: on fait aujourd'hui des caricatures; nous regrettons les chansons.

Donné par des barques volantes;
Ah! Monsieur, pourquoi tant crier?
Je vais au signe du Bélier
Vous chercher des armes parlantes.

— Ça devient grivois, le dernier couplet doit être amusant.
— Je n'en sais pas plus long.
— C'est dommage.
— Ah ça! gendarme, où me conduisez-vous?
— Parbleu, à Paris.
— Je le sais bien, mais dans quel quartier?
— C'est juste. Tenez, c'est écrit sur mes instructions, voyons :

« Le gendarme Brisquet.....
— Vous vous nommez Brisquet? interrompit Jacquard.
— Oui.
— Beau nom.
— Mais il est assez aimé des femmes.
— Moi, je l'adore tellement que je l'ai donné à mon chien.
— Vous me flattez, fit le gendarme avec un air visible de contentement, je continue :

« Le gendarme Brisquet conduira le nommé Jacquard à
« Paris, il lui est expressément ordonné d'avoir pour son
« prisonnier tous les égards et tous les soins possibles. »
— Je me plais à reconnaître que vous remplissez parfaitement cette première partie de vos instructions, interrompit encore Jacquard.
— On connaît la civilité, on sait vivre.
— Mon opinion est que pour bien vivre il faut bien manger.
— Et boire un peu.
— Un verre de vin de Champagne? dit M. Brisquet, en faisant sauter le bouchon d'une seconde bouteille.
— J'accepte.
— A votre santé.
— A la vôtre.

Le gendarme voulut continuer de lire, mais sa vue vacillait tellement qu'il ne put distinguer les lettres.

— Ah! scélérat de vin de champagne! s'écria-t-il, il m'a mis des lunettes qui me font voir trouble.
— Donnez-moi votre papier, dit Jacquard, j'essaierai de lire, quoiqu'il me semble que j'aie moi-même un brouillard devant les yeux.

Son compagnon lui présenta la feuille ouverte.

— Ciel! fit Jacquard en bondissant, pas possible, j'ai mal lu :

« Il conduira M. Jacquard à l'Ecole des Arts-et-Métiers. »
— Qu'est-ce que c'est que ça, une prison?
— Mon ami, ma fortune est faite.
— Vous dites?
— Je dis que, loin de me conduire en prison, vous me conduisez à la gloire, à la réputation, à la fortune. — Postillon, continua Jacquard, en mettant la tête à la portière, fouette tes chevaux, brûle le pavé, dévore l'espace, plus vite, cours, vole.
— Il est ivre comme un Suisse, pensa le gendarme.
— Vous ne savez pas? c'est que j'ai inventé le métier-mécanique.....
— Alors, à votre fortune future.
— A ma fortune.

Ces dernières rasades enlevèrent aux deux voyageurs le peu de raison qui leur restait; ils fermèrent les yeux et s'endormirent.

Et tandis que la chaise de poste roulait rapide, soulevant des tourbillons de poussière blanche; tandis que le gendarme Brisquet rêvait qu'il était brigadier, les espérances, papillons aux ailes dorées, voltigeaient, dans un songe, au-dessus de la tête chauve de mon pauvre ami.

Commencé sous de pareils auspices, le voyage fut très-gai. Deux jours après, la chaise de poste débarquait à l'Ecole des Arts-et-Métiers.

Le gendarme remit son prisonnier au directeur de l'Ecole.

Là s'arrêtait sa mission. Jacquard serra affectueusement la main de Brisquet, et ils se séparèrent.

Le directeur conduisit sur-le-champ Jacquard dans un atelier où se trouvaient deux personnages qui regardaient attentivement une machine qui fonctionnait ; au bruit que fit la porte en se refermant, ils levèrent la tête.

— Qu'est-ce ? demanda avec impatience le plus petit des deux.

— M. Jacquard, répondit le directeur.

— Ah ! très-bien.

Le directeur s'inclina.

— Me connaissez-vous ? demanda, en s'adressant à Jacquard, le personnage qui avait déjà pris la parole.

— Non, Monsieur, répondit mon ami.

— Je suis le premier consul.

Jacquard sentit un nuage passer devant ses yeux.

— Et c'est vous, dit celui qui n'avait pas encore parlé, c'est vous qui prétendez faire ce que Dieu lui-même ne pourrait pas faire : un nœud sur une corde raide (1) ?

Ce qui restait d'assurance au pauvre inventeur s'évanouit à cette apostrophe, et il ne put répondre.

— Répondez donc ? continua le personnage.

— Carnot, dit Bonaparte, défaites-vous donc de cette brusquerie ; vous croyez toujours parler à vos soldats. Voyons, mon ami, fit-il, en se tournant vers Jacquard, est-il vrai que vous ayez trouvé un mécanisme pour fabriquer les filets ?

— Oui, Monsieur.

— A partir de ce jour, vous êtes le pensionnaire du gouvernement ; vous logerez ici ; M. le Directeur aura soin qu'on vous donne tout ce que vous pourrez désirer.

— Vous serez obéi, répondit le directeur, et mon empressement.....

— Commandez ici, M. Jacquard, interrompit Bonaparte, construisez votre machine, et surtout n'épargnez rien. L'industrie, comme la guerre, illustre une nation, et je veux que la France ait toutes les illustrations.

Jacquard put se livrer tout entier à son amour pour la mécanique ; il avait sous ses ordres une armée d'ouvriers ; les matériaux abondaient sous sa main ; enfin, l'argent, ce grand moteur, lui était donné sans compter.

En quelques mois, sa machine à fabriquer le filet fut achevée, et elle obtint la médaille d'or.

Un jour, qu'il parcourait les greniers des Arts-et-Métiers, où sont entassés pêle-mêle les essais infructueux, il découvrit le métier à tisser la soie de Vaucanson ; il l'examina en démontant une à une toutes les pièces, puis il le reconstruisit, en le modifiant, d'après celui qu'il avait exposé au Palais-des-Arts ; l'œuvre achevée donna le métier tel qu'il est employé aujourd'hui dans nos ateliers.

La mélancolie de mon pauvre ami s'accrut peu à peu, et se changea bientôt en tristesse profonde ; il avait au cœur cette maladie des âmes tendres, que la science médicale appelle nostalgie, qui n'est autre que le besoin de respirer l'air natal, et de revenir à ses habitudes et à ses affections.

Bonaparte, nommé empereur depuis l'arrivée de Jacquard à Paris, venait souvent à l'Ecole des Arts-et-Métiers, et causait avec lui ; il remarqua sa tristesse et voulut en savoir la cause.

— J'ai le mal du pays, répondit Jacquard.

— Vous seriez donc heureux de retourner à Lyon ? demanda l'empereur.

— Ce serait pour moi le bonheur et la santé, sire.

— Paris vaut bien Lyon.

— Paris est une grande et belle ville, mais c'est une étrangère pour moi ; la ville de Lyon, au contraire, est une vieille amie qui m'a élevé, qui m'a nourri ; à chaque coin de rue, je rencontre un visage ou un ami auquel je serre la main ; ici, je suis seul, et, à mon âge, on commence déjà à avoir le besoin de se sentir entouré.

(1) Cette apostrophe de Carnot est historique. On sait que Carnot fut un mathématicien distingué.

— Demain vous partirez.

— Oh ! merci, sire, merci, répondit Jacquard, qui sentit les larmes lui venir aux yeux à la pensée des amitiés qu'il allait retrouver.

— Mais, vous n'êtes pas riche ?

— Je suis sans fortune.

— Comment ferez-vous pour vivre ?

— Je travaillerai, sire.

— Non pas, je veux que vous ayez la retraite que vous avez dignement gagnée ; vous avez enrichi les Lyonnais, ils vous paieront une pension ; fixez-en vous-même le chiffre.

— Trois mille francs, sire, est-ce trop, ajouta Jacquard en se reprenant.

— Non pas, répondit l'empereur en souriant ; c'est assez si cela vous suffit, mais c'est peu et vous n'êtes pas ambitieux (1).

Le lendemain, Napoléon signait le décret impérial par lequel Lyon était tenu de payer la somme de trois mille francs de revenu à Jacquard, inventeur des métiers mécaniques, et mon ami, la joie au cœur, revint dans sa ville natale.

Il n'avait pas encore bu tout son calice d'amertume.

Une clause du décret impérial portait qu'en échange de la pension que devait lui payer la ville, Jacquard lui donnerait tout son temps ; en conséquence, il fut installé au palais Saint-Pierre. D'un autre côté, il obtint la permission d'établir quelques métiers à tapisserie à l'Antiquaille.

Mais, pris ainsi entre deux maîtres, que des intérêts opposés mettaient en lutte, Jacquard fut obligé de renoncer à sa place de l'Antiquaille ; quelque temps après, le Musée le fit déguerpir du Palais-Saint-Pierre.

On lui permit alors de vivre un peu pour lui, après n'avoir vécu que pour les autres. Il vint se fixer à Oullins, où il attend tranquillement la fin d'une existence, dont l'exemple ne sera pas suivi, car elle n'a pas été une seule fois salie par l'égoïsme.

Il n'y a dans son cœur ni fiel ni colère contre ses ingrats compatriotes, et lorsque je lui en parle, il me répond :

— Je ne désire rien, si ma conduite a pu me mériter l'estime des honnêtes gens.

Lord... remercia chaleureusement M. Duval de sa complaisance ; et les chevaux étant attelés à la chaise de poste, il partit.

Henry allait l'imiter, lorsque le père de Georges, s'adressant à son fils :

— A propos, lui dit-il, j'ai reçu pour toi une lettre d'invitation.

— Qu'est-ce que c'est ? répondit le jeune homme.

— Je ne sais pas, je ne l'ai pas même ouverte.

Et, cherchant dans quelques papiers, il remit à Georges la lettre en question.

Le jeune lut à haute voix :

« Monsieur,

» Vous êtes invité à venir assister, lundi, au dîner et
» au bal qui auront lieu en notre château de Neuville, à
» l'occasion du mariage de notre fille avec le marquis de la
» Porte.

» Le Comte et la Comtesse de Bois-Fleury. »

Pendant cette lecture, Henry avait pâli subitement, mais il était parvenu à se rendre maître de son émotion, qui était à peine visible lorsque Georges leva les yeux sur lui.

— Comment, tu connais des nobles, dit M. Duval, avec un accent de profond mépris.

— Mais, oui, répondit Georges en souriant, je connais beaucoup Emile de Bois-Fleury, le fils du comte, et c'est un excellent garçon.

— Mauvaise société, murmura M. Duval.

— Pourquoi ?

— Parce que toute société qui n'est pas la vôtre est mauvaise.

— Il n'y a plus maintenant de distinction aristocratique,

(1) Historique.

et un homme est bien partout, lorsqu'il sait, par son intelligence, s'y placer convenablement.

— Quels sont les titres pour frayer avec de pareilles gens ?

— Ceux que me donne le nom honorable que je porte, répondit Georges, en serrant doucement la main de son père.

— Ainsi, tu te rendras à cette invitation ?

— Parfaitement, à moins que cela ne vous contrarie.

— Nullement.

— En ce cas, je vous embrasse et je pars, car c'est aujourd'hui même qu'a lieu le mariage.

Georges ordonna au domestique de seller les chevaux, que les deux jeunes gens enfourchèrent.

Arrivés sur la place, il arrêta son cheval.

— Mon ami, dit-il à Henry, comme tu vas à Saint-Genis, et que je me rends à Lyon, je crois que c'est ici qu'il faut nous séparer.

— Es-tu intimement lié avec de Bois-Fleury, fit Henry, sans répondre à l'apostrophe de Georges.

— Oui. — Mais pourquoi ?

— Parce que je t'accompagne.

— Où.

— Au château du comte de Bois-Fleury.

— Comment ?

— Tu me présenteras.

— Avec plaisir : explique-moi seulement le motif pour lequel…..

— Ne m'interroge pas, répondit tristement Henry, ce que je te demande est un service réel ; veux-tu me le rendre ?

— Oui.

— Tu ne me questionneras plus ?

— Non.

Et les jeunes gens, piquant des deux, lancèrent leurs chevaux au galop sur la grande route.

Laissons-les courir et devançons-les au château du comte de Bois-Fleury.

CHAPITRE XII.

Neuville. — Un jour de noces.

Neuville, chef-lieu de canton, arrondissement de Lyon, population : quinze cents âmes.

Ainsi parle la géographie.

La géographie peut être instructive, mais à coup sûr elle n'est pas amusante.

Essayons de compléter ce renseignement classique par quelques détails historiques. Neuville portait autrefois le nom de Vimy, et était la capitale du *Franc-Lyonnais*. Ses habitants étaient exempts des gabelles et de tous les autres impôts perçus par l'État, moyennant une redevance de trois mille francs, payables tous les huit ans ; ces priviléges lui furent conservés jusqu'à la Révolution.

Le Franc-Lyonnais avait pour limites : au midi, le ruisseau de Formians ; à l'occident, la Saône ; au nord et à l'est, la principauté des Dombes.

Camille de Neuville, archevêque de Lyon, étant venu se fixer à Vimy, en 1666, cette ville fut érigée en marquisat et prit le nom de *Neuville-l'Archevêque*.

Ce fut son ère de gloire et de prospérité.

Le commerce, ce grand principe de toute richesse, y établit des moulins à grains, des fabriques de velours, d'amidon, des filatures de coton, des fonderies de cuivre, et des papeteries.

Le château de Camille de Neuville s'éleva splendidement sur les ruines de l'ancien château d'Ombreval, c'était dit-on, un véritable palais ; les pierres étaient découpées en dentelles, l'or ruisselait en baguettes sculptées autour d'épaisses tapisseries en damas ; chaque glace, au cadre doré et bizarrement travaillé, était un chef-d'œuvre. On parle encore d'une salle, appelée la *salle des échos*, où par une disposition d'accoustique, on entendait distinctement une personne parlant très-bas.

Avec Camille de Neuville, s'en allèrent toute cette gloire et cette fortune ; mais les habitants de Neuville furent au moins reconnaissants, et lorsque l'archevêque mourut, ils réclamèrent son cœur, qui fut enterré dans leur église.

Cette jolie ville est encore aujourd'hui assez commerçante et elle possède plusieurs fabriques.

L'aspect des rives de la Saône, en cet endroit, est plus pittoresque qu'à l'île Barbe ; le paysage est moins chargé de maisons, il y a de l'air, de l'espace ; enfin, il est un peu tel que Dieu l'a fait, et non pas tel que le mauvais goût des citadins le transforme.

En 1825, la ville de Neuville était à peu près ce qu'elle est aujourd'hui, moins quelques villas, dont de riches commerçants se figurent l'avoir embellie.

Or, le jour dont nous parlons, Neuville était en émoi.

Le bedeau était sur les dents.

L'église, noircie par le temps, était tapissée de fleurs et ressemblait ainsi à une vieille coquette qui s'est habillée en danseuse pour le bal.

M. le curé se promenait avec agitation dans le jardin de sa cure, préparant un petit sermon dont la littérature devait éblouir tous les assistants.

Au château, les cuisines ronflaient comme des chaudières à vapeur, laissant échapper par les soupiraux grillés un parfum qui eût délicieusement impressionné les narines de Vitellius lui-même.

Un bataillon de marmitons, armés de casseroles, le regard animé comme un soldat allant pour la première fois au feu, manœuvraient sous les ordres d'un chef suprême, plus fier, plus vaniteux que Vatel, capable comme le cuisinier du prince de Condé, de se passer, à défaut de l'épée qu'il ne portait pas, son tourne-broche à travers la poitrine si quelques détails du repas venaient à manquer.

Tous les domestiques étaient en grande tenue : habit noir, aiguillette de soie sur l'épaule, culotte, bas blancs, souliers à boucles d'acier.

La cour du château était remplie de voitures aux panneaux armoriés.

Sur la grande route, bordant la Saône, roulaient de nombreux équipages, entre deux haies de paysans curieux et de commères venues de six lieues à la ronde.

Le motif de tant de mouvement, le prétexte de tant de joie était le mariage de la fille du comte de Bois-Fleury et du marquis de la Porte.

Tout le monde connaissait, à Neuville, Marie de Bois-Fleury, charmante jeune fille de dix-huit ans, aux cheveux blonds, aux yeux bleus, grande et svelte, ange de charité, visitant les mansardes et les chaumières, et y laissant, comme trace de son passage, l'aumône qui soulage et la bonne parole qui console ; aussi était-elle aimée comme une sainte. L'enfant qu'elle avait caressé du bout de ses longs doigts effilés en lui frappant doucement la joue, en était fier et glorieux ; elle était la présidente honoraire de toutes les sociétés de bienfaisance ; elle faisait beaucoup de bien, et savait le faire.

On comprend que le cœur était pour quelque chose dans cet empressement des habitants, et que leur curiosité venait un peu de l'amour qu'ils portaient à la jolie demoiselle du château.

Mais personne ne connaissait le futur : M. le marquis de la Porte.

Était-il jeune ? était-il vieux ? était-il blond, brun ou blanc ?

Ce que l'on savait, c'est qu'il était immensément riche ; les gens bien renseignés prétendaient qu'il avait des propriétés si vastes, qu'il fallait trois longs jours pour en faire le tour; puis, ses domestiques étaient chamarrés comme des princes russes, et avaient des plumets comme les écuyers du dentiste du roi de Maroc, qui avait, l'année dernière, élu son domicile sur la grande place.

Malheureusement, la curiosité n'avait pour s'entretenir que des conjectures, personne n'avait vu le marquis de la Porte.

Malgré cette incertitude, les préparatifs de la fête, que les campagnards se proposaient de donner en l'honneur du mariage, allaient leur train; sur la route, conduisant à l'église, s'élevait un arc de triomphe en feuillage, ayant au centre cette devise, écrite sur une large feuille de papier blanc, paroles et écriture du maître d'école:

LE CALME DES CHAMPS EST PRÉFÉRABLE, POUR DEUX CŒURS QUI S'AIMENT, AU BRUIT DES GRANDES VILLES.

Deux cents personnes étaient réunies dans le salon; mais loin d'avoir cette physionomie joyeuse de convives appelés à une fête, on remarquait sur tous les visages un air de gêne. Dans quelques groupes isolés, on parlait à voix basse, on riait et l'on devinait que ce rire était celui de la moquerie.

Le comte et la comtesse de Bois-Fleury, qui ressemblaient à des vieux portraits de famille descendus de leur cadre, faisaient les honneurs avec une dignité raide.

— Eh bien! mon cher comte, dit M. de Bois-Fleury, en s'avançant vers un petit vieillard sec, au regard vif, et qui se nommait le comte de Saint-Bel, que dites-vous de nouveau?

— Rien. — Est-ce que votre charmante fille ne va pas bientôt descendre?

— Si; elle est à sa toilette.

— Pour quelle heure est la cérémonie?

— Pour deux heures.

— A propos, comment votre gendre ne vient-il pas un peu; tous les invités l'attendent, et j'avoue que, pour mon compte, je serais enchanté de le voir.

— Est-ce que vous le connaissez, demanda, avec embarras, le comte de Bois-Fleury,

— Non, pas personnellement, mais j'ai beaucoup connu son père.

— Son père.

— Nous avons été ensemble à la cour du roi Louis XV; c'était un fort beau cavalier, et un fort mauvais sujet. Y a-t-il longtemps qu'il est mort?

— Je l'ignore.

Et M. de Bois-Fleury tourna le dos à l'importun questionneur.

M. le comte de Saint-Bel se contenta de cette réponse et s'assit auprès de sa femme.

La comtesse de Saint-Bel était aussi grasse, aussi volumineuse que son mari était maigre et efflanqué. La maigreur, en laissant aux mouvements leur liberté, est généralement l'élément de la distinction; la comtesse n'avait donc, dans la figure et dans la tournure, rien de ce qui constitue l'aristocratie de formes, sa corpulence donnait un démenti perpétuel à ses prétentions à la grande dame, et elle ressemblait plutôt à une dame des halles qu'à une commensale de Trianon.

L'embonpoint est considéré comme l'indice d'un caractère doux et bienveillant, il semble que les mauvais instincts, la colère et la méchanceté doivent réagir sur le physique, le dessécher et l'amaigrir; la comtesse était encore dans ce cas une protestation contre cette observation des physiologistes, car son tempérament bilieux, son orgueil en faisaient au moral la plus désagréable créature.

Le comte de Saint-Bel n'était, lui, que ridicule, il avait été élevé dans les idées qu'on donnait à la jeunesse noble avant la révolution, et ces idées étaient devenues lui. La sanglante époque de 93 n'avait pas été pour lui un enseignement, il ne l'avait considérée que comme une émeute provoquée par quelques fous; et, lorsque, après l'émigration, à laquelle il avait sagement pris part, il revint s'établir dans le château que lui avait conservé le dévoûment d'un de ses fermiers, il l'avait à peine remercié, et l'avait simplement qualifié de brave homme.

Il appelait les paysans de Saint-Bel: mes vassaux; ses domestiques: ma valetaille, et les gens du peuple: les vilains.

Au demeurant, excellent homme, incapable d'un acte déloyal; mais nature faible, dominé par sa femme, et n'ayant la spontanéité d'aucune action, vivant d'après un programme tracé d'avance et le remplissant consciencieusement.

De son mariage étaient nés deux enfants: Hector, baron de Saint-Bel, officier supérieur de cavalerie, et une fille, morte, disait-il, pendant l'émigration, et dont il ne parlait que les larmes aux yeux, tandis que la comtesse en parlait avec une colère mêlée de mépris.

Évidemment il y avait un mystère là-dessous, quelques personnes prétendaient que cette mort était un mensonge; mais nul n'avait pu tirer des deux époux un secret qu'ils renfermaient dans le mutisme le plus absolu.

La porte du salon s'ouvrit et Marie de Bois-Fleury entra au milieu d'un murmure d'admiration.

C'est qu'elle était belle cette jeune fille de dix-huit ans sous sa couronne virginale, belle comme le rêve d'un poète; ses traits purs, qui eussent défié le ciseau d'un statuaire ou le pinceau d'un peintre, étaient plus ravissants encore sous le voile de gaze qui les couvrait sans les cacher.

Elle avança en chancelant sous les regards curieux.

Était-ce cette émotion naturelle de la fiancée remplissant, avec la crainte de la débutante, le premier rôle de cette comédie qu'on appelle le mariage, qui la faisait trembler ainsi?

Non, ce n'était point l'émotion, mais la douleur.

Dans ses grands yeux bleus, ternes et fixes, il y avait des larmes; le sang s'était retiré de ce visage blanc comme le marbre, la vie avait quitté ce corps et ne l'animait plus; Marie n'était qu'un automate sans pensée, sans intelligence.

Pauvre Marie! ta couronne te pèse au front et le déchire, ce n'est point une couronne de fleurs d'oranger, la pure couronne de la chaste jeune fille, mais une couronne d'épines. Tu vas, enfant, sous ce costume de fête, non au bonheur du ménage que bénit la religion, que protège la loi des hommes; tu vas au supplice; on t'a parée comme on parait autrefois les victimes destinées au sacrifice.

Pauvre Marie!

Peut-être t'a-t-il fallu dire adieu au roman de ton cœur, commencé au couvent, et pour lequel la réalité t'a donné un beau jeune homme blond, qui t'a dit le premier: « Je t'aime. »

Est-ce ce roman brisé qui t'a brisée aussi?

Oh! non, c'est pire encore; et si vous voulez savoir pourquoi Marie est pâle, pourquoi elle ne vit plus que par un instinct machinal, écoutez, le domestique annonce:

— M. le marquis de la Porte.

Retournez la tête et voyez:

Un vieillard, soutenu par deux valets, entre, au milieu de l'étonnement général; c'est le fiancé: c'est M. le marquis de la Porte.

Il est pâle; mais sa pâleur est celle du corps déjà cadavre par l'âge. Sur ce visage décrépit, dans ce regard hébété, vous chercherez vainement ce je ne sais quoi de noble qui fait qu'on se découvre respectueusement devant un vieillard.

Le marquis de la Porte avait été jeune sous Louis XV, et il avait jeté sa jeunesse aux amours libertins, aux femmes de petites maisons, et l'avait flétrie dans les orgies; lorsqu'elle mourut d'épuisement, il resta jeune par sa passion pour la débauche et le vice; il vécut comme par le passé, seulement il acheta plus cher ses plaisirs.

Il était arrivé ainsi jusqu'à l'âge de quatre-vingt-deux ans (1).

---

(1) Tous ces détails sont historiques, et le fait que nous racontons s'est passé à Lyon; on comprend le motif qui nous empêche de citer les noms de famille.

La goutte et les rhumatismes, les deux maladies qui se greffent toujours sur un corps usé, l'avaient arrêté en si beau chemin, et l'avait condamné à renoncer à sa vie de fêtes.

Mais il était riche, et il pensa qu'il pourrait encore trouver quelque père assez vil pour lui vendre sa fille. Il avait vu Marie, elle lui avait convenu et il l'avait achetée.

Il la reconnaissait de quarante mille francs de rente par contrat, il rachetait à M. le comte de Bois-Fleury le château dont l'avait dépouillé la Révolution, il donnait deux cent mille francs au jeune baron de Bois-Fleury.

Quelle excellente affaire!

Et Marie, nous direz-vous?

Marie! mais n'était-elle pas la plus avantageusement partagée? Calculons : total, un mari de quatre-vingt-deux ans et quarante mille livres de rente; au bout de deux années de mariage, peut-être avant, aurait lieu la mort du marquis ; soustrayons le mari du tout, reste, net, quarante mille francs de rente mathématiquement.

Marie était donc très-heureuse, fort heureuse, excessivement heureuse ; elle ferait des jalouses, des envieuses ; et, après la mort de l'époux, elle aurait pour embellir sa jeunesse la liberté d'une veuve, la fortune d'une duchesse, et le titre de marquise.

Décidément, il existe des heureux auxquels tout réussit, Marie n'était-elle pas de ce nombre?

— C'est infâme! s'écriera le lecteur.

Infâme! allons donc, vous plaisantez ; est ce qu'il ne court pas dans le monde de petites infamies auxquelles on ne prend point garde, auxquelles on a donné droit de cité et de bourgeoisie.

En voulez-vous un exemple?

Entre mille prenons au hasard, et, puisqu'il s'agit de mariage, choisissons-le dans le mariage.

Que dit-on lorsqu'un jeune homme épouse une jeune fille?

« Elle a vingt, trente, cent mille francs de dot, et des *espérances*. »

Et pour que ces *espérances* se réalisent, que faut-il?

Il faut que son grand-père, sa grand'mère, son père, sa mère, son oncle, sa tante, c'est-à-dire cinq ou six personnes meurent.

Quelles jolies et délicates *espérances !* quelles délicieuses petites infamies !

Le marquis de la Porte, assis sur une chaise longue, reçut les félicitations des invités, que lui présenta le comte de Bois-Fleury.

Lorsque ce fut au tour du comte de Saint-Bel, le marquis releva la tête.

— Ah! c'est vous, cher comte, dit-il.

— Moi-même, marquis, répondit M. de Saint-Bel, moi-même, que vous voyez tout étonné.

— De quoi?

— Parbleu! de votre mariage.

— Ah! c'est vrai, vous ne pensiez pas qu'un libertin comme moi puisse se marier, mais il faut faire une fin.

Le comte réprima un sourire, et n'osa pas dire au marquis qu'elle était la fin la plus raisonnable qu'il aurait dû faire.

— Comment trouvez-vous ma future, demanda M. de la Porte?

— Charmante.

— Je ne la vois pas, continua le marquis, en jetant les yeux autour de lui.

Le comte de Bois-Fleury, comprenant le désir de son noble gendre, s'empressa de le satisfaire; prenant sa fille par la main, il la conduisit auprès de la chaise longue.

— Quelle délicieuse petite femme, s'écria le marquis, dont le regard pétilla de sensualité, et en appliquant sur la main de la jeune fille ses lèvres pendantes qui n'étaient plus soutenues que par deux dents décharnées, jaunes comme de la racine de buis et longues comme la défense d'un sanglier.

Marie eut à ce contact le tressaillement nerveux qu'on éprouve lorsque l'on sent la peau froide et humide d'un serpent.

M. de la Porte se méprit à cette émotion.

— Allons, ma belle enfant, ajouta-t-il, un peu de courage ; songez que, si vous êtes encore fille aujourd'hui, demain vous serez femme.

Et il accompagna cette réflexion d'un sourire plein de lubricité.

Oh! le libertinage, toujours laid, a quelque chose de si immoral dans un vieillard qu'il soulève le cœur de dégoût.

Le paganisme l'avait personnifié dans le faune, moitié homme, moitié bouc; le faune est moins répugnant que ne l'est un vieillard libertin.

Pourquoi la loi ne protége-t-elle pas la jeune fille contre de pareils mariages?

La loi n'est-elle pas la pensée morale d'un peuple transformée en devoir pour tous, et punissant ceux qui, corrompus, ne s'y soumettent pas?

Elle se tait cependant, elle n'a pas une ligne, pas une phrase, pas un mot protecteur contre ces unions immorales.

La religion elle-même, cette grande chose noble et sainte, protége elle aussi, et bénit de tels crimes.

Nous avons dit crime, et cette expression est la seule vraie.

La science médicale déclare que la cohabitation du vieillard avec la jeune fille, flétrit et tue la jeunesse de la seconde.

Au profit de qui? De personne. Si encore le sang jeune venait ranimer le sang vieux ; si la chaleur vitale de la jeune fille prolongeait l'existence de son vieil époux; il n'en est rien, il n'y a qu'une victime et un lâche bourreau.

Mais là ne s'arrête pas le crime.

Nous avons vu de pauvres petits enfants blonds, aux membres grêles, sans sourire sur leurs lèvres incolores, sans jeunesse dans leur corps jeune, chez lesquels l'intelligence et la pensée, ces deux flambeaux de la vie, n'étaient déjà que des lumières vacillantes.

Pauvres petits enfants! rejetons avortés d'un arbre qui se meurt, fruits illégitimes de l'amour libertin d'un vieillard.

Pauvres petits enfants, si le Ciel vous permet de vivre, vous serez sans les richesses que Dieu donne à tous : vous serez enfants sans enfance, jeunes hommes sans jeunesse, vous irez en tremblant du berceau à la tombe : vous êtes nés vieux, vous mourrez vieux.

Les domestiques annoncèrent que les voitures étaient prêtes ; toute la société se leva pour se rendre à l'église, où le curé attendait les époux, paré de ses plus riches habits sacerdotaux.

On porta le marquis dans son magnifique carrosse sur lequel s'épanouissaient ses armoiries, on l'assit à côté de Marie; M. et madame la comtesse de Bois-Fleury prirent naturellement place dans la même voiture, et le cortège se mit en marche.

Sous le porche de l'église, le curé, en habits de cérémonie, vint recevoir les mariés selon les us et coutumes antiques.

Le marquis de la Porte fut porté par ses domestiques sur le fauteuil qui lui était réservé au chœur, et la cérémonie commença.

Tandis que cette nauséabonde résine qui, au village, remplace l'encens, fumait dans les encensoirs; tandis que toutes les villageoises se pressaient, curieuses, dans l'enceinte trop étroite de la petite église pour admirer la toilette de la fiancée, deux cavaliers couraient à bride abattue sur la route de Lyon à Neuville. Ces deux cavaliers, le lecteur les attend sans doute, et il est à peu près inutile de nommer Georges et Henry.

— Mais, mon cher, dit Georges, si nous continuons de ce train, nos chevaux crèveront avant d'arriver.

— Peu m'importe, répondit Henry en faisant siffler sa cravache.

— Il importe beaucoup si tu veux que nous puissions arriver.

— Si je le veux.

— Alors, mettons pour un instant nos chevaux au pas.

— La remarque de Georges était juste ; les chevaux, couverts d'écume blanche, lançaient par leurs naseaux une haleine plus chaude que la vapeur d'une locomotive.

— Causons un peu, fit Georges.

Henry ne répondit pas.

— Ce matin, continua le jeune homme, tu m'as demandé de te présenter à M. le comte de Bois-Fleury ; tu as voulu que je ne t'interrogeasse point sur le motif de cette présentation ; maintenant j'exige que tu parles, et je te déclare que je tourne bride si tu ne me réponds pas.

— Comme il te plaira, je continuerai seul la route, et je me présenterai moi-même.

— Je pourrais me fâcher de ton silence, qui est une injure à notre amitié ; dis-moi, crois-tu qu'il y ait dans ma question simplement de la curiosité ?

— Non.

— Alors, pourquoi te taire ?

— Parce qu'il est de tels secrets qu'il faut garder seul.

— Et si je l'avais deviné ?

Henry ne répondit pas, mais il tressaillit.

— Tu aimes Marie de Bois-Fleury, continua Georges.

— Oui, répondit le jeune homme, dont les yeux brillèrent comme une lame d'acier, je l'aime comme un fou.

— Comme un fou, c'est le mot ; car tu vas t'exposer à la plus grande douleur d'un cœur : à la vue de l'infidélité de la femme aimée.

— Marie ne peut pas être infidèle, ce mariage lui a été imposé.

— Qui te l'a dit ?

— Je le sens.

— Garde ton illusion, retourne au galop à Lyon, car tu pourras encore l'aimer tandis que, dans une heure, tu la haïras.

— Jamais.

— Henry, je t'en supplie, renonce à ton projet ; ton calme m'effraie, je ne sais.... quelque chose me dit que cette journée te sera fatale.

— Il faut boire jusqu'au bout son calice d'amertume.

— Mais tu ne songes qu'à toi ; si, comme tu le penses, Marie t'aime encore, ta présence ne sera-t-elle pas terrible pour elle.

— Non, car mes yeux lui diront : « Marie, je viens prendre une part de vos douleurs, et tandis qu'une loi barbare vous fait la femme d'un autre, je jure de n'aimer que vous, et de ne vivre que pour vous. »

A l'arrivée des jeunes gens au château, la noce était encore à l'église. Henry voulut s'y rendre sur-le-champ. Georges ne chercha pas à combattre cette résolution, car il avait compris que son ami était dans cet état de surexcitation morale pendant lequel la volonté est une barre de fer qui ne plie point ; il résolut de le suivre et de le surveiller.

M. le marquis de la Porte était agenouillé sur un coussin de velours sur lequel étaient brodées ses armoiries ; à ses côtés, Marie, belle qu'on eût qu'une vierge de Raphaël, plus blanche que sa robe blanche, ressemblait à une somnambule sous l'influence du sommeil magnétique ; ses grands yeux étaient fixes et immobiles sous l'arc de leurs sourcils blonds.

Le prêtre bénit les anneaux nuptiaux que lui présentait l'enfant de chœur sur un plat d'argent.

J'ai quelquefois assisté dans ma vie à cette cérémonie, et j'ai toujours senti mon cœur battre plus vite lorsqu'arrivait ce dénoûment.

N'est-ce pas quelque chose de grave, de solennel que cet acte de deux existences que lie jusqu'à la tombe une bénédiction divine patronant un serment fait au pied des autels.

Ce *oui* est une clef ouvrant la porte d'un avenir nouveau, la porte ouverte se referme derrière vous, et ne laisse plus la possibilité de retourner en arrière ; il faut marcher en avant. Quels seront les événements du chemin ?

Cet homme sur lequel la jeune fille doit s'appuyer, pour lequel elle abandonne sa mère, sera-t-il un protecteur digne et respectueux ? comprendra-t-il la mission dont il est chargé ; et cette jeune femme qu'il abrite sous son nom sera-t-elle la compagne fidèle et pure qu'elle promet d'être ?

Le prêtre prononce deux mots, et tout est dit.

Ces existences sont liées à tout jamais. Elles ne pourront plus s'isoler l'une de l'autre, elles seront solidaires, elles auront même famille, même affection, même intérêt.

J'ai vu des gens rire, et dire tout bas des mots grivois dans ces instants où un mot fait un avenir.

C'est qu'il y a des gens qui n'ont pas de cœur.

Placé derrière un pilier, le bras passé sous celui de Georges qui le soutenait, Henry ne perdait pas un geste, pas un mouvement, son regard dévorait le marquis de la Porte qu'il ne pouvait voir, parce qu'il lui tournait le dos.

Le curé, après la bénédiction des anneaux, prononça les paroles sacramentelles.

— Arthur-Honoré de la Porte, consentez-vous à prendre pour femme légitime Marie de Bois-Fleury ?

Un *oui* énergique, et légèrement entaché d'impatience, fut la réponse du marquis.

— Et vous, continua le curé, Marie de Bois-Fleury, consentez-vous à prendre pour mari légitime Arthur-Honoré de Laporte ?

Deux secondes s'écoulèrent sans réponse.

Ces deux secondes, Henry les compta avec son cœur, et elles lui parurent plus longues que deux jours.

Les époux se levèrent ; l'infortuné jeune homme n'avait rien entendu, et cependant tout était fini.

Les jeunes filles entonnèrent un cantique d'actions de grâces.

La cérémonie achevée, lorsque le marquis de la Porte passa devant le pilier derrière lequel Henry était caché, celui-ci ne put retenir un cri, et, montrant du doigt le vieillard :

— Georges, s'écria-t-il, je te l'avais bien dit que Marie ne pouvait être infidèle, on l'a vendue.

L'église fut rapidement désertée, toute la foule curieuse se porta sur la route que devaient suivre les voitures.

Henry s'était agenouillé, la tête entre ses mains, il sanglottait.

Oh ! pleure, pauvre enfant, pleure ton beau rêve envolé, pleure ton premier amour ; c'est l'aurore rose du cœur, qui ne se lève pas deux fois dans la vie. Pleure, enfant, apprends ce que c'est que les larmes et la tristesse, initie-toi aux souffrances par la plus cruelle des souffrances, la perte de la première femme aimée.

Henry avait pour consolation, ce que n'ont guère les jeunes gens de son âge, la religion ; ses larmes arrosaient une prière, et Dieu lui envoya ce qui fait les âmes fortes : le courage.

Il se leva, essuya ses yeux, serra doucement la main de Georges qui le regardait sans oser lui adresser la parole.

— Mon ami, dit Georges, retournons à Lyon.

— Non.

— Ce que tu entreprends est au-dessus des forces humaines.

— Je suis fort.

— Mais, enfin, pourquoi vouloir assister à un spectacle qui te tuera ?

— Georges, fit Henry avec une dignité imposante, si ton père venait à mourir, passerais-tu à son chevet la nuit de la veillée des morts ?

— Oui, répondit le jeune homme avec émotion.

— Eh bien ! aujourd'hui, c'est la veillée des morts de mon premier amour.

— Un autre lui succédera et te consolera.

— J'ai dit mon premier, j'ai oublié d'ajouter mon dernier amour.

Comme les jeunes gens sortaient de l'église, ils aperçurent le curé qui, débarrassé de ses habits sacerdotaux, s'empressait de se rendre au château où devait avoir lieu le dîner.

— Dans dix ans, dit Henry, je serai ce qu'est ce digne homme, un modeste et simple curé de village.

— Toi, tu veux te faire prêtre ?

— Oui.

Les deux amis suivaient le chemin qui cotoie la rivière, la nuit qui tombait, ce silence sévère de la campagne, que troublait seul le bruit de l'eau dans laquelle se réfléchissait le ciel avec ses milliers d'étoiles, ce parfum de la nature qui s'endort; tout disposait l'âme à la mélancolie et aux épanchements.

Georges comprit que son ami était dans un de ces moments où l'âme, dégagée du monde matériel, retourne dans le passé, et remonte un à un les degrés du souvenir; il devina qu'il avait besoin de parler de Marie; aussi, lui prenant doucement la main :

— Je ne t'ai pas demandé, lui dit-il, où et comment tu avais connu mademoiselle de Bois-Fleury, dis-le moi, ce sera pour toi une consolation de t'entretenir de celle que tu aimes et de revenir sur tes pas.

— Merci, répondit Henry, en s'asseyant sur un tertre garni de mousse, merci, je penserai tout haut, au lieu de penser tout bas.

CHAPITRE XIII.

Un amour sur le bord d'une tombe.

Il y a un an, commença Henry, après la maladie assez grave à laquelle je fus sur le point de succomber, le médecin déclara qu'il me croyait attaqué de la poitrine, et que le chaud climat de l'Italie pouvait seul me rendre à la vie et à la santé.

Georges, tu n'as pas connu ta mère, je te plains. Une mère est l'ange gardien de son enfant; son cœur est une mine d'affection plus riche que les mines de diamants de l'Asie.

Lorsque j'ai senti mes illusions se briser, ma première pensée a été pour ma mère, car c'est elle seule qui saura trouver pour moi une parole consolante; c'est elle seule dont l'instinctif dévoûment et la délicatesse infinie sauront rendre moins brûlantes les larmes que je verse.

Si la femme tombe quelquefois, si dans cette rude vie elle laisse parfois les déchirures de la blanche robe de sa pureté aux buissons du chemin, elle se relève toujours par la maternité. Considère la mère près d'un berceau, vois son regard qui veille, mets la main sur son cœur qui bat plus vite; la femme légère s'est transfigurée en ange de dévouement et de protection.

Ma mère ne voulut pas laisser à d'autres le soin de son enfant, et nous partîmes ensemble pour Nice.

Nice est la patrie des fleurs; les roses y fleurissent immortelles dans leur parfum et leur fraîcheur; le ciel y est bleu et sans nuages; l'air que l'on y respire est chaud à la poitrine.

Il semble que les médecins, qui vous ont condamnés, veulent, en vous envoyant à Nice, vous rendre plus terrible le passage de la vie au tombeau, par la pensée de tout ce que la terre a de beau et de sublime.

Je connaissais ma position, et je ne m'abusais pas ; lorsque, assis sur le rivage, je voyais le vent emporter, dans son tourbillon, une feuille flétrie avant le temps :

— Pauvre feuille, disais-je, détachée comme moi de ta branche, tu t'en vas laissant tes sœurs vertes aux pleurs de la rosée et aux baisers du soleil.

Lorsqu'une hirondelle passait près de moi en poussant son cri joyeux en volant à tire-d'aile du côté de la France :

— Heureuse hirondelle, murmurais-je en soupirant, tu reverras la patrie où je suis né : pour moi, il n'est plus que la patrie commune à tous : le tombeau.

Ma mère, comme aux enfants dont l'heure dernière est sur le point de sonner, me passait toutes mes fantaisies.

Je ne regrettais rien de cette terre; l'avenir m'avait effrayé ; j'avais dix-huit ans, et je connaissais assez les hommes pour savoir que dans ce monde la meilleure place est aux intrigants et aux égoïstes; que pour marcher droit et arriver au but, il faut mettre son cœur sous ses pieds et le briser sous le talon de sa botte. Je n'avais qu'un seul regret, celui de mourir sans avoir bu à ce calice qu'on nomme l'amour.

Un jour, j'étais assis sur une chaise longue près du balcon, lorsque, en face, s'ouvrit une fenêtre ; j'aperçus une jeune fille couchée sur un canapé; son pâle visage, perdu dans des flots de linge blanc, était d'une douceur pénétrante, le regard de ses longs yeux bleus ressemblait à la lumière vacillante d'une bougie qui va s'éteindre, quelques mèches de cheveux blonds, qu'elle repoussait d'une main amaigrie sous un bonnet brodé, flottaient autour de sa figure blême.

Je lui souris tristement, elle m'aperçut et répondit à mon sourire par un doux sourire.

La même pensée nous était venue sans doute en même temps. Enfants tous deux, condamnés à mourir, nous nous saluions sur cette terre que nous devions quitter ensemble pour être compagnons de cette longue route qui conduit à l'éternité.

Pendant huit jours, tous les matins, nous nous saluâmes de notre fenêtre.

Un mieux sensible s'opérait en moi, sous l'influence de l'amour qui m'était venu au cœur à la vue de cette jeune fille.

J'interrogeai ma mère sur notre voisine.

— C'est la fille du comte de Bois-Fleury, me répondit-elle.

— Ce nom est un nom français.

— Mademoiselle de Bois-Fleury est, en effet, une Française et qui plus est, une de nos compatriotes.

— Une Lyonnaise ?

— Oui.

— Alors, rien ne nous empêche de nous présenter chez elle.

— Rien,

— Si nous allions lui faire une visite, hasardai-je en tremblant, et en sentant la rougeur me monter au visage.

— Nous irons demain.

— Pourquoi pas aujourd'hui ?

Je te l'ai dit, mon excellente mère obéissait au plus léger de mes caprices. Nous nous rendîmes sur-le-champ chez mademoiselle de Bois-Fleury,

Sa tante, mademoiselle de Fermilly, vieille fille de soixante ans, qui l'avait accompagnée, était une bonne femme, un peu haute, un peu fière de son titre de chanoinesse; mais comme elle s'ennuyait à Nice, elle reçut notre visite avec joie, et il s'établit entre elle et ma mère une amitié basée sur ces qualités réciproques.

En entrant dans la chambre où se trouvait Marie, je sentis mon cœur battre avec violence; comme j'étais encore très-faible, je crus que j'allais me trouver mal ; je parvins, cependant, à me rendre maître de cette émotion. Après les politesses d'usage, mademoiselle de Fermilly me conduisit elle-même près du canapé sur lequel était couchée Marie.

— Mon enfant, lui dit-elle, je te présente un compatriote, M. Henry Duméry.

Marie rougit ; cette rougeur me rendit heureux.

— Je vous laisse tous les deux, causez ensemble, continua mademoiselle de Fermilly,

J'étais embarrassé, je ne savais comment commencer la conversation ; lorsqu'on se trouve pour la première fois en présence de la femme que l'on aime, on n'a aux lèvres qu'un mot qui est la pensée de l'âme.

— Eh bien ! Mademoiselle, lui dis-je, comment allez-vous?

— Mal, me répondit-elle en hochant tristement la tête.

— Vous vous trompez, car je trouve que votre visage est meilleur que le premier jour où je vous....

Je m'arrêtai, le monde est ainsi fait, qu'on n'ose dire, et ce que l'on pense, et ce que les yeux ont déjà dit.

— Que le premier jour où vous m'avez vue, dit Marie en reprenant ma phrase, et en l'achevant.

— Oui.

— Non, je sens tous les jours le mal qui marche et progresse.

— Votre tristesse réagit sans doute sur votre santé, et vous prenez pour un effet physique, ce qui n'est qu'un effet moral.

Au même instant, la voix de mademoiselle de Fermilly, qui causait avec ma mère, parvint jusqu'à nous, et nous entendîmes distinctement ces paroles :

— Ma pauvre Marie est perdue, les médecins ont déclaré qu'elle n'irait pas au delà d'un mois.

— Voyez, dit tristement la jeune fille, avec une adorable résignation, voyez si je me trompe.

Les larmes me vinrent aux yeux, et il en tomba une sur la main de Marie.

— Vous pleurez, fit-elle, vous êtes bon.

Je secouai la tête.

— Qu'avez-vous ? ajouta-t-elle.

— Écoutez-moi, Mademoiselle, et je vous en supplie, au nom de votre mère, ne voyez pas dans mes paroles une seule intention blessante.

— Que voulez-vous dire ?

— Comme vous, continuai-je, les médecins m'ont condamné ; notre mort n'aura d'intervalle que quelques jours, quelques heures peut-être.

— Oh ! vous, vous allez réellement mieux.

— Non, le mieux que j'éprouve depuis quelques jours, n'est que le jet d'une flamme qui va s'éteindre, ma fin est proche.

— Parlez plus bas, si votre mère vous entendait, comme nous avons entendu ma tante, vous lui feriez trop de mal.

— Eh bien ! Mademoiselle, dis-je en baissant la voix, ce qui rendait notre conversation plus intime, et lui prêtait un nouveau charme, avant de mourir, j'aurais voulu donner à une femme toute la poésie que renferme mon pauvre cœur, j'aurais voulu goûter un peu de ce poème d'amour qu'on dit si beau.

Le visage pâle de Marie s'anima tout-à-coup.

— Vous êtes jeune, continuai-je, vous êtes belle, vous portez un grand nom ; dans votre vie, dans le monde où vous avez vécu, vous avez dû souvent entendre bruire à vos oreilles de douces paroles.

— Non, me répondit-elle.

— Pour moi, je n'ai eu que des aspirations vers ce paradis des joies terrestres. Jamais je n'ai mis un nom à la divinité de mes insomnies, et je voudrais mourir avec un nom de femme aimée sur mes lèvres.

— Alors, vous regretteriez la vie.

— Je ne la regretterais pas, parce que je la quitterais avec la pureté de mes premières impressions, parce que j'aurais bu le miel de la coupe, sans arriver jusqu'à la lie. Oh ! si vous vouliez.

— Eh ! bien ?

— Vous seriez cette femme si saintement et si purement aimée ; oh ! pardonnez-moi, Mademoiselle, la brusque déclaration d'une affection que vous avez fait naître ; mais, j'ai si peu de temps à vivre qu'il faut que je me hâte, pour avoir celui d'aimer.

Je me tus, oppressé de ce que je venais de dire, ma respiration était courte, mon visage pâle, je fus obligé de m'appuyer sur le bras de mon fauteuil pour ne pas tomber.

— Monsieur, me dit tristement Marie, vous oubliez que vous parlez à une pauvre femme que, demain, peut-être, on viendra prendre sur cette chaise longue pour la mettre au cercueil ; votre amour n'est qu'un rêve sans réalisation possible.

— Oh ! ce sera un rêve chaste comme vous, un rêve dont je me réveillerai dans un autre monde, où j'irai vous attendre, et vous garder une place.

— Eh bien ! dit la jeune fille après un moment de réflexion, aimez-moi.

Voilà quelle fut ma première entrevue avec Marie. Pendant un mois, je la vis tous les jours ; sa tante et ma mère nous laissaient ensemble, qu'avaient-elles à craindre de deux enfants que la mort avait marqués du doigt ?

Ce fut, en effet, un rêve plein de jouissances inconnues, notre amour ne ressemblait en rien à celui des autres. L'avenir était borné pour nous à une tombe dont le fossoyeur pouvait creuser d'avance la fosse, et dont le statuaire pouvait déjà sculpter le marbre, il était dégagé de tous les intérêts et de toutes les spéculations terrestres ; nous nous aimions sans but, sans espérance. Marie m'aimait sans coquetterie, la coquetterie est du temps perdu en amour, et nous n'avions pas de temps à perdre.

Malheureusement, à ce rêve, devait succéder une réalité affreuse.

Contre toutes les prévisions des médecins, nos deux santés se rétablirent, les roses de la jeunesse revinrent aux joues de Marie.

Ce qui eût rendu tous les autres heureux, fut pour nous une immense douleur, nous n'avions pas songé à l'avenir, et l'avenir se présentait avec ses incertitudes ; nous n'avions pas vu la vie, et la vie s'offrait avec ses tristes réalités ; nous n'avions pas pensé au monde, et le monde se mettait au devant de nous avec ses lois, ses exigences, ses préjugés.

Nous marchions gaiment à la tombe en nous tenant par la main : et plus terrible, plus effrayant que la tombe, s'ouvrait sous nos pas un abîme qu'il nous eût fallu franchir pour nous réunir.

Combien nous regrettâmes la mort qui nous eût fiancés pour jamais, en nous donnant pour lit nuptial, la couche funèbre du cercueil, et qui nous eût pris avec notre jeunesse, notre amour, nos premiers serments, pour nous transporter dans ce monde céleste où l'on s'aime sans fin, sous le regard de Dieu.

Entre Marie et moi, un mariage était impossible, Marie était la fille d'un noble ruiné par la révolution ; moi j'étais le fils d'un homme que la révolution avait enrichi. Entre notre amour il y avait la haine de nos parents. Le noble était trop orgueilleux pour redorer son blason avec la fortune d'un industriel ; et l'industriel trop fier pour relever, par ses richesses, la noblesse appauvrie.

Que n'étions-nous à cette époque de vie aventureuse, où, sous le baptême du canon, on devenait grand et célèbre, où l'on gagnait titres, croix, honneurs, sur le champ de bataille. Si nous eussions été à cette ère de combats immortels qui eurent pour génie Napoléon, pour théâtre l'Europe entière, pour acteurs tous les peuples ligués contre le géant, j'aurais dit à Marie :

— Marie, attends-moi, il y a des hommes qui se font un blason avec la pointe de leur épée, je serai un de ces hommes ; mon courage me donnera un écusson, et je reviendrai, moi, noble aussi, demander ta main à ton père.

L'heure de la séparation sonna, une lettre de M. de Bois-Fleury ordonnait à sa fille de revenir à Lyon.

Le soir où Marie m'apprit cette nouvelle, nous nous promenions sur le rivage ; le ciel bleu s'était chargé rapidement de noirs nuages, comme s'il eût voulu se mettre en harmonie avec notre tristesse.

— Ainsi, lui dis-je, vous partez demain.

— Demain, répéta-t-elle, en laissant tomber de ses yeux une larme, perle parfumée que je portai vivement à mes lèvres.

Le vent qui s'était levé, soufflait rapidement ; on eût dit des cris de détresse.

— Entendez-vous, continuai-je, la nature semble pleurer sur nous, c'est l'agonie de notre amour.

— Non, me répondit-elle, il vivra encore par le souvenir.

— Le souvenir est la fleur des tombeaux.

— Notre amour n'a-t-il pas commencé sur le bord d'une tombe?

— Oh ! si j'avais pu mourir, murmurai-je.

— Henry, me dit-elle, ne maudissez pas Dieu, ces paroles sont un blasphème, il a voulu que vous viviez, vivez donc, il y a pour vous encore de beaux jours.

— De beaux jours, dites-vous, est-ce ainsi que vous me jugez?

— Je vous sais le plus noble, et le plus digne d'être aimé ; mais pour les hommes, il existe une chose qui remplit le cœur vide, qui prend à l'intelligence sa pensée, au temps ses heures.

— Qu'est-ce donc ?

— Le travail qui mène à la réputation, à la gloire.

— La réputation, la gloire, vains mots, paroles creuses lorsqu'on est seul. Oh ! je comprends la gloire, la renommée, lorsqu'on a près de soi une femme aimée; je comprends l'orgueil et la joie de faire son nom célèbre, lorsque, sous ce nom, s'abrite une femme adorée. Demain, Marie, je serais votre époux ; vous me diriez : « Sois poète, » et, semblable au plongeur qui, du fond de l'Océan, rapporte une perle précieuse, je plongerais au fond de mon cœur, et j'en rapporterais une poésie sublime que je jetterais à vos pieds. Vous me diriez : « Sois un héros, » et, comme l'Arabe, sur la foi des promesses du prophète, j'irais, heureux au milieu de la grêle des balles, je sourirais à la mort qui me vaudrait des larmes de vos yeux bleus, je reviendrais vainqueur, déposer à vos genoux la couronne du triomphe; et vous dire : « Marie, cette couronne n'est belle que parce qu'elle abritera votre front si pur. » — Mais seul, que m'importent ces succès, un morceau de ruban rouge sur ma poitrine, oripeau, guenille, chiffon. — Vous partez, et avec vous, s'en va tout ce qui en moi pensait et aimait ; l'âme se détache du corps, je ne suis plus qu'un cadavre qui se promène en attendant l'heure de se coucher dans son cercueil.

Marie sanglottait.

— Oh! mon Dieu, comme il m'aime, murmurait-elle, comme il m'aime.

— Oui, continuai-je, je vous aime bien, laissez-moi parler à votre père.

— Mon père ne vous comprendrait pas, Henry, et vous vous exposeriez gratuitement à une insulte. Vous ne savez pas ce que c'est que l'indifférence de la famille ; vous avez une mère qui a en vous une seconde existence, qui recommence une nouvelle jeunesse avec vous; pour moi, ma naissance a été une faute, j'ai eu le tort de naitre et mon père ne me l'a jamais pardonné ; je n'ai été pour lui qu'un chiffre de soustraction à l'héritage de son fils, du baron de Bois-Fleury. Ma vie a été pleine de souffrances; enfant, j'ai été élevée sans les caresses de ma mère; jeune fille, j'ai fait mes premiers pas sans ses conseils et sa protection. Mon frère est tout, je ne suis rien qu'une chose inutile dont l'entretien enlève une parcelle du luxe nécessaire pour soutenir le nom de Bois-Fleury. Voilà mon passé, Henry, l'avenir est entre les quatre murailles froides d'un couvent, où l'on me jettera pour se débarrasser de moi.

— Eh! pourquoi accepter cette existence, que vous fait l'égoïsme de votre famille ? Pourquoi aller, victime innocente, vous mettre aux mains de vos bourreaux. Venez avec moi, fuyons, il existe sur cette terre quelque coin isolé, où deux cœurs qui s'aiment peuvent vivre heureux. Venez avec moi, Marie, et mon amour vous fera oublier les larmes du passé.

— Henry, de l'orgueil de mes parents je n'ai conservé que celui de ma dignité. Dieu n'a pas voulu que je sois heureuse sur cette terre, que sa volonté s'accomplisse ! j'aurai le courage de souffrir par la pensée du devoir rempli. — Un instant, j'ai entrevu le bonheur tel que je le rêvais, j'ai été aimée comme j'étais capable d'aimer moi-même, notre amour a été un beau rêve dont le souvenir me consolera et me donnera du courage; comme le jour où il est né, je vous dis encore aujourd'hui : « Aimez-moi, le premier qui mourra ira attendre l'autre au tombeau. »

Pendant cette conversation, le temps, sans que nous y prissions garde, s'était chargé de pluie, le vent soufflait avec violence, le tonnerre éclatait en déchirant en zig-zag par des traînées de feu les nuages qui se heurtaient au ciel ; nous avions instinctivement marché devant nous, et nous nous trouvions en pleine campagne.

Heureusement, pour nous mettre à l'abri contre l'eau qui ruisselait en torrent et changeait l'étroit sentier que nous suivions en ruisseau fangeux, j'aperçus une petite chapelle.

Ses murs étaient noirs et lézardés, le lierre y courait en festons découpés, et des fissures des murailles s'élançaient de pâles fleurs bleues secouant leurs pétales humides sous le souffle du vent.

Nous entrâmes ; un vieux prêtre aux longs cheveux blancs était seul agenouillé sur les dalles ; au bruit de nos pas, il retourna la tête, puis il se replongea dans la méditation.

L'émotion m'avait brisé, je me laissai tomber sur une chaise et me mis à sangloter ; Marie se plaça sur un prie-dieu, elle était pâle et des larmes rapides glissaient de ses yeux.

J'ignore le temps qui se passa ainsi, j'avais perdu le sentiment de mon existence ; lorsque je revins à moi, je vis en face de nous le prêtre qui s'était levé, et qui, les bras croisés, nous contemplait en silence ; c'était une magnifique tête de vieillard ; ses cheveux blancs encadraient un visage sur lequel la souffrance avait laissé des traces dans chaque ride.

— Monsieur, me dit-il en italien, cette demoiselle est-elle votre sœur ?

— Pourquoi cette question ? répondis-je embarrassé.

— Parce que je pourrais peut-être vous donner un bon conseil.

— Je ne vous en demande pas, fis-je brusquement.

— Vous êtes Français ? dit-il en parlant dans notre langue.

— Oui.

— Cela ne fait qu'augmenter l'intérêt que je vous porte.

— Mais, enfin, pourquoi me questionnez-vous.

— Parce que si, il y a quarante ans, j'avais rencontré comme vous un vieillard qui m'eût donné un conseil, j'aurais évité un malheur qui pèse sur moi comme un remords, et dont je viens, depuis quarante ans, demander à Dieu pardon tous les jours.

Marie pleurait.

— Mademoiselle, continua le vieillard, écoutez mon histoire, elle vous sera utile, s'il en est temps encore.

Il y a quarante ans, j'aimais une jeune fille, et j'en étais aimé ; entre elle et moi il y avait une barrière : j'étais pauvre, elle était riche. Un jour, on voulut la marier ; alors, ne consultant que notre désespoir, nous partîmes ensemble, nous vînmes en Italie ; mais la malédiction du père de la jeune fille nous suivit ; un mois après, elle mourait misérablement sur le lit infect d'un hôpital ; car je n'avais pas eu de quoi acheter à l'infortunée un lit sur lequel elle pût mourir tranquille. Depuis ce jour a commencé l'expiation ; voilà quarante ans que je prie, voilà quarante ans que je pleure. Mademoiselle, ajouta le prêtre en se retournant vers Marie, croyez-moi, retournez près de votre mère si vous êtes encore digne d'elle, et vous, jeune homme, renoncez à votre amour, s'il n'a pas été déjà taché par une faute.

Ces paroles d'un vieillard qui se dressait devant nous comme le génie du bien, afin de nous montrer, par l'exemple de sa vie, la route que nous devions suivre; le calme religieux de la petite chapelle éclairée par une seule lampe tombant de la voûte, suspendue par une chaînette d'acier ; les éclats du tonnerre ébranlant les murailles, la pluie fouettant les vitraux, les éclairs jaillissant de la nuit profonde et inondant parfois le sanctuaire ; tout ce spectacle m'émut tellement, que, tombant à genoux :

— Mon père, murmurai-je, bénissez-nous, dans notre vie il n'y a qu'une grande souffrance, il n'y a pas de faute.

— Enfants, dit le vieillard en étendant ses mains sur nos têtes inclinées, je vous bénis, purifiez vos cœurs par la souffrance ; Dieu, qui vous voit, vous donnera un jour la récompense due à vos douleurs ; inclinez-vous devant sa volonté et rappelez-vous ces paroles : « Heureux ceux qui souffrent. »

Et s'agenouillant près de nous, le prêtre pria longtemps; notre prière, portée sans doute au ciel avec celle du saint homme, fut entendue de Dieu, car lorsque nous nous relevâmes, Marie et moi, nous étions plus calmes, le courage nous était revenu, et nous nous tendîmes la main.

Le vieillard voulut nous accompagner; sa présence nous était nécessaire ; l'orage, qui nous avait séparés de ma mère et de la vieille tante pendant la promenade, était bien une excuse, mais notre longue absence pouvait être interprétée défavorablement, et je ne voulais pas même qu'un soupçon salît et profanât Marie.

Le prêtre ferma lui-même la porte de la petite chapelle, et mit la clef dans sa poche.

— Vous êtes donc le desservant de cette chapelle ? lui demandai-je.

— Non ; cette chapelle était abandonnée, grâce à la piété et à la générosité de quelques personnes, j'ai pu y faire les réparations les plus nécessaires ; c'est pour moi un oratoire dans lequel je m'enferme pour prier.

— Voulez-vous me permettre de faire aussi mon cadeau ?
— A moi ?
— Non, à votre chapelle.
— Avec plaisir.
— Mais à une condition.
— Laquelle ?
— Que vous prierez quelquefois pour nous.
— C'est mon devoir de prier pour ceux qui souffrent.
— Connaissez-vous Notre-Dame-de-Fourvières ? demandai-je.
— La protectrice de Lyon.
— Oui. Eh bien ! je veux vous faire don d'une statue de Notre-Dame-de-Fourvières, en la voyant vous songerez à nous.

Marie me remercia par un regard éloquent ; je demandai au bon prêtre son nom.

— Je me nomme le père Joseph, répondit-il.

Notre absence, qui avait provoqué une inquiétude naturelle chez la tante de Marie et chez ma mère, fut expliquée et rendue pure de tout soupçon par la présence du vieillard.

Le soir, nous nous séparâmes, et Marie partit le lendemain pour Lyon.

Je sentis quelque chose qui se brisait en moi ; la fièvre se déclara, je perdis la raison, et, dans mon délire, j'appelai Marie.

Lorsque je revins à moi, je vis près de mon lit ma mère qui pleurait; ange de consolation et de dévouement, elle était à son poste.

— Oh ! ma mère, m'écriai-je.

— Mon enfant, répondit-elle en m'embrassant, courage !

— Et résignation ! dit la voix grave du père Joseph que je n'avais pas vu, caché qu'il était par les rideaux du lit.

— Vous ici, mon père, lui dis-je en prenant la main qu'il me tendait.

— Ma place n'est-elle pas près de ceux qui pleurent, me répondit-il.

Je me mis à sangloter.

— Allons, continua le vieillard, dans les grandes douleurs la religion est le seul refuge, priez.

Un mois après, j'étais en convalescence ; le père Joseph ne me quittait plus, et ce fut, appuyé sur son bras, que je fis ma première sortie.

Nous nous dirigeâmes vers la petite chapelle ; je voulus revoir les lieux où j'avais vu Marie pour la dernière fois ; une surprise m'y attendait.

Dans une niche, garnie de fleurs, se trouvait une statue de Notre-Dame de Fourvières, sur le socle de laquelle étaient gravés mon nom et celui de Marie.

— Qui est-ce qui a fait placer ici cette statue ? demandai-je.

— Votre mère, me répondit le père Joseph.

Deux larmes de reconnaissance glissèrent de mes yeux.

— Vous le voyez, mon fils, continua le prêtre, un homme ne doit jamais désespérer de la vie tant qu'il lui reste une mère.

Au bout de six semaines environ, ma santé était rétablie, je revins à Lyon.

Depuis, mon existence fut une existence tout intime ; je me plaçais sur la route de Marie, et sa vue me donnait pour un mois de bonheur ; ma présence n'éveillait jamais le soupçon, car notre secret n'était connu que de la vieille tante, qui avait sagement gardé le silence sur nos relations.

Il y a deux mois, c'était à l'église Saint-Jean, à la messe de Pâques, dans la foule je pus m'approcher assez près de Marie pour qu'elle me remît une lettre.

Cette lettre la voilà, dit Henry en ouvrant son portefeuille, je l'ai lue et relue cent fois, mes larmes en ont effacé les caractères, mais elle est écrite maintenant au fond de mon cœur.

« Henry,

» Dans un mois, je vais entrer au couvent ; c'est le froid
» vestibule qui me conduira au tombeau.
» De ce monde que je quitte, je ne regrette que vous, je
» n'emporte qu'un nom et qu'une pensée : votre nom et
» votre pensée.
» Je ne veux pas faire retomber sur vous le malheur de
» ma vie. Dans un moment d'amour, nous avons lié nos
» deux existences par un serment.
» Ce serment, Henry, est un crime, et je vous en
» relève.
» Soyez heureux comme vous méritez de l'être ; épousez
» une jeune fille, aimez-la, elle vous aimera, et vous rendra en dévouement ce que vous lui apporterez en nobles
» qualités.
» Pardonnez-moi si mon égoïsme me fait vous dire encore :
» ne m'oubliez pas ; pensez quelquefois à Marie qui vous a
» donné tout l'amour de son cœur, et qui va vous attendre
» dans le monde où se sèchent les larmes amères de cette
» terre.
» Adieu, Henry, je suis indigne du voile que la religion
» va me mettre au front ; la robe de bure que je porterai
» sera pour moi la tunique de Nessus.
» Dieu qui veut mes souffrances, ne me laissera pas, je
» l'espère, souffrir longtemps.
» Adieu, Henry, je vous aime.

« MARIE. »

Voilà l'histoire de mon amour, continua Henry, dont les yeux étaient pleins de larmes et la voix tremblante ; tu le vois, il n'y a ni drame, ni roman, ni intrigue.

Comprends-tu, lorsque j'ai appris que Marie se mariait, la douleur immense qui m'a frappé ; comprends-tu cette jalousie inconnue à mon affection, qui m'a pris à la gorge, lorsque la femme que j'aimais comme on aime l'ange du ciel, est descendue de son piédestal pour devenir la femme terrestre d'un autre ; lorsque ma divinité a jeté la blanche robe pour la robe de fiancée.

Oh ! Marie, ajouta Henry en sanglotant, pardonne-moi ; tu es restée pure et immaculée comme la vierge dont tu portes le nom, tu as conservé la foi de ton serment ; tu ne t'es pas donnée, on t'a vendue.

Le château de Bois-Fleury s'était illuminé comme par enchantement, il se réflétait dans l'eau limpide de la Saône, et son image se balançait dans la rivière doucement agitée par le vent. On eût dit un de ces palais des contes de fées surgissant tout-à-coup pour guider le voyageur égaré.

La gaîté campagnarde est bruyante, les villageois dont on avait réchauffé l'enthousiasme par des libations, chantaient à tue-tête.

Le bruit arriva jusqu'aux deux amis.

Henry se leva pâle comme le cadavre secouant son linceul ; il ne pleurait plus, sa voix était brève, éclatante comme le son de la trompette ; du doigt il montrait ce château.

— Mensonge, mensonge! s'écria-t-il, riez, chantez, stupides et aveugles, qu'on a gorgés de vin comme les mendiants en guenilles des fêtes populaires. Chantez les louanges de ce vieillard, qui prend pour compagne de son lit, déjà cercueil, une pure jeune fille ; chantez les vertus de ce libertin octogénaire qui a assez d'or pour acheter la jeunesse et la beauté d'une vierge céleste.

Et boutonnant son habit, il fit trois pas en avant.
— Où vas-tu ? lui demanda Georges avec effroi.
— Au château.
— Impossible.
— Pourquoi ?
— Je t'en empêcherai.

Henry, croisant les bras sur sa poitrine, contempla Georges avec des yeux qui brillaient dans l'obscurité comme ceux d'un lynx.

— Ecoute, lui dit-il, il y a des moments dans la vie où pas une puissance humaine ne ferait fléchir la volonté : je suis dans un de ces moments.
— Mais songe........
— Je ne songe à rien.
— Cependant.....
— On s'amuse là-bas, on a jeté mon bonheur en curée ; je veux ma part de la curée.

D'un geste le jeune homme écarta son ami.
Georges se plaça de nouveau devant lui :
— Henry, s'écria-t-il, tu n'iras pas au château.
— J'irai, devrais-je passer sur le cadavre de ma mère.

Le jeune homme ne se possédait plus.

Ces illuminations qui brillaient dans la nuit noire, ces chants que le vent apportait à son oreille, tout ce mouvement de fête insultait à sa douleur et le rendait fou.

— Va donc, lui dit Georges ; va tuer la pauvre femme qui t'aime.
— Que dis-tu, fit Henry en s'arrêtant.
— Je dis que ta vue sera la mort pour Marie.
— Marie, répéta machinalement le jeune homme.
— Oui ; Marie, pauvre femme, qui souffre plus que toi, et que tu accableras indignement de tes souffrances.

Comme si le nom de Marie possédait une puissance secrète, la fièvre d'Henry cessa brusquement ; ses traits contractés reprirent leur douceur habituelle, ses yeux secs et ardents se remplirent de larmes.

— Oh! oui, dit-il, tu as raison ; ce serait lâche et infâme ! à chacun sa part de douleur ; mais je veux, perdu dans la foule, la voir, ne fût-ce qu'un instant, il me semble qu'elle devinera ma présence, et qu'elle lui donnera le courage dont elle a tant besoin.

Georges essaya vainement de détourner Henry de cette résolution ; mais le jeune homme, dont la colère était tombée, priait et suppliait.

— Allons, fit Georges, au château et advienne que pourra.
— Mon Dieu ! murmura Henry, faites que je ne sois pas dans cette horrible nuit du festin de Balthazar.

On le voit, l'infortuné doutait encore de sa puissance à surmonter les instincts de fureur qui bouillonnaient dans son âme.

CHAPITRE XIV.

Une nuit de noces.

Le château de Bois-Fleury était splendidement illuminé.
Dans la vaste cour étaient dressées des tables autour desquelles étaient assis tous les braves paysans de Neuville, une guirlande en verres de couleurs entourait en festons lumineux ce repas digne d'être chanté par Homère ; le vin ruisselait comme aux noces de Cana, amenant avec lui l'ivresse et le tapage.

Le comte de Bois-Fleury, comprenant la fausseté de sa position vis-à-vis de ses invités, avait pensé se sauver de ce qu'elle avait de difficile par la réaction de la joie populaire, sur la froideur glaciale de ses nobles amis. De même que pour la réussite d'une pièce on paie une claque, ainsi le comte se servait des paysans — ignorants claqueurs — pour remplacer par la gaîté vineuse la joie, naturelle commençale de pareilles fêtes.

Le perron avait été heureusement disposé ; de chaque côté des escaliers, recouverts d'épais tapis, étaient deux rangs d'orangers ; une tente légère protégeait du brouillard pénétrant les danseuses aux épaules nues, qui, poussées par la curiosité, venaient voir les danses villageoises. Au frontom de cette tente en damas orange se trouvait en transparent l'écusson du marquis de la Porte.

Le vestibule était encombré de domestiques à la livrée du marquis, recevant des mains des jeunes femmes ces vêtements doublés de cygne ou d'hermine, dont le chaud duvet garantit du froid sans altérer, par son moelleux contact, la fraîcheur d'une toilette de bal.

La salle réservée au repas était tendue de damas rouge, sur lequel était jeté une seconde tapisserie, également de damas cerise, relevée de loin en loin par des embrasses en satin cramoisi frangées d'or ; du plafond tombaient vingt lustres suspendus par des écharpes de cachemires ponceau aux plis gracieux.

Deux dressoirs en acajou sculpté, placés en face l'un de l'autre, étaient couverts de vaisselle plate, chef-d'œuvre d'orfèvrerie que le spadassin artiste Benvenuto Cellini n'eut pas rougi de signer de son nom.

La table formait le fer à cheval ; cette disposition permettait aux domestiques de faire leur service sans embarras ; de loin en loin s'élevaient, placés sur des vases de porcelaine de Chine, des bouquets aux fleurs artistement groupées.

Le surintendant Fouquet qui, dit-on, dépensa trente ou quarante millions pour cette fête féerique de Vaux, qui fut la cause de sa disgrâce, eut été lui-même ébloui par ce luxe.

La société qui se trouvait réunie était toute la noblesse lyonnaise.

Nous en avons déjà parlé ; mais c'est ici l'occasion de l'étudier plus sérieusement et de plus près.

La noblesse lyonnaise qui a en profond mépris le commerce, dont elle envie secrètement les richesses, est sortie du commerce. — Que d'enfants dans ce monde qui renient leurs pères !

On ne trouve, en effet, dans les catalogues des blasons aucun nom des nobles inscrits dans les fastes de l'histoire de France, et si nous en exceptons les Villars et les Villeroy, tous les nobles lyonnais appartiennent à cette noblesse de second ordre, inutile, et ne faisant rien pour justifier par quelque action éclatante et par son mérite personnel les privilèges que lui donnait sa naissance.

Le commerce, par l'invasion italienne qui le raviva, devint une puissance sérieuse, car il avait entre les mains le principe de tout pouvoir : l'argent. Nous n'en citerons qu'un exemple : les Florentins qui en venant s'établir à Lyon conservèrent leur indépendance, leurs mœurs, leurs coutumes, et ne relevaient que d'un chef choisi par eux et parmi eux, offrirent à Philippe II, roi d'Espagne, trois millions et une armée pour porter la guerre en Italie.

La position souvent précaire des rois de France les rendait en quelque sorte tributaires de ces commerçants plus riches que l'Etat, et ils s'adressaient souvent à eux. Pour reconnaître ces services, la royauté créa des marquisats, des baronnies, et de même que les papes battirent monnaie avec les indulgences, ainsi on fit marchandise des lettres de noblesse ; on inventa des charges imaginaires faisant nobles ceux qui étaient censés les remplir ; enfin l'échevinage fut aussi l'origine d'une nouvelle et nombreuse noblesse, le titre d'échevin emportant avec lui un titre de noblesse transmissible.

Lorsqu'on fouille dans les blasons de ces nobles, on se sent souvent pris d'un fou rire.

Que nos lecteurs en jugent.

Horace Cardon devenu échevin eut à se faire un blason. Il le composa ainsi : « D'or à une fleur de *cardon* au naturel tigée et feuillée de sinople. »

Mathurin Gallier usa du même procédé et rappela son nom dans ses armoiries, qui étaient « d'azur au *coq* d'or, accompagné de deux étoiles d'or en chef et d'un croissant d'argent en pointe. »

On sait que *gallus* en latin signifie *coq*.

La noblesse lyonnaise ne supporte pas une longue étude, et il est facile de remonter à sa source : cela ne l'attaque en rien, mais rend ridicules ses airs de grands seigneurs vis à vis du commerce d'où elle est partie et qui lui a valu ses parchemins.

D'après la disposition de la table, Georges et Henry purent s'asseoir à l'une de ses extrémités sans être vus de Marie qui, placée au centre en face du marquis de la Porte, son époux, leur tournait le dos.

Georges comprit qu'il avait besoin d'un auxiliaire pour surveiller son ami dont il redoutait quelque éclat. Dans ce monde inconnu, il rencontra heureusement pour lui la comtesse de Sennecey. Quelques mots lui suffirent pour mettre la spirituelle femme au courant de la position.

— Pauvre jeune homme, dit-elle, en regardant avec intérêt la figure pâle d'Henry.

Elle se plaça à table à côté de lui, Georges était à sa droite, près de lui se trouvait le vieux comte de Saint-Bel.

A la vue de Georges, il tressaillit, et le contempla quelques instants en silence.

— Comme il lui ressemble, murmura-t-il tout bas. — Monsieur, lui demanda-t-il, pourriez-vous me dire votre nom ?

— Georges Duval.

Ce nom produisit l'effet d'une décharge électrique sur le vieillard ; — cette émotion n'échappa pas à notre héros.

— Mon Dieu, dit-il, d'où vient donc que mon nom vous émeut si vivement ?

— Moi !

— Oui.

— Vous vous trompez.

— Soit ! je me suis trompé. — Pourriez-vous être assez bon pour me dire à qui j'ai l'honneur de parler ?

— Je suis le comte de Saint-Bel.

— Je comprends.

— Quoi ?..

— Votre émotion de tout à l'heure.

— Comment ?

— Monsieur le comte, ne jouez pas au fin avec moi, il est un secret que j'ai deviné depuis longtemps, quoique mon père ait cherché à me le cacher.

— Votre père, fit le vieillard avec un accent de profond mépris.

— Oui, mon père, s'écria Georges, froissé dans son amour filial et dans sa vanité ; mon père qui a trop de cœur pour mendier un héritage pour son fils.

— Que diable me parlez-vous d'héritage !

— N'en parlons pas, c'est un mot que j'ai eu tort de prononcer, car il pourrait vous faire supposer que dans mon désir de rentrer dans ma famille, il y a un autre but que celui de reprendre le nom qui m'appartient.

— Il parait que vous n'êtes pas très-content de celui que vous portez ; je le comprends, le nom d'un révolutionnaire.

— D'un honnête homme.

— D'un parfait honnête homme, répéta en ricanant le comte, qui, avec Chalier, a eu l'heureuse idée de raccourcir les aristocrates en faisant placer une guillotine à la sortie du pont Morand. — Et savez-vous pourquoi ils avaient placé là l'échafaud ? afin d'avoir moins de chemin à faire pour jeter les corps dans le Rhône. — Avouez que si ces messieurs se souciaient fort peu de nous couper le cou, ils savaient jusque dans les plus petites choses s'éviter de la peine.

— C'est une calomnie, — répondit Georges, lorsque le comte, qui avait parlé avec une volubilité en dehors de ses habitudes, lui eut permis de prendre la parole. — Mon père a été l'ami de Chalier...

— Vous l'avouez.

— Eh bien ! que prouve cet aveu, croyez-vous que je rougisse de cette amitié.

— Il y a de quoi s'en vanter !

— Je n'en rougis ni je ne m'en vante ; — Chalier est un homme qui a été le premier entraîné par la révolution dont il a ouvert l'écluse ; — respect aux morts. — Mais mon père tout en étant en communauté d'opinion avec lui s'est toujours opposé aux mesures extrêmes ; il n'y a pas dans sa vie une seule faute et une seule faiblesse ; je suis fier d'être son fils.

— Recevez-en mon compliment.

— Monsieur le comte, dit Georges, savez-vous comment il se fait que vous êtes encore riche ?

— Parbleu, une espèce d'association de fous et de voleurs, sous le nom de *nation*, m'a dépouillé de mes propriétés, et le roi me les a fait rendre.

— Toute la puissance du roi eut échoué devant un acte que possède mon père.

— Diable ! diable ! votre père est plus puissant que le roi.

— Oui, car il a pour lui quelque chose qui est au-dessus du roi lui-même : le droit.

— Le droit de voler.

— Celui de conserver ce qu'il a payé et acheté.

— Comme le receleur achète et vend ce que d'autres dérobent.

— Non, parce que celui de qui il a acheté était le véritable maître. Et si vous êtes riche, si vous êtes rentré dans votre château, c'est à mon père que vous le devez.

— Eh ! bien, monsieur, je vous prie de le remercier de ma part, dit le comte en souriant dédaigneusement.

Cette dernière insulte frappa Georges en pleine poitrine. Se penchant à l'oreille du vieillard, avec cet accent sourd de la colère contenue :

— Monsieur, dit-il, mon père a raison, les nobles n'ont pas de cœur.

Le comte de St-Bel se leva brusquement, tout son orgueil se dressa devant cette provocation.

— Jeune homme, répondit-il, malgré votre âge, je vous souffletterais si vous n'étiez pas le fils de ma....

— Parbleu ! s'écria Georges, il y a longtemps que je vous aurais craché au visage si vous n'étiez pas le père de ma.....

Au milieu du mouvement du dîner qui touchait à sa fin, personne ne fit attention à ce petit incident.

Henry était absorbé dans la contemplation du marquis de la Porte, qui, assis sur sa chaise longue, mangeait avec cette gourmandise répugnante particulière aux vieillards.

Ses lèvres, grasses et brillantes, aspiraient bruyamment les mets placés sur son assiette ; car, privé de dents et ne pouvant faire subir aux aliments le travail préparatoire de la mastication, il les avalait comme fait le corbeau.

Sa figure, pâle, ridée, à la chair pendante, s'était couverte de cette rougeur chaude et vive qui se dégage du vin cuvant dans l'estomac, ses yeux vitreux brillaient sous l'influence de quelque pensée libertine, car il couvait sa femme du regard.

Pauvre Marie ! on l'avait habillée pour le dîner, comme on l'avait habillée pour la cérémonie nuptiale ; automate inintelligent, elle s'était laissée faire, sans comprendre que dans la comédie qui se jouait autour d'elle, elle devait avoir le premier rôle. Malgré le mauvais goût des costumes de cette époque, — nos lecteurs se rappellent que nous sommes en 1825, — Marie était ravissante sous sa robe de damas blanc, la serrant du haut en bas comme l'enveloppe d'un parapluie ; ses épaules, découvertes, blanches et transparentes, laissaient deviner, par leurs formes arrondies, mille beautés cachées; ses longs cheveux blonds retombaient en boucles légères sur son cou penché, une couronne de fleurs d'oranger — chaste diadème des vierges — ceignait son front pur et uni.

Pourquoi mettre une enseigne à la virginité? pourquoi profaner par les pensées qu'éveillent ces fleurs symboliques le parfum religieux de la chasteté? Est-ce donc un marché que le mariage, et doit-on marquer la jeune fille comme on attache un bouchon de paille à la queue du cheval que l'on veut vendre.

Nous nous sommes souvent demandé pourquoi on travestissait en spectacle grotesque la sainte cérémonie du mariage?
— Ce sont nos mœurs. — Mais les mœurs absurdes et immorales on les change; — le droit du seigneur a bien disparu, et il y a une époque où il paraissait très-naturel, où le paysan, le vilain, — comme on l'appelait, — trouvait très-rationnel de laisser le marquis ou le duc prendre les prémices de sa fiancée.

Croyez-vous qu'il soit possible à une jeune fiancée d'entendre sans rougir la chanson de circonstance, — par exemple le *Billet d'enterrement* de Béranger. — Croyez-vous que toutes ces libres plaisanteries qui sont lancées dans le laisser-aller du repas de noces, ne doivent pas lui faire monter le rouge de la honte au visage?

Déjà on a donné raison à nos observations; depuis vingt ans, il y a extérieurement dans les mœurs plus de retenue, plus de réserve; — hypocrisie, nous direz-vous? Qu'importe! nous préférons le vice avec un masque, que le vice dans toute sa hideuse nudité et dans son cynisme.

Henry éprouvait un sentiment de rage et de colère que traduisaient ses regards; — cette colère ne tarda pas à éclater.

On en était aux toasts.

Le comte de Saint-Bel se levant et tendant son verre:
— Marquis, dit-il, je bois à la postérité de votre race.

Un immense houra accueillit ce toast. La postérité d'un vieillard de quatre-vingts ans! — Quel délicieux sujet de quolibets, de rires et de moqueries!

Pauvre Marie!

Mais à cette lâche insulte qui frappait une jeune fille inoffensive, en lui disant qu'elle était réservée à la couche d'un vieillard; Henry s'était dressé, pâle comme l'ange exterminateur, les lèvres blanches d'écume, et d'une voix tonnante:

— Je bois, répéta-t-il, à la postérité du noble marquis de la Porte.

Un éclat de rire, semblable à celui du démon blasphémant Dieu, couvrit les bravos que provoquèrent le nouveau toast. D'une main de fer Henry posa le verre sur la table; il se brisa avec éclat, et le sang jaillit en abondance de la paume ouverte par une large blessure.

Tout le monde s'était levé avec empressement sur l'invitation du comte de Bois-Fleury qui avait réservé une surprise; grâce au mouvement tumultueux qui s'opéra, à l'exception des personnes placées près d'Henry, personne ne s'aperçut de ce que nous venons de raconter.

Georges et madame de Sennecey s'approchèrent du jeune homme qui était retombé pâle et inanimé sur sa chaise, la comtesse enveloppa la main ensanglantée avec une serviette tandis que Georges lui faisait respirer un flacon de sels.

Lorsque Henry revint à lui la salle était vide.
— Est-ce un rêve? murmura-t-il.
— Mon ami, répondit Georges, je te l'ai déjà dit, ce que tu as entrepris est au-dessus des forces humaines, partons sur-le-champ.
— Partir, oh! non, pas encore.

Les domestiques circulaient dans la salle qu'on disposait pour le bal.
— Où est la noce? demanda Henry à l'un deux.
— La noce est allée faire une promenade sur l'eau.

Henry se leva et se dirigea du côté de la cour. — Georges offrit son bras à la comtesse de Sennecey, et il suivit son ami.

La cour avait changé de physionomie: au dîner avait succédé le bal champêtre; un ménétrier, assis sur un tonneau, composait tout l'orchestre; les paysans s'en donnaient à cœur joie; on riait, on chantait, on buvait; — c'était le sixième ciel promis par Mahomet à ses disciples.

La surprise que le comte de Bois-Fleury avait réservée à ses invités était une surprise vraiment royale.

C'était une promenade Vénitienne.

La Saône était couverte de barques richement pavoisées et illuminées; des gondoliers tenaient les rames; — la gondole dans laquelle se trouvaient les époux était naturellement la plus belle et la plus parée; une tente en damas jaune, dont les portières était relevées par des torsades d'or, protégeaient contre les brouillards de la nuit; à la proue, éclairée par une guirlande de verres, l'artiste avait peint les armoiries du marquis de la Porte. Derrière cette gondole venait une barque remplie de musiciens exécutants des symphonies.

Henry, Georges et madame de Sennecey prirent place dans une yole légère, fendant l'eau comme un cygne. Henry dit quelques mots à voix basse au marinier qui tenait le gouvernail; par une manœuvre rapide il amena l'yole près de la gondole et la suivit à quelque distance.

Le marquis de la Porte sommeillait doucement sur sa chaise longue; Marie, pâle et droite, regardait fixement l'eau animée par les reflets de l'illumination.

Henry, debout sur le devant du bateau, les bras croisés sur sa poitrine, contemplait ce spectacle.

Pauvre jeune homme! cette gondole qui fuyait rapidement devant lui, n'était-elle pas l'emblème de sa vie?

Marie, blanche et pure enfant, dont la longue robe flottait en plis harmonieux, n'était-ce pas la fraîche illusion de sa jeunesse qui disparaissait devant lui?

Le marquis de la Porte, vieillard brisé par l'âge, ne représentait-il pas le Temps inexorable, qui emporte sur sa route les joies de l'enfance et les premières amours du printemps.

Tout-à-coup, Marie, qui se penchait sur le bord de la gondole, glissa rapidement, l'eau s'entr'ouvrit en tourbillonnant, et, se renfermant, ne laissa plus voir que sa surface unie comme un miroir.

Etait-ce un accident?

Ou bien Marie avait-elle eu peur au commencement de cette existence pour laquelle l'égoïsme de ses parents lui avait donné pour compagnon de route un vieillard libertin? Etait-ce la pensée des souffrances de l'avenir, devant laquelle l'infortunée avait succombé et était devenue criminelle, impie.

Un immense cri retentit. — Les barques s'arrêtèrent comme par enchantement, le marquis, réveillé de son sommeil, s'agita sur sa chaise longue.

Henry, rapide comme l'éclair, s'était élancé dans l'eau; tous les cœurs cessèrent brusquement de battre, les regards inquiets, avides, étaient fixés sur l'onde tranquille et calme.

Une légère écume blanche apparut à sa surface. — Le jeune homme était seul.

Ses traits étaient livides, ses yeux hagards; ses cheveux ruisselants, retombant sur son front, le rendaient encore plus effrayant.

L'angoisse était sur tous les visages; — un silence glacial avait succédé au joyeux murmure des causeries intimes.

Henry se cramponna à la gondole du marquis de la Porte; d'un bond il se trouva droit, on eut à peine le temps de le voir, car il venait de plonger de nouveau.

Quelques secondes s'écoulèrent: — Henry reparut enfin, mais cette fois tenant entre ses bras le corps inanimé de Marie.

L'émotion du jeune homme avait été trop forte: il tomba évanoui.

Cet événement jeta quelque désordre dans le programme de la fête; — mais cinq minutes après, les deux jeunes gens, transportés au château, étaient revenus à eux.

Le bal commença.

Le premier sentiment qu'avaient éprouvé les invités à la vue du vieillard auquel le comte de Bois-Fleury sacrifiait sa fille, avait été un sentiment de pitié et de commisération. Ce sentiment naturel avait peu duré, chacun était venu pour s'amuser et prendre sa part du plaisir ; la gaîté et l'entrain succédèrent à la froide réserve du début de la cérémonie, l'égoïsme avait repris sa place.

L'accident arrivé à Marie ne donna occasion à aucune interprétation. « Le pied lui a glissé, » avait dit le comte de Bois-Fleury. Cette explication avait suffi et on n'était pas allé au-delà ; si quelques personnes soupçonnèrent la vérité, nul ne l'a dit ; — la vérité est souvent un trouble-fête.

Mais le dévouement d'Henry, — dévouement dont tous ignoraient la véritable cause, — le transforma en héros et attira sur lui l'attention.

Lorsqu'il rentra au salon, il reçut des compliments et des félicitations auxquels il ne se donna pas même la peine de répondre.

Pour tranquilliser l'inquiétude des invités, le comte de Bois-Fleury avait exigé que Marie parut un instant au bal.

La jeune fille avait obéi.

Un pâle sourire errait sur ses lèvres, — sourire de la résignation, triste comme celui d'un mourant.

Le jeune baron de Bois-Fleury voulut présenter Henry à son beau-frère. Le jeune homme n'avait pas une excuse à donner pour se refuser à cette présentation ; il se laissa donc conduire vers la chaise longue du marquis de la Porte près de laquelle Marie était assise.

— Monsieur le marquis, dit le baron ; permettez-moi de vous présenter M. Henry Duméry qui s'est si courageusement dévoué pour sauver ma sœur.

Au nom d'Henry, Marie releva la tête, ses yeux s'animèrent, toute sa vie passa dans le regard qu'elle laissa tomber sur le jeune homme.

Ce regard était un reproche. — Henry seul en comprit le sens, il devina que la jeune fille avait voulu mourir.

Le marquis remercia avec un langage sec et bref des gens ennuyés d'avoir une obligation qu'ils ne peuvent pas reconnaître avec quelques billets de banque ; « la reconnaissance est la mémoire du cœur, » la reconnaissance donc est impossible là où il n'y a pas de cœur ; pour ces hommes, un service n'est qu'une facture à payer, ils s'acquittent par un bon sur leur caisse et oublient bien vite jusqu'au nom de leur créancier.

Mais Henry s'inquiéta peu de ce que lui disait le marquis, ses paroles ne furent pour lui qu'un bourdonnement ; il s'inclina sans répondre et, comme autrefois Chérubin, emporta au front le bonheur ; sa plus douce récompense fut dans le regard de Marie ; il s'éloigna triste et heureux tout à la fois.

Le bal en était arrivé à ce moment de joyeux entrain où les danseuses se dépouillent de cette raideur guindée — qu'on prend souvent pour le bon ton ; — déjà les fraîches fleurs se fanaient dans la chaude atmosphère du salon, les cheveux retombaient en boucles humides sur les poitrines palpitantes.

Minuit sonna à la pendule.

Le marquis de la Porte disparut avec sa jeune femme.

Cette disparition fut le signal de commentaires que nos lecteurs comprendront facilement ; les jeunes femmes souriaient en cachant leur sourire moqueur derrière leur éventail — ce jouet futile de la grâce et de la beauté.

Un drame horrible allait servir de dénouement à cette comédie.

Tout-à-coup un cri affreux retentit ; les danses furent subitement interrompues ; le silence succéda au joyeux tumulte.

Et, au milieu de ce silence, on entendit les râles d'une agonie.

Henry, assis, indifférent, dans l'angle du salon, se releva ; son oreille avide recueillit tous les détails de ce bruit qui avait glacé d'effroi les danseurs ; aux râles d'un mourant se mêlaient les sanglots d'une voix — et cette voix était celle de Marie.

Le jeune homme s'élança hors du salon, la foule inquiète et curieuse le suivit.

Arrivé au premier étage, Henry se trouva en face d'une porte devant laquelle, debout, le regard bouleversé, se tenait le jeune baron de Bois-Fleury.

— N'entrez pas, s'écria le baron.

Mais, comme dans les émeutes populaires, la foule qui se trouve en arrière pousse celle qui marche en avant, Henry, emporté par la force d'impulsion, écarta de la main le baron et entra dans la chambre.

Cette chambre était la chambre nuptiale, délicieux sanctuaire, au seuil de laquelle expire le pouvoir maternel, — où la mère remet à l'époux la jeune fille chaste et pure.

Le spectacle qui s'offrit aux regards curieux était un spectacle étrange et affreux.

Marie, froide et inanimée comme une froide statue, les cheveux en désordre, les vêtements déchirés par une lutte, sa couronne virginale brisée à ses pieds, regardait d'un œil terne le marquis de la Porte, les lèvres couvertes d'une écume blanche, se tordant sur le parquet, dans les dernières convulsions de l'agonie, et exhalant son âme en sons inarticulés.

L'un des invités, — qui était médecin, — s'empressa de porter les premiers secours au marquis de la Porte, ils furent inutiles, car le vieillard, après quelques spasmes nerveux, poussa un dernier cri ; le corps se raidit, il était cadavre.

— M. le marquis est mort, dit le médecin d'une voix grave.

Ces paroles firent reculer d'effroi toutes les jeunes femmes qui se pressaient curieuses ; la mort est toujours affreuse, — mais elle est terrible, lorsqu'elle apparait au milieu d'une fête, lorsqu'on a des fleurs sur la tête et des souliers de satin blanc aux pieds.

Une heure plus tard, le château était désert, tout le monde s'était enfui ; les lumières de l'illumination s'éteignaient en vacillant ; à la place du palais brillant se dessinait la masse des bâtiments noirs, sévères, tristes comme un tombeau.

Deux hommes, enveloppés dans d'épais manteaux, se promenaient dans la cour.

Une porte s'ouvrit, un nouveau personnage parut ; — c'était le médecin.

— Eh bien ! demanda l'un des deux hommes au manteau, qui était Henry, comment va Marie ?

— Marie est sauvée ; mais je crains que sa raison ne survive pas à l'émotion qu'elle a éprouvée.

— Que dites-vous ?

— Que demain peut-être elle se réveillera folle.

— Pauvre jeune fille ! veuve et vierge.

Le médecin secoua tristement la tête.

— Savez-vous, dit-il, pourquoi M. le marquis est mort ?

— Non.

— Eh bien ! c'est parce que mademoiselle de Bois-Fleury n'est plus jeune fille.

La fin du marquis de la Porte avait dignement couronné sa vie : il avait vécu dans le libertinage, et le libertinage l'avait tué.

Pauvre Marie !

Henry et Georges montèrent à cheval, l'éperon s'enfonçait, en laissant dans les flancs de leurs montures des traces sanglantes.

CHAPITRE XV.

La Croix-Rousse. — L'Ouvrier en soie.

Au pied des Terreaux, ce grand centre de la population lyonnaise, s'élève une colline qu'on gravit par trois pentes raides, aux cailloux pointus, car l'eau ruisselant en torrents par les temps de pluie, les dégarnit du sable protecteur; — cette colline se nomme la Croix-Rousse, et les trois grandes routes qui conduisent sur le plateau sont à droite la côte Saint-Sébastien, au centre la Grande-Côte, à gauche la montée des Carmélites.

Le Jardin-des-Plantes — qui côtoie la montée des Carmélites, — a été construit sur les plans de l'abbé Rozier, savant célèbre, directeur de l'École vétérinaire, dont la Révolution fit un prêtre constitutionnel — et qui fut curé de Saint-Polycarpe.

Ce jardin n'a rien de remarquable, étouffé par des maisons de six étages qui l'entourent, mal entretenu, il n'offre aucun agrément aux Lyonnais et aucun attrait à la curiosité des étrangers; il est fréquenté principalement par les ouvriers en soierie habitant les quartiers voisins, qui viennent pendant les chaleurs de l'été y passer leurs heures oisives. Le perron, assez élégant par lequel on y entre, donne sur la place de la Déserte, sur laquelle s'élève la statue de Jacquard, par Foyatier.

La mauvaise fortune, qui a poursuivi Jacquard pendant sa vie, ne l'a pas abandonné après sa mort; la statue élevée à sa mémoire n'est qu'une charge grotesque, indigne de l'homme de bien qu'elle représente et du statuaire qui l'a signé.
— Jacquard, affreusement bossu, semble écrasé sous le poids de sa renommée; il tourne le dos à la statue de l'abbé Rozier, placée à l'entrée du Jardin-des-Plantes; — c'est une preuve de bon goût et d'esprit, car l'abbé Rozier est travesti en Priape — costume peu catholique pour un prêtre.

Le Jardin-des-Plantes de Lyon, comme celui de Paris, a aussi une ménagerie, elle se compose d'une carcasse de baleine.

Passons rapidement et arrivons sur le plateau de la Croix-Rousse.

La Croix-Rousse ! Quel nom plein de menaces et de terreur. — Parlez-en à un Parisien et vous le verrez pâlir d'effroi; il vous interrogera curieusement sur les mœurs de ses habitants, qu'il considère comme des anthropophages, se nourrissant de chair humaine, et des vampires s'abreuvant de sang.

Nous verrons ce qu'il y a de vrai au fond de ces exagérations, racontons d'abord en quelques lignes l'histoire de la Croix-Rousse.

Cette ville placée dans une position admirable, d'où elle domine Lyon, ayant à sa droite la Saône, à sa gauche le Rhône, est de création récente.

En 1560, une mission ayant été faite sur le plateau de la côte de Saint-Sébastien, on y planta en commémoration, une croix en pierre de Couzon, dont la nuance est rousse.
— Cette croix fut détruite plus tard par les calvinistes. Le plateau n'avait du reste aucune importance, et il n'était occupé que par des maisons de plaisance. En 1624, des religieux augustins obtinrent l'autorisation d'y construire une chapelle, autour de laquelle se groupèrent quelques habitations. Ce fut l'origine d'un village; il fallut lui donner un nom, on conserva celui dont les Lyonnais l'avaient déjà baptisé en s'inspirant de la croix de pierre dont nous avons parlé : on l'appela la *Croix-Rousse*.

La Croix-Rousse ne date en réalité que du siége de Lyon qui la détruisit de fond en comble. — Les fabricants étant venus s'établir dans le quartier des Capucins situé au pied de la colline, les ouvriers se rapprochèrent des magasins pour lesquels ils travaillaient; le plateau offrait un emplacement vaste, commode; la spéculation, toujours l'œil au guet, en profita, et en quelques années s'éleva une ville nouvelle, d'abord faubourg de Lyon, mais dont l'accroissement fut si rapide qu'en 1838, elle fut séparée de Lyon, et elle eut sa municipalité et ses administrateurs.

La Croix-Rousse est uniquement peuplée d'ouvriers en soie. Depuis le lever jusqu'au coucher du soleil on n'y entend que le bruit monotone et régulier du battant frappant l'étoffe. C'est une immense ruche dans laquelle chacun travaille, dans les proportions de ses forces et de son âge ; point de paresse, car la paresse c'est la misère, le besoin et la faim, qui conduisent à l'hôpital et à la charité.

Parfois dans ces commotions politiques qui ébranlent le monde; — semblable à ces rochers s'élevant au-dessus des vallées, et qui secouant leurs cimes, engloutissent la vallée sous une couche de neige; — la Croix-Rousse roule une masse noire et armée.

D'où vient ce peuple en guenilles ? quels sont ces truands aux regards sinistres, ces Huns à la peau jaune et rance, hurlant des refrains cyniques, *de profundis* funèbre chanté sur tout pouvoir qui meurt ?

Les habitants de la Croix-Rousse justifient-ils la triste réputation que lui a faite la presse dans le monde?

C'est une erreur.

Il y a deux populations : la première se compose d'ouvriers laborieux, honnêtes, ayant leur famille, leur maison, leur intérieur; la seconde se compose de cette population flottante d'étrangers venus en grande partie du Piémont, de la Savoie et de la Suisse, espèces de bohèmes n'ayant ni feu ni lieu, aimant le désordre, parce que le désordre c'est le pillage; ne redoutant pas la mort, parce que leur vie est inutile à eux et aux autres; génies malfaisants, soufflant les idées du mal à celui qui, patient, subit les douleurs des tristes jours en attendant un avenir meilleur.

Si les émeutes n'avaient pas pour instigateurs les mauvais, elles n'auraient pas pour auxiliaires le nombre immense de ceux qui souffrent; supprimez les premiers, vous réduirez les seconds à l'impuissance, car ils écouteront la voix qui leur parlera, et avant de prendre le fusil, une bonne pensée leur viendra au cœur, ils déposeront leurs armes et resteront honnêtes.

La Croix-Rousse n'est pas le rocher de Sysiphe, que Lyon repousse toujours, et qui retombe toujours ; c'est un champ où l'ivraie est mêlé au blé, arrachez l'ivraie et il n'y aura plus que le blé utile.

Il nous faut expliquer quelle est l'organisation d'un atelier, afin que nos lecteurs puissent nous comprendre plus facilement.

L'ouvrier en soie est celui auquel le fabricant remet la soie teinte et préparée, et qui la tisse en la disposant sur son métier. Autour de cet agent principal se groupent d'autres ouvriers, le *plieur*, la *tordeuse*, la *canetière*, etc..., comme ce n'est point d'eux que nous avons à nous occuper, nous n'en dirons rien; les tisseurs sont les seuls dont nous parlerons parce qu'ils forment une classe distincte, en rapport direct avec les fabricants, et qu'ils sont les plus nombreux.

Un atelier se compose du chef ou patron auquel appartiennent les métiers, au-dessous de lui et sous ses ordres travaillent les apprentis, les *compagnons* ou *compagnonnes*, car hommes et femmes sont également employés au tissage.

L'apprenti, en échange d'un certain nombre d'années, reçoit les leçons, qui pourront lui permettre d'être un jour ouvrier lui-même ; il n'a d'autres richesses que sa vie, il paie avec elle, et sacrifie un peu de son présent pour son avenir.

Le compagnon loue un métier au chef, qui prélève la moitié des façons, le loge et lui trempe sa soupe matin et soir.

Le compagnon n'a, on le voit, ni domicile ni famille, il

vit au jour le jour; il s'impose lui-même sa tâche de travail, dont il n'a pas même la responsabilité morale, car le patron seul est en relation avec le fabricant.

Aussi, à notre avis, le compagnon est la lèpre de la Croix-Rousse, il est l'esprit mauvais, le conseiller infernal prêchant l'émeute, se jetant à corps perdu dans toutes les idées politiques qui flattent son amour-propre et tentent sa cupidité. — Viennent ces jours funestes où par une de ces circonstances imprévues le commerce est brusquement arrêté, le compagnon se trouve dans l'impossibilité matérielle de vivre, ses bénéfices minimes suffisant à ses dépenses journalières, n'ayant pas pu lui permettre de se préparer quelques ressources pour les moments de chômage, que fera-t-il ? — Retourner dans son pays serait le parti le plus sage, et c'est précisément parce qu'il est le plus sage qu'il ne le prend pas. — Seul, isolé, livré à lui-même, jeune, sans expérience, il est condamné à l'oisiveté, et l'oisiveté dans la misère est toujours le vice.

Voilà où est le mal. — Mais le remède ? — Le remède est facile, qu'une loi interdise aux étrangers sans ressources de s'établir à Lyon; l'hospitalité est une vertu noble et grande, cependant elle a ses limites, elle ne doit pas être dangereuse pour ceux qui l'offrent. — En rendant plus difficile l'établissement des nouveaux venus, on favorisera les véritables travailleurs, et on donnera à l'agriculture les bras qui lui manquent; car l'émigration part de la campagne, elle se recrute parmi les paysans avides des jouisseuses de la grande ville, et qui, paresseux, espèrent de plus beaux résultats d'un travail moins grand.

De ce mode de vie, de ces rapports journaliers entre le compagnon et la compagnonne, vient le libertinage. La religion, le décorum, ce pavillon protecteur, qui dans le monde élevé soutient la vertu, n'existe pas dans la classe ouvrière; le mariage est quelquefois le résultat de ces liaisons, mais il n'en est jamais à coup sûr le but.

Le type le plus laid et le plus repoussant est celui du lanceur (1).

Enfant corrompu, au langage cynique, il a une maîtresse, il fume, il joue au billard; il est l'habitué le plus fidèle des bastringues; — dans les émeutes, il marche au premier rang, il se bat pour se battre; et dans les sinistres époques de 1834, plus d'un soldat est tombé sous la balle meurtrière d'un de ces gamins vicieux et méchants.

Examinons maintenant l'ouvrier en soie dans ses rapports avec le fabricant.

De part et d'autre il y a réciprocité d'indépendance; l'ouvrier n'est pas à tel ou tel fabricant, ni le fabricant n'est pas le chef unique de tel ou tel ouvrier. — Dans le même atelier, où se trouvent cinq métiers, chaque pièce appartient souvent à un fabricant différent.

Fabricant et ouvrier traitent ainsi d'égal à égal.

Les offres du premier peuvent être refusées par le second. — Comme les exigences du second peuvent être repoussées par le premier. — On entame une affaire, si elle est bonne pour tous les deux on continue, dans le cas contraire on se quitte.

L'ouvrier reçoit du fabricant la soie nécessaire au tissage. — Cette soie est pesée. — Lorsqu'il la rend tissée on la pèse de nouveau, et comme dans l'opération du tissage certaine quantité de matière a dû nécessairement se perdre, on déduit un poids fixé d'après le genre de tissu. — Ce poids est désigné sous le nom de *déchet*.

Il en résulte que quelques fabricants ayant intérêt à ce qu'il y ait le moins de soie possible détériorée, usent d'un procédé très-simple pour mettre le tisseur dans l'impossibilité de les tromper; ils exposent avant de la remettre à l'ouvrier la soie à l'humidité, opération qui a pour résultat d'augmenter son poids de quelques grammes; malheureusement,

(1) Le *lanceur* est un enfant de dix à douze ans que l'ouvrier en soierie emploie pour lancer la navette, dans les étoffes telles que les châles, trop larges pour qu'un homme seul puisse, en étendant les bras, faire aller lui-même la navette.

comme ils n'ont pas pris de brevet d'invention il s'ensuit que l'ouvrier use exactement du même procédé avant de rapporter l'étoffe fabriquée au magasin.

Chacun cherche à duper l'autre; — c'est au plus fin et au plus habile; — mais les procès quotidiens des receleurs de soie appelés *piqueurs d'once* prouvent que l'ouvrier est souvent le plus habile.

Nous pensons que cette indépendance de l'ouvrier et du fabricant est sérieusement nuisible aux véritables intérêts de la fabrique lyonnaise, en créant des intérêts diamétralement opposés, en établissant une lutte entre deux personnes dont l'union serait la seule force contre un ennemi terrible et commun : la concurrence de l'étranger. — Depuis quelques années, déjà l'Allemagne et la Suisse sont devenues nos rivales sérieuses dans les étoffes unies; pour pouvoir marcher leurs égaux, les fabricants lyonnais ont été obligés de faire ce que nous croyons avantageux pour la fabrication des autres tissus. — Ils ont fondé d'immenses usines, dans lesquelles on se sert, soit de la vapeur, soit d'une chute d'eau, pour faire mouvoir les métiers. Une population active travaille sous les yeux d'un seul chef, aucun effort individuel n'est perdu, les plus forts comme les plus faibles sont également utiles, parce qu'ils sont employés dans les conditions et dans les proportions de leur force : à chacun sa part. — Part égale. — Car dans un mécanisme bien organisé, le petit rouage est aussi nécessaire que le grand.

Les Anglais auxquels malgré notre amour-propre national, nous sommes bien forcés d'accorder quelque connaissance en industrie, ne comprennent pas le travail isolé; chez eux les ateliers sont organisés militairement; la besogne, divisée, arrive à un résultat parfait, parce que chacun ne fait que ce qu'il sait faire.

Cette question est trop grave pour que nous ayons la prétention de l'épuiser, nous l'effleurons du bout de notre plume. Si elle est ce que nous croyons, la question d'avenir de la fabrique, puissent ces rapides observations ne pas être perdues: puissent-elles tomber sous les yeux d'un homme dont la voix plus puissante que la nôtre soit entendue.

Ce qui tue les hommes comme les peuples industriels, c'est la confiance en soi. — Lyon ne croit pas qu'on puisse lui enlever le monopole de la fabrication de la soierie.

Ouvrez l'histoire de notre ville et lisez.

Qu'est devenu ce commerce de cordages pour lequel Lyon était sans rival, et dans lequel Ennemond Perrin, le disgracieux mari de la belle Loyse Labé, gagna des millions?

Disparu.

Et la chapellerie, — qui est l'origine des plus brillantes fortunes de nos pères, qui jusqu'à 93 fut plus importante que l'industrie de la soierie ?

Disparue.

Pourquoi ? — Peut-être quelques-uns l'ont-ils dit à l'époque : — On ne les a pas crus, il a fallu la triste expérience du temps et des événements, pour comprendre la vérité de leurs prophéties.

La position prise par le fabricant et l'ouvrier, vis-à-vis l'un de l'autre, en fait deux antagonistes; ils exploitent leur position réciproque dans les moments de crise commerciale ; le premier diminue les façons et profite de la misère du second pour le pressurer; dans les cas de prospérité, l'ouvrier à son tour devient exigeant et élève le prix de son travail; mais cette lutte est, hélas! toujours la lutte du pot de fer et du pot de terre, l'avantage en est toujours au fabricant.

Nous raconterons cette triste émeute pendant laquelle flotta sur l'Hôtel-de-Ville le drapeau noir avec cette sinistre et triste devise : — « Vivre en travaillant, mourir en combattant » — Nous pèserons à la balance de l'histoire les fautes et les griefs de chacun, et nous dirons de quel côté étaient le droit et la justice.

Les ouvriers de la Croix-Rousse sont les plus heureux et les plus riches des ouvriers en soie, c'est l'élite de cette population laborieuse; ceux, qui, plus habiles, plus actifs ou plus

heureux, peuvent, par les résultats obtenus, arriver à se rendre l'existence matérielle moins pénible et moins dure.
Les logements convenablement disposés, spacieux, aérés, sont généralement malpropres et il s'en dégage des miasmes méphytiques. — La faute en est un peu aux ouvriers qui pourraient être plus soigneux ; cela vient aussi de ce que la même chambre sert à la fois pour tous les usages.

Mais si l'on pénètre dans les anciens quartiers de Lyon, Saint-Georges, Saint-Paul, Saint-Just, si l'on entre dans un atelier, le cœur se soulève de dégoût, et on éprouve un sentiment de douloureuse pitié pour ces malheureux que la misère étiole, que les privations physiques abrutissent. Dans ces rues étroites, tortueuses, que le soleil ne visite jamais, où la boue éternelle s'étend en couche corrompue, en fumier limoneux sur le pavé, vivent, — si l'on peut appeler cela vivre, des espèces de créatures difformes, — vieux types des canuts d'autrefois. — Ces ouvriers travaillent généralement sur l'étoffe unie, dont le prix de la façon est si modique, que par un travail de douze heures par jour ils peuvent à peine faire face aux dépenses premières de la location et de la nourriture.

Nous avons laissé échapper de notre plume le mot canut, expliquons pourquoi ce mot, qui était autrefois un nom, est devenu aujourd'hui une injure.

L'injure n'existe pas dans l'étymologie que nous avons déjà donnée, mais dans le type que le nom rappelle.

Avant 93, on s'occupait peu, ou plutôt on ne s'occupait pas de l'ouvrier comme être moral : on ne s'inquiétait pas s'il avait une intelligence demandant sa part de cette nourriture intellectuelle qu'on appelle l'instruction ; — il croupissait dans l'ignorance comme il végétait dans la misère. Aussi, d'un naturel timide, il parlait peu, vivait chez lui sans rapport extérieur avec les autres corps d'état qui le tenaient dans un profond mépris ; il s'était fait un langage à lui, lent et trainant comme son pauvre corps que les privations brisaient, que déformait le maniement d'un mécanisme trop lourd pour lui, ses jambes formaient, en se repliant en dedans, un angle obtus, il souriait bêtement ; enfin, son costume, que ses modiques ressources ne lui permettaient pas de renouveler souvent, complétaient un ensemble grotesque : c'étaient de longs habits canelle, ou vert-pomme, avec des boutons de métal, taillés en queue de morue, et surmontés d'un immense collet dans lequel la tête s'enfouissait tout entière ; — le vêtement de noces était souvent encore, pour le vieillard, le vêtement de cérémonie. — On vivait quarante ans dans le même habit.

Si, las de souffrir, mourants de faim, les canuts se révoltaient, cette émeute n'était que la rébellion enfantine de quelques collégiens ; on se mettait aux fenêtres pour les voir passer armés de leurs bâtons ; on leur riait au nez ; le prévôt de la maréchaussée prenait deux ou trois des plus mutins ; on dressait un gibet sur la place des Terreaux et on laissait les cadavres, — sévère enseignement, — se balancer à la corde fatale jusqu'à ce que les pénitents de la Miséricorde vinssent chercher les corps pour les enterrer dans le cimetière de leur couvent.

Tout était dit, les émeutiers rentraient chez eux et reprenaient leur collier de peine.

Grâce à Dieu, cette époque n'existe plus, et du canut est sorti l'ouvrier en soie.

L'éducation, facile à tous, a fait disparaitre cette langue qui n'appartenait qu'à eux ; l'ouvrier en soie n'est plus un lépreux, il n'est plus que l'égal des ouvriers des autres corps d'état ; car, à Lyon, la fabrication est une aristocratie ; enfin, s'il n'est pas taillé sur le patron d'Antinoüs ou de l'Appollon du Belvéder ; si, encore, les poses qu'il est obligé de prendre sur sa banquette nuisent à la régularité de ses formes et développent certains membres au détriment des autres, il n'est pas difforme ; et malheur à qui l'insulte.

Quant au costume, il a disparu ; avec le bien-être est arrivé l'amour-propre. L'ouvrier en soie porte maintenant l'habit noir et le chapeau de soie.

Le canut est mort ; s'il vit encore, il a soixante à quatre-vingts ans.

Mais est-ce parce qu'il y a eu des améliorations, parce qu'en montrant d'où il est parti et où il est arrivé, qu'il n'y a plus rien à faire pour lui ?

L'ouvrier est moins misérable — sans être pour cela heureux.

Nous avons cité les tisseurs des quartiers Saint-Georges et Saint-Paul, se mourant dans l'humidité, dans le fumier et le besoin, pourquoi ? — Est-ce donc trop demander pour eux que de demander la vie matérielle possible en échange de leur labeur ?

Voici ce fait qui prouve que leur existence n'est qu'une existence précaire :

Si la fabrique est arrêtée pendant quelques jours, nos rues, nos quais, nos ponts se couvrent de femmes la tête enveloppée d'un voile noir, chantant et tendant la main.

Oh ! ne croyez pas qu'on demande et qu'on s'humilie par l'aumône tant qu'on peut vivre en travaillant. Si l'atelier est déserté, si le laborieux ouvrier se fait mendiant, c'est que les métiers sont dégarnis de soie ; c'est que dans les jours de travail, on a seulement vécu sans pouvoir mettre l'épargne pour le lendemain incertain.

Que faire ?

Nous l'ignorons ; — mais il y a beaucoup de vices dans l'organisation du travail.

Citons-en un.

Un fabricant emploie deux cents ouvriers ; — en quinze ans, vingt ans sa fortune est faite ; il a deux cents, trois cents, quatre cent mille francs ; et l'ouvrier qui, pendant ces vingt ans, a travaillé pour lui, à quel résultat est-il arrivé ? à aucun ; sa position est la même qu'au point de départ ; — il a vécu, pas davantage.

Est-ce juste ? Est-ce équitable ?

Comment ! deux hommes sont associés pour une œuvre commune, chacun travaille dans la sphère de ses fonctions, — l'un s'enrichit, l'autre reste pauvre ; et lorsque l'un prend le repos légitimement dû au travail ; l'autre, toujours misérable, poursuit péniblement sa route, tournant, cheval aveugle, avec le licou de misère, dans le cercle d'où il ne peut ni ne doit sortir ?

La grande plaie qui tue et étouffe la classe infime de la société, est le besoin de la bourgeoisie d'acquérir rapidement les richesses ; car c'est sur cette classe que les spéculateurs et les industriels posent le lourd levier de leur ambition.

Nous n'accusons personne en disant ce que nous croyons vicieux dans nos fabriques, nous ne voulons pas éveiller le sentiment d'antagonisme qui existe entre l'ouvrier et le patron, et qu'on a si tristement exploité au profit d'une misérable cause. — Les fabricants ne sont pas des hommes abusant de leur position pour pressurer, piller ; s'ils sont parfois injustes, — leur injustice est la conséquence de l'organisation actuelle, et s'il y en a de mauvais, ils forment l'exception.

Signalons encore un vice capital : — lorsqu'une pièce est achevée, on laisse s'écouler un certain temps avant de la remplacer par une autre ; ajoutez à ce temps celui qui est nécessaire aux opérations du *pliage*, du *tordage* et du *piquage en peigne*, — ce qui constitue ce qu'on appelle le *montage* d'un métier, — et vous aurez quinze jours au moins pendant lesquels l'ouvrier, non-seulement dépensera sans rien gagner, — mais même dépensera davantage, parce que de l'oisiveté naîtront pour lui des occasions de plaisir et de dépense.

Les épargnes des journées de travail s'absorbent dans ces chômages périodiques, et, au bout de l'année, l'ouvrier se trouve sans économie ; il a pu vivre, — ce n'est pas assez ; l'âge de la jeunesse doit être celui où l'on sème, pour récolter à l'époque de la vieillesse impuissante.

L'infortuné tisseur parcourt un triste chemin, — avec l'Hôpital, s'il est malade, la Charité, s'il devient vieux.

L'Hôpital et la Charité, deux monuments de l'aumône ; — et l'aumône, quelque forme qu'elle prenne, quel que soit le nom qu'elle porte, est toujours amère pour celui qui la reçoit.

Si, comme on l'a dit et comme nous le pensons, l'avenir appartient à l'industrie ; dans cet avenir, la part de l'ouvrier doit être large et belle, car, dans l'industrie, s'il n'est pas l'intelligence qui dirige, il est le moteur, le rouage indispensable. — A la place des théories creuses, — qui avaient corrompu et rendu mauvais, — donnez lui des réalités, occupez-vous de lui, et vous le réhabiliterez et le rendrez bon. — L'union fait la force ; unissez-vous avec lui pour lutter victorieusement contre nos rivaux d'Angleterre, d'Allemagne et d'Italie.

L'ouvrier a le cœur sympathique à toute pensée généreuse ; dans sa misère, il trouve encore l'occasion d'être utile à un autre plus malheureux que lui ; comme tout homme qui a souffert, il comprend les souffrances et sait avec délicatesse leur venir en aide.

Faites donc que non-seulement il puisse vivre, — mais encore que son travail puisse lui donner une retraite pour sa vieillesse. L'Hôpital et la Charité sont déjà des pas faits dans la voie sociale vers laquelle nous marchons ; Hôpital et Charité disparaîtront plus tard.

Si l'on accuse l'ouvrier, si on lui reproche ses erreurs et ses fautes politiques, — nous répondrons « il souffrait », et devant cette réponse nous trouverons indulgence et oubli.

Quant aux accusations moins graves qui portent sur ses défauts, — qu'on qualifie bien légèrement de vices, — il est facile de les justifier.

Il boit et s'enivre au cabaret.

S'il boit au cabaret, c'est qu'il n'a pas de vin chez lui ; s'il s'enivre, c'est que sa tête est légère ; c'est qu'il boit avec cette avidité de l'homme qui se prive tous les jours ; — celui qui, pendant un mois, n'aurait vécu que de pain, et qui, se trouvant à une table, prendrait une indigestion, le condamneriez-vous ? — C'est l'histoire de l'ouvrier et de son ivresse.

Eh ! mon Dieu, dans le monde où se formulent ces accusations, on s'enivre aussi quelquefois, souvent même on n'a pas pour excuse la privation antérieure ; mais, circonstance atténuante, on se grise avec des vins à cinq francs la bouteille, tandis que l'ouvrier se grise avec du vin à six sous le litre ; on cache son ivresse dans le fond d'une voiture, tandis que l'ouvrier livre la sienne au spectacle de la rue.

Il aime le plaisir.

Il travaille beaucoup, — il peut bien vouloir s'amuser un peu. Le plaisir est la contre-partie nécessaire du travail, et comme Anthée retrouvait ses forces en touchant la terre du pied, on retrempe son énergie par le délassement. Et quels sont donc ces plaisirs si fastueux que se procure l'ouvrier ? Une promenade, un dîner sur l'herbe.

Un peu moins de sévérité, s'il vous plaît ; dansez tant qu'il vous plaira sur le parquet ciré de vos salons dorés, et laissez-le danser un peu à la guinguette, car c'est lui qui paie souvent vos violons et vous ne payez pas les siens.

Voilà l'ouvrier en soie tel que nous l'avons vu, tel que nous l'avons observé et étudié ; nous avons dit ce qui avait été fait pour lui, et nous avons essayé de montrer ce qu'il y avait encore à faire ; ce type, qui appartient à l'histoire de notre ville, doit être maintenant suffisamment connu ; aussi retournerons-nous rapidement à notre sujet.

La scène que nous allons raconter se passait dans un atelier de la Croix-Rousse, dont les fenêtres, tournées au levant, laissaient voir un délicieux point de vue. En face, les vastes plaines du Dauphiné, dont la terre, verte par ses prairies ou jaune par ses champs de blé, ressemblait à un immense damier, avait pour limite des collines dentelées, se perdant dans le ciel bleu qu'elles semblaient toucher. Le Mont-Blanc, doyen à la tête couverte de neige, les dominait de sa hauteur écrasante. — A gauche, se déroulait la Bresse, province au terrain plat, aride, aux marais fangeux, décimée chaque année sa population par des fièvres périodiques ; enfin, sur le premier plan, le Rhône roulait avec majesté, et allait lentement, en traversant la ville, joindre la Saône qui l'attend au pont de la Mulatière, pour continuer ensemble le même chemin.

Il était environ huit heures du matin.

Le soleil inondait l'atelier ; les métiers battaient, tandis qu'ouvriers et ouvrières, assis sur leurs banquettes, chantaient gaiement.

L'oiseau en cage chante pour égayer sa prison ; — l'ouvrier chante pour rendre moins pénible son travail.

Près de la fenêtre, assis dans un immense fauteuil recouvert en coutil gris, se trouvait un vieillard, se baignant avec la volupté d'un lézard, dans les chauds rayons du soleil.

Ce vieillard, qui étendait si délicieusement ses membres amaigris par l'âge au soleil vivifiant, était un fossile de canut, un *ante-quatre-vingt-treize*, — nous allions dire un ante-diluvien. — Sa toilette était du plus pur classique ; elle se composait d'un habit canelle à queue de morue, à collet pyramidal, de culottes couleur caca-dauphin (1), de souliers à boucle ; le tout surmonté d'un immense bonnet en laine noire, à forme conique, crasseux, malpropre, s'élevant perpendiculairement avec la raideur de l'obélisque sur la place de la Concorde ; — quant à l'individu porteur de ce costume passablement original, il avait une figure ridée et parcheminée, aux yeux nageant, vagues et sans expression, sous un arceau de cils blancs, aux lèvres enfoncées. — Cet ensemble se nommait le père Lavigne.

Pendant soixante-dix ans, le père Lavigne avait *navette* à qui mieux mieux, et au bout de cette longue et laborieuse carrière, il était arrivé au point d'où il était parti, c'est-à-dire à être pauvre comme Job ; seulement, au début, il avait pour auxiliaire la santé et la jeunesse, et maintenant, sans plus de ressources qu'auparavant, il était vieux et impotent. Il serait allé tristement mourir à l'hôpital, — cette retraite faite au malheureux par l'aumône, s'il n'avait pas eu un brave et honnête fils, qui lui avait dit :

— Père, repose-toi, nous travaillerons pour toi et pour nous.

On blâme assez généralement l'ouvrier en soie de se donner les charges d'une famille en se mariant ; ce reproche qui paraît, de prime-abord, assez sérieux — ne peut être fait que par les personnes qui ne connaissent pas la position de l'ouvrier.

Pour lui, le mariage est nécessaire, indispensable ; ne pouvant s'occuper que de son métier, il lui faut une ménagère pour lui préparer sa nourriture, veiller à l'entretien, aux mille détails d'un ménage : il y a économie ; les enfants eux-mêmes ne sont point une cause de dépense, ils rapportent plus qu'ils ne coûtent ; ils sont employés utilement aux travaux accessoires du tissage. — Le mariage et les enfants sont l'aisance et le bien-être pour le tisseur, et les enfants sont tout son avenir ; — car, lorsque sonne l'heure de l'impuissance, il se repose sur eux comme son père s'est reposé sur lui ; il les a élevés, ils le font vivre ; rien de plus naturel. Dans le monde élevé, il n'en est pas ordinairement ainsi ; les fils, habituellement, mangent la fortune paternelle, ou bien si leurs parents se trouvent ruinés, ils leur font une pension lorsqu'ils y sont condamnés par un arrêt judiciaire.

Quoi qu'on en dise, plus on descend dans la hiérarchie sociale, plus on trouve du cœur.

Le père Lavigne ne s'était nullement étonné de la conduite de son fils.

— Enfant, lui avait-il répondu, vous avez raison ; il n'y a plus de *douille* (2) au *chelu* (3), il est temps que je me *bambane* (4) un peu (5).

---

(1) Cette couleur a été fort à la mode, et, en 1731, elle fut portée par tous les élégants ; — c'était une flatterie à la royauté ; on conviendra qu'on pouvait trouver une flatterie d'un meilleur goût.

(2) Huile. — (3) Lampe. — (4) Flâne. — (5) Comme le langage du canut n'existe guère aujourd'hui, nous ferons parler au père Lavigne la langue de tous.

Et il était assis sur son fauteuil, dans lequel il attendait tranquillement la mort, en racontant les aventures de sa jeunesse et en disant des grivoiseries aux jeunes filles, dont les frais éclats de rire lui rappelaient ses beaux jours, ses amours avec Jeannetto, la *canetière*, et ses infidélités à Suzon, la *metteuse en main*.

L'atelier de Jean, c'est le nom du fils du père Lavigne, ressemblait à tous ceux des ouvriers tisseurs. — Deux métiers de châles, placés à la suite l'un de l'autre, se trouvaient près des fenêtres; sur une ligne parallèle étaient disposés deux autres métiers de taffetas, tissu moins difficile à fabriquer, et qui, exigeant moins d'attention de la part du tisseur, lui permet de se tenir éloigné de la lumière.

Dans la chambre, on voyait, çà et là, les meubles nécessaires: — une table, quelques chaises de paille couvertes de hardes; contre le mur blanc étaient collées quelques-unes de ces gravures à bas prix, d'un dessin assez risqué, mais dont les sujets étaient revêtus de magnifiques pantalons rouges ou de robes bleues, le tout encadré dans la complainte traditionnelle; on distinguait entre autres le *Juif-Errant* et *Crédit est mort*. Au milieu de ces images assez burlesques, on en remarquait une aussi ridicule que les autres au point de vue de l'art, mais qui prouvait un sentiment religieux, — c'était celle de Notre-Dame-de-Fourvières, la patronne révérée des Lyonnais. Jean était assis sur la banquette sur laquelle il travaillait avec ardeur, aidé d'un lanceur, gamin à la mine éveillée, au regard malin, enfant de dix ans, ayant, avec tous les défauts du jeune âge, les vices d'un homme; — il se nommait Saturnin.

L'autre métier de châles était tenu par un compagnon; enfin, les deux métiers de taffetas avaient pour ouvrières une compagnonne et Florette, la fille bien-aimée de Jean.

La compagnonne était une jeune fille, grosse et grasse, à l'air bête, dont la large figure était surmontée d'une espèce de chanvre, qu'elle avait la coquetterie d'appeler cheveux, — comme elle appelait mains et pieds de larges morceaux de chairs — qui l'eussent fait ranger par les naturalistes dans la famille des palmipèdes.

Quant à Florette, c'est autre chose.

Florette était née par un beau jour du mois de Mai, le délicieux mois des roses, qui remplace, par les feuilles vertes, les fleurs blanches des pommiers poudrés à frimats par Avril, et qui a pour messagers les lilas parfumés; la fille de Jean arriva inopinément six semaines avant l'époque fixée par la science médicale; rien n'était prêt, ni la layette, ni le parrain, ni la marraine qui devaient renoncer, pour la pauvre petite, à Satan, à ses pompes et à ses œuvres; — il fallut donner un nom à la jolie enfant, on lui choisit pour parrain le mois de Mai, pour marraine les fleurs qui naissent avec elle.

Voilà comment la fille à Jean Lavigne se nomma Florette.

L'esprit pétillait dans ses yeux noirs ombragés de longs cils qui, en tamisant en quelque sorte son regard, sans le rendre moins vif, lui donnait quelque chose de vague et de voluptueux; une épaisse chevelure noire, légèrement ondée, faisait ressortir la blancheur de son cou attaché sur ses épaules arrondies, et rendait, par le contraste, plus pur et plus uni son front de quinze ans.

Mais Florette, autrefois si rieuse, si gaie, si insoucieuse, s'était laissée corrompre par les pensées vaniteuses, elle soupirait tout bas, la navette pesait à sa main, le battant était lourd à son bras; elle rêvait un avenir qu'il n'était possible qu'à la condition de ne plus rester honnête.

Elle était du bois dont on fait les grisettes, et des grisettes dont on fait les lorettes.

Florette avait d'excellentes dispositions, il ne lui manquait plus qu'une occasion.

Pour compléter la description du personnel de l'atelier de Jean, il ne nous reste plus à parler que d'un enfant qui, au moment où nous sommes entrés, était assis dans l'angle de l'appartement devant un rouet qu'il faisait tourner en chantant.

Un soir, Jean, revenant de son magasin, l'avait trouvé pleurant sur son chemin, l'enfant ne put répondre à ses questions; l'honnête ouvrier, comprenant qu'il y avait une bonne action à faire, l'emmena chez lui, l'installa à sa table, lui dressa une couchette, entreprit son éducation de tisseur.

Paul avait une physionomie ouverte et gracieuse; au bout de quelques jours, il sut se faire aimer et il devint l'enfant de la maison.

Jean, pensant que le nom de Paul n'était pas suffisant et pouvait nuire à son protégé, en faisant planer sur sa naissance quelques soupçons injurieux, le baptisa comme il avait baptisé Florette, il l'appela Martin, du nom de son chien mort depuis quelque temps.

CHAPITRE XVI.

La Révolte des deux sous. — Le Fabricant et l'Ouvrier.

Tandis que le père Lavigne sommeillait doucement dans les chauds rayons du soleil, préludant comme tous les vieillards par le sommeil naturel à son âge au lourd sommeil de la tombe; les métiers de l'atelier de Jean allaient leur train, et le battant marquait à faux la mesure des chansons que fredonnait Florette de ses lèvres roses.

La physionomie de la Croix-Rousse est unique, et l'on ne rencontre nulle ville comme elle. Construite pour les ouvriers en soie, elle n'est habitée que par eux; — du premier étage à la mansarde de chaque maison, on ne voit que des métiers d'étoffe, dont le maniement produit un bruit sec qui, répété par un grand nombre, prend des proportions assourdissantes pour les oreilles qui n'y sont point habituées.

A l'heure des repas, — ce bruit cesse tout-à-coup; — la population dont les festins ne sont pas ceux de Lucullus, les fait suivre de quelques minutes de repos, on se répand dans les rues, on cause un peu de tout, du commerce, des nouvelles du jour, on parle aussi politique, cette grande chambre obscure où les plus sots croient y voir clair, où les plus habiles n'y voient goutte.

Le soir avant la veillée, on se donne le plaisir de la promenade; de ce côté, la Croix-Rousse est admirablement favorisée, elle possède une vaste place — sur laquelle la statue de Jacquard devrait naturellement se trouver, — une longue allée demi-circulaire entourant la montagne au couchant; l'air y est pur et rafraîchissant pour les poitrines qui, pendant de longues heures, se sont appuyées sur le rouleau (1).

Les lampes s'allument. — lampes fumeuses assez semblables à celles employées par les mineurs, — les ouvriers reprennent leur place sur la banquette, et le travail continue. A dix heures on éteint les lumières, l'atelier se transforme en dortoir; les soupentes, — espèce de hamac en briques, — reçoivent les apprentis et les compagnons, tandis que le bourgeois et la bourgeoise se renferment dans l'alcôve conjugale, sanctuaire mystérieux, cachés aux regards indiscrets par des rideaux en limoge à carreaux rouges.

A cinq heures du matin, on recommence comme la

---

(1) Tout métier à tisser a deux rouleaux, celui de derrière et celui de devant; sur le premier se trouve la soie avant le tissage, sur le second on enroule l'étoffe fabriquée. L'ouvrier, pour l'opération du tissage, est obligé d'appuyer la poitrine sur le rouleau de devant, position fatigante par le contre-coup du battant qui se répète dans l'estomac, ce qui est la cause de maladies dangereuses.

veille; tel est le programme de la vie de l'ouvrier en soie.

La question de la limite des heures de travail, question de haute morale dont on s'est beaucoup, et avec raison, occupé dans ces derniers temps, ne peut être soluble dans la position où se trouve l'ouvrier vis-à-vis du fabricant, qui ne paie qu'à la tâche et au mètre; il est vrai que si ce dernier haussait le prix des façons..... Offrez à un homme de l'empaler et vous verrez ce qu'il vous répondra.

Comme le prix des façons s'en va diminuant de jour en jour, et que le travail manuel ne peut pas dépasser certaines limites d'activité, il en découle la conséquence naturelle que, pour arriver au même résultat pécuniaire, l'ouvrier est obligé d'augmenter les heures de labeur.

Le moment de la journée auquel nous avons pris nos personnages est celui du premier coup de feu; la navette glisse légère, le battant a la rapidité d'une roue de machine à vapeur; c'est que, aussi, on attend le général inspecteur.

Le général inspecteur se nomme *commis de ronde*, pauvre bouc-émissaire chargé de toutes les haines de l'ouvrier, dont il est l'antagoniste direct, — car le fabricant se met sagement derrière lui, et assume sur la tête de ce commis la responsabilité de ses injustices.

Quand on n'était pas content d'un roi, le peuple demandait le renvoi du ministre.

Dans une maison de fabrique, — le fabricant est le roi, le commis de ronde est le premier ministre.

Comme l'indique son nom, ce commis est chargé de faire *la ronde* des métiers, il examine l'étoffe et en surveille le tissage.

Pour première qualité physique, il faut d'abord qu'il ait des jambes aux muscles d'acier, car chaque matin, il rend visite aux quatre points cardinaux de la ville, et parcourt ainsi un espace de plusieurs lieues.

Quant à ses qualités morales, elles doivent être nombreuses; comme Janus il est obligé d'avoir deux visages, l'un qui regarde son patron, l'autre l'ouvrier; le premier, humble et obéissant, le second, froid et impérieux.

Le fabricant le rend responsable de la fabrication de ses étoffes; — l'ouvrier de la brutalité du fabricant; — il est pris ainsi entre l'arbre et l'écorce.

Comme Florette en était au refrain de sa chanson, entra dans l'atelier de Jean le commis de M. Brémont; il fit dérouler l'étoffe, l'examina avec attention, fit quelques remarques sèches, menaça de faire sauter la façon d'un mètre où se trouvaient quelques *crapauds* (1) et sortit.

— En v'là un *brasse-roquets* (2), s'écria le lanceur Saturnin, lorsque la porte se fut refermée.

Et il se mit à fredonner :

Ne faites pas tant vos embarras,
Tas de commis que vous êtes ;
Ne faites pas tant vos embarras,
Car ça ne vaus va pas.

— Veux-tu te taire, *clampin*, dit Jean en le menaçant de sa cheville.

— Pourquoi, dit un ouvrier qui venait d'entrer, Saturnin a raison : les commis sont des pas grand'chose, qui s'engraissent de la sueur du peuple.

— Avec ça qu'elle est propre votre sueur, répondit Florette en accompagnant la remarque d'un sourire impertinent.

— Oh! je sais, vous aimez ces muscadins, mamzelle Florette, parce qu'ils portent des bottes et qu'ils sentent l'eau de cologne.

La jeune fille haussa dédaigneusement les épaules sans se donner la peine de répondre.

— Ah! ça, Claude, vous avez une singulière manière de faire la cour à votre promise, dit Jean en riant, vous lui jetez des impertinences au nez.

— Moi, allons donc, je plaisante.

Claude Chopin était un ouvrier en soie, auquel Jean avait promis sa fille; — ce choix, que n'avait pas ratifié le consentement de Florette, n'était du reste nullement justifié par les qualités de Chopin, qui appartenait à la pire espèce des ouvriers. — Paresseux, débauché, il était un de ces êtres qui croupissent dans la misère sans avoir jamais l'énergie qui en fait sortir; aussi y a-t-il deux misères, celle de l'honnête homme et celle du vice, la première attire et la seconde repousse.

Chopin était républicain, — le républicanisme a de tous les temps été un magnifique drapeau de soie et d'or couvrant de dégoûtants instincts. — Chopin était républicain, parce qu'on lui avait dit que la république était l'égalité, et qu'à ses yeux la véritable égalité consistait à partager avec les riches.

En 1848, — on a vu ce que signifiait pour ces citoyens le mot république.

Chopin était parvenu à circonvenir l'honnête Jean, et à le décider à lui donner sa fille; mais Jean, tout en consentant, n'avait pas voulu contrarier en rien sa Florette bien aimée, et il s'était contenté provisoirement de donner à l'ouvrier la permission de *fréquenter*.

Fréquenter est ici pris dans un sens dont l'*explication* pourrait seulement se trouver dans le dictionnaire de la Croix-Rousse; — comme il n'a pas encore paru, nous y suppléerons par quelques lignes.

Lorsque deux jeunes gens sont dans l'intention de se marier ensemble, les parents autorisent la *fréquentation*; espèce de quarantaine matrimoniale, pendant laquelle les futurs, se voyant tous les jours, peuvent réciproquement juger de leur caractère et de leur sympathie de goûts; on prend ainsi son mari ou sa femme à l'essai.

— Cet usage, né d'une intention louable, a son mauvais côté, sans en avoir un bon, car pendant qu'on se fréquente on s'affuble de vertus et de qualités dont on se dépouille rapidement après le mariage; quant au mauvais côté le voici : de ces rapports journaliers vient souvent une intimité telle que les soupirants se marient secrètement avant les sacrements, et que le mariage sous le patronage de M. le maire, dont s'est servi le futur pour avoir le prétexte de faire sa cour, ne répare pas toujours la faute de la jeune fille.

Dans le monde on se marie sans se connaître; — ce qui vaut mieux, — si l'on se connaissait on ne se marierait pas.

— Voyez-vous, Jean, continua Chopin, — les fabricants et les commis nous exploitent.

— Parbleu, ajouta Saturnin, ils mangent du pain de miche (1).

— S'ils n'aiment pas le pain de seigle! répondit Jean en souriant avec bonhomie.

— Est-ce que vous croyez que je l'aime, moi, je le mange bien.

— Et tu ne le gagnes pas.

— Nous sommes des moutons qui nous laissons tondre la laine sur le dos, fit Chopin; ce qui fait la force des fabricants, c'est notre lâcheté; si tous les ouvriers étaient comme moi....

— Eh bien ?

— Eh bien! nous imposerions les conditions au lieu de les subir.

---

(1) On appelle *crapaud* des passages où les fils n'ayant pas été lissés flottent dessus l'étoffe. — Les fabricants sont très-sévères à l'égard de l'ouvrier et retiennent la façon de tout tissu mal fabriqué. — Cette petite industrie est fort productive.

(2) Les *roquets* sont des bobines sur lesquelles on dévide la soie. Le *brasse-roquets* est le commis qui les compte pour les donner aux dévideuses; — c'est un terme de mépris.

(1) Miche, qui vient du latin *mica*, miette, est un mot qui, quoique français, n'est guère employé qu'à Lyon, où l'on s'en sert pour désigner de petits pains blancs de différentes formes.

— Comment?

— Avec une émeute.

— Mauvais moyen; c'est déjà mettre les torts de votre côté, et à quoi arriveriez-vous?

— A ne plus être des esclaves qu'oppriment des tyrans.

— Chopin, dit Jean, défaites-vous de ces grands mots ne signifiant rien, puisés dans de mauvais livres qui vous corrompent, et de bon que vous êtes, vous rendent mauvais, il n'y a plus aujourd'hui ni tyrans ni esclaves, nous sommes libres....

— Libres de mourir de faim.

— Non, mais de quitter le fabricant qui ne vous paie pas un prix raisonnable, et de travailler pour un autre.

— Ils sont tous les mêmes.

— Grâce à Dieu, il en existe d'honnêtes, — que feriez-vous sans eux?

— Ce que je ferais, — répondit Chopin, — assez embarrassé de la question, ce que je ferais, je....

— Toutes les émeutes ont la même devise, qui est un proverbe, « ôte-toi de là que je m'y mette » — mais il ne suffit pas de prendre la place de quelqu'un, il faut être capable de la remplir. Seriez-vous capable d'être fabricant?

— Ce n'est pas bien malin.

— Encore faudrait-il que vous eussiez deux choses qui vous manquent, l'argent et l'intelligence; l'argent pour alimenter votre commerce, acheter les soies, et l'intelligence pour savoir disposer les tissus sur les métiers. — J'admets encore que vous ayez tout cela, croyez-vous être meilleur que ceux que vous haïssez; demain si vous aviez leurs richesses vous auriez leurs vices, car les seconds naissent des premières. Allons, ajouta avec bonhomie Jean en frappant sur l'épaule de l'ouvrier, contentez-vous de votre position et ne maudissez ni les hommes ni Dieu; pour être heureux regardez autour de vous, restez dans la sphère où vous êtes, et où il est sage et bon de mourir; s'il n'y avait pas de riches, il y aurait encore plus de pauvres.

— Vous avez beau dire, fit Chopin en grommelant, les fabricants ont besoin d'une leçon, et le peuple sera toujours malheureux, tant qu'une émeute....

— Qui est-ce qui parle d'émeute? interrompit le père Lavigne, qui venait de se réveiller; — ah! c'est vous, monsieur le républicain, — continua-t-il en apercevant l'ouvrier, qu'il détestait intérieurement, — j'aurais dû m'en douter, — ce sont toujours les mauvais qui se plaignent.

— Je ne me plains pas, dit Chopin.

— Non, mais vous menacez, ce qui est encore pire que de se plaindre.

— C'est un fou, répondit Jean, pour tâcher de justifier l'ouvrier.

— Les fous sont ceux qui font payer les pots cassés aux autres, j'en sais quelque chose, car moi qui vous parle, j'ai manqué d'être pendu pour une émeute.

— Vous! s'écria Saturnin, vous le père Tranquille.

— Moi-même, et sans le dévouement d'un bon chanoine de Saint-Jean, aujourd'hui je serais enterré dans le cimetière des Pénitents de la Miséricorde.

— Petit père, racontez-nous cette histoire, fit Florette en prenant sa voix la plus câline.

— Je le veux bien, ce sera peut-être pour Chopin une excellente leçon.

L'heure du déjeûner sonnait, — on s'assit autour du père Lavigne, et tout en savourant son potage si épais, que la cuillère en s'y enfonçant y conservait la position verticale; chacun de nos personnages, prêtait une oreille attentive au père Lavigne, — qui avait, du reste, — comme tous les vieillards, la manie de raconter des histoires.

— C'était au mois d'août de l'année 1786, — commença le vieillard, — le commerce allait mal, mais à cette époque nous savions souffrir sans nous plaindre; aux souffrances présentes, nous opposions la perspective d'un avenir meilleur; — une occasion s'offrit, qui provoqua l'émeute dont je vous parle, et à laquelle nous n'eussions pas songé.

L'archevêque Malvin de Montazet, — obéré dans ses finances, voulut faire payer l'impôt du *ban-vin*.

Cet impôt, qui était un reste de la féodalité, était un droit par lequel les seigneurs féodaux interdisaient à leurs vassaux ou censitaires de vendre du vin pendant toute la durée du mois d'août, afin d'avoir par ce moyen la facilité d'écouler à des prix avantageux le vin de leurs récoltes; — l'impôt du *ban-vin* avait passé, — je ne sais comment, entre les mains des archevêques, — qui ne l'avaient jamais réclamé.

M. de Montazet réclamait non-seulement l'impôt de l'année courante, mais il demandait encore les arrérages.

Cette mesure fut accueillie très-défavorablement; d'abord parce qu'elle froissait beaucoup d'intérêts, en second lieu parce que l'archevêque n'était sympathique à aucune classe de la société; qu'il était détesté également par les ouvriers qu'il scandalisait par son luxe, et par le clergé lui-même, dont il avait entrepris la réforme morale et religieuse.

Les cabaretiers refusèrent de se soumettre, et fermèrent leurs cabarets.

Le consulat, craignant que le peuple, manquant de vin ne se portât à quelque extrémité fâcheuse, en ordonna la réouverture.

Plusieurs propriétaires refusèrent d'obéir, et comme ils étaient dans la limite de leur droit, on ne put les forcer à ouvrir leurs établissements.

A ces mécontents s'en joignirent rapidement d'autres. Les ouvriers chapeliers demandaient depuis longtemps une augmentation de deux sous par journée, et la fixation des heures de travail; enfin les canuts, dont le prix des façons avait été diminué, crurent trouver l'occasion favorable pour obtenir une hausse; et ces deux corps d'état s'unirent aux cabaretiers.

Les ouvriers chapeliers étaient nombreux; — on en comptait alors plus de huit mille.

Pour que le lecteur puisse comprendre plus facilement le récit de notre personnage, nous sommes ici obligés de nous substituer à lui, et d'expliquer quelle était,— à cette époque, — l'organisation du pouvoir de la ville.

Lyon, après avoir appartenu aux empereurs d'Allemagne, tomba sous la juridiction des archevêques; mais ceux-ci, ayant porté de graves atteintes à la liberté et aux franchises des citoyens, les Lyonnais se soumirent aux rois de France; comme cette soumission était toute volontaire, ils n'acceptèrent que ce qu'ils voulurent du roi, qui, enchanté de voir revenir à sa couronne cette perle si précieuse, — leur accorda tout ce qu'ils lui demandèrent et leur laissa la garde de la ville. Ce fut de cette époque, c'est-à-dire du quatorzième siècle, que date l'origine de la milice bourgeoise, qui ne fut régulièrement organisée que par l'édit de Louis XIV, du 30 mars 1694.

Elle se composait de vingt-huit compagnies, nombre des quartiers de la ville; chacune d'elles avait son uniforme et son drapeau (1), sur lequel était une devise latine: sur celui de la compagnie des Terreaux, — qui était violet et blanc, avec une croix blanche, gardée par un lion, — se trouvait cette inscription: *Pro hostibus ferox, pro amicis mitis*; sur celui de St-Jean, blanc et cramoisi, *Mars Themidis auxilium*. — La compagnie de la place Confort. — dite compagnie *Colonnelle*, était la seule qui eut le droit de porter les cocardes et le drapeau blancs, — la couleur royale.

---

(1) A son origine la milice bourgeoise était armée de lances au bout desquelles flottaient des banderolles appelées *penon*.

Le prévôt des marchands était le chef de la milice bourgeoise.

Le pouvoir royal était représenté à Lyon par le gouverneur de la ville, — ayant sous ses ordres immédiats la maréchaussée, à la tête de laquelle était un prévôt, et les soldats du guet chargés de la police ; cette dernière compagnie qui, à sa création, remontant à Charles IX, ne comptait que cinquante hommes, fut augmentée considérablement et portée à cent fantassins et trente-deux cavaliers.

Maintenant, examinons quelle était l'organisation du pouvoir de la ville, qui se rapproche beaucoup de celle de notre corps municipal, et qui s'appelait l'assemblée des notables.

Le prévôt des marchands, son président, était élu par le roi, qui choisissait parmi les trois candidats qu'on lui présentait (1) ; au-dessous de lui, se trouvaient quatre échevins, douze conseillers et dix-huit autres membres pris dans le commerce, la magistrature, la noblesse et les communautés des arts et métiers.

Le prévôt et les quatre échevins, qui, chacun, avaient la garde d'une porte de la ville, dont on lui remettait les clefs après la fermeture, se divisaient le travail de l'administration ; l'un se chargeait de la voirie, l'autre de la police ; celui-ci des contraventions, celui-là de tout ce qui était relatif à l'instruction publique.

Enfin, pour compléter le rapprochement entre ce qui existait à cette époque et ce qui existe aujourd'hui, nous citerons encore le tribunal de la *Conservation des priviléges royaux*, dont le prévôt des marchands était le président naturel, et qui a été remplacé par le *Tribunal de commerce*, avec cette différence que les jugements du premier étaient exécutoires dans tout le royaume, tandis que ceux du second ne le sont qu'à Lyon.

Ces rapides explications historiques étaient nécessaires, pour que nos lecteurs se rendent parfaitement compte des conditions et du milieu dans lesquels eut lieu l'émeute de 1786 où la *Révolte des deux sous*, puisque c'est le nom qu'on lui a donné dans l'histoire.

Nous laisserons maintenant la parole au père Lavigne.

— M. Tolozan de Montfort était alors le prévôt des marchands (2).

C'était un homme admirablement doué par la nature, grand, bien fait, d'une figure pleine de douceur et de bienveillance ; il s'exprimait avec facilité ; mais malheureusement d'une nature faible, sans l'énergie, si nécessaire en présence d'une émeute ; il joua dans la *Révolte des deux sous* un triste rôle.

Son arrêté n'ayant produit aucun résultat, le consulat prit la résolution de se rendre auprès de l'archevêque, afin de le faire renoncer à l'impôt du *ban-tin*.

L'archevêque était haut et fier ; il appartenait à une famille noble, et avait reçu d'elle en héritage un orgueil inflexible.

— Monsieur le prévôt des marchands, dit-il, cet impôt est un droit et je le maintiens.

— Mais pour le maintenir, Monseigneur, il faut user de violence, cur lorsque commence une émeute, on ne sait pas où elle s'arrêtera.

___

(1) C'était à peu près dans ces conditions que se faisait le choix d'un maire sous la royauté.

(2) Ce Tolozan, qui se nommait Louis, était le quatrième des six enfants mâles d'Antoine Tolozan, le héros de la légende que nous avons racontée dans le chapitre IV. — Il était si riche, que lorsqu'il remplissait la charge de *trésorier* de la ville, les Génois qui étaient créanciers de Lyon de plusieurs millions, empruntés pour construire les quais de Retz et de l'Hôpital, ayant conçu quelques inquiétudes sur la solidité de leur créance, il leur offrit de tirer sur sa maison des lettres de change. — Louis Tolozan fut le dernier des prévôts des marchands et le dernier de son nom ; il avait eu trois filles, l'une d'elles avait épousé le comte d'Osembray, officier dans la marine royale ; ce sont ses enfants qui ont recueilli le superbe héritage des Tolozan.

— Raison de plus, ajouta le baron d'Izeron, prévôt de la maréchaussée, pour donner une leçon à cette canaille, qui parcourt les rues en criant comme des ivrognes et en insultant mes soldats. — Donnez-moi l'autorisation d'agir, et je me charge, à l'aide de bons mousquets, de vous en débarrasser.

— Monsieur le baron, répondit M. Tolozan avec dignité, cette canaille, comme vous l'appelez, se compose d'ouvriers, dont, en ma qualité de prévôt des marchands, je dois défendre les intérêts et la vie ; il y a, soyez-en sûr, parmi elle, beaucoup plus d'égarés que de coupables.

— Vous parlez en soldats, — je le comprends, — mais sabres et mousquets ne prouvent que la force et ne donnent pas raison.

— Cependant, interrompit l'archevêque, pour couper court à cette discussion qui dégénérait en querelle ; — vous ne voulez pas que je perde volontairement des richesses qui m'appartiennent ; à ma place, vous ne le feriez pas.

— Si, Monseigneur.

— Peuh ! ajouta M. de Montazet avec un air de doute.

— Je l'ai fait, répondit le prévôt des marchands ; j'ai, dans ma charge de trésorier de la ville, répondu pour Lyon vis-à-vis des Génois ; il ne s'agissait cependant de la vie de personne, mais de l'honneur de mon pays.

Cette réponse faite simplement et sans forfanterie ferma la bouche à l'archevêque.

Il y eut un moment de silence.

M. de Montazet, assis dans un large fauteuil, était livré à des réflexions profondes ; M. Tolozan se promenait de long en large avec agitation, tandis que le baron d'Izeron battait avec ses doigts la charge sur les vitres de la fenêtre.

Au même instant la porte du salon s'ouvrit, et les comtes chanoines de St-Jean, MM. Pingon, de la Madeleine et de Clugny, entrèrent précipitamment, leurs vêtements étaient en désordre, leurs visages bouleversés.

— Monseigneur, s'écria l'abbé de Clugny, l'émeute a pris les proportions d'une révolte, les ouvriers ont désarmé les postes de la milice bourgeoise, et de là, se portant aux Terreaux, ont voulu en faire autant de la maréchaussée, qui a riposté par des coups de feu.

— Bravo, interrompit le baron d'Izeron, en se frottant les mains.

— Vous vous réjouissez d'un pareil événement, fit avec sévérité M. Tolozan.

— Pas le moins du monde, seulement je suis enchanté que mes soldats ne se soient pas laissé battre comme votre milice bourgeoise.

Les moments étaient trop précieux pour que le prévôt des marchands relevât l'insulte qui s'adressait à la milice dont il était le chef.

— Après ? interrogea l'archevêque.

— Eh bien ! après, continua l'abbé de Clugny, les émeutiers se sont portés vers le pont Morand, sur leur passage ils ont détruit le mai planté devant la maison de M. Tolozan.

— « *Cives dilecto cirî* (1) » — interrompit encore le baron d'Izeron en ricanant.

— Enfin, ajouta le chanoine sans prendre garde à l'interruption du prévôt de la maréchaussée, les émeutiers, après avoir repoussé les préposés au péage du pont, se sont réfugiés aux Charpennes, où ils entretiennent, par l'ivresse, le courage nécessaire à leur rébellion.

— Que faire, mon Dieu, que faire ? murmura l'archevêque, comprenant trop tard les conséquences funestes que pouvait avoir son entêtement.

___

(1) C'était la devise placée sur le mai qu'avait planté la milice bourgeoise devant la maison Tolozan, lorsque ce prévôt entra en place.

— Renoncez à l'impôt du *ban-vin*, répondit M. Tolozan.

— Laissez-moi faire, dit à son tour le prévôt de la maréchaussée, et dans une heure, j'engage ma parole d'avoir raison de ces mutins.

— Monseigneur, dit le chanoine Pingon, permettez-nous, — et il montrait MM. de Clugny et de la Madelaine, — permettez-nous de joindre nos prières à celles de M. Tolozan; la force est impuissante pour comprimer l'émeute; l'impôt du *ban-vin* n'en est que le prétexte, chaque corps de métiers a profité de l'occasion qui lui était offerte pour obtenir une amélioration à sa position; les ouvriers chapeliers demandent une augmentation de deux sous par jour, et les canuts de deux sous de plus par aune, pour les étoffes unies. — Vous le voyez, Monseigneur, retirer l'impôt du *ban-vin*, c'est enlever son prétexte à l'émeute, c'est empêcher que votre nom ne soit mêlé aux discussions de l'ouvrier avec son patron.

— Quant à ces questions, répondit M. Tolozan, elles rentrent dans mes fonctions de prévôt des marchands; je me charge de leur solution, je me fais fort d'obtenir des maîtres et marchands de la communauté et des fabricants l'augmentation demandée.

— Les ouvriers ont brisé votre mai, interrompit le baron d'Izeron.

— M. le prévôt des marchands, répondit l'abbé de Clugny, suit le précepte de l'Évangile, il rend le bien pour le mal.

— « Amen, » ajouta le prévôt de la maréchaussée.

— Messieurs, fit en se levant l'archevêque, qui pendant ce colloque avait gardé le silence, je renonce à l'impôt du *ban-vin*.

— Je vous remercie, Monseigneur, s'écria M. Tolozan, — vous pratiquez noblement la religion dont vous êtes parmi nous le plus haut dignitaire : vous êtes un prince de l'Église et vous agissez en roi.

— Maintenant il s'agit de prendre une prompte détermination.

— Nous y avions songé avant de venir vous trouver, Monseigneur, dit le chanoine de la Madelaine.

— Voyons.

— Employer la force, serait compromettre l'autorité en lui faisant essuyer un échec, continua le chanoine...

— Un échec! exclama le prévôt de la maréchaussée, qui crut voir un outrage à son courage, puisqu'on mettait en doute la réussite des moyens qu'il proposait.

— Oui, Monsieur, répéta le chanoine, un échec; quelque brave que vous soyez, vous aurez à lutter contre des hommes qu'a exaspérés la mort de plusieurs des leurs; la victoire vous restât-elle, — elle serait sanglante. Laissez-nous, Monseigneur, ramener les brebis égarées au bercail; nous irons les trouver, nous sommes leurs amis, ils le savent et nous écouteront.

— Des mousquets parlent plus haut et plus ferme que des sermons, — et on les comprend toujours, répondit le baron d'Izeron.

— Avec des mousquets on tue les hommes, avec des sermons on les sauve.

— Allons, messieurs les chanoines, dit l'archevêque, faites ce que vous croirez juste et bon, portez à ces malheureux des paroles de paix et de réconciliation. — Partez sur le champ, prenez ma voiture; chaque minute de retard aggrave la position et rend plus difficile votre mission.

— Et, ajouta, M. Tolozan, faites-vous garant de la parole que je vous ai donnée, d'obtenir des maîtres et marchands l'augmentation de deux sous.

— Savez-vous ce qui va arriver? demanda le baron d'Izeron.

— Quoi?

— Les émeutiers vont vous rire au nez, s'ils ne vous insultent ou ne vous tuent pas, — et alors on sera très-heureux de revenir aux mousquets qu'on dédaigne maintenant.

Sans répondre, les trois chanoines montèrent dans la voiture de l'archevêque dont les chevaux partirent au galop.

Comme j'étais, dit le père Lavigne, parmi les émeutiers, je puis mieux qu'un autre vous raconter ce qui s'était passé.

D'abord l'émeute n'était nullement politique comme on pourrait le croire, par sa date assez rapprochée de 93; les ouvriers n'avaient pas la pensée ambitieuse de changer la forme du gouvernement, ils voulaient simplement ce qu'ils demandaient, leur désir n'allait pas au-delà; ils respectaient le pouvoir et les lois établis, et aimaient le roi; — ce n'était qu'une simple et pacifique protestation, les armes étaient d'inoffensifs bâtons, dont on n'eut pas fait usage, si la brutalité imprévoyante de la maréchaussée n'eut pas changé le cours des événements.

Alors, au calme succéda la colère; dans les émeutes, il existe toujours de ces hommes qui semblent sortir de dessous terre, qui viennent on ne sait d'où, que personne ne connaît, génies du mal soufflant sur les mauvais instincts assoupis dans le cœur, avec une étincelle allumant rapidement un funèbre incendie.

La curiosité seule m'avait conduit sur la place des Terreaux : si dans les foules qui font les émeutes on retranchait les curieux, le nombre des révoltés se réduirait à bien peu; mais la maladresse des soldats transforme souvent d'innocents spectateurs en émeutiers.

C'est ce qui m'arriva.

Lorsque je vis les corps sanglants, lorsque j'entendis sortir de la bouche des orateurs improvisés, perchés sur des bornes et montrant les cadavres étendus sur la place. le mot vengeance; — lorsque ce cri fut répété par mille voix furieuses, terribles et menaçantes comme la tempête, il me passa un vertige, il me vint des pensées de meurtre.

La milice bourgeoise se laissa désarmer, — non par lâcheté, mais parce que, composée exclusivement de Lyonnais, elle ne voulait pas tourner ses armes contre des Lyonnais. — Ce premier succès qui n'en était pas un véritablement nous enhardit; nous culbutâmes les postes que nous trouvâmes sur notre route, et nous arrivâmes devant le pont Morand, après avoir jeté à terre le mai planté devant la maison de M. Tolozan.

Les portes se fermèrent brusquement à notre approche.

— Place! hurla la foule.

— Payez, répondit l'un des préposés.

— Nous ne paierons pas.

— Alors vous ne passerez pas.

Un émeutier, espèce de colosse, saisissant l'infortuné parlementaire, le balança un instant dans ses bras nerveux, comme l'on fait d'un enfant, et le jeta dans le Rhône.

Le chemin était libre, la foule s'y précipita, et, fière de son triomphe, se rendit aux Charpennes, brisant et déracinant sur sa route les arbres de la promenade des Brotteaux.

Les émeutes ont encore avec les flots cette ressemblance que, comme eux, elles engloutissent ce qui se trouve sur leur passage.

Les Charpennes, choisis par les émeutiers pour lieu de refuge, étaient en effet un asile inviolable. Le pouvoir de la ville de Lyon expirait aux limites des Brotteaux; en poursuivant la révolte sur ce terrain, c'était s'exposer à avoir maille à partir avec le parlement du Dauphiné, dont relevaient les Charpennes.

Les révoltés s'installèrent aux cabarets; à l'ivresse du triomphe se mêla la triste ivresse du vin, on chantait à gorge déployée une chanson qu'un Tyrtée populaire avait improvisée pour la circonstance et dont le refrain

> On ne dévidera plus de canettes
> Sans les deux sous.

était repris par un chœur de dix mille voix avinées.

Pierre Sauvage, ouvrier chapelier, que les révoltés s'étaient donnés pour chef, contemplait, assis à l'écart, cette saturnale; je m'approchai de lui.

— Eh bien ! Pierre, lui dis-je, — qu'avez-vous, vous paraissez triste ?

— Voyez, me répondit-il en étendant la main vers les tables couvertes de bouteilles vides ou brisées ; — ce ne sont plus des hommes, — ce sont des ivrognes.

Pierre avait raison, l'émeute venait de se noyer dans un tonneau.

Une voiture enveloppée d'un tourbillon de poussière, aux chevaux couverts d'écume, apparut au bout de la promenade des Brotteaux, un cri de colère la salua, car on venait de reconnaître l'équipage de M. de Montazet.

— A bas l'archevêque ! cria la foule en entourant la voiture, qui s'arrêta.

Les trois chanoines descendirent sans s'inquiéter de l'accueil assez hostile qu'ils recevaient.

— Mes amis, dit l'abbé de Clugny, je vous apporte une excellente nouvelle.

— A bas l'archevêque !

— M. de Montazet, poursuivit l'abbé de Clugny, abandonne l'impôt du ban-vin.

— Bravo ! bravo !

— Monsieur le chanoine, répondit Pierre Sauvage en prenant la parole, cela ne nous suffit pas, vous savez que les taffetatiers demandent deux sous de plus par aune pour les étoffes unies.

> On ne dévidera plus de canettes
> Sans les deux sous.

chantonnèrent les canuts en forme de corollaire.

— Accordé ! se hâta de répondre le chanoine Pingon.

— Bravo ! crièrent les taffetatiers.

— Les ouvriers chapeliers, ajouta Pierre Sauvage, exigent aussi deux sous de plus par journée, et une diminution dans les heures de travail.

— Accordé ! rép ta M. de Clugny.

— Vivat ! hurlèrent à leur tour les ouvriers chapeliers.

— Maintenant, fit le capitaine, qui nous assurera de l'exécution de ces promesses ?

— La parole du prévôt des marchands, dont nous nous portons garants.

Les trois chanoines n'avaient pas trop compté sur leur influence ; — l'émeute était finie, chaque ouvrier était redevenu honnête.

A cet endroit de son récit, le père Lavigne, s'arrêta un instant ; si, raconter les histoires du jeune âge est un plaisir pour le vieillard, c'est un plaisir fatigant ; les poumons, ces soufflets, qui font circuler le sang dans notre pauvre machine humaine, ne fonctionnent plus, usés par le temps, qu'avec difficulté.

Quelques secondes de repos, un verre de vin que lui présenta sa coquette petite-fille, et qu'il savoura avec une sensualité frisant la gourmandise, — ce péché mignon de la vieillesse, — rendirent au père Lavigne, la force et l'haleine. — souriant de ce sourire charmant aux lèvres d'une tête blanche ; il continua sa narration :

— Les chanoines d'aujourd'hui ne peuvent vous faire comprendre ce qu'étaient ceux d'autrefois ; la Révolution, qui a changé tant de choses, a réformé le clergé ; — Maintenant les chanoines ne sont plus que de vertueux prêtres, auxquels l'Etat donne la retraite modeste due à leurs pénibles et nombreux services ; alors les chanoines de Saint-Jean étaient de grands seigneurs, possédant fiefs et vilains ; issus de famille noble, leur position consacrait encore leur noblesse et la rendait plus brillante en leur permettant de porter le titre de comtes de Saint-Jean.

Quoique prêtres, ils pratiquaient peu la religion ; leur place n'était qu'une sinécure ; vêtus habituellement en laïques, ils allaient dans le monde et n'avaient pas toujours une existence très-orthodoxe (1).

Mais ils étaient aimés du peuple, dont, dans maints occasion, ils avaient défendu les intérêts et la cause auprès de l'archevêque.

C'est ce qui fit réussir les trois chanoines dans la mission dont ils s'étaient chargés ; au prestige imposant que leur donnait leur haute position, se joignit le souvenir reconnaissant des services rendus ; aussi la paix étant signée, on voulut organiser un triomphe aux ambassadeurs : les chevaux furent détélés, les émeutiers s'attelèrent au brancard, et messieurs Pingon et de la Madelaine furent reconduits par la foule jusqu'au palais de l'Archevêché.

L'abbé de Clugny était resté avec quelques révoltés qui n'avaient pas pris part à l'ovation ; je me trouvais parmi eux.

— Mon ami, dit-il en s'adressant à Pierre Sauvage, c'est vous qui étiez le chef de l'émeute ?

— Oui monsieur.

— Aviez-vous calculé toute la responsabilité qui pesait sur vous ?

— Je n'avais rien calculé ; les ouvriers m'avaient élu pour leur capitaine, j'avais accepté parce que c'était en même temps un honneur et un devoir.

— Honneur que vous eussiez payé de votre tête si, au lieu d'avoir eu recours aux moyens pacifiques, nous eussions laissé agir le prévôt de la maréchaussée.

— Je serais mort sans crainte ; — soldat d'une sainte cause, j'aurais été au supplice en soldat.

— Vous avez du courage, — et vous en auriez été la dupe. Ceux qui vous ont mis en avant auraient été les premiers à vous abandonner.

— Je le sais.

— Vous vous êtes révolté contre l'impôt ; — l'impôt est semblable à un lourd rocher ; pour le soulever il faut avoir les bras forts et solides, car s'il retombe au lieu d'étouffer, il écrase.

— Que faire alors ?

— Savoir attendre.

— Et si, en attendant, on meurt de faim ?

— Ce qui est réellement injuste ne saurait exister longtemps ; les lois d'équilibre qui régissent le monde physique régissent aussi le monde moral ; il vient toujours un jour où les abus cessent d'eux-mêmes. Que le succès obtenu aujourd'hui ne vous enorgueillisse pas et ne vous pousse pas à une nouvelle rébellion ; car la révolte est comme la fièvre dont la rechute est dangereuse ; employez votre influence à calmer les esprits, et vous rendrez à vos amis un service plus grand encore que celui que vous leur avez rendu. — Me le promettez-vous ?

— Je vous le promets, répondit Pierre Sauvage ; — mais en échange, monsieur le chanoine, me promettez-vous de faire cesser toutes les poursuites qui pourraient être dirigées contre nous.

— Je vous en fais le serment.

Nous reprimes la route de Lyon, il faisait nuit ; la foule se composait environ de six cents personnes; elle avançait calme et silencieuse ; j'étais au dernier rang avec Pierre Sauvage et l'abbé de Cluny ; à l'entrée du

---

(1) Le couplet suivant tiré d'une complainte faite à l'époque sur *la révolte des deux sous*, prouve que les trois chanoines que nous avons mis en scène, ne menaient pas une vie tout-à-fait conforme aux règles évangéliques :

> Monsieur le comte de Pingon,
> Fort honnête, mais bredouillon,
> Les deux Clugny, la Madelaine,
> Laissant pour ce soir leurs Climène,
> En cheveux longs bien parfumés,
> Vont au devant des révoltés.

pont Morand, ceux qui étaient en avant se reculèrent brusquement sur nous, et nous entendîmes des cris; une lutte venait de s'engager.

Le motif qui, le matin, avait été la cause d'une collision, en avait provoqué une nouvelle; les préposés au péage avaient réclamé le paiement, les ouvriers s'y étaient refusés.

Mais, prévoyant l'attaque, les préposés au péage s'étaient renforcés d'un bataillon de la maréchaussée; le combat n'étant pas possible, la foule se dispersa, et je fus fait prisonnier avec Pierre Sauvage, Jacques Nérin et Antoine Dapiano.

On nous conduisit à l'Hôtel-de-Ville, et nous fûmes mis au *Charbonnier* (1).

Il y avait une demi-heure que nous étions enfermés, lorsque, grâce à son costume, M. l'abbé de Clugny put parvenir jusqu'à nous.

— Pierre, dit-il, en s'adressant au capitaine, il n'y a pas un instant à perdre pour vous sauver.

— Moi! et mes amis?

— Ils sont moins gravement compromis que vous qui êtes désigné comme le chef de l'émeute.

— C'est précisément parce que je suis le chef que mon devoir est de rester.

— Pas de ridicules fanfaronnades; — aller au-devant d'un danger inutile à votre cause ne serait pas du courage, mais de la folie.

Nous joignîmes nos prières à celles de l'abbé de Clugny; Pierre Sauvage consentit à se revêtir des habits du chanoine qui prit les siens.

— Surtout, dit l'abbé, — ne restez pas à Lyon, on a cédé devant l'émeute, vous venez de donner un prétexte pour sévir contre vous, on sera peut-être bien aise de se venger un peu; je me charge de faire revenir le prévôt de la maréchaussée à des sentiments plus doux, mais, dans son premier moment d'exaspération, je ne réponds de rien; fuyez rapidement.

Pierre sortit: la sentinelle trompée par son costume, le laissa passer sans difficulté.

Cinq minutes ne s'étaient pas écoulées que le baron d'Izeron, suivi d'un sergent, entrait dans la prison.

— Nous en tenons toujours quatre, dit-il, c'est assez pour faire un exemple.

— Vous vous trompez, répondit l'abbé de Clugny en s'avançant, — vous n'en tenez que trois.

— L'abbé de Clugny! s'écria le prévôt de la maréchaussée.

— Moi-même.

— Que diable me disiez-vous donc? fit avec colère le baron en se retournant vers le sergent.

— Le sergent a raison, ajouta le chanoine, seulement j'ai fait envoler un des oiseaux; le costume que je porte vous apprend le moyen dont je me suis servi.

Et saluant en souriant, l'abbé fit quelques pas pour sortir. Le prévôt devint pâle de fureur.

— À vous la première partie, monsieur le chanoine; — à moi la seconde, car voilà trois gaillards auxquels je réserve une cravate de chanvre.

— Ne vous réjouissez pas trop, j'espère avoir le roi dans mon jeu.

— Que voulez-vous dire?

— Que je vais de ce pas écrire au roi, afin d'obtenir des lettres de grâce pour ces malheureux.

Notre procès fut rapidement instruit; je fus absous, mais Jacques Nérin et Antoine Dapiano furent condamnés à mort, ainsi que Pierre Sauvage, arrêté à Bourgoin.

Une émigration assez importante d'ouvriers avait été la conséquence naturelle de l'émeute; les uns, craignant d'être compromis par quelque dénonciations, les autres pour éviter d'être forcés à suivre les perturbateurs qui restaient, et qui pouvaient se soulever encore.

Afin d'empêcher cette émigration, qui aurait porté un préjudice réel à l'industrie, en faisant connaître à l'étranger nos procédés de fabrication, M. Tolozan écrivit au commandant du Pont-Beauvoisin et à celui du Fort-de-l'Ecluse, avec ordre de saisir tous les fuyards et de les ramener à Lyon.

Ce fut à cette mesure que Pierre Sauvage dut son arrestation.

Cependant, l'abbé de Clugny, fidèle à la promesse qu'il avait faite au capitaine de la révolte, d'employer son influence pour s'opposer à toute mesure extrême vis-à-vis des émeutiers, avait écrit à Paris; malheureusement, le jour du jugement les lettres de grâce n'étaient point encore arrivées.

Il se rendit donc chez le prévôt de la maréchaussée. Tout prêtre qu'il était, le chanoine ne comptait pas la patience au nombre de ses rares vertus; aussi, lorsqu'il entra chez le baron d'Izeron, avait-il plutôt l'air d'un soldat que d'un ecclésiastique.

— Monsieur le baron, dit-il, vous avez eu raison en me disant que la seconde partie serait gagnée par vous; — mais pour cela vous avez agi contre toutes les règles du droit.

— Qu'est-ce à dire?

— Cela veut dire que le procès que vous avez instruit ne dépend en aucune façon de votre juridiction: — au prévôt des marchands appartient seul de connaître les séditions et les émeutes populaires; voulez-vous que je vous cite les édits (1)?

— Je les connais.

— Alors vous ne ferez pas exécuter le jugement?

— Parfaitement.

— C'est infâme.

— Monsieur le chanoine, dégageons de la question notre amour-propre, nous nous comprendrons plus facilement. Je me suis emparé d'un procès qui n'était pas de mon ressort; je vous l'accorde; mais que serait-il arrivé si j'avais laissé la conduite de l'affaire aux mains du prévôt des marchands? — On eût relâché les coupables; or, les conséquences en eussent été celles-ci: au lieu de réprimer l'émeute, on lui eût donné une nouvelle force et un nouveau courage par l'impunité.

— Nous avons chacun notre manière d'envisager les choses, vous considérez le peuple comme un immense régiment, qu'on ne peut conduire qu'avec une discipline sévère, sans pardon et sans indulgence; moi, je crois que la clémence est préférable à la sévérité; la clémence rend les hommes meilleurs; la sévérité ne les rend que peureux. — Chacun de nous a agi suivant ses sentiments: vous avez condamné les prisonniers à mort; j'ai écrit à Paris pour obtenir des lettres de grâce.

— Elles sont arrivées?

— Non, le temps matériel a manqué; quand doit avoir lieu l'exécution?

— Ce soir même.

— Eh bien! accordez-moi une faveur?

— Laquelle?

— Celle de retarder le supplice jusqu'à ce que j'aie reçu la réponse à ma demande.

— Monsieur, dit le baron, dans les tristes circonstances qui nous ont mis en présence et nous ont faits en quelque sorte ennemis, vous m'avez mal jugé. Je tiens

---

(1) Le *Charbonnier* était une pièce attenante au corps-de-garde des arquebusiers du Consulat, elle est aujourd'hui occupée par la troupe de ligne de service à l'Hôtel-de-Ville. Le *Charbonnier* a été remplacé par le *violon;* on change les noms, les choses restent.

(1. Ce droit était en effet établi par l'édit de 1699; — par l'arrêt du Conseil de 1702; par l'édit de 1705; par l'arrêt du Conseil de 1709. — M. Tolozan, en laissant agir le prévôt de la maréchaussée, fit preuve d'une indigne faiblesse qui coûta la vie à trois pauvres diables, coupables seulement d'avoir voulu se soustraire au droit de péage du pont Morand.

à vous prouver que ce que j'ai fait, je l'ai fait dans le but de sauver Lyon, qu'eût compromis la faiblesse. Je vous accorde ce que vous me demandez.

— Vous me donnez votre parole?
— Je vous la donne.

Malgré les promesses du prévôt de la maréchaussée, à six heures du soir, trois potences se dressaient sur la place des Terreaux, le peuple, toujours avide de ces tristes spectacles, se pressait aux abords du théâtre pour lequel il avait fourni les acteurs.

Le charriot fatal parut, Pierre Sauvage était debout, il promena lentement son regard autour de lui, peut-être avait-il l'espérance qu'une protestation faite en sa faveur le sauverait de la main des bourreaux. Ses ingrats amis détournèrent la tête.

— Allons, dit-il, c'est fini.

Il embrassa le crucifix et monta à l'échelle.

Cinq minutes après, les trois cadavres de Pierre Sauvage, Nérin et Dapiano, se balançaient livides aux gibets.

Les pénitents de la miséricorde, la tête couverte d'un voile noir, les cierges allumés, s'avancèrent en psalmodiant; ils venaient chercher les corps des suppliciés.

Au même instant un immense cri retentit; un homme monté sur un cheval qui se cabrait dans la foule, et agitant un papier, venait de déboucher par la rue Saint-Pierre.

— Grâce! grâce! cria-t-il.

La grâce arrivait cinq minutes trop tard.

Ce cavalier était le chanoine de Clugny. A la vue du triste cortège des pénitents de la miséricorde, il comprit que tout était fini.

Jetant les rênes de son cheval à un homme du peuple, il monta rapidement les escaliers du perron de l'Hôtel-de-Ville, et demanda à parler au prévôt de la maréchaussée; — le baron était au théâtre.

Le chanoine s'y rendit sur-le-champ.

Il frappa à la porte de la loge du prévôt, qui ouvrit lui-même et recula en pâlissant légèrement; le visage de l'abbé était terrible, ses yeux étaient injectés de sang.

— Monsieur le baron, dit-il, ce matin je me suis présenté chez vous, et vous avez engagé votre parole de retarder l'exécution des condamnés, jusqu'à ce que j'eusse reçu la réponse à ma demande.

— C'est vrai.

— Cette réponse, la voici: — c'est la grâce des malheureux que vous avez assassinés.

— Monsieur!

— Assassinés, je répète le mot, car il n'appartient pas à vous de tuer ceux auxquels le roi permet de vivre.

Le baron pâlit encore davantage.

— Monsieur, répondit-il, après votre visite, j'ai appris que l'émeute se réorganisait, il fallait un exemple prompt et rapide; — voilà pourquoi j'ai manqué à ma parole.

— Un homme de cœur n'aurait pas trouvé une excuse, car sa parole est sacrée comme un serment.

— Vous m'insultez.

— Parbleu.

— Si je ne respectais l'habit que vous portez....

— Dites plutôt que vous êtes un lâche.

— Monsieur!

— Allons donc.

— Je suis soldat.

— Vous en êtes indigne.

Et un soufflet sonore tomba sur la joue du prévôt.

— Vous m'en rendrez raison, s'écria le baron, blême de colère.

— C'est ce que je veux.

— Vos armes?

— L'épée.

— L'heure?

— Maintenant.

— Le lieu?

— Sortons.

Les deux adversaires sortirent ensemble et se rendirent sur la terrasse d'une maison du quai St-Clair.

Il faisait nuit, des domestiques allumèrent des torches pour éclairer les combattants.

— Monsieur le chanoine, dit le baron, en engageant le fer, je consens encore à recevoir vos excuses.

— Il faut que je vous tue, répondit froidement l'abbé de Clugny, en poussant une botte.

Le baron maniait l'épée avec l'habileté d'un militaire; mais il avait à faire à rude partie; le chanoine, souple, léger, bondissait et échappait à ses coups, parant et attaquant en même temps.

Le fer du prévôt s'enfonça dans la soutane de l'abbé, elle se teignit de sang.

— Vous êtes blessé, dit le prévôt en s'arrêtant.

— Ce n'est rien.

— C'est donc un combat à mort.

— A mort.

A la seconde passe, le baron tomba frappé mortellement: l'épée du chanoine lui avait traversé le cœur.

Ce fut le dernier et triste épisode de la *Révolte des deux sous*.

Le lendemain, un escadron de chasseurs de *Gévaudan*, un bataillon du régiment de *Royal-la-Marine*, le deuxième bataillon d'artillerie de *la Fère* (1), firent leur entrée dans la ville.

Les chasseurs furent casernés à la Guillotière, l'infanterie à la Croix-Rousse et l'artillerie à Vaise.

On accorda aux émeutiers ce qu'ils avaient demandé; le prix des façons des taffetas 7|12 fut augmenté de deux sous par aune, et celui des autres tissus le fut dans cette proportion. On fixa à *quarante sous* le prix de la journée des ouvriers chapeliers, journée de douze heures, à la condition expresse que ces ouvriers ne travailleraient pas à leur compte et exclusivement pour les maîtres marchands de la communauté (2).

Quoique cette émeute ait atteint le but qu'elle se proposait, dit le père Lavigne en terminant, je ne suis pas partisan des révoltes; ce qu'on obtient par ces moyens, — et on ne réussit pas toujours, — est acheté au prix du sang; — c'est payer trop cher.

Travailler courageusement, en sachant attendre des jours plus heureux, être laborieux et honnête, voilà ce que j'ai tâché de faire et d'être pendant toute ma vie, et je ne m'en repens pas; — cette morale ne vous convient pas, Chopin, mais c'est celle de notre famille, et si vous voulez y entrer, renoncez à vos pensées de désordre.

Chopin baissa la tête pour répondre, — le reproche était mérité; il sortit de l'atelier de Jean, accompagné d'un regard moqueur que lui lança Florette.

Le père Lavigne s'endormit de nouveau, et les métiers reprirent leur mouvement babillard.

Une heure s'était à peine écoulée, lorsque M. Brémont entra dans l'atelier de Jean.

M. Brémont était le fabricant pour lequel Jean travaillait; comme le père Lavigne avait travaillé pendant toute sa vie pour le père de M. Brémont, les mêmes relations qui avaient existé entre les pères s'étaient continuées entre les enfants. Pareil fait est rare, il prouve les qualités réciproques de l'ouvrier et du fabricant, restant unis parce qu'ils sont contents l'un de l'autre.

La douleur du mari trompé dans ses affections perçait

(1) Parmi les officiers de ce bataillon se trouvait Bonaparte, alors sous-lieutenant.

(2) Tous les détails donnés sur la *Révolte des deux sous* sont textuellement historiques, et nous les avons puisés à des sources certaines. Le duel entre l'abbé de Clugny et le baron, qui eut pour cause celle que nous avons indiquée, est également historique.

sur le visage de M. Brémont; malgré sa puissance sur lui-même, il n'avait pu lutter contre la tristesse profonde qui s'était emparée de lui, et avait enveloppé toute sa vie d'un crêpe noir, rien n'était cependant changé dans son existence extérieure, rien n'était changé dans ses habitudes.

Les oisifs ont sur ceux qui sont attachés à un travail journalier, un avantage très-grand, celui de pouvoir se livrer à leur souffrance sans distraction, — ce qui est en quelque sorte un bonheur; les autres, au contraire, sont condamnés à souffrir doublement par la nécessité dans laquelle ils se trouvent de cacher leur douleur, car nous n'admettons pas que l'on puisse se distraire d'une douleur du cœur, elle ressemble à une planche de liège qu'on cherche vainement à enfoncer dans l'eau, mais qui revient toujours dessus.

M. Brémont était pâle, sa voix d'un timbre rude s'était adoucie, ainsi que son regard; il vivait machinalement, — et il était devenu meilleur; — la souffrance est un creuset où le caractère s'épure.

Sa visite dans l'atelier de Jean était un événement, aussi son entrée produisit-elle une véritable sensation : il s'approcha du père Lavigne et lui frappa amicalement sur l'épaule.

— Eh bien! dit-il, comment cela va-t-il?

— Assez bien, répondit le vieux canut; grâce à Dieu, je n'ai pas à me plaindre, ça va doucement, mais je m'estime très-heureux que ça aille encore.

— Voilà de la bonne philosophie, tous les vieillards ne sont pas aussi raisonnables que vous, ils regrettent toujours leur jeunesse, et se plaignent des infirmités inséparables de leur âge.

— Pour moi, je ne regrette rien, s'il me fallait recommencer la vie, je me dirais : «J'en ai assez; » je suis las de vivre, et je vois arriver la fin sinon sans effroi, du moins sans tristesse : Dieu a bien fait tout ce qu'il a fait.

— Ah bah! si avec la vie on vous offrait la fortune?

— Je refuserais : la fortune ne suffit pas au bonheur; — tenez, vous qui êtes riches, — êtes-vous complètement heureux?

La question du père Lavigne frappa M. Brémont en pleine poitrine; aussi ne répondit-il pas.

— Jean, dit-il, il faut que je vous parle.

L'ouvrier s'empressa d'obéir au fabricant, en congédiant le compagnon, la compagnonne et Saturnin; Florette allait les suivre, M. Brémont la retint.

— Restez, ajouta-t-il, vous n'êtes pas étrangère à l'affaire que j'ai à traiter avec vos parents, il est même nécessaire que vous assistiez à la conversation, car il s'agit de vous.

Florette ouvrit de grands yeux.

— Père Lavigne, dit le fabricant en s'adressant au vieillard, j'ai à vous demander un service.

— Parlez, monsieur Brémont, répondit le vieillard, les Lavigne vous sont dévoués, votre père a toujours été bon pour moi, et vous avez été de même pour mon fils; car en lui succédant dans son commerce vous avez hérité de ses nobles qualités.

— C'est précisément sur ce dévouement que je compte, pour obtenir une chose qui intéresse mon bonheur.

Le fabricant se tut un instant, comme pour se recueillir, il y eut un moment de profond silence que personne n'osa troubler.

— Pour un motif que je dois taire, j'ai besoin d'avoir auprès de ma femme quelqu'un qui me soit entièrement dévoué, qui me tienne au courant de chacune de ses actions, qui me rapporte chacune de ses paroles; et qui, sans que ma femme s'en doute, la surveille et ne la perde pas de vue.

— C'est un triste métier que celui-là, répondit Jean; quelque soit le but qu'on se propose, jouer le rôle de mouchard n'est jamais honorable.

— Jean, ajouta M. Brémont avec tristesse, je vous ai dit qu'il y allait de mon bonheur, ne m'en demandez pas davantage; je ne veux pas, ni ne dois pas entreprendre la justification de ma conduite vis-à-vis de ma femme, car il me faudrait accuser quelqu'un, et ce quelqu'un ne serait plus dès-lors respecté; je me suis adressé à votre dévouement, il n'est pas ce que j'espérais, puisqu'il raisonne et demande des explications : n'en parlons plus.

— Vous vous méprenez au sens de mes paroles, répliqua l'ouvrier, il n'y a pas eu hésitation chez moi, mais scrupule d'une conscience honnête; ce scrupule vous a fait douter de moi; vous me jugez mal et je le mérite, puisque je vous avais mal jugé en soupçonnant que ce que vous vouliez faire n'était pas digne de votre caractère : pardonnez-moi.

— Merci, mon ami, répondit M. Brémont, en serrant la main de l'ouvrier; — je vous assure que la mission dont je désire charger Florette auprès de ma femme, ne sera nullement déshonorante pour elle, car elle sera du côté du bon droit et de l'honnêteté.

A son nom prononcé par le fabricant, Florette avait relevé curieusement la tête, son cœur battit plus vite, sous le pressentiment heureux que cette conversation allait changer son avenir.

Elle ne se trompait pas.

— Demain, continua M. Brémont, Florette viendra me trouver; je la présenterai à ma femme pour remplacer la femme de chambre que j'ai renvoyée aujourd'hui; lorsqu'elle sera installée chez moi, je lui donnerai plus au long mes instructions : — voyons! y consentez-vous, Jean?

L'ouvrier était profondément ému, et il cherchait vainement à cacher quelques larmes roulant dans ses yeux.

— Monsieur Brémont, fit-il, vous m'avez dit que le dévouement ne devait pas raisonner, j'accepte, mais excusez mon émotion et ma tristesse, vous me demandez beaucoup. Florette est la gaîté de mon atelier, le sourire de ma vie, je suis habitué à voir cette enfant dont la jeunesse et les chansons égaient mon travail; — j'avais arrangé mon existence en lui faisant la bonne part, c'est une belle ouvrière, je l'eusse mariée à un brave garçon qui l'eût aimée comme j'ai aimé sa mère, et qui l'eût rendue heureuse comme j'ai rendu heureuse ma pauvre femme; je serais mort doucement auprès d'elle comme mon vieux père mourra près de moi entouré des caresses de ses enfants et de ses petits-enfants. — Vous dérangez tout le plan que j'avais tracé d'avance, tout le bonheur que j'avais préparé à ma vieillesse; prenez ma Florette, si elle y consent.

Les dernières paroles de l'honnête Jean se perdirent dans des sanglots.

Le père Lavigne lui prit doucement la main.

— Bien, mon fils, bien, murmura-t-il, tu es un digne et honnête homme.

M. Brémont laissa s'écouler quelques minutes pour donner à l'émotion provoquée par cette scène, le temps de se calmer.

— Eh bien! mon enfant, reprit-il en s'adressant à Florette, voulez-vous venir chez moi?

Avec plai…. La jeune fille jeta un regard sur Jean, dont les yeux étaient humides de larmes; — Elle n'eut pas le courage d'augmenter sa douleur en disant la vérité, aussi n'acheva-t-elle pas sa première phrase, et murmura-t-elle : J'obéirai à mon père.

Florette mentait; le voile d'un avenir charmant venait de se lever pour elle, et elle souriait à la perspective des joies que rapporterait à sa vanité sa nouvelle position.

Elle se voyait, la coquette, avec un ravissant petit bonnet sur ses épais cheveux noirs, avec le tablier blanc serré à la taille, et le pied dans des souliers mignons.

— Ainsi, c'est convenu, fit M. Brémont.

— Vous avez notre parole, répondit le père Lavigne.
La conversation prit alors une tournure générale; — on parla fabrique, et M. Brémont quitta au bout de quelques instants l'atelier de Jean, après avoir remercié l'honnête ouvrier comme savent remercier tous ceux pour lesquels la reconnaissance n'est pas un mot, mais un sentiment.

Dans la conduite que nous avons fait tenir à M. Brémont vis-à-vis de sa femme, nous l'avons peint en homme de cœur, et il s'est élevé par son indulgence à l'égard de la coupable à la hauteur d'une âme d'élite.

Les hommes ordinaires dans de pareilles circonstances, ne pardonnent jamais. — Pardonner, c'est mettre le cœur au-dessus de la vanité, c'est grandir par l'insulte qui vous a frappé et se faire un piédestal avec les pierres qu'on vous a jetées.

Le mari trompé, laissant tomber de ses lèvres les paroles divines du pardon, a remporté la plus noble victoire, il s'est vaincu lui-même et a tendu une main secourable à la femme déchue.

Après avoir donné ce rôle à M. Brémont, en le faisant descendre maintenant au niveau du mari qui espionne, n'est-ce pas, après avoir mis sur le dos de notre acteur un magnifique manteau de velours, le salir par une large tache de graisse?

Telle n'est pas notre pensée.

Il y a deux jalousies comme il y a deux femmes.

La première femme, est celle qui, vivant pure et digne, respecte en même temps, le nom qu'elle porte et celui qui le lui a donné; qui, protégée par un passé honnête, par une vie irréprochable, ne permet pas que l'insulte d'une déclaration monte jusqu'à ses oreilles.

La seconde est la femme qui, ne voyant dans le mariage qu'une servitude, dans le mari qu'un maître auquel la loi lui ordonne d'obéir, mais que la loi répudie, suit les caprices de son imagination, se place au-dessus de la morale, et se couvre du pavillon protecteur de l'homme qui l'a épousée.

La jalousie qui s'adresse à la première de ces deux femmes est lâche et insultante, c'est une épée de Damoclès suspendue au-dessus de sa fidélité, c'est de la police matrimoniale avec toutes ses ruses, tous ses injurieux soupçons, toutes ses infâmes investigations.

Ce n'était point celle de M. Brémont.

Tant qu'il avait cru voir dans Emma, l'honnête femme trouvant l'affection dans le devoir et le devoir dans l'affection, jamais il ne l'avait soupçonnée; — la confiance chez lui, ne venait pas de l'orgueilleux amour-propre du mari, ne pensant pas qu'un rival puisse l'égaler en qualités, en esprit et en beauté; elle venait d'Emma, elle se reposait sur sa vertu et sur son cœur.

Nous avons vu comment Emma avait répondu à cette confiance.

La jalousie qui s'adresse à la seconde femme est celle du doute qui naît sur les ruines de la confiance trahie; celui qui a été trompé par sa femme une première fois, n'a-t-il pas le droit de douter? Quelle foi peut-il ajouter aux paroles et aux sourires? paroles et sourires, auxquels ils croyait autrefois, lui ont menti. S'il a voulu réhabiliter la femme déchue par l'indulgence puisée dans le souvenir et dans un noble cœur, qui lui dira que cette femme se relèvera par l'expiation, et lavera la faute par le repentir?

Hélas! aux yeux de beaucoup, indulgence est synonyme de faiblesse: on ne comprend pas que pour pardonner, il faut plus de courage que pour punir; et l'on rit souvent de l'homme qu'on devrait bénir.

M. Brémont n'avait pas prononcé le mot « pardon », mais il avait dit : espérance », — l'espérance est le chemin du pardon. Nous ne voulons pas en faire un type à part, un cœur d'or, sans quelques parcelles de vanité, s'isolant complètement de la faute, ne voyant qu'une coupable à genoux et demandant grâce, sans éprouver la douleur amère, sans sentir son orgueil se soulever; aussi sa jalousie est-elle explicable et naturelle.

Emma était-elle digne de son pardon? Voilà ce qu'il voulait savoir, voilà ce dont il lui fallait être certain, pour lui rendre pure et complète sa confiance.

Remplir lui-même le rôle d'espion, peser à la balance de sa jalousie chaque parole, chaque geste, chaque regard, chercher au fond de chaque phrase un mensonge, derrière chaque sourire une tromperie, derrière chaque larme une comédie; ce métier d'inquisiteur lui répugnait.

Mais à sa confiance, s'attachait comme sur le beau fruit, le ver rongeur du doute; son cœur était en proie à deux sentiments opposés et contradictoires, l'un devait chasser l'autre, et une dernière épreuve lui était nécessaire.

Voilà pourquoi il voulait s'assurer par le concours de Florette si Emma avait réellement renoncé à ses relations avec Georges. Pauvre manœuvre attaché à la servitude de son travail, les yeux pleins de larmes, la poitrine pleine de soupirs, il vivait éloigné de sa femme, et devant les chiffres qu'il alignait sur ses livres, flamboyait cette phrase : « Où est Emma? »

On le voit, vivre ainsi était impossible.

M. Brémont était un honnête homme, plus fort et plus noble qu'un grand nombre; sa jalousie n'était que le levain des mauvais instincts du cœur.

Qu'on la lui pardonne, comme il a pardonné à sa femme.

CHAPITRE XVII.

Vaise. — Pierre-Scise. — Une scène de velours.

Usant du privilège que nous donne notre métier, d'un coup de plume nous changerons les décors de notre drame, et nous ferons rentrer en scène des personnages qui ont déjà paru.

De la Croix-Rousse passons à Vaise.

Que le lecteur nous pardonne ces courses vagabondes à travers la ville, elles sont moins nécessaires à notre intrigue qu'au but que nous nous sommes proposé, qui est d'écrire l'histoire de Lyon.

Les historiens proprement dits, ne s'occupent que de la partie purement classique, ils construisent un édifice avec des faits compulsés, unis entre eux par des dates: c'est un ouvrage de chiffres et de chroniques. Mais dans ce vaste monument élevé laborieusement, le lecteur s'ennuie, parce qu'il ne rencontre sur son chemin que des tombeaux, du marbre et des inscriptions, parce que, pour animer ce grand tout, il manque la vie et l'animation.

Puis l'histoire d'une ville, comme celle d'une nation est double: elle se compose des événements politiques et des mœurs des différentes époques; les historiens s'occupent des premiers et négligent les secondes, et c'est là un tort immense, car les transformations politiques viennent souvent des mœurs privées.

Les satires, les chansons, les romans, les mémoires, comblent la lacune faite par les historiens; car pour bien comprendre un siècle, il faut lire les ouvrages de tous les auteurs contemporains.

Nous avons voulu éviter cet écueil, et ne pouvant étudier les mœurs de notre ville dans les diverses périodes de sa vie, nous avons choisi l'époque à laquelle nous sommes; parce que, dès-lors, écrire, c'est copier ce que nous voyons, c'est résumer nos observations personnelles, en les traduisant par un type auquel nos héros donnent un corps ; quant à la partie historique, on a déjà pu se rendre compte de la manière dont nous procédons pour la faire connaître ; lorsque dans notre intrigue nous nous heurtons à quelques noms, à quelque monument, nous laissons la plume du romancier pour celle de l'historien ; nous reconstruisons le passé, et le faisons défiler devant les yeux du lecteur.

Mais nous nous trouvons placés ainsi dans une fausse position, et tandis que tel nous accuse de nous occuper un peu trop de la partie dramatique, tel autre nous blâme de trop la négliger. Contenter tout le monde est difficile, un peu d'indulgence nous rendra le travail plus léger. Nous croyons avoir entrepris un ouvrage utile, nous essayons de le rendre agréable en suivant le précepte latin qui veut qu'on mêle *utile dulci*.

Après ce petit prologue dont nous avons surchargé ce chapitre, entrons à Vaise, le noir faubourg, situé aux portes de la ville sur la route de Paris.

Écoutez : le marteau résonne sur l'enclume, la vapeur s'échappe en sifflant de la chaudière, le tonnelier pose les cercles à son tonneau, en chantant un refrain à boire ; voyez ces noirs panaches de fumée, qui s'élancent de cheminées plus hautes que les pyramides d'Égypte ; et ces fours à chaux qui pétillent.

L'Ile-Barbe est une demoiselle d'honneur, détachée de la cour de sa souveraine, naïade au doux regard, elle vient saluer d'un sourire l'arrivée de l'étranger qui la contemple du pont du bateau à vapeur. Vaise est la sentinelle de l'industrie lyonnaise qui présente les armes aux voyageurs mettant curieusement la tête à la portière de la diligence, et qui répond à son « qui vive ! » par le mot d'ordre de la cité industrielle : « travail. »

La position topographique de ce faubourg en fait le Bercy lyonnais ; les marchands de vin y ont établi leurs entrepôts, et les brasseurs leurs brasseries ; aussi le dimanche, Vaise est-il visité par les ouvriers qui s'attablent aux cabarets, et s'enivrent de cette bière dont les Lyonnais sont si fiers.

Vaise n'a dans l'histoire de notre ville qu'une modeste place, il en est un incident et un épilogue sans intérêt ; il se nommait anciennement Vaques, nom qui dérive du mot latin *vacua* ; de Vaques on a fait Vaise.

L'étymologie latine confirme le récit des chroniqueurs, qui prétendent qu'autrefois Vaise était un terrain inculte, parsemé d'étangs et couvert de broussailles, où les archevêques qui habitaient le château de Pierre-Scise venaient prendre le plaisir de la chasse et de la pêche.

Comme Cuvier reconstruisait un fossile à l'aide d'une dent, avec un pan de muraille, l'archéologue reconstruit les châteaux, les forteresses et les églises démolies ; les monuments sont l'histoire la plus vraie du passé. Pierre-Scise, que détruisirent, en 93, les Lyonnais comme les Parisiens détruisirent la Bastille, se relevant de ses ruines, dirait mieux que nous l'histoire de Vaise, qui n'était que le boule-dogue faisant le guet aux portes du château, et vivant de l'os que lui jetait son maître.

La construction du château de Pierre-Scise, dont l'enceinte avait une immense étendue, remonte à une haute origine, il fut, d'après Menestrier, le palais des ducs de Bourgogne, pendant leur domination ; les archevêques qui leur succédèrent l'habitèrent à leur tour ; plus tard, on en fit une prison royale qui reçut parmi ses prisonniers Louis Sforza, l'infortuné Cinq-Mars et son ami de Thou.

Hélas ! comme toutes les prisons, Pierre-Scise a étouffé bien des sanglots, a enseveli bien des existences sous ses épaisses murailles ; si les murailles ont des oreilles, elles n'ont pas de langues, elles entendent sans raconter ; mais un anneau scellé au mur, la dalle qu'a usée le prisonnier en se promenant, sont de tristes chroniques léguées à l'historien, et qui signifient toujours « Ici on [a] souffert, ici on est mort. » Le nom de celui qui souffrit et mourut ainsi, scellé à une pierre sur laquelle il a laissé la trace de ses larmes ! Son nom, demandez-le au livre d'écrou ; car, dans la prison, il n'y a plus de nom pour personne ; en y entrant, on est mort au monde, on a cessé de vivre, le nom est devenu inutile ; on l'efface et on le remplace par un numéro.

Pierre-Scise a été le complice de plus d'une vengeance royale ; juché sur son bloc de pierre, comme le nid de l'aigle, haut et fier, dominant la ville et la tenant courbée sous le regard sinistre de ses canons qui bâillaient aux meurtrières, il bravait la colère et les menaces qui bouillonnaient à ses pieds.

Mais un jour, — semblable aux flots de cette mer puissante, que Dieu soulève, — la Révolution souleva les flots du peuple, et Pierre-Scise fut englouti dans cette tempête des idées. — L'époque qui succédait à celle de l'absolutisme et de la faveur devait faire mieux que celle qui l'avait précédée ; aussi, à la place du château démoli, elle mit la statue d'un homme de bien.

Pierre-Scise éveillait la haine, la statue de Jean Kleberger éveille la reconnaissance ; haine et reconnaissance, deux sentiments du cœur, dont le premier vient de l'enfer et le second de Dieu.

C'est donc une bonne pensée qui en a remplacé une mauvaise.

Ne quittons pas Pierre-Scise sans raconter une des mille chroniques dont il a été le théâtre ; les chroniques comme la mousse se trouvent sur toutes les vieilles pierres.

Par la mise en scène, le lecteur comprend déjà que notre récit ne sera pas couleur de rose.

C'était au commencement du dix-huitième siècle, dans un de ces cachots humides où le soleil ne paraissait jamais, car le soleil aime la campagne, l'air et les fleurs, et craint d'emprisonner ses rayons ; dix personnages étaient assis autour d'une table et paraissaient absorbés dans une partie de dés.

Sur ces dix personnages, neuf étaient prisonniers ; le dixième était le commandant, nommé Mandeville, qui s'ennuyant fort dans le noir château confié à sa garde, venait se distraire de temps en temps avec ses prisonniers, tous hommes de très-bonne compagnie et d'excellent ton.

La partie était engagée entre le comte de Labarre et Mandeville.

— Quel temps fait-il ? demanda le comte.
— Il pleut à verse, répondit le commandant.
— Excellent temps, ajouta le comte.
— Comment, excellent temps, reprit Mandeville.
— Pour les petits pois, fit le comte en souriant.

Mandeville gagna la partie.

— Connaissez-vous le proverbe ? dit le comte.
— Quel proverbe ?
— « Malheureux au jeu, heureux en amour » ; je crois que je serai heureux ce soir.
— Et qui diable pouvez-vous aimer ici. La fille du geôlier ?
— Allons donc, mieux que ça, celle que j'aime est une grande et noble dame, que vous connaissez.
— Je la connais ?
— Parfaitement ; je l'aime avec passion, avec frénésie, pour elle, je donnerais ma vie, parce que sans elle la vie est lourde, pénible, triste...
— Mais enfin, son nom ?
— Elle se nomme la Liberté.

Mandeville se mit à rire d'un rire bruyant.

— Mon cher comte, voilà une maîtresse que vous ne reverrez probablement plus.
— Qui sait ?
— Parbleu, moi qui vous garde, et qui ne vous laisserai pas échapper.

— Commandant, j'avais vingt ans et j'aimais une belle fille, mon père qui n'approuvait pas cet amour, m'enferma dans la tour du nord de notre château, afin de m'empêcher d'aller à mon rendez-vous. — Savez-vous ce que je fis?
— Non.
— Eh bien! comme la porte était fermée, je passai par la fenêtre au risque de me rompre vingt fois le cou.
— Qu'est-ce que prouve votre histoire?
— Que pour revoir la belle dame dont je vous parlais tout-à-l'heure, je pourrais peut-être bien user du même moyen.
— Je vous ferai remarquer deux choses : d'abord que votre prison n'a pas de fenêtre; en second lieu, que vous vous exposeriez, en essayant de fuir, à recevoir quelques coups d'arquebuse des arquebusiers du consulat.
— Voulez-vous faire un pari?
— Quel pari?
— Celui-ci : si je m'échappe d'ici à quinze jours, vous me paierez six cents livres; dans le cas contraire, c'est moi qui vous compterai pareille somme.
— Alors, mon cher comte, payez d'avance, je suis sûr de gagner.
— Dans quinze jours nous réglerons ce compte.
— Vous aimez donc bien la liberté, demanda Mandeville avec une bonhomie charmante.
— Je vous l'ai dit, c'est la seule maîtresse à laquelle mon cœur soit resté fidèle.
— Pourquoi diable l'avez-vous perdue?
— Demandez à un malade pourquoi il a perdu la santé.
La partie continua.
Au moment où le geôlier vint prendre les prisonniers pour les reconduire chacun dans leur cachot, Mandeville s'approcha du comte :
— Est-ce sérieusement, lui dit-il, que vousm'avez parlé tout-à-l'heure?
— Très-sérieusement.
— Vous voulez tenter une évasion?
— C'est mon projet.
— Vous avez eu tort de me le faire connaître, je me vois dans la nécessité de prendre toutes les mesures nécessaires pour vous empêcher de l'exécuter, et je vous avoue que j'eusse été enchanté si vous vous étiez sauvé sans m'avertir; maintenant que je souhaite de ne pas me trouver sur votre passage, car, je vous le jure, fidèle à ma consigne, je vous tuerais comme si je ne vous connaissais pas, et vous n'étiez pas de tous les prisonniers, celui que j'aime le mieux.
— Merci, répondit le comte en serrant la main du commandant, je fais le même vœu que vous, car pour ne pas être tué par vous, je vous tuerais.
Le comte de Labarre avait, en effet, préparé son évasion, à laquelle il travaillait secrètemet depuis trois ans. Il faut que l'amour de la liberté soit bien puissant pour faire entreprendre, sans autre outil qu'une lame de canif, le travail que le comte venait d'amener à sa fin. Il avait descellé la pierre sur laquelle était étendue la paille de son lit, et il avait fait en grattant avec ses ongles un souterrain dans lequel il pouvait se glisser en rampant. Le hasard qui est souvent le complice de pareilles entreprises, lui avait fait rencontrer sur son chemin, un puits qu'on avait recouvert extérieurement, et dans lequel il avait jeté la terre provenant du souterrain, et qui aurait pu le compromettre. — Le jour même, il s'était heurté à une pierre, et en frappant il avait compris qu'elle appartenait au mur d'enceinte ; il l'avait descellée, et il ne lui restait plus qu'à la pousser pour avoir le passage libre.
Une ridicule fanfaronnade, qu'explique seuls la joie immense qu'il dut ressentir par le résultat obtenu au bout de trois années de travail, lui avait fait trahir son projet, et en rendait ainsi l'exécution plus difficile, en faisant redoubler la surveillance du commandant.

Cependant le comte de Labarre, résolut de se sauver le soir même.
A peine fut-il seul dans son cachot, qu'il descendit dans le souterrain; il arriva en face de la pierre, au moment de la pousser, il hésita.
Son cœur battait à lui briser la poitrine. Il ferma les yeux, appuya l'épaule contre la muraille, la pierre céda, et tomba en se brisant sur les rochers.
Hélas! l'infortuné s'était trompé et avait donné à son travail une fausse direction, au dessous du trou béant, il y avait trois cents pieds.
L'alarme était donnée, un coup de mousquet retentit. Le comte se demanda s'il ne se briserait pas le crâne sur les rochers; il joua sa vie sur une chance : sortant par l'ouverture, il se cramponna aux pierres de la muraille, sa main sanglante glissait parfois, son pied manquait d'appui, enfin Dieu lui vint en aide, il arriva sur la plate-forme.
Couché à plat ventre, il put voir le mouvement qui s'opérait dans le château; le commandant, croyant que le prisonnier s'était échappé, avait fait abattre le pont-levis et donné l'ordre de battre la campagne.
Le gouverneur et son lieutenant étant absents, les arquebusiers avaient profité de l'occasion pour aller boire au cabaret.
Le commandant avait pris le mousquet de la main de la sentinelle, et se tenait sur le pont-levis.
Le comte se glissa le long de la muraille et se trouva dans la cour; se courbant et se cachant dans l'ombre, il arriva devant Mandeville.
— Commandant, dit-il en le saisissant à bras le corps, laissez-moi passer.
— Jamais, s'écria le commandant en cherchant vainement à se débarrasser de la rude étreinte qui l'étouffait.
— Alors que la volonté de Dieu s'accomplisse.
Et prenant dans ses bras nerveux Mandeville, le comte le précipita sur les rochers, où son corps fut brisé et mis en morceaux.
Le comte avait gagné son pari.
Lorsque Vaise devint faubourg de Lyon, c'était à ses portes que les échevins venaient en grande pompe recevoir les rois de France.
Si la physionomie de Vaise est noire et refrognée comme celle d'un forgeron au travail, le paysage qui lui succède en suivant la route de Paris est pittoresquement accidenté; ce ne sont que petites collines, fraîches vallées, bouquets de bois, et au milieu de toutes ces beautés que Dieu a fait naître avec un rayon de soleil et quelques gouttes de rosée, sont jetées çà et là d'élégantes villas, aux murs blancs, aux volets verts, délicieuses maisons de plaisance, comme les rêvait Jean-Jacques qui habita celle du Rosey, pendant son séjour à Lyon.
Sur la droite de la route, au milieu d'une vaste prairie, — dont l'herbe verte était parsemée de fraîches marguerites à la collerette rose et blanche, plissée par avril, — on voyait une maison de campagne qui se distinguait des autres par une terrasse à l'italienne, dont les quatre angles étaient ornés de vases en bronze, — d'où s'échappaient des touffes de géranium rouge.
Elle se composait de deux étages et d'un rez-de-chaussée ouvrant de plain-pied sur une terrasse sablée, — à laquelle succédait un jardin anglais; une immense allée de peupliers droits et majestueux comme des grenadiers, conduisait à une claire-voie, ayant vue sur la route.
Il était deux heures du matin.
Cette heure est, à la campagne, celle du sommeil; le paysan qui vit de la terre et avec la terre se repose avec elle; mais dès que le soleil reparaît, il se réveille pour jeter dans le sillon le grain que les chauds rayons feront germer.
Au ciel brillait la lune, astre discret qui éclaire de si douces causeries et tant de crimes horribles, et qui est

également détesté par les amants et les voleurs, parce que tous les deux cherchent à voler, les premiers le cœur et le bonheur d'une femme; les seconds l'or des riches. — Un vent léger faisait tressaillir les arbres, le grillon chantait son monotone refrain, les grenouilles coassaient dans l'eau bourbeuse des ravins; parfois un chien hurlait, et son long aboiement, triste comme un sanglot, répété d'écho en écho, se mourait doucement.

Quatre hommes marchant en silence dans les prés qui bordent la route, s'arrêtèrent devant la maison dont nous avons parlé.

A leur costume, on devinait qu'ils appartenaient à la seconde catégorie des voleurs, c'est-à-dire qu'ils étaient de ces hommes dont la rencontre n'offre pas le charme qu'a, à vingt ans, la rencontre d'une jolie fille.

A leurs bras étaient suspendus par une lanière de cuir, ces longs gourdins terminés à leur extrémité par un nœud ; bâtons nommés en langage technique assommoirs ; — le nom explique à quoi sert la chose.

Ils étaient vêtus d'une blouse bleue, et avaient sur la tête une casquette à la visière étroite.

— Sommes-nous arrivés? demanda l'un des voleurs.
— Oui, répondit celui qui marchait en tête.
— Enfin, il en est temps, mes jambes commencent à se fatiguer.
— Paresseux.
— Voyons, dit le chef, mettons-nous sous ces arbres placés en face de la maison, nous serons ainsi à l'ombre.
— Ne parle pas de nous mettre à l'ombre, je sors d'en prendre.
— Pas de calembour, s'il vous plaît, causons sérieusement.

Les voleurs s'assirent sous quelques platanes, — c'était une mesure prudente.

Nos lecteurs ont déjà vu dans un chapitre de ce livre quelques-uns de ces personnages ; le nommer suffira pour les rappeler à leur mémoire; le chef était Fernioul, les autres étaient Bras-de-Fer, deux conscrits à leur début, et un voleur sentimental, qu'on avait surnommé Soupir.

Fernioul, comme président, — avait naturellement la parole.

— Voyez, dit-il en montrant la maison, voilà l'objet qu'il s'agit d'escamoter,
— En v'là une muscade.
— Rien n'est plus facile, continua Fernioul, le mur n'est pas haut, les étages sont peu élevés, en un tour de main l'affaire sera faite.
— Très-bien, répondit Bras-de-Fer, mais auparavant posons les conditions; d'abord es-tu sûr que la maison ne soit pas habitée ?
— Parfaitement.

Les voleurs se dirigèrent du côté de la maison de campagne; ils eurent rapidement escaladé le mur qui servait d'enceinte à la propriété; les deux débutants furent placés en sentinelles près de la claire-voie, Fernioul Bras-de-Fer et Soupir s'avancèrent vers la maison en suivant l'avenue sablée, et en se cachant dans l'ombre projetée par les peupliers.

Tout-à-coup Fernioul s'arrêta.
— Voilà mon affaire, s'écria-t-il.
— Quoi ?
— Cette fenêtre du premier étage dont on a oublié de fermer les volets.

Les voleurs firent la courte-échelle à Fernioul, qui coupa à l'aide d'un diamant le verre de la vitre, et plongeant sa main dans l'espace vide leva l'espagnolette ; la croisée ouverte, en un bond il sauta dans l'appartement.

Au même instant, on entendit un cri, puis après quelques instants de lutte, la chute d'un corps.

Soupir et Bras-de-Fer se cachèrent derrière un massif, et de là ils purent voir à la fenêtre un homme dont le regard cherchait à puiser dans l'obscurité.

— Diable ! murmura tout bas Soupir, je crois que le compte de Fernioul est en règle, et que voilà un de ces moments où il vaut mieux savoir jouer des jambes que de la clarinette.

Mettant en pratique son précepte, le voleur, suivi de Bras-de-Fer, s'élança à travers les plates-bandes, et lutta de vitesse avec les chevaux de course de Chantilly.

Laissons courir ces fripons, et voyons ce qui s'était passé.

Fernioul s'était trompé et les renseignements qu'il avait recueillis étaient inexacts : la maison était habitée.

Aussi, tandis que Fernioul préparait son plan d'attaque, un homme caché dans l'embrasure de la fenêtre, avait suivi tous ses mouvements, — imitant le dernier des Horaces dans son combat contre les Curiaces, il avait laissé agir les voleurs obligés de se diviser pour pénétrer dans la maison.

A peine Fernioul s'élança-t-il dans l'appartement, qu'il se sentit pris à la gorge par un poignet de fer; il chercha vainement à se dégager de cette rude étreinte, mais chaque effort ne fit que resserrer le rude étau qui lui serrait le cou. La respiration lui manqua et il tomba évanoui sur le parquet.

Le vainqueur, après s'être assuré que les complices du voleur s'étaient enfuis, alluma une lampe et s'approcha de Fernioul.

La lumière tombant d'aplomb sur la figure de Fernioul :

— Fernioul, s'écria-t-il tout-à-coup, Fernioul, comment c'est lui! Oh ! pauvre ami!

Et il le transporta sur un lit et lui frotta les tempes avec de l'eau-de-vie.

La chambre où se passe cette scène, n'avait rien de particulier, elle était meublée assez mesquinement, comme toutes les chambres de domestique ; mais le personnage qui prodiguait au voleur les soins les plus délicats après avoir manqué de l'étrangler, mérite une description.

Il se nommait simplement Antoine.

Ce prénom n'avait jamais été suivi d'un nom de famille, parce que si Antoine avait eu une famille elle n'avait pas voulu le reconnaître : il était un enfant trouvé.

Antoine pouvait avoir trente ans ; il était court et trapu, comme tous les hommes chez lesquels la force musculaire est prodigieusement développée.

Sa tête, trop forte pour le corps qui la supportait, était surmontée d'une espèce de crinière rouge et bouclée ; sa figure, fortement colorée, était embellie par deux favoris assortis à la naissance des cheveux et venant se réunir aux lèvres; l'œil unique qu'il possédait était couleur vert gris et tournait dans son orbite avec une effrayante rapidité ; quant à l'autre œil, un coup de sabre dont la cicatrice se prolongeait sur le front, l'avait fermé à moitié.

Maintenant jetez sur ce visage des taches de rousseur, et les cavités que la petite vérole laisse comme trace de son passage, et vous aurez le portrait physique d'Antoine.

Il était laid, et sa physionomie rendait sa laideur repoussante.

Ses lèvres pendantes et humides, ses narines ouvertes, traduisaient la lubricité que les anciens ont personnifiée dans le Satyre; son regard avait cette duplicité féroce de l'homme qui, vivant en dehors des lois humaines, est toujours sur la défensive et voit partout des ennemis.

Il était vêtu d'un large pantalon et d'une vareuse.

Grâce aux soins d'Antoine, Fernioul ne tarda pas à revenir à lui.

— Où suis-je? murmura-t-il en poussant un soupir.
— Chez un ami, répondit Antoine.

13

Imp. H. Storck.

Le voleur rassembla ses souvenirs, et se dressant sur son séant, envisagea son interlocuteur.
— Tiens ! c'est toi, s'écria-t-il.
— Mais oui, fit Antoine en souriant.
— J'aurais dû m'en douter, ajouta Fernioul en portant la main à son cou, il n'y a pas au monde deux poignets comme le tien.
— Dire que j'aurais pu étrangler un ami ; aussi pourquoi ne pas t'annoncer ?
— Tu as raison, je devrais envoyer une carte de visite dans les maisons que j'ai envie de dévaliser.
Fernioul sauta en bas du lit.
— Dis donc, demanda-t-il, as-tu quelque chose pour me remettre ?
— Un verre d'eau-de-vie.
— Je veux bien, l'eau-de-vie gargarise assez agréablement le gosier.
Antoine mit un flacon et deux petits verres sur une table, près de laquelle les deux amis s'assirent.
— A propos, dit le voleur, et mes camarades ?
— Ils se sont enfuis.
— Les lâches !
— Tu es donc toujours dans le métier ? demanda Antoine.
— Que veux-tu, mon cher, on ne fait bien que ce que l'on fait par vocation, et dès ma plus tendre enfance, j'ai aimé les émotions que procure l'escamotage. — Et toi, qu'est-ce que tu fais ?
— Moi ! balbutia Antoine.... Veux tu fumer, ajouta-t-il pour changer la conversation, et en offrant à Fernioul un paquet de ces cigarres qu'on introduit de la Suisse par contrebande.
— Des cigarres ! s'écria le voleur, peste ! c'est distingué, j'aime mieux la pipe, le cigarre est trop doux, autant vaut sucer un bâton de sucre d'orge. — Voyons, qu'est-ce que tu fais ?
— Je suis... en service.
— Comment, tu as ravalé ta dignité d'homme au point de servir les autres ?
— Le commerce n'allait plus.
— C'est vrai, le métier est perdu ; un tas d'imbéciles s'est mis à le faire et l'a gâté ; la concurrence nous tue.
Une sonnette retentit avec violence au-dessous de la chambre d'Antoine.
— Qu'est-ce que c'est ?
— Chut ! c'est Madame qui sonne.
La sonnette tinta de nouveau avec impatience.
— Attends un moment, je vais voir ce que c'est, je reviens sur le champ.
Antoine n'avait pas fermé la porte, que Fernioul se levant, fureta dans l'appartement ; un portefeuille se trouva sous sa main il le mit dans sa poche.
— Ce sera, dit-il un bonheur pour moi, d'avoir un souvenir de cet excellent ami. — Maintenant décampons.
Il ouvrit doucement la fenêtre, et s'accrochant aux ceps de vigne, il put arriver sans faire trop de bruit sur la terrasse.
La chambre dans laquelle Antoine entra, était la chambre à coucher de Mme Brunel, dont le mari était l'un des plus riches marchands de dentelles de Lyon.
Une veilleuse placée dans un réservoir de verre dépoli, éclairait l'appartement, dans lequel régnait cet harmonieux désordre qui décèle la vie.
Les meubles étaient surchargés de mille objets ; sur le guéridon un roman se trouvait à côté d'un livre de prières ; un piano, sur le pupitre duquel était la dernière musique d'un compositeur à la mode, était à moitié ouvert ; puis, étaient jetés çà et là sur le tapis, les mille brimborions de toilette d'une jeune femme.
Dans l'angle, en face de la fenêtre, était placé le lit, nid coquet enveloppé de mousseline blanche, avec une courtine de soie bleu piqué.

La jolie tête de Mme Brunel reposait sur un moëlleux oreiller garni de dentelles blanches ; ses cheveux blonds, bouclés en fines boucles, s'échappaient rebelles du bonnet de mousseline qui les enveloppait.
La jeune femme était assise sur son séant ; sa chemise entr'ouverte permettait de voir des épaules rondes et potelées, ses bras blancs marquetés de fossettes comme ceux d'un enfant, étaient croisés sur sa poitrine.
Antoine ouvrit doucement la porte.
— Madame a appelé.
— Entrez, dit Louise avec autorité.
Le cyclope entra, mais il resta debout vers la porte.
— Avancez donc, répéta la jeune femme avec impatience.
Antoine s'approcha du lit.
— Est-ce que vous n'avez pas entendu du bruit ?
— Non, Madame.
— Vous dormiez ?
— Je n'étais pas encore couché.
— J'ai peur, vous allez veiller près de moi.
— Comme il plaira à Madame.
Louise laissa retomber sa tête sur l'oreiller et s'endormit rapidement.
Nos lecteurs pourraient s'étonner avec raison, de la familiarité de Louise à l'égard d'Antoine, et trouver étrange qu'elle consentît à dormir confiante, la poitrine découverte, sous le regard d'un homme.
C'est que pour elle, Antoine n'était pas un homme.
Elle avait passé une partie de son enfance en Amérique, et elle avait vécu entourée d'esclaves qu'elle n'avait jamais considérés comme des êtres humains. En Amérique et en Russie, où le servage existe encore, les femmes vont aux bains, se déshabillent et se mettent complètement nues devant leurs domestiques sans éprouver le moindre sentiment de honte ; pour elles, le domestique comme homme n'existe pas, elles ne supposent même pas que leur vue puisse éveiller chez lui le désir et la passion. — Ce fait semblerait démontrer que la pudeur est un sentiment de convention.
Or, tandis que Louise dormait de ce doux et calme sommeil de la jeunesse, il se fit sur le visage d'Antoine, qui la contemplait silencieusement, une transformation subite.
Le sang affluait à ses tempes, ses lèvres étaient agitées, ses narines titillaient, son œil unique jetait des éclairs.
Une mauvaise pensée venait de germer dans son esprit, et il luttait avec elle ; son corps tremblait, et sa main crispée déchirait l'étoffe du fauteuil sur lequel il était assis.
Il se leva, marcha sur la pointe des pieds, s'avança jusqu'au bord du lit, et se penchant sur Louise il respira l'haleine qui s'échappait de la bouche entr'ouverte de la jeune femme, un tressaillement nerveux agita tout son être.
Se relevant tout-à-coup, comme pour résister à la tentation à laquelle il était sur le point de succomber :
— Et après ? se dit-il, — comme répondant à une pensée intime.
Il s'éloigna alors lentement, et monta dans sa chambre dans l'espérance d'y trouver Fernioul, qui, nous l'avons dit, s'était esquivé en emportant un portefeuille comme souvenir de son ami. Antoine, sans s'inquiéter de ce départ, descendit reprendre son poste auprès du lit de la jeune femme.
Mais cette fois, il fit faire volte-face au fauteuil, il tourna le dos au lit ; agissant en homme prudent, qui au lieu de braver le danger, l'évite et le fuit.
Les lecteurs ont compris sans doute, en partie, la mauvaise pensée à laquelle Antoine avait manqué de succomber ; quelques explications sont nécessaires, car cette mauvaise pensée n'était pas un accident provoqué par les circonstances, mais un résultat : Antoine aimait Louise.

« La nature offre dans les sentiments d'étranges bizarreries.

Il y a sympathie entre le beau; antipathie du beau pour le laid, et amour du laid pour le beau.

Cette dernière physionomie du sentiment semble une exception, elle est cependant aussi vraie que les deux premières, et elle a pour preuve de son existence les mariages de tous les jours; mariages dont on rit et dont l'explication se trouve dans la nature même.

M. Brunel était marchand de dentelles; la concurrence rendant les bénéfices minimes, il pensa qu'un peu de contrebande pourrait lui rapporter davantage. Sa position de fabricant facilitait l'écoulement des marchandises qu'il tirait de la Suisse.

Mais dans ce commerce illicite, il ne pouvait avoir pour auxiliaires que des gens tarés, ayant l'habitude de jouer à partie égale avec les gendarmes et les douaniers. Le voleur découle du contrebandier, d'où il s'en suit qu'un voleur peut être un excellent contrebandier.

Six mois avant les événements que nous racontons, M. Brunel reçut la visite d'Antoine qui lui offrit ses services.

Le fabricant n'avait pas le choix de ses associés; ce qu'il voulait avant tout chez eux, c'était avec le courage l'habitude d'affronter le danger; Antoine possédait tout cela. Seulement, comme il demandait une trop large rétribution et que M. Brunel ne voulait pas accepter ses conditions, il allait s'éloigner lorsque Louise entra dans le cabinet où avait lieu la conversation.

À la vue de la jeune femme, Antoine éprouva une émotion violente, et à peine était-elle sortie :

— C'est votre fille? demanda-t-il à M. Brunel.
— C'est ma femme.
— Joli brin de femme, murmura Antoine, c'est dommage de la laisser si souvent seule.
— Mais je ne la quitte jamais.
— Et lorsque vous allez en expédition ?
— Elle m'accompagne.

Antoine poussa un *ah !* prolongé, dont M. Brunel ne comprit pas le sens ; la conversation se renoua et l'ex-voleur accepta toutes les conditions que lui imposa le fabricant.

À la première entreprise, Antoine déploya un tel courage, puis un tel désintéressement, que M. Brunel, enchanté, lui proposa de rester avec lui; c'est ce que voulait Antoine, qui, transformé en majordome, put vivre auprès de Louise.

L'amour d'Antoine pour la jeune femme avait pour ainsi dire cuvé et fermenté; c'était une passion aveugle, toute la vie du contrebandier s'absorbée dans celle de Louise : il riait lorsqu'il la voyait sourire, il pleurait comme un enfant lorsqu'il la voyait pleurer, et il eût tué sans sourciller, celui qui eût fait couler une larme de ses yeux bleus.

Louise s'était habituée insensiblement à l'affreuse figure d'Antoine; elle avait compris, sans se rendre compte du motif qu'il lui inspirait, qu'elle avait près d'elle un dévouement à toute épreuve. Aussi, comme l'enfant qui s'amuse avec le chien de garde, dépouillant pour lui seul sa férocité naturelle, Louise s'amusait à torturer le contrebandier, et lui faisait subir la tyrannie de ses caprices et de sa volonté.

Cette tyrannie ne fit que développer plus vivement la passion d'Antoine ; il était heureux de courber sa volonté sous un geste de cette femme si frêle et si mignonne, qu'il eût étouffée entre deux de ses doigts. La passion en se développant se modifia et s'épura ; elle n'était d'abord que le désir lubrique de Quasimodo pour La Esméralda, elle devint un sentiment. Alors, il renonça à ses premiers projets, il garda au fond de son cœur l'amour que lui avait inspiré Louise, mais cet amour ne fut plus que la flamme pure et chaste des vestales, qui devait s'éteindre avec lui.

Parfois, — comme dans la scène que nous venons de raconter, — il lui montait à la tête des vertiges et des étourdissements, provoqués par la confiance enfantine de la jeune femme; alors une lutte terrible s'élevait entre le vieil homme et l'homme régénéré. — La victoire restait toujours au bon instinct.

Dans les lieux méphitiques et corrompus, laissez tomber une goutte d'essence de rose, — les mauvaises odeurs disparaissent et il ne reste plus qu'un parfum doux et suave.

L'amour avait été la goutte d'essence de rose dans le cœur d'Antoine, il en avait chassé tous les vices, et du voleur du grand chemin avait fait le cœur qui se dévoue et se sacrifie.

CHAPITRE XVII.

—

Le maître et le valet. — La lorette.

Après les tristes événements auxquels Georges avait assisté, et après avoir reconduit le malheureux Henri chez son père, il prit rapidement le chemin de sa demeure; car, il avait hâte de réparer toutes les fatigues de cette nuit si féconde en émotions, par quelques heures de repos et de sommeil.

Il sonna à sa porte, la porte resta close; il descendit sur la place des Terreaux, alluma un cigarre, et se promena de long en large en attendant que Baptistin son domestique fût rentré.

Baptiste, — qui avait ajouté à son nom la dernière syllabe et en avait fait Baptistin, trouvant que le nom sonnait ainsi plus harmonieusement à l'oreille; Baptiste était un enfant de l'Auvergne, venu à dix ans à Lyon pour y chercher fortune, sans autre ressource qu'une figure intelligente, un caractère souple, une volonté persévérante et un amour sordide de l'argent. Il avait d'abord vécu au jour le jour en faisant des commissions ; l'ambition lui monta au cerveau, et à quinze ans il rêva orgueilleusement la selette d'un décrotteur ; le rêve se réalisa, et Baptistin établit son domicile, c'est-à-dire la boîte contenant ses brosses à l'angle de la place des Terreaux et de la place des Carmes.

C'était dans ces modestes fonctions que Georges lui avait proposé d'entrer à son service.

Baptistin accepta ; il se façonna rapidement aux belles manières et devint un domestique de la pire espèce, un véritable Scapin de comédie, fourbe, fripon et habile; la franchise de son maître, qui laissait voir sa vie au grand jour, le rendit possesseur d'une foule de petits secrets dont il se servit pour établir peu à peu son empire sur son maître et le voler à son aise.

Mêlé indirectement à ses intrigues amoureuses, il tirait toujours son épingle du jeu, et comme son but était avant tout de devenir riche, il s'occupait activement du soin de sa fortune. Dans la vie de désordre que menait Georges, il lui avait été facile d'escroquer d'assez jolies sommes, qu'il appelait avec une naïveté de fripon : « mes économies. »

Mais loin d'entasser les écus les uns au-dessus des autres et de se procurer ainsi le plaisir de l'avare, dont le bonheur est dans la contemplation, il semait pour récolter, prêtait à la petite semaine, et se faisait le commanditaire des Auvergnats qui venaient de son pays avec des lettres de recommandation pour *monsieur* Baptistin.

C'était un spéculateur au petit pied, un de ces coquins

dont la fortune et le hasard font parfois des millionnaires ou des galériens.

Il avait étudié le monde et les hommes à travers le lorgnon de sa cupidité, et ne considérait la société que comme une réunion d'hommes divisés en deux catégories, dupes et fripons. Comme les dupes, en politique, en amour et en affaires, sont toujours les sots dont on se moque, il s'était dit : Je serai fripon.

Nous ne savons quel auteur a dit : « Il n'y a pas de grand homme pour son valet-de-chambre. » Cette pensée est profondément vraie ; tout homme, non-seulement se déshabille physiquement, mais encore moralement devant son valet ; car, dans le monde on a un double habit physique et moral. Et quel est l'homme qui n'a pas quelque difformité qu'il cache soigneusement à tous les yeux, quelque petit vice intime qu'on s'avoue tout bas à soi-même et qu'on nie effrontément tout haut ?

Quelle est la vie, quelque pure qu'elle ait été, qui soit exempte de travers et de faiblesses ?

Le valet est le daguerréotype perpétuel dont la lunette est toujours braquée sur vous; rien ne lui échappe ; chaque parole, chaque action est classée, numérotée, étiquetée dans sa mémoire comme une marchandise qu'il peut mettre en circulation au profit de ses intérêts. Sa langue est l'épée de Damoclès suspendue éternellement au-dessus de votre tête par le fil léger de la discrétion ; coupez le fil, l'arme tombe et vous tue.

Le domestique est l'ennemi le plus direct et le plus dangereux ; on le prend par besoin, on le conserve par crainte.

Georges en était arrivé à ce point avec Baptistin.

Baptistin avait été maladroit et avait forcé dans une circonstance Georges à rougir devant lui : l'amour-propre froissé ne pardonne jamais.

A partir de ce moment, le renvoi du domestique fut résolu ; toute la question était celle-ci : qui du maître ou du domestique donnerait son congé à l'autre.

Le jour où nous parlons l'occasion s'offrit belle à Georges.

A l'heure où il sonnait à sa porte, Baptistin, voluptueusement étendu sur un fauteuil, douillettement enveloppé dans la robe-de-chambre de son maître, les pieds dans les pantoufles fourrées, savourait délicieusement un verre de Bordeaux ; tandis qu'en face de lui et de l'autre côté d'une table sur laquelle se trouvait les restes d'un copieux déjeûner, était assise une jeune femme, élégamment vêtue, mais dont la figure, flétrie avant l'âge, décelait une de ces filles d'Eve qui ont mordu à belles dents dans la pomme du vice.

Baptistin était en partie fine, et, sous le nom de Gustave Léris, jouait à l'élégant avec le luxe de son maître.

Franchement, il eût été difficile de reconnaître dans le personnage drapé dans la robe-de-chambre de Georges, le valet d'aujourd'hui et l'Auvergnat d'hier ; sa figure fine, ses lèvres minces et spirituelles qu'ombrageaient de naissantes moustaches, sa main blanche et gracieusement potelée, son corps aux formes arrondies, ses joues fraîches, lui donnaient l'air d'un quart d'agent de change mangeant gaîment sa fortune avec celle de ses clients.

Lorsque Georges sonna à la porte, il releva doucement sa tête penchée sur le fauteuil.

— Je crois qu'on a sonné ? dit la jeune femme.

— C'est sans doute quelque indiscret ou quelque indiscrète, répondit Baptistin avec fatuité.

— Si c'était Georges ?

— Mons... Georges, reprit le domestique en laissant de côté la qualification de Monsieur. — Georges est en voyage, et il ne reviendra que demain ou après-demain.

— C'est un de vos amis ?

— Mon ami le plus intime, vous le voyez, puisque je prends chez lui mon pied-à-terre lorsque je viens à Lyon.

— Ah! vous n'habitez pas Lyon ?

— Je vis habituellement dans mon château.

— En Auvergne ?

Baptistin regarda attentivement la jeune femme ; le nom de son pays lui sembla une pierre jetée dans son jardin, et il crut son incognito découvert ; l'impassibilité du regard de son interlocutrice détruisit ses soupçons.

— Non, reprit-il avec aplomb, mes propriétés sont situées dans le Dauphiné.

— Et vous êtes très-lié avec M. Georges ?

— Intimement lié ; mais que diable me parlez-vous toujours de lui ! Il me semble qu'il serait plus naturel de parler de nous.

— Pourquoi de nous ?

— Parce qu'un déjeûner dispose assez volontiers à parler avec une femme d'autre chose que de politique.

— Monsieur... Gustave, répondit la jeune femme, vous savez à quelles conditions après avoir fait hier votre connaissance au théâtre, j'ai accepté le déjeûner que vous m'avez offert ce matin ?

— On accepte toujours les conditions posées par une jolie femme, mais...

— Mais on espère la faire revenir sur ce qu'elle a dit... — N'est-ce pas que je vous ai empêché d'achever ?

— Exactement.

— Eh bien ! vous vous serez trompé une fois ?

— C'est ce que nous verrons, pensa tout bas Baptistin.

Et Baptistin qui remplissait assez convenablement le rôle de Moncade, s'avança en chantonnant vers la fenêtre, tandis que la jeune femme souriait en détournant la tête.

Tout-à-coup, Baptistin, qui avait machinalement jeté les yeux sur la place, poussa un cri.

— Qu'avez-vous ? dit la jeune femme.

— Rien, répondit le domestique. — C'est bien lui, continua-t-il comme se parlant à lui-même.

— Qui, lui ?

— Il ne devait revenir que demain.

— Qui ?

— Le voilà qui monte. — Ah! diable! ah! fichtre! que faire ?

— Qu'avez-vous donc ? dit la jeune femme en riant malgré elle de la figure effarée de Baptistin qui courait dans l'appartement.

— Ce que j'ai ? J'ai que nous sommes perdus. — Comment ? — M. Georges arrive. — Eh bien ? — Eh bien ! ah ! c'est juste, vous ne comprenez pas ? — Quoi ? — C'est que je ne suis pas... — Qui ? — C'est-à-dire je suis... — Parbleu, vous êtes Baptistin. — Comment ! vous me connaissez ?

La sonnette tinta.

— Que devenir ? dit l'infortuné Baptistin, descendu aux proportions mesquines d'un héros en livrée.

— D'abord quitter cette robe-de-chambre.

— C'est juste. — Ces pantoufles ! — Vous avez raison.

La sonnette tinta de nouveau, agitée plus vivement.

— Ah! mon Dieu, murmura le pauvre valet, et ce déjeûner ?

— Vous répondrez que vous l'avez servi pour moi.

— Mais vous ?

— Soyez tranquille ; dites à M. Georges que je l'attends depuis une heure.

— Très-bien.

Le Lovelace Gustave Léris, redevenu le valet en jaquette, alla ouvrir, le plumeau classique sous le bras.

— Vous m'avez fait attendre ? dit Georges brusquement.

— Pardon, Monsieur, c'est que je ne pensais pas que ce fût vous.

— Ce n'est pas une raison ; vous devez ouvrir à toutes les personnes qui sonnent chez moi.

— C'est que je causais avec une dame.

— Quelle dame?

— Une dame qui vous attend depuis deux heures dans votre chambre.

Georges entra dans sa chambre à coucher. A la vue du désordre qui régnait dans l'appartement, et du déjeûner placé sur le guéridon, il jeta un rapide regard sur Baptistin, qui s'efforçait vainement de prendre un air calme, et sur la jeune femme, qui s'était levée et le saluait en souriant.

— Pourriez-vous me dire ce que vous voulez ? fit-il d'un ton impertinent, en s'adressant à la jeune femme.

— Monsieur, répondit-elle, je n'ai pas l'habitude de parler devant les domestiques.

Baptistin, humilié, rougit jusqu'au blanc des yeux, et il allait s'éloigner, lorsque d'un geste Georges le retint.

— Pardon, Madame, dit-il, comme j'ai passé la nuit et que je suis très-fatigué, me permettrez-vous de me mettre à mon aise et de prendre ma robe-de-chambre et mes pantoufles ?

— Faites, Monsieur.

Le jeune homme enfila la robe-de-chambre que lui présentait son valet.

— Qu'est-ce que c'est que ce déjeuner ?

— Pardon, Monsieur, répondit la jeune femme, c'est moi qui, mourant de faim, me suis permis de me le faire servir en vous attendant.

— C'est bien. Baptistin, laissez-nous ; ne vous éloignez pas, j'ai à vous parler.

Baptistin sortit, mais il colla ses oreilles à l'endroit où les domestiques les collent si souvent, c'est-à-dire au trou de la serrure.

Baptistin, philosophe profond, avait découvert cette maxime, que « pour entendre il faut écouter. »

Georges regarda plus attentivement la jeune femme, qui subissait sans embarras ce muet examen.

— Vous avez un domestique dévoué, dit-elle en souriant.

— Si dévoué, répondit le jeune homme, que je vais le renvoyer pour me débarrasser de son dévouement. — Maintenant, madame, je suis à vos ordres.

— Vous ne me connaissez-pas ? — Nullement.

— Je me nomme Joséphine de Saint-Pierre.

Georges réprima un sourire, le nom lui avait dit la femme à laquelle il avait affaire. La noblesse chez une jeune femme est comme la nauséabonde odeur du Patchouli, elle ne se greffe que sur un nom de fille entretenue.

— Au risque de vous déplaire, dit le jeune homme, je suis forcé de vous avouer que votre nom ne rappelle aucun souvenir à ma mémoire.

— Comment, Louise ne vous a jamais parlé de moi ?

— Louise.

— Je l'ai connue dans une position plus heureuse, c'était mon amie intime, et si elle en est arrivée où vous l'avez rencontrée, c'est qu'il lui a manqué ce qu'il nous faut à nous autres femmes vivant par la galanterie : une insensibilité complète ; Louise avait du cœur et il ne faut pas en avoir.

— Mais, enfin...

— C'est juste, cela ne vous dit pas pourquoi je suis venue chez vous. Depuis quelques temps j'ignorais ce qu'était devenue Louise, lorsqu'hier j'ai reçu d'elle une lettre datée de l'Antiquaille, dans laquelle, en m'apprenant la sublime bêtise que son amour pour vous avait été sur le point de lui faire commettre, elle m'a prié de venir vous voir pour vous demander quelles sont vos intentions à son égard.

— Mes intentions sont simples : dès que Louise pourra sortir de l'Antiquaille, je lui choisirai un petit appartement bien calme, bien tranquille, dans un quartier isolé de la ville, où je pourrai la voir tous les jours et lui faire oublier par mon amour ses souffrances passées.

— Monsieur, dit Joséphine en se levant, je demeure rue de Puzy, 25 ; Louise est chez moi, elle vous attend, que faut-il que je lui réponde ?

— Dans une heure je serai chez vous.

Georges après avoir accompagné jusqu'à la porte madame Joséphine de Saint-Pierre, rentra dans sa chambre à coucher, et :

— Ah ! monsieur Baptistin, vous portez mes habits, vous offrez à déjeuner avec mon vin de Bordeaux ; nous allons voir.

Baptistin entra.

Il avait opéré un petit changement dans sa toilette, au lieu de la jaquette de domestique, il avait pris son costume de ville.

— Débarrassez cette table ? dit Georges d'un ton sec.

— Plaît-il ? répondit Baptistin sans faire un pas.

— Je vous ai dit de débarrasser cette table, répéta le jeune homme.

— J'avais bien entendu, fit Baptistin, qui ne bougea pas plus qu'un terme.

— Eh bien !

— Monsieur se trompe sans doute, car il doit voir à mon costume....

— Quoi ?

— Que je ne suis plus à son service.

— Depuis quand, s'il vous plaît ?

— Mais, depuis maintenant.

— Qui donc vous a donné votre congé ?

— Je l'ai pris.

— De quel droit ?

— Du droit qu'a un domestique de quitter le maître qui ne le paie pas.

— Est-ce que je vous dois ?

— Six mois de gages, et au terme de nos engagements, Monsieur doit me payer trois mois.

— Pourquoi ne me l'avez-vous pas demandé plustôt ? dit Georges sentant malgré lui la rougeur lui monter au visage.

— Je voyais Monsieur toujours si à court, répondit impitoyablement Baptistin, — que je n'osais pas....

— C'est bien, interrompit le jeune homme en ouvrant son secrétaire, et en jetant après les avoir comptées, quelques pièces d'or sur le guéridon.

Baptistin les recompta et les mit dans sa poche.

— Vous pouvez partir, dit Georges.

— Je vous remercie.

Ce n'était pas, du reste, un homme vulgaire que maître Baptistin, ce n'était pas une de ces natures molles et apathiques n'ayant que l'énergie nécessaire pour se soutenir, sans descendre, dans la sphère où Dieu les a fait naître. Il y avait en lui l'étoffe pour y tailler l'habit de spéculateur ; il ne lui manquait qu'une chose : l'argent, ce levier des hautes spéculations ; mais l'argent est semblable à l'eau, quelques gouttes font un ruisseau, les ruisseaux les rivières, et les rivières les grands fleuves. Baptistin avait déjà amassé les premières sommes : peut-être bien les procédés dont il s'était servi pouvaient-ils se qualifier d'escroqueries et d'abus de confiance, mais il tenait plus aux choses qu'aux mots ; il avait les premières et s'occupait peu des secondes : enfin, il possédait au suprême degré la qualité qui fait réussir : il avait la persévérance et il marchait.

Dans la vie, savoir où l'on va est le secret de la réussite ; tout homme réussirait s'il connaissait le résultat auquel il veut arriver. Au défaut de ce but, le jeune homme ignore ce qu'il veut et où il veut aller, il dépense inutilement sa jeunesse et son activité en efforts infructueux ; il tente tout, essaie tout, et ne réussit à rien par ce motif même; mais qu'il concentre ses forces uniques sur un seul point, que sa pensée, son action, soient dirigées dans un seul sens, il parviendra nécessairement; car, si on a dit, avec quelque raison, que le génie était une longue patience, on peut dire, avec encore plus de justesse, que la réussite est la conséquence naturelle de la persévérance.

Baptistin s'était dit : « Je veux être riche » et, au « comment le deviendrai-je » qu'il s'était posé, il avait répondu : « Je spéculerai. » — La spéculation pour lui, n'était pas le commerce, le commerce n'est que le travail honnête et consciencieux de celui qui, faisant valoir ses capitaux, se contente d'un bénéfice proportionnel à leur importance. — Baptistin voulait en semant peu, récolter beaucoup; il pensait que si l'argent est plat pour s'entasser, il est rond pour rouler, et chaque pièce de cinq francs était une roue qu'il mettait au char de sa fortune pour la faire avancer plus vite.

Il était, du reste, admirablement servi par la nature; sa figure charmante respirait la franchise, ses grands yeux la douceur et la bonté; lorsque ses lèvres s'ouvraient dans un sourire séduisant, on ne pouvait les soupçonner de mensonge. Enfin, il était un comédien de première force, il jouait à ravir toutes les scènes de sentiment, et dans cette grande comédie de la vie où il se sentait appelé à un premier emploi, il pouvait tenir tous les rôles.

Georges et Baptistin, le maître et le valet, étaient une antithèse morale; l'un, de la fortune descendait par un chemin rapide à la misère; l'autre, de la misère montait à la fortune, et un jour arriverait peut-être, où le premier aurait pour banquier le second.

— Monsieur n'a plus rien à me dire, demanda Baptistin.
— Si; est-il venu quelqu'un pendant mon absence?
— Personne.
— Je n'ai reçu aucune lettre?
— J'oubliais de vous remettre celle-ci, dit le valet en prenant une lettre placée sur le bureau.
— Donnez?

Georges brisa le cachet, et lut :

« Monsieur,
» Entre vous et moi, tout est fini.
» Votre lâcheté m'a montré toute mon infamie, et en m'ouvrant les yeux, m'a fait voir combien j'étais descendue bas en donnant mon cœur à un homme tel que vous, lorsque j'avais près de moi un mari tel que le mien.
» Il a été aussi noble que vous avez été lâche. — Je n'ose pas dire que je l'aime, mais je le respecte à l'égal de Dieu, qui a pardonné à la femme adultère et repentante.
» Il vous reste un double devoir à remplir, celui d'oublier et de vous taire.
» Oublier vous sera facile, car vous ne m'avez jamais aimée.
» Vous taire sera sans doute plus difficile, et il en coûtera à votre vanité.
» S'il vous reste encore un peu de cœur, interrogez-le, et il vous répondra que le secret de nos relations doit mourir avec vous.
» Mon mari exige que je donne le bal que j'avais annoncé, et il veut que vous y assistiez.
» Une volonté de mon mari est un ordre pour vous, et j'espère que vous lui obéirez.
» Songez, Monsieur, que si le monde devine que je souffre, il ne faut pas qu'il sache d'où viennent mes souffrances.
» Vous m'avez flétrie aux yeux de mon mari, ne lui faites pas supporter la lourde honte dont me couvrirait le monde, s'il savait qui je suis.
» Si vous m'aviez aimée, il me resterait pour consola-

» tion à mon malheur la pensée de mon amour; vous avez
» brisé du même coup mon passé et mon avenir.
» Je vous pardonne; puissiez-vous être heureux, et
» puisse un autre ne jamais vous rendre la douleur que
» je vous dois.

« EMMA. »

Le jeune homme étouffa un soupir et jeta la lettre ouverte sur la cheminée.
— Est-ce tout? demanda-t-il à Baptistin.
— Oui, Monsieur.
— Vous pouvez partir.
— Si cependant Monsieur avait besoin de mes services en attendant de trouver un nouveau domestique, je me ferais un plaisir....
— C'est inutile, vous m'avez demandé votre congé, je vous l'ai donné avec plaisir; sortez.

Baptistin salua et rentra dans sa chambre où il fit ses paquets; par étourderie sans doute, il y glissa du linge et des vêtements appartenant à son maître, et tout en bourrant la malle trop large lorsqu'il était entré chez Georges et maintenant trop étroite, il se permit un monologue comme tous les héros tragiques.

— Voyons, se dit-il, il faut maintenant que ma fortune prenne la poste. Allons, Baptistin.... Qui est-ce qui se nomme ici Baptistin? C'est un nom qui sent la livrée. Vite un baptême, je m'appelle Adolphe; toutes les femmes raffolent de ce nom. Ainsi c'est décidé, je ne suis plus qu'Adolphe Chavassu. — Chavassu, pouah! Tu parles Auvergnat, mon ami; Chavassu est mort dans sa jaquette rouge. — Comment diable pourrais-je le ressusciter sous une autre dénomination? Si je le faisais noble; au fait, pourquoi pas? La particule fleurit aujourd'hui partout, elle éblouit les sots, et c'est aux sots que je vais avoir affaire; du reste, je ne volerai les titres de personne, je ne m'appellerai ni de Grammont ni de Mortemart.

Baptistin partit d'un immense éclat de rire.
— J'ai trouvé, — s'écria-t-il, avec la joie d'Archimède lorsqu'il eut trouvé le moyen de déterminer la densité des corps. — Autrefois le roi en délivrant des titres de noblesse, rappelait dans les armoiries le métier de celui qu'il anoblissait; je ferai comme le roi, je me nommerai Adolphe de la Brosse...., j'ai été décrotteur et la brosse a été mon premier gagne-pain, je ne renierai pas ainsi mon origine.

Et tout en riant, l'ex-valet écrivit en magnifique anglaise, l'adresse suivante, qu'il mit sur sa malle : *Monsieur Adolphe de la Brosse.*

Après avoir achevé ses préparatifs de départ, notre personnage s'habilla, se frisa, se parfuma; et de ce travail il en sortit, grâce à la défroque de la garde-robe de Georges, un élégant d'assez bon aloi.

Le valet était mort, le spéculateur naissait de ses cendres.

M. Adolphe de la Brosse avait bien toujours dans le regard quelque chose d'insolent, mais cette insolence n'était plus celle de bas étage et qui appartient à la valetaille, c'était l'insolence aristocratique de l'homme qui ne relève que de lui, et commande sans être commandé; de l'homme que sa fortune fait indépendant et qui marche la tête haute et fière.

Baptistin se plaça devant une glace et se contempla pendant quelques instants en silence.
— Allons, dit-il en jetant du revers de la main ses cheveux en arrière, la transformation est complète, Monsieur de la Brosse est un parfait gentilhomme.

Il descendit, prit un commissionnaire qui chargea les bagages sur son dos et les porta devant Baptistin à l'hôtel de Provence.

M. de la Brosse fouilla dans sa poche et en tira une poignée d'or, parmi laquelle il choisit une pièce de menue monnaie et la mit dans la main du commissionnaire;

celui-ci s'inclina jusqu'à terre, tandis que les domestiques, éblouis par les apparences de ce luxe, précédaient, leur bonnet à la main, ce Mascarille d'un nouveau genre.

A peine Baptistin était-il sorti de la chambre à coucher de Georges, que celui-ci prit la lettre d'Emma qu'il avait jetée sur la cheminée avec une apparente indifférence, et il la relut, non plus comme la première fois, avec les yeux, mais avec le cœur; de chaudes larmes glissaient de ses yeux pendant cette lecture.

— Pauvre femme, murmura-t-il, comme elle me juge! Et cependant que pouvais-je faire? Que puis-je maintenant encore pour elle? Me taire. Mais mon silence, en lui conservant l'estime du monde, lui rendra-t-il celle de son mari. — Oh! les lois morales qui nous régissent sont des lois absurdes! Dans cette faute que nous avons commise ensemble, le plus grand coupable, c'est moi; la seule punie, c'est elle. — Je suis libre, ma conscience n'est chargée que d'un remords; mais elle, avec le remords que double la présence continuelle du mari qu'elle a trompé, trouve dans cette présence sa punition. L'avenir est à moi, et je lui ai pris le sien; oh! elle a raison, je suis infâme.

Sous l'influence de cette douleur, il prit la plume et répondit:

« Madame,

» J'ai encore plus de cœur que vous ne m'en supposez, car j'ai pleuré en lisant votre lettre, et je pleure
» en vous écrivant.

» Dieu a mis en moi un double instinct, celui du
» bien et celui du mal. — Je fais le mal sans calculer,
» et je le regrette en le comparant au bien que j'aurais
» pu faire à la place. J'ai la lâcheté des gens sans cœur,
» je suis méchant et bon tout à la fois.

» Votre lettre m'a brisé, j'aurais voulu votre haine et
» j'ai votre mépris; la haine est le sentiment qui succède à l'amour; le mépris est le sentiment qui traîne
» l'amour dans la boue.

» Ne me haïssez pas, j'en suis indigne; mais ne me
» méprisez pas, je ne le mérite pas.

» Que n'y a-t-il pour moi, comme il y a pour vous,
» une expiation à notre faute; j'en aurais supporté les
» souffrances avec la résignation qui vient du repentir.

» Vous m'ordonnez de me taire, vous craignez que
» cet effort ne coûte à ma vanité. Quelle opinion avez-vous donc de moi? Si ma vanité était humiliée, ce serait d'avouer combien j'ai été infâme envers vous,
» envers M. Brémont.

» Ce secret est un remords et on ne dit à personne
» ses remords, on les garde pour soi; ce sont des vautours qui rongent le cœur.

» Ordonnez et je vous obéirai, commandez et je m'inclinerai devant vos ordres.

» Mais, par pitié, ne me méprisez pas, votre mépris
» me tue.

» GEORGES. »

Georges avait écrit cette lettre dans un moment de surexcitation morale; tout y était sincère: sa douleur et ses remords; mais à son âge, douleurs et remords durent peu; la jeunesse est un immense tourbillon qui emporte tout ce qu'il rencontre sur son passage. Comme il l'avait dit lui-même, il y avait en lui un double instinct: celui du mal et celui du bien; si la raison eût été le guide de ses actions, il eût été ce que l'on appelle parfait honnête homme. A vingt ans, la raison n'est considérée que comme une conseillère radoteuse qu'on n'écoute guère, et les philosophes imberbes suivent plus volontiers les préceptes d'Epicure que les préceptes sévères de la morale chrétienne.

Il y eut dans le cœur de Georges une réaction naturelle dont les conséquences furent assez singulières; il avait été cruel, il voulut être bon; il avait fait une malheureuse, il pensa à faire une heureuse; il crut se réhabiliter à ses propres yeux d'une mauvaise action par une bonne. — Du côté de madame Brémont tout était perdu; son mari avait découvert sa faute, et Georges ne pouvait qu'avoir des remords impuissants et inutiles à cette pauvre femme; restait Louise tendant vers lui ses mains suppliantes, et il se dit: « Je ne la repousserai pas, je lui donnerai ce qu'elle pourra désirer de bonheur, je me dévouerai à elle, et j'offrirai mon dévouement en holocauste à ma faute. »

Georges se rendit chez madame Joséphine de Saint-Pierre, où se trouvait Louise.

Madame Joséphine de Saint-Pierre était une lorette.

La lorette est née de la Révolution française avec le drapeau aux trois couleurs.

En 93, lorsque le peuple se soulevant crut engloutir dans des flots de sang le passé et ses institutions; il se trompa. La bourgeoisie pour laquelle il avait tiré les marrons du feu, succéda à la noblesse et fut la reine du jour, si elle n'osa pas prendre ses parchemins, elle prit ses vices et ses mœurs dissolues. — Chaque bourgeois, devenu seigneur au petit pied par la division des fortunes, se corrompit par le bien-être et les richesses qu'amenait avec elle la spéculation; alors il n'eut rien de plus pressé que d'imiter le noble qu'il avait impitoyablement sifflé lorsque celui-ci jouait le premier rôle sur la scène du monde, et qu'il n'était, lui, que le public payant, par la dîme et l'impôt, les habits de soie et d'or de l'acteur. — Le noble avait une petite maison, et pour maîtresse une actrice en renom; le bourgeois se donna le luxe d'une maîtresse « en chambre »; au lieu de meubles Louis XV, il offrit à sa belle des meubles en noyer: c'était, on le voit, de la contrefaçon immorale.

Telle fut l'origine de la fille entretenue. Disons en quelques mots quelle est l'origine du nom de *lorette*, qu'elle porte aujourd'hui.

De 93 à 1830, le bourgeois s'enrichit; la porte était ouverte à deux battants à son ambition, et dans cette période de temps, il se fonda sur les débris de l'aristocratie nobiliaire une aristocratie nouvelle, celle de l'argent: dans cette noblesse de fraîche date, l'agent de change fut le marquis. A la tête du pouvoir se trouvait une dynastie qui, par principe et par souvenir, avait ses sympathies dans l'ancienne noblesse; le bourgeois voulut un roi qui fût sa royauté et sa couronne; une nouvelle révolution était nécessaire à cette nouvelle ambition. Le bourgeois se servit de l'ignorant complice, qui, déjà une fois, avait poussé, sans s'en douter, le char de sa fortune; il fit un appel au peuple et paya des démagogues pour le soulever.

La Révolution de 1830 éclata, la royauté légitimiste eut la tête brisée entre deux pavés de barricade, et le roi constitutionnel fut porté au trône sur les bras de la populace en guenilles.

La bourgeoisie venait de faire sa seconde étape, l'antique noblesse se voila tristement la tête et prit les habits de deuil.

Après quelques instants d'hésitation, provoqués naturellement par le bouleversement de tous les pouvoirs qui servaient de base à l'édifice social, l'industrie reprit sa marche; elle avait été en poste, elle alla en chemin de fer. Il y eut alors une ère d'étrange spéculation industrielle: les fortunes s'élevaient rapides comme ces colonnes de sable du désert de Sahara, mais aussi fragiles qu'elles, elles s'écroulèrent avec fracas. — Le bourgeois était tout, député, conseiller-général, ministre; du ciel des faveurs tombait une averse de rubans rouges, chaque habit noir avait le sien. La corruption, qui avait déjà attaqué le cœur de la bourgeoisie, le gangréna tout-à-fait.

Le bourgeois avait eu d'abord une maîtresse en chambre, ce n'était plus assez pour son luxe, il lui loua un appartement; les meubles de noyer furent jugés indignes et remplacés par le palissandre; la noblesse avait eu ses petites maisons dans l'allée des Veuves, le bourgeois voulut avoir, lui aussi, un quartier pour ses amours : il choisit celui qui avoisine l'Église de *Notre-Dame-de-Lorette*, quartier calme et tranquille, éloigné du centre de la ville et du domicile conjugal.

Les filles entretenues reçurent le nom de l'église près de laquelle elles habitaient.

Lyon lutta contre cette corruption qui partait de Paris et s'étendait insensiblement dans toute la province. Le vieux commerçant lyonnais si probe dans ses spéculations commerciales, si chaste et si fidèle dans ses amours domestiques, rougissait rien qu'en entendant prononcer le nom de lorette. Hélas!

Quantum mutatus ab illo.

Aujourd'hui, Lyon est la ville de l'univers où la galanterie est le plus répandue; la lorette est allée croissant et se multipliant avec une effrayante rapidité; ce n'était qu'un léger escadron, puis un régiment, aujourd'hui c'est une armée avec ses généraux en chef, ses officiers supérieurs, ses soldats et ses recrues.

St-Étienne, Châlons, Mâcon, Bourg, toutes les villes pour lesquelles Lyon est le petit Paris, envoient les recrues; Paris expédie les généraux en chef.

Certains quartiers, certaines rues, ne sont peuplés que de lorettes; de l'entresol au cinquième de chaque maison, vous pouvez frapper indistinctement à toutes les portes, le même locataire habite tous les étages.

Par une belle journée de printemps, alors que le soleil brille dans tout son éclat, rendez-vous sur la place Bellecour, à l'endroit où d'infortunés marronniers tendent au ciel leurs bras décharnés demandant à Dieu de leur donner quelques feuilles pour prouver qu'ils sont, en effet, des arbres et non pas des échalas, comme le disent de mauvaises langues; asseyez-vous pendant une heure et vous verrez défiler devant vous toute l'armée des femmes galantes; le nombre en est grand et la variété infinie; il y en a de toutes les nuances, de toutes les tailles : l'une traîne dans la poussière les dentelles de son mantelet, l'autre cache sous l'ampleur du châle les déchirures de sa robe; celle-ci sourit en renversant sa tête en arrière, celle-là vous implore du regard et vous demande la charité de votre amour; les reines d'aujourd'hui coudoient la reine d'hier; car, dans cette vie de la galanterie, la roche Tarpéienne est près du Capitole, et la misère près de la fortune.

Si vous vous étonnez de la quantité immense de ces femmes vivant par la galanterie; si vous voulez connaître le secret de leur existence et de leur fortune, il faut entrer dans le mystère des mœurs intimes du Lyonnais.

A Lyon, la jeunesse dorée, cette jeunesse oisive et désœuvrée qui, à Paris, use ses bottes vernies sur le trottoir du boulevard des Italiens, et jette au plaisir ses fraîches années et les richesses paternelles, cette jeunesse n'existe pas. — Ici, les vingt ans se passent dans le laborieux travail d'un magasin de fabrique; c'est l'époque à laquelle on sème la récolte qu'on cueillera à l'âge mûr, « on fait sa position. » Ce n'est donc point des jeunes gens que viennent le luxe et la vie des lorettes. Ils viennent, hélas! il faut le dire, des hommes mariés, de ceux qui, ayant la richesse entre leur mains, peuvent seuls fournir aux dépenses de ces folles filles qui sont arrivées, dans la carrière du vice, à cette époque où l'on ne se donne plus, mais où l'on se vend.

Les hommes mariés! voilà les banquiers des lorettes, vérité triste à signaler et qui se dissimule sous des mœurs en apparence sévères. Aussi, l'amant utile de ces femmes se cache-t-il sous un mystérieux anonyme, elles l'appellent « mon vieux; » et les jeunes gens qui glanent sur ses traces et braconnent sur ses terres ne le connaissent pas; on sait vaguement qu'il est fabricant, commissionnaire, agent de change, qu'il appartient à l'aristocratie d'argent, qui, dans notre ville, règne et gouverne.

Le mariage, loin d'être une barrière entre les folies de jeunesse et la vie digne de l'âge mûr, est, au contraire, à Lyon, la porte ouvrant le libertinage. Avant le mariage, la position pécuniaire est précaire, elle est limitée par un appointement dont le chiffre ne permet aucune dépense en dehors des dépenses personnelles; la dot d'une femme fournit l'occasion d'un établissement industriel : le commis devient fabricant, il est à la tête de capitaux qui se multiplient par les bénéfices, il peut dépenser sans que personne surveille ses dépenses et lui en demande compte.

Les lorettes ont sur leur amant une influence immense, elles le tiennent par la crainte du scandale; sa position sérieuse, sa dignité et son crédit de commerçant dépendent de leur discrétion, elles le savent et en profitent.

Madame Joséphine de Saint-Pierre, à la porte de laquelle Georges sonnait, appartenait à la haute aristocratie du monde de la galanterie.

La porte s'ouvrit, et le jeune homme se précipita dans les bras de Louise.

La maladie avait laissé des traces sur son visage : il était pâle et défait, le sang semblait s'en être retiré.

Joséphine, assise dans une chauffeuse, contemplait les deux amants.

— Comme ils s'aiment, murmurait-elle, dire que j'ai été aussi bête que cette pauvre Louise, et que moi aussi, dans ma vie, j'ai fait la sottise d'aimer.

Elle partit à ce souvenir d'un large rire, dont les éclats firent relever la tête à Georges.

— Voyons, dit-elle, que vous proposiez-vous de faire?

— Mais, répondit Georges, j'ai tracé d'avance un délicieux plan d'existence que Louise approuvera, je le pense.

— Et quel est ce plan?

— Je ne puis pas vivre avec elle, ce serait me compromettre aux yeux du monde et provoquer la colère de mon père; je louerai dans un quartier isolé une modeste chambre, où je pourrai voir Louise tous les jours et l'aimer à mon aise.

— C'est délicieux; mais votre fortune ne vous permet pas de lui donner le luxe nécessaire pour être heureuse.

— Il me faut si peu, si j'ai son amour, murmura Louise en regardant Georges tendrement.

— « Ton cœur est une chaumière, » répondit Joséphine en riant, ma chère amie, l'amour qui vit dans les mansardes est un pauvre amour qui grelotte; pour s'aimer réellement, il ne faut pas avoir à s'occuper d'autre chose, et si « ventre affamé n'a point d'oreilles » il n'a aussi point de cœur.

— Mais qui vous dit, fit Georges, que je refuserai à Louise tout le bien-être que donne la richesse?

— Alors, comme vous n'êtes pas riche vous vous ruinerez, et non-seulement vous n'aimerez plus Louise, mais encore vous lui reprocherez votre ruine.

Georges ne répondit pas, la remarque de Joséphine frappait juste, et le jeune homme le comprenait; mais, comme les gens qui en regardant un abime perdent la tête et se sentent entraînés vers le gouffre, de même il fermait les yeux, se laissant conduire par les évènements.

Le soir, il vint prendre Louise, et ils allèrent ensemble à la recherche d'une chambre; la jeune femme arrêta son choix à un délicieux petit appartement, situé sur le derrière de la place St-Jean et dont les fenêtres s'ouvraient sur les collines de Fourvières.

Pauvre colline! qu'es-tu devenue? Modeste chapelle, où es-tu?

Les maçons ont construit leurs lourdes maisons sur

ce plateau de verdure ; ils ont arraché les arbres et les ont jetés mourants sur le sol.

La spéculation n'épargne rien ; elle s'en va, vandale, jetant à bas les vieux monuments et les vieux arbres, deux choses que l'on devrait respecter, car elles ont été sanctifiées par le temps.

La colline de Fourvières était une délicieuse corbeille de fleurs, placée au centre de la ville ; la modeste chapelle était couchée dans son nid de mousse et de lierre, simple et digne comme le culte de la Vierge Marie, à laquelle elle est dédiée.

Lorsque la colline a été enfouie sous un tas de disgracieux moëllons, on a alors attaqué l'antique chapelle.

A bas les vieux murs, dont chaque fissure est cachée par un pieux *ex voto* et une guirlande de lierre ! A bas, religion de nos pères ! Remplaçons la foi par la vanité ! Qu'à la place de cet étroit sanctuaire, où se sont agenouillés ceux qui souffraient, s'élève un monument haut comme notre orgueil ! A l'œuvre ! maçons ; du mortier, des truelles et des pierres !

Et la chapelle s'est écroulée !

En revanche, une haute colonne se dresse superbe et orgueilleuse, supportant une statue dorée comme le coq d'un clocher de village (1).

Pauvre chapelle ! pauvre colline !

Personne n'a donc demandé grâce pour elles, et alors qu'on arrachait les fleurs et les arbres, personne n'a donc élevé la voix ?

Est-ce qu'on écoute ceux qui crient lorsqu'arrive le danger ?

Qu'un incendie éclate pendant la nuit, qu'un homme coure dans la rue en criant au feu, le placide bourgeois se retourne, égoïste, sur son oreiller. Le lendemain un édifice qu'eussent sauvé quelques bras, est couché dans la cendre.

C'est la triste histoire de la colline et de la chapelle de Fourvières ; maintenant qu'elles ne sont plus, les Lyonnais les regrettent. Une souscription s'est ouverte pour acheter les monuments qui déparent le paysage. Cette souscription est une bonne pensée, qui, comme toutes les bonnes pensées, n'a qu'un tort, celui d'arriver trop tard.

Au lieu d'acheter les maisons qu'on a laissé construire, n'eût-il pas été plus simple de ne pas les laisser construire ?

Lyon a perdu deux choses qu'il ne retrouvera plus : la colline et la chapelle de Fourvières, c'est-à-dire la poésie de sa ville et la poésie de son culte en la Vierge.

Georges fit meubler modestement la chambre choisie par Louise.

La pauvre femme oublia dans la douce existence que lui fit l'amour du jeune homme les douleurs et les souillures de son passé ; elle fut heureuse comme à l'époque où, jeune fille, elle pouvait, sans rougir, recevoir sur son front de quinze ans le chaste baiser de sa mère.

———

(1) Pour donner une idée du bon goût qui a présidé à cette restauration, nous citerons le fait suivant. Il a été sérieusement question de faire sortir des mains ouvertes de la statue des jets de gaz pour simuler les rayons de grâce ; heureusement que ce projet, qui avait pour résultat de transformer la vierge en lanterne, a été abandonné.

CHAPITRE XIX.

Histoire de la Fabrique et du Commerce lyonnais. — M. Brémont.

Nous avons dit qu'à Lyon le commerce était une aristocratie ; comme toute noblesse de bon aloi, celle du commerce a pour elle l'antiquité d'origine, et son blason a été doré par le temps.

La position topographique de Lyon devait faire de cette ville le point central des transactions commerciales entre le nord et le midi, avec lesquels ces deux fleuves la mettent en relation directe.

C'est ce qui arriva.

Après la conquête des Gaules, Jules-César comprit que le meilleur moyen d'entreprendre la pacification des provinces conquises était de lier les intérêts des vaincus à ceux des vainqueurs. Les Ségusiens (les Lyonnais), aux mœurs tranquilles et honnêtes, s'étaient toujours occupés de commerce. Jules-César les favorisa et le développa en établissant au *Forum* des foires périodiques, et en faisant de Lugdunum (Lyon) la capitale de la province du centre des Gaules.

Ces foires eurent bientôt une réputation européenne, et l'on vit accourir au *Forum* les marchands de toutes les nations ; les Bituriges, les Eduens, les Ligures, chacun y apportait les produits de son industrie. Marseille, ville fondée par des Phocéens sur le bord de la Méditerranée, y expédiait les marchandises de l'Inde, qu'elle tirait d'Alexandrie.

Les empereurs qui succédèrent à Jules-César, suivirent la route heureuse qu'il avait tracée, et l'imitèrent en protégeant Lugdunum ; Auguste facilita les communications commerciales en concédant la navigation du fleuve à une corporation de marchands, sous la juridiction d'un intendant général ; cette mesure fut la fortune de Lyon, car la navigation jusqu'alors avait été considérablement entravée par les prétentions des Eduens et des Séquanais qui, habitant les deux rives du fleuve, s'en disputaient la souveraineté. Aussi, la reconnaissance du peuple se traduisit-elle par des monuments nombreux, élevés à la mémoire de l'Empereur romain. Les vestiges des temples à la mémoire d'Auguste existent encore, à la grande joie des antiquaires.

Citer tout ce que firent les empereurs romains pour notre cité nous entraînerait au-delà des limites que nous nous sommes tracées ; nous nommerons cependant Claude, qui naquit à l'Antiquaille, et qui éleva Lugdunum (1) au rang de colonie romaine ; Néron, qui releva de ses ruines lors de ce terrible incendie qui la détruisit de fond en comble ; Trajan qui construisit au *Forum* (2) un édifice dont les historiens louent la richesse, et qui, affaissé sous sa masse énorme, servit de matériaux pour plusieurs monuments que nous possédons : la chapelle de Fourvières et l'église Saint-Jean.

La période qui s'écoula jusqu'au règne de Constantin, fut un ère de malheurs pour Lugdunum ; le commerce, dont l'existence a besoin de calme et de repos, se retira de notre ville, livrée aux guerres civiles, et s'endormant le soir ignorante de l'empereur et du maître que le caprice des légions lui donnerait le lendemain. Avec Cons-

———

(1) Nous avons parlé du discours que Claude prononça au Sénat dans cette circonstance, discours qui fut gravé sur des tables d'airain.

(1) Cet édifice se nommait *Forum* ; lorsqu'il s'écroula, les terrains qui l'environnaient conservèrent son nom et s'appelèrent *Forum-vetus*, d'où, par corruption, on fit *Fort-vieil*, puis *Fourvières*.

tantin et sous la douce influence du christianisme qui, parti de l'Orient comme la lumière, devait bientôt inonder le monde; le commerce revint prendre sa place au *Forum*, mais le colosse de l'empire romain était ébranlé, il oscillait sur son piédestal, et il ne tarda pas à tomber en couvrant le monde de ses sinistres débris.

Les Gaules n'avaient jamais eu une existence à elles; elles s'étaient traînées à la remorque de l'empire romain, et lorsqu'il tomba, elles furent englouties sous l'avalanche des Barbares venus du Nord.

Lyon, la ville aimée des empereurs romains, devint la capitale des rois bourguignons, ce titre purement honorifique, ne rapportait rien à sa prospérité; son passé était supérieur à son présent.

La conquête de l'Espagne par les sectateurs de Mahomet, jeta en France ce peuple nomade qui vit encore aujourd'hui, donnant au monde l'exemple inouï d'un peuple sans patrie, les Juifs emportant avec eux du pays d'où on les chassait, leur génie commercial. Lyon leur offrait une position admirable; ils s'y établirent et furent accueillis à bras ouverts par les Lyonnais, auxquels ils apportaient la prospérité avec le commerce.

La puissance des Juifs devint immense, et elle lutta victorieusement, grâce à la protection de Louis-le-Débonnaire, contre celle du clergé. Les relations étendues, leurs connaissances des principaux dialectes, les liens de famille qui les unissaient avec les principaux négociants d'Italie, donnèrent à leur commerce une activité, que favorisait le luxe des cérémonies religieuses, des tournois et des expéditions chevaleresques.

L'orgueil les perdit.

Non contents d'être maîtres par la toute-puissance de l'or, d'avoir de splendides hôtels dans lesquels logeaient les rois de France lors de leur passage à Lyon, et de posséder à eux seuls une rue (1) si vaste et si belle, qu'elle était choisie pour les tournois, ils voulurent s'emparer complètement de la ville, en la soumettant à leur religion, et rien ne leur coûtait pour gagner des prosélytes.

Le clergé, jaloux de leurs richesses, qui les rendaient insolents, ne voulut pas leur laisser prendre l'influence morale qui était toute sa force, et il entreprit contre eux une lutte dans laquelle la victoire lui resta.

En abandonnant Lyon, les Juifs laissèrent aux Lyonnais une connaissance plus approfondie des transactions commerciales; ils avaient fait leur éducation, et leur avaient appris les moyens simples et commodes de traiter à l'aide de lettres de change.

De cette silhouette de l'histoire du commerce de notre ville, il en ressort ce fait, que Lyon s'est toujours occupé de commerce, qu'à toutes les époques où la tranquillité a donné aux affaires la sécurité qui leur est nécessaire, les Lyonnais en ont profité pour redevenir commerçants; et l'on peut en déduire que l'esprit lyonnais est essentiellement porté aux spéculations.

La position de Lyon, les différents peuples qui s'y sont fondus dans une nationalité commune en sont bien la cause première; mais nous en tirons la conséquence, et la conséquence est celle-ci : le Lyonnais est commerçant par origine, par goût et par tempérament.

Depuis le départ des Juifs, le commerce ne fit que se développer, les rois de France le protégeaient, et firent pour lui ce qu'avait déjà fait avant eux les empereurs romains; ils établirent à Lyon des foires qui devinrent une source immense de prospérités et de richesses, en amenant chaque année un nombre immense d'étrangers qui trouvèrent, grâce aux édits royaux les déchargeant de tout impôt, l'écoulement fructueux de leurs marchandises. — Ces foires avaient une telle renommée qu^e Louis XI invita le roi Réné à venir en voir une (1)

Nous n'avons jusqu'ici rien dit de l'industrie purement lyonnaise, de la fabrication des soieries; mais, comme l'indique son nom, l'industrie du tissage, quoique exclusivement liée au commerce, n'est pas le commerce; entre l'industriel et le commerçant, il y a une différence radicale, l'un produit, l'autre vend ces productions; et quoique aujourd'hui, ces deux hommes se trouvent réunis en un seul, nous avons cru utile, puisqu'il y avait réellement deux choses, de les diviser pour plus de clarté.

Le commerce, c'est-à-dire acheter et vendre, servir d'intermédiaire entre le fabricant et le consommateur, appartient à tous les peuples, qui y sont nécessairement poussés par les rapports nés de la société; l'industrie est spéciale à telle ou telle nation, qui se distingue par ses inventions et son intelligence.

Les soieries de Lyon sont célèbres dans le monde entier; nous raconterons brièvement comment la fabrication des tissus fut établie dans notre ville, et quelles furent les causes de sa prospérité.

Les guerres des guelfes et des gibelins amenèrent d'Italie une foule de commerçants qui établirent leur industrie à Lyon, et c'est à eux que l'on doit les premiers métiers d'étoffes : les deux noms qu'à conservés l'histoire des créateurs du tissage à Lyon, sont ceux d'Étienne Turquet et de Barthélemy Nariz.

Ce qui retarda les progrès de cette industrie dans laquelle Lyon devait trouver sa renommée avec la fortune, fut la difficulté de se procurer la matière première, la soie qu'il fallait tirer d'Italie.

La soie originaire de l'Inde avait été apportée en Italie à la suite des croisades, par conséquent au douzième siècle; Roger, roi de Sicile, fit faire à Palerme des plantations de mûriers et s'occupa très-activement de la culture des vers à soie; malgré cet exemple, la France négligea de planter l'arbre précieux et fut même hostile aux efforts tentés par plusieurs rois pour naturaliser le mûrier sur notre sol.

Un simple jardinier-pépiniériste fit plus à lui seul que n'avaient pu faire les rois eux-mêmes; Traucat, c'était son nom, planta sous Charles IX quatre millions de pieds de mûriers dans le midi; Henry IV, contre l'opinion de Sully, qui voyait d'ordinaire si juste, mais qui dans cette circonstance se trompait, donna un grand développement à cette culture, en la recommandant par lettres particulières à tous les supérieurs d'abbayes et en encourageant par des primes ceux qui s'en occupaient.

Le préjugé fut supérieur à tous ces efforts, si vaillamment tentés et si courageusement poursuivis. La fabrique lyonnaise avait néanmoins prospéré et ses étoffes étaient en grande réputation; mais les fabricants répugnaient à employer la soie du pays, qu'ils considéraient à tort comme inférieure en qualité à celle des Indes et de l'Italie.

Le grand ministre qui renversa le surintendant Fouquet, et qui fut le bras droit de Louis XIV, Colbert, devait vaincre ce ridicule préjugé.

Colbert avait fait son éducation commerciale dans les comptoirs de Mascranny, banquier et négociant en soierie de notre ville, qui, quoique devenu marquis par lettres-patentes du roi, n'avait pas renoncé au commerce (2).

---

(1) Cette rue qui a conservé le nom des Juifs qui la firent construire, se nomme la rue *Juiverie*, elle n'est plus habitée que par des ouvriers en soie.

(1) De ces foires si célèbres, il n'en reste plus aujourd'hui, comme vestige et souvenir, que celle de Saint-Jean, qui se tient sur le quai de l'Archevêché, et dans laquelle on ne vend que des instruments aratoires.

(2) Un fait qui prouve toute la protection accordée par les rois de France à l'industrie et au commerce lyonnais, est l'édit de Charles VIII, de 1495, qui anoblit tout bourgeois de Lyon parvenant au titre d'échevin ou de conseiller; cet édit fut confirmé par celui de Henri IV, de 1607, stipulant que les échevins ou conseil-

Le ministre de Louis XIV connaissait donc à fond les besoins de l'industrie lyonnaise, et son génie lui dit ce qu'il y avait à faire pour y subvenir ; il établit des pépinières royales de mûriers dans les principales provinces, en ordonna la plantation aux frais de l'État dans les terrains favorables à la culture, et intéressa les propriétaires à la réussite de son entreprise en assurant une récompense à tous ceux dont les mûriers auraient prospéré au bout de trois ans.

Ce premier résultat obtenu, il visa à en obtenir un plus sérieux ; il voulut prouver que la soie du pays était, sinon supérieure, du moins égale en qualité à celle qu'on tirait de l'étranger. La filature, c'est-à-dire l'opération qui consiste à dévider le cocon, était encore en France à l'état d'enfance, et l'inexpérience des filateurs était peut-être bien la cause réelle de l'infériorité de notre soie en la rendant plus rebelle au tissage que celle de l'Inde.

Colbert fit venir d'Italie un fileur habile, nommé Benay, — qui justifia par ses talents le choix du ministre. Les soies sorties de ses filatures furent avantageusement employées, et les tissus qu'on fabriqua avec elles, rivalisèrent d'éclat et de richesse avec ceux de Bologne, alors en grande réputation.

Benay fut magnifiquement récompensé : il reçut des lettres de noblesse et des sommes considérables de la munificence royale.

La fabrique des étoffes de soie fut, à partir de cette époque, implantée à Lyon ; elle devint l'industrie locale, la *spécialité* industrielle de notre ville, — s'il nous est permis de nous servir d'une expression dont les détaillants ont fait un usage nauséabond.

A côté de tous ces éléments de réussite pour notre industrie, il y eut aussi les éléments de ruine. Les deux principes du bien et du mal, cet antagonisme vieux comme le monde, qu'on rencontre partout, accélérèrent ou retardèrent ses progrès.

La lutte des fabricants et des ouvriers que faisaient rivaux des intérêts opposés, amena de longues querelles dans lesquelles le pouvoir royal fut souvent obligé d'intervenir comme médiateur. — La révocation de l'édit de Nantes fut, de toutes les causes de la décadence de nos fabriques, la plus grave ; l'émigration qu'occasionna à Lyon cette révocation parmi les familles protestantes, ne peut se calculer exactement, mais elle fut immense, si l'on songe qu'en Angleterre seulement, il y eut plus de quinze mille réfugiés, auxquels la Grande-Bretagne donna généreusement le pain de l'hospitalité ; les Français émigrés reconnaissants, firent connaître les procédés de notre fabrication, et des fabriques rivales de la nôtre s'établirent à Londres, en Italie, en Suisse et en Allemagne.

La révolution de 89, marqua l'ère d'une nouvelle émigration : les fabricants cherchèrent dans leurs connaissances des moyens d'existence sur la terre étrangère : ils y montèrent des métiers. Lorsque la tourmente révolutionnaire eût passé, et que les portes de la France se rouvrirent pour ces enfants exilés, si quelques-uns restèrent dans le pays où leur industrie les avait fait vivre, mettant leur intérêt personnel et leur ambition au-dessus du noble amour de la patrie ; il y en eut d'autres qui, oubliant leurs souffrances, revinrent heureux au foyer de leur famille, rapportant avec eux les procédés de fabrication dont ils avaient gardé le secret, et qui poussant plus loin encore le sentiment patriotique, brisèrent les métiers à tisser élevés dans l'exil (1).

Après la Révolution, le commerce lyonnais reprit sous l'influence protectrice du gouvernement, son ancienne splendeur ; plusieurs industries ne se relevèrent pas de leur chute ; celle de la fabrication des soieries se plaça, comme par le passé, au premier rang.

La concurrence a changé la physionomie de la fabrique ; une lutte acharnée s'est établie entre Lyon et les pays étrangers, et, dans cette lutte, si la victoire est restée à notre ville, si elle est encore la première, elle n'est plus la seule.

L'Angleterre a appliqué la force de la vapeur à ses métiers, doublant ainsi leur puissance et leur activité ; ses possessions dans les Indes, ses comptoirs nombreux en Amérique, offrent à ses produits un débouché sûr et facile. La Suisse, l'Allemagne, où la main-d'œuvre est moins chère, parce que la vie matérielle de l'ouvrier est peu coûteuse, se sont emparées presque exclusivement de la fabrication des étoffes unies ; enfin, partout, en Italie qui en fut le berceau, et jusque dans le Danemarck, la fabrication des étoffes de soie existe aujourd'hui.

Pour lutter contre cette concurrence qui les serre de toutes parts, les fabricants lyonnais ont eu recours à la supériorité que donne l'intelligence sur le travail purement mécanique, ils se sont faits artistes et poètes ; les tissus sortis des fabriques lyonnaises sont sans rivaux dans le monde, par l'élégance, le goût et l'éclat des couleurs.

Mais en activant le commerce, la concurrence a jeté le désordre dans les mœurs autrefois si sévères et si probes des fabricants ; les bénéfices devenus difficiles, il a fallu trouver un moyen de les multiplier par des spéculations en dehors de la fabrication elle-même. Dans le monde commerçant, on joue à la hausse et à la baisse sur les soies, matière première d'un prix élevé, ce qui donne à ces spéculations une importance pour le moins aussi grande que celle du jeu de la Bourse, et ce qui est la cause de fortunes rapidement acquises et rapidement détruites. Le fabricant qui n'a dans son commerce que des capitaux limités, se trouve, par ce seul fait, dans l'impossibilité de faire honorablement face à ses affaires ; l'industriel, pour réussir, doit être doublé d'un capitaliste.

On comprend, par ce que nous venons de dire, que le mot d'aristocratie appliqué à la fabrique lyonnaise, est un mot qui a un sens et une valeur réels. Le fils de famille, c'est-à-dire l'homme qui né de parents riches, se trouve, au début de la vie, dans la position d'embrasser toutes les carrières qui s'offrent à son ambition, succède sans déroger à son père ; un magasin lui sera une principauté, et le fauteuil de cuir du comptoir un trône.

Les fabricants, à Lyon, forment une classe à part ; ils ont un quartier de la ville uniquement à eux, ils vivent entre eux sans avoir aucun point de contact avec les autres classes de la société.

La rue des Capucins (1) ressemble au musée d'artillerie de Paris ; ses murs sont tapissés de plaques de cuivre sur lesquelles sont écrits le nom du fabricant et celui des tissus fabriqués dans son magasin. L'antique enseigne de la rue des Lombards n'existe pas à Lyon, où le commerçant a horreur de tout ce qui sent le charlatanisme et la réclame. Du rez-de-chaussée au second se trouvent les magasins ; les étages supérieurs sont occupés par les ouvriers, telles que les devideuses et les ourdisseuses, qu'on est forcé d'avoir sous la main.

La description du magasin de M. Brémont nous suffira pour donner une idée exacte de la disposition des autres, car ils se ressemblent tous.

Il était situé au premier étage de la maison portant le

---

lers pourront faire le commerce en gros « et non autrement » sans déroger à leurs droits de noblesse.

(1) Un acte officiel a conservé le nom de quelques citoyens qui s'illustrèrent par l'acte honorable que nous racontons ; nous sommes heureux de pouvoir les citer : Richard, Boy père, Margaron, Saint-Olive et Gaillard.

---

(1) Depuis deux ans environ, la rue des Capucins a été abandonnée par les fabricants pour le quai St-Clair, dont les maisons offrent des appartements plus vastes pour les magasins.

numéro 15 ; deux portes ouvrant sur le palier donnaient entrée, l'une aux acheteurs, l'autre aux ouvriers ; sur la première, on lisait : *Brémont et comp.* ; sur la seconde : *Entrée des maîtres.*

Le magasin de vente était une pièce carrée que deux banques surchargées d'étoffes traversaient dans toute sa longueur, aboutissant par une de leurs extrémités à une fenêtre. Dans l'angle, un treillage de fil-de-fer garni de rideaux en taffetas vert à la nuance fanée, marquait les limites du comptoir dans lequel était assis M. Brémont. Autour des banques, circulaient les commis se donnant l'air affairé, et le garçon de peine, ce grand parasite de la fabrique.

Nous ne savons trop pourquoi on a donné aux domestiques employés dans les maisons de fabrique, le nom de *garçons de peine*, jamais dénomination n'a été moins justifiée. La nonchalance historique du lazaronne, comparée à leur paresse, est de l'activité ; ils ont cependant une influence assez grande, tirée du rôle peu honorable qu'ils jouent ; ils constituent la police secrète du fabricant, et le commis est sous leur surveillance immédiate.

Le premier vendeur était à son poste, le sourire aux lèvres, le regard vainqueur, arrangeant harmonieusement les plis de sa cravate devant une glace en attendant l'acheteur, son antagoniste direct.

La vente se pratique d'une façon à peu près uniforme : l'acheteur entre, on le salue jusqu'à terre ; il fume tranquillement son cigarre, cause de la pluie, du beau temps, de l'actrice à la mode, et ce qui a l'air de l'occuper le moins est le motif qui l'a amené. Le vendeur est sur le qui-vive, laissant faire à son ennemi ses évolutions stratégiques ; il lui parle de ses bonnes fortunes, de son esprit, de la coupe de son habit, jusqu'à ce que l'acheteur, passant sans transition de son langage frivole au langage sérieux des affaires, entame un marché. La lutte s'engage alors, lutte pleine de ruses, de mensonges : l'un vante, l'autre déprécie ; et tandis que le premier, du prix élevé qu'il a posé, descend à une moyenne qu'il a calculée d'avance, le second, du prix infime qu'il a offert, monte insensiblement à celui qu'il a eu dès le premier instant l'intention de donner. Chacun se figure duper l'autre : ils sont dupes tous les deux.

Pour prouver par un seul fait la confiance du commissionnaire dans le fabricant, il suffit de citer ce qui se pratique lorsque la vente est terminée. Le commissionnaire appose sur chaque pièce achetée un timbre à l'huile, portant ses initiales ; afin, par cette précaution, d'être sûr qu'on ne la lui remplacera pas par une autre d'une qualité inférieure.

Un couloir mettait en communication le magasin de vente avec le *service des ouvriers*, magasin uniquement réservé aux relations entre l'ouvrier et le fabricant. Les commis qui y sont employés n'ont aucun rapport avec les commis de vente, et s'occupent exclusivement de la fabrication ; ils donnent la soie en *chaînes* et en *trames* (1), et la reçoivent tissée.

Le commis de fabrique est l'industriel, le commis de vente est le négociant, ils sont nécessaires l'un à l'autre.

Le service était peu élégant ; un bureau en sapin noir surmonté d'un casier contenant les livres des ouvriers, une banque sur laquelle le premier commis visitait l'étoffe rendue par l'ouvrier, en formaient l'unique ameublement. Dans l'angle se trouvait la porte, était un espace étroit séparé de l'appartement par un treillage en fil-de-fer, c'était la *cage*.

Nous l'avons déjà dit, loin d'abaisser l'ouvrier, il faudrait le relever moralement, la cage est un odieux reste

(1) La chaîne est la soie étendue sur le métier, la trame est la soie avec laquelle on tisse.

du mépris où on le tenait autrefois, c'est un vestige de la féodalité commerciale ; ce mot est une injure, et l'injure blesse toujours le cœur. Dans ces quelques pieds carrés, sont entassés pêle-mêle les ouvriers, on ne leur parle qu'à travers une grille, il semble que leur contact soit celui du lépreux ; une ouverture est pratiquée par laquelle on reçoit leur pièce qui est pesée devant eux.

Il est nécessaire, pour éviter l'encombrement, que les ouvriers aient un endroit désigné d'où ils ne puissent sortir ; nous ne blâmons pas la chose en elle-même, mais le nom qu'on lui a donné ; il faut souvent moins pour provoquer des haines et des inimitiés. S'il y a entre l'ouvrier et le fabricant une distance sociale, il serait bon que le premier ne la fasse pas sentir au second.

Tout magasin de fabrique est ainsi divisé en deux parties bien distinctes : la vente et la fabrication ; à la tête de chacune se trouve un homme qui la dirige et qui en assume sur lui la responsabilité. Aussi est-il fréquent de trouver dans les entreprises commerciales deux chefs, dont chacun a pour lui une spécialité ; habituellement même, les maisons de fabrique comptent trois associés, car il est un homme dont nous n'avons pas parlé encore, et qui en est la cheville ouvrière, c'est le *dessinateur.*

Le cabinet de dessin est le sanctuaire interdit aux profanes ; c'est là qu'on prépare les tissus nouveaux qui doivent faire la fortune de la saison ; mais, hélas ! trop souvent le nom de ces artistes ignorés qui consument leur vie et leur talent dans une arrière-boutique, est perdu pour tous. Ces dessins aux formes capricieuses, ces fantaisies d'imagination qui sont la véritable poésie, ne sont pas signées du nom de leur auteur ; le fabricant accapare tout, et les bénéfices du commerce et la réputation du dessinateur inconnu.

Que d'artistes qui perdent leur jeunesse, leur avenir, et les vendent pour un morceau de pain que leur jette parcimonieusement le fabricant ! Que de drames ignorés, que de larmes, que de tristesses dans les existences de ces jeunes peintres se sentant la confiance qui fait entreprendre et le génie qui fait réussir, et mourant pauvres, sans avoir eu un peu de cette gloire qui rend les souffrances moins amères !

Dans ces expositions nationales où Lyon marche toujours à la tête avec sa couronne de reine, devant ces somptueux étalages qu'admirent tous les étrangers ; pourquoi le nom de l'artiste dont la féconde imagination a enfanté toutes ces merveilles ne se trouve-t-il pas avec celui du fabricant ? L'artiste vend, hélas ! plus que son travail, il vend sa réputation. D'autres, mieux que nous, ont soulevé cette triste question et ont invoqué la justice, égale pour tous. Laissons à chacun sa part, au commerçant ses richesses, et à l'artiste sa renommée.

Le système d'association, si vigoureusement préconisé par les réformateurs morts-nés de 1848, est appliqué heureusement dans l'organisation des magasins de fabrique ; — ce qui prouve que ce système, dont, en l'exagérant, on a fait sortir l'absurde, a en principe d'excellentes qualités.

Les appointements des commis ne dépassent guère le chiffre de la somme nécessaire à un jeune homme pour vivre honorablement ; mais afin d'augmenter l'employé ou l'intéresser, on lui donne une part proportionnelle dans les bénéfices, le rendant ainsi dévoué à la prospérité de la maison.

La rigidité des patrons à l'égard des commis, contre laquelle on s'est avec raison tant de fois élevé, n'est plus ce qu'elle était il y a cinquante ans, grâce à l'influence de l'instruction ; les rapports qui existent entre le chef et ses employés sont ceux de gens sinon égaux par leur position, du moins égaux par l'éducation. S'il y a encore des patrons maltraitant par l'insulte grossière et brutale ceux qui travaillent sous leurs ordres, ils forment l'exception, et ils appartiennent à la catégorie des fabricants qui, partis de très-bas, fils d'ouvriers pour la plupart, se vengent sur des innocents des difficultés qu'ils ont eues à parvenir, et font peser sur eux le sot orgueil né de la réussite.

Les règles qui régissent l'organisation du travail des employés sont sévères, souvent même absurdes : les enfreindre, c'est frapper le fabricant dans ce qu'il a de plus cher, dans ses habitudes.

A huit heures du matin, les magasins s'ouvrent ; de deux heures jusqu'à quatre heures, ils se ferment pour le dîner ; à quatre, ils sont rouverts jusqu'à huit ou neuf heures du soir. Le dimanche est un jour religieusement respecté.

Ce que pardonne le moins le fabricant, c'est l'inexactitude. On a raconté bien souvent l'anecdote suivante, qui, fausse ou vraie, peint avec fidélité jusqu'à quel point le commerçant lyonnais porte le culte des usages établis.

Un jeune homme se présenta dans un magasin où il fut accepté comme commis ; le premier jour, il trouva le patron se tenant à la porte, sa montre à la main.

— Monsieur, dit-il à l'employé, vous êtes en retard de cinq minutes.

La même scène se renouvela pendant trois jours, au bout desquels le fabricant renvoya le jeune homme en lui disant :

— Cinq minutes sur trois cent huit jours font quinze cent quarante minutes, que vous me voleriez puisque je vous les paie, et je ne veux pas être volé.

Si nous avons cité un pareil trait, c'est que nous connaissons bon nombre de fabricants qui en sont capables.

Un trait en histoire, n'est qu'une silhouette ; une silhouette est souvent un excellent portrait.

Ce rigorisme n'est qu'un ridicule, mais il pèse lourdement sur les commis et rend leur vie pénible par les mille tracasseries dont il les abreuve. Cependant, leur position n'est point malheureuse ; ils ont une existence indépendante en dehors du magasin, ils la dirigent à leur guise, à leur fantaisie, la donnent aux plaisirs ou au travail. Il est rare qu'après une journée laborieusement occupée, l'intelligence puisse se livrer à l'étude ; le repos est la conséquence nécessaire de la fatigue ; il en résulte que les commis négligent presque entièrement les travaux de l'esprit, ils leur préfèrent la douce oisiveté et la causerie insignifiante du café. A huit heures du soir, tous ces établissements se remplissent d'une foule d'employés qui ne les quittent que saturés de bière et de tabac.

Cette indifférence, cette absence complète de goûts intellectuels, réagissent sur les mœurs de la ville. Tous les efforts tentés pour créer des sociétés littéraires ou artistiques, ont toujours fatalement échoué ; les théâtres, ce délassement naturel à tous ceux chez lesquels l'esprit domine la matière, n'ont dans notre ville qu'une existence précaire. La comédie n'a jamais pu y être représentée avec succès, et les directeurs des théâtres ont été forcés d'y renoncer (1).

M. Brémont avait, dans son magasin ce caractère conciliant qui, dans le monde, lui avait fait de nombreux amis ; s'il n'était pas l'ami de ses employés, titre qui eût pu amoindrir son pouvoir, il n'était pas non plus le maître sévère, âpre au gain, ne pardonnant jamais une étourderie de jeunesse. Ses commis l'aimaient et se fussent dévoués pour lui. En succédant à son père et en continuant le même genre d'affaire, il n'avait pas voulu se donner l'antagonisme continuel d'un associé. Assez riche pour jeter dans les spéculations des capitaux suffisants, il était affranchi de la surveillance minutieuse des commanditaires, ces usuriers qui spéculent sur la pauvreté des jeunes fabricants ; il ne relevait donc que de lui-même, régnait et gouvernait dans son magasin. Mais, comprenant qu'il lui fallait un second lui-même, un homme qui tout en dépendant de lui, eût ses intérêts liés aux siens, il avait intéressé son premier commis de vente, nommé Richard.

Richard avait vingt-sept ans ; sa figure intelligente, son sourire était une flatterie perpétuelle ; il s'était élevé petit à petit, à l'aide de persévérance, d'activité, et aussi en étant le complaisant habile de ceux placés au-dessus de lui. Comme Sixte-Quint, il courbait sa taille et cachait sous une indifférence apparente l'ambition profonde qui le dévorait. M. Brémont avait été la dupe de ces dehors pleins de franchise et de bonhomie. Plus Richard s'élevait, plus il rêvait de s'élever encore. L'ambition est comme un feu, elle se développe et grandit sous le souffle de la prospérité. La grande tactique de Richard avait été de se rendre indispensable à M. Brémont, non par dévouement, mais parce qu'il construisait sa fortune à l'ombre de celle de son patron.

Les événements que nous avons racontés et qui avaient jeté le désordre dans l'esprit du fabricant, favorisèrent les projets de Richard. La pensée de M. Brémont n'était plus à ses affaires, et lorsque dans son comptoir, il était assis devant le livre qu'il avait l'air d'interroger avec attention, son imagination le transportait auprès d'Emma ; il essuyait furtivement une larme brûlante. Le commis voyait tout : cette douleur ne lui avait pas échappé, et il avait compris que l'horizon de son avenir s'éclaircissait et que l'heure était arrivée de déployer au vent toutes ses voiles.

Deux mois s'étaient écoulés depuis la découverte de la faute d'Emma par M. Brémont ; pendant ces deux mois, les faillites s'étaient multipliées autour de lui sans qu'il y prît garde et sans qu'il cherchât à interroger le secret de la fatalité qui le poursuivait. Au moment où nous sommes entrés dans son magasin, les bras croisés, la tête penchée sur le livre de caisse, le regard fixe, il consultait ce thermomètre de la prospérité et de la ruine du commerçant.

Tout-à-coup, il tressaillit, son visage s'anima, ses yeux jetèrent de sinistres éclairs ; sa main tremblante tourna le feuillet du livre fatal sur lequel il venait de voir écrit en chiffre le mot terrible : DETTE. D'une voix brève, il appela Richard qui vint, son sourire perpétuel aux lèvres.

— Richard, dit-il, voyez.

Et du doigt il lui indiqua le feuillet. Richard ne sourcilla pas.

— Eh bien ? répéta M. Brémont. — Quoi ? fit le commis, comme s'il ne comprenait pas. — Vous ne voyez donc rien ? ajouta le fabricant avec colère.

Sans répondre à la question, le commis ferma les portes du comptoir, baissa les rideaux afin que personne ne fût témoin de la scène qui allait se passer. Revenant ensuite, sans sortir de son calme, auprès de M. Brémont :

— Monsieur, lui dit-il, depuis deux mois nous avons eu trois faillites importantes, celle... — Je le sais. — Ces faillites, sur lesquelles nous aurons tout au plus le vingt pour cent, nous enlèvent la somme approximative de cent quinze mille francs. — Il y a quatre mois, j'ai acheté pour cent cinquante mille francs de soies du Piémont, que sont-elles devenues ?

Richard, pour toute réponse, ouvrit les livres et montra que cette soie fabriquée avait été vendue. Tout était en règle, et le fabricant n'avait pas un reproche à adresser à son employé.

— Richard, dit M. Brémont, il faut nous relever. Tout le monde ignore quelle est notre position et nous

---

(1) Le fait que nous signalons a eu des antécédents assez singuliers. En 1735, le directeur du Théâtre supprima la comédie qui précédait l'opéra, parce qu'il ne se rendait à ce genre de spectacle que des filles publiques et des soldats.

avons encore pour nous le crédit. — Les affaires vont mal, répondit l'employé en hochant la tête. — Qu'importe? nous les activerons, coûte que coûte! nous devons nous procurer de l'argent. Vendez au rabais, écoulez rapidement la marchandise que nous avons dans notre magasin ; quelques bonnes spéculations sur les soies rétabliront notre fortune.

Comme le général sur le champ de bataille, voyant la victoire sur le point de lui échapper, passe rapidement l'inspection de ses soldats et joue sur un seul coup les chances du combat; ainsi, M. Brémont retrouva en présence du danger qui le menaçait toute son énergie d'autrefois, tout son sang-froid, toute son habileté. En quelques heures, les livres eurent défilé devant lui ; il les examina tous, ne laissa échapper ni un trait de plume, ni un chiffre; la marchandise fut numérotée, étiquetée, appréciée ; la partie était encore bonne et il pouvait la gagner.

Mais, à cette surexcitation morale qui lui avait fait oublier toutes ses douleurs, toutes ses larmes, succéda une prostration complète.

Et lorsque les lumières du magasin s'éteignirent et que le timbre de la porte annonça le départ du dernier employé, M. Brémont se sentit froid dans ce magasin noir et triste comme un tombeau ; il laissa tomber sa tête sur le pupitre où étaient entassés pêle-mêle les livres ouverts, et murmura tout bas :

— Hier, le déshonneur; aujourd'hui, la ruine.

Un homme souriait cependant, c'était Richard qui murmurait lui aussi :

— Hier, j'étais pauvre; demain, je serai riche.

CHAPITRE XX.

Le lit d'un mourant.

La vie de Georges s'absorba tout entière dans son amour pour Louise.

Au début, il ne passait que quelques heures de la journée auprès d'elle ; au bout de quelques mois, il y passa les journées entières; l'habitude s'était glissée insensiblement dans cette affection et l'avait rendue plus sérieuse en la transformant en besoin.

Georges avait entrepris une lourde tâche sous laquelle il devait succomber, la réhabilitation de Louise.

Georges était un enfant qui ne raisonnait qu'avec son cœur, et ne voyait la vie qu'à travers le prisme menteur de son amour ; il croyait que cet amour serait pour la pauvre femme un bouclier protecteur qu'il placerait entre sa vie passée et sa vie nouvelle, et que nul n'oserait mépriser celle qui s'appuyerait sur le bras d'un honnête homme.

Georges se trompa.

Loin de relever Louise aux yeux du monde, ce fut lui qui descendit dans l'opinion publique; loin de la purifier sous le patronage de son honneur, l'infamie de la jeune femme rejaillit sur lui.

Alors, il se posa en victime de la société, et il entreprit contre elle une de ces luttes de pygmées contre les géants; ses relations avec Louise, d'abord secrètes, devinrent publiques ; il se cachait dans l'ombre, il se montra au grand jour.

Les résultats de cette conduite furent terribles pour le jeune homme.

Insensiblement, ses amis se retirèrent de lui; le monde le mit à l'index et lui ferma l'entrée de ses salons ; ses amis eux-mêmes, ne voulant pas accepter la solidarité de sa faute, s'éloignèrent peu à peu, et il se trouva complétement isolé.

Georges ne disait rien à la jeune femme des mille douleurs que le monde lui faisait subir ; le lui dire eût été un reproche, car elle en était la source.

Vers cette époque, M. Duval fut atteint d'une maladie que les médecins déclarèrent incurable; Georges, pendant un mois, ne quitta le chevet du lit de son père que pour monter à cheval et aller embrasser Louise.

Le mal augmenta rapidement, et la science fixa à quelques jours la fin de M. Duval.

L'ancien révolutionnaire entendit la sentence fatale sans qu'une fibre de sa figure trahît la plus légère émotion ; la religion lui avait donné le courage nécessaire pour franchir sans frayeur le terrible passage de la vie à la mort.

A peine le médecin fut-il sorti, que M. Duval ordonna à sa domestique de le mettre sur son séant ; il était pâle, son visage amaigri, en accusant plus fortement ses traits, avait changé l'expression habituellement bienveillante de sa physionomie, et l'eût rendue presque sévère, si un suave sourire plein de résignation et de bonté ne l'eût pas adoucie.

Georges et Jacquard pleuraient; le vieil ami comprenant que M. Duval voulait avoir avec son fils un de ces graves entretiens dans lequel un mourant dit ses dernières pensées et fait ses derniers adieux, se leva pour sortir; d'un geste le malade le retint :

— Restez, lui-dit-il, ce que j'ai à dire à Georges peut être entendu par vous, qui avez toujours été mon discret confident parce que vous avez toujours été mon plus fidèle ami. — Georges, continua-t-il, je vais mourir. — Oh! mon père, mon père! s'écria le jeune homme, qui cherchant dans son cœur une consolation, n'y trouva que des pleurs. — Pourquoi pleurer, mon enfant? dit M. Duval, la nature a pour nous deux respecté les lois qui régissent la vie humaine ; je suis le plus âgé et c'est moi qui dois partir le premier. Ne murmure pas et n'accuse pas Dieu avec lequel le prêtre vient de me réconcilier, comme le souvenir de mon existence passée m'avait réconcilié avec ma conscience. — Les médecins se trompent quelquefois, balbutia le pauvre Jacquard que cette scène navrait. — Leur science est impuissante pour moi; ce n'est point le mal qui me tue, mais l'âge, et toute leur habileté échoue devant cette maladie. Georges, mon enfant, approche-toi plus près de moi, mets ta main dans la mienne; j'ai besoin de te sentir et de te toucher ; — ta main aussi, mon vieil ami: maintenant ma dernière heure peut sonner ; je partirai heureux de cette terre pour rejoindre au Ciel celle que j'ai si religieusement aimée; car mon dernier soupir sera recueilli par ceux que j'ai le plus aimés après elle.

Jacquard et Georges s'assirent de chaque côté du lit et prirent la main du moribond, qui leur sourit doucement.

— Mon enfant, ajouta-t-il d'une voix dont le timbre baissait de plus en plus, je veux en te quittant ne laisser après moi dans ton cœur aucun mauvais souvenir ; si quelquefois je t'ai adressé quelques reproches, j'éprouvais à te les faire plus de peine que tu n'en éprouvais à les entendre ; t'aimais et je voulais au risque de te déplaire par ma sévérité, former ta jeunesse aux conseils de mon expérience. Pardonne-moi. — Vous pardonner! mon père, s'écria le jeune homme à travers ses larmes, vous pardonner ! vous qui avez été pour moi un ami dont l'indulgence trouvait toujours une excuse à mes fautes. Oh! si le pardon doit venir de quelqu'un, si quelqu'un en a besoin, c'est moi qui m'agenouille pieusement devant vous, pour vous dire; « Mon père, pardonnez-moi. »

Georges s'agenouilla, et en pleurant couvrit de baisers la main de son père.

— Relève-toi, mon enfant, viens plus près de moi, plus près encore, mets ta tête à la portée de mes lèvres, que je puisse t'embrasser en te parlant.... C'est bien... comme cela. Ecoute-moi, Georges, j'ai traversé une époque pendant laquelle tout l'avantage était du côté des fripons sur les honnêtes gens ; quoique pauvre et pouvant m'enrichir avec la fortune des émigrés, jetée en curée à l'appétit dévorant des patriotes, je suis resté honnête ; Dieu m'en a récompensé sur cette terre en me donnant pour femme ta noble mère ; il m'en récompensera, je l'espère, dans l'autre monde en me réunissant à elle. — Je te lègue peu de richesses, mais elles ont été honorablement acquises ; je lègue un nom modeste, mais il est sans tache. Sois économe des premières, car elles sont difficiles à amasser ; respecte le second, car un nom flétri est un nom perdu. — Maintenant ouvre ce secrétaire.

Georges obéit.

— Prends dans le quatrième tiroir un paquet enveloppé de papier cacheté avec trois cachets rouges.

Le jeune homme revint près de son père et déposa le paquet sur le lit.

— Ce sont mes mémoires, continua M. Duval ; avec le récit des événements historiques auxquels j'ai pris nécessairement ma part, ils renferment un secret que je n'ai jamais confié à personne. — Si dans l'avenir que Dieu te réserve tu réussis, brûle ces papiers, inutiles à ton bonheur et qui ne feraient qu'éveiller en toi le sentiment de la haine ; mais si les circonstances voulaient que tu fusses malheureux, et la modeste fortune que je te laisse échappait à tes mains inhabiles à la gouverner, si la misère....

Ce mot fit tressaillir le moribond, il appuya sa main sur la tête inclinée de Georges, comme si cette main devait protéger son enfant du malheur qu'il redoutait pour lui ; et il reprit d'une voix émue :

— Si la misère frappait à ta porte, alors brise ces cachets, lis ces pages, et tu y trouveras le nom d'un homme qui ne peut pas, qui ne doit pas te laisser malheureux ; d'un homme dont l'honneur est engagé à te tendre une main secourable ; que son devoir oblige à te protéger.

Cet effort avait brisé le peu de force qui restait à M. Duval, il retomba sur son oreiller et s'assoupit un instant.

Pour la première fois de sa vie, Jacquard résista à Toinette qui voulait l'arracher au triste spectacle d'une mort dont l'heure allait sonner promptement.

— Laisse-moi, dit doucement le vieillard en pleurant, laisse-moi apprendre comme un honnête homme doit mourir.

Le soir, le malade se sentit mieux, son doux sourire planait comme un ange de consolation sur son fils et son vieil ami, cherchant à étouffer leurs sanglots ; tandis que Toinette, agenouillée dans l'angle de la chambre, murmurait tout bas une prière, en tenant à la main le chapelet d'ivoire que lui avait donné Lord....

— Georges, dit M. Duval, ouvre cette fenêtre.

Le jeune homme se leva ; la fenêtre donnait sur le jardin, le vent apporta dans une bouffée toutes les émanations parfumées que dégage la terre dans les soirées d'automne ; le malade aspira avec ivresse cet air parfumé.

Le soleil se couchait, les arbres formaient un épais rideau qui tamisait ses rayons, les feuilles s'agitaient et tremblaient gaîment sur leur tige au souffle d'un vent chaud ; c'était la fin d'un beau jour, le dernier vers d'un magnifique poème qui avait commencé au lever du soleil, avec le chant de la fauvette matinale.

Le malade demanda le Christ en ivoire qui se trouvait sur le prie-dieu, il l'embrassa avec amour, le plaçant ensuite sur sa poitrine, il croisa dessus ses mains amaigries, ferma les yeux, et ses lèvres s'ouvrirent dans une prière.

Instinctivement, spontanément, sans même s'être consultés du regard, Georges et Jacquard tombèrent à genoux.

L'ange qui porte aux pieds de Dieu les prières, étendit sur eux ses blanches ailes.

Tout-à-coup, M. Duval se dressa sur son séant ; Georges et Jacquard se précipitèrent pour le soutenir : le malade prononça un nom, — c'était celui de la mère de Georges ; — il poussa un cri, cri rauque, inarticulé, comme le craquement d'une corde qui se brise, ses mains frappèrent l'air et se crispèrent sur la couverture, puis le corps se raidit sur le bras de Georges qui le soutenait et retomba doucement sur l'oreiller.

Ce nom était le dernier que M. Duval devait prononcer sur cette terre, ce cri le dernier son de sa voix : M. Duval était mort.

Et tandis que Georges, ivre de douleur, agenouillé devant le lit, mordait les draps qui étouffaient ses sanglots et s'humectaient de ses pleurs, il entendit dans ce calme affreux, le gazouillement léger d'un rossignol ; les notes roulaient en cascade comme des larmes, et la dernière s'éteignit lentement comme un soupir ; l'infortuné jeune homme avait recueilli chaque syllabe de ce chant, il crut que c'était l'âme de son père qui lui faisait ses adieux et s'envolait vers les cieux.

Il releva la tête et contempla silencieusement son père, ses yeux étaient ouverts et fixes, Georges se pencha pour fermer les paupières, une main toucha la sienne ; c'était celle de Jacquard, le fils et l'ami se rencontraient dans un commun et pieux devoir.

Jacquard ouvrit les bras, Georges s'y précipita, ils se tinrent ainsi longtemps embrassés sans prononcer une parole. Qu'avaient-ils à se dire ? leurs pensées n'étaient-elles pas les mêmes ? puis comme l'a dit un poète :

Curæ leves loquuntur ingentes stupent.

Il n'y a que les indifférents qui puissent faire le panégyrique près du cadavre, les véritables douleurs se taisent et pleurent.

Le jeune homme se sentait une amitié qu'il n'avait pas soupçonnée pour le vieil ami de son père. C'était un effet psychologique naturel et que nous avons éprouvé nous-mêmes. Lorsqu'on a perdu une personne qui vous était chère, on éprouve pour tous ceux qu'elle a aimés un sentiment de tendre affection, il semble qu'elle a laissé une parcelle de son cœur dans chaque cœur qui bat à son souvenir.

Pendant ces scènes intimes, qu'il nous est bien difficile de décrire, parce qu'elles se sentent vivement, mais se décolorent sous le scalpel analytique de la froide description, Toinette, avec cette indifférence naturelle aux *bigotes*, s'occupait de tous les préparatifs pour la veillée du mort.

La religion est comme le soleil, qui féconde certaines plantes et brûle les autres : elle échauffe certains cœurs, elle dessèche les autres. La vieille bigote (qu'on nous pardonne cette expression à laquelle nous ne donnons en aucune façon un sens injurieux, et qui est la seule qui spécifie le type dont nous venons de parler) ; — la vieille bigote, disons-nous, a dans le caractère une froideur révoltante ; elle s'est créée une vertu de convention qui est plus près de l'indifférence que de la résignation, elle s'est habituée à s'incliner sous la volonté divine, et quand elle a prononcé la phrase : « Dieu veut, » fourches caudines sous lesquelles elle fait passer ses sentiments, vous ne surprenez chez elle aucun signe de douleur, elle perdrait sa mère que son œil resterait sec ; une larme, pour elle, est une insulte aux décrets de la Providence.

Si Dieu a donné aux yeux les pleurs, c'est que les pleurs sont nécessaires à la souffrance ; rosée rafraîchissante, en tombant sur le cœur elles y font germer la consolation, triste et suave fleur des tombeaux. Dieu ne s'offense pas de nos regrets, car les regrets nous ramènent à lui par la pensée de ceux que nous pleurons. La véritable religion ne proscrit ni le rire, ni les larmes ; rire et larmes sont l'expression de deux sentiments de la nature, la joie et la douleur.

Toinette n'avait rien oublié, bigote par tempérament, elle avait aidé à toutes les personnes de sa connaissance dans des circonstances analogues ; les détails d'une sépulture étaient sa *spécialité*, et tous les habitants de la petite ville d'Oullins avaient recours à elle pour l'enterrement de leurs parents ou de leurs amis.

Le sang-froid avec lequel Toinette présidait, aidée par les domestiques, à l'organisation de la chambre mortuaire, eût révolté Georges s'il eût été moins absorbé par sa douleur.

Dès qu'un malade est mort, la chambre où il se trouve change subitement de physionomie ; il semble qu'avec sa vie il a emporté celle qui régnait autour de lui. Au bruit, au mouvement des personnes qui s'empressaient auprès de lui, succède le calme froid et religieux des tombeaux, qu'interrompent seuls les sanglots.

Selon la vieille coutume, Toinette avait jeté le drap sur la tête du père de Georges et placé le crucifix sur le lit. Sur une table recouverte d'un linge blanc, se trouvait un bénitier dans lequel trempait une branche de buis béni ; deux cierges éclairaient de leur lumière vacillante ce lugubre spectacle.

Jacquard engagea Georges à venir prendre un peu de repos et à passer la nuit chez lui.

— Ma place est là, répondit tristement le jeune homme, en montrant le lit où reposait le corps de son père. — Vous n'y songez pas, mon ami, répondit affectueusement Jacquard. — C'est mon devoir, dit simplement Georges. — Allons, dit à son tour brutalement Toinette, c'est impossible. — Pourquoi ? — Parce que vous avez besoin de vous reposer, demain il vous faudra suivre le convoi de votre père. — Et vous voulez que je le quitte maintenant ? s'écria le jeune homme, vous voulez que je renonce au bonheur de le voir encore quelques heures ? de graver dans mon cœur ses traits toujours si pleins pour moi de douce bienveillance ? non, mon devoir me dit : « reste, » et mon cœur me dit d'obéir à mon devoir.

Devant cette volonté si énergiquement formulée, Jacquard n'osa plus opposer les faibles objections que lui dictait son affection pour le jeune homme.

A peine le jeune homme fut-il seul, que, s'agenouillant devant le lit, il souleva le drap qui lui cachait la figure de son père : l'âme s'était dégagée du corps sans effort, le visage avait conservé sa suave sérénité, le sourire, la vie des lèvres, semblait y reposer endormi ; aucune contraction nerveuse n'avait altéré les traits.

Tout le passé de Georges défila devant lui en longs habits de deuil, la tête couverte de cendres.

Jamais il n'avait autant aimé son père qu'à cette heure suprême ; car, jamais il n'avait autant songé à l'affectueuse amitié dont M. Duval avait entouré sa jeunesse, au dévouement qui avait veillé sur lui. Avec les souvenirs vinrent les remords. Georges avait-il été un bon fils ? N'avait-il pas fait couler bien des larmes de ces yeux maintenant fermés, et qui ne pouvaient plus le voir agenouillé venir se repentir ? N'avait-il pas dépensé d'inutiles heures données au plaisir lorsqu'il eût pu les consacrer à son père, si heureux de le sentir près de lui ?

Georges eût voulu racheter toutes ces fautes légères, dont la mort de son père faisait des remords. Mais, hélas ! son amour était impuissant et ne pouvait que prier sur le marbre d'une tombe.

Le jeune homme pria avec cette foi vive, avec cette confiance de son enfance, alors que chaque soir sa mère entr'ouvrant les rideaux blancs de sa couchette, le mettant à genoux et unissant ses mains enfantines, lui apprenait la prière qui confie à Dieu le sommeil de la nuit.

Cette prière lui fit du bien ; il se releva non pas consolé, mais plus calme. Il s'assit sur un fauteuil, et, les bras croisés, les yeux fixes et humides, il passa la nuit à contempler son père ; rien ne troubla cette contemplation, ni le bruit de l'horloge de cuivre marquant les heures d'un son rauque, ni les longs aboiements du chien que le vent lui apportait par les fenêtres ouvertes.

Lorsque le soleil jeta ses premières lueurs et glissa ses premiers rayons dans la chambre, le cœur de Georges tressaillit : à travers le voile de larmes qui couvrait son regard, il assista à un spectacle affreux.

La décomposition du cadavre arrivait, cette désorganisation — qui du corps autrefois animé fait la matière, — commençait, lente et inflexible comme le temps, son œuvre de destruction.

Les yeux s'enfoncèrent dans leurs orbites, les veines du front se gonflèrent d'un sang noir qui semblait vouloir briser sa prison trop étroite ; le nez et la bouche se tordirent comme si les muscles qui les soutenaient se fussent brisés.

A cette vue, Georges eut peur, ses cheveux se dressèrent, son cœur cessa de battre : il se leva, et, chancelant sur ses jambes qui tremblaient, il rejeta le drap sur la figure de son père, et roula sans connaissance sur le parquet.

Lorsqu'il revint à lui, il était couché dans un lit ; il promena lentement ses regards autour de lui. La chambre où il se trouvait était celle que Jacquard mettait à la disposition de ses amis, le jeune homme la reconnut de suite. Dans un angle, assise sur une chaise basse, pleurait la vieille domestique de M. Duval. Le souvenir des événements qui avaient provoqué son évanouissement fit tressaillir le jeune homme et amena les larmes à ses yeux secs et brûlants.

— Y a-t-il longtemps que je suis couché là ? demanda-t-il.
— Il y a....., répondit la vieille fille.

Au même instant, la porte s'entrebâillant doucement, Jacquard, sans entrer dans l'appartement, fit signe à la domestique de se taire.

— Eh bien ? répéta Georges. — Ma foi, je ne sais pas. — Comment, vous ne savez pas ?

Jacquard levant la main, montra deux doigts. La domestique comprit.

— Il y deux heures, répondit-elle.

Jacquard allait disparaître, lorsque le chant grave et monotone du prêtre auquel répondait la voix aiguë d'un enfant de chœur, arriva jusqu'à l'oreille de Georges, qui se dressa brusquement sur son séant.

— Qu'est-ce ? dit-il avec anxiété.

L'excellent Jacquard avait eu l'espérance d'éviter au jeune homme le triste devoir qui impose à un fils l'obligation de suivre le convoi de son père. Le chant du prêtre avait compromis son projet, en disant à Georges ce qu'il croyait pouvoir lui cacher l'heure de l'enterrement.

Il entra donc dans l'appartement et répondit lui-même :
— C'est le convoi de votre père — Mes habits ? s'écria Georges — Pour aller prendre la place que je dois occuper derrière le cercueil. — Votre santé ?... — On donne cette excuse pour refuser une invitation de bal, on n'a pas d'excuse pour manquer à son devoir.

Lorsque Georges parut, il y avait sur sa figure une si poignante tristesse, dans sa démarche lente un si grand accablement, qu'instinctivement toutes les têtes se découvrirent à son aspect. Le jeune homme s'appuya sur Jacquard, les porteurs assurèrent les bras du brancard sur leurs épaules, le prêtre, d'une voix grasse, jeta au vent quelques versets de psaumes, auxquels l'enfant de chœur répondit en fausset, et le cortège se mit en route.

On était en automne, et il était cinq heures du soir.

Le cortège s'arrêta un instant à l'église, puis il reprit sa marche vers le cimetière.

Le cimetière était simple comme tous les cimetières de village, cependant quelques tombeaux de marbre blanc s'élevaient au-dessus des croix modestes, catafalques de quelques sots orgueilleux voulant protester contre l'égalité que Dieu fait à tous dans la mort.

La fosse était prête.

Les fossoyeurs y descendirent le cercueil. Georges était calme en apparence, ses yeux étaient secs ; mais, lorsque le prêtre jeta la première pelletée de terre sur la bière, le jeune homme sentit quelque chose qui se brisait en lui, il se laissa tomber à genoux.

Quand il se releva, la fosse était comblée, le cimetière était désert, un seul homme se trouvait près de lui : c'était Jacquard qui, contemplant d'un œil humide la tombe de son vieil ami, ne lui disait point adieu, mais au revoir.

Le vœu de l'honnête Jacquard ne devait être exaucé qu'en 1835. Le hasard lui a donné un tombeau modeste comme sa vie, à deux pas de celui de M. Duval, et il dort abrité sous un mûrier.

Le lendemain, Georges, à cinq heures du matin, se rendit au cimetière.

Après une courte prière qu'arrosa de nombreuses larmes,

il baisa respectueusement la terre qui couvrait le cadavre de son père. Ses yeux se portèrent sur l'inscription de la croix, c'était la phrase banale et invariable qu'on lit partout ; le jeune homme arracha l'écusson et se rendit chez le peintre qui l'avait fait :

— Vous effacerez ce que vous avez écrit là, dit-il en le lui donnant. — Je le veux bien, mais que mettrai-je à la place?

— Mettez : « ICI REPOSE MONSIEUR DUVAL; CEUX QUI L'ONT CONNU LE REGRETTENT, CEUX QUI L'ONT AIMÉ LE PLEURENT. »

CHAPITRE XXI.

La scène et les coulisses.

Vingt-cinq convives étaient assis autour d'une table somptueusement et élégamment servie dans la salle à manger de M. Brémont.

Le prétexte donné par M. Brémont à cette réunion était l'anniversaire de son mariage ; le motif réel était double, tout en voulant faire croire à son bonheur domestique, le fabricant voulait en même temps faire croire à sa prospérité commerciale, conserver l'estime du monde pour sa femme, et le crédit pour ses spéculations.

Rien n'avait été épargné pour tromper les invités : M. Brémont souriait à sa femme avec ce calme sourire qui vient d'un cœur heureux, et sur la table s'étalait ce luxe sans profusion, qui, sans chercher à éblouir, décèle une brillante fortune.

Emma faisait les honneurs avec le tact exquis des personnes habituées à recevoir, rien n'échappait à son coup-d'œil rapide; elle surveillait le service tout en prenant part à la conversation, la ranimant lorsqu'elle tombait, et laissant déployer à ses convives les ressources de leur esprit, ne cherchant pas à en avoir elle-même, mais cherchant à donner aux autres l'occasion d'en montrer.

La salle à manger était octogone, on y entrait par quatre portes garnies de portières en damas bleu ; dans un angle, sur un dressoir en acajou, était disposé le dessert dans des assiettes en porcelaine de Sèvres. Deux candélabres de quinze branches chacun, éclairaient le repas, disposant à la gaîté par leur lumière éblouissante.

Dans cette salle, où le parfum des fleurs se mêle au parfum des mets, où tout sourit au plaisir, où les riens charmants de la conversation voltigent de lèvres en lèvres comme des papillons aux ailes dorées sur les fleurs d'un parterre, les amphytrions sont deux forçats traînant ensemble le lourd boulet du malheur.

M. Brémont, du naufrage qui avait englouti le bonheur de son passé, celui de son avenir et le bonheur d'Emma, n'avait sauvé que deux choses : la réputation de sa femme et son honneur de mari ; mais plus les deux époux s'éloignaient du triste jour où la faute de la jeune femme avait été découverte, plus ils comprenaient que l'existence qu'ils s'étaient faite était impossible.

En pardonnant, M. Brémont n'avait pas oublié ; le souvenir se dressait devant lui, pâle spectre, écroulant sous son souffle ses espérances. De son côté, Emma vivait tremblante, courbée et terrassée par la générosité de son mari.

Sans se le dire, tous les deux désiraient en secret la mort qui eût mis fin à leurs douleurs.

Mais ni l'un ni l'autre, n'avaient faibli devant la mission commune qu'ils s'étaient imposée ; le monde était leur dupe et n'avait pas deviné leur secret.

Emma ignorait que les conséquences de sa faute la conduisaient à la misère, et que M. Brémont jouait sa dernière partie pour retenir le crédit qui lui échappait.

Un seul homme parmi les invités connaissait le mystère de la position commerciale dans laquelle se trouvait M. Brémont : c'était son premier commis, qui eût pu, au milieu de ce somptueux festin où le luxe s'étalait séduisant et menteur, écrire sur le mur le mot fatal de la vérité : RUINE.

Près de lui était assis M. de la Brosse, ou Baptistin si vous aimez mieux, l'ex-valet de Georges.

Il y avait de la part de Baptistin une audace inouïe à se présenter dans une maison, où le hasard pouvait le placer en présence de Georges ; mais Baptistin était un trop habile scélérat pour se mettre dans une fausse position; il était au courant de la vie de son ancien maître, et il savait que le jeune homme retenu à Oullins par la maladie de son père, ne pouvait assister à ce dîner.

M. de la Brosse, — puisque c'est le nom sous lequel Baptistin avait été présenté à M. Brémont par Richard, — s'était transformé en élégant de la plus belle eau ; il causait peu, souriait beaucoup, tout en jetant à la dérobée des regards sur Madame Brémont et sur son mari.

A sa droite, était un personnage à la tournure distinguée, à l'air impertinent, parlant très-haut avec l'assurance née du contentement de soi-même, et de l'habitude de voir les autres se courber sous sa volonté et se faire ses complaisants et ses flatteurs.

Nos lecteurs se rappellent sans doute ce banquier à la chevelure grisonnante, qui se présenta chez Georges et lui offrit de fonder, avec son concours, une société d'escrocs aristocratiques, « corrigeant les hasards de la fortune » d'après son expression, en un mot M. Rancey.

M. Rancey avait alors trente-cinq ans et était dans toute la force de l'âge ; d'épais favoris noirs faisaient ressortir la blancheur toute féminine de son visage, ses mains avaient la pâleur mate, que dans le monde on considère comme le signe distinctif d'une origine distinguée. Sa toilette n'était pas celle d'un lion, son habit n'était pas taillé sur le dernier patron que la mode avait expédié de Paris, ce centre du soleil d'où partent les rayons de l'élégance et du bon goût; mais si M. Rancey péchait par ces détails imperceptibles à l'œil du masse, taches grossières aux yeux des jeunes beaux, il brillait, en revanche, par le luxe de son linge ; sa chemise était d'une toile de Hollande si fine, qu'Anne d'Autriche elle-même n'en eut jamais de plus belle.

— Diable! dit M. de Rancey, en voyant le domestique placer sur la table un magnifique poisson, vous nous traitez en roi, mon cher Brémont. Je fais ce que je puis, répondit le fabricant. — Et vous pouvez beaucoup, car voilà une citoyenne du lac de Genève qui s'annonce agréablement.

M. Rancey aspira l'air, comme s'il voulait donner à son nez un avant-goût du plaisir qu'allait avoir son palais.

— Gourmand! murmura une femme d'une cinquantaine d'années, en regardant le jeune homme.

A la manière dont ce mot fut prononcé, on devinait qu'il existait des relations intimes entre la vieille coquette qui l'avait dit et M. Rancey.

Mme Saint-Aulaire, femme du banquier chez lequel se trouvait M. Rancey, avait donné au jeune commis un emploi auprès d'elle ; il était son cavalier servant, comme disent les Italiens, ou son amant, comme nous disons en France.

Le monde soupçonnait bien quelque peu l'intimité qui régnait entre eux ; mais le monde, si injustement sévère, est parfois un bon homme qui ferme les yeux pour avoir l'air de ne rien voir, et se bouche les oreilles pour avoir l'air de ne rien entendre. Nous ne savons pas si M. Saint-Aulaire connaissait le rôle que jouait son employé auprès de sa femme, ou, s'il l'ignorait, il agissait dans les cas comme s'il était dans l'ignorance la plus complète; il vantait le jeune homme, louait son zèle, son activité, et disait à qui voulait l'entendre tout ce qu'il devait à cet excellent Rancey. — Il lui devait probablement certaine chose qu'il ne disait pas.

Auprès de Mme Saint-Aulaire, il y avait une pauvre enfant, sa fille Mathilde, qui se mourait d'amour pour le séduisant Rancey. Mathilde avait dix-huit ans, elle était trop jeune pour que le plus léger soupçon se glissât dans son cœur sur l'affection que sa mère portait au jeune homme; la mousse ne s'attache qu'aux vieilles pierres, le soupçon qu'aux cœurs déjà corrompus.

Mais la mère avait deviné une rivale dans sa fille. La jalousie est semblable à une plante qui absorbe tous les sucs nutritifs de la terre et fait mourir les fleurs qui l'entourent; la jalousie de Mme Saint-Aulaire avait tué de tous les sentiments naturels le premier de tous, l'amour maternel : Mathilde fut sacrifiée. Sa mère l'attaqua par le défaut de la cuirasse des femmes, par la vanité: Mme Saint-Aulaire, obligée de la conduire dans le monde, lui retenait sur ses lèvres, par un regard sévère, le mot spirituel prêt à s'en échapper. Mathilde avait de l'esprit, son silence forcé la fit passer pour une sotte; elle avait une taille élégante, de fraîches couleurs aux joues; des robes mal taillées, aux nuances fausses, cachaient l'élégance et altéraient la fraîcheur.

En dépit de tout cela, Mathilde triomphait par la force et l'éclat de sa jeunesse; la jeunesse a un parfum que les rides seules dissipent, et beaucoup de jeunes gens alléchés par l'odeur d'une magnifique dot, rôdaient autour d'elle et faisaient à son cœur une rude guerre. L'amour de la jeune fille pour M. Rancey était une muraille infranchissable pour les assaillants.

M. Rancey, avec son coup-d'œil habile, avait compris la difficulté de sa position, car s'il n'aimait ni l'une ni l'autre, il lui était utile d'être aimé par toutes les deux; après avoir été l'amant de la mère, il espérait être le mari de la fille.

Le dessert arriva.

Le vin de Champagne commença son hymne joyeuse, et, s'élevant en jets mousseux, retomba en cascade dans les verres des convives.

— Mon cher, dit Rancey, vous nous cachez quelque chose; nous assistons à une fête, mais quelle est cette fête?

— Vous êtes un curieux, et je vais vous satisfaire.

Sur un geste de M. Brémont, le domestique sortit et revint portant un superbe bouquet.

— Voilà le bouquet, s'écria le banquier, et le nom du saint? — Il se nomme Emma, répondit M. Brémont, et se levant, il vint déposer un écrin sur les genoux de sa femme.

Les convives se levèrent et portèrent un toast à la santé d'Emma.

— Vous vous trompez, Messieurs, fit en souriant M. Brémont, il faut boire à l'anniversaire de notre mariage, car il y a aujourd'hui quatre ans que nous sommes mariés. — Quatre années de bonheur, dit un des convives. — Heureux mari! heureuse femme! ajoutèrent en chœur les autres. — Alors, Monsieur, dit M. de la Brosse, nous buvons à la continuité de votre félicité. — J'accepte vos vœux, répondit M. Brémont, légèrement ému.

Les invités entrèrent au salon, où chacun, suivant son caprice, fit ce qu'il lui plaisait; les jeunes femmes s'amusèrent à parcourir du regard les albums ouverts sur le guéridon, les hommes s'assirent à une table de wisth.

M. Brémont frappa doucement sur l'épaule de M. Rancey :

— Si vous le voulez, nous passerons dans ma chambre à coucher? — Comme il vous plaira, répondit le banquier.

Le fabricant jeta un regard à Richard, qui le suivit, et les trois personnages sortirent ensemble du salon.

Ils s'assirent commodément, comme des gens se disposant à parler d'affaires.

— Fumez-vous? demanda M. Brémont à M. Rancey. — Eh! mon cher, fit le banquier en riant, qui est-ce qui ne fume pas aujourd'hui? L'homme, du berceau à la tombe, ne fait plus que cela; si cette rage continue, le nouveau-né préférera au sein de sa nourrice un cigarre de la Havanne. — En voici à votre service.

M. Rancey, se renversant sur le dos de son fauteuil, jeta quelques bouffées de fumée, et il en suivit, pendant trois ou quatre secondes, les tourbillons capricieux.

— Tenez, dit-il, je ne sais quel parfum se dégage d'un cigarre, mais c'est un parfum qui monte à la tête et vous emporte dans la région vaporeuse de la rêverie. J'ai été pauvre, et au début de ma carrière, alors que le lendemain pour moi était l'incertain, ma tristesse n'a jamais résisté aux douces ivresses d'une pipe. Que de rêves construits sur les tourbillons de fumée, un coup de vent les emportait, mais je *bourrais* une nouvelle pipe, et je recommençais de plus belle. Dans une pipe il y a, pour qui sait les voir, des vaudevilles et des drames, des rires et des larmes, de gaies amours et de tristes... — Vous êtes poète? interrompit M. Brémont, au milieu de l'invocation de M. Rancey. — Hélas! répondit celui-ci, je suis banquier.

— Alors, parlons affaires.

Ce mot « affaires » résonna à l'oreille du banquier comme la clochette du président de la chambre des députés, interrompant dans leurs jeux innocents, ces grands enfants qui s'amusaient à tailler leurs pupitres, à faire des *cocottes*, et à battre la mesure avec leurs couteaux à papier.

— Je vous ai dit, continua M. Brémont, que j'avais, pour une spéculation sur les soies, besoin de cent mille francs. — J'ai cru que vous en aviez demandé cent cinquante, dit à son tour Richard.

M. Rancey jeta un regard soupçonneux sur le commis, qui venait par sa maladresse de donner l'éveil au banquier. — Non, ajouta M. Brémont, quoique l'opération puisse être faite sur une plus grande échelle, je me tiens au chiffre de cent mille; il ne me reste plus qu'à savoir quelles sont les conditions auxquelles M. Saint-Aulaire consent à me les prêter? — Pour combien de temps? demanda le banquier. — Pour un mois. Est-ce assez de temps, Richard?

Le commis se contenta de baisser la tête en signe d'adhésion.

— M. Saint-Aulaire, répondit M. Rancey, n'exigera de vous que le taux ordinaire de l'argent, six pour cent. — J'accepte, fit le fabricant avec un mouvement de joie qu'il ne put cacher. — Mais..., ajouta le banquier.

Cette réticence, ce monosyllabe de quatre lettres, arrêta subitement la joie du fabricant, ce *mais* pouvait être une barrière infranchissable; ce n'était qu'une palissade en planches, qui cachait peut-être derrière un précipice. L'anxiété se peignit sur le visage de M. Brémont, il retint son souffle et écouta M. Rancey qui acheva tranquillement entre deux bouffées : — Mais il n'y a plus qu'une petite condition, *sine quâ non*, comme disaient les Romains. — Laquelle? — Êtes-vous d'abord sûr de votre opération? — Très-sûr: les soies que j'achèterai demain soixante francs, seront, dans quinze jours, à cent. — C'est un bénéfice de soixante et quelques mille francs, c'est joli. Vous savez que M. Saint-Aulaire distrait difficilement l'argent nécessaire à ses opérations de banque. — Alors il refuse? dit M. Brémont, qui, sentant la rougeur lui monter au front, se rejeta vivement en arrière pour cacher son visage dans l'ombre projetée par le chapeau de la lampe. — Je n'ai pas dit cela, répondit M. Rancey; seulement vous comprendrez facilement qu'il est de toute justice, que moi, qui vous ai servi d'intermédiaire, et qui ai eu quelques difficultés à obtenir le consentement de M. Saint-Aulaire, j'aie une petite gratification sur vos bénéfices? — Comment, fit le fabricant en souriant, rien de plus naturel. Fixez-en vous-même le chiffre? Ce Rancey est un fripon, pensa-t-il tout bas. — Cinq mille francs, dit le banquier, est-ce trop? — Je vous donnerai cinq mille francs, répondit M. Brémont. Maintenant, quand pourrai-je faire toucher la somme? — Quand vous voudrez, demain si cela vous plaît, je vais vous donner un bon.

Le banquier s'assit devant le pupitre, prit une plume et du papier, mais à peine le premier mot était-il écrit, que le domestique, entrant, remit à M. Brémont ses journaux et une carte de visite.

Le fabricant jeta un rapide regard sur la carte qu'il tenait à la main, et il tressaillit imperceptiblement.

— Le monsieur qui m'a remis cette carte attend dans l'antichambre, dit-le domestique. — Qu'il attende, répondit M. Brémont d'une voix sèche et brève, qui donnait à cet ordre une signification particulière.

En disant ces mots, il jeta sur le pupitre les journaux et les lettres qu'il tenait à la main.

Les papiers, en s'éparpillant, laissèrent voir quelques-unes de ces feuilles à la teinte jaunâtre, aux hiéroglyphes de pieds-de-mouches, portant en tête le signe fatal qui trahit leur origine, le timbre.

Lorsque le corps entre en putréfaction, il s'en dégage des odeurs méphytiques; lorsque le crédit d'un commerçant est à la veille de mourir, il s'en dégage du papier timbré. Le papier timbré prend toutes les formes, tous les noms; il entre par la porte, par la fenêtre, il tombe par la cheminée, il se glisse dans votre chambre à coucher; il vous prend au collet si vous sortez, il s'installe chez votre concierge et vous attend au passage ; c'est un ennemi qui vit chez vous et par vous, que vous nourrissez, que vous hébergez, dont la famille se multiplie; qui vous fait les cornes avec son papier jaune, et qui vous regarde narquoisement avec ses grands yeux noirs.

Richard s'était habilement emparé des journaux et des papiers compromettants que M. Brémont avait jetés étourdiment jusque sous les yeux de M. Rancey; mais quelque eût été la rapidité du mouvement de Richard, le banquier avait senti une odeur de faillite; l'empressement du commis, le tressaillement involontaire qu'avait éprouvé le fabricant en lisant le nom écrit sur la carte de visite, avaient fait du soupçon presque une certitude.

Aussi, déchirant brusquement la feuille de papier sur laquelle il avait commencé à écrire, il se leva.

— Eh bien! dit M. Brémont, qu'avez-vous donc? — J'ai réfléchi, répondit M. Rancey, avec son plus adorable sourire, que demain il nous sera impossible de vous compter, à cause des nombreux paiements que nous avons à faire, les cent mille francs que je vous ai promis. Je vous avertirai du jour où vous pourrez les toucher. — Que ce soit le plus tôt possible; en spéculation, retarder c'est perdre. — Comptez sur moi et sur le désir que j'ai de vous être agréable. Rentrez-vous au salon, M. Richard, je crois que M. Brémont attend quelqu'un, et que notre devoir exige que nous retournions auprès de ces dames.

Le banquier, prenant familièrement le bras du jeune commis, s'éloigna avec lui.

M. Brémont se leva, se promena pendant quelques minutes de long en large, une larme glissa silencieusement sur ses joues.

— Allons! murmura-t-il, l'homme qui descend comme moi le triste sentier qui va de la fortune à la misère, ne peut pas s'arrêter en route; j'ai moins de regret de ce que je vais faire, et Dieu me pardonnera.

Il sonna, un domestique parut.

Faites entrer, dit-il.

A peine Richard et M. Rancey furent-ils rentrés au salon, qu'ils se séparèrent; le premier se dirigea vers M. de la Brosse, qui, assis sur une causeuse, semblait absorbé dans ses réflexions ; le second prit place à une table de jeu.

— Eh bien? interrogea Baptistin plutôt du regard que de la voix. — Le coup est manqué, répondit doucement le commis. — Maladroit! Le banquier a refusé! — A peu près. — Comment? à peu près? — Il a renvoyé à quelques jours... — Alors rien n'est désespéré? — Si ; parce que, dans quelques jours, M. Rancey, renseigné exactement sur la position de M. Brémont, refusera net les cent mille francs que celui-ci lui a demandés. — Diable, murmura Baptistin, la position devient difficile.

Il y eut un moment de silence entre les deux personnages.

— Si, dit M. de la Brosse, demain M. Brémont achète et paie les cent mille francs de soie, croyez-vous que M. Rancey, devenu plus confiant, consente à vous donner les cent mille francs? — J'en suis certain; mais où trouver ces cent mille francs? — C'est mon affaire; maintenant faites-moi le plaisir d'aller papillonner auprès de ces dames, et tâchez, sans qu'elle s'en doute, de m'envoyer Mme Brémont. — Que voulez-vous faire? — Vous le saurez plus tard. — Prenez garde de marcher trop vite. — Soyez tranquille, dans le chemin que je vous fais suivre, ce n'est ni vous ni moi qui nous casserons le cou.

M. de la Brosse écrivit sur son calepin, puis il en arracha le feuillet, le roula dans ses doigts, et, se levant, vint se placer près de la cheminée, sur laquelle se trouvait le bouquet offert par M. Brémont à sa femme; il glissa adroitement le billet au milieu des fleurs et attendit Mme Brémont, qui ne tarda pas à s'approcher de lui.

Est-ce que vous boudez, Monsieur? dit Emma. — Pourquoi cette question, Madame? — Vous restez à l'écart. — J'admirais le talent avec lequel on a disposé ces fleurs, répondit M. de la Brosse, en prenant le bouquet à la main. — Il est ravissant, en effet, dit la jeune femme. Qu'est-ce que j'aperçois? fit M. de la Brosse, entr'ouvrant les fleurs, en tira le billet qu'il y avait placé.

Il le présenta gracieusement à Mme Brémont.

Emma lut, et pâlit subitement.

— Je parie que je devine ce que renferme ce billet, dit le jeune homme qui n'eût pas l'air de voir l'émotion de la jeune femme. — Vous croyez. — Ce sont des vers. — C'est cela même. — M. Brémont, au parfum des fleurs a ajouté le parfum de la poésie. Vous êtes, de toutes les femmes, la plus heureuse. — Oh! oui, la plus heureuse, répéta Emma avec une expression pleine d'amertume. — Je vous laisse, dit M. de la Brosse en s'éloignant; car vous brûlez de relire ces vers; vos yeux ne sont que les domestiques du cœur auquel cette poésie s'adresse, et bientôt vous n'en aurez plus besoin pour vous la rappeler.

Deux personnes avaient vu la scène intime qui venait de se passer entre Emma et M. de la Brosse; ces deux personnes étaient M. Rancey et Madame Saint-Aulaire.

— Ce pauvre Brémont n'est pas heureux ce soir, dit le premier ; je viens de lui refuser cent mille francs dont il a besoin, et sa femme est en train de le faire... — Quoi ? — Bah! les maris sont tous mortels, fit le banquier en riant. — Méchant! exclama la vieille coquette avec un provoquant sourire. — Connaissez-vous ce jeune homme? demanda M. Rancey. — Non, on le dit fort riche. — Il a l'air assez impertinent pour cela. — Regardez Madame Brémont, comme elle est pâle. Elle déchire un billet. — Il paraît que le poulet est difficile à digérer. Pauvre Brémont!

Voici ce que contenait le billet qui provoquait chez le banquier des suppositions assez peu charitables :

« Madame,

» Monsieur Brémont est à la veille de sa ruine. — Cent
» mille francs lui sont nécessaires pour relever son crédit.
» A la demande qu'il en a faite à M. Rancey, celui-ci lui a
» répondu par un refus. — Vous seule pouvez sauver votre
» ami, en étant non pas sa caution auprès du banquier, car
» ce serait compromettre son crédit, mais en lui faisant l'a-
» bandon de votre dot que rend inaliénable, sans votre con-
» sentement, votre contrat de mariage. — La ruine, c'est-
» à-dire la faillite de M. Brémont, est le déshonneur de
» son nom, de celui que vous portez et de celui qu'il a
» donné à votre enfant. Jugez vous-même si l'honneur de
» votre fils vaut cent mille francs.

« Un Ami. »

A la lecture de ce billet, les larmes vinrent aux yeux d'Emma, mais elle les refoula bien vite, car la pauvre femme ne s'appartenait pas; comme l'actrice qui chante et rit au public, alors que son cœur saigne, brisée par la douleur, elle avait un rôle à jouer devant les personnes indifférentes qu'elle avait conviées à une fête, et auxquelles elle devait des sourires et de la gaîté.

Les souvenirs et les réflexions se heurtèrent dans son cerveau. Mille détails de son existence intime, jusqu'alors inaperçus revinrent à sa mémoire, éclairant de leurs sinistres lueurs la réalité de sa position. Plusieurs fois, M. Brémont, contre son habitude, avait fait attendre des fournisseurs réclamant le paiement de leurs factures ; il avait, sous un prétexte nullement justifié, supprimé certaines dépenses personnelles. Le billet ne mentait pas, à la gêne que trahissait ces particularités, devait nécessairement succéder la ruine.

Emma sentit comme un nuage passer devant ses yeux, ses jambes se dérobaient sous elle; elle s'accouda sur le chambranle de la cheminée, et appuya sa tête alourdie sur son bras.

Était-ce donc la misère avec ses mille tortures et ses mille hontes qui effrayait la jeune femme?

Non; elle eût descendu la sérénité au front le rude sentier qui y conduit, elle eût eu le courage qui — comme les fleurs naissant sous la neige des hivers — grandit et se développe sous le souffle de l'adversité, si elle eût pu s'appuyer sur la conscience qui soutient; mais Emma était, au contraire, courbée par le remords, c'était elle qui, du même coup, brisant le cœur et la fortune de son mari, l'avait précipité dans l'abîme où il roulait; il n'y avait qu'un coupable, elle, pour deux victimes, son mari et son fils.

Emma n'hésita pas pour savoir ce qu'elle avait à faire; l'ami inconnu dont elle ne chercha pas même le nom, qui l'avait instruite de la ruine de M. Brémont, lui avait tracé son devoir et elle jura de le remplir.

Lorsque la jeune femme releva la tête, il n'y avait plus sur son visage aucun signe d'émotion, ses yeux brillaient sous l'influence d'une volonté inébranlable : elle avait pris une résolution.

Tout en causant avec quelques jeunes femmes, et en souriant d'un sourire épanoui qui lui permettait de montrer un ratelier dont Williams Roger eût envié la blancheur pour ses osanores, M. de la Brosse avait suivi chaque mouvement d'Emma, son regard comme la sonde avait plongé inquiet dans la réflexion de Madame Brémont ; il avait compté chaque pulsation de son sein, deviné chaque soupir étouffé sous les lèvres crispées; lorsqu'il lui vit relever la tête, il se pencha à l'oreille de Richard :

— Mon cher, lui dit-il, je viens de mettre dans notre jeu deux cent mille francs. — Comment? — J'ai tiré un bon de cent mille francs sur le cœur de Madame Brémont, ajouta tout bas M. de la Brosse.

Nous avons laissé le fabricant au moment où il donnait l'ordre à son domestique de faire entrer le personnage qui attendait dans l'antichambre.

C'était un agent d'une compagnie d'assurances.

— Monsieur, dit-il, je vous apporte la police... — Très-bien, voyons?

Le fabricant parcourut des yeux quelques pages.

— Vous me répondez de la Compagnie que vous représentez? demanda-t-il. — Comme de moi-même.

La caution était peu rassurante ; mais M. Brémont ne fit pas attention à la réponse, absorbé qu'il était par la lecture des papiers que lui avait remis l'agent.

Celui-ci reprit avec la volubilité monotone du tic-tac d'un moulin :

— Nous avons pour président M. de Rotschild, pour vice-président M. de Belle-Isle, pair de France, pour caissier M. de.... — Cela suffit, dit le fabricant en interrompant l'agent qui eût continué longtemps ou se fût arrêté qu'a-près avoir épuisé la kyrielle des noms des administrateurs et des actionnaires de la Société d'assurances. — J'ai quelques explications à vous demander, fit M. Brémont ; seriez-vous assez bon pour me les donner? — Je suis à vos ordres. — Asseyez-vous, je vous en prie. — Ne faites pas attention.

L'agent s'assit auprès du pupitre devant lequel était M. Brémont; il plaça délicatement son chapeau entre ses genoux ; il ressemblait à un aspirant au baccalauréat ès-lettres se disposant à subir un examen dont l'issue favorable n'offre pas le plus léger doute.

— J'ai voulu, dit le fabricant, dans le cas où je mourrais le premier, assurer à ma femme un capital de trois cent mille francs. — Oui, Monsieur. — Je verse entre vos mains la somme de cinquante mille francs. — Plus dix francs soixante-et-quinze centimes pour les frais de timbre, de copie et d'enregistrement. — Ne m'interrompez pas pour de pareilles niaiseries, dit M. Brémont avec impatience. — Je reprends : Je verse entre vos mains la somme de cinquante mille francs, de plus, chaque année, je suis tenu de compter à la compagnie la somme de deux mille cinq cents francs payables par trimestre. — C'est bien cela. — Si je meurs avant ma femme, et si j'ai tenu les engagements détaillés dans cette police, la compagnie est obligée de remettre à Mme Brémont trois cent mille francs, quelle que soit l'époque de ma mort. — Vous mourriez demain, que je ne souhaite ni pour vous ni pour la compagnie, et vous auriez versé la première mise de fonds, c'est-à-dire cinquante mille dix francs soixante-et-quinze centimes, que la compagnie serait dans l'obligation de compter à Mme Brémont les trois cent mille francs que vous placez sur sa tête. — Mais si, au contraire, Mme Brémont meurt la première? — Alors le contrat est rompu par le fait seul de cette mort ; seulement toutes les sommes versées par vous jusqu'à cette époque, deviennent la propriété exclusive de la compagnie et sont perdues pour vous. — La compagnie n'a-t-elle pas prévu certains genres de mort? dit M. Brémont avec quelque hésitation. — Si ; elle a dû se mettre en garde : ainsi le suicide est un cas prévu qui annule le contrat. Vous comprenez, du reste parfaitement, que si un père, par exemple, après avoir placé sur la tête de son fils une somme de deux cent mille francs, se faisait sauter la cervelle pour laisser une fortune à son enfant, ce serait une belle et bonne escroquerie de quelques centaines de mille francs dans la caisse de la compagnie ; le monde, qui juge avec le sentiment lorsque ses intérêts ne sont pas engagés, appellerait sans doute ce suicide un dévouement, mais les tribunaux le qualifieraient de vol, et je crois que ce mot rendrait mieux la chose. — Cependant il y a des suicides qu'il est difficile de prouver, car ils se cachent sous la forme d'accident. — C'est un suicide prémédité ; mais il y a un sentiment qui rend impossible l'accomplissement d'un pareil suicide sans qu'il laisse derrière lui des traces de sa préméditation. — Et quel est ce sentiment? — La vanité ; il y a beaucoup d'hommes capables de se tuer pour assurer une fortune à une personne aimée, il n'y en a pas un seul capable de le faire sans le dire ; le dévouement existe sur cette terre, je ne le nie pas ; mais, comme toutes les vertus de ce monde ont au fond le germe d'un vice, l'orgueil est la tache du dévouement, et en se sacrifiant on veut avoir l'éloge légitime qui revient au sacrifice. — Alors l'accident qu'on peut prouver être le résultat d'une préméditation.... — Rentre dans la catégorie du suicide pur et simple, et annule le contrat. — Savez-vous, dit M. Brémont en souriant, que pour être agent d'assurances il faut avoir une profonde connaissance du cœur humain, et être au courant de ses petites faiblesses.

L'agent s'inclina en rougissant devant le compliment du fabricant.

— Tous ces papiers sont en règle? demanda celui-ci. — Parfaitement ; voici la police signée par le directeur de la compagnie, voici l'acte d'enregistrement passé chez Me Berthelon, et voici le reçu des cinquante mille dix francs soixante-et-quinze centimes.

M. Brémont prit dans son secrétaire une liasse de billets de banque, les compta et les remit à l'agent. — Veuillez vérifier? dit-il.

L'agent examina chaque billet l'un après l'autre, avec la minutieuse attention d'un caissier :

— Le nombre est exact, répondit-il en se levant et en se dirigeant vers la porte; je vous souhaite maintenant, ajouta-t-il, de payer encore longtemps à la compagnie, et de ne point avoir fait une bonne affaire. — Je vous remercie de votre souhait.

M. Brémont contempla quelques instants en silence le contrat, il le renferma ensuite dans son secrétaire.

— C'est un dernier espoir, murmura-t-il; plaise à Dieu que je n'en aie pas besoin. Oh! Emma, puisses-tu ne jamais savoir tout ce que tu m'as fait souffrir, puisses-tu ignorer le crime que je suis sur le point de commettre, ce serait une trop cruelle punition.

Les cris de son enfant qui pleurait dans son berceau, placé dans la chambre à côté de celle de M. Brémont, le firent tressaillir :

— Mon enfant, s'écria-t-il, mon enfant, qui l'élèvera? qui me remplacera près de lui? Oh! non, je veux vivre, vivre pour lui! Allons de l'énergie! Le capitaine sur son vaisseau ne met le feu aux poudres et ne fait sauter l'équipage que lorsque tout espoir est perdu. Attendons encore et espérons.

Il rentra au salon, s'excusa de son absence, et s'assit à une table d'écarté, en face de M. Rancey; il perdit trois parties coup sur coup.

— La chance n'est pas pour vous, ce soir, dit le banquier.

Le fabricant regarda attentivement M. Rancey, car il crut voir une intention de moquerie dans ces quelques mots; le visage du banquier respirait tant de franchise et de bonhomie, que les soupçons de M. Brémont s'évanouirent.

— Je ne m'en plains pas, répondit-il, vous connaissez le proverbe : « Malheureux au jeu.... Heureux en amour, » acheva M. Rancey; mais à ce compte, en retournant le proverbe pour moi, je devrais être très-malheureux en amour.

Les domestiques en servant le thé, interrompirent les parties et les causeries qui s'étaient établies sur plusieurs points du salon.

Tout le monde s'était levé et s'était approché du guéridon sur lequel se trouvait un service de porcelaine d'une richesse remarquable; Emma s'était emparée de la théière en argent, ciselée, et elle versa elle-même le thé bouillant, tandis que M. Brémont, s'associant à sa jeune femme pour faire dignement les honneurs de chez lui, servait le lait, qui, semblable à un nuage se fondant dans l'azur du ciel, se perdait vaporeusement dans le liquide en le teignant d'une couleur blanchâtre.

— Voilà des gâteaux d'un parfum savoureux, dit M. Rancey, qui, tout en mangeant une tartelette, buvait comme il convient à un véritable gourmand, sa tasse de thé à petites gorgées. — Est-ce que vous ne connaissez pas la signature de son auteur? répondit M. Brémont en souriant. — J'ai besoin d'une nouvelle épreuve, fit le banquier en prenant un nouveau gâteau.

Après quelques minutes d'un profond et comique silence :

— Il n'y a, dit-il, qu'un seul homme au monde dont les produits soient capables de procurer à mon palais une sensation pareille; ces gâteaux sortent de Boinon. — Votre palais, répondit M. Brémont, n'est ni oublieux ni ingrat pour ceux qu'il aime; vous avez deviné juste.

Les Lyonnais sont plus fiers de leur pâtisserie et de leur charcuterie, qu'ils ne le sont des enfants qui, en se rendant illustres, jettent un peu de gloire sur leur terre natale; ils rougiraient de ne pas connaître Boinon, et ils n'ont nulle honte d'ignorer que Jacquand et Biard, deux peintres célèbres, Pierre Dupont, un chansonnier remarquable, et beaucoup d'autres, sont nés dans notre ville.

Nous constatons simplement un fait, sans chercher à en tirer la conséquence, ni en donner l'explication.

Boinon fut un grand homme dans la pâtisserie; il recula les limites des conquêtes de l'homme dans la farine unie au jaune d'œuf.

Il est mort. Puisse la terre lui être aussi légère que le furent ses pâtisseries à l'estomac des consommateurs!

Pendant que nous avons écrit ces quelques lignes, consacrées à la mémoire du célèbre pâtissier de la rue Saint-Dominique, rue qui, entre parenthèses, fut ouverte par le farouche baron des Adrets, lors de l'occupation de Lyon par les protestants, les invités de M. Brémont avaient achevé de prendre le thé.

Il était trop tard pour se mettre à une table de jeu, il était trop tôt pour se retirer.

— Si nous chantions, dit une vieille demoiselle, qui avait la prétention de posséder une jolie voix, et qui, depuis vingt ans, poursuivait deux choses sans pouvoir les atteindre : l'*ut* de poitrine et un mari.

La proposition fut adoptée : Emma se mit au piano pour accompagner la vieille fille à laquelle revenait naturellement l'honneur de commencer.

Les hommes, réunis en groupes, se préparèrent non pas à écouter, mais à applaudir; car l'un n'est pas nécessaire à l'autre; il faut même ne pas écouter pour pouvoir applaudir sans remords de conscience les voix chevrottantes qui se marient souvent peu harmonieusement avec les accords du clavier.

Emma fut à son tour priée de chanter.

— Si tu nous chantais ce nocturne? lui dit son mari. — Je le veux bien, mais il est à deux voix, et... — Et ton partner te manque, ajouta M. Brémont avec un accent plein d'un mélancolique regret; je ne sais pourquoi ce diable de Georges ne vient plus nous voir, je lui ai envoyé cependant une invitation; le farouche républicain m'en veut peut-être de mes opinions politiques. — M. Duval père est dangereusement malade, répondit M. de la Brosse. — Oh! alors, je comprends. — Puis, ajouta l'ex-valet, M. Georges est tout entier à son amour. — Quel amour? demanda le fabricant, qui, malgré sa délicatesse exquise vis-à-vis d'Emma, éprouvait un secret plaisir à rabaisser Georges dans l'esprit de sa femme, et qui, en voyant l'occasion, ne voulut pas la laisser échapper. — Comment! Vous ne connaissez pas son intrigue avec une fille de la rue du Bessard?

M. de la Brosse raconta, sans omettre aucun détail, tous les incidents des aventures de Georges avec Louise. Comme dans l'habit de M. de la Brosse était logé Baptistin, et que le valet, par intérêt et par calcul, avait surveillé attentivement la vie de son jeune maître, la narration fut exacte. — Allons, dit avec bonhomie M. Brémont, lorsque M. de la Brosse eut achevé son récit; ce n'est qu'une folie de jeunesse, un pur amour enlèvera les immondices de celui-ci. — Comment! voilà le jeune homme dont vous me vantiez les qualités sur tous les tons, dit le banquier; je vous en fais mon compliment.

M. Rancey, admis depuis peu dans l'intimité du fabricant, ne connaissait pas Georges.

— Mon cher, répondit M. Brémont, il existe un vieux proverbe qui dit : « A tout péché miséricorde. »

La soirée se termina rapidement.

Selon la coutume prise depuis le jour où M. Brémont avait découvert la faute de sa femme, le fabricant, après avoir salué froidement Emma, allait se retirer dans sa chambre.

— J'ai à vous parler, dit-elle. — Est-ce donc si important que vous ne puissiez remettre à demain ce que vous avez à me dire, répondit le fabricant. — Me refuseriez-vous un entretien?

Pour toute réponse, M. Brémont sonna le domestique et lui ordonna d'allumer les bougies de sa chambre à coucher.

— Venez? dit-il, en se retournant vers sa femme.

Emma entra dans la chambre à coucher de son mari, elle s'assit sur une causeuse en attendant que le domestique eût achevé son service; lorsqu'il fut sorti, elle s'avança vers M. Brémont qui s'était laissé tomber sur une chaise.

— Monsieur, dit-elle, vous êtes ruiné.

Le fabricant tressaillit intérieurement, mais pas un muscle de son visage ne traduisit extérieurement cette émotion concentrée :

— Qui donc vous a rapporté cette étrange nouvelle? demanda-t-il. — Peu vous importe... Répondez-moi. Êtes-vous ruiné, oui ou non? — Non! fit M. Brémont d'une voix ferme. — Monsieur, dit la jeune femme, ne donnez pas à mes paroles un sens qu'elles n'ont point. Je viens à vous, non pas guidée par un sordide intérêt, vous demander de me rassurer sur votre fortune; car si je la désire encore, ce n'est pas pour moi, dont la vie, qu'elle se passe dans l'opulence ou dans la misère, sera toujours malheureuse, parce qu'elle est chargée d'un remords ; mais je viens, humble et suppliante, vous adresser une prière, si ce qu'on a dit est vrai. — **Eh bien !** supposons que je sois ruiné, que voudriez-vous ? — Je voudrais que, oubliant un instant la barrière qui nous sépare pour toujours, vous me permissiez de m'associer avec vous dans ce péril commun. — Comment ? — La dot que m'a donnée mon père ne peut être touchée par vous, mais je puis en disposer. Dites-moi un seul mot, et, en un trait de plume, je vous en fais l'abandon ; avec elle, vous relèverez sans doute votre commerce chancelant, ou s'il n'en est plus temps, vous sortirez comme vous y avez vécu, honorablement des affaires, ne laissant derrière vous aucune dette, c'est-à-dire aucun déshonneur pour notre enfant. — Oh ! Emma ! murmura le fabricant avec une voix pleine de sanglots étouffés, vous avez un grand et noble cœur. Pourquoi ne vous ai-je connue que lorsque vous étiez perdue pour moi ?

Il y eut un moment de silence, pendant lequel la jeune femme baissa la tête pour cacher quelques larmes qui glissaient de ses yeux. M. Brémont, redevenu maître de lui-même, reprit sa dignité froide et glaciale.

— Vous ne m'avez pas répondu, dit Emma. — Vous ai-je jamais menti ? demanda M. Brémont. — Jamais. — Eh bien ! aussi vrai que, depuis trois mois, c'est la première fois qu'à pareille heure vous avez franchi le seuil de cette porte, aussi vrai que mon cœur est brisé pour toujours ; si demain je venais à mourir, je laisserais à mon enfant quinze mille francs de rente.

M. Brémont s'était levé et du regard montrait la porte.

Emma comprit ce coup-d'œil, qui était plutôt une prière qu'un ordre : elle sortit.

— Pauvre femme ! murmura M. Brémont, qui de nous deux souffre le plus !

Pour nous, qui lisons au fond des cœurs et qui voyons la souffrance égale pour tous les deux, nous dirons :

— Pauvres époux !

CHAPITRE XXII.

Le dimanche des Brandons.

On était au carnaval de l'année 1826, c'est-à-dire environ six mois après les événements que nous avons racontés dans nos derniers chapitres.

Le carnaval a une origine antique : il vient de l'Inde et de l'Egypte, où il portait le nom de *Bacchanales*, fêtes célébrées en l'honneur de Bacchus, et dans lesquelles régnait la plus dégoûtante immoralité ; les femmes, presque entièrement nues, la tête ceinte de branches de vigne, et au dire de quelques historiens, de serpents vivants, parcouraient les rues le visage barbouillé de lie ou de sang, tenant à la main des quartiers de jeunes taureaux dont elles mangeaient la chair crue et sanglante. De l'Inde, les Bacchanales passèrent en Grèce, et de la Grèce en Italie ; Rome ajouta à ces fêtes les *Lupercales*, en mémoire de la louve qui nourrit de son lait Romulus, le fondateur de la ville éternelle, et les *Saturnales*, en mémoire de Saturne qui pendant son court séjour sur cette terre, enseigna aux Romains les premières règles de la civilisation. Ces dernières fêtes, quoiqu'également fort immorales dans leur pratique, renfermaient cependant un principe de haute moralité : l'égalité des hommes. Pendant tout le temps de leur durée, l'esclave était affranchi, il portait le bonnet phrygien, et le maître n'avait sur lui aucun pouvoir.

La religion chrétienne, en réformant les mœurs, en les adoucissant par la charité qu'elle prêchait, et l'égalité qu'elle enseignait, fut cependant obligée d'accepter les Bacchanales en héritage du paganisme. Il est vrai qu'elle n'accepta ce legs que sous bénéfice d'inventaire; et, pour leur donner une forme religieuse, elle en fit la fête de saint Bacchus, qui fut inscrit dans le calendrier sous le nom de saint Bacque (7 octobre) ; cette canonisation n'a pas été ratifiée par l'Eglise.

Nous n'avons pas la prétention d'écrire l'histoire des fêtes païennes d'où est sorti notre carnaval, elles sont connues de nos lecteurs, car elles sont liées intimement à la vie politique des anciens peuples ; mais en les rappelant à leur mémoire, nous leur ferons remarquer que le carnaval a conservé des traces de son origine. Il est une époque de licence moins grande, il est vrai, que celle qui régnait pendant les Bacchanales, mais les mœurs se relâchent alors considérablement, et on tolère ce qu'on ne permettrait pas dans toute autre circonstance ; enfin, l'égalité qui existait pendant les Saturnales se retrouve dans nos mascarades.

Depuis quelques années seulement, les mascarades, qui parcouraient les rues à la grande joie du peuple, les saluant de ses cris et de ses bravos, s'en vont au profit des établissements ouverts à la danse. Notre siècle est égoïste jusque dans ses plaisirs ; autrefois on s'amusait en amusant les autres, aujourd'hui on s'amuse pour soi et l'esprit est tombé du bout de la langue dans les jambes ; les masques ne courent plus dans les rues en jetant au passant des lazzis et des bons mots ; ils disloquent et tordent leurs membres dans cette danse de convulsionnaire qui a reçu le nom de *cancan*.

En 1826, grâce à Dieu, il n'en était point encore ainsi ; — aussi le peuple avait-il salué avec enthousiasme le soleil qui s'était levé radieux et superbe, pour offrir son lustre d'or à la fête qui se préparait.

C'était en effet une véritable fête à Lyon que celle du *dimanche des bugnes* (1).

Il faisait froid, mais ce froid était de ceux qu'on éprouve plaisir à braver, parce qu'il vivifie le corps comme l'eau du Rhône, et donne aux membres de la souplesse et de l'élasticité. Le ciel était pur, quoique tacheté de loin par quelques nuages blancs. Fourvières, la colline sainte dont le Lyonnais boutiquier consulte toujours le dôme avant de partir pour la promenade, afin de savoir s'il doit se munir d'un parapluie ; Fourvières était enveloppé d'une atmosphère bleue et transparente comme la gaze légère que fabrique l'ouvrier en soierie.

Rien ne devait donc jeter le désordre dans la fête qu'attendait impatiemment le bon peuple de la Croix-Rousse, qui s'était échelonné de bonne heure sur la route que devait parcourir la mascarade, route tracée d'avance : les voitures et les masques, partis par des chemins différents, se réunissaient à la plaine de Saint-Fons, située au-delà de la Guillotière, et faisaient leur entrée dans la ville en suivant le quai du Rhône, compris entre le pont de la Guillotière et le pont Morand, et que garnissait alors une longue allée d'arbres.

---

(1) Ce dimanche, qui est le premier dimanche après le mardi-gras, s'appelle dans les autres provinces *le dimanche des Brandons*. Cette différence de nom avec celui que nous avons donné, implique une différence dans la pratique de cette fête : dans les autres provinces, par exemple dans la Bresse, on allume à la fin de la soirée, sur toutes les montagnes, d'immenses bottes de paille ou de foin, que les paysans portent au bout de longues perches ; ce spectacle, pour les personnes placées dans la plaine, offre un coup-d'œil fantastique ; ces bottes de paille enflammées se nomment des *brandons*. A Lyon, on n'allume ce jour-là aucun feu de joie, mais on offre à toutes les personnes de sa connaissance que l'on invite à dîner, des *bugnes*, espèce de pâtisserie frite dans l'huile.

Tous les peuples se ressemblent : les mœurs, que modifie sans doute le temps dans sa marche calme et mesurée au progrès, changent extérieurement, mais les goûts restent les mêmes, et entre ce peuple romain demandant *panem et circences* (du pain et des jeux), et le peuple français du xive siècle, il n'y a pas une différence radicale ; comme le premier, le second aime les jeux, et si on lui a appris que le pain que les plébéiens de Rome réclamaient comme un droit dans leur paresse et leur lâcheté, se gagne honorablement par le travail, on ne lui a pas enlevé l'amour des fêtes ; il lui faut des spectacles dans lesquels il laisse déborder son excès d'enthousiasme, il faut qu'il s'amuse pour se trouver heureux, en oubliant dans l'ivresse des bravos et des cris, les souffrances et les douleurs de son labeur.

L'administration municipale de Lyon avait compris ce besoin de la classe ouvrière, et elle n'ignorait pas que le luxe déployé dans les fêtes populaires n'était point un luxe perdu, parce que le peuple le considérait comme le thermomètre de la prospérité commerciale, et était beaucoup moins disposé à se plaindre lorsqu'il s'était un peu amusé. La ville s'imposait donc volontairement, chaque année, un sacrifice d'argent employé à solder les *bandes* de masques.

Ces bandes, aussi nombreuses que les faubourgs, car chacun avait droit à en avoir une, constituaient l'élément classique et traditionnel de la mascarade du dimanche des Brandons ; mais autour d'elles se groupaient les jeunes gens élégants qui, se réunissant entre eux, représentaient tantôt les principaux personnages de l'opéra à la mode, ou quelques scènes mythologiques, ou bien faisaient de la satire politique. La promenade à Saint-Fons était dans les mœurs aristocratiques. Les jeunes femmes, enveloppées dans un domino, ou vêtues d'un costume de caractère, le visage couvert d'un loup discret, étaient couchées voluptueusement dans d'élégantes calèches découvertes, attelées de chevaux de poste aux crinières enrubannées. Les postillons faisaient claquer joyeusement leur fouet, tandis qu'aux portières chevauchaient des jeunes gens richement costumés, jetant en passant un bon mot, et recevant quelquefois en échange un gracieux sourire.

Au milieu de ce luxe, — comme une tache sur l'habit pailleté d'or d'un marquis Louis XV, — se trouvaient les mascarades du peuple à la joie grossière.

C'étaient d'ordinaire d'immenses tombereaux semblables à ceux dont parle Boileau, sur lesquels Thespis, barbouillé de lie, inaugura la farce, qui fut l'origine de la comédie. Ces tombereaux étaient garnis de feuillage, et sur cet étroit tréteau, traîné par de lourds chevaux, étaient entassés pêle-mêle des hommes et des femmes aux travestissements en guenilles, la figure couverte de farine ou de noir fumée, criant, hurlant, soufflant de toute la force de leurs poumons dans des trompettes, des mirlitons et des cornes à bouquin ; pour alimenter sans doute cette gaîté fiévreuse, une marie-jeanne circulait de main en main, et chaque acteur buvait à son tour.

L'ivresse faisait éclore sur les lèvres avinées le *Catéchisme poissard*, répertoire d'injures immorales, ramassées dans le fumier des Halles, et rimées par un Tyrtée de ces fêtes populaires.

Le milieu de la route était, sous la surveillance de la police, uniquement réservé aux mascarades ; à droite et à gauche, se pressaient les flots de spectateurs, juchés sur des tréteaux, sur les chaises et les tables des guinguettes ; aux arbres bordant le quai, étaient suspendus les gamins, qui avaient conquis à la force du poignet et du genou ces stalles aériennes.

Dans la foule circulait le *paysan*, cette incarnation classique du carnaval et de l'esprit lyonnais. Son costume n'offrait rien d'original ; il se composait d'un habit à longues basques, à larges boutons, d'une culotte, de bas rouges et de souliers à boucles, une immense perruque en étoupe lui couvrait la tête et lui descendait jusqu'au milieu des reins ; un chapeau à larges bords, assez semblable à celui du paysan breton, retenait un masque dont le nez et le menton se faisaient une guerre acharnée. Le paysan tenait à la main une longue carotte rouge, une vaste besace en toile, jetée sur ses épaules, était garnie de fruits, qu'il offrait aux jolies filles ; il parlait la langue de l'ancien ouvrier en soierie, il était généralement plus insolent que spirituel ; mais dans ce jour de laisser-aller, et au milieu de ce bon peuple qui ne demandait qu'à rire, ses insolences étaient accueillies par des hourras de bravos, et comme une excellente monnaie de l'esprit français.

Arlequin, avec sa batte provoquante, lutinait Polichinelle qui poursuivait Colombine, la douce et timide pupille du vieux Cassandre, la tendre et fidèle maîtresse du beau Léandre.

Arlequin, Polichinelle, Colombine, Cassandre, Léandre, noms qui évoquent de si riants souvenirs ; joyeux masques venus de la belle Italie, qu'êtes-vous devenus ?

Et toi *paysan*, que j'aimais malgré la brutalité de tes injures, qu'as-tu fait de ta longue carotte rouge ?

Quand sonne l'heure du dimanche des Brandons, on voit sur la route que parcourait autrefois les folles mascarades, d'honnêtes bourgeois se promenant tristement ; entendent-ils le son d'une trompette, ils relèvent rapidement la tête, leur regard brille d'espérance : fausse joie, cette trompette qui a fait battre délicieusement leur cœur, est celle d'un omnibus qui les éclabousse en passant. Vainement ils interrogent le brouillard descendant avec la nuit, le brouillard, ce rideau tombé pour eux sur une scène vide, reste froid et impénétrable ; et lorsque, las d'avoir inutilement attendu les mascarades qui ne sont pas venues, ils rentrent tristes, ils rencontrent sur leur route de noirs fantômes enveloppés dans d'épais manteaux, glissant d'un pied léger sur la boue humide. Ces fantômes, ils les ont reconnus, ce sont Arlequin, Polichinelle, Cassandre, Colombine, qui vont au bal masqué !

Et les bourgeois, désappointés, murmurent avec douleur :

—Autrefois !...

Eh bien ! nous sommes en plein milieu de cet *autrefois* tant regretté par les Lyonnais.

Ecoutez cette grande voix des flots du peuple se mêlant à celle des flots du Rhône, entendez ces éclats de rire qui se brisent comme les vagues contre la berge ; voyez la foule qui ondule, pressée, repoussée, semblable à des épis de blé se couchant et se relevant sous le souffle capricieux du vent.

— Voici les *souffleurs*.

A ce cri, poussé par les gamins grimpés sur les arbres, mousses hardis, qui de leur observatoire mouvant signalent la terre promise, un second cri immense retentit, mais dans ce cri il y a des voix qui pleurent, il y a des voix qui rient ; il y a des larmes et des rires.

— Prenez donc garde ! vous allez m'écraser. — Parbleu, si vous craignez pour vos cors il fallait rester chez vous.

Sur tous les points, il se passe des scènes, dont le dénouement est toujours un éclat de rire : un homme tombe, on rit, une femme se trouve mal, on rit ; le rire est sur toutes les lèvres, dans tous les yeux.

Cependant la *bande* des souffleurs, qui ouvre la marche des mascarades, s'avance gravement musique en tête.

Rien ne rappelle dans leur costume leur origine italienne (1).

---

(1) La mascarade des souffleurs fut introduite à Lyon au xve siècle, par les gibelins, chassés de Florence à la suite de leur lutte avec les guelfes.

Ils sont vêtus d'un pantalon blanc sur lequel retombe une chemise, leur tête est ornée d'un bonnet de coton, et ils sont armés de soufflets; ils marchent sur deux rangs, comme des capucins en procession.

Le tambour fait entendre un roulement. La bande s'arrête.

A un nouveau signal, chaque souffleur s'incline et dirige son soufflet sur la partie postérieure de celui qui est placé devant lui. Cet exercice dure cinq minutes, un roulement de tambour le fait cesser.

Alors les souffleurs reprennent silencieusement leur marche, et dix pas plus loin recommencent la même cérémonie.

Après la bande des souffleurs vient celle des *gagne-petit*.

Le gagne-petit est cet être nomade qui parcourt le monde une meule sur le dos, aiguisant les couteaux et les ciseaux des pratiques que le hasard — ce grand dieu qui fait les fortunes — place sur son chemin. L'industrie du gagne-petit n'est pas une industrie locale, et nous ignorons quel sens mystique a cette mascarade.

Le même accueil enthousiaste qui avait salué les souffleurs salua les gagne-petit.

Puis défilèrent tour-à-tour, au milieu des bravos de la foule, les bandes de Bourg-Neuf, de Vaise, de la Croix-Rousse, de St-Just, de la Guillotière, ayant chacune en tête le drapeau de leur faubourg. Les nobles chevaliers, bardés de fer.... en carton peint, y coudoyaient le sauvage de l'Amérique du Nord; la tête superbement empanachée, le maillot collant, le casse-tête sur l'épaule, tous les peuples de la terre y étaient représentés; le Turc, avec son turban de cachemire... en carton peint, donnait fraternellement le bras au Russe enveloppé de peaux d'ours... en peaux de lapin; le Toréador espagnol, les cheveux retenus par la résille andalouse, la taille serrée dans sa veste de velours... foncé, toute ruisselante de dorures... ternies, le mollet emprisonné dans un bas blanc... tacheté de boue, allumait sans ridicule orgueil son cigarre dans le *brûle-gueule* d'un élégant marquis Louis XV, à la perruque poudrée, au teint vermillonné, au jabot de dentelles... en tulle, maculé de vin. C'était un tohu-bohu ravissant de masques de toute espèce, jetant à pleine main la gaîté et le rire à la foule.

Lorsque les bandes eurent disparu par le pont Morand, commença le défilé des mascarades particulières, qui constituaient l'impromptu de la fête, car celles dont nous avons parlé étaient connues du peuple, qui les saluait comme d'anciennes connaissances, mais qui attendait les autres avec impatience.

Il y eut alors un mouvement de curiosité subite dans la foule, et comme au théâtre le sifflet du machiniste, d'une guinguette enfumée transporte le spectateur dans un salon aux arabesques d'or, aux bougies étincelantes, le spectacle changea subitement.

Ce fut d'abord une brillante cavalcade de mousquetaires, jeunes fous si braves et si spirituels, dont l'histoire est autant dans la ruelle des grandes dames que sur le champ de bataille.

Cette cavalcade était la préface d'un beau livre, auquel on avait donné une réalité physique; ce livre s'appelait: Siècle de Louis XIV.

Toutes les illustrations de cette époque, et l'on sait combien elles furent nombreuses, chevauchaient autour du puissant monarque, assis dans une calèche.

Une seconde calèche contenait la triade féminine qui eut sur la vie de Louis XIV une si grande influence: mademoiselle de La Vallière, madame de Montespan et madame de Maintenon, femmes qui régnèrent tour-à-tour et dont chacune eut de son royal amant une chose que ne posséda pas ses rivales: mademoiselle de La Vallière eut le cœur, madame de Montespan les sens, et madame de Maintenon la tête; car on peut dire de Louis XIV qu'il aima la première, désira la seconde et subit la troisième.

La dernière voiture était remplie d'enfants mangeant de longues tartines sur lesquelles était écrit le nom d'une province. C'étaient les nobles bâtards de Louis XIV.

Autour de ces voitures, des seigneurs aux riches dentelles, aux chapeaux garnis de plumes, faisaient caracoler leurs chevaux.

Cette mascarade fut saluée par de triples salves de bravos.

Celles qui vinrent après n'eurent aucune signification particulière: c'était un mélange de tous les costumes et de toutes les époques.

Tout-à-coup, un de ces incidents qui ne sont rien au début, mais qui deviennent souvent terribles par le désordre qui en résulte, attira l'attention de la foule. Une calèche avait été accrochée par un tombereau qui en avait brisé une des roues; un jeune homme travesti en polichinelle, servant de cocher à l'équipage élégant, leva son fouet sur l'un des malencontreux masques du tombereau. A ce geste, tous les hommes du peuple qui faisaient partie de cette mascarade, s'élancèrent sur la calèche, armés de longs bâtons, et commencèrent une attaque en règle.

La lutte n'était guère possible, l'avantage devait nécessairement rester aux hommes du peuple sur les hommes de la calèche, trop peu nombreux pour leur résister, et qui, inquiets sur le sort du combat, cherchaient à protéger deux femmes enveloppées dans un domino et couchées au fond de la voiture.

Au même instant, un jeune cavalier, vêtu d'un costume entièrement noir, et dont la figure était cachée par un loup aux épaisses dentelles, força à reculer, en faisant piaffer son cheval, la foule de curieux qui entourait les combattants.

Le secours arrivait à temps.

D'un coup de cravache, le cavalier coupa la figure d'un des hommes, qui avait déjà mis le pied sur le marche-pied du cabriolet; le sang jaillit en abondance par la large raie tracée sur le visage, et l'assaillant, se tordant dans sa douleur, retomba lourdement en arrière en poussant des cris affreux.

Toute la rage des masques du tombereau se tourna contre le cavalier qui était venu se mêler au milieu de la querelle, ils se ruèrent sur lui. Prévoyant l'attaque, il fit subitement retourner son cheval, et se prépara à la défense.

La foule s'était retirée, laissant le champ libre aux combattants, et voulant jouir de ce spectacle qui n'était pas inscrit dans le programme, sans courir le risque de recevoir quelques horions.

Le cavalier maniait son cheval avec une habileté pleine de grâce, et semblait s'amuser à un exercice de haute école.

L'intelligent animal, paraissant avoir l'instinct du danger que courait son maître, hennissait fièrement, et, se dressant sur ses jambes de derrière, frappait avec celles de devant les assaillants en pleine poitrine: deux avaient été déjà mis hors de combat de cette façon, et emportés sanglants et les membres brisés; quant à ceux qui s'étaient approchés du cavalier dans l'espérance de le désarçonner, ils avaient été vigoureusement reçus, et la cravache, la légère arme du jeune homme, leur avait, en sifflant, taillé de larges blessures sur le visage.

La foule, qui avait d'abord pris parti pour la mascarade du tombereau contre la calèche, changea avec la fortune et se déclara pour le cavalier.

— Bravo! s'écriait un gamin, bravo au cavalier noir!
— En voilà un qui n'a pas peur, disait un autre. — Attrape? disait un troisième, lorsqu'un assaillant roulait sur la terre couverte de verglas.

Une dernière passe de ce combat impromptu porta au comble l'enthousiasme des spectateurs.

Un des hommes s'était glissé sous le poitrail du cheval, et là, se cramponnant à la jambe du cavalier, essaya de le faire glisser sur la selle; le cavalier se baissa, la foule crut à une chute et poussa un cri d'effroi, mais elle s'était trompée; tout-à-coup, elle vit le jeune homme se relever sur ses étriers; d'une main vigoureuse il avait saisi son adversaire à la ceinture, il le balança quelques instants dans l'air et le jeta à dix pas, au milieu des applaudissements des spectateurs.

Quelques soldats, précédés d'un officier, mirent fin au combat en s'emparant des assaillants; le cavalier dit un mot à l'officier, qui le salua affectueusement.

Pendant ce temps, les personnages de la calèche, aidés par quelques gens du peuple, avaient remis la voiture en état de continuer la route, le cavalier s'en approcha.

— Vous êtes Georges? dit une des femmes masquées.

Le cavalier tressaillit au son de cette voix.

— Si, continua la jeune femme de telle façon à n'être entendue que du jeune homme; si vous êtes, comme je le crois, Georges Duval, rendez-vous ce soir au bal du Grand-Théâtre, il faut que je vous parle? — J'y serai. — Vous aurez sur l'épaule droite un nœud de ruban ponceau, et vous suivrez le domino qui vous dira ces deux mots de passe : *Repentir* et *pardon.* — A quelle heure? — Minuit. — Où? — Près de l'orchestre.

Et piquant des deux, le jeune homme disparut dans la foule bariolée des masques.

— Tiens, dit le polichinelle de la calèche, voilà notre sauveur qui s'esquive. Le connaissez-vous? demanda-t-il en se retournant vers un élégant marquis qui s'était assis auprès des deux femmes. — Non, répondit le marquis. — Allons, ajouta philosophiquement le polichinelle, il y a tant personnes qui se parent de bienfaits qu'ils n'ont pas rendus, que par exception on peut bien en rencontrer une qui ne veut pas des remerciments qui lui reviennent légitimement.

Le cavalier noir, puisque c'est le nom que lui a donné la foule, arrivé à l'angle de la place Tolozan, descendit de cheval, jeta la bride à un domestique qui l'attendait sans doute, et entra dans un café.

Il s'assit dans un angle, se fit servir un bol de punch, alluma un cigarre, et resta plongé dans une méditation profonde, à laquelle le domino de la calèche n'était pas étranger.

Quelques jeunes gens, placés à une table près de la sienne, et costumés de telle façon qu'on devinait qu'ils avaient des raisons particulières pour ne pas être reconnus, causaient à voix basse. Le cavalier prêta d'abord peu d'attention à leur conversation, lorsqu'un nom le fit tressaillir, et il écouta tout en ayant l'air absorbé par la lecture d'un journal.

— Mais, mon cher, disait l'un, vous ne comprenez nullement la position. — Comment? — Qu'est-ce que nous nous sommes proposé? — De ruiner M. Brémont, pour prendre sa place. — Ne dis donc pas les noms propres, dit un autre en jetant un regard soupçonneux autour de lui. — Tu as raison, répondit celui qui le premier avait pris la parole. Je continue : Nous voulons, n'est-il pas vrai, sa ruine...; nous sommes d'accord sur ce premier point, mais nous différons sur la route à suivre, et je prétends que celle que je propose est la meilleure. — Oui, mais elle est longue en diable. — En prenant la traverse on irait plus vite. — Si l'on ne se cassait pas le cou dans les fondrières. — Tu as beau dire, fit un nouveau personnage, je ne comprends rien à la manière de faire. Comment, il y avait pour cinquante mille francs de taffetas. — Eh bien? — Eh bien ! pourquoi ne me les as-tu pas livrés à moi; c'était cinquante mille francs de plus? — Mais ce n'était que cinquante mille francs; tandis qu'avec cette somme payée le jour même, M..... a trouvé cent mille francs à emprunter; c'est donc cent mille francs de bénéfice net pour nous. — Mon cher, j'avoue en toute humilité que je ne vois goutte dans les catacombes que ton imagination nous fait traverser, et j'aimerais assez terminer cette affaire promptement. — Nous en reparlerons ce soir. — Où?

Le cavalier ne put saisir le nom du lieu du rendez-vous.

Les jeunes gens se levèrent, le cavalier fit comme eux et les suivit sans qu'ils y prissent garde; arrivés sur la place des Terreaux, le cavalier passa son bras sous le sien, de façon à ne pas le laisser s'échapper.

— Deux mots, dit-il. — Que voulez-vous? — L'honneur d'un entretien avec vous. — Je n'ai pas le temps. — Vous le prendrez. — Lâchez-moi? — Pas pour un empire. — Que faut-il faire? — Me suivre. — Où? — chez moi.

Les deux masques entrèrent dans une maison située en face de l'Hôtel-de-Ville, le cavalier ouvrit une porte et poussa le jeune homme tremblant devant lui; il dénoua les cordons de son loup, qu'il jeta sur une chaise.

Le cavalier noir était Georges Duval.

— Allons, dit-il, à bas le masque!

Et comme le personnage masqué hésitait, il s'avança vers lui et arracha le masque.

— Baptistin ! s'écria-t-il. — Vous m'aviez reconnu, répondit le valet avec un sourire qui contrastait avec sa pâleur. — Non. — Pourquoi donc m'avez-vous arrêté, et fait cette peur atroce? — Parce que j'ai entendu votre conversation du café, et qu'il faut que vous m'en donniez l'explication. — Aussi vrai, dit-il, que vous êtes un fripon; si vous ne voulez pas je vous tue, vous allez me jurer de répondre avec franchise à mes questions. — Il me tuerait comme il le dit pensa le valet. Je suis prêt à vous répondre, acheva-t-il tout haut. — Ainsi, dit celui-ci, vous êtes en train de faire votre fortune d'après le procédé des escrocs, en prenant celle des autres, vous marchez droit aux galères, je vous aiderai à y aller plus vite. — Monsieur plaisante, sans doute, répondit Baptistin en cherchant à dissimuler sa frayeur sous un sourire. — M'avez-vous quelquefois vu plaisanter avec des gens de votre espèce? Répondez... M. Brémont est sans doute l'homme dont vous convoitez en ce moment la fortune? — Oui. — Ce soir, vous avez fixé une heure pour un rendez-vous? — Oui. — Quel en est le lieu? — Rue Tramassac. — L'heure? — Huit heures. — Il faut que j'aille à ce rendez-vous, dit Georges. — Impossible. — Comment impossible? s'écria le jeune homme en étendant la main vers un pistolet placé sur la cheminée. — Mon Dieu ! Monsieur, répondit Baptistin en essuyant son front sur lequel perlaient des gouttes de sueur froide; vous avez des moments de vivacité désagréables. Si vous me permettiez de m'expliquer, vous verriez que ce que vous me demandez ne se peut pas. — Pourquoi? — Parce que la position que vous me faites est celle d'un homme placé entre deux précipices, et qui ne pouvant aller ni en avant ni en arrière, tombe nécessairement à droite ou à gauche, et se brise la tête. — Vous me mettez entre les mains de la justice si je ne parle pas; si je parle je trahis mes... — Dites vos amis. — Je trahis mes amis; cette trahison a pour résultat, en les compromettant, de me compromettre avec eux, car ma cause est solidaire de la leur, et croyez-vous qu'ils ne m'accuseront pas lorsqu'ils sauront que c'est moi qui les ai livrés. Me taire ou parler, c'est arriver au même but, c'est-à-dire aller en prison dénoncé par vous ou par eux; je suis pris entre deux feux, sans issue pour m'échapper. — Diable ! maître Baptistin, vous avez fait des progrès depuis que vous m'avez quitté; vous avez l'éloquence d'un avocat avec la subtilité d'un substitut du procureur du roi. — Avez-vous foi en ma parole? — Oui, Monsieur. — Eh bien ! je vous en donne ma parole d'honneur, que si — ce qui dépend des circonstances — je livre vos complices à la justice, je favoriserai votre évasion, et vous n'aurez rien à craindre de leur dénonciation. Mais il est nécessaire pour moi de connaître tous les détails de la machination ourdie pour la ruine de M. Brémont, afin de l'arrêter s'il en est encore temps; il faut donc que j'assiste, sans qu'ils s'aperçoivent, sans qu'ils se doutent de ma présence, à la réunion de vos complices. Il est maintenant six heures, nous avons par conséquent deux heures devant nous; vous êtes un homme d'esprit, vous avez de l'imagination, cherchez un moyen, tandis que je vais me préparer pour vous suivre. — Lorsque Monsieur voudra partir, je suis prêt, dit Baptistin. — Vous avez trouvé ce que je vous ai demandé? — Je crois que oui. Vous désirez assister à la réunion sans qu'on vous voie, et sans qu'un seul mot de la conversation vous échappe? — Pas autre chose. — Alors, il n'y a pas une minute à perdre pour que nous arrivions avant l'heure du rendez-vous, et pour que nous puissions prendre nos mesures.

Georges s'enveloppa dans un manteau, après avoir eu soin de placer deux pistolets dans sa poche, et avoir mis dans la manche de son habit, prêt à glisser dans sa main, un élégant poignard aux ciselures d'or, dont une belle Andalouse eût orné sa jarretière.

Baptistin avait rapidement accepté la position que lui avait faite les circonstances: connaissant le caractère violent de Georges, il savait que les menaces du jeune homme n'étaient pas de vaines fanfaronnades; la fortune de M. Brémont, qui allait lui échapper, n'était qu'une fortune, la vie qu'il sauvait valait toutes les richesses de la terre, parce que son intelligence de fripon ne se briserait pas à un premier échec. Il livrait ses amis, mais la parole que lui avait donnée Georges était une garantie suffisante pour sa liberté.

Georges, retiré du monde depuis quelques temps, ignorait ce qui s'y passait; le nom de M. Brémont, uni au mot de ruine, avait éveillé d'abord en lui une curiosité mêlée d'intérêt; puis lorsque le masque de Baptistin tomba devant lui, à ce premier sentiment en succéda un autre: le remords. Georges se demanda s'il n'était pas pour quelque chose dans la ruine de M. Brémont. Pourquoi Baptistin se trouvait-il dans le complot qu'il avait découvert? Baptistin, sous la jacquette de domestique, avait surpris, sans doute, tout ce que son maître lui avait caché de ses relations avec madame Brémont, et il avait, possesseur de ce secret, creusé le gouffre dans lequel devait tomber la fortune du fabricant.

On voit que Georges n'avait deviné qu'une partie de la vérité; car si M. Brémont succombait, c'est qu'avec le bonheur que lui avait pris Georges, il avait perdu cette intelligence, miroir fidèle, où le commerçant voit en un seul coup-d'œil tous les rouages de la machine commerciale, et se rend compte des vices qui l'arrêtent sur son chemin. Un mois avant la découverte de son déshonneur, il eût vu ou compris les manœuvres frauduleuses de son commis Richard, et il l'eût chassé. Lorsqu'il se réveilla de son engourdissement, il était déjà trop tard, et le commis déloyal avait eu le temps de brouiller assez les affaires pour qu'il fût impossible d'y voir clair. A l'aspect du danger qui le menaçait de toutes parts, le soupçon du fabricant ne s'était pas un seul instant porté sur Richard; bien au contraire, il s'était appuyé sur lui, semblale à l'homme qui, se noyant, tend ses mains à l'assassin, ne les saisissant que pour faire replonger le corps dans l'eau et en faire sortir cadavre.

Nous n'avions rien dit sur la manière dont s'étaient établies les relations de Richard et de Baptistin.

Les fripons se sentent et se devinent, et une sympathie analogue à celle qui attire entre elles les natures d'élite, attire entre elles les natures corrompues. Baptistin et Richard s'étaient devinés, et lorsque le premier, abordant le second, lui dit :

— Seriez-vous homme à tenter une entreprise dans laquelle on pourrait en quelques mois acquérir une brillante fortune ? — Je suis cet homme, répondit le second. — Et vous n'auriez pas de ridicules scrupules sur les moyens qu'il faudrait peut-être employer pour réussir ? — Avec des scrupules on va droit à la Charité.

Les deux fripons se serrèrent la main, et tracèrent, séance tenante, leur plan de conduite.

Georges avait passé son bras sous celui de Baptistin qu'il tenait ainsi vigoureusement, et qui n'avait aucun espoir de lui échapper.

Il faisait nuit, la neige tombait à larges flocons et craquait sous les pieds des rares promeneurs; les réverbères, se balançant sur leur corde formant le triangle, jetaient une lumière vacillante et rouge; un épais brouillard, un de ces brouillards dont Lyon a seul le monopole exclusif et pendant lesquels il serait impossible de voir une mouche au bout de son nez, enveloppait la ville d'un réseau humide et fétide.

Les jeunes gens prirent les chemins détournés; ils traversèrent la rue du Bessard, cette île de Cythère, consacrée à Vénus, qui avait un temple dans chaque boutique.

De la rue du Bessard, nos personnages entrèrent dans la rue de la Pêcherie, parallèle à la Saône; à l'odeur du sang croupi sur les dalles et des viandes exposées en étalage sous les longs arceaux de la boucherie des Terreaux, succéda l'odeur du poisson. Georges hâta le pas, et après avoir franchi le dédale de petites rues encombrant l'avenue du Pont-de-Pierre, dans lequel un Lyonnais seul pouvait ne pas se perdre, il entra sur le Pont-de-Pierre, toujours accompagné de Baptistin, rivé à son bras.

Le quartier Saint-Jean, que parcouraient Georges et son ancien valet, est déjà connu de nos lecteurs. Ce que nous n'avons point dit, c'est que cette partie de la ville fut le berceau de Lyon romain.

Il y eût, en effet, deux cités parfaitement distinctes l'une de l'autre : la première, située sur le penchant de la colline Saint-Sébastien, avait été fondée par les Gaulois, auxquels s'étaient réunis des Grecs fugitifs; chassés des bords de l'Hérault par les Massiliens, la seconde fut fondée beaucoup plus tard par Munatius Plancus, sur la rive droite de la Saône et sur le coteau de Fourvières, d'après les ordres du Sénat, qui, comprenant toute l'importance qu'on pouvait tirer de la position admirable qu'offrait le confluent des deux rivières, envoya des vétérans pour former le noyau de la population.

L'empereur Claude, en demandant au Sénat le titre de colonie romaine pour *Lugdunum*, ne pouvait le demander pour Lugdunum fondé par Munatius Plancus, et composé exclusivement de soldats romains, jouissant de droit des bénéfices attachés au titre de citoyen romain ; c'était donc bien pour la colonie gallo-grecque dont nous avons parlé. Les tables d'airain sur lesquelles fut gravé le discours prononcé par Claude dans cette circonstance, et retrouvé précisément sur la côte Saint-Sébastien, sont une nouvelle preuve de ce que nous avançons.

Les deux villes portant le même nom furent réunies sous l'autorité unique du gouverneur romain, et l'importance de celle placée sur la colline de Fourvières s'accrut aux dépens de la rive gauche. Dans l'histoire du commerce de Lyon, nous avons raconté la protection intelligente accordée par les empereurs à la colonie romaine, point central des Gaules : les palais élevés pour l'habitation des empereurs, les cirques construits pour les divertissemens du peuples, les marchés établis pour faciliter par des foires périodiques les transactions commerciales, s'entassèrent pêle-mêle sur la colline de Fourvières.

Les différentes époques qui suivirent la domination romaine, et qui firent successivement passer le pouvoir en différentes mains, continuèrent l'œuvre si heureusement commencée : Lyon grandit et prospéra ; mais à mesure que le développement augmenta la population, l'espace resserré, compris entre la chaîne de collines qui part du faubourg de Vaise et se continue jusqu'à Sainte-Foy, devint trop étroite ; les habitants, comblant les terrains marécageux qui s'étendaient du pied de la Croix-Rousse à la jonction du Rhône et de la Saône, construisirent d'élégantes maisons là où n'existaient que des huttes de pêcheurs. Le Lyon élégant fut encore longtemps l'antique cité fondée par les Romains ; la décentralisation tentée ne devait réussir que beaucoup plus tard.

Aujourd'hui, le quartier Saint-Jean, la ville de Plancus, est triste et déserte ; la vie qui y circulait s'en est retirée, elle est morte au monde de l'élégance ; c'est une ville enfouie sous les cendres de l'indifférence, cette lave plus terrible, plus épaisse, plus brûlante que celle du Vésuve, qui engloutit autrefois Pompéia. Les archéologues y trouvent sans doute de belles pages à écrire ; les poètes, s'y inspirant sur les ruines du passé, y puisent de sublimes poésies ; mais les riches, ces autocrates du dix-neuvième siècle, n'en veulent plus pour loger leur royauté d'argent. Le quartier St-Jean est habité par le rentier au revenu modeste, par le jeune avocat attendant dans son cabinet le client qui ne vient pas, par le vieux juge asthmatique et goutteux, passant de son lit à son fauteuil d'audience, cet autre lit où l'on dort si bien au bruit monotone d'une plaidoirie ; par le vieux chanoine de la cathédrale, enfin par l'ouvrier en soierie qui a établi sans façon ses métiers dans les somptueux appartements des grands dignitaires du clergé et de la noblesse.

Malgré l'heure peu avancée de la soirée, le quartier St-Jean était déjà enseveli dans le calme repos de la nuit, lorsque nos deux personnages y pénétrèrent.

Ils avançaient enveloppés dans leurs manteaux ; le cri d'une sentinelle les fit subitement arrêter. — Halte-là ! qui vive ! — Amis ! répondit Georges. — Passez au large ! cria le factionnaire en reprenant sa marche lente devant le noir monument confié à sa garde.

Ce monument était la prison de Roanne, qui n'existe plus aujourd'hui ; il a été remplacé par le Palais-de-Justice, édifice construit en 1835, sous la direction de l'architecte Baltard, et qui a coûté une somme de six millions. On a dit du Palais-du-Justice beaucoup trop de mal et beaucoup trop de bien : il n'est pas irréprochable au point de vue de l'art, mais il a des qualités incontestables. La façade principale, tournée du côté de la Saône, est loin d'être sans élégance ; peut-être la colonnade, qui rappelle celle du Louvre, et les vingt-quatre colonnes qui la composent, sont-elles un peu lourdes, mais l'aspect général de l'édifice est agréable à l'œil, l'entablement et l'attique qui le couronnent ont quelque chose d'imposant et de parfaitement assorti au caractère sévère que doit avoir le temple de la justice. Le morceau capital, la partie où l'architecte semble avoir mis tout son soin, et sur laquelle il demande sans doute à être jugé par la postérité, est la salle des Pas-Perdus ; le jour y vient par trois coupoles symétriquement disposées et soutenues par des colonnes en un seul morceau, que les ciseaux des sculpteurs ont couvert de chefs-d'œuvre. Les avocats et les juges se plaignent de la petitesse des chambres d'audience et de la mauvaise disposition des appartements. Ces plaintes fondées prouvent que l'architecte aurait pu faire mieux, mais il aurait pu aussi faire plus mal ; et si les Lyonnais n'ont pas le droit d'être fiers de ce monument, ils ont tort d'en avoir honte.

La prison de Roanne, qu'a remplacée heureusement le Palais-de-Justice, avait la première qualité nécessaire à sa destination : la solidité ; c'était un disgracieux amas de pierres noircies par le temps, sur lesquelles la balle et la hache avaient mordu inutilement. Son nom lui venait des comtes de Forez et de Roanne, qui y résidèrent et y firent rendre la justice avant la domination des archevêques. Cet édifice était enchevêtré dans les maisons particulières, et l'entrée de la geôle se trouvait dans la rue Trois-Maries, ce qui offrait un serieux danger dont on comprit toute la gravité lors des émeutes de 1834 ; car les insurgés de ces tristes époques, ayant tenté de délivrer leurs amis politiques en faisant jouer la mine, plusieurs maisons, ébranlées dans leurs fondements, menacèrent ruine ; la rue Trois-Maries a conservé écrite sur ces murailles le souvenir de ces journées funestes, et les corniches brisées et labourées par les balles attestent encore des rudes combats qui s'y livrèrent.

La prison a été transportée dans un monument construit à Perrache pour cet usage et sur la rive droite du Rhône ; la maison d'arrêt qui se trouve derrière le palais de justice a conservé le nom de prison de Roanne.

— Voilà où vous allez, dit Georges en montrant à Baptistin la prison. — Où donc ? répondit le valet. — Parbleu ! en prison ; c'est assez ordinairement le but du chemin que vous suivez. — Non pas le but, mais le précipice. — Soit le précipice, le nom ne fait rien à l'affaire.

Ils étaient arrivés dans la rue Tramassac ; Baptistin entra dans une allée étroite et noire ; Georges le suivit de près ; après avoir franchi deux cours séparées par une aile de bâtiment, et descendu quelques marches, Baptistin frappa trois coups à une porte qui trembla sur ses gonds rouillés.

Quelques secondes après, un vieillard vêtu d'une veste en laine marron, la tête couverte d'un bonnet de laine noire lui couvrant les oreilles, et d'où s'échappaient quelques mèches de cheveux grisonnants, vint ouvrir la porte ; il tenait à la main une de ces lampes mobiles, appelée vulgairement *chelu* par l'ouvrier en soierie, qu'on porte par une branche de fer se terminant en crampon, ce qui permet de l'accrocher au manteau de la cheminée.

— Est-il arrivé quelqu'un ? demanda Baptistin. — Personne, répondit le vieillard. — Très-bien ; descendons.

La porte s'ouvrait en effet sur un escalier en spirale, comme ceux que l'on voit encore dans quelques maisons de la rue Mercière ; les marches en étaient usées et glissantes, une corde retenue à la muraille remplaçait la rampe nécessaire pour ne pas tomber.

Comme chaque détail avait pour Georges une très-grande importance, il compta les escaliers, il y en avait quarante.

Le vieillard introduisit les deux jeunes gens dans une salle basse formant l'arceau ; l'humidité, suintant à travers les murailles, offrait un coup-d'œil délicieux, car chaque goutte d'eau suspendue à un brin de mousse scintillait comme un diamant à la lueur de la lampe, jetant avec la lumière une odeur d'huile se mêlant à l'odeur de moisi, particulière aux caves.

Autour du caveau, étaient disposés, superposés les uns sur les autres, d'immenses ballots, portant chacun une étiquette ; au milieu, se trouvaient une table et quelques chaises.

Le premier sentiment de Georges fut un sentiment de peur. Cette espèce de souterrain, à dix pieds au-dessous du sol pouvait être pour lui un sépulcre. Qui entendrait ses cris ? Qui lui viendrait en aide ? Il était seul contre des hommes dont il ne connaissait pas le nombre, et auxquels il venait ravir avec leur secret leur liberté. S'il était découvert, quelle chance avait-il de leur échapper ? aucune.

Le jeune homme sentit une sueur froide glisser sur sa peau que brûlait la fièvre, il fit un mouvement pour se débarrasser de son manteau : dans ce mouvement, le poignard qu'il avait glissé dans sa manche au moment du départ, tomba dans sa main. Les doigts de Georges se crispèrent instinctivement autour de la poignée en velours ; avec l'arme qui pouvait le défendre, la confiance lui revint en son courage et en sa force, et avec le courage le sang-froid nécessaire pour mener à bonne fin l'entreprise.

Tandis que Baptistin causait avec le vieillard, Georges fit glisser rapidement la lame de son poignard sur l'enveloppe de toile des ballots, et il plongea la main dans l'ouverture pratiquée à l'aide de ce moyen : les ballots contenaient de la soie ; c'est tout ce que le jeune homme voulait savoir.

Il se débarrassa alors de son manteau et le roula autour de son bras.

A ce geste, le vieillard poussa un cri, il n'avait pas fait attention à Georges, dont la figure avait été cachée jusqu'à ce moment par un pan du manteau, et il l'avait pris sans doute pour l'un de ceux qu'il attendait.

— Eh bien ! qu'avez-vous, père Michel ? s'écria Baptistin. — Quel est cet homme ? répondit le vieillard. — C'est un de mes amis. — Que vient-il faire ici ? — Voir ce qui s'y passe, sans être vu lui-même ; ainsi, père Michel, vous allez nous ouvrir la porte de votre chambre, afin que Monsieur puisse s'y cacher. — Jamais ! ce serait une trahison. — Ah ! vous avez des scrupules, dit Georges. Eh bien ! écoutez-moi bien : si vous refusez ce que je vous demande, je m'empare de vous, et vous livre immédiatement à la justice.

Le jeune homme, prenant le vieillard à la gorge, le souleva de terre, voulant sans doute lui donner un échantillon de sa force ; la figure du père Michel passa du rouge au blanc, sous la pression nerveuse des doigts qui lui serraient le cou.

— Voyons, monsieur, dit-il d'une voix étranglée, en reprenant l'équilibre sur ses jambes chancelantes, il y a toujours moyen de s'expliquer poliment. Vous voulez entendre sans être vu ; eh bien ! entrez dans ma chambre.

Le vieillard ouvrit une porte et montra une espèce de souricière dans laquelle on ne voyait goutte.

— Une légère cloison, continua le père Michel, sépare cette pièce de l'autre, il vous sera facile de ne pas perdre un seul mot de ce qui s'y dira. N'est-ce pas ce que vous désirez ? — Oui. — Mais quelle sera la récompense que je recevrai de vous, en échange de la trahison que vous me faites commettre. — Ce sera, répondit Georges, de vous assurer la liberté en vous facilitant les moyens de fuir, lorsque je livrerai vos complices à la justice. — C'est peu, murmura le père Michel. — C'est trop, fit le jeune homme ; du reste, concluons, car le temps nous presse. Voulez-vous, oui ou non ? — Parbleu ! le moyen de dire non. — Or, comme l'envie de me trahir pourrait fort bien vous venir, voici quelqu'un qui me répondra de vous. — Comment ! moi ? s'écria Baptistin. — Certainement, vous, dit Georges. Avez-vous cru franchement que je serais assez sot pour me livrer moi-même ? Non pas, s'il vous plait, nous allons nous enfermer ensemble dans cette chambre, et au premier geste qui me fera soupçonner une trahison, je vous poignarde. — Allons, mon cher Michel, fit Baptistin, il faut nous résigner ; je connais Monsieur, et je sais parfaitement qu'il exécuterait à la letttre ce qu'il a dit.

Le vieillard baissa tristement la tête, comme un homme dont la volonté est brisée, et qui n'est plus que l'instrument passif des événements. Prenant la lampe, il introduisit les deux jeunes gens dans le taudis qu'il avait la ridicule vanité d'appeler sa chambre, et dont l'ameublement se composait d'un lit à sangles placé dans l'angle, d'une chaise de paille, d'une table en bois blanc, et de quelques hardes suspendues au mur.

Georges avait à peine pris ses dispositions, qu'on entendit frapper distinctement trois coups. Les trois personnages tressaillirent.

— Voici les autres, murmura Baptistin. — Allez ouvrir ? dit Georges. — Pas un mot fit Baptistin. — Pas un geste ? ajouta Georges.

Le vieillard était pâle. Trois coups résonnèrent encore plus vivement, et ébranlèrent le caveau.

— Allons, murmura-t-il. — Songez qu'il y va de ma vie ? dit Baptistin.

Le père Michel ferma la porte et disparut par l'escalier tournant.

L'obscurité rendit à Georges sa frayeur, il eût pu entendre les battements de son cœur ; il étendit la main et saisit le bras de Baptistin, afin de l'empêcher de lui échapper ; puis, avec la lame de son poignard, il pratiqua dans la cloison en planches une légère ouverture, par laquelle il pût voir ce qui allait se passer.

CHAPITRE XXIII.

Lecaveau. — Le souterrain. — Le bal marqué.

Le père Michel rentra quelques secondes après, suivi de trois jeunes gens.

Ils s'assirent autour de la table.

— Pourquoi, diable ! dit le premier, que le lecteur connait, car il se nomme Richard, nous avez-vous fait attendre? — Ah ! je vous ai fait attendre ? répondit le vieillard. — Certainement, dit un second personnage. Mais qu'avez-vous, vous êtes pâle comme un mort ? — C'est que je dormais. — Il paraît que vos rêves n'étaient pas couleur de rose ? — Hélas !... soupira le père Michel. — Voyons, que rêviez-vous donc ? demanda Richard. — Je rêvais, répondit le vieillard avec une naïveté adorable, je rêvais que nous étions pris. — Taisez-vous ? s'écria le troisième personnage ; vos plaisanteries ont un parfum de galères. — Est-ce que M. de la Brosse n'est pas encore venu ? demanda Richard. — Non. — Qu'est-il donc devenu ? — Il nous a quitté brusquement sur la place des Terreaux, en revenant de la promenade de Saint-Fons. — Quel est ce M. de la Brosse, dit Georges à Baptistin. — C'est moi, répondit l'ex-valet.

Malgré le danger de la position ; un sourire vint aux lèvres du jeune homme.

— Il viendra plus tard, continua Richard, il a sans doute été retenu par quelque aventure galante ; sa présence nous est du reste parfaitement inutile. — Avez-vous vendu quelque chose ? dit-il en s'adressant au père Michel. — Non, rien, répondit le vieillard dont les yeux restaient obtinément fixés sur la cloison — Comment, rien ; qu'est donc devenu le ballot 339 ? — Le ballot 339 ! répéta machinalement le père Michel qui perdait la tête. — Oui. — Je l'ai vendu. — A qui ? — A M. Bonvilliers — Combien ? — Quarante francs le kilo. — C'est trop peu, c'était de la soie du Piémont. A-t-il payé ? Oui. — L'argent ? — Le voici.

Le père Michel se leva, ouvrit une porte en fer pratiquée dans le mur, et tira de cette caisse plusieurs sacs d'écus qu'il jeta sur la table.

Richard compta les pièces d'argent et les aligna en piles de la même hauteur.

— Le compte y est, dit-il. Ah ! M. Bonvilliers, Bonvilliers l'honnête homme, comme on vous appelle, je comprends d'où vous vient votre fortune et comment vous faites une si rude concurrence aux autres fabricants ; vous achetez les soies chez les... — Plus bas, s'écria le père Michel. — Comment, plus bas, eh ! qui diable peut nous entendre ? les rats qui vous tiennent compagnie et qui charment la solitude de votre séjour ?

Le vieillard se tut.

— Faisons notre compte, dit l'un des jeunes gens. Richard prit un crayon et calcula quelques instants.
— Quinze cent soixante francs cinquante centimes chacun, dit-il. — Mon cher, fit le second, vous nous ruinez. — Comment, je vous ruine ? — Certainement ; cette soie fabriquée se serait élevée à cent cinquante francs au lieu de quarante, c'est donc plus de deux cents pour cent que vous nous faites perdre. — Mais, mon cher ami, supposons que j'eusse fait fabriquer cette soie et que je vous l'eusse vendue... — Oui — Eh bien ! M. Brémont vous fermerait le crédit qu'il vous a ouvert chez lui. — Je lui ai payé, il y a huit jours, une facture de vingt mille francs. — C'est vrai ; mais, comprenez-bien ceci : M. Brémont a la vue trouble, mais il n'est pas aveugle, et il pourrait s'effrayer du crédit que je vous fais, si ce crédit n'était pas justifié par des antécédents ; je vous ai livré pour quarante mille francs de marchandise, vous en avez payé pour vingt mille francs ; je puis aujourd'hui vous en remettre pour cent mille francs sans éveiller chez M. Brémont un soupçon, sans qu'il se doute des rapports qui existent entre nous. — Mais au train dont vont les choses, elles peuvent durer encore longtemps. — Pourquoi vous en plaindre, puisque le temps, mis à notre opération, en augmente les bénéfices ; remarquez bien ce point important : en nous hâtant, nous nous serions forcément compromis ; en ne pressant rien, nous ne laissons aucune trace derrière nous, et lorsque je vous dirai de déposer votre bilan, nous n'aurons plus rien à craindre, car M. Brémont, entouré de toutes parts des dettes faites pour soutenir son commerce, deviendra fou ou se tuera de désespoir....

Un long éternuement, partant de derrière la cloison, et vainement comprimé, coupa la parole à Richard, qui se leva avec ses deux complices, comme sous l'influence d'une décharge électrique ; le père Michel seul resta assis sur sa chaise, les yeux hagards, les bras pendants, les lèvres sèches.

— Il y a quelqu'un ici ? s'écria Richard. — Nous sommes trahis, murmura un second. — Répondez donc ? dit Richard en secouant le bras du père Michel.

Le vieillard ne répondit pas, il était anéanti.

L'un des jeunes gens essaya d'ouvrir la porte qui servait de passage entre le caveau et la chambre, la porte était barricadée en dedans : le doute n'était guère possible.

Un bruit sourd comme celui d'une trappe se fermant sur elle-même, confirma ce doute et en fit une certitude.

Michel glissa évanoui sur la terre humide.

Les jeunes gens, s'armant de poignards, firent voler en éclats les quelques planches derrière lesquelles ils soupçonnaient des ennemis.

La chambre du père Michel était vide, aucun meuble n'en avait été dérangé.

L'évanouissement du vieillard était une preuve pour les jeunes gens qu'ils ne s'étaient pas trompés, mais par où et comment ceux qui étaient venus surprendre leur secret avaient-ils pu s'enfuir ?

L'effroi se peignit sur le visage des trois personnages : aucun d'eux n'osait interroger, parce que chacun était effrayé et que personne ne voulait avouer sa frayeur.

— En voilà un qui nous répondra des autres, s'écria Richard en saisissant le père Michel ; c'est leur complice, il paiera pour eux.

Le vieillard était évanoui, on lui jeta de l'eau à la figure, il ouvrit les yeux ; trois lames de poignard étaient appuyées sur sa poitrine.

— Parle, dit Richard en enfonçant la lame de quelques millimètres. — Tais-toi donc, Marguerite, fit le vieillard, tu me chatouilles. — Réponds, misérable, et nomme-nous ceux qui se sont cachés ici ce soir ? — Ah ! ceux qui j'ai reçu ce soir, poursuivit le vieillard, comme s'il cherchait à rassembler ses souvenirs ; attendez : oui, je me rappelle, ils étaient deux.... — Continue. — Le premier, je l'ai vu quelque part ? non... Le second était un beau jeune homme, il m'a dit.... — Que t'a-t-il dit ? — « Père Michel, m'a-t-il dit, je t'achète ton âme. » — « Combien ? » lui ai-je répondu. — Ce que tu voudras, je suis riche, j'ai mon plein chapeau d'or. » Il se découvrit et me présenta son feutre, garni d'une longue plume rouge, il était rempli de louis jusqu'aux bords. « Prends, » me dit-il. Je tendis la main, mais les pièces d'or me brûlèrent, et, levant les yeux, je reconnus celui qui voulait me tenter, c'était.... — C'était ? répéta Richard dont la vie était en quelque sorte suspendue aux lèvres du vieillard. — C'était le diable, continua celui-ci. Oh ! je l'ai bien reconnu, il avait des cornes au front, des pieds de bouc, et sa queue passait par dessous son manteau. — Cet homme est fou, murmura tristement l'un des jeunes gens. — Ou il feint de l'être, pensa Richard, nous allons voir.

Prenant un pistolet dans sa poche, il l'arma et ajusta froidement le vieillard.

— Parle, dit-il, ou je te tue. — Tiens, le violon joue la *Monaco*, s'écria celui-ci.

Et, se levant, il se mit à danser en fredonnant :
  Dans la Monaco
  L'on chasse et l'on déchasse...
Richard pressa la détente, le coup partit.
Le père Michel acheva tranquillement son pas et son air :
  Dans la Monaco
  On chasse comme il faut.

— Il est fou, dit avec découragement Richard, qui, en ajustant le vieillard, avait eu non l'intention de le tuer, mais de s'assurer si sa folie était réelle ou feinte. — Il n'est plus dangereux pour nous, répondit l'un des jeunes gens. — Oui, il nous est inutile.

Les plus petites causes produisent souvent de grands effets, les choses en apparence les plus mystérieuses ont une explication toute naturelle.

La petite cause qui pouvait avoir pour Georges et Baptistin un terrible résultat fut l'éternuement qui prit le premier et qu'il ne put comprimer.

— Nous sommes perdus, s'écria le second. — Que faire ? — Venez. — Où ? — Aidez-moi.

Baptistin glissa une barre de fer sous une dalle du sol qui ne se distinguait en aucune façon des autres ; la dalle soulevée à l'aide du levier improvisé, laissa voir un trou profond et noir.

— Entrez, dit Baptistin. — Où conduit ce souterrain ? — Je l'ignore. — J'aime mieux rester. — Comme il vous plaira ; pour moi, je préfère courir la chance de me sauver.

Et Baptistin se laissa glisser dans l'ouverture.

Le sentiment naturel de doute qu'avait éprouvé Georges sur les intentions de Baptistin, qui pouvait fort bien se débarrasser de lui en l'ensevelissant vivant, s'évanouirent en le voyant s'associer à sa fortune ; il s'élança dans la trappe ouverte, en ayant soin de tirer après lui la barre de fer qui eût pu être un indice de l'endroit par où avait lieu la fuite.

La dalle retombait à peine sur la tête des deux jeunes gens, qu'ils entendirent le bruit qui avait brisé la cloison.

— Il était temps, murmura Baptistin. — Chut ! dit Georges, écoutons.

Des pas se firent entendre au-dessus d'eux, c'étaient ceux de Richard et de ses complices, furetant inutilement partout.

— Cherchez, dit le valet, vous ne trouverez pas. — Comment, cette trappe.... — N'est connue que de moi ; je l'avais trouvée en faisant un jour l'inspection du local, et je me félicite aujourd'hui de n'avoir pas fait part aux autres de ma découverte. — Savez-vous quelle est l'issue de ce souterrain ?
— Je n'en sais rien, mais il doit en avoir une ; hâtons-nous de la chercher, car l'odeur qui se dégage de ces lieux pourrait nous asphyxier.

Cette odeur fit deviner à Georges dans quelle espèce de souterrain il se trouvait.

Lyon souterrain n'a pas toute la poésie de Rome souterrain, et ceux qui descendent dans ses catacombes ne sont pas des archéologues et des poètes, mais les employés infimes de l'administration de la voirie municipale.

Cela n'empêchait pas qu'il n'y eût un sérieux danger pour les jeunes gens qui s'étaient hasardés dans les canaux qui vont portant aux fleuves les eaux pluviales et les immondices de la ville; car, semblables aux allées tortueuses d'un labyrinthe, ces canaux se croisent, s'entrelacent, se confondent, et rien ne peut y servir de guide et de fil conducteur.

Georges comprit de suite tout ce que la position avait de terrible; un froid glacial engourdit ses membres, tandis que les gaz délétères, se dégageant des immondices, lui montaient au cerveau et le prenaient à la gorge, il eut le courage de se taire pour ne pas communiquer sa frayeur à Baptistin, dont toute l'énergie venait de l'ignorance du péril.

Les deux jeunes gens ne marchaient plus, ils rampaient. Dans cet étroit couloir, trop bas pour se tenir debout, ils étaient obligés de se traîner à genoux, et leurs mains se déchiraient aux angles des pierres; leur tête heurtait contre la muraille, et le sang jaillissait de leurs doigts dont l'épiderme était enlevé. Parfois, ces gros rats noirs qui se sont fait dans ces affreux repaires un séjour inviolable, les mordaient en poussant un cri aigu, et s'enfuyaient entre leurs jambes.

De larges gouttes de sueur glissaient sur leur visage, leurs membres fléchissaient sous le double poids de la frayeur et de la fatigue; pour mesurer le temps qui s'était écoulé depuis qu'ils s'étaient enfermés vivants dans ces souterrains qui seraient peut-être pour eux un cercueil, ils n'avaient eu que les battements de leur cœur où le sang affluait en bouillonnant.

Une heure s'était à peine écoulée; cette heure avait été pour eux plus longue que dix années de leur vie, car chaque seconde en avait été une douleur, une souffrance, une espérance déçue, une pensée de mort.

Ils avaient parcouru les souterrains dans tous les sens, et cette route franchie douloureusement, le corps accroupi, les mains sanglantes, les jambes glacées par une eau fétide, n'avait abouti à rien; c'étaient toujours les mêmes obstacles, le même air corrompu qui les asphyxiait, et les mêmes ténèbres épaisses, impénétrables.

Baptistin s'arrêta le premier.

— Hélas! Monsieur, murmura-t-il, j'ai peur! — De quoi? — De mourir. — Allons donc, courage! — Oh! s'écria Baptistin en sanglottant, je comprends la mort qui vous frappe et vous tue avec une épée ou une balle, elle est belle, elle est bonne; mourir ainsi, c'est passer de la vie au sommeil, c'est exhaler son dernier soupir dans l'air que l'on a toujours respiré, c'est fermer les yeux au soleil que l'on a toujours vu; mais la mort hideuse qui vous tue peu à peu en vous enlevant la lumière, en vous déchirant l'estomac par la faim, le gosier par la soif, en vous livrant vivant aux animaux qui vous mangent la chair, boivent votre sang: oh! cette mort m'épouvante. J'ai peur!... — Baptistin, répondit Georges, un peu d'énergie. — Je n'en ai plus. — Alors, adieu! — Vous m'abandonnez? — Puisque vous n'avez pas assez de courage pour essayer de vous sauver. — Marchons, dit Baptistin.

Rassemblant ses forces, il se souleva et se traîna en s'accrochant aux murailles.

Tout-à-coup, Georges poussa un cri de joie; à travers une ouverture pratiquée dans la pierre, par laquelle les ruisseaux bordant les rues jettent l'eau dans le canal, il venait d'apercevoir la lumière d'un réverbère; les deux jeunes gens, appliquant leur bouche sur cette ouverture, aspirèrent à pleins poumons l'air froid et pur, qui fut pour eux la source rafraîchissante rencontrée au milieu du désert par l'Arabe mourant.

Ils ne purent rien distinguer, mais la confiance leur était revenue, car ils sentaient la vie au-dessus d'eux, et ils comprirent que cette fois ils avaient donné à leur marche dans le labyrinthe une bonne direction.

Baptistin appela au secours, sa voix se perdit dans le silence de la nuit, et personne ne lui répondit.

— Si nous attendions le jour ici, dit-il, demain matin nous serions délivrés. — Attendez si vous le voulez, pour moi je ne le puis pas; à minuit je dois me trouver au bal masqué, répondit Georges. — Mais si nous venons encore à nous égarer. — Impossible, si je ne me trompe, nous sommes près de la Saône, ce canal doit nous y conduire. — Alors, je reste. — Pourquoi? — Parce que j'aime mieux attendre que de courir la chance de me noyer. — Vous ne savez donc pas nager? — Non. — Eh bien! fiez-vous à moi; venez, je vous sauverai.

Baptistin hésita quelque temps, mais comme Georges allait se mettre en route, le valet eut peur de se trouver seul dans ce noir souterrain, et il se décida à le suivre.

Georges ne s'était pas trompé, de loin en loin ils rencontrèrent ces orifices pratiqués de distance en distance dans les canaux, et qui les mettent en communication avec les ruisseaux. Insensiblement, le canal s'élargit et les jeunes gens purent marcher debout; l'eau qui s'élevait à la hauteur de la cheville leur vint jusqu'à la ceinture, et ils entendirent le bruit de la Saône roulant dans son lit.

— Sauvés! s'écria Georges. — Pas encore, répondit tristement Baptistin. — Maintenant je réponds de tout.

Et, le prenant par dessous le bras, il l'entraîna rapidement.

Rien ne rapproche la distance des inégalités sociales comme le danger commun; aux yeux de Georges, Baptistin, le valet fripon, l'associé d'une bande de voleurs, ne fut plus qu'un homme qui lui avait confié sa vie, sous le patronage de son courage. Les vagues montaient toujours, ils en eurent bientôt par dessus la tête; tout-à-coup, un mouvement rapide d'ascension les saisit, et ils se trouvèrent sur la Saône, entre le pont de Pierre et celui de l'Archevêché; en quelques brassées, Georges, soutenant vigoureusement le valet évanoui, aborda sur la rive gauche de la rivière; déroulant son manteau, il s'en enveloppa, et prit Baptistin dans ses bras.

L'heure avancée de la nuit, le froid et la neige, avaient rendu les rues désertes, le jeune homme rentra donc dans son appartement, situé, on le sait, à peu de distance du lieu du débarquement, sans rencontrer personne sur son chemin.

Un feu qui pétilla rapidement dans l'immense cheminée, rendit la vie à Baptistin; ses lèvres étaient bleues, ses dents claquaient, et le sang qui ruisselait des différentes blessures qu'il s'était faites à la tête, s'était gelé au contact de l'air glacial. Georges, d'un tempérament plus robuste, s'occupa d'abord du malade, il le coucha dans son propre lit, et lui fit avaler une infusion bouillante; la fatigue l'emporta sur la douleur, Baptistin s'endormit.

Onze heures sonnaient.

Georges n'avait pas oublié le rendez-vous que lui avait donné la jeune femme masquée du cabriolet, il se disposa à s'y rendre, non pas qu'il crût à une aventure galante, mais parce que ce rendez-vous lui semblait avoir un lien intime avec les événements dans lesquels il venait d'exposer sa vie.

Malgré la force de son tempérament, les mille émotions, les mille tortures physiques que le jeune homme avait traversées, avaient laissé des traces sur son visage tacheté de loin en loin de plaques rouges ou bleues; ses cheveux humides étaient remplis de glaçons, un tremblement nerveux agitait tout son corps, la paume de ses mains était presque entièrement dénudée, et laissait voir la chair vive.

Mais le jeune homme s'était habitué à vaincre les douleurs purement physiques, il ne s'occupa de ses blessures que pour les panser. Il s'habilla avec ce soin exquis, avec cette raffinerie de propreté que les élégants de bon aloi ont seuls le secret, et qui fait ressembler leur table à toilette, avec les nombreux instruments dont le luxe apprend l'usage, à la table d'un cabinet de dentiste.

Rien ne délasse des fatigues comme la propreté du corps, Georges sentit toute sa force lui revenir; il s'enveloppa dans un domino, sans oublier de mettre sur son épaule droite le nœud de ruban ponceau qui était le signe convenu.

Le théâtre où avait lieu le bal était situé à la place qu'occupe actuellement le grand théâtre.

En 1728, le consulat avait acheté, au prix d'une rente

annuelle de vingt-quatre mille livres, les terrains situés derrière l'Hôtel-de-Ville; mais ce ne fut qu'en 1735 qu'on posa la première pierre du théâtre, dont l'inauguration eut lieu le 30 août 1736; pour cette représentation solennelle, Mlle Clairon joua le rôle d'Agrippine dans Britannicus.

L'architecte choisi par le consulat était un homme de grand talent, auquel Paris doit le Panthéon : Soufflot. Cet artiste avait créé sa réputation à Lyon, par le dôme de l'église des Chartreux, qui fut construit sur les plans qu'il envoya de Rome, où il étudiait, et qu'il considérait comme l'un des ouvrages lui faisant le plus grand honneur. En 1828, soit que le théâtre menaçât ruine, soit qu'il ne fût plus assez grand pour la population, on démolit l'édifice construit par Soufflot, et M. Chenavard le remplaça par celui qui existe aujourd'hui, mais qui est loin de valoir le premier, tant par son aspect extérieur, que par sa disposition intérieure (1).

Le défaut qui saute d'abord aux yeux, dans la construction actuelle, est la lourdeur, tache qui semble être originelle à tous les monuments de Lyon; la galerie voûtée, placée extérieurement à droite et à gauche, n'a ni assez d'espace, ni assez d'air; c'est un corridor mal éclairé, que l'administration municipale a voulu utiliser en collant contre le mur des boutiques; on les loue, dit-on, fort cher; c'est une excellente spéculation; malheureusement, on sait que la spéculation n'est guère l'amie des arts et du bon goût.

La façade devait être ornée, d'après les plans de Chenavard, de dix statues (2) que les piédestaux attendent depuis 1828; ce léger embellissement suffirait pour donner au monument une physionomie plus en harmonie avec sa destination, car il est sévère et froid comme une prison.

Le théâtre construit par Soufflot était nécessairement supérieur à celui que nous possédons, parce qu'il y avait plus d'homogénéité dans la conception (3).

Georges n'avait que quelques pas à faire pour se rendre au bal; lorsqu'il arriva, la façade du théâtre était resplendissante de lumières, le péristyle rempli de fleurs, de larges tapis avaient été jetés sur les dalles humides, pour préserver du froid les pieds chaussés de satin blanc.

Le jeune homme entra dans la salle et se dirigea vers l'orchestre, lieu fixé pour le rendez-vous; le domino n'était point encore arrivé.

Le coup-d'œil était magnifique.

L'orchestre rugissait comme un démon soufflant de mauvaises pensées, et tandis que les masques étaient entraînés dans le tourbillon d'une danse folle, l'intrigue se croisait au milieu d'un feu de peloton nourri de plaisanteries et de bons mots.

―――

(1) On prétend que la disposition du théâtre de Soufflot était si admirable, qu'une bougie placée au centre suffisait pour éclairer entièrement la salle.

(2) A propos de ces statues, voici une anecdote que nous tenons de source certaine. A l'époque où M. Terme avait laissé, comme homme et comme administrateur, de si bons souvenirs, était maire de Lyon, on discutait, dans son salon, de ces statues à venir. — « On devrait mettre les Muses sur ces piédestaux, » dit M. X..., conseiller municipal. — « Vous avez raison, répondit M. Terme; malheureusement, il n'y a que neuf Muses pour dix piédestaux. » Et il les cita par leur nom. — « Vous en avez oublié une, » dit M. X..., qui avait écouté attentivement. — « Laquelle ? » — « Parbleu ! dit le conseiller municipal, celle qu'il ne nous est pas permis, à nous Lyonnais, de laisser dans l'oubli : la Muse du Commerce. »

Ce mot qui, dans toute autre bouche, eût été un bon mot, n'était dans celle de M. X... qu'une plate bêtise d'ignorant.

(3) Soufflot fut l'architecte préféré par les Lyonnais, il construisit encore à Lyon, la loge du Change, actuellement livrée au culte protestant, et l'Hôtel-Dieu, le plus bel hôpital qui existe en Europe. Soufflot a fait lui-même son épitaphe, elle prouve la bonne opinion qu'il avait de lui; nous l'avons trouvée au bas d'un de ses portraits :

Pour maître dans son art, il n'eut que la nature,
Il aima qu'au talent, on joignit la droiture;
Plus d'un rival jaloux, qui fut son ennemi,
S'il eût connu son cœur, eût été son ami.

Georges se fit ouvrir une loge, il en abaissa les rideaux, se laissa aller à ses réflexions auxquelles les événements de la journée offraient un vaste aliment.

Tout-à-coup, il s'opéra dans la salle un mouvement spontané; la musique s'arrêta comme si les musiciens avaient été paralysés, les danses cessèrent, et les jeunes femmes se jetèrent brusquement dans les couloirs en poussant des cris de frayeur.

Georges releva les rideaux qui lui cachaient la salle, et il assista à l'étrange spectacle (1), cause de l'effroi général

Par la porte du milieu, venait d'entrer une mascarade qui s'avançait avec une solennité imposante.

La marche était ouverte par Mercure, le dieu qui conduit les âmes en enfer ; derrière lui marchaient Pluton et Proserpine, les deux divinités du noir séjour dont Cerbère garde l'entrée, Caron, l'inflexible nautonnier de l'Achéron, les suivait, une rame sur l'épaule.

Puis, venaient pêle-mêle des hommes et des femmes en différents costumes, ayant des masques simulant des têtes de mort.

Un immense catafalque, recouvert d'un drap noir, était porté sur les robustes épaules de six croque-morts; chaque coin de ce drap était terminé par des pantines (2) de soie, remplaçant les glands, elles étaient tenues par quatre pleureuses.

Autour du cercueil circulait une foule nombreuse portant des chevilles (3) en guise de cierges, et psalmodiant d'une voix sépulcrale un refrain lugubre.

Sur le cercueil étaient disposés les principaux instruments nécessaires au tissage : une navette, un peine, des forces, etc. et sur le drap parsemé de larmes on lisait :

LE COMMERCE MORT EN 1826

et au-dessous :

LIBERTÉ, TRAVAIL, CONSTITUTION.

On voit dans cette démonstration, la politique montrait le bout de l'oreille.

Le cortège traversa lentement la salle de danse, et déposa le catafalque au milieu.

Une vive anxiété se peignait sur toutes les figures, et plus d'une personne se sentait clouée à la place qu'elle eût voulu quitter.

N'était-ce pas quelque chose de terrible pour ceux qui s'amusaient, que ces gens qui venaient leur dire dans leur symbolique et effrayant langage :

« Tandis que vous riez nous pleurons, tandis que vous
» chantez un refrain à boire nous chantons l'hymne des morts
» sur nos espérances, tandis que vous dansez nous enterrons
» celui qui nous faisait vivre et nous donnait du pain. Un
» peu de pitié pour nos souffrances, car nos larmes pour-
» raient glacer vos rires ? »

Oh ! il n'y avait en effet pas un sourire sur toutes les lèvres blémissantes des spectateurs; cette mascarade n'était pas une plaisanterie, mais une sanglante vérité dure à dire, plus dure encore à entendre.

Quelle eût été la fin de cette cérémonie ? Nous l'ignorons. La mascarade, entrée par la ruse dans la salle, en fut chassée par la force; les sergents de ville, s'emparant des dieux et des déesses, les envoyèrent provisoirement au violon; Mercure lui-même fut fait prisonnier, si Jupiter eut pendant cette nuit quelques nouvelles à faire porter, il dut emprunter à Junon sa messagère Iris.

Le bal reprit de plus belle; les danseurs oublieux de leur terreur, s'empressèrent de réparer le temps inutilement perdu à avoir peur (4).

―――

(1) Le fait que nous citons est historique. Cette mascarade parut à la promenade de Sain-Fons en 1723.

(2) Une flotte, — terme de fabrique.

(3) La cheville est un morceau de bois sur lequel on roule la chaîne que l'on donne à l'ouvrier.

(4) Il est triste à signaler combien notre époque est égoïste, et combien par ce fait les émotions sont fugitives et passagères.

Georges redescendit dans la salle, il s'approcha de l'orchestre ; un domino vint droit à lui.
— *Repentir*, dit-il. — *Pardon*, répondit Georges. — Votre bras. — Où allons-nous ? — Dans un endroit où nous pourrons causer sans témoin. — J'ai une loge. — Soit, entrons-y.
Georges et le domino entrèrent dans la loge.
— Vous êtes bien Georges Duval ? dit le domino. — Voyez ! Le jeune homme se démasqua.
— C'est bien, dit le domino ; savez-vous qui je suis ? — Oui. — Et savez-vous de quoi j'ai à vous parler ? — De *lui*. — Vous m'avez compris, je vous en remercie ; causons.
Le domino s'assit dans un fauteuil, et arrangea lui-même les rideaux de la loge, afin de ne pouvoir être vu de la salle.
Georges prit une de ses mains.
— Madame, dit-il, accordez moi une grâce. — Laquelle? — Ôtez, pour un instant ce masque. — Pourquoi? — Parce que j'ai besoin de vous voir et de lire dans vos yeux le mot que vous m'aviez donné pour passe : *pardon !*
La jeune femme ôta le loup qui lui cachait le visage.
Georges poussa un cri. Cette figure pâle, sur laquelle la souffrance avait tracé des rides légères, était un livre dans lequel il lisait couramment.
— Vous avez bien souffert, dit-il. — Oh ! oui, murmura Emma, car c'était elle, j'ai bien souffert, j'ai plus versé de larmes que mon cœur n'a eu de battements pendant notre amour. Je n'en murmure pas : après la faute doit venir l'expiation. — Et vous m'avez maudit. — Oui, au début je vous ai maudit ; car, dans ma lâcheté et dans mon orgueil, je ne voulais pas comprendre ma faute, et je vous en faisais supporter la plus large part. J'ai été injuste, je le vois maintenant, vous avez fait ce que tout autre homme eût fait à votre place : vous avez rencontré sur votre route une femme romanesque, qui, comme ces Indiens fanatiques se jetant sous les roues du char portant leur Dieu, s'est jetée au-devant de vous, vous l'avez brisée, et vous avez continué tranquillement votre chemin. — Emma, croyez-vous donc que moi aussi je n'aie pas souffert. — Votre remords ne relève que de Dieu, le mien relève de ma conscience et d'un homme que j'ai indignement trompé. Je ne vous accuse pas et je vous pardonne. — Oh ! merci, merci. — Je vous pardonne, continua en tremblant Emma.
Il y eut un moment de silence, pendant lequel la jeune femme étouffa un soupir et essuya quelques larmes.
— Parlons de *lui*, dit-elle ; savez-vous qu'il est à la veille de sa ruine. — Je le sais, répondit Georges. — Et en connaissez-vous la cause ? — Je la connais.
Le jeune homme raconta les événements qui précèdent.
— Oh ! c'est horrible, s'écria la jeune femme en joignant les mains ; que faire ? — Ce qu'il y a de plus sage est d'avertir M. Brémont ; lui, mieux que nous, verra quel parti on peut tirer d'une situation que nous nous exposerions à aggraver en voulant y porter remède. — Mais qui l'avertira ? — Moi. — Vous ! — Je ne m'abuse pas sur ce qu'aura de pénible pour tous les deux un pareil entretien, mais tranquillisez-vous sur les suites ; ma faute m'a créé des devoirs que j'aurai, quoiqu'il m'en coûte, le courage de remplir.
On frappa à la porte de la loge.
— Est-ce que vous êtes venue seule au bal masqué ? demanda Georges. — Oui. — A l'insu de votre mari ? — Oui. — Alors ce n'est pas lui. — Ouvrez, ouvrez, dit une voix féminine.
Georges ouvrit.
Une jeune femme vêtue d'un domino rose entra précipitamment dans la loge.

Nous avons été témoin, en 1852, au théâtre des Célestins, d'un drame atroce qui émut à peine les spectateurs. Une jeune femme fut assassinée aux premières par une espèce de fou ; l'actrice en scène qui vit ce meurtre s'évanouit. Le spectacle, arrêté à peine pendant *cinq* minutes, fut repris à la demande du public, dont les éclats de rire se mêlèrent aux cris de douleur de l'infortuné mari se tordant pendant l'enquête auprès du cadavre de sa femme assassinée.

— Madame, s'écria-t-elle, prenez mon domino, donnez-moi le vôtre ; M. Brémont me suit, dans quelques minutes, il sera ici. — Comment, dit Emma vivement émue, Monsieur Brémont est au bal masqué. — Oui, Madame, répondit le domino rose, qui se démasqua et dans lequel Madame Brémont reconnut Florette, sa femme de chambre.
— Une demi-heure après votre départ, continua celle-ci, M. Brémont entra dans ma chambre : « — Madame est-elle chez elle ? me demanda-t-il. — Oui, répondis-je assez embarrassée de la manière dont il me regardait. — En êtes-vous bien sûre ? — Je viens de la déshabiller et de la mettre au lit. Il sortit ; mais, cinq minutes après, j'entendis la porte d'allée se fermer et je vis qui se dirigeait du côté du théâtre. J'enfilai rapidement ce domino, et je partis afin de vous avertir. Je vous cherchais vainement dans le bal, lorsque j'aperçus M. Brémont dont les yeux étaient obstinément fixés sur cette loge ; cette persistance me donna l'éveil, j'interrogeai l'ouvreuse qui me répondit que cette loge appartenait à M. Duval. Allons, Madame, hâtons-nous, échangeons nos dominos, car je suis convaincue que M. Brémont sera ici dans quelques secondes. — Je vous remercie de votre dévouement, dit Madame Brémont, mais j'attendrai mon mari. — Y songez-vous, répondit Georges. — Qu'ai-je à craindre ? je lui dirai pourquoi je suis venue. — Il ne vous croira pas. — C'est vrai, murmura la jeune femme en baissant tristement la tête, je n'ai plus le droit d'être crue et il a celui d'être jaloux.
Emma prit le domino rose, Florette le domino noir, et elle s'assit à la place occupée par sa maîtresse, qui sortit rapidement. — Comment vous nommez-vous ? demanda Georges à la jeune fille. — Florette, répondit-elle. — Eh bien ! Florette, comment puis-je reconnaître le service que vous venez de me rendre. — Je vous dirai cela plus tard, fit la jeune fille avec un accent et un regard qui donnaient à ses paroles un sens particulier.
Georges n'y fit pas attention, inquiet qu'il était de l'issue de la scène qui allait se passer.
La porte de la loge s'ouvrit brusquement, M. Brémont entra et la referma derrière lui. Florette avait remis son loup sur la figure et s'était assise dans l'angle le plus obscur.
M. Brémont était pâle, ses poings étaient serrés, ses bras étaient croisés sur sa poitrine, il contempla Georges et le domino avec un regard de profond dédain et de terrible mépris.
Le fabricant était en proie à ce sentiment qui donne le vertige et inspire les mauvaises pensées ; la jalousie circulait avec son sang dans ses veines, et faisait de l'honnête homme aux mœurs si douces, au cœur si bon, un homme dont la main n'eût pas tremblé devant un crime.
— Madame, ôtez votre masque, dit-il, il est inutile.
Comme la jeune femme n'obéissait pas assez vite, il s'avança vers elle pour lui arracher son loup.
Georges se leva et saisissant la main de M. Brémont.
— Halte-là ! s'écria-t-il, je ne souffrirai pas que vous obteniez par la violence ce que je n'ai pas pu obtenir de la complaisance de Madame.
Le jeune homme jouait la comédie, mais elle était nécessaire pour mieux tromper le fabricant.
— Monsieur, dit celui-ci, faut-il donc que je jette à cette femme son nom à la figure, pour la forcer à se démasquer ? — Ne prononcez pas ce nom, répondit Georges, ce serait une honte qui rejaillirait sur elle, qui n'est pas celle que vous soupçonnez, mais sur vous qui avez un pareil soupçon. — N'ai-je pas le droit d'en avoir, fit M. Brémont, en souriant avec amertume? — Je ne discute pas votre droit, mais je veux éviter une scène scandaleuse et compromettante pour Madame.
Florette se leva, et s'avançant vers M. Brémont :
— Vous vous trompez, dit-elle, voyez....
Elle enleva elle-même son masque, et sortit sans que le fabricant, qui ne la reconnut pas, pensât à la retenir.
Telle était la délicatesse exquise du cœur de M. Brémont, qu'en voyant qu'il s'était trompé, il sentit la rougeur de la

honte lui monter au front, comme si la conduite de sa femme ne justifiait pas ce qu'il venait de faire.

Il allait se retirer après avoir salué froidement Georges.

— Deux mots, s'il vous plait, dit celui-ci. — Que voulez-vous ? — Avoir avec vous un entretien, que j'aurais eu l'honneur de vous demander demain, si le hasard ne s'était pas chargé de me le procurer ce soir même. — Qu'avez-vous à me dire ? — Vous êtes à la veille de votre ruine. — Que vous importe. — Il m'importe assez pour qu'aujourd'hui je n'aie pas hésité à exposer ma vie afin de surprendre le secret de ceux qui vous ruinent. — Que dites-vous ? — Je dis qu'autour de vous, il y a des gens qui vous trompent, et qui abusent de la confiance que vous avez en eux pour vous voler. — Etes-vous sûr de ce que vous avancez. — Jugez-en vous même.

Georges, sans omettre aucun détail, raconta la conversation qu'il avait surprise dans le caveau.

Le visage de M. Brémont ne traduisait aucune émotion de colère, mais il se teignit d'une expression de profond accablement.

Ainsi, dit-il, il n'y a rien de vrai et de sincère en ce monde ; j'ai aimé ma femme autant qu'un cœur d'homme peut aimer, j'ai pris Richard dans la pauvreté et dans la misère et je l'ai associé à ma fortune, à mes espérances : ma femme m'a trompé, Richard me vole. Ceux pour lesquels je me suis dévoué sont ceux qui me trahissent. Oh ! mon Dieu ! mon Dieu ! mon calice d'amertume est trop plein, pardonnez-moi si j'en brise la coupe avant de l'avoir épuisée.

— Allons, répondit Georges ému de cette douleur, tout n'est pas encore désespéré, il est peut-être encore temps de relever vos affaires compromises. — Il est trop tard, que voulez-vous que je fasse ! M'adresser à la justice, pour que, fouillant dans mes livres, elle y lise partout ce mot qui sent le cadavre d'un commerce : DETTE ; pour qu'en proclamant bien haut la position dans laquelle je me trouve, elle fasse s'éloigner de moi, le crédit sur lequel je vis. Il est trop tard, il ne me reste plus qu'à mourir. — Mourir ! s'écria Georges.

— Oui, mourir ! répéta M. Brémont, dont les yeux lançaient du feu, me tuer non pas pour me débarrasser d'une vie qui m'est à charge et dont les souffrances m'effraient, c'est le suicide d'un lâche; mais me tuer pour laisser à mon fils un nom pur, à ma femme une fortune.

Le jeune homme regardait le fabricant avec étonnement ; il le crut fou.

— Je ne mourrai pas en égoïste, se retirant lâchement de cette vie parce qu'il n'a plus le courage nécessaire pour en supporter les misères, je mourrai parce que ma mort sera utile à Emma, et jusqu'au bout je me dévouerai pour elle. — Calmez-vous, dit Georges, votre mort serait pour votre femme une immense souffrance, presque un remords. — Et ma vie serait pour elle la misère, car je vous l'ai dit, il est trop tard pour relever mes affaires; le scandale, en livrant Richard à la justice, ne ferait qu'en hâter le triste dénouement, et amènerait nécessairement la faillite par le crédit qui s'éloignerait. Si je vous confie un secret, puis-je croire que vous le garderez ? — Je vous en fais le serment sur la tombe de mon père. — C'est bien, je vous crois et je puis parler, car il faut que quelqu'un sache pourquoi je vais me tuer, et que, ce qui sera demain pour tous un accident, soit pour vous un suicide ; c'est un remords que je vous lègue, ce sera ma vengeance. — Mon Dieu, que voulez-vous faire ? — Avez-vous quelquefois entendu parler des Compagnies d'Assurances sur la vie ? — Oui. — Vous savez qu'on met en cas de mort sur la tête de quelqu'un une somme constituant en quelque sorte un héritage que la Compagnie est tenue de payer à la personne assurée, si celui qui a assuré meurt dans les conditions ordinaires, c'est-à-dire ne se suicide pas. — Oh ! je commence à comprendre, dit Georges avec anxiété. — Demain, je réunirai quelques amis à diner à ma maison de campagne, vous y viendrez; tout-à-coup, le pied me glissera par exemple sur le bord d'un bateau, je tomberai et je me noierai. Après demain, la Compagnie d'Assurances comptera à Madame Brémont trois cent mille francs que j'ai placés sur sa tête. — Vous ne vous tuerez pas ! s'écria le jeune homme, je m'y oppose, je parlerai et je vous empêcherai de mettre votre projet à exécution. — Si vous faites cela, vous serez un lâche, car, non content d'avoir déshonoré ma femme, vous la ruinerez. Déshonneur et misère ! voilà ce que vous aurez donné à la malheureuse qui aura cru à vos serments d'amour. — Mais, Monsieur, c'est un crime. — C'est un crime devant Dieu et un vol devant les hommes, car je vole la Compagnie d'Assurances qui s'est fiée à mon honneur ; vous serez, pour la première et dernière fois, mon complice. Rappelez-vous votre serment — Je me le rappelle. — Vous vous tairez ? — Je me tairai. — Maintenant, adieu. Voyez ce que vous avez fait d'un honnête homme. — Pardon ! s'écria le jeune homme. — Je vous pardonne, répondit M. Brémont d'une voix grave. Georges, demain soir interrogez-vous et demandez-vous qui de nous deux a le plus aimé Emma ?

Il était trois heures du matin, le bal masqué était à l'apogée de son ivresse ; les cris se mêlaient aux rires, les chants aux refrains de l'orchestre.

CHAPITRE XXIV.

Le piquage d'once. — Le dévouement.

Les choses en apparence les plus inexplicables et les plus mystérieuses ont une explication souvent fort simple, lorsqu'on les a dépouillées du prestige que l'imagination et le milieu dans lequel elles se produisent leur prête assez ordinairement.

Il nous aurait été facile de laisser planer sur les causes de la ruine de M. Brémont un vague mystère, et d'exploiter cet attrait au profit de l'intérêt de notre livre ; mais nous voulons écrire l'histoire de notre ville et non un roman ; de l'histoire on tire une moralité, le roman charme tout au plus quelques heures oisives.

La soie, matière première employée dans la fabrication des étoffes, a un prix très-élevé ; aussi toutes les mesures sont-elles prises pour que dans la vente et dans l'acquisition il ne se puisse glisser aucune fraude.

Autrefois, la fraude était facile chez le marchand de soie ; il exposait ses ballots à l'humidité qui en augmentait la pesanteur, et comme le prix de vente est fixé d'après le poids, il en résultait qu'après l'acquisition faite par le fabricant, la soie subissait nécessairement dans ses magasins une diminution, et qu'il était (qu'on nous pardonne cette expression, la seule exacte) volé de la différence (1).

C'était un jeu au plus fin et au plus habile.

Le gouvernement, pour faire cesser un abus et donner aux affaires la sécurité et la dignité nécessaires, fut obligé d'intervenir entre ces deux parties, dont l'une cherchait nécessairement à duper l'autre.

Un décret de 1807 créa la *condition des soies*.

Le procédé employé pour empêcher la fraude est fort simple ; le ballot acheté par le fabricant est envoyé à la *condition* ; on le pèse et on le soumet pendant vingt-quatre

---

(1) Nous avons connu un ancien marchand de soie qui souffrait beaucoup des douleurs de rhumatisme. « Voilà, nous disait-il, ce qu'il résulte de vouloir trop vite gagner une fortune. » Cet honnête industriel jetait chaque matin dans ses magasins des seaux d'eau, afin, en y entretenant une humidité permanente, d'augmenter ainsi le poids des ballots. Dieu l'avait puni par où il avait péché, par l'humidité.

heures à une température assez élevée pour en chasser toute l'humidité; après la dessication, le ballot est pesé de nouveau, le directeur (1) de la *condition* écrit le poids sur un bulletin qui fait foi entre le vendeur et l'acquéreur.

Le monument construit à cet usage dans le quartier des Capucins, n'a aucun caractère architectural ; c'est un bâtiment solidement établi, ayant la forme d'une voûte.

Les droits de *condition* sont assez chers, comme ils sont les mêmes pour tous et sont tarifés proportionnellement au poids, ils ne nuisent en aucune façon aux fabricants mis dans une position identique, et ils produisent des sommes considérables versées dans la caisse de la Chambre de commerce.

Le gouvernement a garanti les intérêts des commerçants : une fois que la soie leur est livrée, son action cesse et ne peut aller au-delà ; aussi le fabricant est-il obligé de surveiller attentivement tous les ouvriers auxquels il confie cette matière si précieuse pour les mille opérations, telles que la teinture, le devidage, l'ourdissage et le tissage, par lesquelles elle est nécessairement obligée de passer avant de rentrer en étoffe dans le magasin.

Chaque opération particulière fait subir à la soie une perte de quelques grammes par kilo ; cette perte est calculée approximativement par le fabricant d'après le genre de l'opération, et il accorde à l'ouvrier un déficit d'un certain poids auquel on a donné le nom de *déchet* (2). Si l'ouvrier, en rendant la matière, est en dessous du déchet accordé, il paie la différence ; s'il est au-dessus, on lui tient également compte de la différence et on la lui paie ; c'est, on le voit, le récompenser d'être habile et honnête.

Mais il se rencontre partout et dans toutes les sphères sociales des fripons, et malgré les mesures prévoyantes prises par les fabricants, il est rare qu'il ne se trouve pas parmi les ouvriers employés par lui, quelques-uns de ces hommes corrompus qui, ne se contentant pas des bénéfices honnêtes que rapporte le travail, les augmentent par le vol. Le vol de la soie est difficile à constater ; les ouvriers qui le commettent ont à leur ressource mille subterfuges, mille faux-fuyants; mais, malgré l'habileté de leur crime, il se découvre quelquefois, et les tribunaux lyonnais, très-sévères pour cette malversation odieuse, retentissent tous les jours de scandaleux procès dans lesquels figurent les noms les plus honorables du commerce.

Ce vol a reçu le nom de *piquage d'once*. Quel est l'étymologie de ce nom ? nous l'ignorons. L'once était autrefois un poids ; sans doute que dans le langage commercial *piquer* l'once signifiait voler l'once.

Que devient la soie ainsi volée ? L'ouvrier ne peut pas fabriquer et vendre sans se compromettre, car il lui faut justifier de l'acquisition de la soie nécessaire au tissage.

Les receleurs, ces hiboux de la société, achètent de l'ouvrier la soie qu'il a dérobée ; ils la paient un prix modique, et sont de rapaces usuriers spéculant sur l'infamie de leur clientèle de fripons. Une profession quelconque cache leur infâme métier ; en eux il y a deux hommes : l'homme dont la vie se passe au grand jour sous le regard de leurs concitoyens, et l'homme aux spéculations mystérieuses, au commerce clandestin, servant d'intermédiaire entre les voleurs auxquels ils achètent et aux voleurs auxquels ils vendent, car s'il existe des ouvriers infidèles, il existe aussi des fabricants de bas étage, des spéculateurs à la Robert-Macaire, faisant sonner bien haut la clochette vide de leur honneur et de leur probité, et qui s'approvisionnent de matière première dans les repaires des receleurs.

Le vice a ses ramifications dans le *piquage d'once*; il y a trois termes, trois individus, trois friponneries successives qui découlent nécessairement l'une de l'autre: il y a l'ouvrier qui vole, le receleur qui achète de l'ouvrier, et le fabricant qui achète du receleur.

Nous avons vu que le gouvernement avait protégé par une loi spéciale les transactions entre le fabricant et le marchand de soie ; là où la mission du gouvernement s'arrêtait, il y avait une lacune qu'ont comblée la sagesse et la prévoyance des fabricants honnêtes.

Sous le nom de *Société de garantie*, il s'est formé par actions une association de commerçants, afin de lutter contre le *piquage d'once*, et de rendre presque impossible ces vols, cause ignorée de la ruine de plus d'un fabricant inhabile ou trop confiant.

Ce, surtout, à quoi vise la société de garantie, c'est d'empêcher les ventes simulées qui couvrent l'acquisition des soies obtenues par l'intermédiaire d'un receleur ; ces ventes sont par exemple celles qui ont lieu par voie judiciaire lors de la faillite d'un fabricant ; aussi, les agents de la société se font-ils les acquéreurs de toutes les matières premières provenant de cette source ; ils achètent également toutes celles qui ayant subi par un accident quelconque une dépréciation, peuvent être encore employées au tissage.

Chaque mois, la société de garantie publie le bulletin de ses opérations et reproduit les détails des procès du piquage d'once.

Malgré l'action intelligente, malgré l'activité et le dévouement de la société, ces vols se multiplient avec une effrayante rapidité ; les ouvriers qui s'y livrent forment, il est vrai, une exception, mais en général tous les ouvriers sont peu scrupuleux vis-à-vis du fabricant, et lorsqu'ils détournent à leur profit quelques mètres d'étoffe, ils ont une réponse qui rassure leur conscience : « Bah ! le fabricant est si riche. »

Les procédés employés par Richard étaient prosaïquement du *piquage d'once*; homme de confiance de M. Brémont, il avait la haute main dans le magasin qu'il dirigeait à son gré, et il lui était facile d'opérer des soustractions de soie, soustractions dont il était impossible de comprendre la source, cachées qu'elles étaient par les chiffres menteurs.

Richard avait une double clef du magasin ; lorsque venait la nuit, il s'y glissait comme un voleur, et là, armé d'une lanterne sourde, il falsifiait les livres, retranchant ou ajoutant des chiffres. A l'aide de cette persévérance dont sont doués les fripons, et qui, appliquée à un but honorable, fait les hommes de génie et les grands hommes, il était arrivé à un talent de calligraphie admirable, il imitait toutes les écritures et connaissait tous les procédés chimiques qui les font disparaître sans laisser de trace.

L'ambition et le désir d'arriver promptement ne lui faisaient commettre aucune imprudence ; dans le jeu qu'il jouait, il écartait sagement les chances défavorables et ne s'exposait pas à trébucher en heurtant le boulet des bagnes.

Le père Michel était le receleur chez lequel il déposait la soie volée.

Le père Michel était un fossile de ces juifs du moyen-âge ; lâche égoïste, avare avec délice, n'ayant des doigts que pour palper l'or, des oreilles que pour en entendre le son métallique, des yeux que pour en admirer la nuance jaune, et un cœur que pour l'aimer. Pour l'argent, il eût renié son Dieu, s'il eût connu un autre Dieu que l'argent, il eût vendu son âme, s'il eût eu une âme et si le diable eut voulu l'acheter ; si, condamné à mort, on lui eût laissé le choix du supplice, il se serait fait verser de l'or fondu dans la bouche.

Le hazard, ce Dieu qui sert mieux les fripons que les honnêtes gens, parce que les premiers sont plus habiles à le saisir que les seconds, avait amené la connaissance de Richard et du père Michel.

Le jeune homme découvrit en lui l'homme qu'il cherchait depuis longtemps, c'est-à-dire un complice pour un projet qu'il rêvait, et auquel il fallait quelqu'un pour lui tenir l'échelle. Le père Michel, avec sa soif insatiable d'acquérir, était bien l'homme auquel on pouvait sans détour offrir la com-

---

(1) Ce directeur comptable et responsable est nommé par le ministre du commerce, sur la présentation de la Chambre de commerce, laquelle délègue tous les mois deux commissaires, un marchand de soie et un fabricant, pour surveiller les opérations.

(2) L'opération de la teinture seule, pour certaines couleurs, telles que le *gros noir*, augmente le poids de la soie au lieu de la diminuer.

plicité d'un crime, si le crime rapportait des bénéfices; car pour lui, le juge et le gendarme n'étaient pas les représentants de la loi, mais les antagonistes directs avec lesquels il luttait perpétuellement de ruse et d'habileté.

Richard n'avait qu'à suivre la ligne droite tracée devant lui; parti des derniers rangs de la société, il serait arrivé nécessairement et par la seule force d'impulsion à un avenir de fortune honorable. M. Brémont l'aimait, il l'avait déjà intéressé dans ses spéculations, et le jour n'était pas loin où le fabricant, se retirant des affaires, eût laissé son commerce au jeune homme; l'ambition ne lui permit pas d'attendre.

Les choses en étaient là, — c'est-à-dire que le commis infidèle, aidé par le père Michel, réalisait d'assez beaux bénéfices avec la soie volée — lorsque le Baptistin chassé par Georges, se présenta à lui.

Nous avons vu que ces deux natures corrompues s'étaient comprises au premier mot.

Mais entre Richard et Baptistin il y avait une différence : le premier était un voleur, le second était un escroc ; l'un volait classiquement, l'autre donnait au vol le caractère d'une spéculation.

Richard avait une limite fixée à ses soustractions, Baptistin les recula par son habileté, et le *piquage d'once* ne fut plus qu'un élément nécessaire à l'entreprise, mais il n'en fut plus le rouage principal.

Le complot ourdi contre le fabricant avait réussi au-delà de toute espérance, lorsque Georges, se jetant au milieu, en avait saisi tous les fils.

Le lendemain du bal masqué, le jeune homme, pâle comme un cadavre, les membres agités par un tremblement nerveux, était à cheval sur la route de l'Ile-Barbe, il se rendait à l'invitation que lui avait faite M. Brémont; il allait à un diner où le fabricant devait donner pour dessert à ses invités son suicide, auquel Georges devait assister, témoin impassible et silencieux.

Le domestique qui lui ouvrit la grille de la maison de campagne était Bernard.

Eh bien? demanda Georges. — Quoi? répondit le domestique qui ne comprenait rien à l'air égaré du jeune homme. — M. Brémont y est-il? — Ecoutez.

En effet, au bruit joyeux d'un piano, se mêlaient les bruyants éclats de rire du fabricant.

Lorsque Georges entra au salon, il fut accueilli par une cordiale poignée de main de M. Brémont. Emma le remercia du regard, parce qu'elle crut qu'il venait pour faire part à son mari de sa découverte. Ce regard, que le fabricant surprit au passage, fut interprété par lui assez défavorablement, car il murmura tout bas :

Oh! ma dernière illusion, morte aussi!

Le nuage qui voila un instant ses yeux disparut sous l'empire de sa volonté, comme ces nuées légères que teint en pourpre le soleil d'été.

— Enfin, mon cher ami, dit-il, vous vous êtes décidé à venir nous voir? — Vous savez que j'ai eu le malheur de perdre mon père? — Je le sais, et cette nouvelle m'a beaucoup affligé pour vous. — Je vous en remercie; vous comprenez que cette mort m'a imposé l'obligation de ne pas aller dans le monde pendant quelque temps — Quel mot venez-vous donc de prononcer, le monde ; nous ne sommes pas le monde pour vous, mais des amis, et à des amis on doit une part de ses peines, comme on leur doit une part de ses plaisirs.

Georges s'inclina, et il allait parler.

— C'est bien, continua M. Brémont, je ne vous demande pas d'excuses ; j'ai voulu vous frotter un peu les oreilles pour vous apprendre à oublier ceux qui vous aiment; je souhaite qu'Emma soit aussi indulgente que moi, mais j'en doute, car voilà trois mois que votre absence fait dormir les duos dans le casier.

Il était environ deux heures.

Le domestique annonça que le dîner était servi.

— Pardon, dit M. Brémont à ses invités, de vous faire dîner de si bonne heure, mais il faut que je retourne ce soir à Lyon pour une affaire importante.

La salle à manger s'ouvrait de plain-pied sur la terrasse, et le coup-d'œil qui s'offrait aux personnes assises en face de la porte vitrée par laquelle on entrait, n'était pas sans poésie.

La neige avait enveloppé la nature d'un immense manteau d'hermine, le ciel était bleu, le soleil caressait la neige sans la fondre, les arbres dépouillés tendaient leurs branches sèches et maigres comme des squelettes, sur lesquelles voletaient des moineaux ; parfois on entendait le bruit d'un bateau à vapeur dont on apercevait la fumée ayant la forme d'un panache.

M. Brémont était d'une gaîté folle, il se grisait de rires, comme le soldat se grise d'eau-de-vie pour aller au feu; si on eût dit à quelqu'un : « dans cinq minutes cet homme va accomplir le plus sublime dévouement dont soit capable un cœur humain, » il eût haussé les épaules et il eût répondu : « cet homme est un épais bourgeois qui trouve la salle à manger convenablement chauffée, le rôt cuit à point, et ses plaisanteries fort spirituelles. »

Le masque riait, le visage pleurait ; le rire était aux lèvres, les larmes au cœur.

— Qu'avez-vous, mon cher Georges, vous êtes triste? dit le fabricant. — Nullement. — Vous avez la figure fatiguée. — Etes-vous allé au bal de cette nuit? — Non. — Et vous, Richard? demanda M. Brémont, en se tournant vers son commis. — Non, j'avais des écritures à mettre en règle, répondit Richard, et j'ai travaillé jusqu'à onze heures. — C'est trop, mon cher ami, vous vous tuez par excès de zèle. — Je ne fais que mon devoir. — Il y en a peu qui comprennent le devoir comme vous. — Eh bien! j'ai été moins sage que les jeunes gens, continua-t-il, car hier je suis allé à la promenade de Saint-Fons, costumé en marquis. — Vous? dit un des invités. — Moi-même, et je serais maintenant étendu sur le champ de bataille, sans le secours bien improvisé que nous a envoyé le ciel ou l'enfer. — Quel logogriphe voulez-vous nous faire deviner? dit une dame. — Je ne mettrai pas votre esprit à la torture, je vais vous l'expliquer moi-même.

Et M. Brémont raconta le siège qu'avait eu à soutenir la calèche contre le tombereau.

— C'était, du reste, le jour aux aventures, car, en franchissant le pont Morand, nous avons été témoins d'un épisode tragi-comique. Au moment où notre voiture entrait sur le pont, nous vimes une nourrice, grosse campagnarde d'Auvergne, au bonnet enrubanné, à la mine jouflue, qui cherchait vainement à faire cesser les cris de son nourrisson; le prenant dans ses bras, elle le balança dans l'air, espérant sans doute l'endormir par le mouvement de va-et-vient, lorsque la foule, poussant la malheureuse femme, l'enfant lui échappa et tomba dans le Rhône; un cri immense retentit, les spectateurs entourent la nourrice qui s'arrache les cheveux, et dont les sanglots éclatent avec les larmes; tout-à-coup, son désespoir cesse, elle se dresse avec une force miraculeuse sur le parapet et se précipite dans le fleuve. — Mais c'est horrible! — Attendez la fin : des mariniers détachent une barque de la rive, et s'élancent au secours de l'infortunée dont le bonnet flotte là-dessus de l'eau; enfin on la voit reparaître, élevant dans ses bras l'enfant qu'elle vient d'arracher à la mort. « Sauvez l'enfant ! » s'écrie la foule. Un marinier se penche sur le bateau et reçoit l'enfant des mains de la nourrice qui disparait emportée dans un tourbillon. — Pauvre femme! elle est morte victime de son dévouement! — Un peu de patience. A la vue de l'enfant si miraculeusement sauvé, la foule applaudit ; mais tout-à-coup elle pousse un cri terrible, cri de colère et de vengeance, et comme un homme composé de trois mille têtes peut seul en pousser. — Qu'était-il arrivé? — Le marinier qui avait pris l'enfant venait de le jeter brusquement dans le fleuve, et, saisissant ses rames, revenait tranquillement vers la rive. — Mais cet homme était un monstre. — Non, c'est un excellent homme; seulement, l'enfant était une poupée de carton. — Et la nourrice? — La nourrice était un habile nageur qui avait voulu s'amuser des terreurs de la foule qu'il avait prise pour dupe (1), et qui, furieuse, lui eût fait un mauvais parti, s'il n'avait pas trouvé sur le quai une voiture qui l'attendait, et dans laquelle il partit au galop de deux chevaux.

Le sang-froid avec lequel M. Brémont raconta cette anecdote, les quelques réticences dont il la coupa pour en augmenter l'intérêt, le sourire qui la termina, dissipèrent un peu la frayeur de Georges.

— Il ne se tuera pas, pensa-t-il, c'était une menace.

Mais comme si le fabricant eût deviné la pensée intime de Georges, il se leva.

— Messieurs, dit-il, si cela vous plaît, pendant que le domestique prépare le café, nous irons faire à mon tir l'essai d'une paire de pistolets que j'ai reçue de Saint-Etienne.

La proposition fut acceptée, et les terreurs de Georges se réveillèrent plus vives.

Le tir était dans une longue allée de platanes; M. Brémont fit les honneurs en maître de maison, il offrit d'abord les armes à ses invités; lorsque vint le tour de Georges, l'émotion qu'éprouvait le jeune homme fut telle qu'il ne put ajuster.

— Qu'avez-vous, dit le fabricant, vous tremblez? — J'ai froid, répondit laconiquement Georges. — Alors rentrez au salon auprès de ces dames, nous ne tarderons pas à vous y rejoindre. — Je préfère rester. — Comme il vous plaira; alors donnez-moi le pistolet, puisque vous ne pouvez pas vous en servir. — Jamais! s'écria le jeune homme. — Comment, jamais! répondit en souriant M. Brémont; ah! çà, mon cher, est-ce que par hasard vous craignez que je me tue?

Le fabricant disait une affreuse vérité que personne ne comprit, excepté Georges.

Prenant l'arme des mains du jeune homme, il ajusta froidement la poupée qui vola en éclats.

— Voilà, dit-il, d'excellents pistolets avec lesquels je me charge tous les coups d'abattre un homme à vingt-cinq pas. — Forfanterie! s'écria Georges auquel une idée venait de traverser le cerveau. — Comment? répondit vivement M. Brémont qui crut avoir mal entendu. — J'ai dit forfanterie, répéta le jeune homme avec une intention évidemment provocante; car dans un duel, pour que la main ne tremble pas, il faut que le cœur soit comme la main. — Mais il n'y a que les lâches qui tremblent, s'écria le fabricant. — Vous avez tiré vous-même la conséquence de mon axiome. — Ainsi, je suis un..... — Lâche, acheva tranquillement Georges.

M. Brémont bondit et se plaça en face du jeune homme ; il le regarda quelque temps, tandis que la colère faisait affluer le sang à son front; mais ce regard, qui plongea jusqu'au fond du cœur de Georges, lui fit comprendre le but de la provocation; quelques personnes s'étaient jetées entre les deux adversaires, le fabricant les écarta doucement, son visage reprit sa bienveillance accoutumée.

— Messieurs, dit-il, quelqu'étrange que vous paraisse la scène qui vient de se passer, je dois déclarer sur l'honneur que le véritable coupable n'est pas Georges, mais moi; séparé d'opinion politique, il m'est arrivé plusieurs fois dans nos discussions de lui jeter à la face l'épithète qu'il vient de me renvoyer d'une façon un peu brutale, que je lui pardonne comme il me pardonnera, je l'espère ; car une différence d'opinion politique ne doit pas faire de deux hommes qui estiment réciproquement leur caractère, des ennemis qui s'égorgent inutilement pour leur parti.

----

(1) Pendant plusieurs années, au dimanche des Brandons, l'anecdote que nous racontons se passa à Lyon; son auteur, G..., était un des plus intrépides plongeurs. La police intervint et défendit cette plaisanterie dangereuse pour celui qui la faisait, et pleine de poignantes émotions pour la foule, ne s'apercevant qu'à la fin qu'on se moquait d'elle.

Et le fabricant tendit loyalement la main au jeune homme qui ne put refuser de la lui serrer.

— Tenez, Georges, dit-il, voilà ma réponse à votre accusation de lâcheté; j'ai le sang qui me bout dans les veines, et malgré moi j'ai éprouvé le tressaillement qu'on ressent sous la main qui vous frappe au visage. Eh bien!, voyez ce moineau qui saute au bout de cette branche.

M. Brémont prit un pistolet, l'abaissa rapidement, et le moineau roula sur la neige.

— Je vous défie d'en faire autant, dit-il, en présentant l'arme au jeune homme. Messieurs, continua-t-il, rentrez au salon, j'ai quelques explications particulières à demander à ce jeune étourdi; mais surtout pas un mot à ces dames de ce qui vient de se passer.

Lorsque Georges et M. Brémont furent seuls, le second croisa les bras.

— Vous avez voulu vous battre avec moi, dit-il, pour m'empêcher d'accomplir mon suicide? — Oui, répondit Georges. — Est-ce que le courage vous manque? — Oui ; je ne puis assister de sang-froid à ce meurtre que vous avez prémédité, je ne puis être le silencieux complice de votre crime, car c'en est un; le secret que vous avez exigé de moi est au-dessus de mes forces. — Croyez-vous que je suis « sur un lit de roses? » — Pitié! Monsieur, pitié!... — Et pour qui? Pour vous? — Non; pour elle. — Elle m'a trompé. — Elle se repent. — Le repentir expie la faute mais ne l'efface pas; mon cœur est à la hauteur du pardon, mais il n'est pas à la taille de l'oubli. — S'il faut une victime, tuez-moi! — Et de quelle utilité serait pour moi votre mort? Que m'apporterait-elle? que changerait-elle à ma position? Vivant, vous êtes pour Emma méprisable; mort, vous seriez un héros, je vous élèverais moi-même un piédestal. Je ne le veux pas, car j'aime ma femme, je l'aime avec passion, avec idolâtrie; si je me tue, c'est que je sais qu'entre elle et vous il n'y a plus de rapprochement possible; je mets entre vous deux un cadavre sur lequel il vous faudrait marcher pour vous réunir; si je me tue, c'est que je ne veux pas léguer à cette femme la misère avec le remords, c'est que je veux lui donner tout ce qui me reste, ma vie. Oh! n'essayez pas de m'ébranler, je me suis entouré aujourd'hui de tous ceux dont la présence pouvait me rendre, par le dégoût qu'ils m'inspirent, le courage qui aurait pu me manquer : vous, Richard et Emma, l'ami qui m'a trahi, l'homme qui m'a volé, la femme qui m'a trompé. J'ai la force de mourir, je n'ai pas celle de vivre, car maintenant pour moi l'existence est impossible; vous ne pouvez rien pour me rendre l'honneur que vous m'avez pris, je ne puis rien pour reconstruire ma fortune détruite, et cependant j'hésite, mon cœur tremble; il y a deux heures que j'aurais dû accomplir mon projet, il y a deux heures que je lutte et que j'aspire avec avidité la vie que je vais perdre. Oui, je suis un lâche comme vous l'avez dit, car je n'ai pas eu le courage de garder pour moi seul le secret de mon dévouement; je suis un lâche, car je regrette l'avenir plein de larmes que vous m'aviez fait. — Et pourquoi ne pas espérer, pourquoi douter de Dieu et de sa bonté, pourquoi ne pas croire que le temps cicatrisera et rendra moins brûlante votre blessure? — Il est trop tard, entendez-vous! s'écria M. Brémont d'une voix stridente; savez-vous ce que me donnerait la vie que je vais quitter? Elle me donnerait la misère née du déshonneur de la faillite, nous serions trois à souffrir : Emma, mon enfant et moi; nous n'aurions ni l'espérance de l'avenir, ni les consolations qui viennent du passé; je serais l'assassin de ma femme et de mon fils. — Mon fils! oh! mon Dieu! mon Dieu!... — Vous n'y avez pas songé, répondit Georges, dont les regards brillèrent, car il vit dans la pensée de son enfant l'espoir de détourner M. Brémont de sa résolution. Non, vous n'y avez pas songé, car vous lui devez compte de votre vie avant de lui devoir compte d'une fortune; on se fait la seconde, l'énergie et le travail y conduisent toujours; un père dont les caresses vous manquent, dont l'expérience vous fait défaut, ne se remplace jamais et se regrette toujours. Oh! Monsieur, au nom de mon père dont j'ai vu le cercueil se fermer, dont chaque jour je pleure l'absence; rappelez-vous votre enfant, ne le laissez pas sur cette terre où le vrai bonheur vient des affections de la famille; votre vie ne vous appartient pas, elle appartient à votre enfant. — Taisez-vous, taisez-vous; que vous ai-je donc fait pour me torturer ainsi?

Le fabricant rentra au salon, Georges ne le suivit pas et se rendit à l'office où Bernard se trouvait seul.

— Savez-vous monter à cheval? lui dit-il. — Pourquoi? demanda Bernard. — Répondez : savez-vous monter à cheval? — Oui. — Où est l'enfant de M. Brémont? — A Lyon.

— Vous allez seller immédiatement mon cheval, et, ventre à terre, vous vous rendrez à Lyon; vous prendrez l'enfant et vous l'amènerez ici. — Mais encore faudrait-il que M. Brémont me donnât lui-même l'ordre. — C'est inutile; c'est une surprise qu je lui ménage. — Alors, je pars. — Cinq mille francs pour vous, si dans une heure vous êtes de retour.

Le domestique ouvrait de grands yeux, ne comprenant rien à ce que lui disait le jeune homme dont la voix vibrait, dont le regard étincelait.

— Bernard, continua Georges, vous êtes un honnête homme; je vous dois la vie. Eh bien! le service que vous me rendrez est plus grand encore; ne me demandez pas ce dont il s'agit, car chaque minute qui s'écoule est une minute perdue; partez! et soyez convaincu que vous accomplissez une bonne action. — Dans ce cas, je pars, et je vous jure que dans une heure, à moins que le cheval ne crève en route, je serai de retour avec l'enfant.

En arrivant à la maison de campagne, Georges ne s'était pas aperçu de l'absence de l'enfant; mais après sa conversation avec le fabricant, il comprit pourquoi celui-ci ne l'avait pas amené avec lui; l'émotion qu'avait éprouvé M. Brémont en parlant de son fils, prouva au jeune homme que la résolution funeste du mari d'Emma ne s'accomplirait pas en présence de son enfant.

Georges, en voyant Bernard monter à cheval, se sentit plus calme.

— Il ne s'agit plus, se dit-il, que de gagner une heure, et M. Brémont ne se tuera pas.

Il se rendit au salon où les invités prenaient le café.

La querelle du jeune homme avec le fabricant n'avait été l'occasion d'aucune maligne interprétation.

— Messieurs, dit M. Brémont assez bas pour ne pas être entendu des jeunes femmes; l'affaire s'est arrangée, le jeune fou m'a fait des excuses; entre gens d'honneur toute discussion pourrait se terminer ainsi, il suffit de s'expliquer pour se comprendre et se serrer la main.

L'entrée de Georges, qui eut lieu quelques minutes après celle du fabricant, confirma les paroles de paix apportées par M. Brémont; le jeune homme était souriant, il s'approcha d'Emma.

— Madame, lui dit-il, monsieur Brémont a, tout-à-l'heure, fait peser sur moi une accusation.... — Laquelle? interrompit la jeune femme. — Celle d'être la cause que certains nocturnes dorment depuis longtemps dans le casier. — Eh bien? — Eh! bien, si vous le voulez, nous en secouerons la poussière. — Comment, vous me proposez de chanter? — Je crois que oui, Madame. — Après dîner? — Nos pères qui nous valaient bien, quoi qu'on en dise, chantaient au dessert; malheureusement, la chanson a été remplacée par la romance, et l'accompagnement du cliquetis des verres par celui du piano.

Emma voulut refuser : un concert de supplications s'éleva de toutes parts, et il fallut céder.

M. Brémont comprit de suite le but que se proposait Georges, mais ignorant ce que venait de faire le jeune homme, il crut simplement que celui-ci voulait gagner du temps.

Les dernières notes se mouraient au milieu des applaudissements, lorsque Richard, se glissant, s'approcha du fabricant.

— Monsieur, lui dit-il, la maison Bernit a suspendu ses paiements.

Au son de cette voix, M. Brémont tressaillit comme au froid contact du serpent; il s'était endormi dans un rêve, il se réveillait devant la réalité; il avait bercé sa douleur dans l'espérance, l'espérance se fondait en fumée.

— Eh bien! répéta-t-il, que voulez-vous que j'y fasse ? — Cette maison nous devait trente mille francs, dont l'échéance arrivait à la fin de ce mois, et j'avais compté sur cette somme pour l'acquisition des organsins nécessaires à la nouvelle commission que nous avons reçue hier. — Je m'occuperai de cela demain. — Il faudrait emprunter encore une vingtaine de mille francs.

Emprunter, tel est le mot qui jaillissait inévitablement de toutes les conversations entre le commis et le patron ; l'emprunt était le lourd rocher de Sysiphe qui retombait continuellement.

M. Brémont ne répondit pas, le mot que venait de prononcer Richard le replaçait en face du gouffre béant creusé devant lui; ce mot, qui lui rappelait la vérité de sa position, fut pour lui le triste avertissement que se donnent entre eux les Trappistes lorsqu'ils se rencontrent sur le chemin : « Frère, il faut mourir. »

Il se leva, regarda la pendule; son regard se croisa avec celui de Georges, dont les yeux brillèrent pleins de confiance : il y avait trois quarts d'heure que Bernard était parti.

— C'est délicieux, dit le fabricant en s'adressant au jeune homme; vous n'avez rien perdu de votre voix. — Le compliment revient avec plus de justice à Mme Brémont, répondit le jeune homme. — Il n'appartient pas à un mari de faire des compliments à sa femme. — Au contraire, parce qu'il peut mieux la louer. — Mesdames, fit M. Brémont en s'avançant vers un groupe de quelques jeunes femmes ; vous sentez-vous capables de braver un peu le froid pour un plaisir ? — Nous sommes toujours braves lorsqu'il s'agit de s'amuser. — Alors prenez vos manteaux, je vais vous faire voir un spectacle admirable. — Qu'est-ce donc ? — Vous êtes curieuse. — Je suis une fille d'Eve.

Les jeunes femmes s'enveloppèrent dans leurs manteaux, et se préparèrent à suivre M. Brémont, qui, se retournant vers sa femme, la pria de rester pour donner quelques ordres.

Cette observation n'échappa pas à Georges, qui, dans les circonstances terribles où il se trouvait, ne perdait pas un geste du fabricant; son anxiété revint plus vive, car il devina que M. Brémont allait accomplir son suicide, et qu'il voulait ne pas en rendre témoin sa femme.

Cinq minutes encore, et Bernard était de retour avec l'enfant ; — l'enfant, que Georges eût placé dans les bras de son père, en lui disant : « Tuez-vous maintenant si vous en avez le courage. »

Mais ces cinq minutes il fallait les gagner, et comment ?

Le jeune homme était pâle, et cependant une fièvre lui faisait battre le cœur; il voulut parler, sa langue se retourna inutilement dans le palais, et pas un son ne sortit de son gosier que l'émotion étranglait.

Georges sentait la vie lui échapper, ses jambes chancelaient; déjà les jeunes femmes, souriantes, s'étaient emparées du bras de leur cavalier : il n'y avait pas une seconde à perdre.

— Comment ! madame, dit-il à Emma, vous ne venez pas avec nous ? — Quelques ordres à donner.... — Vous les donnerez plus tard ; votre mari nous annonce un plaisir, il est juste que vous en preniez votre part. — Certainement, dit à son tour une jeune femme, M. Georges a raison; si vous ne venez pas, je reste. — Moi aussi, moi aussi, s'écrièrent en chœur les autres femmes. — Diable! fit M. Brémont en souriant, il paraît qu'il y a émeute au camp féminin. je m'incline devant la majorité.

Et il offrit gracieusement son bras à Emma, tout en jetant à Georges un regard qui était un sévère reproche.

Le jeune homme n'y prit point garde; il se plaça derrière

M. Brémont, de façon, non-seulement à ne pas le perdre de vue, mais encore à surveiller chacun de ses mouvements.

La température était douce, la neige tombée pendant la nuit avait recouvert la terre d'un blanc tapis qui s'affaissait mollement sous les pieds des promeneurs : c'était l'hiver dans sa poétique parure, sans le froid qui fait grelotter et rend insensible aux merveilles de la nature.

M. Brémont ouvrait la marche, les invités le suivaient sans savoir où il les conduisait. Après avoir remonté un petit sentier bordant le mur qui servait de barrière entre la propriété du fabricant et celle de son voisin, M. Brémont se dirigea vers une des tours placées aux quatre angles de la maison ; il allait en franchir le seuil, lorsqu'il s'arrêta, et montrant du doigt à Emma une primevère dont le feuillage vert se détachait sur le sol blanc :

— Voyez, dit-il d'une voix douce, avec un triste et bon sourire ; voyez cette petite fleur que Dieu a placée sur notre route comme un salutaire avertissement. — Que dit-elle ? demanda Emma. — Elle vous dit : « espérez. » Les douleurs de ce monde ne sont pas plus éternelles que les neiges : un rayon de soleil les fait fondre, et dessous se trouvent les fleurs, c'est-à-dire l'espérance. — Oh ! oui, j'espère, murmura tout bas la jeune femme ; j'espère et j'ai foi ; car vous avez mis sous vos pieds la vanité, vous avez été clément au lieu d'être orgueilleux, et pesant un jour à la balance de votre justice, mes pleurs, mes remords et mon expiation, vous me pardonnerez. — Je vous ai déjà pardonnée.

Emma comprima un cri qui s'échappa, non de ses lèvres, mais de son cœur ; prière spontanée de remerciment à Dieu.

Georges, trop éloigné des deux époux pour les entendre, avait cependant suivi tous les détails de la scène que nous venons de raconter ; il avait hâté le pas et était arrivé assez à temps pour saisir au vol le dernier mot prononcé par le fabricant.

Ce mot avait pour lui une sinistre signification ; lui seul en pouvait comprendre le véritable sens. « Pardon, » à ce moment était, aux lèvres de M. Brémont, le synonyme « d'adieu. » En mourant, l'homme qui se dévouait ne voulait pas laisser derrière lui un remords.

M. Brémont ouvrit la porte et entra. Cependant, les invités qui le suivaient, jetaient sur leur route de joyeux éclats de rire ; n'allaient-ils pas à un plaisir ?

Georges seul savait qu'on allait à un drame.

Et tandis qu'il franchissait chaque degré de l'escalier tournant en spirale, il sentait le sang se glacer dans ses veines ; chaque pas qui résonnait sur les dalles était pour lui comme le coup de marteau qui ferme le cercueil d'une personne aimée.

On arriva sur la plate-forme.

La maison avait une terrasse à l'italienne entourée d'une grille en fer bronzée : au centre se trouvait un balcon avançant de quelques centimètres. M. Brémont, se débarrassant doucement du bras qu'Emma avait placé sous le sien, se plaça devant ce balcon.

— N'est-ce pas, dit-il, un admirable tableau que ce paysage couvert de neige ? — C'est trop triste, répondit une jeune femme. — Tous les tableaux ne représentent pas des jeunes filles tressant des couronnes et effeuillant des marguerites ; cependant il y a des toiles sévères et sublimes de poésie, car la poésie est plus dans la douleur que dans la joie.

Le regard de Georges plongeait dans le paysage, dont la poésie l'inquiétait peu. Tout-à-coup il aperçut sur la route un point noir ; il tressaillit. Insensiblement, ce point, d'abord sans forme, se dessina : c'était une voiture roulant avec rapidité, malgré la neige sur laquelle glissait parfois les pieds des chevaux ; une anxiété terrible se peignit sur son visage, qui brilla d'un éclat soudain ; sur le siége de la voiture, le jeune homme venait de reconnaître Bernard.

Georges avait gagné la partie.

— Pourquoi, dit-il en se retournant vers M. Brémont, n'avez-vous pas amené votre enfant ? — Parce que j'ai craint le froid pour lui, répondit le fabricant. — Oh ! alors j'ai un pardon à vous demander. — Lequel ? — Ayant oublié, avant de partir, de faire une course nécessaire, je me suis permis d'envoyer à Lyon votre domestique pour réparer mon oubli. — Vous avez bien fait. — Ce n'est pas tout : je l'ai prié de passer chez vous et d'amener avec lui votre enfant. — Quelle agréable surprise, s'écria Emma. — Et tenez, voilà la voiture qui entre dans la cour. — Mon enfant ! fit M. Brémont, avec un accent qui eût été un sanglot s'il ne se fût contenu.

Enveloppant Emma d'un regard dans lequel passa toute sa vie, le fabricant, s'approcha vivement du balcon en saillie sur la terrasse, il s'accouda sur la balustrade comme pour mieux voir, mais au même instant la pierre servant de base au balcon se détacha, et M. Brémont fut précipité du haut de la maison.

On entendit la chute du corps, puis un cri, puis rien....

L'infortuné ne se serait pas senti le courage d'accomplir son suicide s'il eût embrassé son enfant.

Le lendemain du jour où l'agent d'Assurances était venu dans son cabinet, M. Brémont s'était mis à l'œuvre pour creuser son tombeau ; pendant plusieurs nuits il s'était rendu à la maison de campagne, où il avait lui-même descellé la pierre du balcon ; ce travail ne devait laisser aucune trace dans laquelle la justice eût pu trouver des indices de préméditation. Aussi le fabricant y avait-il apporté un soin minutieux, et les plus habiles et les plus experts ne pouvaient accuser de l'accident que l'incurie de l'architecte.

CHAPITRE XXV.

Un honnête homme et un fripon.

A la vue de la chute de son mari, Emma s'était jetée en avant comme pour le retenir ; un pas de plus et le terrain manquant sous ses pieds, elle fût tombée dans le gouffre béant creusé devant elle ; mais Georges, plus prompt que la pensée, s'était précipité et l'avait retenue dans ses bras où elle s'évanouit.

Tandis que les hommes descendaient avec précipitation l'escalier de la tour, les jeunes femmes s'empressèrent autour de madame Brémont dont l'évanouissement était effrayant ; le sang s'était retiré de son visage, pâle comme un cadavre, et ses dents serrées interceptaient la respiration.

Georges l'emporta dans sa chambre à coucher, et, la laissant aux mains des femmes, il se rendit auprès du cadavre de M. Brémont.

La mort avait été instantanée, le corps n'était plus qu'un monceau informe de chair sanglante.

Georges ne mêla pas une parole au panégyrique banal que les amis de l'infortuné fabricant déclamaient pompeusement sur son cadavre, il n'y avait aux yeux aucune larme ; c'est qu'il y avait en lui plus que l'émotion vulgaire provoquée par un triste événement, il y avait en lui une douleur profonde : pour lui, M. Brémont était une victime dont il était l'assassin.

Ainsi, voilà où l'avait conduit une aventure galante, commencée entre deux ritournelles de contredanse, cueillie comme une fleur dans ce vaste champ qu'on appelle la jeunesse ; la fleur avait été mortelle, elle avait tué.

Emma revint à elle ; elle se réveilla au milieu des sanglots et des larmes des personnes qui l'entouraient ; Georges, par une délicatesse exquise, avait compris que sa présence n'était plus possible auprès de la jeune femme ; il eût été un remords, et il eût peut-être éveillé un soupçon.

— Bernard, dit-il, portez immédiatement l'enfant dans la chambre de madame Brémont.

Le domestique obéit, et il déposa l'enfant entre les bras de sa mère, qui le couvrit de baisers.

Georges s'approcha alors de Richard, qui avait versé d'abondantes larmes et joué l'un des premiers rôles dans la comédie sentimentale qui avait eu lieu autour du cadavre.

— Monsieur, dit-il, il faut que je vous parle. — Comme il vous plaira. — Notre présence est inutile ici ; j'ai une voiture, acceptez une place, nous pourrons causer à notre aise.

Cinq minutes après, les deux jeunes gens étaient assis dans le fiacre dans lequel Bernard avait ramené l'enfant.

— Monsieur, dit Georges, vous êtes un fripon.—Vous dites ? demanda le commis, qui crut avoir mal entendu. — J'ai dit que vous étiez un fripon, répéta froidement Georges. — Monsieur ! — Oh ! pas de susceptibilités, je n'ai pas de temps à perdre : je puis en deux mots vous prouver que je sais parfaitement ce que vous êtes : j'ai assisté à votre conférence de la nuit dernière. — Comment ? c'était... — Moi-même. — Puisque vous savez tout, je ne nierai rien. — C'est le moyen d'arriver plus promptement à une solution. Si demain on faisait la liquidation du commerce de M. Brémont, qu'en résulterait-il ? — Un déficit. — C'est ce qui ne sera pas. Comment ? — Ne me faites donc pas répéter ; cette liquidation, au lieu d'une perte, doit accuser un bénéfice. — Mais, c'est impossible. — Pourquoi ? — Parce que M. Brémont est ruiné. — Et qui l'a ruiné, s'il vous plaît ? n'est-ce pas vous ? Les capitaux qui se trouvaient dans son commerce n'ont-ils pas passé entre vos mains? Vous les rapporterez où vous les avez pris. — Mais ces capitaux n'existent pas intégralement ; car, pour avoir cinquante mille francs, j'étais obligé d'en sacrifier cinquante ; j'avais, du reste, des associés. — Je me charge de leur faire rendre ce qu'ils ont reçu. — Vous ? — Oui, moi ! Ecoutez-moi, Monsieur ; pesez bien chacune de mes paroles, car elles sont sérieuses, vous pourriez regretter plus tard de ne pas y avoir attaché l'importance qu'elles méritent.

Georges était animé ; dans son geste, dans sa voix, il y avait de la fièvre. Richard était calme, son visage ne trahissait pas la plus légère émotion. Dans cette lutte, le premier se précipitait tête baissée, attaquant et avançant toujours ; le second laissait son ennemi se fatiguer, se contentant de parer les coups.

— M. Brémont était mon ami, continua Georges ; j'ai résolu que son nom ne serait pas déshonoré, car le déshonneur ne respecte pas même les tombeaux ; vous avez été l'instrument de la ruine, vous serez l'instrument de la réhabilitation. Jusqu'à ce jour, ce commerce avait produit des bénéfices, il y a donc en lui des éléments de réussite ; ces éléments, vous les connaissez, et vous vous en servirez. Tant pis pour vous si le désordre que vous avez jeté dans les affaires multiplie les difficultés que vous aurez à les rétablir ; ce sera votre expiation. — Est-ce donc réellement l'intérêt que vous portez à la réputation de M. Brémont qui dicte votre conduite ? répondit Richard. — Que voulez-vous dire ? — Dans ma position auprès de M. Brémont, j'ai vu et deviné bien des choses auxquelles les indifférents ne prenaient pas garde, j'ai découvert bien des secrets qu'on croyait inconnus ; enfin, je crois qu'en protégeant les intérêts de madame Brémont, vous sauvegardez les vôtres. — Parlez clairement, dit Georges avec impatience. — Vous mettez de la mauvaise grâce à ne pas comprendre ; madame Brémont sera, si j'accepte vos propositions, une riche veuve, et... — Et... — Si dans le choix d'un nouvel époux elle consulte son cœur, cet époux, ce sera vous.

Le jeune homme, en voyant que ses relations avec Emma étaient connues de Richard, sentit un immense mouvement de colère, mais il vit avec une secrète joie que le commis n'avait aucun soupçon sur le suicide du fabricant ; il réprima son premier mouvement et répondit avec calme :

— Vous vous trompez ; madame Brémont ne sera jamais ma femme. — Vous ne l'aimez donc pas ? — Que vous importe ? — Il m'importe beaucoup ; et si vous voulez me répondre avec franchise, nous sommes moins loin que vous le pensez d'une solution. — Que j'aime ou que je n'aime pas madame Brémont, qu'est-ce que cela change à la position ? — Cela la change complètement ; car si vous n'aimez pas madame Brémont, je vous répondrai : « Ce que vous me proposez, je l'accepte, à une seule condition. » — Laquelle ? — Faites-moi épouser madame Brémont. — Vous ! — Pourquoi pas ? Ce mariage est-il donc si étrange, qu'il vous étonne ? n'est-il pas expliqué par ma succession dans le commerce du mari ? Me marier, c'est confondre mes intérêts avec ceux de madame Brémont ; il n'y a là rien que de très naturel.

Georges fut abasourdi par cette proposition, car si, entraîné par les circonstances, par sa jeunesse et son insouciance, il avait été conduit à des fautes, dont le dénouement, nous l'avons vu, avait été terrible, son cœur n'avait pas été le complice de sa tête folle et étourdie ; son cœur, au contraire, bon et loyal, pleurait et se fût dévoué pour racheter les malheurs irréparables.

Il laissa tomber sur Richard un regard du plus profond mépris, tant d'infamie le révoltait ; aussi l'indignation donna-t-elle à ses paroles un éclat inaccoutumé.

— Mais vous êtes donc infâme ! s'écria-t-il ; comment ! vous me proposez, à moi qui sais que vous avez été l'instrument de la ruine de M. Brémont, de vous prêter la main pour vous faire épouser sa femme, et vous croyez que j'accepterai de pareilles conditions, et vous croyez que pour sauver l'honneur d'un honnête homme, je sacrifierai une malheureuse femme qui pleure sur une tombe. — Ce n'est qu'une proposition... — Que je refuse. Du reste, madame Brémont, avertie par moi, connaît l'homme qui a ruiné son mari. — Dans ce cas, je ne vois aucun moyen de sortir de la position. — Il en est un. — Lequel ? — Celui que je vous ai proposé ; vous avez falsifié les livres pour cacher vos vols, vous les falsifierez pour faire croire à des bénéfices ; l'un ne sera pas plus difficile que l'autre ; vous succéderez à M. Brémont, et vous relèverez son commerce. — Il est trop tard. — Alors préparez-vous à subir la conséquence de votre crime. — La justice m'absoudra. — Si elle vous absout, je ne vous pardonnerai pas, moi.—Vous ! Et que ferez-vous ? — Je vous tuerai.

Georges dit ces trois mots avec le calme grave qui vient d'une résolution inébranlable ; aussi Richard tressaillit-il, comme s'il eût entendu sa sentence de mort prononcée par le président d'une Cour d'assises.

Mais Richard était un homme trop habile pour ne pas tirer le meilleur parti possible de la position que lui faisait Georges ; sans se rendre compte exactement du motif qui faisait prendre si chaleureusement au jeune homme les intérêts de madame Brémont, il comprit que Georges ne reculerait pas devant un sacrifice personnel.

— Monsieur, dit-il, vous n'entendez rien aux affaires. — Absolument rien. — Permettez-moi donc de vous expliquer en quelques mots dans quelle situation est le commerce de M. Brémont : Pour faire face à ses spéculations, M. Brémont a été, dans ces derniers temps, obligé de faire des emprunts assez importants ; ces emprunts, jetés dans le gouffre, ne faisaient que boucher momentanément un trou, qui s'ouvrait le lendemain plus large : aujourd'hui ce commerce se trouve avec de

nombreux créanciers et peu de débiteurs, le passif dépasse l'actif; qu'on puisse le relever de cette position, je ne le mets pas en doute, mais si demain l'argent nous manque, le crédit se retire, et le crédit c'est l'écluse dont l'eau fait tourner l'aile du moulin ; or , la Caisse vide est un aveu pour tous et l'impuissance pour moi.
— Et combien vous faudrait-il? — Environ soixante-et-dix mille francs. — Demain soir je vous les donnerai.
— Alors je réponds de tout ; je vais me mettre à l'œuvre, et ce que vous désirez sera fait : au lieu d'être mort insolvable, M. Brémont laissera une assez brillante fortune. Etes-vous content de moi? — Je vous remercie, dit Georges; croyez-moi, il n'est jamais trop tard pour redevenir un honnête homme. La fortune que vous eussiez volée, vous l'acquerrez par votre travail; au lieu d'un remords, vous aurez l'estime de vous-même.
Et le loyal jeune homme tendit sa main au fripon.
A son arrivée à Lyon, Georges se rendit chez son banquier ; c'était un ancien ami de M. Duval, et, à ce titre, il se permettait toujours quelques lignes de morale, lorsque le jeune homme venait toucher quelque argent avant l'époque de l'échéance de ses revenus.
— Monsieur, dit Georges, il me faut demain soir soixante-et-dix mille francs.
Le banquier bondit comme si un serpent l'eût mordu au talon.
Il crut avoir mal entendu.
— Vous m'avez demandé? demanda-t-il. — Soixante-et-dix mille francs. — Mais, malheureux enfant, que voulez-vous faire de cette somme?— Que vous importe ? — Votre père était mon ami, répondit le banquier, et vous ne vous fussiez point permis devant lui la réponse que vous venez de me faire. — Je vous demande pardon, dit Georges; mais soyez convaincu que si je vous demande cette somme, elle m'est nécessaire. — Quelque dette de jeu, une dette d'honneur, comme vous l'appelez. — Oui , Monsieur, une dette d'honneur, que mon père lui-même n'eût pas hésité à payer. — Ecoutez-moi, Georges, je ne vous demande pas ce que vous allez faire de cet argent, qui, demain soir, sera à votre disposition ; mais, prenez garde, vous êtes dans une fausse voie, dans cette voie fatale qui conduit nécessairement à la misère. Et comment en sortirez-vous? Vous n'avez ni position, ni connaissance spéciale qui vous permettent de reconstruire par le travail votre fortune; la misère n'est qu'une souffrance pour celui qui y a été habitué, mais pour l'homme élevé dans l'aisance elle est souvent le déshonneur, car, pour la faire cesser, on a quelquefois recours à des moyens peu honorables. Lorsque je vous aurai donné ce que vous demandez, savez-vous ce qu'il vous restera ? — Je l'ignore.
Le banquier prit un livre et l'ouvrit.
— Il vous restera dix-neuf mille cinq cents francs. — C'est assez pour attendre, répondit Georges. — Attendre quoi ? — Qu'une occasion se présente pour travailler.— L'occasion ne vient qu'à celui qui la cherche. — Eh bien ! je la chercherai. — Il y a environ trente ans que je suis entré pauvre dans ce comptoir, je suis aujourd'hui le chef; à l'aide d'une persévérance de tous les instants, d'une économie qui me faisait souvent éprouver les dures privations de la misère, je suis parvenu. Si vous vous sentez l'énergie nécessaire pour sacrifier votre jeunesse à l'avenir de votre âge mûr, venez auprès de moi, et je ferai pour vous ce qu'un autre a fait pour moi. — Monsieur, dit Georges, je vous remercie de vos conseils; je m'en souviendrai, et plutôt que de flétrir par ma conduite le nom que m'a donné mon père, je viendrai près de vous, et je me relèverai par le travail.
Georges faisait, comme on le voit, l'abandon de presque la totalité de sa fortune, car cet argent, remis entre les mains de Richard, était perdu pour lui; mais Georges n'était pas une nature vulgaire, c'était un homme d'élite par le cœur et l'intelligence.

Le soir de cette journée, si remplie d'événements, Georges vint auprès de Louise.
Hélas! Louise n'était plus la jeune femme qui, relevée de sa chute et de son infamie, s'était refait une nouvelle vie au contact d'un pur amour; le cœur humain est un livre aux hiéroglyphes bizarres, dans lequel tout le monde croit pouvoir lire et où chacun lit à sa manière. Louise s'ennuyait pendant les longues heures passées à attendre Georges, obligé de s'absenter pour satisfaire aux exigences de ses relations ; de l'ennui naquit insensiblement le regret de cette vie dissipée, dans laquelle le temps s'envolait rapidement, dans laquelle chaque seconde était donnée au plaisir, qui étourdit.
Lorsqu'il rentra chez elle, il était neuf heures du soir.
Au moment où il ferma la porte, un homme disparut rapidement derrière les draperies des rideaux.
Louise n'était pas seule. Georges était trop absorbé en lui-même pour remarquer le mouvement qui s'opéra à son entrée, et l'inquiétude peinte sur le visage de sa maîtresse.
Il se laissa tomber sur une chaise, et appuya sa tête entre ses mains.
— Qu'as-tu? lui demanda Louise.
Le jeune homme leva les yeux; ils étaient pleins de larmes.
— M'aimes-tu sincèrement? répondit-il. — Pourquoi cette question? dit la jeune femme en jetant un regard vers les draperies qui s'agitèrent. — Réponds-moi, m'aimes-tu ? — Oui ; mais pourquoi ? — Parce que si tu m'aimes, tu auras alors le courage de supporter le malheur qui m'arrive. — Quel malheur ? — Je suis ruiné. — Comment ? — Ou à peu près ; ce qui me reste sera insuffisant pour nous permettre de vivre comme par le passé ; il faudra que je me crée par le travail des ressources et une position. — Mais comment cela est-il arrivé ? — Je ne puis te le dire ; mais demain, j'irai prendre chez mon banquier soixante-et-dix mille francs, dont je dois faire le sacrifice pour remplir un devoir, et il me restera à peine vingt mille francs.
Louise ne répondit pas.
— Tu le vois, dit Georges avec tristesse ; la misère t'effraie ; t'appuyant sur moi, tu vivais insoucieuse sans l'inquiétude du lendemain, et maintenant tu as peur de ce lendemain dont il nous faudra gagner la vie. Oh! je ne te fais aucun reproche; tu as été pour moi bonne et dévouée, tu m'as aimé plus que tu n'as jamais aimé personne; je n'ai pas droit d'en exiger davantage. Interroge ton cœur pour savoir si tu te sens assez de force pour la nouvelle existence que je puis te faire; pour moi, je t'aime et me dévouerai comme je me suis dévoué déjà. Réfléchis sérieusement; demain je viendrai chercher ta réponse ; quelle qu'elle soit, tu trouveras toujours en moi un ami.
Le jeune homme se leva, embrassa sa maîtresse au front, et il se retira sans que Louise trouvât une seule parole pour consoler sa douleur et soulager sa tristesse.
Cependant Louise était bonne; il y avait en elle du cœur et de l'amour pour Georges ; ses yeux étaient humides, sa poitrine se soulevait en intervalles inégaux, la frayeur refoula ses larmes et étouffa ses soupirs, car cet homme qui était caché derrière les draperies et qui avait entendu la conversation du jeune homme, se trouvait debout au milieu de la chambre, le sourire des mauvaises pensées aux lèvres.
Cet homme était Bras-de-Fer.
— Tiens, dit-il en riant, il paraît que le petit est dans de mauvais draps. — Pauvre Georges! dit Louise. — Est-ce que vous le plaindre, s'écria Bras-de-Fer, avec un regard qui était une menace. — Est-ce que ces aristocrates méritent la pitié? Voyez-vous ce Monsieur qui se désespère de ne plus avoir que vingt mille francs? Est-ce que j'ai jamais eu le sou? Cependant je suis gai, je suis content. Louise, viens que je t'embrasse.

« Et le colosse appuya ses lèvres rouges sur les lèvres de la jeune femme.

— Voyons, continua-t-il, as-tu encore des scrupules? Est-ce que tu veux vivre avec cet élégant qui pleurera toute la journée parce qu'il n'aura pas de quoi s'acheter des gants blancs? Le bel oiseau a perdu son plumage; crois-moi, Louise, reviens avec ton vieux Bras-de-Fer; nous serons heureux, nous boirons, nous chanterons, nous rirons. Ton monsieur Georges t'a aimée, je ne dis pas le contraire, mais il t'a aimée en égoïste, il t'a voulue pour lui seul, il t'a mise dans une cage comme un oiseau, au lieu de te laisser la liberté. — Mais où irai-je? — Je te choisirai moi-même un domicile où tu te consacreras tout entière au bonheur de ton ami Bras-de-Fer; ça te va-t-il? — Oui. — Si tu regrettes tes robes de soie et tous ces colifichets, qui te font ressembler à une poupée, je me charge de t'en fournir des cargaisons.

Tout-à-coup le regard de Bras-de-Fer brilla d'un éclat inaccoutumé.

— J'ai une idée, dit-il.

Lorsque Bras-de-Fer avait une idée, il était rare que cette idée ne fût pas celle d'un crime.

— Georges ne t'a-t-il pas dit que demain il devait toucher soixante-et-dix mille francs chez son banquier? — Oui. — Et où demeure ce banquier? — Rue Bat-d'Argent. — Très-bien. Petite, aimes-tu la campagne? — Pourquoi? — Parce que je me propose d'acheter une petite propriété sur les bords de la mer : nous vivrons en rentiers, tu élèveras des poules et des lapins, je me ferai nommer maire de la commune, je porterai des cols dont la pointe me caressera le blanc des yeux et des redingottes qui me descendront jusqu'à la cheville; j'aurai l'air d'un Monsieur, les paysans me salueront jusqu'à terre, et nous aurons nos chaises à l'église. Que penses-tu de ce plan de cette existence? — Tu es fou. — Pas si fou; j'ai mon idée.

Baissons la toile sur ce tableau; l'étude de pareilles mœurs nous répugne; laissons Louise se livrer avec ivresse aux caresses de Bras-de-Fer, et nous occupons plus de cette femme qui, relevée un instant de son fumier, s'y recouche avec volupté.

CHAPITRE XXVI.

Loyasse.

Le corps de M. de Brémont avait été rapporté à Lyon, et le lendemain l'enterrement eut lieu à trois heures de l'après-midi.

Une foule nombreuse suivait le cercueil; le fabricant avait beaucoup d'amis; dans sa vie il n'avait jamais laissé passer l'occasion d'une bonne action sans la saisir. Sa mort provoqua donc des regrets et des larmes sincères.

Nous ne pouvons passer sous silence le laisser-aller qui préside dans notre ville aux inhumations.

Le cimetière, placé à une assez longue distance du centre de la ville, est situé sur le derrière de la colline de Fourvières; on y arrive par une pente raide qui rend difficile le service des voitures; aussi les convois parcourent-ils à pied le chemin qui conduit à Loyasse; les prêtres marchent à la tête, puis vient le cercueil que suivent les invités.

Eh bien! jamais nous n'avons pu voir passer un convoi sans un sentiment d'amère tristesse; la dignité nécessaire à un pareil spectacle manque complètement. Les conversations particulières, auxquelles se mêlent parfois des éclats de rire, s'établissent parmi les invités; on cause de la pluie, du beau temps, de la hausse et de la baisse des soies; on parle de tout, excepté du malheureux que l'on conduit à la tombe. A Paris, cette indifférence grossière, insulte à la douleur de ceux qui pleurent, est la même sans doute, mais elle se cache dans les voitures des pompes funèbres; à Lyon, elle se montre au grand jour, sans honte et sans pudeur.

Dans la classe ouvrière, après l'enterrement vient le festin. Les abords du cimetière sont peuplés de guinguettes, où les amis du défunt boivent « à sa santé, » et noient leur douleur dans le vin bleu.

Le faubourg de Saint-Just, que l'on traverse pour aller à Loyasse, est très-célèbre dans les annales de l'histoire de notre ville; l'emplacement, occupé actuellement par l'église de Saint-Irénée, est le même emplacement sur lequel se trouvait la fameuse abbaye de Saint-Just, place forte où se réfugiait au moyen-âge le clergé lors de ses démêlés nombreux avec le peuple; cette citadelle fut prise et rasée en 1562 par le baron des Adrets.

L'église de Saint-Irénée est construite sur un crypte datant du XIe siècle, où les premiers chrétiens de la Gaule se cachaient pour célébrer les saints mystères; au milieu de l'église se trouve un puits dans lequel furent recueillis les corps de saint Irénée, saint Alexandre de saint Epipode, et de plusieurs autres martyrs égorgés par les ordres de Septime-Sévère. Nous avons déjà parlé de cette persécution, pendant laquelle le nombre des victimes s'éleva à dix-neuf mille environ; ces ossements ont été pieusement conservés, et on les voit à l'entrée de la crypte empilés derrière une grille.

Le cimetière de Loyasse est peuplé de mausolées; bien des vanités s'y traduisent, et, parmi les épitaphes menteuses, il en est beaucoup de ridicules; en voici une :

> Ci Git M*** docteur médecin,
> Son fils, également *docteur-médecin*,
> Lui a élevé ce monument.

Et cet autre :

> Ci Git*** propriétaire,
> Sa veuve *inconsolable* ne lui a survécu que pour lui élever
> ce *magnifique* monument et pour le pleurer pendant
> toute sa vie.

Que de sottises et que d'orgueil!

Pourquoi graver sur une tombe l'épithète fastueuse de propriétaire? — Propriétaire de quoi? — De cet étroit terrain où l'indifférence des héritiers laisse croître les ronces sur le corps tombé en putréfaction.

Oh! nous voudrions qu'on effaçât aussi cette phrase qu'on voit fleurir sur toutes les tombes des pères de famille :

> *Ses enfants reconnaissants!*

Reconnaissants de quoi? s'il vous plaît.

Serait-ce de ce que leur père est mort et de ce qu'il leur laisse la jouissance d'une belle fortune?

Et ces veuves *inconsolables*, qui dansent les fleurs sur la tête, les épaules nues, oubliant qu'elles ont fait graver sur le marbre le mensonge d'une douleur que souvent elles n'ont pas éprouvée.

Que de fois nous avons parcouru le cimetière, cherchant sur les inscriptions une pensée qui vint du cœur.

Hélas! nous devons le dire, si nous en avons trouvé quelques-unes, ce n'est pas sur les tombeaux des riches, mais sur les croix modestes, qui se pressent nombreuses dans le vaste champ de la mort; c'est en écartant le feuillage d'un saule pleureur retombant en larmes verdoyantes sur une croix de bois noir que nous avons découvert celle-ci :

> Alphonse ***, treize ans.
> Vas compléter la céleste phalange,
> Alphonse, Dieu t'appelle; il lui manquait un ange.

N'est-ce pas là une délicate pensée parfumée d'amour et de religion?

Un peu plus loin nous remarquâmes une tombe; elle était de marbre blanc, la sculpture y avait ciselé une colombe portant à son bec une feuille d'olivier, la terre était recouverte de lys et de roses blanches; nous lûmes :

Caroline ***, six ans.
Pas de cyprès sur ma tombe; c'est trop triste, mais une petite colombe, des lys et des roses blanches; c'est plus gai.

Et au-dessous.

Chère enfant, tes vœux sont exaucés.

Voilà une véritable et sincère douleur qui n'a pu fleurir qu'au cœur d'une mère.

Dans le pieux pèlerinage que nous avions entrepris, nous nous heurtâmes à bien des tombes délaissées; au milieu de toutes, une se distingua à nos regards par les couronnes qui étaient suspendues à la croix.

Nous nous penchâmes pour lire l'épitaphe; elle se composait d'un nom et d'un âge :

Pauvre Marie!
Vingt ans!

Nous avions passé indifférents devant les superbes mausolées; nous nous arrêtâmes et nous nous découvrîmes pieusement devant cette tombe, si simple et si digne dans sa douleur.

Quelle avait été cette femme dont on avait pas même mis le nom ?

Et tout un long roman défila avec ses héros devant nous.

En sortant du cimetière on n'est meiller, en comprenant que ce monde n'est qu'un chemin conduisant à l'éternité, et que la mort, si terrible lorsqu'elle n'est que la fin d'une existence inutilement employée, devient presque douce lorsqu'on a su la remplir de bonnes actions.

Lorsque le convoi de M. Brémont entra à Loyasse, un homme placé à la porte avait examiné avec attention chacun des invités qui suivaient le cercueil; à la vue de Georges il tressaillit, et, détournant rapidement le visage pour ne pas être reconnu, il vint se placer sur la route, où il fut rejoint par un autre personnage.

Ces deux hommes étaient Bras-de-Fer et Soupir, le voleur sentimental.

— Eh bien ? demanda le premier. — Je ne l'ai pas quitté une seconde, répondit Soupir. — Il est allé chez son banquier ? — Oui. — Et après ? — Après, il s'est rendu chez M. Brémont; comme ma toilette ne me permettait pas de me mêler aux invités, je l'ai attendu à la porte.

— Pourvu que pendant ce temps il n'ait pas... — Que diable marmottes-tu là ? Serait-ce par hasard une prière pour l'âme du défunt ? Tu dis donc que l'affaire sera bonne? — Excellente! — Combien? — Quinze mille francs pour toi. — C'est joli de travailler pour de pareils bénéfices; si le coup réussit, je me retire des spéculations, j'achète une maison de campagne sur les bords d'une rivière, afin de pouvoir me livrer à mon goût pour la pêche à la ligne.

Bras-de-Fer se promenait de long en large, ne prêtant qu'une médiocre attention aux roucoulements bucoliques de son sentimental associé; s'arrêtant brusquement :

— Es-tu armé? lui demanda-t-il. — Cette question ! autant vaudrait demander à un violoniste s'il a son archet. — Réponds donc, tu feras des phrases demain. — J'ai tout ce qu'il faut. — Pas de pistolets au moins. — Le pistolet est un instrument compromettant qui crie : *Au voleur!* J'ai un *casse-tête*, voilà une invention utile à la société et à la profession que nous exerçons; ça vous tue un homme sans faire de bruit. — Voilà les invités qui sortent, chut !

La cérémonie de l'enterrement étant terminée, les personnes qui y avaient assisté, s'en allaient, réunies par groupes de cinq à six.

Nos deux voleurs s'étaient placés dans les petits sentiers qui bordent la route.

— Diable! dit Soupir, l'affaire sera plus difficile que je ne l'aurais cru; nous ne pouvons pas attaquer cinquante hommes de front. — J'ai pensé à tout, répondit Bras-de-Fer; s'il est accompagné, tu lui donneras cette lettre. — Pourquoi faire ? — Pour le faire rester en arrière, car, dans cette lettre, on lui demande un entretien au nom de quelqu'un à qui il n'a rien à refuser. — C'est bien.

Mais le hasard sembla favoriser les projets des voleurs, car Georges ne sortit pas avec la suite; ils entrèrent alors dans le cimetière et se dirigèrent vers la tombe de M. Brémont.

Les fossoyeurs, ayant comblé rapidement la fosse, s'étaient éloignés, laissant le jeune homme seul, qui, appuyé sur la balustrade en fer d'un monument funèbre, contemplait silencieusement la terre fraîche sous laquelle reposait l'homme qu'il avait tué.

Hélas ! que d'amères et tristes pensées se pressaient en foule dans le cerveau de Georges ! Que de regrets, que de remords impuissants qui ne pouvaient plus prier que sur une tombe ! Une bonne fortune, selon l'expression cynique de la société, avait pour lui le triste dénouement d'un suicide ! Les éclats de rire du début se terminaient par des larmes.

Georges, pendant ces deux jours, si l'on calcule la vie par les émotions que l'on éprouve, avait plus vécu que pendant vingt ans. En face de cette tombe qu'il avait creusée, il jura de devenir un honnête homme, dans le sens que la société donne à ce nom, car on appelle honnête celui qui est assez habile ou assez fripon pour échapper à la flétrissure de la justice; il jura d'être honnête d'après son honneur, c'est-à-dire en soumettant ses actions au tribunal de sa conscience.

Mais Georges n'avait que vingt ans, et à vingt ans les grandes résolutions nées des grandes douleurs sont fugitives; elles ressemblent à ces orages de printemps qu'un rayon de soleil dissipe. Nous verrons dans la suite de ce récit que, vaincu déjà par ses passions, il devait encore en subir les lois impérieuses et commettre plus d'une faute.

Les voleurs avaient pu s'avancer, protégés qu'ils étaient par les tombeaux, sans être aperçus de Georges et sans le réveiller de la rêverie dans laquelle il était plongé; échangeant un regard rapide, ils s'élancèrent sur le jeune homme, qui reçut en même temps un coup de poignard dans les reins et un coup d'assommoir sur la tête; il tomba évanoui.

Sans perdre une seconde, Bras-de-Fer fouilla dans les poches de Georges; il poussa un cri terrible, les soixante-et-dix mille francs n'y étaient plus.

— Nous sommes volés ! s'écria-t-il. — Comment ? répondit Soupir. — Il n'a plus la somme qu'il a prise chez son banquier. — C'était bien la peine de l'assommer. — Oh ! ma vengeance ne sera pas perdue, rugit Bras-de-Fer, qui, levant son poignard, allait frapper un nouveau coup.

Soupir le retint.

— Pas de bêtise, dit-il, un meurtre qui ne rapporte rien, c'est un crime. — Mais tu ne sais pas que cet homme m'a enlevé ma maîtresse. — Ne mêle donc pas les questions de sentiments aux affaires. — Allons, soit, qu'il vive ; je lui pardonne d'autant plus que Louise me revient.

Prenant le corps de Georges, il le jeta dans une fosse ouverte.

Les deux voleurs s'en allèrent; Soupir en murmurant mélancoliquement :

— Décidément la chance n'est que pour les coquins ; je ne réussirai pas.

Huit jours après les événements que nous venons de raconter, Georges se réveillait dans sa chambre; près de lui se trouvait un médecin. M. Raymond; en voyant le regard calme de son malade, le médecin poussa un cri de joie.

— La crise que j'attendais, dit-il, a eu lieu; il est sauvé. — C'est de moi dont vous parlez, docteur? demanda Georges. — Et de qui voulez-vous que je parle? — Il y a longtemps que je suis malade? — Huit jours; maintenant, vous allez me raconter dans quelles circonstances vous avez été blessé. — Ah! j'ai été blessé. — Comment, si vous avez été blessé? Mais lorsqu'on vous a retiré de la fosse où vous étiez étendu, vous aviez dans les reins une large blessure, d'où s'échappait le sang à gros bouillon. — Je sens en effet une douleur dans le dos. — Et à la tête? Vous avez été frappé près des tempes; une ligne de plus, et vous étiez mort. — Eh bien! docteur, quelqu'étrange que cela puisse vous paraître, je ne me rappelle absolument rien. Après l'enterrement de M. Brémont, je me souviens être resté quelques temps auprès de la fosse. — C'est précisément dans une fosse à côté de celle de M. Brémont qu'on vous a trouvé étendu. — Tout cela est étrange, en effet, murmura Georges. — Heureusement que les fossoyeurs, en venant ensevelir un nouveau mort, vous ont aperçu et vous ont transporté chez le concierge du cimetière; ce pauvre homme ayant trouvé sur vous une carte de visite, s'est empressé de vous faire porter ici. — J'ai été dangereusement malade? — Un moment j'ai désespéré de vous sauver; le froid vous avait saisi, il a déterminé une fièvre cérébrale, qui vous eût tué; votre jeunesse vous a sauvé. — Et vous aussi, docteur. — Je n'ai pas été seul, car voilà un brave garçon qui pendant ces huit jours n'a pas quitté votre chevet.

Georges tourna la tête pour voir celui dont parlait le docteur: c'était Baptistin, dont les yeux brillaient de bonheur de le voir sauvé.

Le jeune homme lui tendit la main.

— Il ne faut plus, continua le docteur, que du calme et de la tranquillité, et dans quinze jours vous serez rétabli.

M. Raymond écrivit une ordonnance, et sortit en recommandant encore à Georges d'éviter toute émotion.

Baptistin revint près du lit du blessé.

— Merci, Baptistin, de ce que vous avez fait pour moi, dit Georges avec un accent qui partait du cœur. — Je n'ai fait que mon devoir, répondit Baptistin, car c'est moi qui suis un peu la cause de tout ce qui est arrivé. — Ai-je beaucoup parlé pendant ma maladie? — Vous parliez toujours, votre tête avait déménagé. — Et que disais-je? — Je ne me rappelle pas.

Mais Georges, à l'embarras de Baptistin, devina que celui-ci mentait.

— Pourquoi mentir, lui dit-il? — Vous savez tout. — Oh! c'est bien malgré moi; mais je ne pouvais pas vous quitter, et vous vous obstiniez à parler. — Puisque vous savez tout, je puis vous interroger. — Richard a-t-il tenu ses promesses? — Oui; l'inventaire fait par le conseil de tutelle nommé pour le fils de M. Brémont, a constaté que ce fabricant laissait à sa femme une fortune de deux cent mille francs; Richard a acheté le fonds. On a laissé entre ses mains les capitaux dont madame Brémont pourra réclamer la restitution dans un an. — C'est bien! et le commerce? — Il marche admirablement. Ce coquin de Richard aura un jour vingt mille livres de rentes. — Il n'est pas arrivé autre chose? — Si; on a parlé de suicide. — Comment? — Il paraît que M. Brémont avait placé sur... — Je sais cela.

— Eh bien! la compagnie d'assurances a eu des soupçons sur la mort de M. Brémont. — Ah! fit Georges avec anxiété. — Mais, continua Baptistin, ces soupçons sont tombés devant les faits. — Quels faits? — Le motif qui eût pu inspirer l'idée de se tuer à M. Brémont n'a pu être trouvé. L'affection qu'il portait à sa femme, le bonheur dont il jouissait dans un amour partagé, et dont mille témoins auraient pu déposer, répondaient victorieusement aux suppositions se portant sur ce point. Restait le commerce. Peut-être M. Brémont se trouvait-il dans une position financière qui ne lui permettait plus de faire honneur à ses affaires, et alors il se serait tué pour assurer une fortune à sa femme et à son enfant. Ces soupçons sont tombés également devant l'éloquence des deux cent mille francs de capitaux qui se trouvaient dans la fabrique du commerçant. — Et alors la compagnie d'assurances a payé à madame Brémont les trois cent mille francs que son mari avait placés sur sa tête. — Pas avant d'avoir fait l'expertise des lieux où le fabricant avait péri. — Eh bien! — Eh bien! la compagnie d'assurances en a été pour ses frais d'expertise, car il a été prouvé que l'accident provenait d'un vice d'architecture.

Georges se sentit soulagé d'un poids immense. La mort de M. Brémont était un triste événement, sur lequel il n'y avait plus à revenir; mais au moins le fabricant, grâce au concours du jeune homme, avait atteint le but qu'il s'était proposé en se suicidant: il laissait sa femme riche et considérée.

— Est-ce qu'il n'est venu personne me voir pendant ma maladie? — Si; tous vos amis sont accourus. — Et Louise? — Je ne l'ai pas vue. — Comment! Mais vous êtes-vous informé du motif de son absence? Peut-être qu'elle-même serait malade. — Je ne le crois pas, répondit Baptistin en hochant la tête. — Baptistin, vous me cachez quelque chose, s'écria Georges, qui, en reprenant la santé, reprenait la violence de son caractère. — Allons, du calme, vous savez que le médecin l'a ordonné. — Parlez, dites-moi ce que vous savez. — Eh bien! le lendemain où vous avez été rapporté ici, j'étais descendu sur la place des Terreaux pour acheter quelques remèdes; je causais sur la porte du pharmacien, lorsque j'aperçus Louise avec deux hommes aux allures communes; elle était en toilette de voyage. — Et ces hommes, vous les avez interrogés? — Non. — Comment étaient-ils? — Celui qui parlait le plus familièrement avec elle était court et trapu; il ressemblait à un hercule. — Pourquoi n'avez-vous pas parlé à Louise? — Au moment où j'allais le faire, elle s'élança dans une voiture des Messageries, dont les chevaux partirent au galop. — Êtes-vous allé chez elle? — Oui; le concierge me remit, avec la clef de son appartement, cette lettre à votre adresse. — Donnez. — La voilà.

Georges déchira l'enveloppe et lut:

« Lorsque vous recevrez cette lettre, Georges, je ne
» serai plus à Lyon.
» Ne me demandez pas pourquoi je pars; je ne le
» sais pas moi-même. Je crois que je m'ennuyais, et
» l'ennui pour une femme comme moi, c'est le souve-
» nir et la pensée: le souvenir d'un passé honteux, la
» pensée d'un avenir incertain.
» Vous m'aimez plus que je ne le mérite, et j'étais aussi
» indigne de votre amour que je le suis des regrets qui
» suivront peut-être mon départ.
» Oubliez-moi. Mon amour vous a fait descendre;
» relevez-vous par un autre amour; une maîtresse vous
» a flétri aux yeux de l'opinion publique, purifiez-vous
» par le mariage.

« LOUISE. »

Georges déchira la lettre avec colère.

— Oh! je comprends tout, maintenant, s'écria-t-il: cet homme qui a voulu me tuer, c'était l'amant de cette fille, Bras-de-Fer, le... Oh! infamie! Qu'y a-t-il donc de vrai en ce monde? — Dieu! dit une voix grave.

Le jeune homme leva les yeux vers celui qui venait de parler, et il poussa un cri d'étonnement.

— Henry! — Moi-même!

Les deux jeunes gens s'embrassèrent.

Henry était vêtu d'un costume de prêtre; ses longs cheveux noirs retombaient en boucles légères autour de son visage flétri par la douleur, mais sur lequel brillait ce sentiment de poétique et religieuse résignation qui vient de Dieu. Ses grands yeux étaient empreints d'une douceur ineffable; Henry n'appartenait plus à cette terre, il était un de ces hommes au cœur d'or, ange de consolation envoyé sur cette terre, du ciel, où ils doivent retourner après leur mort.

Il s'assit auprès du lit de Georges et il prit la main de son ami dans les siennes. — Que signifie ce costume, lui demanda Georges. — C'est celui de ma nouvelle profession. — Ainsi, tu as accompli ton sacrifice. — Un sacrifice! non pas Georges. Ceux qui en entrant dans les ordres donnent ce nom à leurs vœux sont indignes d'être prêtres. Je ne me suis pas sacrifié à Dieu ; il m'a appelé à lui, et je suis venu, je souffrais, et il m'a dit que c'était en lui que je trouverais le remède de mes souffrances. — Et Marie?

Le jeune prêtre rougit.

— Marie m'a tracé elle-même mon devoir : Un mois après son mariage, je lui écrivis; voici sa réponse. Je puis te la répéter sans la lire, car elle est gravée dans mon cœur.

« Henry,

» Si j'étais une autre femme et si vous étiez un autre
» homme, je vous répondrais: espérez.
» Mais je m'estime trop et vous estime assez pour
» vous répondre : séparons-nous.
» Les médecins m'ont dit que je serais mère; je ne
» m'appartiens plus, j'appartiens à mon enfant.
» Du courage! Henry; s'il vous manque, demandez-
» le à Dieu; la religion console sans dire : oubliez.

» Marie. »

Le lendemain du jour où je reçus cette lettre j'entrai au grand séminaire. — Pauvre ami ! — Je ne me plains pas, Georges; qui sait prier n'est pas à plaindre. J'ai bien souffert, et, comme toi, j'ai blasphémé; j'ai maudit la société, qui n'est ni si mauvaise ni si bonne qu'on le fait : les événements au milieu desquels je me suis trouvé m'ont été contraires, je m'incline devant eux, car ils viennent de la volonté divine; le bonheur éloigne de Dieu, le malheur en rapproche. — Alors tu es heureux? — Quel est l'homme qui peut dire ce que c'est que le bonheur? Le bonheur, pour la plupart, est ce qu'on n'a pas; pour le pauvre, il est dans la fortune; pour le riche, dans les honneurs; mais que, de nain, le premier ait la richesse qu'il rêve, le second les honneurs qu'il ambitionne, et après les rapides éblouissements de leur position nouvelle, ils seront tous les deux comme par le passé, inquiets, tourmentés; car, semblable au mirage des sables du désert, à mesure qu'ils avancent, ce qu'ils appellent le bonheur, placé autre part, fuit devant eux. Le bonheur est un mot dont la réalité n'existe pas. — Tu le vois, Henry, comme moi tu blasphèmes. — Je ne blasphème pas, car je suis heureux ; je n'ambitionne rien des richesses et des honneurs de ce monde; mes vœux sont plus haut : j'espère en l'avenir d'une autre vie, et je m'efforce de la mériter. — Je voudrais être comme toi. — Qui t'en empêche ? Ecoute-moi, Georges, tu as vécu d'une de ces existences folles au milieu desquelles on oublie les principes religieux de l'enfance, et tu n'as guère considéré la religion que comme une distraction bonne pour les vieilles femmes et les imbéciles. Mais maintenant que, dans ce tourbillon, tu as été arrêté par une douleur, maintenant que ton insouciance s'est heurtée à une souffrance, descends en dedans de toi-même, et dis-moi si la religion qui vous dit « espérez » alors que l'on pleure, n'est pas un port à l'abri des orages ? Il n'y a que deux espèces de fous qui nient Dieu : les savants orgueilleux, que la science a conduits au matérialisme, et les imbéciles qui ne voient rien. — Eh bien! attends, je suis moins loin que tu le penses de faire comme toi. — Que veux-tu dire ? — Que peut-être dans quelques jours, je me rendrai au grand séminaire pour prendre la soutane de prêtre. — Toi? — Oui? — Défie-toi d'une résolution née du désespoir ; tu te ferais prêtre comme d'autres se suicident, par dégoût. Tu es l'homme des promptes résolutions, mais tu es aussi l'homme des rapides renonciations; réfléchis sérieusement, consulte ton cœur, et si tu laisses sans regrets les souvenirs de ton passé, si tu abandonnes sans tristesse les espérances de l'avenir, viens à moi. — A quel hasard dois-je ta visite? — Tu appelles hasard ce que d'autres appellent amitié; c'est aujourd'hui le jour de sortie du grand séminaire ; j'ai appris chez ma mère le triste accident qui t'était arrivé, et je suis accouru. — Merci, tu as bien fait, car depuis que je te vois, je me sens mieux.

Georges raconta alors à son ami quelques-uns des événements qui nous ont fourni la matière des précédents chapitres, et Henry, tout en l'écoutant, trouvait quelques-unes de ces consolations que la religion inspire.

L'état de la santé du jeune homme n'offrait plus aucun danger, mais pendant quinze jours encore il fut condamné à tenir le lit; ces quinze jours furent longs pour le jeune homme, car malgré le dévouement de Baptistin, qui ne le quitta pas, il se sentait isolé. Près du lit d'un malade, il faut une voix de femme qui console, une main de femme qui panse, un regard de femme qui dit : « courage. »

Livré à lui-même, triste de l'isolement fait autour de lui, Georges jeta un long regard vers son passé : ce passé était des fautes; il puisa dans l'avenir : l'avenir était l'incertitude.

Un jour le médecin lui permit de se lever, il se fit porter sur un fauteuil auprès de sa fenêtre; le soleil brillait, et ses rayons, glissant dans la chambre, semblaient saluer la convalescence du jeune homme.

Tout-à-coup un souvenir vint traverser son cerveau, et le fit tressaillir.

— Tout n'est pas perdu, s'écria-t-il; il me reste encore un espoir ! Baptistin ? prenez dans ce tiroir de mon secrétaire un paquet cacheté avec de la cire rouge. — Est-ce cela? — Oui. Laissez-moi... Oh! mon père, murmura Georges, tu m'as dit : « Si jamais le malheur vient » frapper à ta porte, lis ces lignes, et tu y trouveras le » nom d'un homme qui ne doit pas te laisser dans la » misère. » Mon père, aujourd'hui tout manque autour de moi; les affections s'en sont allées, et la fortune que vous m'aviez léguée, je l'ai perdue; il me faut un bras qui me relève. Oh! mon père, le bonheur me viendra-t-il encore de vous?

Et, d'une main tremblante d'émotion, le jeune homme brisa les cachets.

La première feuille portait en tête :
Mémoires d'un Révolutionnaire.
Et audessous,
Georges lut : *Le siège de Lyon.*

CHAPITRE XXVII.

La rue Monsieur.

Neuf ans se sont écoulés depuis notre dernier chapitre, et nous sommes au commencement du mois d'avril 1834, époque néfaste dans notre histoire, triste page qu'écrivit l'émeute avec ses boulets et ses balles sur notre cité en feu.

Pendant la période du temps compris entre 1825 et 1834, la vie de notre héros s'arrêta en quelque sorte, si l'on calcule la vie d'un homme par les événements importants qui l'animent et forment pour la vieillesse le faisceau des souvenirs; semblable à un marinier, Georges, abandonnant les rames, avait laissé aller son canot à la dérive sur ce grand fleuve qu'on appelle l'existence.

Nous l'avons connu jeune homme, à l'âge de l'insouciance, et nous le retrouvons à vingt-neuf ans, c'est-à-dire à l'âge de la force, à un moment où l'homme, abandonnant le sentier fleuri des illusions du cœur, se jette dans le chemin aride des ambitions.

Quelques détails sont ici nécessaires; nous les donnerons rapidement.

Le manuscrit que Georges lut et que lui avait légué son père, lui apprit ce qu'il avait soupçonné depuis longtemps. Pendant la révolution, M. Duval avait épousé la fille du comte de Saint-Bel; ce mariage, nécessité par les circonstances et juste récompense du dévouement du père de Georges pour une famille proscrite, eût été heureux, car les deux époux s'aimaient et le cœur de la jeune fille n'avait pas de préjugés aristocratiques: malheureusement la vanité du comte fut inexorable: lorsque les événements lui permirent de rentrer en France, après l'émigration, il repoussa durement sa fille et ne lui pardonna jamais son union avec un roturier. La jeune femme fut frappée au cœur; renfermant soigneusement en elle une douleur qui eût été presque un reproche pour son mari, elle tomba dans une maladie de langueur, et mourut sans que son père et sa mère consentissent à venir l'embrasser à son lit de mort.

La haine du père de Georges à l'égard des nobles était, on le voit, assez justifiée.

Mais, ce qu'il n'avait jamais demandé pour lui, et que, dans son légitime orgueil, il n'avait jamais sollicité, il l'avait désiré pour son fils. Georges avait droit à une part de la brillante fortune du comte de Saint-Bel, et le jeune homme devait trouver dans cette famille, qui était la sienne, appui et protection.

Nous avons vu que Georges était presqu'entièrement ruiné; ce qui lui restait de son patrimoine était insuffisant pour lui permettre de vivre dans des conditions convenables; s'adresser à son grand-père était le seul parti qui s'offrait à lui avec quelque chance de réussite; il surmonta son sentiment naturel de répulsion contre cette famille qui avait rendu si malheureuse sa pauvre mère, et il se rendit à l'hôtel de Saint-Bel.

Lorsque Georges se présenta, on l'introduisit dans le cabinet de travail du vieux comte de Saint-Bel, qui, assis sur une chaise longue, le regarda avec un sourire narquois, et lui demanda, entre deux quintes de toux, d'une voix brève et sèche ce qu'il désirait.

— Monsieur, lui dit Georges, je me nomme Duval. — Eh bien! — Est-ce que ce nom ne rappelle rien à votre mémoire? — Si, il me rappelle un révolutionnaire... — Qui épousa votre fille. — On le dit, mais je ne l'ai jamais cru; la fille du comte de Saint-Bel ne se fût jamais alliée à un roturier.

Georges sentit la colère lui gagner le cœur.

— La fille du comte De Saint-Bel paya la dette de reconnaissance de sa famille pour un homme qui l'avait sauvée. — Enfin, que voulez-vous, fit le comte avec impatience? — Rien, répondit le jeune homme avec dignité, je suis orphelin; j'étais venu à vous, pensant que la haine dont vous avez poursuivi ma mère ne retomberait pas sur l'enfant, j'espérais trouver en vous les affections qui me manquent depuis la mort de mon père; je vous demande pardon d'une démarche importune.

L'accent plein de noblesse avec lequel Georges avait prononcé ces quelques mots, amena un sourire de satisfaction sur les lèvres du vieillard, contemplant le jeune homme qui ressemblait d'une manière frappante à sa fille; les larmes lui vinrent aux yeux.

— Bravo! murmura-t-il tout bas, il y a du sang noble dans ces veines. Voyons, ajouta-t-il tout haut, ne vous emportez pas, mon jeune ami; certainement si je puis vous être utile, je ne refuse pas... — Monsieur, répondit Georges, oubliez ma visite, qui, maintenant, à mes yeux, n'est qu'un acte de lâcheté; c'est tout ce que je vous demande.

En reprenant son indépendance, le jeune homme avait repris sa fierté naturelle; il sortit de l'hôtel la tête haute.

Dans la position où il s'était placé, il n'y avait pas deux voies à suivre, il n'y en avait qu'une; il devait se jeter tête baissée par la seule porte ouverte à son ambition. Comment et par où s'élancer à la poursuite de cette fortune si ardemment rêvée? il l'ignorait. L'occasion lui tendit la main, il la saisit, sans calculer que plus il s'élèverait, plus la chute serait dangereuse.

Nous avons déjà parlé de la Guillotière; ce faubourg était, en 1833, moins élégant qu'aujourd'hui; le cours, ce magnifique quai qui met en communication la Guillotière proprement dite et les Brotteaux, n'existait pas; on n'avait pas encore encaissé le Rhône, ce qui rendait plus fréquentes et plus dangereuses les inondations. Aussi, la Guillotière était-elle habitée principalement par les ouvriers; l'industrie qui y avait établi des usines, les gens tarés, les forçats libérés ou ayant rompu leurs chaînes, trouvaient dans des bouges un refuge assuré contre les investigations de la police; le voisinage du Dauphiné leur donnait, du reste, la facilité de fuir rapidement.

Cette population était encore augmentée par la population flottante de la Bohème mendiante venue de tous les pays et composée de joueurs d'orgues, de saltimbanques établissant leurs baraques sur les rives du Rhône.

La Guillotière était redoutée par les Lyonnais, et elle était en effet dangereuse: dans ces rues étroites, que la police surveillait avec sévérité il se passait à chaque instant des scènes dramatiques; le sang coulait dans des rixes, et le vol s'y commettait en plein jour (1).

Le vice de bas étage y florissait et y avait établi ses tentes, les chalands ne lui manquaient pas.

Une rue entière, la rue *Monsieur*, qui est encore aujourd'hui réservée au même usage, était le *Parc-au-Cerf* de la royauté en guenilles.

La rue Monsieur, qui a une longueur d'un demi-kilomètre, a une physionomie particulière, ses maisons ont un caractère qui leur appartient en propre; composées habituellement d'un rez-de-chaussée et d'un étage, elles sont séparées de la rue par un jardin. Un couloir, partant de la porte ouvrant sur la voie publique, conduit à une seconde porte garnie d'un guichet et solidement fermée; le chef seul possède la clef de ce palais d'Armide et ne vous ouvre qu'après avoir passé l'inspection de votre tenue.

Une des premières qualités d'admission est celle d'avoir l'air quelque peu tapageur; un orgue de Barbarie, ou une hotte de chiffonnier sur le dos sont des laisses rouges qui vous font ouvrir à deux battants.

La maison a extérieurement un aspect coquet: peinte en rose ou en blanc, entourée d'arbres au feuillage touffu, on la prend d'abord pour une délicieuse maison de campagne; et derrière ses volets verts, on s'attend à chaque instant à voir paraître une jeune fille au doux regard, un ange de quinze ans au cœur pur, à la voix harmonieuse; mais en regardant de plus près, l'illusion s'évanouit, le rez-de-chaussée est garni d'épais barreaux de fer, les volets sont fixés aux fenêtres, ils ne doivent pas s'ouvrir, le regard lui-même ne peut pénétrer dans l'intérieur, car les jalousies sont disposées de façon que la lumière vienne d'en haut.

La rue Monsieur, composée uniquement de maisons de ce genre, peut servir de thermomètre de l'immoralité de la classe ouvrière, qui la fait vivre et l'entretient par ses vices.

Trois jeunes gens de notre connaissance, Georges, Fabre et Serrières, ayant pris pour leur excursion le costume nécessaire, c'est-à-dire une blouse bleue, des pantalons de

---

(1) Un garçon de recette, traversant dans la journée la Guillotière, y fut arrêté et complètement dévalisé.

coutil, le visage noirci, les mains sales, frappaient à la porte d'un de ces établissements.

— J'ai peur! dit Fabre. — Peur de quoi? répondit Georges en riant. — Je ne sais pas, mais j'éprouve une émotion... — Naturelle à tous les débutants. — Mais, mon cher, on raconte sur ces établissements des choses effrayantes.
— Absurdes, ce sont des histoires de Croquemitaine, à l'usage des jeunes gens pour les détourner de l'envie de venir ici.

Le propriétaire de l'établissement ouvrit le guichet; Georges lui dit quelques mots à l'oreille et la porte tourna sur ses gonds.

L'intérieur offrait un aspect peu fait pour rassurer Fabre, c'était une immense chambre carrée, garnie de tables et de bancs, sur lesquels étaient assis des hommes aux vêtements grossiers, à la voix haute. Une atmosphère de fumée de tabac vous prenait à la gorge et obscurcissait la vue; au milieu des cris, du tapage, des querelles, on entendait les verres se briser avec éclat; des filles aux formes exubérantes, à moitié nues, le regard libertin, le geste obscène, circulaient de table en table, laissant prendre sans façons des baisers sur leurs lèvres rouges, attisant le vice, le provoquant, et demandant l'aumône; filles de boue, n'ayant rien au cœur que la cupidité et se vautrant dans le vice avec la volupté du porceau dans la fange.

La pâleur de Serrières et de Fabre n'échappa pas à Georges; frappant sur la table avec un gourdin, qu'il tenait à la main, il appela le garçon.

Qu'est-ce qu'il faut vous servir? — Parbleu! du *tord-boyaux*, répondit Georges. — Trois *tord-boyaux*, cria le garçon d'une voix retentissante.

Les jeunes gens s'assirent.

Tout-à-coup, un homme entre, tous se lèvent avec respect, il va droit à Georges et lui prend la main; la vue de Fabre et de Serrières lui fait froncer le sourcil.

— Quels sont ces jeunes gens? demanda-t-il à voix basse. — Mes amis. — Des républicains? — Oui. — Tu en réponds? — Comme de moi-même. — C'est bien.

La figure du nouveau personnage disparaissait sous une barbe inculte, mais son regard trahissait par sa vivacité l'homme à la volonté ferme, à l'énergie farouche; c'était ce qu'on est convenu d'appeler un homme d'action, homme fort dangereux ou fort utile d'après les occasions.

Il fit un signe au chef de l'établissement qui vint rapidement près de lui.

— Êtes-vous sûr, lui demanda-t-il, de ceux qui sont ici. — Oui, personne n'est entré sans le mot d'ordre: *Association, Résistance, Courage* (1). — Faites retirer vos filles.

L'ordre fut exécuté avec rapidité.

— Citoyens, dit l'homme à la barbe épaisse en montant sur une table, êtes-vous prêts? — Nous sommes prêts, hurla la foule. — Silence, interrompit l'orateur d'une voix de capitaine de cavalerie, voici quels sont les ordres de la commission exécutive *des Droits de l'Homme*. Demain a lieu le jugement de nos frères et de nos amis, nobles victimes du despotisme d'un gouvernement corrompu. — A bas le gouvernement! A bas Louis-Philippe! Vive la République. — La commission exécutive, continua l'orateur, a arrêté ce qui suit: Chaque loge fournira cinq hommes qui se tiendront dans la salle d'audience ou dans la cour du Palais-de-justice; pendant la durée du procès, cinq qui stationneront dans les rues adjacentes, les autres se rendront dans leurs loges respectives, où ils attendront les ordres du comité. — Faudra-t-il être armé? demanda l'un des assistants. — Oui, mais pas d'armes apparentes, des pistolets et des poignards; au premier signal, élevez des barricades avec tout ce qui vous tombera sous la main. N'oubliez pas ce que vous a dit l'avocat (2) qui, demain, défend nos amis: « Vous êtes les plus forts, Juillet et Novembre vous ont appris comment

(1) Mot d'ordre de l'insurrection de 1834.
(2) Jules Favre.

se pulvérise une garnison; ce que vous avez fait, vous le pouvez encore. Demain, peut-être, vous aurez l'occasion de prouver que votre courage n'a pas dégénéré depuis les mémorables journées de 1831; mais, cette fois, nous ne nous laisserons pas enlever la victoire; maîtres, nous dicterons nos conditions et nous le prouverons à ceux qui nous oppriment, aux tyrans qui s'engraissent de la sueur du peuple. »

Un houra de bravos accueillit le discours de ce Danton au petit pied; on rappela les filles, on fit servir du vin, et on préluda à la fraternité par l'ivresse.

Dans ces jours néfastes qui ensanglantèrent notre ville et dont nous esquisserons à grands traits les principaux épisodes, nous dégagerons la question politique: nous n'avons pas à prendre la cause pour tel ou tel parti; s'il y eut des torts nous croyons qu'ils furent réciproques; s'il y eût des coupables il y eût aussi beaucoup d'égarés; des étourdis à la tête légère, des malheureux au cœur aigri par la misère s'enrôlèrent sous le drapeau de l'insurrection, sans savoir où elle allait et où elle voulait les conduire. Nous les excusons sans les pardonner, car ils furent coupables, le sang versé sera toujours des criminels et des assassins; le lecteur sera juge, il tiendra la balance et pèsera les événements que nous raconterons.

Georges était sorti avec ses deux amis.

— Où diable nous avez-vous conduit? demanda Fabre. — Parbleu! en plein club républicain, s'écria Serrières. — C'est une surprise que je vous ménageais. — Je vous en fais mon compliment, elle est charmante; c'est une surprise à vous faire mourir de frayeur. Ah çà! Georges, vous êtes donc républicain? — Moi, parole d'honneur, je n'en sais rien. — Comment! vous n'en savez rien, et vous allez vous battre pour la République. — Eh! que m'importe la République; ce que je veux, c'est... — Quoi? — Me faire tuer. — Allons, vous êtes fou. — Cela se peut, dit Georges avec tristesse, mais vous ignorez le dégoût qui vient de l'oisiveté; à ma nature ardente il faut des émotions vives, j'aime le bruit et le tapage. — Et vous avez trouvé tout cela dans les clubs; franchement la société qui les compose est peu distinguée; une cause qui a pour soutenueurs des forçats libérés et des voleurs est une cause perdue; vous rêvez une révolution et vous n'accoucherez que d'une émeute.

Georges ne répondit pas; son bon ami le faisait sans doute réfléchir à ce qu'il y avait d'insensé dans sa conduite; il n'est pas permis à un homme de se faire soldat d'un parti sans conviction, et de faire à la guerre civile pour tuer le temps, et se réchauffer aux enthousiasmes du combat. Georges cependant n'était pas une exception dans les émeutes, où compte une foule de combattants qui n'ont pas d'autres motifs pour prendre les armes, et ces hommes sont les plus dangereux; car, n'ayant rien à perdre, ne tenant à rien, ils ont le froid courage qu'aucune affection qu'aucune crainte ne paralyse.

Il était environ onze heures du soir; mais la ville qui s'endort habituellement à cette heure, pour puiser dans le sommeil les forces nécessaires au travail du lendemain, était inquiète, tourmentée. Dans les rues circulaient des bandes d'hommes hurlant des refrains patriotiques; aux Célestins, les cafés chantants étaient remplis d'une populace qui, trop nombreuse pour tenir tout entière dans ces établissements, se pressait en flots serrés sur la place. Une chanteuse, transformée en grotesque déesse de la liberté, chantait la Marseillaise dont le refrain était repris en chœur par les assistants.

Les émeutes et les révolutions ont toutes le même prélude; elles se développent dans des circonstances analogues; c'est une comédie singulière dont les acteurs sont toujours les mêmes, les scènes coupées d'une manière identique.

En lisant l'émeute que nous allons raconter, nos lecteurs croiront lire l'histoire de la révolution de 1848, dont les tristes détails sont encore présents à la mémoire.

L'autorité aurait pu réprimer ces protestations qui faisaient trembler les honnêtes gens, et faire cesser ces chants qui annoncent le combat; si elle ne le fit pas, c'est qu'elle voulait mettre tous les torts du côté des aggresseurs; elle était forte, unie, courageuse; elle attendait l'attaque, prête à la repousser vigoureusement.

Les jeunes gens se séparèrent; Georges entra dans la modeste chambre qu'il occupait.

Avant de s'endormir, il fit l'inspection de ses armes.

Le soleil du lendemain devait se lever sur une émeute, et éclairer bien des scènes infâmes; le sang allait couler sur nos quais, dans nos rues, le feu allait dévorer des quartiers entiers : que de veuves! que d'enfants orphelins! que de larmes!

CHAPITRE XXVIII.

Quelques pages historiques. — L'émeute de 1831; ses rapports avec l'émeute de 1834.

Avant de continuer notre récit, nous croyons nécessaire de raconter rapidement l'émeute de 1831, qui fut la cause et le principe de celle de 1834.

Les journées de Juillet, qui renversèrent Charles X au profit de Louis-Philippe, eurent, quoiqu'ils restassent calmes, une très-grande influence morale sur les ouvriers lyonnais; ils avaient peu de sympathie pour la dynastie qui tombait, ils ne connaissaient pas celle qui lui succédait, ils n'aimaient qu'un seul homme : Napoléon; car ce n'était point la forme de son gouvernement; mais lui-même qu'ils adoraient; cette affection, du reste, était justifiée par la protection efficace, avec laquelle l'Empereur avait toujours défendu les intérêts de la fabrique lyonnaise.

En 1809, la fabrique se trouvait dans une position terrible provoquée par la situation politique et la rude concurrence des Anglais; des plaintes arrivaient de toutes parts à l'Empereur; les placards des fabricants regorgeaient d'étoffes, et la conséquence naturelle en avait été la suspension des travaux du tissage. Le ministre du commerce est sur-le-champ expédié à Lyon, le mal était encore plus grand qu'on ne l'avait supposé, et la misère la plus affreuse régnait dans les ateliers.

Sur les ordres de Napoléon, le ministre du commerce achète toute l'étoffe fabriquée, mais qu'en faire? La jeter dans le commerce, c'est manquer le but qu'on se propose; Napoléon n'hésite pas, un immense bûcher est élevé en pleine place de Grève, et l'on fait un auto-da-fé général de tous les tissus.

Les fabricants, dépourvus de marchandises, donnent de nouvelles commissions; l'atelier reprend la joyeuse physionomie née du travail amenant le bien-être, et le nom de l'Empereur est béni comme celui d'un sauveur et de l'ami du peuple.

L'ouvrier en soierie, jusqu'en 1830, s'était peu occupé de la politique; pour lui, ce n'était qu'un mot qu'il comprenait peu et une chose dont il ne se souciait guère ; le triomphe du peuple parisien brisant sur les barricades une couronne, lui donna de sa valeur une autre idée, et il crut de bonne foi qu'il était de son devoir d'éclairer le gouvernement et de pousser la roue du char gouvernemental.

La presse des républicains auxquels on avait escamoté la victoire de 1830, et celle des légitimistes qui venaient de perdre la partie, développaient ces tendances nouvelles à l'indépendance, et flattaient lâchement le peuple, auquel la noblesse voulait faire tirer les marrons du feu pour son roi en exil.

L'existence de la noblesse lyonnaise passe inaperçue au milieu de l'activité commerciale qui règne dans notre ville; on s'occupe peu d'elle : l'hiver elle habite Bellecour et en sort rarement, l'été elle émigre dans ses châteaux; cependant, depuis 1830, elle n'est point restée inactive, ne payant pas de sa personne, car elle n'a pas le courage de l'action, elle paie de son argent, entretient des journaux (1) et les interrogatoires des accusés ont prouvé qu'elle soudoyait quelquefois les émeutiers.

Son rôle a donc été peu honorable dans nos guerres civiles, et il pèse sur elle une sévère responsabilité des événements de 1831 et de 1834.

Il y a des exceptions : nous ne parlons que de la généralité de la noblesse, de celle en communauté d'opinions avec ce représentant qui eut l'infamie de dire : « Nous passerons, s'il le faut, par la mer rouge pour arriver à la légitimité. » La république comme transaction entre la monarchie constitutionnelle et la monarchie déchue, voilà ce que voulait la noblesse lyonnaise; la république de 1848 lui a démontré qu'elle avait fait fausse route.

L'incertitude jetée dans les spéculations commerciales par les événements de 1830 avait arrêté le commerce; on travaillait peu dans les ateliers, et la misère et l'oisiveté, toujours mauvaises conseillères, favorisèrent les projets rêvés par les républicains et les légitimistes, se réunissant dans un même but, quittes à se disputer plus tard le gâteau. Cependant les ouvriers en soierie n'étaient point encore assez mûrs pour la politique : organisés en société par ceux qui les poussaient en avant, ils s'occupèrent d'abord de leurs intérêts, et avant de songer à renverser le gouvernement, ils songèrent à améliorer leur position et demandèrent un tarif réglant le prix des façons.

En thèse générale, nous l'avons déjà prouvé, un tarif est impraticable, il était absurde dans les conditions où se trouvait le commerce, se trainant terre à terre; le fabricant se révolta contre des exigences qui rendaient encore plus difficile l'écoulement des marchandises, déjà fort difficile.

L'ouvrier ne se tint pas pour battu et s'adressa directement à l'autorité.

Il est pénible pour nous de formuler une accusation ; mais les événements de Novembre eurent pour cause principale la faiblesse et l'ignorance du préfet, M. Dumolart. Loin de repousser par la force des propositions inacceptables, ne connaissant pas les rapports qui unissaient entre eux les ouvriers et les fabricants, il voulut transiger et obtenir des uns et des autres des concessions réciproques.

Les fabricants sont convoqués au nombre de six cents à la mairie, cent trente seulement s'y rendent ; à la question industrielle : « Faut-il faire un tarif, » tous répondent à l'unanimité : « Non ; » à la question administrative : « Faut-il accorder un tarif pour prévenir les désordres publics ? » ils répondent : « Oui ».

Les délibérations entre les délégués et les fabricants, pour le règlement du tarif, se continuent à la préfecture, sous la présidence du préfet; le peuple descendu en foule de la Croix-Rousse, remplit la cour de la préfecture, la place, les rues adjacentes, et c'est au milieu des vociférations d'une populace furieuse, exaspérée, inexorable, parce qu'elle sent la force et le pouvoir entre ses mains, que les fabricants signent, sans le lire, le tarif qu'on leur présente.

Le tarif est promulgué aux applaudissements des ouvriers, mais leur victoire n'est qu'illusoire ; car le fabricant, obligé de se soumettre au tarif s'il fait travailler, n'est pas tenu de faire travailler et de compromettre sa fortune personnelle, en payant les façons un prix exagéré. Toutes les maisons de commerce, sans se consulter, prennent une résolution identique : toutes refusent de l'ouvrage, et plus de dix mille métiers sont arrêtés dans leurs travaux.

L'exaspération des ouvriers est à son comble, et en l'absence de mesures prises pour réprimer l'émeute, elle s'organise à son aise, la plupart des ouvriers sont gardes nationaux et ont des armes entre les mains; on fabrique de la poudre,

---

(1) La *Gazette de Lyon*, journal légitimiste, qui existe encore aujourd'hui, est un journal par actions, dont l'existence coûte chaque année des sommes assez importantes à ses actionnaires.

on dresse un plan de campagne, des chefs sont nommés, on élève des barricades, et lorsque la troupe recevra l'ordre d'agir, il sera trop tard ; traquée de toute part, livrée à elle-même, car la garde nationale n'osera pas lui donner l'appui de ses baïonnettes, sans confiance dans ses supérieurs qui ont déjà faibli devant le peuple, elle donnera le spectacle honteux de soldats qui, chargés de veiller à l'ordre et à la tranquillité d'une ville, se retirent lâchement, laissant au pouvoir des émeutiers la cité qu'ils devaient défendre.

Le 21 novembre, l'insurrection s'est décidément levée à la Croix-Rousse, elle a ses chefs et son drapeau, drapeau noir avec cette devise devenue depuis si célèbre : « Vivre en travaillant ou mourir en combattant. » Une soixantaine de gardes nationaux, armés de fusils, mais sans munitions, sont envoyés à la Croix Rousse ; ils y sont accueillis par des huées, des sifflets et des pierres, quelques-uns sont blessés et ils sont obligés de battre en retraite devant les insurgés dont le succès double l'ardeur.

Le préfet et le général de la milice bourgeoise se rendent à la Croix-Rousse afin de faire entendre des paroles de paix : on les retient en otage. Cette nouvelle, répandue dans la ville, jette la terreur dans la population ; le général Roguet, malade et hors d'état de monter à cheval, se fait transporter à l'Hôtel-de-Ville, afin d'être plus près du foyer de l'insurrection ; des escarmouches s'engagent sur divers points ; mais, à la fin de cette première journée, tout l'avantage est aux émeutiers sur la troupe.

Le second jour, 22 novembre, le général Roguet, trop faible pour resister avec les forces dont il dispose à l'insurrection qui grandit à chaque instant, et dont le succès, comme une traînée de poudre, allume la guerre civile dans tous les quartiers, fait un appel à la garde nationale. Chaque garde national se dit le mot prudent d'Arlequin : « C'est l'instant de nous montrer, cachons-nous. » Et sur quinze mille hommes dont se compose la milice bourgeoise, mille à peine se rendent à leur poste ; le canon tonne aux quatre coins de la ville, à la Croix-Rousse, aux Brotteaux, à la Guillotière, partout l'insurrection est victorieuse ; ce n'est plus une guerre, c'est une affreuse tuerie, une boucherie humaine, les soldats sont assassinés, les balles pleuvent des fenêtres, des ennemis invisibles les attaquent de tout les côtés sans qu'ils puissent se défendre, des enfants et des femmes véritables harpies se jettent sur les blessés et les achèvent à coups de couteau. L'émeute a pris les proportions d'une révolution, rien ne résiste à la fougue de l'attaque ; le soir, la poudrière de Serin, défendue courageusement par le capitaine Peloux, tombe au pouvoir des émeutiers ; mais le capitaine a sagement fait jeter la poudre à la Saône et a encloué ses deux pièces.

Hélas ! que restait-il à la troupe ? Vaincue sur tous les points, elle s'est réfugiée dans le quartier des Terreaux, elle protége l'Hôtel-de-Ville où se tiennent les autorités ; mais la victoire n'est plus possible, et le lendemain, sur l'invitation du préfet, le général Roguet se retire à la tête des troupes qu'il commande. Les ouvriers ont dressé des barricades sur son passage et tentent de lui couper la retraite ; les troupes, exaspérées du rôle ridicule qu'on leur a fait jouer, font une décharge générale et se fraient une route avec des cadavres ; dans cette retraite sanglante, le général Fleury est blessé et démonté, un de ses aides-de-camp est tué à ses côtés.

La ville est ainsi au pouvoir des insurgés ; ils sont maîtres et règnent sans contrôle. Que feront-ils de cette puissance illimitée dont eux-mêmes s'effraient ? On commence par des vengeances ; les magasins des fabricants, dont les ouvriers croient avoir à se plaindre, sont pris d'assaut, les meubles sont jetés par les fenêtres et brisés sur le pavé ; les étoffes, entassées pêle-mêle, sont livrées aux flammes.

Les honnêtes gens, parmi les émeutiers, et ce sont les plus nombreux, comprennent tout le danger d'un pareil début, ils organisent une police chargée de veiller au maintien de l'ordre et de protéger les propriétés, et l'on voit des soldats improvisés, aux habits déchirés, les pieds nus, monter la garde à la porte de la Banque qu'ils pourraient piller. Une tentative d'évasion a lieu à la prison de Roanne, elle est sur-le-champ réprimée, et deux prisonniers sont tués.

L'ordre est né subitement du désordre comme par enchantement, c'est que les ouvriers n'ont pas voulu autre chose qu'un tarif ; c'est là un fait sur lequel nous insistons ; pendant le combat, pas un seul cri politique n'a été poussé.

Cependant quelques républicains veulent escamoter la royauté au profit de la république ; il se forme à l'Hôtel-de-Ville un gouvernement provisoire, qui lance des proclamations républicaines qu'on lit à peine et qu'on ne comprend pas. Une protestation, contre ces tendances politiques, parait le 24 novembre, c'est à dire lorsque les ouvriers sont maîtres absolus de la ville ; elle est adressée au rédacteur en chef du journal le Précurseur, elle est signée de tous les noms des chefs de sections des ouvriers en soierie de Lyon ; la voici :

« Monsieur,
» Nous devons expliquer que dans les événements qui
» viennent d'avoir lieu à Lyon, des insinuations politiques
» ou séditieuses n'ont eu aucune influence ; nous sommes
» dévoués entièrement à Louis-Philippe, roi des Français, et
» à la charte constitutionnelle. Nous sommes animés de
» sentiments les plus purs et les plus fervents pour la liberté
» publique, la prospérité de la France, et nous détestons
» toutes les factions qui tenteraient de leur porter atteinte.
» Nous vous prions d'insérer cette déclaration solennelle
» dans votre prochain numéro.
» Lyon, le 24 novembre 1831. »

Les tentatives légitimistes ne sont pas plus heureuses que les tentatives républicaines : les ouvriers allument leur pipe avec les proclamations sentimentales en faveur des Bourbons, répandues à profusion dans tous les postes.

Le préfet, M. Dumolart, et les adjoints de la mairie sont restés à Lyon, mais leur pouvoir est purement nominal, car ils sont sous la surveillance d'une commission d'ouvriers ; cependant, leurs noms au bas des ordonnances leur donnent un caractère en quelque sorte légitime et rassurent les citoyens.

Dès l'instant où les pillards, qui se trouvent dans toute insurrection, voient l'espoir du pillage perdu, et où les républicains comprennent qu'il n'y a pour leur cause aucune chance de succès, ils se retirent et leur action malfaisante, cessant d'agir sur les ouvriers honnêtes que la misère seule a poussés à la révolte, le calme rentre dans la ville ; les vainqueurs tâchent de faire oublier leur victoire par leur conduite présente et deviennent les plus fermes agents de l'ordre.

Les autorités se rendent auprès du général Roguet, campé à Rillieux, à quatre kilomètres de Lyon, sur la route de la Bresse, pour l'engager à rentrer dans la ville. Le général, dont les troupes sont considérablement augmentées par les secours envoyés de toutes parts, répond que dans les circonstances actuelles il ne peut opérer aucun mouvement sans les ordres du ministre de la guerre. Ces ordres ne se font pas longtemps attendre ; le duc d'Orléans et le maréchal Soult, ministre de la guerre, partis précipitamment de Paris à la nouvelle de l'insurrection, arrivent au quartier-général du comte Roguet. Leur entrée à Lyon, le 3 décembre, s'opère dans le plus grand calme ; dans le trajet suivi par la brillante escorte du fils aîné de Louis-Philippe, c'est-à-dire du faubourg de Vaise à l'hôtel de l'Europe, la foule se presse curieuse et animée comme aux jours de fête : pas un cri hostile ne s'élève.

Le premier acte du ministre de la guerre est le licenciement de la garde nationale ; cette mesure prudente permet de retirer des mains des ouvriers, sans avoir recours à la force, des armes qui, on l'a vu, peuvent devenir dangereuses ; les autres ordonnances sont toutes conçues avec sagesse et modération ; sûr de sa force, le gouvernement peut être indulgent, et l'indulgence est toujours ce qui est préférable après la faute commise.

Ainsi se termina l'émeute qui, pendant trois jours, ensanglanta la ville de Lyon ; nous en avons esquissé les principaux traits et négligé les épisodes inutiles ; le fait que nous voulions prouver, c'est que la politique a été complètement étrangère à l'insurrection; elle a eu pour cause, comme *la révolte des deux sous*, la rivalité de deux classes éternellement ennemies, les ouvriers et les fabricants ; elle a été une question d'économie publique, de législation commerciale et non une conspiration politique.

Les trois années qui séparèrent la première émeute de la seconde furent nécessairement des années d'incertitude et de crainte: incertitude dans les spéculations, que le plus léger désordre compromet; crainte parmi les commerçants, s'attendant à chaque instant à voir les ouvriers descendre dans la rue, plaider leur cause, le fusil de l'insurrection à la main.

Cependant, comme au fond des plaintes des ouvriers se trouvait quelque apparence de justice, on voulut y faire droit, en créant un tribunal spécial, chargé de régler les différents s'élevant entre les tisseurs et les fabricants ; ce tribunal, qui reçut le nom de *conseil des prud'hommes*, fut composé d'ouvriers et de fabricants en égale quantité, élus chacun par leurs pairs; mais comment supposer que chaque juge, déposant à la porte son individualité, ne se rappellerait pas ses rancunes et ses haines ? Le fabricant, protégeant, par ses jugements, son intérêt personnel, ne donnerait-il pas raison au fabricant sur l'ouvrier, et l'ouvrier sur le fabricant? Juge et partie sont deux qualités qui s'excluent l'une l'autre.

Aussi, à peine installé, ce tribunal se vit-il en butte aux inimitiés et aux injures, et la position honorable qu'elle offrait aux élus, n'était pas une position sans danger, par la haine qu'elle assumait sur eux par les injures dont les salissaient les journaux républicains. Heureusement, le tarif ayant été radicalement refusé (1), le conseil des prud'hommes n'eut plus à sa barre que des questions de détail sans importance; aujourd'hui, il arrive rarement qu'il ait à juger entre un fabricant et un ouvrier; les querelles qui s'y débattent sont à peu près toutes entre chef d'atelier et ouvrier.

La création du conseil des prud'hommes était, en quelque sorte, une concession faite à l'émeute, puisque l'émeute en était l'origine, concession honorable, sans faiblesse, dont pouvait plutôt s'énorgueillir le gouvernement, qui la faisait de son plein gré, que les ouvriers, dont la puissance passagère était écroulée; mais, tout en accordant ce qui était conforme à la justice, le gouvernement voulut se mettre en garde contre une nouvelle insurrection; alors commença la construction des forts qui entourent la ville d'un réseau de murailles, garni de canons, baillant aux meurtrières comme un serpent prêt à mordre.

Dieu sait tout le parti que tirèrent les journaux de l'opposition de cet acte du pouvoir, quelles longues *tartines* furent écrites, que d'encre inutilement versée sur le papier; car, malgré tout le bruit, malgré tout le tapage, malgré toutes les menaces, les forts s'élevaient rapidement sous la direction du général Fleury.

Le tort de l'autorité fut de laisser s'organiser, en quelque sorte sous ses yeux, les associations d'ouvriers, associations immenses, auxquelles, constituant par la solidarité existant entre ses membres un pouvoir contrôlant les actes des fabricants et arrêtant d'un ordre tous les métiers.

L'association était divisée en deux parties: celle des chefs d'atelier, sous le nom des *Mutuellistes*; celle des compagnons, sous le nom des *Ferrandiniers*.

Entre ces deux classes s'élevaient bien des querelles nées d'intérêts froissés ; mais il y avait un sentiment commun qui les réunissait : la haine contre les fabricants.

Ces associations avaient tous les éléments qui font la force et la puissance: des principes, de l'ordre, des règles. Qu'on en juge par l'organisation de la société des Mutuellistes.

Elle se compose de cent vingt-deux loges. Chaque loge comprend vingt sociétaires, y compris le président. La réunion des cent vingt-deux présidents constitue douze loges centrales. Chaque loge centrale choisit dans son sein trois ouvriers pour composer le pouvoir exécutif. Le pouvoir exécutif a ainsi trente-six membres. Les trente-six membres élisent, à leur tour, un directoire de trois membres.

Quelle habile organisation ! quelle puissance a le directoire entre ses mains!

Le désordre, qui naît toujours des réunions trop nombreuses, a été sagement évité, une loge ne se compose que de vingt membres, nulle opinion particulière n'est négligée, et cependant tous s'inclinent devant les ordres du directoire, parce que son élection est le résultat du vote universel.

Ce n'est point tout encore.

L'association veut, en dehors, se créer des sympathies et un moyen d'action sur les masses, elle a une caisse.

Un journal subventionné par elle.

Tout nouveau sociétaire verse, à son entrée, une somme de cinq francs, et paie une cotisation mensuelle d'un franc ; l'argent est employé à venir en aide aux ouvriers sans travail, et à subventionner *l'Echo de la Fabrique*, journal officiel de l'association.

Chaque loge a une action de *l'Echo de la Fabrique;* il y a un abonnement par cinq membres, ainsi tout est organisé, calculé ; chaque rouage est nécessaire à l'ensemble, et son mouvement concourt au mouvement général; aucune force individuelle n'est perdue.

L'organisation des Ferrandiniers (les compagnons) a des bases analogues, elle est fréquemment en rapport avec celle des Mutuellistes ; si des inimitiés s'élèvent entre elles, si, par exemple, froissé des exigences de leurs patrons, du ton hautain affecté par *l'Echo de la Fabrique*, les Ferrandiniers créent, eux aussi, un organe de leurs intérêts : *l'Echo des Travailleurs;* il y a un terrain commun sur lequel Ferrandiniers et Mutuellistes sont d'accord : c'est le but où ils tendent.

Au commencement, ces associations étaient purement industrielles: elles n'avaient qu'un antagoniste, le fabricant ; qu'une tendance, l'élévation du prix des façons. Mais les républicains, ayant vu, par l'émeute de 1831, tout le parti qu'ils pouvaient tirer, pour leur cause, de ces ouvriers si courageux au combat, les entretinrent dans leur esprit de rébellion, et leur montrèrent leur rêve réalisé dans la république et par la république L'un des membres les plus remuants des associations, Godefroy Cavaignac, républicain de Paris, vint lui-même à Lyon organiser la société des *Droits de l'Homme*. Dès lors, la question industrielle fut absorbée par la question politique.

Tout concourait à égarer ces malheureux ouvriers et à les conduire à ces fatales journées qui ensanglantèrent notre ville; la presse républicaine avait jeté son masque et disait franchement le but où elle tendait; la presse légitimiste, sans dire son but, glorifiait l'émeute, vantait l'insurrection comme un droit et entretenait les semences de discorde entre l'ouvrier et le fabricant, feu mal éteint, où il suffisait de souffler pour réveiller la flamme.

Ces deux partis politiques avaient à leur service plusieurs journaux; les légitimistes en avaient deux : la *Gazette du Lyonnais* et le *Réparateur;* l'esprit de ces publications était celui qu'ont encore, de nos jours, les feuilles légitimistes; elles étaient arrogantes, fières, intolérantes en matière religieuse, mettant en action le principe de Bazile : « Calomniez, calomniez, il en reste toujours quelque chose. »

Les républicains avaient deux journaux : le *Précurseur* et la *Glaneuse*.

Le premier était rédigé par des hommes de talent, le second par des hommes d'esprit.

Le *Précurseur* comptait parmi ses rédacteurs plusieurs

---

(1) Chaque ouvrier tisseur possède un livret sur lequel on inscrit l'ouvrage qu'on lui donne; toutes les fois qu'il reçoit une pièce nouvelle, le prix en est fixé d'avance et noté sur son livre. Le conseil des prud'hommes n'eut donc pas à s'occuper de la question du prix des façons, question irritante et dangereuse.

écrivains devenus depuis célèbres : Anselme Petetin, Jules Favre et Proudhon (1).

La *Glaneuse* comptait parmi les siens Jacques Arago, Kauffmann, Léon Boitel.

Ces journaux légitimistes et républicains entretenaient le peuple dans un état permanent de surexitation révolutionnaire; ils le poussaient à des protestations, à des émeutes légères, ayant en apparence peu d'importance; mais habituant l'ouvrier à se tenir toujours prêt, à se voir et à s'enhardir par la conscience de ses forces, et de la lâcheté de ses adversaires.

Aussi, les scènes de désordre se renouvelaient-elles à chaque instant; tantôt c'était des réunions tumultueuses entonnant des chants patriotiques et poussant des cris révolutionnaires, que la troupe était obligée de dissoudre par la puissance de ses baïonnettes; tantôt c'était le convoi d'un Mutuelliste servant de prétexte à un déploiement considérable des forces républicaines; tantôt, enfin, c'était un banquet de six mille couverts, organisé en l'honneur d'un républicain de Paris, Garnier Pagès, venant réchauffer l'enthousiasme de ses coreligionnaires de la province.

Mais, dans cette dernière circonstance, l'autorité se montra, comme elle eût dû toujours être, ferme et inexorable : le banquet n'eut pas lieu.

Nous avons laissé échapper le mot de lâcheté, à l'adresse du parti opposé aux Mutuellistes : ce parti était celui des fabricants.

Malheureusement pour ce parti, le sentiment qui domine chez lui est l'égoïsme; les fabricants sont jaloux les uns des autres, leur industrie les fait rivaux; cet égoïsme, purement industriel, les sépara, lorsque, au contraire, ils auraient dû s'unir pour lutter à force égale, et la victoire leur fût restée sans combat, parce que de leur côté était véritablement le droit et la justice.

Les ouvriers eurent tort, leur misère ne pouvait servir d'excuse à l'émeute; mais furent-ils seuls coupables? Les fabricants n'ont-ils pas à se reprocher des fautes; leur rôle, dans ces tristes événements, a-t-il toujours été conforme aux lois naturelles de l'équité et de la justice morale?

Qu'ils aient repoussé le tarif, rien de plus juste. Le tarif était du despotisme; il n'était ni de leur dignité, ni de leur devoir de l'accepter. Mais leur était-il donc impossible d'enlever tout prétexte à l'émeute et aux plaintes souvent fondées des ouvriers, en haussant le prix des façons?

Quelle est la cause qui fait baisser la main-d'œuvre? N'est-ce pas la concurrence qui s'établit entre les fabricants? Pour vendre un tissu meilleur marché qu'un confrère, il faut nécessairement que son prix de fabrique soit moins élevé; dans ces conditions, l'équilibre dans les bénéfices s'établit par la réduction des frais et la main-d'œuvre baisse dans des limites proportionnelles.

Les fabricants ne pouvaient-ils pas s'entendre entre eux, afin de concilier leurs propres intérêts avec ceux des ouvriers? En élevant le prix de leur marchandise, le consommateur seul eût supporté l'augmentation, et le consommateur ne se plaint jamais.

Mais il eût fallu s'entendre, et c'est ce que ne veulent pas comprendre les fabricants; lorsqu'ils se rapprochèrent les uns des autres, il était trop tard; ils ne pouvaient plus que lutter contre l'envahissement toujours croissant des prétentions de leurs adversaires.

Voici à quelle occasion eut lieu ce rapprochement. La société des Mutuellistes, s'organisant un jour, faisait sentir son action puissante sur les fabricants; lorsqu'elle ordonnait, tous ses membres se soumettaient avec une obéissance passive, que bien peu de chefs trouvent dans leur administration.

Un ouvrier avait-il à se plaindre d'un fabricant, il s'adressait à la société mutuelliste; l'affaire était discutée dans les loges; si les réclamations du plaignant paraissaient justes, le comité exécutif lançait un interdit sur tous les métiers du fabricant mis en cause, et le travail cessait sur-le-champ. Malheur à celui qui refusait de se soumettre aux ordres émanés du comité ! son métier était brisé, sa pièce coupée, et lui-même souvent en butte à des voies de fait.

L'isolement des fabricants constituait leur faiblesse vis-à-vis des ouvriers; ils le comprirent trop tard, alors que leur réunion ne pouvait plus que former un obstacle momentané aux exigences des tisseurs, sans arrêter la lutte vivement engagée et qui devait aboutir à une insurrection.

L'avis suivant parut dans un journal :

« Un grand nombre de fabricants, ayant considéré que
» donner de l'ouvrage à un ouvrier qui refuse, par suite de
» coalition illégale, de travailler pour une maison de fa-
» brique, serait se rendre complice de la coalition et respon-
» sable du dommage matériel causé à ladite maison, portent
» à la connaissance de leurs confrères qui pourraient l'igno-
» rer, qu'ils ont pris entre eux l'engagement d'honneur de
» n'occuper aucun métier venant de travailler pour une
» fabrique mise en interdit. »

Mais, comment l'autorité n'agissait-elle pas? Comment, devant cette organisation d'ouvriers formant un véritable pouvoir en dehors du pouvoir légal, ne prenait-elle pas des mesures répressives?

L'autorité, en principe, ne pouvait agir que sur la dénonciation des faits, sur une plainte déposée au parquet. Mais, quel eût été le fabricant qui eût osé formuler une plainte, n'était-ce pas assumer sur soi une responsabilité effrayante?

On a dit, et ce reproche a été répété un peu partout, les accusés l'ont jeté à la face des pairs qui les jugeaient : on a dit que l'autorité avait laissé agir les ouvriers, que, loin de les retenir par la force, elle les avait poussés à la révolte pour « leur donner une rude leçon. »

Le calme avec lequel on laissa se préparer une émeute, que tout le monde prévoyait, donnerait raison à ces reproches.

Les ouvriers ne se cachaient pas et agissaient au grand jour.

L'*Echo de la Fabrique*, leur journal officiel, enregistrait leurs délibérations, leurs ordonnances, leurs arrêtés.

Le pouvoir exécutif des Mutuellistes faisait des visites domiciliaires chez les fabricants.

Enfin, comme but, on ne voulait plus seulement le tarif; mais la république reconstituant la société sur de nouvelles bases.

Cela était imprimé tous les jours avec des appels à l'insurrection.

L'autorité voulut, vaincue une première fois en 1831, reprendre sa revanche dans un combat; c'était de l'orgueil et non un acte de sage administration.

Car vaincre sans combat n'est pas vaincre sans gloire.

Toutes les mesures prises par le pouvoir semblent favoriser l'émeute.

On sait le rôle qu'avait joué la garde nationale en 1841.

Le général Roguet, trop faible pour résister par ses seules forces à l'insurrection, lui avait fait appel.

Sur dix mille hommes, mille à peine s'étaient rendus à leur poste.

La garde nationale avait été plus dangereuse qu'utile; car elle avait remis des armes et des munitions aux mains des insurgés.

A son entrée à Lyon, la première mesure prise par le ministre de la guerre, fut le licenciement de la garde nationale.

Tous les bons citoyens y applaudirent.

Cependant, une année après, le maire de Lyon en demande la réorganisation, on l'accorde. Faute grave, qui eût des conséquences terribles, car les mêmes hommes auxquels on donne des armes, sont ceux qui ne s'en sont pas servi par

---

(1) Ce dernier, qui a joué un rôle important pendant la République de 1848, était, à l'époque dont nous parlons, employé dans une maison de commerce de notre ville.

frayeur, et ceux qui en ont fait usage pour soutenir l'insurrection.

Rien n'est changé cependant dans les esprits ; seulement les gens de l'ordre seront encore moins braves qu'ils l'ont été à la première émeute, parce que le triomphe des ouvriers est pour eux une terrible menace.

La réorganisation de la garde nationale est donc tout à l'avantage des émeutiers.

Cette mesure si maladroite avait été provoquée par le maire; comme nous devons faire peser sur chacun la responsabilité de ses actes, disons que la municipalité lyonnaise, sans le vouloir sans doute, favorisa elle aussi beaucoup l'émeute.

La municipalité avait, à Lyon, une puissance à laquelle celle d'aucune autre ville n'était comparable ; c'était un reste des franchises obtenues par notre ville, lorsque, lasse de passer tour-à-tour de la domination des archevêques à celle des ducs de Bourgogne ou de Forez, elle se mit sous la protection du roi de France. Ainsi la police lui appartenait en entier.

La préfecture et la mairie étaient deux puissances rivales, contrôlant réciproquement leurs actes administratifs, et jalouses de leurs prérogatives ; il en résultait souvent manque d'unité dans l'action répressive à l'égard des mouvements insurrectionnels ; ce qu'avait approuvé la préfecture, la mairie le désapprouvait, et réciproquement ; l'une publiait-elle une ordonnance, l'autre en publiait une seconde qui, sans attaquer la première, la modifiait et lui enlevait toute son énergie.

Les exemples abondent de ces actes de mésintelligence, petite lutte d'amour-propre, compromettant les intérêts des administrés ; ils sont surtout fréquents à l'époque dont nous nous occupons.

Citons en un :

Les républicains, usant de tous les moyens mis en usage à Paris pour réchauffer l'enthousiasme de leurs coreligionnaires, eurent l'idée de répandre des pamphlets par l'organe des crieurs publics.

Sur les ordres du parquet, les crieurs furent saisis et jetés en prison.

Mais le lendemain, on les vit reparaître plus triomphants : une ordonnance de la mairie permettant la vente sur la voie publique des écrits visés par le juge d'instruction, avait été affichée ; cette ordonnance portait bien, en quelque sorte, en elle-même, l'interdiction de la vente des pamphlets, cause de l'arrestation de la veille, mais le peuple ne vit qu'une chose, les crieurs reprenant leurs fonctions ; ce fut à ses yeux un triomphe, une victoire remportée sur l'autorité.

Le préfet fut hostile à cette mesure prise par le maire ; mais qu'y pouvait-il ? La loi remettant la police entre les mains de la mairie, c'est-à-dire le maintien de l'ordre sur la voie publique, était formelle.

Nous nous perdrions dans les mille faits qui précédèrent la révolte de 1834, éclairs sinistres annonçant l'orage. Nous devons ici ; nous avons montré le lien intime qui unit l'émeute industrielle de 1831 à l'émeute politique de 1834.

Les Mutuellistes n'attendaient plus qu'un prétexte pour commencer l'attaque ; ils le trouvent dans la diminution des vingt-cinq centimes par aune que les fabricants font subir à la peluche.

Le 12 février a eu lieu une réunion de Mutuellistes ; on délibère sur la question de jeter l'interdit sur tous les métiers ; quelques protestations s'élèvent ; sur deux mille trois cent quarante et un chefs d'atelier, douze cent quatre-vingt-dix-sept votent pour, et mille quarante-quatre contre ; en conséquence, l'interdiction est prononcée.

Le résultat de cette mesure est terrible ; le lendemain vingt mille métiers s'arrêtent ; les ouvriers, qui se sont tenus en dehors du mouvement insurrectionnel, viennent en pleurant réclamer aux fabricants l'argent qui leur est dû, et s'expatrient en attendant des jours meilleurs.

Les fabricants sont atterrés.

Quelques-uns, ne consultant que leur égoïsme et leur lâcheté, se sauvent rapidement, emportant avec eux leurs capitaux ; beaucoup, plus braves, plus sensés, comprenant que fuir devant l'émeute c'est lui donner raison, restent à leur poste ; enfin, d'autres, cherchant un mode de conciliation, adressent à MM. les ouvriers une lettre bien humble, bien timide.

Mais la masse des fabricants repousse toute concession : accorder quelque chose aujourd'hui, c'est prendre l'engagement moral d'accorder encore plus demain ; la position qui leur est faite est impossible et ils ne l'acceptent pas.

La ville est déserte, triste, découragée, une foule silencieuse encombre les rues ; chaque soir on se demande avec tristesse : « Que sera le lendemain ? »

Cet état dure huit jours, c'est-à-dire plusieurs millions sont perdus pour l'industrie lyonnaise.

Les chefs des Mutuellistes, repoussés par les fabricants, s'adressent au préfet qui leur répond qu'il n'a pas à se mêler d'une question industrielle, qu'ils sont libres de refuser le travail ou de l'accepter, que son devoir est de maintenir la tranquillité, et qu'à la première tentative de désordre il saura le remplir.

La position empire, la scission s'est mise au camp même des insurgés ; plusieurs rixes s'élèvent entre les chefs d'atelier et les compagnons, et ils se battent sur la place de la Croix-Rousse, quartier général de l'insurrection.

Un nouvel incident vient encore aggraver la situation.

Les chambres discutent une loi défendant les associations.

Les sociétés des Mutuellistes, des Droits de l'Homme et des Ferrandiniers seront nécessairement atteintes.

Les Mutuellistes se réunissent ensemble et rédigent la protestation suivante :

« La société des Mutuellistes de Lyon, placée, par le seul
» fait de sa volonté, en dehors du cercle politique, croyait
» n'avoir à redouter aucune agression de la part des hom-
» mes du pouvoir ; lorsque la loi contre les associations est
» venue lui révéler son erreur, cette loi monstrueuse, œuvre
» du vandalisme le plus sauvage, violant les droits les plus
» sacrés, ordonne aux membres de cette société de briser
» les liens qui les unissent et de se séparer !... Les Mutuel-
» listes ont dû examiner et délibérer.

» Considérant, en thèse générale, que l'association est le
» droit naturel de tous les hommes, qu'il est la source de
» tout progrès, de toute civilisation ; que ce droit n'est point
» une concession des lois humaines, mais le résultat des
» vœux et des besoins de l'humanité écrite dans le code
» providentiel.

» Considérant, en particulier, que l'association des tra-
» vailleurs est une nécessité de notre époque, qu'il est pour
» eux une condition d'existence que toutes les lois qui y
» porteraient atteinte auraient pour effet immédiat de les
» livrer sans défense à l'égoïsme et à la rapacité de ceux
» qui les exploitent.

» En conséquence, les Mutuellistes protestent contre la
» loi liberticide des associations, et déclarent qu'ils ne cour-
» beront jamais la tête sous un joug aussi abrutissant ; que
» leurs réunions ne seront point suspendues, et s'appuyant
» sur le droit le plus inviolable, celui de vivre en travail-
« lant, ils sauront résister avec toute l'énergie qui caracté-
» rise des hommes libres à toute tentative brutale, et ne
» reculeront devant aucun sacrifice pour la défense d'un
» droit qu'aucune puissance humaine ne saurait leur ravir. »

Ainsi, ce n'est plus seulement une querelle d'ouvriers à fabricants, une question industrielle, c'est une question politique, une lutte entre les gouvernés et les gouvernants ; la société mutuelliste s'est faite un corps politique qui soumet à la censure les actes du gouvernement, qui *examine* et *délibère*, rejette ou approuve.

Nous n'examinons pas ce qu'en droit la protestation a de faux, nous en voyons seulement la forme, ce n'est pas même une protestation, c'est le gant du défi jeté à la face du gouvernement.

Pauvre peuple ! l'éternelle histoire de ses révolutions est

éternellement la même; il demande à la force qui ne peut venir de la force, le progrès; pour faire marcher la machine sociale, il l'engraisse de son sang; mais le sang rouille les engrenages et la machine tourne plus lentement.

La loi sur les associations était une bonne chose; elle arrivait comme le médecin auprès du malade dont le membre s'est gangrené en l'attendant; alors que pour sauver la vie il faut sacrifier le membre.

L'émeute était prête, semblable à la vapeur d'une chaudière bouillante qui, en pressant les parois, s'élance en sifflant par la plus mince fissure; ainsi l'émeute n'attendait qu'un coup de pistolet, une amorce brûlée, le feu d'un pétard pour fondre avec l'impétuosité d'une avalanche.

Qu'un cadavre tombe, on s'en empare, on le traîne sanglant en criant : « On égorge nos frères! » c'est la traînée de poudre incendiaire.

En 1848, on donna plus de soin à la mise en scène ; les cadavres furent entassés dans un tombereau et parcoururent la ville aux reflets de torches fumantes.

L'émeute de 1834 eut le même prologue. Et qui sait, si le metteur en scène ne fut pas celui de 1848. On l'a dit.

CHAPITRE XXIX.

—

L'émeute. — L'assassinat. — La confession.

Le procès de cinq ou six Mutuellistes pris dans les rixes particulières qui s'étaient élevées à la Croix-Rousse, devait servir de prétexte à l'émeute.

Déjà le 5 avril ce procès a été la cause d'événements graves ; la lutte sur le point de s'engager a été arrêtée par la fermeté de l'autorité, ou peut-être l'insurrection n'était-elle point encore prête.

Georges avait pris part à cette première collision, et il avait joué son rôle.

Voici à qu'elle occasion.

Le jour du procès, la foule envahissait la salle d'audience, et le bruit était tel que le président, M. Pic, ordonne l'évacuation.

Des cris s'élèvent, les juges délibèrent un instant, et le président annonce que la cause est renvoyée au mercredi suivant.

Des rumeurs s'élèvent de toute part, la place Saint-Jean (1) est remplie de curieux et de Mutuellistes; aux cris poussés par leurs amis qui se trouvent dans la salle d'audience, ils s'élancent dans l'intérieur. Le capitaine de service essaie vainement de leur résister, les soldats sont culbutés, et les juges, pour éviter le danger qu'ils courent, sont obligés de s'enfuir par une fenêtre donnant sur les toits.

Cependant, des scènes de désordre plus graves ont lieu sur la place Saint-Jean.

Un témoin à décharge sortant de l'hôtel de Chevrières, est insulté, on s'élance sur lui, sa vie est en péril; des avocats en robe, le procureur du roi lui même, M. Chégarey, accourent à son secours, le dégagent, non sans danger, et rentrent rapidement dans la salle du tribunal, mais un gendarme est resté entre les mains des émeutiers, c'est lui qui paiera pour tous,

On le saisit.

— Oh! je le reconnais, s'écrie un Mutuelliste, c'est un de nos assassins de Novembre. — A mort! hurle la foule.

Mais elle veut donner à son assassinat la forme d'un jugement, elle s'improvise en tribunal et fait subir un interrogatoire au gendarme qui, debout devant elle, sans forfanterie comme sans faiblesse, le visage pâle d'émotion, peut-être, mais non de frayeur, regarde ses bourreaux dont il semble être le juge.

— Nieras-tu, demande celui qui s'est fait président de son plein droit, nieras-tu d'avoir tiré, en Novembre, sur le peuple. — Je me suis battu, c'était mon devoir. — Ton devoir n'était pas d'assassiner. — S'il y a eu des assassins, répond avec fermeté le gendarme, c'étaient ceux qui n'avaient pas le courage de se montrer, qui lâchement, se cachaient derrière les barricades; les assassins, c'étaient vous.

Un houra de colère accueille cette réponse ; un émeutier, s'emparant de l'épée du gendarme, la brise sur ses genoux.

— Cette épée, s'écrie-t-il, est celle d'un traître et je la brise.

La foule applaudit.

Fier du succès qu'il vient d'obtenir, l'émeutier porte la main à la croix de la Légion-d'honneur qui brille sur la poitrine du gendarme.

— Cette croix, s'écrie-t-il, est celle d'un lâche et je...
— Halte-là! répond le soldat d'une voix formidable en s'emparant du bras du Mutuelliste, et en le faisant rouler dans la poussière. Halte-là, cette croix je l'ai gagnée sur le champ de bataille, et tant que j'aurai une goutte de sang dans les veines, malheur à qui la touchera !

Mais la foule curieuse, exaspérée, sent sa colère augmenter ; alors le soldat, par une de ces inspirations sublimes, arrache lui-même sa croix, la porte à ses lèvres et la broie entre ses dents.

Georges a assisté à cette scène, jusqu'alors il en est resté témoin muet; mais à la vue de ce soldat si fier, dont de larges cicatrices au visage attestent la mâle énergie, à la vue d'une larme qui glisse silencieuse sur ses joues pâles, il jure de le sauver.

Déjà la populace s'est emparée du gendarme et l'entraîne vers la Saône, lorsque Georges s'élance et se plaçant au devant des bourreaux :

— Laissez cet homme. — Pourquoi ? — Parce qu'un pas de plus vous n'êtes plus des républicains, mais des assassins.

Georges possédait toutes les qualités nécessaires pour impressionner les masses, sa voix était vibrante et sonore, ses yeux commandaient par la puissante volonté qui jaillissait en éclairs de son regard.

— Citoyens, continua-t-il, les meilleures causes se perdent par les excès, vous compromettez la république par les vôtres; vous salissez votre drapeau ; voulez-vous que l'histoire dise, lorsqu'elle racontera ces journées, que nous ferons célèbres par notre courage : Le peuple de Lyon fut lâche et cruel ; voulez-vous qu'on dise que dans sa colère il n'a pas su respecter ses propres gloires, et qu'on l'a vu, oubliant la magnanimité qui convient au bon droit, obéissant à sa haine, jeter à l'eau celui qui, pour la France a versé son sang sur le champ de bataille. Allez, citoyens, arrachez à ce brave la croix que peut-être l'empereur lui-même a attachée sur sa poitrine, tuez le soldat qu'ont respecté les balles de nos ennemis ; mais je proteste contre ce meurtre au nom des véritables Français. Si vous tuez cet homme, fini la sainteté de votre cause, et votre drapeau n'est plus qu'un drapeau de pillards et d'assassins.

Le peuple est un enfant aux grands enthousiasmes et aux grandes colères, aussi prompt à la vengeance que prompt à l'indulgence, ayant tous les vices et toutes les vertus ; mais poussant à l'extrême les unes ou les autres,

---

(1) A cette époque, le Palais-de-Justice n'existait pas, le tribunal de police correctionnelle se trouvait dans l'hôtel de Chevrières, situé sur la place Saint-Jean.

sous l'influence de ceux qui le dirigent, il est sublime ou ignoble : entre ces deux points, il n'y a pas de terme pour lui.

La fatale époque de 1848 nous a prouvé combien était mobile le caractère du peuple, combien étaient fugitives ses impressions. Un homme s'est rencontré au gouvernement provisoire, qui a plus fait pour la cause de l'ordre que n'eût fait une armée de baïonnettes ; les baïonnettes effraient et ne persuadent pas, elles tuent sans convaincre ; cet homme était un grand poète dont la révolution fit un grand orateur. Lamartine avait la première qualité de l'orateur, il était par excellence le *vir bonus*, l'honnête homme. Dans notre siècle d'égoïsme personnel, on oublie vite le service qu'on reçoit, lorsqu'on n'a plus besoin de la main qui nous l'a rendu. Lamartine vit aujourd'hui dans son château, et son nom ne retentit plus que dans les annales littéraires. Après le consulat, Cincinnatus retournait à la charrue ; Lamartine, après sa puissance, est retourné à ses travaux d'historien et de poète ; et cependant, pendant ces jours d'angoisse et de terreur, il fut la clef de voûte de cet édifice social, qui, s'il se fût écroulé, nous eût tous écrasés.

Quel était donc le prestige et la puissance que possédait cet homme ?

Nous avons vu trente à quarante mille hommes siffler et se tordre, comme un serpent aux longs anneaux, autour de l'Hôtel-de-Ville. Que voulait cette populace furieuse ? Que demandaient ces héros des barricades, les lèvres encore toutes noires de poudre, selon l'expression énergique d'Auguste Barbier. Cette populace avait brisé un sceptre, brûlé un trône, proclamé une république, et elle voulait que le signe de sa victoire, que le drapeau rouge laissât flotter ses larges plis sur les édifices devenus sa propriété : « propriété nationale. »

Un homme paraît au balcon de l'Hôtel-de-Ville, cet homme est Lamartine, le grand poète, qu'on est allé chercher à la hâte. Il prononce quelques mots, et la foule s'écoule calme, tranquille, joyeuse.

Qu'a donc dit Lamartine ? il a trouvé une de ces phrases sublimes que l'histoire incrustera en lettres d'or sur son livre : « Citoyens, a-t-il dit, le drapeau tricolore est le drapeau de nos gloires nationales, il a fait le tour du monde, il a flotté en vainqueur sur toutes les cathédrales ; le drapeau rouge est le drapeau de nos guerres civiles, il n'a fait que le tour du Champ-de-Mars, traîné dans le sang des Français. »

Et ces quelques mots, que nous citons de mémoire, ont apaisé subitement la foule, sympathique à toute idée généreuse. L'homme de génie a triomphé du désordre par la puissance seule de son génie.

Qui sait si ce jour-là Lamartine n'a pas sauvé la France ?

Loin de nous la pensée de vouloir comparer notre héros à Lamartine ; mais des causes moins puissantes produisent des effets analogues.

A peine Georges a-t-il parlé, que les émeutiers s'écartent ; le gendarme est sauvé.

Georges comprend qu'un revirement soudain peut changer subitement les dispositions de la foule, il faut frapper encore un coup ; prenant la croix du gendarme, il la lui attache sur la poitrine.

— Dis à tes camarades, s'écrie-t-il, que le peuple sait respecter et honorer le courage.

Un tonnerre d'applaudissements couvre ces paroles.

— Hâtez-vous de fuir, ajoute le jeune homme à voix basse. — Oh ! Monsieur, répond le soldat, comment reconnaître... ? — Si vous me trouvez sur une barricade, ne me tirez pas dessus, nous serons quittes.

Les émeutiers s'en tinrent pour ce jour à cette protestation.

Cependant l'insurrection n'était plus douteuse, et l'autorité prit des mesures pour que les scènes scandaleuses qui avaient arrêté la justice dans son cours ne se renouvelassent plus. En conséquence, le 9 avril, c'est-à-dire le mercredi, jour auquel a été renvoyé le procès des Mutuellistes, elle était prête pour apaiser victorieusement le désordre.

La place de Saint-Jean est vide ; les soldats, commandés par le général Buchez, sont cachés dans la cathédrale, les abords du tribunal sont libres. A neuf heures, la foule s'y précipite.

Jules Favre est le défenseur des accusés.

On introduit les six Mutuellistes coupables de rébellion.

Le ministère lit l'acte d'accusation, interrompu par de fréquents murmures.

C'est à ce moment que Georges entre dans la salle d'audience.

— Et bien ! lui demande le personnage à l'épaisse barbe que nous avons déjà vu, que se passe-t-il ? — Rien. — Est-ce qu'on ne construit pas des barricades ? — Si ; j'ai été obligé d'en franchir trois ou quatre pour arriver jusqu'ici. — Diable ! diable ! — Qu'avez-vous ? — Et les soldats ne s'opposent pas à la construction. — Je n'ai pas vu de soldats, répond Georges. — C'est un piège. — Quoi ? — Parbleu, vous croyez qu'on laisserait construire des barricades, si on n'avait pas le moyen de les enlever. — Silence ! crie l'huissier. — La parole est au défenseur, Me Jules Favre, dit M. Pic, le président.

L'avocat commence son plaidoyer ; mais au même instant des cris de colère, partant de la place Saint-Jean, viennent l'interrompre.

— Continuez, dit le président.

Jules Favre va continuer, lorsqu'une détonation terrible se fait entendre.

— Continuez, répète M. Pic. — On égorge des citoyens ! s'écrie Jules Favre. — Aux armes ! répond la foule qui encombre le tribunal.

Et elle se précipite, et heurte sur son passage un homme porté sur une civière, c'était la première victime de l'insurrection, l'agent de police Faivre, tué en essayant de s'emparer d'une barricade.

La place Saint-Jean est garnie de soldats qui, l'arme aux bras, attendent l'ordre d'agir, et laissent passer le flot populaire sans démonstration hostile.

Georges arrive dans la rue des Prêtres ; on y élève une barricade, tout le monde y travaille, femmes et enfants, la rue est dépavée et les ouvriers montent des pierres dans leur mansarde, pour de là les jeter sur les soldats.

La barricade est à peine construite qu'une compagnie de voltigeurs, à la tête de laquelle marche M. Gasparin, débouche dans la rue, elle est accueillie par une grêle de projectiles lancés de toutes parts.

Georges est derrière la barricade : un insurgé ajuste le préfet et va le tuer ; mais le jeune homme, par un mouvement rapide, relève le fusil ; le coup part, et M. Gasparin n'est point atteint.

Tout-à-coup, des émeutiers, les habits en désordre, accourent en criant : « A la Préfecture ! » Georges, dont la barricade a été enlevée par la ligne, suit le flot qui l'entraîne.

L'insurrection est partout ; comme par enchantement elle s'est levée terrible et menaçante aux quatre coins de la ville. Les barricades se dressent à chaque pas, barricades construites à la hâte, avec des voitures dételées, des tonneaux, des pièces de bois, des portes, des devantures de magasins. La ville de Lyon n'est plus qu'un immense champ de bataille, où les cris des morts se mêlent aux sinistres sifflements des balles, aux rudes accents du canon, dont les détonations ébranlent les maisons et brisent les vitres.

Les soldats sont exaspérés, ils ont une vengeance à tirer de leur échec en 1834, et cette vengeance il leur la faut sanglante, c'est par le sang qu'ils veulent effacer le sang; les officiers sont obligés de modérer leur ardeur et de retenir leur élan.

Georges arrive sur le quai; le pont situé en face de la prison de Roanne est libre, il s'y élance suivi d'une foule immense; mais à peine a-t-il fait quelques pas dans la rue de la Préfecture, qu'une pièce de canon, placée aussitôt par les ordres du général Buchez sur la rive droite de la Saône, à l'entrée du pont que Georges vient de franchir, vomit une mitraille meurtrière; les morts s'entassent pêle-mêle, mais le courage grandit avec le danger, et ces soldats nés d'hier, ces paisibles ouvriers à la nature si calme, deviennent intrépides sous le baptême du feu.

Il faut défendre l'entrée de la rue de la Préfecture, on y élève une barricade avec les matériaux provenant du théâtre provisoire de la rue de la Préfecture; cette barricade est enlevée par le canon dont les boulets s'enfilent dans cet étroit espace en traçant un long sillon de sang sur leur passage; vingt fois on recommence, et vingt fois la victoire reste aux artilleurs; on pourrait construire une barricade avec les cadavres.

La place de la Préfecture est au pouvoir des insurgés, à l'exception de l'hôtel de la Préfecture : on en tente l'assaut. Le poste qui le défend ferme les grilles et se range en bataille dans la cour, d'où il tire sur les émeutiers; dans cette foule compacte, aucun coup n'est perdu et toute balle fait une blessure.

Chaque lutte isolée est un combat digne d'être raconté; il se dépense dans cette guerre terrible, dans cette insurrection plus de courage qu'il n'en faudrait pour vaincre des armées; des enfants de quinze ans, dangereux fous qui se battent sans savoir pourquoi ni pour qui, s'élancent à la grille de la Préfecture le sabre aux dents, le fusil en bandoulière, et, s'aidant de leurs genoux, en escaladent les barreaux avec l'insouciance d'un jeune paysan montant au mât de cocagne le jour de la fête du village pour gagner le gobelet et la montre d'argent. Parfois, une balle les arrête au milieu de leur ascension périlleuse, et ils retombent broyés sur le pavé; parfois, ils descendent en se laissant glisser dans la cour de la Préfecture; mais là deux cents baïonnettes font de leur corps un morceau informe de chair sanglante.

Les insurgés sont maîtres de la place de la Préfecture; car le poste de l'hôtel est trop peu nombreux pour tenter une sortie. Les chefs qu'on a choisis à la hâte parmi, non pas les plus braves, mais parmi les plus importants, donnent des ordres pour se maintenir dans cette position. Des barricades s'élèvent dans toutes les rues adjacentes, et les habiles tireurs se mettent aux fenêtres du théâtre provisoire, construit, on se le rappelle, au centre de la place.

Cette position était importante : le général Buchez l'a compris, et, coûte que coûte, il a résolu de s'en rendre maître.

Les soldats s'engagent dans toutes les rues aboutissant sur la place; les barricades, défendues vigoureusement, sont enlevées à la baïonnette; les républicains sont vaincus, cernés de toutes parts par la troupe qui débouche de tous les côtés; ils abandonnent le théâtre. Où fuir? La galerie de l'Argue est à deux pas, ils s'y précipitent, et tirent les grilles sur eux.

La galerie de l'Argue est un passage étroit, un long boyau droit, sans saillies où l'on puisse se mettre à l'abri; les deux entrées sont au pouvoir de la troupe.

On fait des sommations; des coups de feu y répondent, et le canon tonne, écrasant l'émeute sous la grêle de sa mitraille.

Oh! ce fut un véritable massacre! Ces malheureux, enfermés dans un espace sans issue, se battent avec la rage du désespoir. Il ne leur reste pas une seule chance de salut; il faut mourir, mais ils mourront dignement, ils se défendront jusqu'à la mort.

Que voulez-vous? les plus mauvaises causes ont leurs héros et leurs victimes.

Si les républicains avaient réussi en 1834 comme ils réussirent en 1848, on les eût proclamés sublimes, on eût chanté leurs louanges, on se fût incliné devant leur drapeau; au lieu de la prison qui attendait les émeutiers, on en eût fait, comme en 1848, des représentants du peuple.

Ce qui distingue presque toujours le héros du criminel, c'est la réussite. Et tel, qui est un criminel aujourd'hui, sera peut-être un héros demain.

Lorsque le feu fut éteint, les soldats se précipitèrent dans la galerie de l'Argue, la baïonnette en avant; on se battit à l'arme blanche.

La victoire resta encore à la troupe. Triste victoire, dont on eût pu écrire le bulletin avec le sang.

Georges, indifférent d'abord pour la cause dont il s'était fait le soldat, avait pris part à toutes les luttes que nous venons de raconter; mais insensiblement le vertige que produit sur le cerveau le bruit du combat, l'odeur de la poudre l'avait enivré, et il s'était battu avec un courage qui manqua lui être fatal, car dans ce combat sanglant, entrepris, en quelque sorte, corps à corps dans la galerie de l'Argue, il fut sur le point d'être fait prisonnier; enveloppé de toutes parts par les soldats, il se dégage en faisant le moulinet avec son sabre, et il s'élance, poursuivi par ses ennemis. Les balles sifflent à ses oreilles, il est perdu, lorsqu'une porte d'allée, contre laquelle, harassé de fatigue, brisé d'émotion, il s'est appuyé pour attendre la mort, cède doucement; il se précipite dans l'allée et referme brusquement la porte derrière lui. Il est sauvé.

Mais il entend les pas des soldats qui le poursuivent; il les entend délibérer pour savoir s'ils ne feront pas sauter la maison avec un pétard. Il n'y a pas un instant à perdre, il s'oriente à tâton dans l'allée étroite; au bout de quelques pas, il trouve sous sa main la rampe de l'escalier, il monte avec précipitation et arrive au premier étage. Une porte est ouverte, il entre dans un long corridor, et se trouve bientôt dans un magnifique salon dans lequel une femme de vingt-cinq à vingt-sept ans, les traits bouleversés par la frayeur, est assise sur un canapé, tenant sur ses genoux une petite fille de dix ans environ.

A la brusque entrée de Georges, elle se lève avec rapidité.

— Qui êtes-vous? s'écrie-t-elle. — Un malheureux que l'on poursuit et que vous pouvez sauver. — Moi. — Vous, si vous voulez me permettre d'attendre ici que ceux qui me cherchent se soient éloignés. — Restez, Monsieur, quoique à votre costume je devine que vous appartenez à la catégorie de ces hommes, cause des crimes qui ensanglantent notre ville; restez, Monsieur, la marquise de la Porte n'a jamais repoussé une infortune. — Vous dites! s'écrie Georges... Quel est le nom que vous venez de prononcer? — Le mien. — Le vôtre! vous êtes la marquise de la Porte? — Oui. — La fille du comte de Bois-Fleury? — Oui. — Marie! — Monsieur! fit la marquise avec dignité. — Oh! pardon! Madame. le costume que je porte aujourd'hui ne peut guère vous faire soupçonner qui je suis. — Qui êtes-vous donc? — Georges Duval. — En effet, ce nom... — Est celui de l'ami intime d'Henry Duméry. — Oh! Henry! murmura la jeune femme en laissant tomber sa tête entre ses mains, car Georges venait de rouvrir la plaie de ses souvenirs. — Pauvre femme! pensa le jeune homme, elle l'aime encore. Oh! il vous aimait bien, continua-t-il tout haut en s'asseyant près de la jeune femme; que de fois, dans nos longues causeries, il m'a parlé de vous; car votre amour est la religion de son cœur. — Il est heureux? — Il est résigné, mais la résignation est un bonheur négatif. Pourquoi avez-vous été si sévère? Pourquoi n'avez-vous pas consenti à l'épouser, puisque Dieu, du même coup, vous a fait femme et veuve. — Pourquoi? Monsieur, parce que j'aimais Henry d'un amour égal au sien, parce que je n'ai pas voulu lui appartenir après avoir appartenu à un autre; parce qu'il y eût eu une goutte de fiel au fond de chaque calice. Voyez, ajouta-t-elle en montrant l'enfant qui regardait Georges avec de grands yeux fixes et étonnés. — La fille de M. de la Porte, répondit-il. — Oui, Monsieur, la fille de cet homme qui m'avait achetée et que Dieu a puni dans son enfant. — Comment? — Elle est idiote, fit la marquise avec un accent navrant. — Pauvre mère ! murmura Georges en regardant avec tristesse la jeune fille qui s'amusait en riant avec les glands d'un coussin. — Oh ! oui, j'ai été une pauvre fille, s'écria la marquise, l'orgueil inflexible de mes parents et leur ambition n'ont pas voulu que je donnasse ma main à celui que mon cœur avait choisi, à celui dont tout le bonheur renfermait le mien. J'ai été une pauvre mère; car, lorsque, penchée sur le berceau de mon enfant, j'attendais avec anxiété le premier rayon d'intelligence qui illumine un jeune front ; son regard restait terne et fixe : mon enfant ne devait jamais me connaître.

Il y eut un moment de silence; la marquise sanglottait, tandis que la petite fille riait aux éclats, de ce rire stupide de l'idiotisme qui vous serre le cœur. — Et Henry? demanda la jeune femme devenue maîtresse de son émotion. — Henry s'est fait prêtre, répondit Georges, il souffre, mais il est résigné; il vous aime, non plus comme autrefois, avec les désirs terrestres qui rêvent l'union de deux existences confondues dans une seule ; mais il vous aime encore comme on aime les anges, il vous espère dans l'autre vie que Dieu fait après celle de cette terre, et il sème sur son passage les bienfaits et le dévouement.

En présence de la marquise de la Porte, Georges avait tout oublié : une fusillade plus vive le rappelle à sa position ; une femme de chambre se précipite tout à-coup dans l'appartement où il se trouve, et pousse un cri d'effroi à sa vue.

— Qu'avez-vous, Louise? dit la marquise. — Oh! Madame. — Quoi? — Les soldats menacent d'enfoncer la porte d'allée, si on ne leur livre pas les insurgés qui se sont réfugiés dans la maison.

Georges se lève et s'avance résolument vers la porte de l'appartement.

— Où allez-vous? s'écrie la marquise. — Me livrer à mes ennemis ; voulez-vous que je sois la cause du malheur que je puis éviter. — Malheureux ! ils vous fusilleraient. — Qu'importe ! — Rentrez ! je le veux, dit la jeune femme trouvant dans ces circonstances une énergie et une activité inaccoutumées. — Madame, Madame! s'écrie la femme de chambre; j'entends des soldats qui arrivent au pas de charge dans la rue. — Que font-ils ? Regarde.

La domestique s'approche de la fenêtre.

— Ils placent un pétard sous la porte d'allée, un militaire y met le feu. Ah!

Le mouvement opéré par la femme de chambre pour voir ce qui se passe dans la rue a agité les rideaux ; un soldat décharge son fusil dans la fenêtre, la malheureuse roule sur le tapis : une balle l'a frappée en pleine poitrine.

La marquise se précipite vers la femme de chambre, Georges s'agenouille, déchire la robe, le sang s'échappe à larges bouillons de la blessure; Louise prononce quelques mots inarticulés et expire.

Une détonation terrible se fait entendre.

La maison, ébranlée dans ses bases, oscille un instant comme si elle allait s'écrouler.

Les vitres volent en éclats, les tableaux et les glaces, se détachant de la muraille, tombent et se brisent au milieu de l'appartement; les meubles sont renversés avec une telle violence qu'ils s'amoncèlent en débris.

C'est l'effet du pétard placé par les soldats sous la porte cochère (1), et auquel ils viennent de mettre le feu.

Georges et la marquise, agenouillés devant le cadavre, se relèvent avec rapidité; instinctivement ils comprennent qu'ils ont échappé à un immense danger; mais la mort qu'ils ont évitée est là à deux pas, ils entendent les cris de triomphe mêlés aux cris de détresse ; les sabres et les fusils résonnent sinistrement sur les dalles des escaliers.

— Les soldats fouillent la maison.

Au premier bruit, la marquise avait fermé la porte de son salon ; Georges prit à sa ceinture un pistolet, et en fit jouer la batterie.

— Qu'allez-vous faire? s'écria la jeune femme avec effroi. — Vous défendre ; et, je vous le jure, les soldats n'arriveront à vous qu'en passant sur mon cadavre. — Votre courage serait inutile, il serait même dangereux pour moi. Cachez-vous. — Où ? — Là.

La marquise appuya le doigt sur un bouton dissimulé dans la tapisserie : une porte s'ouvrit.

— C'est mon oratoire, ajouta-t-elle ; maintenant laissez-moi faire, je vous sauverai.

A peine Georges avait-il disparu que la porte du salon vola en éclats, et que les soldats, le pistolet au poing, le sabre aux dents, se précipitèrent en désordre dans l'appartement.

A la vue de la jeune femme qui, debout, le regard fier, les contemplait sans frayeur, ils s'arrêtèrent.

— Respect aux femmes et aux enfants ! s'écria un officier supérieur de cavalerie. Madame, ajouta-t-il en s'adressant à la marquise, la maison renferme des insurgés, notre devoir nous oblige à la visiter, ne craignez rien, il ne vous sera fait aucun mal.

Mais, tout à coup, un voltigeur pousse un cri de fureur, il vient de trouver dans l'angle du salon le fusil oublié par Georges. A ce cri, à la vue du fusil que le militaire a jeté au milieu de l'appartement comme une preuve de conviction, les soldats, oubliant les ordres de leur officier, abaissent précipitamment leurs armes, la marquise tombe sur le parquet, dix balles viennent de lui traverser la poitrine.

Georges a entendu le bruit de la détonation ; ne calculant pas le danger qu'il court, il ouvre la porte de l'oratoire, et paraît dans le salon un poignard à la main.

Il aperçoit la jeune femme qui, étendue sur le parquet, ne donne plus aucun signe de vie.

— Lâches assassins ! s'écrie-t-il, — Feu ! répondit l'officier en indiquant le jeune homme du doigt.

Mais, plus prompt que la pensée, Georges s'est élancé sur le commandant, l'enveloppant d'un de ses bras, il paralyse ses mouvements, tandis que de l'autre, il appuie son poignard sur la poitrine de l'officier qui pâlit en sentant le froid de l'acier.

— Au premier geste, au premier mouvement de vos soldats, je vous tue. — Feu ! crie une seconde fois le commandant.

Les soldats hésitent ; obéir à cet ordre, c'est tuer leur officier dont Georges se fait un rempart.

— Oh! vous êtes des lâches, s'écrie le jeune homme avec fureur, vous ne vous battez pas, vous assassinez, vous êtes indignes de l'uniforme que vous portez, le costume qui vous convient est celui de bourreau. — Feu ! hurle le commandant d'une voix de stentor, en cherchant vainement à se dégager du bras qui le tient. — Ils ne vous obéiront pas, reprit froidement le jeune homme ; mais comme la position ne peut durer plus longtemps, je vais vous tuer. — Dites assassiner. — Faites que je vous tue

---

(1) La troupe fit pendant l'émeute un cruel usage de ces pétards; on vit des maisons entières s'écrouler, engloutissant tous leurs habitants sous leurs débris.

comme tout homme d'honneur doit être tué, l'épée à la main. — Comment? — Ordonnez à vos soldats de me respecter et donnez-moi une épée. — Vous m'offrez un duel. — Oui. — Vous ! fit le commandant avec mépris. — A moins que vous ne préfériez que je vous assassine, dit Georges en enfonçant un peu le poignard. — J'accepte. — Donnez-moi votre parole que je n'ai rien a redouter de la part de vos soldats. — Je vous la donne. — C'est bien.

Georges rendit la liberté au commandant qui, se retournant vers ses soldats :

Cet homme m'appartient, dit-il en posant sa main sur l'épaule du jeune homme. — Je suis à vous, commandant, mais auparavant, laissez-moi voir s'il n'y a plus d'espoir de sauver l'infortunée que vos soldats ont tuée.

Le jeune homme prit dans ses bras la marquise qui était encore étendue sur le tapis, et il la plaça sur le canapé ; le sang s'échappait avec profusion des blessures qu'elle avait reçues à la poitrine, cependant elle respirait encore.

De l'eau jetée au visage, des parfums qu'on lui fit respirer lui rendirent l'usage de ses sens.

— O mon Dieu ! murmura-t-elle, que je souffre. — Un médecin ! s'écria Georges. — Il est trop tard, je le sens, fit la jeune femme d'une voix si faible qu'il fallait être penché sur elle pour la comprendre ; un prêtre, oh ! un prêtre. — Commandant, vous l'entendez, refuserez-vous à cette infortunée ce qu'elle vous demande.

Sur un geste de l'officier, deux soldats s'empressèrent de sortir et bientôt un ecclésiastique vint pour remplir son saint ministère.

A sa vue, Georges se leva précipitamment et se plaça devant lui. — Henri ! s'écria-t-il avec un étonnement mêlé d'effroi. — Georges. — Que viens-tu faire ici ? — Remplir mon devoir. — Connais-tu le nom de cette femme qui se meurt ? — Non. — Regarde.

Georges, qui, jusqu'à ce moment, s'était tenu devant le canapé de façon que le jeune prêtre ne pût voir la marquise, recula de quelques pas.

Malgré le sang qui couvrait le visage de la jeune femme, malgré la pâleur cadavérique qui avait remplacé le coloris de la vie, un seul regard suffit au jeune prêtre pour reconnaître la femme qu'il avait tant aimée.

— Marie ! murmura-t-il.

Il laissa tomber sa tête entre ses mains, et on l'entendit sangloter.

Au bout de quelques secondes, il releva la tête, sa figure était affreusement pâle, ses yeux humides, mais brillant d'une expression de douceur et de résignation ; l'homme terrestre et l'homme de Dieu avaient lutté ensemble : la victoire était restée au second.

Il avança gravement vers la marquise.

— Etes-vous, lui dit-il, en état de vous confesser ? — Oui, mon père, répondit la jeune femme d'une voix faible. — Vous en sentez-vous la force ? — Oui, mon père. — N'est-ce pas votre désir ? — Oui, mon père. — Sortez, Messieurs, je vous en prie, dit-il aux personnes qui se trouvaient dans la chambre. — Henry, fit Georges à voix basse, que vas-tu faire ? — Mon devoir.

On laissa seul le confesseur et la marquise.

Henry s'assit auprès du canapé, il prit la main de la jeune femme dans la sienne, et passa son bras derrière la tête de la malade pour la soutenir.

Henry est pâle, ses lèvres s'agitent convulsivement, son cœur bat, il tressaille lorsque ses yeux tombent sur la jeune femme ; alors, il lève son regard vers le ciel pour lui demander sans doute du courage.

Pendant la scène de désordre, à laquelle nos lecteurs viennent d'assister, la petite fille, effrayée par la vue des soldats, s'était blottie dans un immense fauteuil, qui, tourné du côté de la muraille, l'avait cachée entièrement ; ce fut à cette mesure de prudence instinctive, car la pauvre idiote ignorait ce qu'était la prudence, qu'elle dût la vie ; les soldats, nous l'avons dit, dans ces tueries qu'suivaient la victoire, ne respectaient ni l'âge, ni le sexe.

N'entendant plus de bruit dans l'appartement, elle sortit de sa cachette, et vint en riant auprès de la marquise.

— Est-ce que tu dors, maman ? dit-elle en voyant la jeune femme étendue sur le canapé.

— Mon enfant ! s'écria d'une voix faible la marquise ; mon enfant ! merci, mon Dieu ! de l'avoir épargnée.

Et elle attira à elle la tête de la petite fille, et la couvrit de baisers.

Henry la prit par la main :

— Venez, mon enfant, lui dit-il, votre mère est malade, il faut vous éloigner pendant que je la confesserai. — C'est inutile, répondit la marquise. — La pauvre enfant ne peut nous comprendre : elle est idiote. — O mon Dieu !

Henry, à cette révélation, éprouva pour la marquise une douloureuse pitié, il la contempla avec des yeux où roulaient de grosses larmes.

— Malheureuse femme ! pensa-t-il, ta vie a été une longue souffrance et un perpétuel dévouement : jeune fille, la volonté de tes parents a éloigné de toi celui que tu aimais ; mère, ton cœur ne s'est pas cicatrisé d'un premier amour par l'amour maternel, par les mille joies de la maternité, et cependant nulle plus que toi n'en était digne, nulle plus que toi ne possède une âme d'élite.

Sur les yeux de l'infortunée s'étendait le bandeau de la mort ; elle distinguait vaguement les objets ; ses oreilles tintaient et percevaient difficilement les sons.

Si elle vivait encore, l'existence qui lui restait, n'était plus que la lutte douloureuse de la vie et de la mort ; c'était le dernier jet de flamme d'une lampe qui va s'éteindre.

— Parlez, je vous écoute, dit Henry. — Mon père, croyez-vous que Dieu me pardonnera ? — Dieu pardonne toujours au repentir. — Mais lui me pardonnera-t-il ? — Qui lui ? — Un infortuné dont j'ai brisé l'existence. — Ne pensez qu'à Dieu, devant lequel vous allez paraître.....

L'émotion d'Henry était grande, cette confession faite au prêtre était un aveu délicieux à son cœur. Marie l'avait aimé comme il l'avait aimée lui-même, et ces deux existences séparées s'étaient pour ainsi dire fondues dans une même existence.

Une larme brûlante tombe de ses yeux sur la main de la marquise.

— Vous pleurez mon père, dit la jeune femme, oh ! cette larme n'est-elle le signe de la réconciliation et du pardon d'Henry. — Marie, il vous pardonne ! s'écrie le jeune prêtre. — Avez-vous entendu, fit la marquise comme si sa raison s'égarait. — Quoi ? — Cette voix ? — C'est la mienne. — Qui êtes-vous ? — Henry. — Vous — Oui, Marie, Henry, qui a entendu comme confesseur les aveux de votre cœur et qui comme ministre de la religion, vous dit : « Femme vous avez beaucoup souffert et Dieu vous pardonne, » moi qui comme homme vous dis : « Marie, vous n'avez pas voulu profaner aux joies sensuelles de cette terre, votre amour d'ange, allez au ciel me retenir près de vous une place que je m'efforce de mériter ; n'ayez aucun remords, je suis heureux et ne regrette rien. — Henry, murmurait la pauvre femme, oh ! je vous vois maintenant, comme vous êtes pâle, vous souffrez ? Oh ! mon ami, c'est Dieu qui a voulu que ce fût vous qui fissiez descendre sur moi l'absolution céleste — Priez, répondit Henry d'une voix grave.

Et l'amant, redevenu prêtre, se lève et prononce d'une voix ferme et sans émotion les saintes paroles de l'absolution.

— Henry, dit la marquise, j'ai une prière à vous adresser. — Laquelle ? — Lorsqu'on ouvrira mon testament, que j'ai fait il y a longtemps, car j'avais la prévision d'une prompte mort, promettez-moi d'accepter le titre que je vous y donne. — Quel titre? — Celui de tuteur de ma fille. — Moi. — Oh! ne refusez pas; qui aimera la pauvre idiote qui n'a pas un sourire pour répondre aux caresses, pas une âme où germe la reconnaissance du bienfait? Qui pourrait me remplacer auprès d'elle. — Je vous jure de remplir..... —Pas de serments, on n'en demande pas à des hommes tels que vous, votre promesse me suffit. Henriette (car je lui ai donné votre nom), Henriette est riche, immensément riche, satisfaites tous ses caprices, elle ne peut avoir que des jouissances matérielles, procurez lui toutes celles qu'elle désirera. Et si un jour, ce que je demanderai au pied du trône de Dieu, l'intelligence éclairait son jeune front, oh! alors, faites naître dans son cœur les vertus dont vous êtes si riche, enseignez lui la résignation qui fait courber ses murmures la tête devant le malheur....... et si..... si elle aime..... donnez-lui l'époux de son choix.... Elle a assez de fortune pour l'enrichir..., ne vous inquiétez pas s'il est noble..... la réunion de deux blasons ne fait pas le bonheur.... on ne grelotte jamais dans la mansarde que réchauffe l'amour de deux cœurs, on pleure dans les châteaux.... si.....

La marquise fut obligée de s'arrêter; les émotions qu'elle avait éprouvées avaient rouvert ses blessures; le sang, s'échappant à flots, inondait sa poitrine, et, glissant sur le canapé, retombait goutte à goutte sur le parquet.

Henry, effrayé, appela au secours; le commandant, Georges et quelques soldats accoururent; ces derniers, habitués à panser leurs camarades blessés, s'empressèrent autour de la malade.

Le jeune prêtre prit par la main la petite fille dont l'avenir lui était confié.

— Henriette, lui dit-il, prie Dieu, ta mère va mourir.
— Maman est une paresseuse, répondit l'enfant, elle dort. — Mon Dieu! murmura Henry, l'idiotisme serait-il donc un bonheur, puisqu'il empêche de comprendre la douleur?

Dans ce moment, un chirurgien entra, il se dirigea lentement vers le canapé; mais, sans examiner les plaies, à la seule inspection du visage, il comprit que son art était impuissant.

— Monsieur, dit-il tout bas à Georges qui se trouvait auprès de lui, quelle est cette petite fille? Et il montrait Henriette qui, accroupie sur le dossier du canapé, regardait curieusement le nouveau personnage. — La fille de cette infortunée.—Eloignez-la, vous ne voulez pas qu'elle voie mourir sa mère. — C'est inutile, la pauvre enfant est idiote. — Messieurs, dit le médecin, en élevant la voix, cette femme n'a plus que quelques secondes à vivre; le râle commence. — A genoux! s'écria Henry en donnant l'exemple.

Tous l'imitèrent.

Le jeune prêtre prononça d'une voix tremblante les psaumes de la pénitence: ils n'étaient pas achevés que la marquise, s'agitant convulsivement, prononça deux noms : « Ma fille, Henry, » et sa tête retomba sans vie sur l'oreiller.

Elle était morte.

L'enfant avait suivi d'abord d'un œil sec cette lutte suprême de l'âme avec la matière, et les dernières convulsions de l'agonie; mais, à mesure que l'instant fatal approchait, sa physionomie, jusqu'alors hébétée, s'était subitement animée, comme sous l'influence d'une pensée, et au dernier cri poussé par sa mère, un jet d'intelligence rapide et fugitif comme un éclair passa dans son regard; deux larmes glissèrent sur ses joues devenues tout-à-coup pâles.

Henry s'approcha d'elle.
— Pauvre enfant! dit-il, ta mère est morte. — Maman, balbutia l'enfant.... morte.

Et elle tomba évanouie.

On la transporta sur un lit, le chirurgien l'examina pendant quelques instants, elle ouvrit les paupières.
— Cette enfant a recouvré l'intelligence, dit-il. — Mon Dieu! s'écria Henry, vous avez exaucé les vœux de Marie, elle a laissé à sa fille son plus bel héritage, son âme.

La nuit avait suspendu les hostilités, on n'entendait plus que quelques coups de fusil isolés et le cri des sentinelles; chaque parti compte ses morts, ils sont nombreux de part et d'autre.

Le plan du lieutenant-général, le baron Aymard, a complètement réussi: si la victoire, à la fin du premier jour, ne reste pas entièrement à la troupe, du moins on l'a rendue impossible aux insurgés en les isolant les uns des autres, en les empêchant de se réunir et de communiquer entr'eux.

Le général Fleury a tenu en respect la Croix-Rousse, foyer de l'insurrection, pendant dix heures consécutives; le canon, placé à l'entrée des portes, a renversé les barricades s'élevant dans la Grande-Rue et renaissant de leurs débris.

Les dragons ont balayé l'émeute à Perrache; l'Hôtel-de-Ville est au pouvoir du lieutenant-colonel Dietmann.

Les soldats sont animés d'une ardeur sans pareille et ils acceptent sans murmurer les privations nées de la situation. Les vivres manquent au fort St-Irénée, on improvise un de ces repas dont les guerres impériales nous ont fourni tant d'exemples. Un cheval tué dans le combat est dépecé, les plus habiles dans l'art culinaire le font rôtir, et ce souper, peu fait pour réveiller l'appétit endormi d'un gastronome, est égayé par les joyeux propos des loustics de la compagnie.

Le quartier qui a le plus souffert est celui où nous avons placé notre scène; des luttes acharnées ont eu lieu dans les rues étroites qui entourent l'Hôpital, les soldats, traqués de tous les côtés, décimés par les coups de feu tirés des fenêtres, ont été obligés de faire usage des pétards, plusieurs maisons sont la proie des flammes; la nuit donne un air sinistre à ces incendies, dont, faute de secours, on ne peut calculer les suites.

Soldats et émeutiers, oubliant leur haine, réunissent leurs efforts pour arrêter le feu qui dévore avec une rapidité effrayante des maisons entières; c'est un spectacle étrange que celui de ces hommes, la plupart en haillons, les bras nus, le fusil sur l'épaule, devenus subitement les alliés de ces militaires sur lesquels ils ont tiré sans pitié pendant toute la journée.

Mais tout semble favoriser l'incendie, il est impossible de se procurer des pompes, les flammes lèchent de leur langue brûlante ces maisons légères, aux poutres vermoulues, qui tombent avec fracas, lançant au ciel des tourbillons d'étincelles.

La population du quartier de l'Hôpital était, et est encore aujourd'hui une population exclusivement ouvrière; pour elle, un incendie n'est pas un malheur momentané, mais la misère. Ce ménage dont chaque meuble, chaque ustentile a été laborieusement gagné est toute sa fortune. Le perdre, c'est être brusquement rejeté au point de départ d'une existence de travail et de privation.

Tandis que les hommes font la chaine et cherchent inutilement à arrêter les progrès des flammes, des femmes, assises sur le matelas qu'elles ont sauvé, tenant dans leurs bras leur enfant nouveau-né, remplissent l'air de cris déchirants.

Plus de vingt familles sans asile par les suites de cet incendie sont conduites à l'Hôpital.

La guerre civile est horrible, immorale, impie.........
Georges voulut vainement arracher Henry au triste spectacle qu'il avait sous les yeux.

— Non, mon ami, répondit le jeune prêtre, ma place est au lit de mort de Marie. Qui priera pour elle si ce n'est celui qui l'a le plus aimé? — Cette douleur te tuera. — Non, la douleur a son charme, elle purifie ; nul n'est meilleur que celui qui a souffert.

Georges n'insista pas ; après avoir serré la main de son ami, il se rendit auprès de l'officier, qui s'était fait dresser un lit dans une des chambres de la marquise.

— Commandant, lui dit-il, je viens vous demander une faveur. — Laquelle? — Celle de m'accorder un sauf-conduit. — Pour aller où? — Je n'en sais rien. — Pour vous battre? — Peut-être. — En ce cas, je refuse, vous êtes mon prisonnier, je vous garde. — Malgré les charmes que m'offrirait une prison avec un geôlier tel que vous, je préfère être libre. — Soit ! à une condition cependant. — Voyons ! — C'est que vous renoncerez à défendre la mauvaise cause pour laquelle vous avez pris les armes.

Georges réfléchit un instant.

— Eh bien ! j'accepte, dit-il ; mais j'y mets des restrictions. — Dites. — Parmi les républicains, je compte beaucoup d'amis, mon devoir est de les protéger si l'occasion s'en présente. — Très-bien. — Dans ces circonstances seulement, cas de légitime défense, je tirerai l'épée du fourreau. — Accordé. — Votre parole. — Je vous la donne.

Georges sortit accompagné d'un soldat.

Henry, aidé de quelques militaires, avait disposé la chambre mortuaire.

Marie était étendue sur un lit, sa figure était pâle, sans que ses traits fussent défigurés, un sourire semblait reposer sur ses lèvres.

— Oh ! Marie ! tu m'as laissé à remplir ta mission incomplète ; je remplacerai auprès de ta fille le protecteur que Dieu lui a enlevé en toi ; je lui taillerai, s'il le faut, un bonheur dans le mien ; et lorsqu'allant te rejoindre dans un monde meilleur, tu me demanderas : « Qu'as-tu fait de mon enfant ? » je te répondrai : « Je l'ai laissée heureuse. »

Henry reprit ses prières interrompues souvent par des sanglots.

CHAPITRE XXX.

L'émeute à Vaise. — La sœur de Bernard. — Un pardon. — Fin de l'insurrection.

L'émeute dure depuis trois jours.

De quel côté est la victoire? On l'ignore. Soldats et émeutiers ont conservé leur position et se battent avec un pareil acharnement.

Cependant les seconds, traqués de toutes parts, isolés les uns des autres, comprennent que leur défaite n'est plus qu'une affaire de temps, et ils veulent qu'elle coûte cher à leurs ennemis.

Chaque matin la ville se réveille au bruit du tocsin, sinistre signal du combat ; le drapeau noir flotte sur toutes les églises.

Les insurgés manquent d'armes et de munitions ; leurs émissaires parcourent les campagnes et se font remettre les fusils des gardes nationaux.

Le matin du quatrième jour a été signalé par une victoire remportée par la troupe : la Guillotière est tombée en son pouvoir.

Il était environ dix heures du matin, la neige tombait à gros flocons, lorsque Georges se présenta aux portes de Vaise.

— Halte-là, qui vive ! cria une sentinelle. — Ami. —

Au large. Le mot d'ordre ? — Association, résistance, courage ! — Passez.

Georges entra au poste républicain.

— Mes amis, dit-il, si j'ai un conseil à vous donner, c'est de vous retirer et de laisser entrer librement la troupe, vous éviterez ainsi bien des meurtres inutiles. La cause de la République est perdue maintenant. — Vous mentez ! cette cause que vous dites perdue, triomphe à Lyon sur tous les points. — Qui vous l'a dit ? — Un émissaire de notre parti, qui arrive de l'Hôtel-de-Ville, dont Lagrange (1) vient de s'emparer. L'armée, disait-il, recule ; hier le général a délibéré s'il ne se retirerait pas avec ses soldats hors de la ville (2), Lagrange est maître de l'Hôtel-de-Ville et le général Buchez a été écrasé sur la place de la Préfecture. Toute résistance est impossible, vous serez vaincus. De quelles forces disposez-vous ? — Deux cents hommes environ. — Est-ce que les élèves de l'École-Vétérinaire ne se sont pas mis avec vous ? — Non ; deux seulement se sont enfuis de l'École. — Vous êtes avertis ; faites maintenant ce qu'il vous plaira.

Georges se dirige vers une maison située à l'extrémité du faubourg. Au troisième étage est une chambre petite, mais dont chaque meuble de noyer brille comme un miroir ; dans l'angle est placé un lit, lit coquet aux rideaux blancs, à la couverture bleue ; près de la fenêtre, qui donne sur le jardin d'une maison de campagne, est assise une jeune fille de quinze ans ; ses yeux sont humides de larmes, elle écoute avec anxiété les bruits venant de la rue.

Au milieu de la chambre, un homme à la structure d'hercule, aux habits en désordre, fait jouer les batteries de son fusil.

Cet homme, nous le connaissons ; il se nomme Bernard ; nous avons raconté comment il vint à Lyon, et nous l'avons vu domestique chez M. Brémont.

La triste fin du fabricant lui avait fait perdre sa place, se rappelant qu'il avait sauvé la vie à Georges dans la rue du Bessard, et qu'il lui avait rendu, sans le comprendre, un immense service ; en allant chercher à Lyon le fils de M. Brémont, il vint le trouver.

Georges lui donna quelqu'argent, pour qu'il pût attendre sans privation une nouvelle place.

Cet argent fut fatal à Bernard.

Dans le garni où il couchait, il avait fait la connaissance de quelques-uns de ces bohèmes de bas étage, vivant au jour le jour et devenant escrocs à la première occasion. Au début, Bernard repoussa avec dégoût les avances qu'ils lui firent ; puis insensiblement, il se lia avec eux, prit leurs goûts, leurs principes, et traînant son oisiveté dans les plaisirs du cabaret, arriva à trouver cette existence charmante et à n'en pas vouloir d'autre.

La bonté de Georges, qui ne savait jamais lui refuser un peu d'argent, favorisa cette vie de débauche.

Bernard sentait bien parfois le rouge de la honte lui monter au visage, lorsque le dimanche il allait voir sa sœur chez M. Bonamy, le boutiquier qui avait adopté la petite Marie, et en avait fait une agaçante demoiselle de magasin.

Mais M. Bonamy mourut et sa femme ne tarda pas à le suivre dans la tombe : Marie se trouva sans place.

— Que vas-tu faire petite ? lui demanda Bernard. — Eh bien ! je travaillerai, répondit Marie qui avait quatorze ans.

---

(1) Charles Lagrange, dont la République de 1848 fit un représentant, et qui fut l'un des plus ardents montagnards de la Constituante, était, en 1834, dessinateur de fabrique à Lyon ; il fut hostile à l'insurrection ; mais, une fois engagée, il prit les armes. Nommé commandant des forces du centre, il se battit courageusement, et s'opposa à tous les crimes inutiles. Plusieurs officiers, faits prisonniers, lui durent la vie.

(2) Ce fait est malheureusement vrai ; mais on ne donna pas suite à un projet dont les conséquences eussent été terribles en livrant la ville à toutes les horreurs. — Du reste, le général ne renonçait pas à la lutte, il voulait prendre, vis-à-vis de l'émeute, une meilleure position, et ne pas compromettre ses soldats dans les combats meurtriers de la rue.

— Travailler à quoi? — Parbleu, à la couture; oh! je suis une habile couturière, je gagnerai bien vingt sous par jour.
— C'est peu. — C'est assez pour moi, tu verras comme nous serons heureux — Avec vingt sous! — Mais nous mettrons en commun notre bourse, nous deviendrons riches.

Marie s'établit dans une petite chambre, qu'elle meubla avec ses économies, elle travaillait avec ce courage qui vient du cœur content de soi, avec la conscience du devoir rempli; souvent le dimanche elle montait à Loyasse porter des couronnes et s'agenouiller sur la tombe des deux excellents vieillards qui avaient eu soin de son enfance.

La présence de la jeune fille, auprès de Bernard, eut d'abord sur lui une heureuse influence; il rompit avec ses amis, et se mit laborieusement à la besogne; mais sa conversion avait été trop prompte pour être durable. Au bout de quelques mois, il reprit ses anciennes habitudes; il rentrait souvent chancelant, les yeux hagards, et il frappait sans pitié la pauvre enfant qui s'était permis une remarque innocente : il avait bu.

Georges avait été conduit par Bernard auprès de la jeune fille, un jour, comment cela se fit-il? Georges fut l'amant de Marie, et la jeune fille se releva sans rougeur au front, sans larmes; elle avait donné son corps à celui auquel elle avait déjà donné son âme; ce n'était pour elle ni un sacrifice, ni une faute. Georges l'aimait, elle aimait Georges; qui donc avait droit de fouiller au fond de ce bonheur pour en faire jaillir la honte? Le monde, ce juge sévère, qui flétrit la rose de l'amour sous le fumier du déshonneur, qu'était-il pour Marie, autre chose qu'un mot? Le monde elle ne le connaît pas, elle ne lui demande rien; sur cette terre où Dieu l'a jetée, dans ce petit coin qu'elle occupe, elle s'est fait un lit de mousse, où elle s'endort heureuse dans les bras de celui qu'elle aime. Qui donc osera la réveiller?

Lorsque Bernard apprit les relations qui existaient entre Georges et sa sœur, il eut un mouvement de rage terrible, l'honneur du vieil homme se réveillait en face du déshonneur; mais Bernard était déjà descendu trop bas, ce réveil ne fut que celui du buveur, plongé dans l'ivresse, et dont la tête retombe lourdement. Toute cette grande fureur se calma subitement à la vue d'un billet de banque, et le feu de sa colère s'éteignit dans le vin.

Six mois après cette scène, Marie se sentant malade, Georges pensa que l'air de la campagne pourrait rétablir sa santé, et il lui loua, à Vaise, une petite chambre, avec la jouissance d'un immense clos, où la jolie convalescente baignait son corps maladif dans les chauds rayons du soleil d'avril.

Marie pleure, parce que depuis trois jours son cœur n'a pas pu se réchauffer sur le cœur de Georges. Une femme qui aime comme aimait Marie, jette toute sa vie dans la vie de son amant. Lorsqu'il s'éloigne, il emporte avec lui la gaîté, la joie, le bonheur.

— Bernard, n'entends-tu pas? dit la jeune fille en se levant. — Quoi? — Ce sont les pas de Georges, il monte l'escalier. — Tu rêves.

Au même instant la porte s'ouvrit et Georges entra; Marie se précipita dans ses bras.

— Oh! mon ami, si tu savais combien j'ai pleuré. Pourquoi n'es-tu pas venu plus tôt? — Parce que je me suis trouvé enveloppé par l'émeute, et j'ai été obligé de me battre. — Tu es blessé? s'écria la jeune fille avec effroi. — Non, pas la moindre égratignure. Mais il s'en est fallu de bien peu que je ne sois fusillé... Je te raconterai tout cela plus tard. — Oh! maintenant, que je te tiens, je te garde. Tu ne me quitteras plus, n'est-ce pas? fit Marie d'une voix câline et ferme tout à la fois. — Non, mon enfant, je reste pour te protéger; car, dans une heure, le faubourg de Vaise sera peut-être à feu et à sang. — Oh! c'est horrible la guerre, s'écria-t-elle. Qu'est-ce donc que la République pour laquelle on verse tant de sang? — C'est un beau rêve... comme le bonheur.

La fenêtre près de laquelle Georges était assis donnait sur le jardin d'une maison particulière; il y jeta machinalement les yeux, et vit un enfant d'une dizaine d'années, à la mine éveillée, dont le regard était dirigé de son côté, et qui semblait chercher quelqu'un.

— Quel est cet enfant? demanda-t-il. — C'est mon bon ami, répondit Marie, qui s'était levée et qui, accoudée sur la fenêtre, saluait l'enfant du sourire. — Comment s'appelle-t-il? — Je ne sais pas. — Tu ne sais pas?... C'est étrange, murmura tout bas le jeune homme. Comment se nomme son père? Je ne le connais pas. — Le premier jour des événements, une jeune femme, accompagnée d'un domestique et de cet enfant, est venue s'établir dans cette maison; depuis, elle n'est pas sortie : le petit garçon s'amuse quelquefois dans le jardin, je suis toujours à ma fenêtre; voilà comment j'ai fait sa connaissance, et tout ce que je sais.

Georges ne répondit pas, il paraissait absorbé dans ses réflexions, il appela Bernard.

— Regardez, lui dit-il, en lui montrant l'enfant. — Eh bien? — Est-ce que vous ne trouvez pas comme moi une ressemblance frappante. — C'est vrai. — Avec qui? — Parbleu, avec le père Lathuile qui tient une brasserie aux Charpennes.

Georges haussa les épaules.

— Je me suis trompé, murmura-t-il. Oh! mes souvenirs! mes souvenirs!

Une détonation formidable, qui ébranla la maison, donna un autre cours aux idées du jeune homme; l'attaque de Vaise par la troupe venait de commencer.

Ce faubourg se trouvait entièrement au pouvoir des insurgés, qui s'étaient emparés sans résistance des différents postes de ligne et de gendarmerie, et qui, pendant trois jours, avaient régné en maîtres. Grâce à l'influence de quelques honnêtes gens, cette puissance qui pouvait devenir dangereuse en de pareilles mains, ne fut la cause d'aucun désordre; les autorités municipales subissant la loi de la nécessité, s'entendirent avec les chefs de la révolte pour organiser le service de la distribution des vivres et la défense des principaux établissements exposés au pillage.

Mais si les habitants de Vaise étaient rassurés sur leur position actuelle, ils ne l'étaient pas sur l'avenir. Le général Aymard, forcé de concentrer ses forces dans Lyon, avait juré de s'emparer de Vaise à quel prix que ce fût, dût-il même ne faire de ce faubourg qu'un amas de ruines et de cendres.

La menace était terrible, d'autant plus terrible que, la victoire tournant en faveur de l'autorité, rien ne retenait plus le général dans l'exécution de ce projet.

Un bon citoyen, comme on en voit dans ces moments de désordre, pour consoler des crimes des mauvais, M. Chevrot, membre du Conseil municipal, prit la résolution de se rendre auprès du baron Aymard, afin d'obtenir la grâce de Vaise, coupable seulement d'avoir laissé tomber le pouvoir entre les mains d'hommes sans aveu, étrangers pour la plupart au faubourg. Cette entreprise était périlleuse, car M. Chevrot, suspect aux deux partis, aux insurgés qui le traitaient d'espion, et aux soldats qui le traitaient d'insurgé, ne put parvenir auprès du général qu'en passant sous une grêle de balles, qui heureusement ne l'atteignirent point; le général lui répondit que sa conduite dépendrait des circonstances, et ne prit aucun engagement. A son retour, M. Chevrot, arrêté par les insurgés, allait être fusillé; Girod (1) l'un des élèves de l'École-Vétérinaire, le sauva.

Le général Fleury, qui venait d'écraser l'émeute à la Croix-Rousse, avait obtenu du baron Aymard de faire commencer l'attaque de Vaise.

Le canon du fort Saint-Jean, qui domine le faubourg, vomit la mitraille.

Un bataillon pénètre dans la grande rue du faubourg, un

---

(1) Girod fut l'un des accusés d'avril; sa défense fut présentée par son frère et son tuteur, l'abbé Girod, qui puisa dans son affection une éloquence telle que la cour des Pairs, le Président lui-même, ne purent retenir leurs larmes : l'accusé fut acquitté à l'unanimité.

autre gravit les hauteurs, tourne Vaise, et vient se placer sur la route de Paris.

Les insurgés sont ainsi pris entre un double feu ; il n'y a pour eux aucun espoir d'échapper, le désordre est dans leurs rangs : les chefs, à la vue du danger, ont sagement pris la fuite.

Alors commence un combat acharné, sanglant, cruel ; les insurgés n'ont d'autre issue que la mort, mais leur mort sera achetée au prix du sang ; ils se précipitent dans les maisons, et là, cachés derrière un volet, ou couchés à plat ventre sur les toits, ils tirent sur la troupe, qui déjà compte de nombreuses victimes; cinq officiers sont tombés morts ou blessés.

Les soldats de leur côté n'épargnent rien, ne calculent rien; il leur faut la victoire à tout prix. Une maison sert-elle de refuge à des émeutiers, elle vole en débris sous la détonation d'un pétard ou s'écroule dans les flammes. Chaque épisode de ce drame sanglant est effrayant; on voit des militaires poursuivre les émeutiers sur les toits, les prendre à bras le corps et les jeter dans la rue; parfois, soldats et émeutiers roulent sur ce terrain suspendu dans les airs et viennent se briser sur le pavé.

Au bout d'une heure, quarante-sept cadavres sont exposés au cimetière : vingt-six sont ceux d'insurgés, vingt-et-un sont ceux de femmes, d'enfants, de vieillards, innocentes victimes de la guerre civile.

Georges est assis près de la fenêtre, près de lui se trouve Marie, qui, pâle et tremblante, cache sa tête dans la poitrine de son amant; tout-à-coup la porte du jardin de la maison dont nous avons parlé, est enfoncée à coups de crosses de fusil ; quinze soldats, liés les uns aux autres par de solides cordes, sont conduits par la troupe.

Ce sont des soldats disciplinaires qui ont pris part à l'émeute.

Leur sort est arrêté d'avance.

La loi militaire est inflexible; elle ne connaît pas les circonstances atténuantes: pris les armes à la main, ils doivent être passés par les armes.

Sur un signe de l'officier, les fusils s'abaissent et quinze cadavres roulent à terre ; les militaires les achèvent à coups de baïonnette, le sang coule avec une telle abondance, que les exécuteurs en ont littéralement jusqu'à la cheville.

Georges, que le hasard a rendu témoin de cette scène atroce, détourne tristement la tête, lorsqu'un cri déchirant appelle son attention.

Les soldats, dont la fureur ne connaît plus de bornes, et auxquels le sang versé semble donner le vertige, viennent de mettre le feu à la maison de campagne, après avoir eu soin d'en barricader les portes afin que ses habitants ne puissent s'enfuir.

Une femme apparaît à un balcon; elle est pâle, ses cheveux flottent en désordre autour de son visage; elle implore la pitié, elle demande grâce pour son enfant, qu'elle tient dans ses bras.

Georges, dans cette femme, reconnaît Madame Brémont.

— Oh ! je les sauverai, s'écrie-t-il.

Et se levant précipitamment, repoussant Marie qui l'enveloppe dans ses bras pour le retenir, il s'élance dans les escaliers, suivi de Bernard. La jeune fille pousse un cri, fait un pas en avant, et tombe évanouie au milieu de l'appartement.

Lorsque Georges et Bernard entrent dans le jardin, la maison est déjà en flammes, et les soldats ont activé le feu en entassant des fagots les uns sur les autres; il n'y a pas un instant à perdre.

Le jeune homme s'avance vers l'officier; mais son air égaré, ses vêtements en désordre le font prendre pour un insurgé; plusieurs soldats tirent sur lui sans l'atteindre.

— Lieutenant, s'écrie Georges, me laisserez-vous assassiner ! — Halte ! répond l'officier en arrêtant d'un geste les soldats qui se préparaient à faire une seconde décharge. Qui êtes-vous ? continua-t-il en s'adressant à Georges ? — Un homme qui veut vous empêcher de commettre une mauvaise action — Que voulez-vous ? — Sauver cette femme et cet enfant. — Cette maison renferme des insurgés qui ont tiré sur la troupe. — Mais cette femme, mais cet enfant sont innocents. — La guerre civile fait malheureusement toujours des victimes. — Lieutenant, si vous ne m'accordez pas ce que je vous demande, vous n'êtes plus un soldat, mais un bourreau.

La mâle énergie avec laquelle Georges a prononcé ces paroles, loin d'éveiller la colère de l'officier, le frappe au cœur ; il comprend que le jeune homme dit la vérité.

— Que voulez-vous que j'y fasse, répondit-il avec découragement ; voyez, ajoute-t-il en montrant du doigt la maison dont les pans de murs s'écroulent déjà avec fracas.

— Je ne vous demande qu'une chose ? — Laquelle ? — De tenter de sauver ces malheureux, s'il y a du danger il sera pour moi seul. — Faites.

Pendant ce temps, Bernard a trouvé une échelle dans un angle de la cour, il s'en est emparé, mais elle est trop courte et n'atteint pas à la hauteur du balcon.

— Que faire, s'écria Georges avec désespoir. — Attendez, répond Bernard, qui, soulevant l'échelle à bras tendus, parvient à l'appuyer contre la pierre du balcon ; maintenant, montez. — Tu ne seras pas assez fort. — Essayez seulement.

— A la grâce de Dieu ; nous n'avons pas le choix des moyens.

Georges s'élance avec la légèreté de l'écureuil sur le dos de Bernard, et de là, franchit avec rapidité les échelons de l'échelle qui oscille dans les mains du colosse, campé fièrement la jambe droite en avant, comme Atlas portant le monde sur ses épaules.

Georges est obligé de s'arrêter au milieu de sa périlleuse ascension, car les flammes l'éblouissent, la fumée l'étouffe, il n'a plus qu'un pas à faire, et deux fois il a reculé devant le mur de feu qui se dresse devant lui.

Sa main s'appuie enfin sur la balustrade du balcon, où Madame Brémont est agenouillée devant son enfant évanoui.

— Georges ! s'écrie-t-elle. — Venez, répond le jeune homme. — Oh ! sauvez d'abord mon enfant.

Et, puisant dans son amour maternel une force accoutumée, elle soulève le corps de son fils et le dépose dans les bras de Georges. Quelques secondes après, l'enfant était sauvé.

Mais le sauvetage de la mère offrait de plus sérieux dangers ; pendant ces quelques minutes, le feu avait fait des progrès immenses, le balcon oscillait sur ses crampons de fer rougi.

— Allons, hâtons-nous, dit Bernard, qui, replaçant son échelle, reprit sa première position.

Georges atteignait à peine le balcon, que l'échelle manqua sous ses pieds, l'hercule venait de recevoir une pierre en pleine poitrine et avait roulé sur le sol.

Les soldats s'empressèrent de dérouler l'une des couvertures qu'ils portent toujours avec eux en campagne ; quatre hommes la prirent à chacun de ses angles ; Georges, comprenant leur projet, saisit Emma, la jeta et se jeta après elle dans la couverture.

Le jeune homme avait atteint son but : il avait sauvé la mère et l'enfant.

Emma était évanouie, on la transporta dans une maison située à côté de la sienne ; lorsqu'elle revint à elle, elle vit auprès de son lit son fils qui lui souriait.

Prenant la tête de son enfant entre ses mains, elle la couvrit de baisers.

La pensée du danger auquel son fils avait échappé, éveilla chez la jeune femme celle de son sauveur ; promenant lentement ses regards autour d'elle, elle aperçut Georges assis dans l'angle de l'appartement.

— Georges, dit-elle doucement.

Le jeune homme vint près d'Emma, et s'agenouilla devant le lit.

Il y eut un moment de silence.

— Georges, puisque l'occasion s'en présente, puisqu'un

hasard providentiel nous a mis, après dix ans, en présence, je vous remercierai de votre conduite....

— Comment? — Je sais tout; vous avez sacrifié une partie de votre fortune pour assurer celle de mon enfant, et arracher au déshonneur le nom de l'homme que vous aviez... C'est bien, Georges, c'est un devoir que bien peu eussent compris, et que vous avez rempli ; j'ai accepté sans honte, non pour moi, que m'importe la richesse? mais pour mon enfant, auquel vous restituiez si noblement ce qui lui venait de son père.

« Soyez béni, Georges ; puisse Dieu vous donner ce bonheur terrestre que tous poursuivent ici-bas, et que j'espère au ciel ; ce sont les vœux d'une mère à laquelle vous avez rendu son enfant. »

Emma tendit sa main à Georges, qui y déposa un chaste baiser arrosé de larmes ; il embrassa avec tendresse l'enfant de madame Brémont.

— Adieu, madame, dit-il, aujourd'hui je me sens meilleur ; grâce à vous, ma réhabilitation commence.

Et il sortit, le sourire de la joie aux lèvres, le rayonnement du contentement de soi-même au front.

Le terrible drame, dont les républicains avaient tracé le prologue et dont la justice devait fournir l'épilogue, marchait à son dénoûment à travers des péripéties sanglantes.

A la même heure où la prise de Vaise s'opérait, les soldats attaquaient le quartier central de l'émeute, c'est-à-dire l'espace compris entre la place Saint-Nizier et le pont du Concert ; l'église Saint-Nizier et l'église des Cordeliers sont au pouvoir des insurgés, et les lugubres tintements des cloches, sonnant le tocsin, se mêlent au bruit sévère du canon.

La rage est égale de part et d'autre, mais les forces ne sont pas égales ; les munitions manquent aux émeutiers, et s'ils se battent c'est avec la résolution sinistre de se faire tuer : leur désespoir augmente leur courage.

Les portes de l'église Saint-Nizier volent en éclats, les soldats vainqueurs se précipitent dans les rues étroites qui conduisent à la place des Cordeliers. La mort pleut sur eux de toutes parts, ils sont écrasés par des projectiles lancés des fenêtres ; dix fois ils sont repoussés, dix fois ils reviennent à la charge ; la barricade, dernier rempart de l'émeute, croule avec fracas, la place est libre, la troupe s'y élance et commence ses terribles représailles.

Deux hommes sont appuyés contre la muraille de l'église ; ces deux hommes sont les deux voleurs que nous avons déjà rencontrés dans plusieurs chapitres de cet ouvrage : Bras-de-Fer et Soupir.

Que cherches-tu donc? demande Bras-de-Fer. — Mon cher ami, répond Soupir, je cherche par où je pourrai me sauver. — Lâche ! — Pas de gros mots, je n'aime que le courage qui est utile, et je ne vois pas ce qu'il peut nous servir ici.

Pour toute réponse, Bras-de-Fer hausse dédaigneusement les épaules, et mettant en joue le fusil qu'il vient de charger, il ajuste un soldat qui, frappé à la tête, roule sanglant sur le pavé.

Au même instant, une femme échevelée, la main armée d'une hache, s'élance sur le soldat qui respire encore ; elle frappe avec rage, elle arrache un à un tous les membres et les jette en poussant des cris de joie féroce : on croirait assister à un repas de cannibales (1).

A cet acte de barbarie atroce, Bras-de-Fer battit des mains.

— Bravo ! ma Louise, s'écria-t-il, tu es superbe.

Tout-à-coup, la foule des émeutiers se replia sur elle-même ; les soldats venaient d'entrer sur la place, le canon vomissant une mitraille meurtrière, amoncelait cadavres sur cadavres, le sang ruisselait à larges flots, saturant l'air de son odeur chaude, les cris suprêmes et déchirants des mourants se mêlaient aux cris de rage des combattants ; ce n'était plus un combat, mais une boucherie.

Une balle vint frapper Louise à la tête, elle chancela dans les bras de son amant, et tomba en poussant un blasphème.

Les soldats entreprirent le siège de l'église, il dura peu ; les pièces d'artillerie placées en face des portes les battirent en brèche ; le tocsin sonnait à triple volée, le drapeau noir flottait au dessus de l'édifice, devant servir de tombeau aux malheureux qui s'y étaient réfugiés.

Les portes tombent avec fracas entraînant avec elles un pan de muraille ; les soldats, la baïonnette en avant, s'élancent ivres de carnage.

Hélas ! le sanctuaire de Dieu, ce lieu réservé à la prière, où les ministres de la religion font entendre des paroles de paix et d'amour, n'est plus qu'un vaste abattoir, où, au nom de l'ordre, sous le patronage de la loi qu'ils représentent, les soldats faits bourreaux, immolent sans pitié ni merci.

Rien n'est respecté.

Bras-de-Fer, ne songeant plus qu'à sa défense personnelle, a abandonné le corps de Louise sur lequel les combattants piétinent ; poursuivi par les soldats, il fuit vers le maître-autel, enveloppe la croix dans ses bras ; un coup de feu qui lui brise le poignet le force à lâcher prise, il se réfugie dans un confessionnal, où il est achevé à coups de sabre.

Les luttes qui suivirent celles que nous venons de raconter furent sans importance ; les émeutiers, maîtres encore de quelques quartiers, ne combattirent plus qu'avec mollesse ; le découragement leur était venu avec la certitude de la défaite.

L'émeute, qui pendant six jours avait ensanglanté la ville, ruiné des citoyens, fait des veuves et des orphelins ; l'émeute qui avait incendié des quartiers entiers, n'avait rien produit.

Une ordonnance royale saisit la chambre des pairs et lui confia le jugement des insurgés.

L'émeute n'est plus qu'une affaire judiciaire.

Notre tâche s'arrête là.

CHAPITRE XXXI.

La fuite. — Un chef de contrebandiers. — Prologue d'un roman.

Georges se trouvait gravement compromis dans les événements que nous venons de raconter ; il avait pris part à l'émeute et était désigné à l'autorité comme l'un des chefs.

Georges s'était battu sans conviction, mais il s'était battu ; il avait accepté un commandement, dont, à la vérité, il ne s'était servi que dans l'intérêt de l'humanité ; car plusieurs soldats lui devaient la vie, mais enfin, il avait été l'un des chefs de l'émeute, et cela suffisait pour qu'il fût exposé à être arrêté d'un instant à l'autre.

— Ecoutez donc, lui disait un matin Bernard, je crois qu'il serait prudent pour nous de faire un petit voyage. — Pourquoi ? — Pourquoi ? vous êtes charmant ma parole d'honneur ; vous ne savez donc pas ce qui se passe ? — Quoi ? — On arrête tous ceux qui ont pris part à l'émeute. — Mais où aller ? — Où vous voudrez, mais quittons Lyon ; je ne vis plus depuis quelques jours, je rêve gendarme et prison, je me fais peur à moi-même lorsque j'éternue. — C'est impossible. — Comment ? — Que deviendra Marie ? — Nous l'emmènerons. — Les voyages coûtent cher, et je n'ai.... — Vous n'avez pas grand argent. Eh bien ! en attendant notre retour, elle se placera comme demoiselle de magasin. — Y consentira-t-elle ? — Je m'en

---

(1) Nous n'exagérons rien, pareils faits se sont passés pendant les émeutes de 1831 et de 1834, et ils se sont renouvelés plus horribles peut-être aux journées de juin 1848.

charge. — La petite comprendra qu'un voyage est nécessaire à notre santé. Quand partons-nous ? — Demain. — Pourquoi pas aujourd'hui ? le temps presse et la police a une activité effrayante.

Au même instant on frappe violemment à la porte.

— Avez-vous entendu, dit Bernard en tremblant de tous ses membres. — Oui, on a frappé. — Si c'était... — Qui ? — Les gendarmes. — Allons donc peureux, va ouvrir. — Vous me faites trembler avec votre sang-froid.

Bernard ouvrit à un personnage qui s'avança vers Georges et lui tendit la main.

— Monsieur Brunel, dit-il. — Moi-même, mon cher ami, répondit le fabricant de dentelles. — Qu'est-ce qui me vaut l'honneur de votre visite ? — L'intérêt que je vous porte. — Comment ? — Quel est cet homme, demanda M. Brunel à l'oreille de Georges en montrant Bernard. — Un de mes amis. — Vous en répondez ? — Comme de moi-même. — Alors je puis parler devant lui. — Parfaitement. — Vous vous êtes battu courageusement, mon cher, continua le fabricant de dentelles en s'asseyant. Vous êtes compromis dans les événements, car vous avez commis l'immense sottise d'accepter un commandement. — Oui. — Eh bien ! j'ai à vous proposer deux choses que, dans votre position vous seriez, passez-moi la trivialité du mot, un imbécile de refuser. — Voyons ? — La première est de favoriser votre fuite. — J'accepte. La seconde est de vous donner l'occasion, pendant votre exil forcé, de vous amasser une jolie fortune. Comment ? — Vous savez que je suis fabricant de dentelles. Ce commerce, fait dans des conditions... régulières, peut me permettre de vivre, et non de devenir riche ; ce n'était point assez pour moi qui ai toujours considéré la richesse comme un des éléments les plus actifs du bonheur en ce monde ; j'ai donc dû chercher un moyen d'arriver à mon but par une autre route, et je l'ai trouvé dans la contrebande. — Le grand mot est lâché, dit Georges, en riant. — Je fais entrer par la Suisse les dentelles fabriquées en Allemagne, et, par ce procédé, je réalise chaque année de magnifiques bénéfices. — Serait-ce, par hasard, une part dans ces bénéfices que vous viendriez m'offrir ? — Oui, j'ai besoin de quelqu'un qui surveille les opérations de mes contrebandiers et les dirige ; je suis la tête, il me manque le bras ; vous êtes l'homme qu'il me faut, brave par tempérament, intéressé par besoin. Acceptez-vous ? — J'accepte. Quand partons-nous ? — Dans une heure. — Encore un mot, dit Georges, en montrant Bernard ; voici un brave garçon que je vous recommande, et que je désire emmener avec moi. — C'est convenu. La chaise de poste sera prête. — Où ? — Chez moi.

M. Brunel salua Georges, et sortit.

— Eh bien ! dit Bernard, en voilà une chance. — Elle est superbe, fit le jeune homme avec amertume. — Capitaine... — ajouta Georges, comme correctif à l'enthousiasme avec lequel Bernard avait prononcé ce mot. Après tout, continua-t-il, en se parlant à lui-même, je n'ai plus le choix des moyens de faire fortune, je suis compromis dans les événements, ce qui m'arrive est peut-être un bonheur.

Les préparatifs du départ furent promptement faits : Marie versa bien des larmes ; la pensée du danger que courait son amant en restant à Lyon combattit victorieusement sa douleur ; elle se résigna, essuya ses beaux yeux et dit à Georges en se suspendant à son cou :

— Mon ami, cette séparation est cruelle, mais elle est nécessaire ; j'aurais été heureuse de t'accompagner, tu ne le veux pas, je t'obéis parce que le meilleur moyen de te prouver mon amour est de t'obéir en tout et toujours. J'aurai le courage d'attendre parce qu'en attendant je penserai à toi ; sois-moi fidèle, et à ton retour tu me trouveras telle que tu me quittes, avec une seule pensée au cœur, un seul nom aux lèvres, ton amour et ton nom, mon Georges.

En arrivant chez M. Brunel, Georges trouva, selon la promesse du fabricant, la chaise de poste attelée dans la cour, le postillon à cheval n'attendait plus que le signal.

— Mon cher ami, dit M. Brunel, j'ai à vous présenter un compagnon de route. — Qui donc ? — Ma femme. — Comment, vous l'emmenez avec vous ? — Toujours. — Je comprends pourquoi. — Que voulez-vous dire ? — Dans le monde, vous jouissez de la réputation de jaloux. — J'aime à conserver mon bien. — Et c'est pour cela que vous ne vous exposez pas à être volé. — Souvenez-vous de l'adage latin : « Qui amat periculum in periculo peribit. » — Ce que vous traduisez par : « Le mari qui ne veut pas être... doit prendre ses précautions. » Je vous fais compliment de la traduction.

L'arrivée de madame Brunel interrompit la conversation.

M. Brunel présenta Georges à sa femme.

Louise l'accueillit avec un air de protection hautaine, qui froissa le jeune homme ; aussi, s'inclinant avec ces allures de grand seigneur qui lui étaient familières :

— Madame, lui dit-il, je comprends, en vous voyant, la jalousie dont le monde accuse M. Brunel.

Nos personnages montèrent dans la chaise de poste, qui, quelques secondes après, roula rapidement aux claquements joyeux du fouet des postillons.

Nos personnages n'avaient pas encore engagé la conversation ; chacun d'eux se livrait à ses réflexions ; cependant Louise, la jeune femme de M. Brunel, contemplait notre héros et sentait l'impression défavorable qu'elle avait éprouvée à sa vue s'évanouir et faire place à un sentiment plus bienveillant.

Présenté comme capitaine de la troupe de contrebandiers que dirigeait M. Brunel, Georges n'avait d'abord été aux yeux de Louise qu'un homme vulgaire auquel elle avait droit de commander ; sa toilette, ses allures pleines d'aisance et de grâce lui montrant qu'elle s'était trompée, elle désirait s'assurer si le fonds répondait à l'enveloppe, si le langage ne démentait pas la tenue.

A part lui, le mari murmurait :

— J'aurai l'œil sur ce gaillard, il ne faut pas jouer avec le feu, et si l'incendie se déclare, je l'arrêterai à temps.

Georges murmurait de son côté :

— Le mari est un imbécile, la femme est jolie, qui sait ?

Mais un homme que nos lecteurs connaissent, Antoine, qui avait fait le voyage derrière la chaise de poste en compagnie de Bernard, devait surveiller Georges de plus près que le mari.

Antoine fit causer Bernard.

— C'est un joli garçon, que M. Georges, dit-il. — Oui. — Il a dû avoir beaucoup de bonnes fortunes ? — La colonne Vendôme ne serait pas assez haute pour écrire le nom de ses conquêtes. — Toutes les conquêtes ne sont pas sans dangers, ajouta Antoine. — Il est brave, répondit Bernard.

— C'est bon à savoir, pensa le contrebandier, on prendra ses précautions ; malheur à lui s'il essaie d'en conter à madame Brunel ! mon poignard pourrait bien trouver un fourreau dans sa poitrine.

La maison de M. Brunel était située sur une montagne près de Seyssel, à quelques portées de fusil des frontières.

C'était une charmante villa aux murs roses, sur lesquels les liserons et le lierre couraient capricieusement, formant une enveloppe de frais feuillage. Devant la façade principale, se trouvait un jardin anglais au milieu duquel était placée une fontaine surmontée d'un sujet allégorique, représentant une femme vêtue du costume plus que léger que les statuaires donnent à leurs œuvres, et versant avec une amphore l'eau qui retombait, en perles scintillantes au soleil, dans un bassin où se lutinaient des poissons rouges, aux écailles étincelantes. A droite et à gauche étaient disposées de vastes corbeilles de verdure, garnies de rosiers nains et de lilas.

De l'autre côté de la maison, se trouvait un vaste jardin, où l'utile était mêlé à l'agréable, où fleurs et fruits vivaient dans une touchante intimité, se partageant fraternellement les rayons du soleil ; un bouquet de bois terminait la propriété.

L'arrivée de la chaise de poste, qui avait été obligée de gravir au pas la pente raide de la montagne, fut saluée par les aboiements d'un molosse à la mine refrognée, qui, s'élançant joyeusement contre les barreaux de la grille, l'ébranla sous ses élans.

— Bonjour, Mignon, dit Louise en mettant la tête à la portière. — Qui donc appelez-vous Mignon ? demanda Georges ; serait-ce boule-dogue qui vous montre si peu gracieusement sa mâchoire ? — Oui. — Vous auriez pu lui choisir un nom plus en harmonie avec son physique, l'appeler éléphant, par exemple. — Mais Mignon est aussi bon qu'il est... — Laid, ajouta Georges. — Dis qu'il n'est bon que pour toi, fit M. Brunel ; car, pour les autres, il est d'une férocité telle que, si je n'avais pas craint de te chagriner, je l'aurais tué. — Et je ne vous l'aurais jamais pardonné. — C'est pour cela que je ne l'ai pas fait.

Lorsque la jeune femme s'élança du marchepied à terre, Mignon, se couchant sur le sol, s'avança en rampant vers la jeune femme et en agitant follement la queue.

Louise promena sa main sur la tête du chien, qui fit entendre un sourd grognement de plaisir ; Georges voulut en faire autant, mais l'animal, par un bond rapide, se remit sur ses jambes et montra une rangée de dents effrayantes.

— Prenez garde ! s'écria la jeune femme avec effroi. — Il paraît, répondit Georges, que vos amis ne sont pas les siens. Soyez tranquille, je jure bien de ne plus avoir de relations avec M. Mignon ; s'il l'exige, je lui tirerai même très-révérencieusement mon chapeau lorsque je passerai devant lui.

M. Brunel avait averti de son arrivée le fermier qui, pendant son absence, prenait soin de la maison de campagne ; on trouva donc le souper dressé dans la salle à manger.

Il était à peu près neuf heures du soir ; un vent frais apportait, par les fenêtres ouvertes, le parfum des fleurs.

Antoine, aidé de Bernard, avait servi les mets qui exhalaient un parfum très-provoquant pour des estomacs affamés.

— Avez-vous faim ? demanda M. Brunel. — Comme un contrebandier, répondit le jeune homme en souriant. — Alors, à table. — Sans madame Brunel ? — Oh ! ma femme est à sa toilette, et, coquette comme toutes les jolies femmes, elle ne compte pas les heures qu'elle y emploie. — N'importe ! retarder le repas avec la perspective d'avoir pour compagnon de table une femme comme la vôtre, c'est agir en gourmand qui veut tous les plaisirs à la fois.

Soulevant la portière, la jeune femme apparut le sourire aux lèvres.

Georges fut ébloui par une beauté qu'avait dissimulée le costume de voyage de Louise, et que faisait ressortir une toilette d'une fraîcheur et d'un goût exquis.

L'impression qu'il en éprouva fut si vive, que pendant les premiers moments, il garda le silence, et on n'entendit que le cliquetis des verres et des assiettes.

— Il paraît, dit M. Brunel, que ventre affamé n'a pas plus de langue que d'oreilles, car voilà un quart-d'heure que nous mangeons comme des moines sans desserrer les dents. — Mais non pas sans nous en servir, répondit Georges.

Georges s'était levé et accoudé sur la fenêtre ; il faisait une de ces belles nuits qui suivent les tièdes journées de printemps, le ciel était bleu et transparent, les étoiles brillaient de cet éclat doux et argenté, qui éclaire sans éblouir, l'air glissait parfumé, agitant les feuilles, le grillon chantait avec la cigale leur monotone duo, les grenouilles coassaient.

Il était plongé dans une fiévreuse mélancolie, dont il attribuait le motif aux vins de mille espèces, que lui avait fait boire M. Brunel, mais dont la source réelle était dans le spectacle qu'il avait sous les yeux.

Le luxe qui l'entourait, la beauté de Louise, la sinistre physionomie d'Antoine, dont le regard jetait des éclairs en s'attachant sur lui : tout contribuait à jeter Georges dans cet état de rêverie qui dispose l'âme au roman, c'est-à-dire à l'amour.

— Aimez-vous sérieusement votre femme ? demanda-t-il à M. Brunel, qui était venu se placer près de lui. — Je l'aime, répondit laconiquement le fabricant étonné de la question. — Mais comment l'aimez-vous, il y a fagots et fagots, amour et amour ? — Je l'aime assez pour tuer mon rival, si elle m'en donnait un, et pour me tuer après. — Quelle terrible manière d'aimer ; c'est de l'égoïsme. — Appelez mon amour comme vous voudrez. Je me suis marié avec Louise, non pas dans les conditions vulgaires où l'on se marie, c'est-à-dire parce qu'elle avait une dot ; elle était pauvre, son père, colon à la Martinique, s'était ruiné par de fausses spéculations ; m'épouser était donc pour Louise une bonne fortune. Une assez grande distance d'âge me séparait d'elle, j'ai pensé la combler en lui rendant, par la fortune, le luxe qui a entouré son berceau. Ici elle règne comme elle régnait en Amérique sur ses esclaves, et je brûlerais la cervelle à celui qui n'obéirait pas à un de ses caprices. En échange de ce que j'ai fait pour elle, je lui ai demandé de renoncer au monde, car je suis trop jaloux pour voir sans colère papillonner autour de ma femme vos stupides oisifs des salons, vos stupides beaux des bals. Ce sacrifice n'en a pas été en réalité un pour Louise ; pour vivre dans le monde, il faut y avoir été élevé, pouvoir mettre à propos un masque sur son visage, et Louise est trop franche, ses yeux disent ce que pense son cœur. Je suis heureux ; j'ai la prétention de croire ma femme heureuse, je me moque des sots qui me blâment de ma jalousie, et je ne demande à Dieu que de me continuer la douce existence que j'ai su me faire.

Onze heures sonnèrent à la pendule.

— Mon ami, dit M. Brunel, voici l'heure du repos. Demain, nous parlerons de nos affaires. Antoine, continua-t-il en s'adressant au cyclope, la chambre de Monsieur est-elle prête ? — Oui, Monsieur. — Où avez-vous fait dresser le lit de son domestique ? — Dans la chambre adjacente. — Très-bien ! — Quel est cet homme ? demanda Georges à l'oreille du fabricant. Cet homme est mon âme damnée, répondit M. Brunel en souriant, un geste de moi, il vous tuerait sans hésiter. — Merci. Et quel est donc la raison de ce dévouement ? — Son intérêt. Antoine était un voleur qui, pris un jour de l'autre, serait mort au bagne ; j'en ai fait un contrebandier, et il mourra riche propriétaire. — L'intérêt, pensa Georges, ne produit pas de semblable dévouement ; il y a là-dessous un autre motif, je le découvrirai.

Notre héros s'inclina devant Louise.

S'emparant de la main de la jeune femme, il y déposa un baiser, il sentit cette main tressaillir imperceptiblement dans la sienne, et il vit une rougeur fugitive glisser comme un rapide nuage sur le visage de Louise.

En relevant la tête, il aperçut la figure d'Antoine, dont l'œil unique dardait sur lui le fauve regard du tigre prêt à s'élancer sur sa proie.

— Est-ce que par hasard j'aurais découvert le mystère du dévouement de ce misérable, murmura Georges, auquel une idée venait de traverser le cerveau. Allons donc, ajouta-t-il, c'est absurde... l'absurde se rencontre quelquefois.

En entrant dans sa chambre, il trouva Bernard qui l'attendait.

— Eh bien ! maître Bernard, lui dit-il, êtes-vous content ? — Oui et non. — Comment, oui et non ; lequel des deux ? — Je me comprends. — Expliquez-vous, si vous voulez que je vous comprenne. — C'est ce que je vais faire ; je crois que nous passerons ici assez gaîment notre exil, une jolie maison, une bonne table, de l'argent à gagner, et tout cela pour échanger quelques balles avec les douaniers..... — De quoi vous plaignez-vous alors ? — De quoi... — Comment trouvez-vous madame Brunel ? — Mais je la trouve belle, répondit Georges étonné de la question. — Oh ! belle, murmura Bernard en hochant la tête avec un sentiment de mépris. — Mettons jolie, si ce diminutif peut vous être agréable. — Oh ! jolie, fit Bernard, en accompagnant sa nouvelle réflexion de la même oscillation de tête. — Ah ça ! est-ce que vous voudriez que pour vous faire plaisir je la déclarasse laide ? — Non, elle n'est ni belle, ni jolie, ni laide, elle serait même assez agréable si elle n'était pas si maigre. — Eh bien ! pour trancher la question, je vous dirai simplement que madame Brunel est adorable. — Voilà précisément ce qui m'a fait dire non, lorsque tout-à-l'heure vous m'avez demandé si j'étais content. — Que voulez-vous dire ? — Que votre admiration pour madame Brunel me chagrine. — Pourquoi ? — Écoutez, monsieur Georges, dit Bernard avec une gravité qui lui était peu habituelle, parlons peu et parlons bien : allons droit au but. Je vous connais, je sais que pour vous, aimer et oublier ne font qu'un, témoin cette pauvre madame Brémont... — Silence, dit le jeune homme d'une voix brève. — C'est juste, n'éveillons pas des souvenirs qui pour vous ressemblent furieusement à des remords. Eh bien ! monsieur Georges, il existe une malheureuse fille pour laquelle vous êtes tout au monde et qui mourrait le jour où vous la quitteriez, parce qu'une femme qui a aimé ne sait pas se vendre, et qu'avant de s'être vendue, elle serait tuée par le frère qui a été assez lâche pour ne pas la protéger contre vous... — Vous ne feriez pas cela, interrompit Georges avec dégoût. — Je le ferais, aussi vrai que je suis un misérable, auquel vous avez fermé la bouche, en couvrant d'un peu d'or le déshonneur de sa sœur. Mais parfois l'honnête homme se réveille, et ne pouvant plus rien sur le passé de celle que lui a confié une mère mourante, il s'inquiète de son avenir. Aujourd'hui, monsieur Georges, vous aimez encore Marie, demain vous ne l'aimerez plus, parce qu'un nouvel amour chasse l'ancien; madame Brunel fera oublier la jeune fille. — De quel droit, fit Georges avec hauteur, venez-vous fouiller dans ma conscience ? Tant que j'ai eu de la fortune, ma bourse vous a été ouverte, vous y avez puisé à votre aise, sans que je vous demandasse compte de ce que vous faisiez de l'argent qui fondait entre vos doigts; je vous payais et nous étions quittes, mais je ne vous ai jamais élevé assez haut dans mon estime, pour vous permettre le contrôle de mes sentiments, et vous établir juge de mes affections. — Monsieur, répondit Bernard avec un accent dans lequel tremblait la colère contenue; je suis venu à vous la prière aux lèvres, et vous m'accueillez par des insultes, soit, je vous répondrai par la menace. Plaise à Dieu que ce que j'ai craint ce soir, et que le soupçon qu'ont éveillé en moi les soins dont vous avez entouré madame Brunel pendant le voyage, ne se réalise pas, car je le jure, je serais impitoyable pour vous, comme vous l'êtes pour celles que vous trompez. — Sortez ! s'écria Georges en montrant la porte du doigt. — Je sors, car je n'ai plus rien à ajouter, mais rappelez-vous ce que je vous ai dit ce soir. — Espérez, au contraire, que je l'oublierai. — Je ne le désire pas.

Cette scène avait vivement impressionné notre héros, il se promenait avec agitation dans sa chambre.

— Maladroit, murmurait-il en pensant à Bernard, maladroit, qui vient révéler en moi la pensée d'un amour auquel je ne songeais pas : C'est qu'elle est admirablement belle Louise; je n'ai jamais connu une femme qui possédât, à un pareil degré, le charme de l'attraction; le cœur va à elle sans qu'il sans doute... tout semble concourir fatalement à un amour auquel nous n'eussions peut-être pensé ni l'un ni l'autre. Allons, je suis fou... Mettons une dose du prosaïque sommeil d'un voyageur fatigué sur le roman que je rêve, et, demain, réveillons-nous contrebandier.

Georges s'approcha du lit dont il souleva la couverture; dans ce mouvement, opéré d'une façon assez brusque, une feuille de papier, placée sur son chevet, vola sur le parquet, il la ramassa; c'était une lettre à son adresse.

Il lut :

« M. Georges,
» Si la fantaisie vous prenait de faire la cour à madame
» Brunel, réfléchissez à deux fois avant de prononcer
» votre premier mot d'amour, car ce mot serait votre con-
» damnation : je vous tuerais. »

— La situation se complique, pensa Georges en riant. Mon roman n'est pas à sa première ligne, et il a déjà les allures mélodramatiques; c'est à faire mourir de frayeur ou de rire. Mais de qui peut être cette lettre : du mari ? non. Si M. Brunel eût vu en moi le genre d'un amant, il m'eût simplement mis à la porte au lieu de me l'ouvrir à deux battants. De Bernard ? non ; il m'a dit franchement sa façon de penser assez conforme, il est vrai, à celle de l'auteur de cette lettre. De qui donc ? je ne vois personne... Oh ! j'y songe, ne serait-ce pas de ce cyclope, dont le dévouement pour M. Brunel n'a, j'en suis convaincu, d'autre motif que son amour pour la femme, amour que le mari ne soupçonne pas. Pendant le souper, j'ai vu son œil darder sur moi un regard chargé de haine. Allons ! j'ai sur Damoclès l'avantage de deux épées. Ma foi ! nargue de mes résolutions vertueuses. Pour rendre au tigre apprivoisé ses instincts sanguinaires, il suffit de lui faire respirer l'odeur alléchante du sang ; et M. Brunel a mis sous ma dent sa tendre colombe; on a réveillé le lion par la menace, on a doublé le charme de la conquête par la séduction du péril. Advienne que pourra !

Mais, au moment de se mettre au lit, la pensée du triste dénoûment que le temps avait donné à ses intrigues amoureuses lui revint à la mémoire.

— Oh ! non, dit-il, je serais un lâche. — Il s'endormit.
— A qui rêva-t-il ? à madame Brémont ? à Marie ? — Non ! à Louise.

CHAPITRE XXXII.

Une déclaration. — Un meurtre. — Mignon s'élève à la hauteur d'un personnage important. — Chute.

Le lendemain, Georges mit, sans y prendre garde, plus de soins que de coutume à sa toilette ; il revêtit un élégant costume de chasse en velours vert, aux boutons d'argent, qui faisait ressortir ses avantages physiques, et lui donnait les allures d'un grand seigneur de notre époque.

Deux chevaux étaient sellés dans la cour, on les entendait piaffer et hennir.

— Les admirables bêtes, s'écria Georges. — Ce sont deux Andaloux, dont les jarrets ne bronchent pas dans les sentiers pierreux de nos montagnes, dit M. Brunel. Nous allons les essayer, si vous le voulez bien ? — Avec plaisir.

M. Brunel et Georges montèrent à cheval, Louise vint s'accouder sur le perron pour assister à leur départ.

Un incident, qui ne fut pas sans danger pour le jeune homme, le retarda de quelques instants.

A peine était-il assis en selle, que Mignon, le chien de garde, s'élança avec fureur au poitrail du cheval, qui, effrayé, se cabra, et eût désarçonné son cavalier, si Georges avec le sang-froid qu'il possédait dans le danger, n'eût pas sur le champ saisi les rênes d'une main ferme, tandis que de l'autre il asségnait au chien de vigoureux coups de cravache.

La lutte aurait duré longtemps, sans doute ; un geste de Louise arrêta Mignon, qui, honteux de son escapade, vint se coucher aux pieds de sa maîtresse.

— Mon cher ami, dit M. Brunel, si vous le voulez, nous rentrerons. — Pourquoi donc ? — Mais pour vous remettre de l'émotion que vous avez éprouvée. — Moi ! je n'ai éprouvé de frayeur que pour le cheval que je craignais de voir déchiré par les dents de ce vilain chien. Oh ! pardon, Madame ! ajouta le jeune homme en souriant, j'oubliais que Mignon possède votre amour; franchement vous pourriez mieux le placer. — En route donc, dit M. Brunel. — En route, répéta Georges.

Le cheval de notre héros, comme s'il eût reconnu

L'habileté de son cavalier, et eût été fier de le porter, caracolait avec une grâce infinie, et Georges, en passant devant Louise, lui fit exécuter une élégante courbette.

— Il est brave, pensa la jeune femme, que cette scène avait plongée dans une tristesse mélancolique.

Comme les écuyers franchissaient le seuil de la grille, Georges aperçut Antoine qui souriait de ce sourire fauve qui lui était habituel.

— Ah ! mon gaillard, murmura le jeune homme, c'est toi qui a excité Mignon contre mon cheval ! nous règlerons un jour nos comptes.

Le fabricant fit parcourir au jeune homme la campagne, lui expliquant les avantages qu'il pourrait tirer des dispositions du terrain pour ses expéditions.

Quinze jours s'écoulèrent sans événement. Pendant ce temps, Georges a pris sur ses hommes une influence très-grande, née de la bonne opinion que les contrebandiers avaient de l'intelligence et du courage de leur jeune chef.

Il se préparait une expédition importante, il s'agissait de faire entrer en France deux cent mille francs de dentelles.

Le soir même, où cette expédition devait avoir lieu, M. Brunel reçut une lettre d'un de ses commettants de Genève, qui lui annonçait que sa présence était nécessaire, et qu'une heure de retard dans son départ, pouvait être la cause d'une perte de vingt-cinq mille francs.

M. Brunel hésita un instant ; partir c'était laisser Georges et Louise en tête-à-tête, sa jalousie lui montrait le danger près de la confiance.

La cupidité l'emporta, demi-heure après la réception de la lettre, il montait en chaise de poste.

Neuf heures du soir sonnaient.

Georges et Louise étaient assis dans cette même salle à manger, où nous avons fait débarquer les voyageurs à leur arrivée.

Il faisait une de ces chaudes nuits, à l'atmosphère chargée d'électricité, où les fleurs s'ouvrent à la rosée, et les cœurs à l'amour.

Le plus profond silence régnait dans la campagne, on n'entendait que les aboiements de Mignon, qui faisait sa vigilante tournée de chaque soir.

Quelques papillons, attirés par l'éclat des bougies, venaient, en tournoyant, brûler leurs ailes à la flamme.

Georges et Louise étaient seuls.

Seuls, nous nous trompons ; Antoine, la serviette sous le bras, servait à table, et surveillait les deux jeunes gens de cet œil jaloux auquel aucun regard n'échappe.

Ces trois personnages étaient en proie à une émotion violente.

Ils se taisaient.

Mais si on eût appliqué la main sur leurs cœurs, on les eût sentis battre avec une égale violence.

L'expression habituellement moqueuse du visage de Georges disparaissait et faisait place à une expression rêveuse et mélancolique.

Louise vit ce changement et tressaillit.

Georges était-il donc réellement amoureux ?

Les hommes qui aiment une seule fois dans leur vie sont des exceptions ; ceux qui aiment souvent et beaucoup appartiennent à la généralité.

A ce point de vue, Georges ressemblait à la généralité.

Quel est alors le meilleur amour ? Est-ce le premier, le second, le centième ?

Cette question ne peut être résolue que par les amoureux ; psycologistes ignorants, la femme qu'ils ont le plus aimée est toujours celle qu'ils aiment, lorsque vous leur posez cette question.

Le repas se termina sans que ni Georges ni Louise n'aient rompu le silence.

Antoine avait desservi la table, mais il était revenu, suivant son habitude, s'accroupir dans un angle du salon.

Georges voulut d'abord se débarrasser de ce témoin.

— Antoine, dit-il, vous savez que c'est à onze heures qu'à lieu l'expédition. — Oui. — Avez-vous donné des ordres pour que tout soit prêt ? — Oui. — Mes armes sont-elles chargées ? — Oui. — Vous pouvez aller vous reposer. — Je n'ai pas sommeil.

Georges avait épuisé les moyens de conciliation, il comprit le projet d'Antoine, et vit qu'il ne le ferait sortir qu'en lui en formulant l'ordre.

— Antoine, dit-il, sortez.

Le cyclope ne bougea pas.

— M'avez-vous entendu ? répéta le jeune homme, en élevant la voix, sortez. — Je n'ai pas d'ordres à recevoir de vous. — Comment ! s'écria Georges furieux. — En expédition, je vous obéis ; ici je ne relève que de Madame. — Alors, dit Louise, je vous ordonne de sortir. — Vous ? — Qu'a donc de si étonnant cet ordre que vous hésitiez à le remplir ? — C'est que... balbutia le cyclope.... comme M. Brunel n'y est pas.... je.... — Qu'est-ce à dire, fit la jeune femme en se levant avec vivacité ; mon mari vous aurait-il chargé de veiller sur moi ? — Non. — Sortez, et ne revenez que lorsque je vous appellerai.

Antoine sortit, en lançant à Georges un regard plein de haine.

Louise qui, en renvoyant Antoine, n'avait fait qu'obéir à un sentiment de convenance en couvrant de son autorité l'autorité méconnue de Georges, éprouva un mouvement d'effroi après son départ : elle était seule avec lui.

— Merci, dit le jeune homme. — De quoi me remerciez-vous ? — D'avoir éloigné cet homme dont la présence... — N'était-ce pas mon devoir de vous faire respecter, en me faisant respecter moi-même ?

Il y eut un moment de silence.

— Croyez-vous aux pressentiments, demanda Georges. — Oui, répondit la jeune femme, sans comprendre où le jeune homme voulait en venir. — Eh bien ! ce soir, je suis sous l'influence d'un fatal pressentiment, je ne sais ce qui me dit que je serai tué dans l'expédition que nous allons entreprendre. — Quelle folie ! — Vous venez de dire le contraire ; aussi, vous le voyez, Madame, je suis triste et j'ai envie de pleurer, non pas que je redoute la mort, je l'ai bravée plus d'une fois, mais parce qu'avant de mourir, j'aurais voulu goûter d'un bonheur que je n'ai fait qu'entrevoir. — Pourquoi ces tristes pensées ? dit Louise émue. — Et cependant, continua le jeune homme, comme en se parlant à lui-même et s'exaltant à son propre enthousiasme, si vous le vouliez cette tristesse se changerait en fête, mon cœur, qui saigne, bondirait de joie ; fée toute puissante, d'un regard de vos yeux, d'une parole de vos lèvres vous transformeriez les larmes en sourires, les souffrances en gaieté ; au lieu de la mort que je rêve au bout d'un fusil de douanier, je verrais, dans mon avenir, se lever l'arc-en-ciel de l'espérance ; en un mot, je vous aime.

Quoique Louise attendît ce mot, l'accent qu'il prit dans la bouche de Georges la fit tressaillir.

— Monsieur, dit-elle après quelques secondes de silence, je vous ai écouté sans colère quelqu'étrange que fût votre langage ; dans le monde, une femme au premier mot d'une déclaration s'élance vers le cordon de sa sonnette, en espérant que son amant l'arrêtera en chemin ; je suis assez forte pour me défendre moi-même, sans avoir recours à la brutalité de mes gens qui, sur un geste de moi, vous jetteraient à la porte de cette maison. La première condition de l'amour est l'estime, et je ne serais intéressé pas assez pour vous aimer. — Oh ! Madame. — Ecoutez-moi, je vous prie, avec la même complaisance que j'ai mise à vous entendre ; j'aime les positions franches et nettement dessinées. Croyez-vous donc, Monsieur, que votre conduite soit digne d'estime? — Qu'ai-je donc fait? — Ce que vous avez fait? vous avez d'abord trahi la confiance d'un homme qui vous appelle son ami, et qui, chaque jour, vous donne une place à sa table. — L'amour ne raisonne pas. — Mais moi, Monsieur, qui suis sans amour, je raisonne; je dois tout à mon mari, il m'a prise pauvre et m'a faite riche, un caprice de moi est une volonté pour lui, il m'aime plus que vous ne m'aimez, car vous hésiteriez peut-être devant le dévouement dont il m'a donné tant de preuves. Il a des ridicules : croyez-vous ne pas avoir les vôtres? Mon devoir et mon cœur me disent de lui rester fidèle; avec le secours de Dieu, je tiendrai, je l'espère, le serment que je lui ai fait devant Dieu. Vous vous êtes trompé, Monsieur, vous avez pris pour de la légèreté ce qui chez moi est le résultat de l'éducation libre donnée aux filles créoles ; nous avons, pardonnez-moi cette expression, moins de bégueulerie que les femmes de votre monde français, mais nous avons plus de vertu et de volonté. J'ai été franche avec vous, je vous ai répondu sans colère et sans ressentiment; votre insulte, car une déclaration est toujours une insulte pour l'oreille d'une honnête femme, ne s'est pas élevée à la hauteur de mon dédain. dites-moi maintenant quel est votre projet. — Je partirai demain, répondit Georges dont le lovelacisme se trouvait en défaut devant le langage plein de dignité et de franchise de la jeune femme. — Je vous le défends, dit Louise. — Pourquoi ? — Parce que le départ provoquerait chez mon mari des soupçons que je ne veux ni ne dois faire naître. — Dites-moi ce que je dois faire. — Rester. — Après ce que je viens d'entendre ? — Vous expierez votre faute par le repentir, et oubliant ce qui s'est passé entre nous ce soir, je vous promets l'amitié d'une sœur en échange d'un amour que je repousse. — Vous êtes un ange. — Répondez. — J'accepte. — Et vous me jurez de ne jamais me parler de votre amour ? — Je le jure. — Tenez, Georges, fit Louise avec une expansion charmante, vous valez plus que vous ne le croyez vous-même. — C'est vous qui me rendez meilleur ; si, sur ma route, j'eusse rencontré des femmes comme vous, j'aurais aujourd'hui moins de remords. — Vous le voyez, l'amour se change en remords, l'amitié est un sentiment qui reste toujours lui-même.

Et, avec une grâce pleine de franchise, la jeune femme tendit sa main à Georges.

Le jeune homme s'agenouilla devant elle, et déposa respectueusement ses lèvres sur la main qu'on lui abandonnait.

Mais, au même instant, il entendit distinctement le bruit de la batterie d'un pistolet qu'on armait; se relevant avec rapidité, il s'élança vers la portière, la souleva et aperçut une ombre qui glissait légèrement par la porte ouverte.

— Qu'avez-vous? demanda Louise étonnée. — J'avais cru entendre... Quoi ? — Rien, je me suis trompé. — Avez-vous toujours vos sinistres pressentiments ? — Toujours. — Chassez-les et ne vous exposez pas.

Dix heures sonnèrent, c'était l'heure du départ. Georges monta dans sa chambre afin de revêtir le costume sombre qu'il prenait pour ses expéditions.

La réunion avait lieu dans une caverne.

Lorsqu'il y arriva, il trouva les contrebandiers qui, armés jusqu'aux dents, jouaient aux dés, éclairés par des torches de résine plantées dans les crevasses des rochers.

A son entrée, ils se levèrent avec respect.

— Tout le monde est-il arrivé ? demanda-t-il. — Oui, capitaine, répondit le lieutenant, qui était Antoine. — Faites l'appel. — Je l'ai déjà fait. — Je vous ordonne de faire l'appel, répéta Georges d'une voix brève.

Les contrebandiers se mirent sur deux rangs, avec la rapidité des soldats à l'exercice, tandis que notre héros se promenait de long en large. — C'est un dur-à-cuire que le capitaine, dit un contrebandier à l'oreille de son voisin. — Le lieutenant ne l'aime guère. — Je préfère être dans ma peau que dans la sienne. — Dans la peau de qui ? — Dans celle du capitaine... le lieutenant pourrait bien... enfin suffit, je m'entends... Nous sommes presque tous mortels, murmura sentencieusement le contrebandier. — Si le lieutenant avait le malheur de toucher à notre brave capitaine, aussi vrai que je crois au diable, il pourrait bien apprendre combien est lourde à l'estomac une dragée de ma carabine. — Bien parlé.

Georges était aussi adoré des contrebandiers qu'Antoine en était détesté; ils acceptaient avec plaisir l'autorité du premier, qui, en dehors de la discipline pour laquelle il se montrait inexorable, était plutôt leur ami que leur chef; ils subissaient le second, dont la brutalité les révoltait.

Lorsque l'appel fut achevé, Georges, s'avançant vers ses soldats :

— Mes amis, leur dit-il, vous connaissez l'importance de notre expédition de cette nuit. — Oui, oui. — Il s'agit de deux cent mille francs de dentelles, qu'il faut escamoter comme une muscade au nez des douaniers. — Bravo! firent les contrebandiers enchantés de la figure. — Si l'entreprise est belle, elle doit être bonne pour tous, et je me porte garant que si elle réussit, le chiffre des honoraires de chacun de vous sera doublé par exception. Vive le capitaine ! — En voilà un bon enfant ? — Un brave homme ! — Silence ! dit Georges; pour que une entreprise soit réellement belle, il faut qu'elle ne coûte de sang à personne ; pas de ridicules fanfaronnades, pas de bravades inutiles; songez que les douaniers sont comme vous des pères de famille, qu'une mort fait des orphelins ; n'en venez aux mains qu'à la dernière extrémité ; le lieutenant a reçu mes ordres. Maintenant, en marche. Je reste ici pour surveiller l'opération.

On éteignit les torches, et les contrebandiers s'éloignèrent; Bernard s'approcha :

— Capitaine, dit-il, permettez-moi de rester près de vous. — Pourquoi faire? — Pour vous tenir compagnie d'abord, ensuite pour être deux si un danger se présentait. — Je vous remercie, j'ai besoin d'être seul. Quant au danger que je puis courir, il est dans votre imagination; ainsi, laissez-moi, mon ami. — Vous le voulez ? — Je le veux. — Ça me chiffonne, j'ai rêvé couleuvre la nuit dernière, et, savez-vous ce que cela signifie ? — Non. — Trahison. — Qui donc pourrait me trahir? — Qui ?... avez-vous remarqué le regard qu'a vous a lancé ce soir Antoine. — Vous vous trompez. — Non pas... je n'aime pas ce cyclope, c'est un sournois qui a toujours le manche de son poignard dans la paume de la main.

Bernard insista encore quelque temps et ne se retira que devant la volonté nettement formulée de Georges.

Celui-ci s'assit, déposa sa carabine près de lui, et se laissa aller à la vague mélancolie provoquée par les événements de la soirée.

Deux heures s'écoulèrent pour Georges dans cette douce rêverie, qui tient à la fois de la veille et du sommeil; un coup de sifflet l'avertit que l'entreprise avait réussi; il allait partir lorsqu'il vit se dresser devant lui la silhouette d'Antoine.

— A nous deux, maintenant, dit le cyclope. — Que me voulez-vous, répondit Georges en étendant instinctivement la main pour saisir la carabine placée à côté de lui.

Mais Antoine, prévoyant son projet, d'un coup de pied fit voler le fusil, qui roula en se brisant sur les rochers.

Misérable ! exclama notre héros, qui, prenant un pistolet à sa ceinture, l'arma et dirigea le canon contre la poitrine d'Antoine. — Feu ! dit le contrebandier avec un sang froid qu'n'expliquait pas le danger de la situation.

— Que voulez-vous? répéta Georges. — Vous tuer. — Que

voulai-je fait? — Je vais vous le dire; ce sera pour vous une satisfaction de savoir pourquoi je vous expédie dans l'autre monde. — Dépêchez-vous, et n'abusez pas de ma patience. — C'est à vous de ne pas abuser de la mienne. — Parlez. — Vous souvient-il de certain billet que vous avez trouvé sur votre lit le soir même de votre arrivée ici? — Oui. — Il paraît que vous avez oublié ce qu'on vous y disait : « Au premier mot d'amour prononcé à l'oreille de madame Brunel, vous êtes un homme mort. » N'est-ce pas là le sens de cette lettre ? Vous n'avez pas attaché une grande importance à cette menace. — Je ne crains pas les menaces. — Tant pis pour vous, celle-ci était un bon conseil, dont vous auriez dû profiter. — Je ne reçois de conseils de personne. — Tant pis pour vous, vous paierez cher votre orgueil. — Qui donc se chargera de me le faire payer ? — Moi. — Vous! dit Georges avec un sourire plein de dégoût et de mépris. — Moi-même, qui tiens votre vie au bout de mon pistolet.

Et Antoine qui, jusqu'alors, avait eu les bras croisés, les ouvrit et plaça la gueule d'un pistolet armé à quelques centimètres de la poitrine de Georges.

Le jeune homme lâcha la détente de l'arme qu'il tenait à la main ; le chien s'abattit, la capsule partit, et ce fut tout ; il saisit avec rapidité le poignard qu'il portait toujours à sa ceinture, la lame en avait été brisée au manche.

Georges eut peur. Il était au pouvoir de cet homme, qui le contemplait avec le sourire de la haine aux lèvres, et dont le regard brillait dans l'obscurité comme celui d'une bête fauve. Il sentait une sueur froide glisser en larges gouttes sur son front; il n'y avait pas une chance de salut; à droite, à gauche, en arrière du plateau de rocher sur lequel il se trouvait était un large précipice où il eût été brisé mille fois; en avant, Antoine, inflexible comme le destin, se tenait, le pistolet au poing, prêt à faire feu au premier geste.

Et, comme si Dieu se fût fait le complice du meurtrier et eût voulu augmenter la terreur de la victime, l'orage, qui avait menacé pendant toute la soirée, éclata avec violence. Les éclairs déchiraient le ciel, jetant sur le visage du contrebandier leur lueur rougeâtre, et rendaient plus hideuse encore l'expression de la physionomie du bandit; le tonnerre grondait, la pluie, tombant avec l'impétuosité d'une trombe, transformait les ruisseaux en torrents, dans lesquels le vent sifflant avec le bruit sinistre de mille sifflets de locomotive, jetait les arbres déracinés et les rochers détachés de la montagne. C'était un spectacle affreux ; on eût dit que le monde, ébranlé sur sa base, allait rentrer dans le néant, d'où la volonté divine l'a tiré et où il rentrera par la volonté divine.

Antoine se tut un instant, savourant avec les délices de la haine la terreur peinte sur le visage de Georges, il fit entendre un ricanement semblable au rire du démon, blasphémant Dieu.

— Oh ! j'ai pris mes précautions, dit-il, vous êtes à moi, bien à moi, et pas une puissance humaine ne peut vous arracher de mes mains. — Vous êtes un assassin ! s'écria Georges, ivre de fureur. — Que m'importent vos injures! Je n'ai voulu qu'une chose : vous tuer ! et vous voyez que j'ai mis toutes les chances de mon côté. — Tuez-moi donc. — Pas encore, il est juste que vous sachiez pourquoi je vous tue ; il est un secret qui m'étouffe depuis dix ans, et je ne puis mieux le confier qu'à l'homme dont la mort me répond du silence : j'aime madame Brunel. — Je ne m'étais pas trompé, murmura notre héros. — J'aime madame Brunel, continua Antoine, dont la prunelle flamboyait ; je l'aime depuis dix ans, entendez-vous ! depuis dix ans cet amour est ma vie, ma pensée du jour, mon rêve de la nuit; je ne veux rien, je ne désire rien : la voir, l'entendre, respirer l'air qu'elle respire, voilà mon bonheur ; je n'en ambitionne pas d'autre. Je me suis fait une vie à l'ombre de sa vie; je me réchauffe et je m'endors à son soleil. Elle est trop haut, je suis trop bas ; mon amour n'est que l'adoration pure des hommes pour les anges de Dieu. Mais je ne veux pas qu'un autre obtienne d'elle ce dont nul n'est digne. Je suis jaloux ! jaloux de tout ce qu'elle aime, de tout ce qui lui dérobe une partie de son cœur ; vingt fois j'ai été sur le point d'étouffer Mignon entre mes bras parce que j'étais jaloux de Mignon. Son mari, je l'eusse tué si elle l'eût aimé ; mais elle n'a pour lui qu'une calme affection, plus près de l'amitié que de l'amour. Et vous êtes venu vous jeter dans ce bonheur ; vous êtes venu, avec votre jeunesse, votre esprit et votre beauté ; car vous êtes jeune, vous êtes beau, vous êtes spirituel ; vous êtes venu animer, sous le souffle de votre amour, la statue de marbre.... Voilà pourquoi il faut que je vous tue. — Ce n'est point encore fait, s'écria Georges qui, en voyant l'attitude calme de son meurtrier, avait compris qu'il n'avait aucune espérance d'échapper à sa vengeance, et qui, se précipitant sur lui, saisit le pistolet braqué sur sa poitrine et le lança dans le précipice.

Antoine, étonné d'une attaque qu'il ne prévoyait pas, chancela sur la terre humide ; mais, reprenant son aplomb et avec lui la confiance en sa force, il enveloppa le jeune homme dans ses bras vigoureux.

Georges, leste et souple, parvint à échapper à cette étreinte ; mais, dans l'intervalle de quelques minutes qui sépara les combattants, le contrebandier, s'armant de son poignard, le plongea jusqu'au manche dans la poitrine du jeune homme, qui, poussant un cri, étendit les bras, et roula dans le précipice.

— Maintenant décampons, dit Antoine après avoir écouté pendant quelque temps le bruit produit par la chute du corps ; son compte est bon, les rochers ont dû lui briser la tête et achever la besogne commencée par mon poignard.

Et, réparant le désordre de ses vêtements, il reprit le chemin de l'habitation de M. Brunel.

Louise ne s'était pas couchée.

Assise sur un sopha de sa chambre à coucher, elle songeait à Georges ; car la jalousie d'Antoine avait deviné juste. Louise l'aimait ; elle se sentait entraînée vers lui par un penchant irrésistible.

Elle était triste, elle sentait les larmes lui venir aux yeux.

Le souvenir du pressentiment de mort dont avait parlé Georges lui était venu.

— Oh ! mourir ! murmura-t-elle, lui, si jeune, si beau ; oh ! non, c'est impossible.

Et elle resta de longues heures à attendre écoutant d'une oreille inquiète les mille bruits de l'orage en courroux, interrogeant d'un œil avide l'aiguille de la pendule, parcourant avec lenteur son cercle de porcelaine.

Mignon fit entendre de longs aboiements.

Louise se leva avec rapidité et ouvrit la fenêtre ; un homme qui venait d'entrer par la petite porte du jardin, traversait la cour.

— Qui est là ? demanda-t-elle. — Moi, répondit une voix. — Qui, vous ? — Bernard. — Montez.

Quelques secondes après, Bernard, les habits ruisselants de pluie, apparaissait sur le seuil de la porte. — Entrez, dit Louise. — C'est que..., répondit Bernard, et il lui montrait l'eau glissant de ses vêtements. — Entrez, répéta la jeune femme.

Bernard obéit.

— Où est M. Georges ? — Il doit être rentré. — Non. — C'est étonnant ; voilà une heure qu'on a donné le signal de la retraite, il devrait être ici, dit Bernard, alarmé. — Où l'avez-vous laissé ? — Sur la montagne. — Pourquoi n'êtes-vous pas resté avec lui ? — Il ne l'a pas voulu. — Il est peut-être blessé ? — Je ne crois pas ;

j'aurais entendu le coup de fusil, et il n'y a pas eu une seule décharge pendant l'expédition.

Mignon aboya de nouveau.

— Le voilà, dit Bernard. — Ce n'est pas lui, dit la jeune femme, qui s'était élancée à la fenêtre, et qui, avec cette double vue que donne l'inquiétude, avait reconnu Antoine, qu'elle appela.

Malgré l'empire qu'Antoine avait sur lui-même, la scène à laquelle le lecteur a assisté, avait laissé sur son visage des traces visibles ; il était pâle, abattu ; il chancelait sur ses jambes. Cette émotion n'échappa pas à Louise, qui y vit la certitude du malheur qu'elle redoutait.

— Il est mort ! s'écria-t-elle en se laissant tomber sur le canapé. — Qui? demanda Antoine. — Georges, balbutia la jeune femme. — Ah ! *monsieur Georges*, fit le contrebandier, qui appuya avec intention sur le titre de Monsieur, comme pour faire comprendre à Louise qu'elle avait trahi son secret. Il paraît que j'ai bien fait de le tuer, pensa-t-il tout bas ; il était temps. — De qui diable voulez-vous que Madame vous parle, dit Bernard avec brusquerie, du grand-turc ? Avez-vous vu le capitaine ? — Je ne l'ai pas vu. — C'est qu'alors il lui est arrivé malheur. — Quel malheur peut-il lui être arrivé ? — Mais le moindre, par ce temps d'orage, où l'on ne voit pas goutte à deux lignes du bout de son nez, est d'avoir roulé dans un précipice. — Grand Dieu ! soupira la jeune femme, dans un tel état de prostration morale qu'elle ne pouvait point prendre part à la conversation des contrebandiers. — Il aura cherché, répondit Antoine, un abri contre la pluie dans quelque ferme des environs. — C'est impossible. — Pourquoi ? — Parce que son costume pouvait le trahir... je crois plutôt, ajouta Bernard, en jetant un regard soupçonneux sur Antoine..... — Que croyez-vous ? dit celui-ci. — Suffit ; demandez à Dieu que mes soupçons ne se réalisent pas ; car il y a quelqu'un de votre connaissance qui apprendrait ce que pèse mon bras lorsqu'il frappe. — Je ne vous comprends pas, répondit le contrebandier en haussant dédaigneusement les épaules comme s'il ayant compris la menace et voulait montrer qu'il s'en moquait ; vos craintes sont exagérées, continua-t-il, M. Georges, surpris par la pluie, se sera réfugié dans quelque grotte, et il nous reviendra demain, frais et dispos. — L'incertitude me tue, fit Louise en se levant, et parlant de ce ton sec et bref qui vient d'une résolution : Qu'on éveille les domestiques, ajouta-t-elle. — Que voulez-vous faire, demanda Antoine. — Aller à la recherche de Georges. — A cette heure ? — Une minute de retard aggrave peut-être le danger de sa position. — Cependant... — Obéissez. — Ah ! mon gaillard, pensa Bernard, tu te fais trop tirer l'oreille pour que ce que je crains ne soit pas arrivé... J'aurai l'œil sur toi, et malheur à toi ! si Georges....

Et le frère de Marie, qui, malgré ses vices de bas étage, avait pour son bienfaiteur une affection sincère, s'empressa d'exécuter les ordres qui paraissaient déplaire à Antoine.

Quelques instants après, les domestiques, armés de torches, étaient réunis dans la cour ; ils allaient partir, lorsque Louise, qui avait jeté à la hâte un mantelet sur ses épaules et un chapeau de paille sur sa tête, les arrêta d'un geste.

A sa vue, Antoine tressaillit et devint encore plus pâle.

— Madame, lui dit-il, est-ce que vous songeriez à nous accompagner ? — Oui. — Mais vous n'avez pas réfléchi aux dangers d'une pareille excursion ; l'orage a transformé les ruisseaux en torrents ; la pluie tombe encore avec violence. — Contentez-vous d'exécuter mes ordres, sans les faire suivre de vos commentaires. Détachez le chien. — Mignon ? fit le contrebandier avec étonnement. — Oui. — Qu'en voulez-vous faire ? — Il nous guidera dans nos recherches. — Je vous ferai remarquer... — Allons donc, dit Bernard, obéissez...

Mais Antoine, se pressant peu, car il redoutait l'instinct de Mignon, Bernard brisa le cadenas qui fermait la chaîne.

L'intelligent animal vint en bondissant saluer sa jeune maîtresse, et, comme s'il eût eu la conscience de la mission qu'on lui confiait, il alla se placer à la tête du cortège.

— Quelle singulière idée ! grommela le contrebandier entre ses dents. — Pas si singulière, lui dit Bernard d'une voix menaçante, en se penchant à son oreille ; j'en ai une autre qui ne vous plaira peut-être pas davantage, c'est celle de vous brûler la cervelle au premier mouvement que vous ferez pour m'échapper.

Antoine ne répondit pas à cette menace ; un profond accablement se lisait sur son visage, et il marchait comme s'il n'eût pas eu le sentiment de ce qui se passait autour de lui.

— Suivez le chien, dit Louise.

Le cortège se mit en route.

L'orage s'était un peu calmé, mais les chemins, détériorés par la pluie, étaient souvent impraticables, et il fallut faire plus d'une fois de vastes contours pour suivre Mignon, qui, le nez au vent, se mettait bravement à la nage, jetant de longs aboiements pour guider nos personnages.

Louise était pâle, cependant son regard brillait d'une expression pleine de résolution ; ses vêtements humides étaient collés contre son corps, elle tremblait de froid, ses bottines légères s'étaient déchirées aux cailloux des sentiers, mais Bernard veillait sur elle, la soutenant dans ses bras, et l'emportant comme il eût fait d'un enfant, lorsqu'un ruisseau se présentait.

On était arrivé à la montagne sur laquelle avait eu lieu le combat.

Mignon se coucha, aspira l'air pendant quelques instants, puis s'élança avec rapidité dans le précipice.

Il y eut parmi les assistants un mouvement d'effroi : on comprenait qu'on touchait au dénoûment du drame.

Mais quel devait être ce dénoûment ?

Georges était-il mort ou vivant ? N'était-ce plus qu'un cadavre qu'on devait retrouver ?

Pendant quelques minutes après la disparition du chien, on n'entendit rien ; mais, tout-à-coup, de longs et tristes aboiements, pleins de larmes, s'élevèrent du fond du précipice, et glacèrent d'effroi tous les assistants.

— Mignon a trouvé Georges, dit Bernard. — Je ne crois pas, ajouta Antoine ; ces aboiements sont ceux d'un chien en détresse ; Mignon se sera blessé en roulant sur les rochers. — Il faut nous en assurer, fit à son tour Louise. — Comment, Madame, s'écria le contrebandier, vous voulez descendre ? — Je le veux. — Mais c'est la mort. — Restez, si cela vous convient. — Du tout, dit Bernard, il faut qu'il nous accompagne, j'ai mon projet.

En voyant la résolution de leur jeune maîtresse, les domestiques, qui avaient d'abord hésité devant le précipice dont le gouffre béant effrayait par son obscurité, descendirent en se cramponnant aux arbustes et aux plantes sauvages poussés dans les interstices des rochers.

Bernard avait pris Louise dans ses bras, après avoir d'un geste plein de menace forcé Antoine à marcher devant lui.

Antoine avait obéi ; il n'y avait plus en lui ni énergie ni volonté.

La descente s'opéra sans danger.

Un affreux spectacle s'offrit aux yeux de Louise.

Georges, étendu sur le dos, la tête couverte du sang découlant des blessures qu'il s'était faites à la tête dans sa chute ne donnait plus signe de vie.

Le poignard d'Antoine était encore planté dans sa poitrine.

Mignon, accroupi sur le jeune homme, léchait le sang.

Louise et Bernard poussèrent aussitôt un cri; mais le premier était un cri de désespoir, le second un cri de rage.

Antoine s'était assis sur un rocher comme s'il était étranger à la scène qui se passait autour de lui.

Louise s'agenouilla et mit la main sur le cœur de Georges pour s'assurer s'il respirait encore, sa main se heurta au manche du poignard : elle recula effrayée ; Bernard arracha l'arme de la blessure, le sang s'en échappa avec violence, le jeune homme fit entendre un long et douloureux soupir.

Georges respirait encore.

Mignon s'était dressé sur ses pattes, et faisait claquer ses dents avec le grognement, signe précurseur de la colère.

Il avait découvert la victime, il cherchait maintenant le meurtrier.

L'instinct des animaux est souvent bien près de l'intelligence humaine, et la limite qui les sépare l'un de l'autre est parfois si faible qu'on ne la distingue pas. Pour ma part, j'ai vu des chiens beaucoup plus spirituels que certains hommes ; j'en demande humblement pardon à l'humanité.

Mignon tournait dans l'étroit espace où étaient réunis nos personnages, avec l'activité fébrile de la hyène dans une cage. Arrivé devant Antoine, qui, seul, jusqu'à ce jour, parmi les nombreux domestiques, avait eu le don de dompter sa férocité, il s'accroupit pendant quelques instants, ses yeux brillaient dans l'obscurité d'un éclat verdâtre.

Tout-à-coup, après quelques aboiements pleins de rage, il s'élance à la gorge d'Antoine : vainement le contrebandier, que cette brusque agression a réveillé de son apathie, essaie de lutter ; son pied glisse et il tombe sur le dos : alors, Mignon, s'acharnant sur sa victime avec la voracité d'un loup affamé sur un cadavre, lui déchire le visage, qui n'est bientôt plus qu'une plaie hideuse.

Les domestiques veulent lui porter secours, mais Bernard, qui a suivi d'un œil sec tous les détails de cet étrange combat, se place au-devant d'eux.

— Ne touchez pas à cet homme, s'écrie-t-il. — Mais le chien le dévore.—Laissez s'accomplir la justice de Dieu. — Que dites-vous? — Cet homme est l'assassin de monsieur Georges. — Quelle preuve en avez-vous? — Le poignard que le meurtrier avait laissé dans la poitrine de sa victime. — N'importe! si cet homme est coupable, la justice le punira, mais nous ne devons pas permettre, sous nos yeux, un horrible combat, dit un domestique en s'avançant.

Bernard le repousse avec un geste menaçant.

— Un pas de plus, et je vous tue, dit-il en levant le poignard qu'il tient à la main.

Les domestiques reculent épouvantés ; le feu qui brille dans l'œil de Bernard, la sombre énergie de son accent, les intimident.

Du reste, le combat touche à sa fin, et les secours sont inutiles. Antoine, étranglé par la mâchoire puissante de Mignon, ne fait plus entendre qu'un râlement sourd et difficile ; ses mouvements, brusques, ne sont plus ceux d'un homme qui se défend, mais les mouvements nerveux de l'agonie ; il pousse un dernier cri et meurt.

Mignon, comme s'il eût compris que sa tâche était finie, et qu'un nouveau coup de dent ne serait plus donné qu'à un cadavre, les babines sanglantes, l'haleine chaude, s'étend doucement sur ses pattes, et, laissant retomber sa tête sur celles de devant, s'endort avec le calme d'une conscience contente d'elle-même.

— Excellent animal qui m'a épargné une ennuyeuse besogne, pensa Bernard.

Louise, agenouillée devant le corps de Georges, dont elle interroge le visage sur lequel la vie revient avec le sang, n'a rien vu, rien entendu de ce drame accompli en quelques minutes.

— Il vit, murmure-t-elle, il vit. — Il ne s'agit plus que de le transporter à la maison, répond Bernard ; là, nous aurons sous la main tous les secours. — Mais pourra-t-il supporter d'être transporté? reprend la jeune femme inquiète. — Dieu est pour nous, fait Bernard en songeant au combat dans lequel Mignon vient de jouer le triple rôle d'accusateur, de juge et de bourreau.

A ces mots, le colosse charge le corps sur ses épaules, et, précédé des domestiques qui l'éclairent dans sa périlleuse ascension, suivi de Louise, surveillant chacun de ses mouvements avec ce regard qui appartient en même temps à l'amante et à la mère, il gravit doucement le précipice.

Quant à Antoine, personne n'y songea ; c'était sans doute, comme l'avait dit Bernard, la justice de Dieu qui avait fait mourir le meurtrier dans le lieu même où il avait assassiné sa victime.

Mignon, qui s'était élevé, dans ces circonstances, à la hauteur d'un personnage important, exécutait de joyeuses gambades à la tête du cortége, qui arriva sans accident à la maison.

La blessure de Georges n'offrait pas un sérieux danger.

Le poignard de l'assassin avait glissé sur les côtes et n'avait attaqué que la chair, sans léser aucun des principaux organes.

La guérison n'était donc qu'une affaire de temps.

Lorsqu'il revint à lui, il était si faible qu'il ne put prononcer qu'un nom, ce nom fut celui de Louise.

La jeune femme tressaillit ; son nom, saluant le retour à l'existence. était le plus délicieux aveu.

L'amour de Georges, dans le cœur de Louise, avait pris la poste et allait à grandes guides.

C'est qu'il avait été admirablement servi par les circonstances.

Les circonstances en avaient fait le héros d'une aventure dramatique, et le sang perdu par ses blessures lui avait donné un air mélancolique qui le rendait fort intéressant.

Les petites causes produisent souvent de grands effets ; en amour, elles sont les meilleurs auxiliaires des amants.

Louise céda comme cèdent toutes les femmes. Un soir Georges saisit sa main, la porta à ses lèvres ; ce baiser glissa jusqu'à son cœur ; elle tressaillit et se renversa en arrière ; un bras la retint, des lèvres brûlantes s'appliquèrent sur ses lèvres.

L'ange gardien de Louise, déployant ses ailes blanches, s'envola au ciel, la tête tristement appuyée sur ses deux mains ; le diable sourit, et écrivit un nouveau nom sur la liste de ses victimes.

Combien d'heures s'écoulèrent dans le muet et doux silence qui suit la chute de la femme?

Louise pleurait appuyée sur l'épaule de son amant ; Georges laissait couler ces larmes qu'il buvait dans de voluptueux baisers ; oubliant le monde terrestre comme ils avaient oublié Dieu, les jeunes gens se promenaient dans le monde fantastique des rêveries sans fin ; aussi n'entendirent-ils point, ni les joyeux aboiements de Mignon, ni le bruit d'une chaise de poste qui entrait dans la cour.

Tout-à-coup, la silhouette d'un homme se dessina dans le cadre de la fenêtre ouverte ; Louise poussa un cri d'effroi et cacha sa tête dans la poitrine de son amant, qui, réveillé, se leva et s'avança vers le personnage dont la brusque apparition lui faisait battre le cœur.

Il reconnut Bernard.
— Que venez-vous faire ici? dit-il. — Vous sauver. — Comment? — Vous n'avez donc pas entendu? fit Bernard. — Quoi? — Une chaise de poste vient d'arriver, et dans cette chaise de poste se trouvait M. Brunel. — Mon mari! s'écria Louise se sentant défaillir et se cramponnant au dossier d'un fauteuil pour ne pas tomber. — Comme vous le dites, répondit Bernard dont la voix avait cet accent sarcastique qui couve la colère, votre mari qui dans cinq minutes sera ici. — Grand Dieu! — Et qui donc lui a dit que Madame était dans ce kiosque? demanda Georges. — Moi. — Vous! — Oui, moi. — Misérable. — Pas d'insulte, nous aurons plus tard une explication répondit froidement Bernard, et elle sera sérieuse, si j'ai dit à M. Brunel que Madame était dans ce pavillon, c'est qu'il allait monter dans les appartements de Madame, et, ne la trouvant pas, il aurait pu avoir des soupçons; si je suis venu, c'est pour vous sauver; ainsi, plus de paroles inutiles, chaque minute aggrave la position et la rend plus dangereuse; suivez-moi, M. Georges. — Comment? — Mais, par le chemin que j'ai pris, la fenêtre est la route des amants. — M. Brunel peut nous surprendre. — Non; la porte d'entrée du pavillon est du côté opposé à cette fenêtre.

Au même instant, on entendit des pas résonner sur les escaliers en bois du kiosque.
— Voilà mon mari! s'écria Louise.
Georges enjamba la fenêtre.
— Courage! murmura-t-il.
Et il disparut.
Louise s'élança à la porte dont elle tira les verroux, et se plaça à son piano.
Il était temps pour la femme.
M. Brunel entra.
Il était trop tard pour le mari.
Louise, à l'entrée de M. Brunel, poussa un cri d'étonnement et se précipita dans ses bras.
— Comme elle m'aime, pensa l'heureux époux en l'embrassant. — C'est mal à vous de me surprendre ainsi, dit Louise avec une voix pleine de câlinerie, mais dans laquelle il y avait encore un reste d'émotion. — T'aurais-je fait peur, demanda M. Brunel en s'emparant de la main de la jeune femme et en la conduisant vers le canapé. En effet, continua-t-il; ta voix est tremblante.

Louise, grâce à l'obscurité, cacha facilement l'émotion que lui avait fait éprouver l'arrivée de son mari; ses traits, bouleversés, avaient repris leur physionomie habituelle, et sa voix altérée le timbre qui lui était particulier; peut-être y avait-il bien dans sa gaîté quelque chose de nerveux, qui n'eût pas échappé à un œil observateur; mais un vieux proverbe a dit : « Il est un dieu pour les ivrognes, il est un dieu pour les amants. » Et ce proverbe a raison.

M. Brunel se fit raconter par sa femme les détails de l'événement dans lequel Georges avait manqué de perdre la vie, et dont Louise l'avait déjà instruit par une lettre.
— C'est étrange, murmura-t-il, qu'est-ce donc qui a pu provoquer la haine d'Antoine contre Georges? — Peut-être, dit Louise, le titre de capitaine que vous aviez donné au second; et que le premier ambitionnait depuis longtemps. — Mais enfin quel a été le prétexte de cette querelle dont les suites ont été si funestes? — Le prétexte? — Oui. — Le soir même, Georges avait donné à Antoine quelques ordres qui avaient blessé celui-ci dans son amour-propre.
M. Brunel se leva.
— Madame veut-elle me permettre de lui offrir mon bras? fit-il avec une galanterie pleine de gaîté. — Avec plaisir. — Je vais te reconduire jusqu'à ta chambre; j'irai ensuite faire une petite visite à Georges.

Celui-ci était à peine couché qu'on frappa à la porte de sa chambre.
Bernard ouvrit.
— Eh bien! dit le fabricant, comment va le malade? — Parlez plus bas, s'il vous plaît. — Est-ce qu'il se repose? — Je crois qu'il s'est endormi.
Marchant sur la pointe des pieds, Bernard s'avança vers le lit.
— Dormez-vous, dit-il en soulevant les rideaux. — Ah! c'est vous, Bernard? fit Georges d'une voix éteinte. — Oui. — Vous n'êtes pas seul? — Non; il y a quelqu'un qui voudrait bien vous serrer la main. — Qui donc? — C'est moi, mon ami, dit le fabricant en sortant de l'angle obscur où il s'était placé en entrant. — Comment, c'est vous, M. Brunel; quand êtes-vous donc arrivé? — Il y a une heure. Une lettre de ma femme m'avait appris le malheureux événement dans lequel vous avez manqué perdre la vie, et je serais venu plus tôt si les affaires... — Oh! madame Brunel a été excellente pour moi, interrompit Georges; ce soir encore elle a voulu me servir de guide pour une promenade dans le parc, et c'est à la suite de cette promenade que je me suis senti plus fatigué que de coutume. — Vous parlez trop, M. Georges, dit Bernard. — Bernard a raison, ajouta M. Brunel; demain nous causerons plus longuement; vous avez besoin de repos, je vous quitte.

Après le départ du fabricant, Bernard s'avança vers le lit, et s'adressant au malade :
— Parlons maintenant sérieusement. — Qu'avez-vous à me dire? fit Georges étonné du grave accent donné par Bernard au dernier membre de sa phrase. — Ce soir je vous ai sauvé. — Je vous en remercie, et ma reconnaissance.... — Laissons les mots, et ne voyons que les choses; si je vous ai sauvé, c'est moins pour vous que pour moi. — Comment? — Entre nous, il y a un lien intime : ma sœur. — Marie, murmura le jeune homme. — Oui, Marie, répéta Bernard, Marie qui vous aime plus que vous ne le méritez, qui a mis en vous son bonheur et son avenir, et que vous trompez lâchement. — Bernard! — Oh! ne vous fâchez pas; lorsqu'on fait mal, il faut se résigner à s'entendre dire des choses pénibles. Vous avez promptement oublié ce que je vous ai dit le soir de notre arrivée ici. Écoutez-moi, M. Georges, dit Bernard avec un accent ému; je vous aime sincèrement, et le jour où je vous vis étendu sanglant, j'aurais tué votre assassin, si Mignon ne s'était pas chargé de cette besogne; mais j'aime encore plus ma pauvre Marie pour laquelle vous êtes tout en ce monde, et que votre abandon tuerait. Si votre amour pour madame Brunel n'est qu'un de ces caprices passagers, fusée volante du sentiment, qui brille et meurt, peu m'importe, je n'ai pas de contrôle à exercer sur votre vie, cela regarde le mari; amusez-vous, vous êtes jeune et les femmes sont légères, mais n'oubliez pas Marie, qui vous aime plus qu'on ne vous a aimé et qu'on ne vous aimera.

Georges tendit la main à Bernard.
— Mon ami, lui répondit-il, je vous jure de ne jamais abandonner votre sœur.

Bernard, content de l'issue de cette soirée, rentra dans sa chambre, où bientôt il s'endormit de ce sommeil calme d'une conscience satisfaite.

Georges fut rapidement rétabli; il reprit le commandement de ses contrebandiers, et mena, par son courage, à bonne fin plusieurs entreprises difficiles.

Cependant ses relations avec la jeune femme continuaient sous les yeux de M. Brunel, sans que la jalousie du mari le rendît plus clairvoyant; il était trompé et heureux, vantait la vertu de sa femme et la délicatesse de Georges.

Louise, entraînée par le tourbillon, ne calculait pas les dangers de sa position et ne voyait pas le triste récelui qui l'attendait : une vie nouvelle, pleine de fièvre, d'émotions vives, de caresses brûlantes, s'était ouverte devant elle ; elle s'y plongeait avec délices ; pour elle, c'était le fleuve qui fait oublier le passé.

L'heure de la séparation arriva.

La veille, M. Brunel conduisit Georges dans son cabinet de travail.

— Mon ami, lui dit-il, j'ai arrêté nos comptes ; la campagne a été bonne, grâce à vous ; voilà la part qui vous revient d'après nos conditions. — Combien ? — Vingt-deux mille cinq cents francs. — Peste ! c'est un métier productif que celui de contrebandier. — Si vous voulez vérifier les livres. — C'est inutile, je m'en rapporte à vous. — L'année prochaine nous recommencerons. — J'accepte. Quand partez-vous ? — Demain ; j'espère que vous nous accompagnerez. — Je crains que ma présence à Lyon ne soit encore dangereuse pour moi ; vous savez que je suis gravement compromis dans l'émeute.. — Tranquillisez-vous ; j'ai fait agir mes amis, vous ne courez plus aucun danger.

Le lendemain, la même chaise de poste, qui avait amené nos personnages, reprenait, après six mois, la route de Lyon : un seul manquait, Antoine.

— Ah ça! mon cher Georges, dit M. Brunel, je pense que nous vous verrons quelquefois ? — Certainement. —Nous recevons peu de monde, notre intérieur n'offre pas les distractions mondaines que vous aimez, vous viendrez vous reposer chez nous des fatigues des bals. —Mais le repos vaudra mieux que le plaisir. — Diable ! vous devenez galant, répondit le fabricant en souriant.

Au moment de descendre de voiture, Georges glissa dans l'oreille de la jeune femme ce mot qui fait tressaillir un cœur aimant : Toujours.

Toujours ! lettre de change signée par le cœur et protestée par le temps.

Cinq minutes après son arrivée, il tenait sur ses genoux une charmante jeune fille, Marie, dont la joie éclatait en rires et en larmes. — Tu m'aimes ? disait-elle. — Si je t'aime ? répondait Georges dans un baiser. — Et tu ne me quitteras jamais ? — Jamais.

Jamais ! encore une lettre de change sentimentale que les amoureux mettent facilement en circulation.

Bernard contemplait le tableau délicieux formé par les deux amants.

— Allons, dit-il, en pensant aux relations de Georges avec M. Brunel, ce n'était qu'un caprice.

Bernard s'était trompé : c'était un amour.

Le cœur de certains hommes est capable d'avoir autant d'amours qu'il y a d'étoiles au ciel, si leur vie était dans le temps ce qu'est le ciel dans l'espace.

CHAPITRE XXXIII.

Georges et Aspasie. — Un nouvel amour.

Que les lecteurs veuillent bien se reporter au chapitre III du premier volume de cet ouvrage, car notre intrigue nous ramène précisément à cette époque à laquelle nous avons placé notre point de départ.

Il nous a fallu expliquer Georges, et pour cela raconter les événements qui s'étaient écoulés pendant sa jeunesse. Nous avons vu comment Bernard, en voulant venger l'abandon de Marie, avait été sauvé par celui qu'il voulait punir. Entraîné par le récit des faits, nous leur avons peut-être donné un trop grand développement ; cette faute, dont nous nous accusons, est une faute légère si nous avons su intéresser nos lecteurs.

Nous avons montré Georges dans le déshabillé de ses vices, en l'élevant ou en le rabaissant tour-à-tour par la noblesse ou la lâcheté de son cœur.

Les héros tragiques, à l'époque de Corneille et de Racine, étaient tous des demi-dieux ; on n'eût pas accepté au théâtre pour personnage principal un homme dont le caractère eût été un mélange de bons et de mauvais instincts.

On a donné en littérature à l'école de Racine le nom de l'école du bon sens, le nom de l'école du contre-sens lui convenait davantage.

Quoi ! vous croyez qu'il existe dans la nature humaine, un homme assez purifié des mauvais penchants, que tous apportent en naissant, pour que cet homme, pétri d'argile, symbole de l'abjection de son origine, puisse marcher dans la vie sans jamais chanceler ? Comment ! vous acceptez un homme sans défauts, vous lui supposez un cœur exempt de tous les petits sentiments nés de la faiblesse humaine.

Cet homme ne s'est point rencontré ; Diogène le chercha sans le trouver, et lorsque, las de ses recherches infructueuses, le philosophe cynique laissa tomber sa lanterne, personne ne la ramassa.

Le fils de Dieu, un jour se fit homme, et enfermant son âme divine dans un corps de boue, il prêcha les vertus par son exemple : à celui qui le frappait il tendait l'autre joue, au juge qui le condamnait injustement, au bourreau qui l'attachait à la croix, il disait : « Je vous pardonne. »

Quel est donc l'homme qui peut se vanter d'avoir mis en pratique les préceptes auxquels le Christ donna une forme si saisissante ? Où est-il celui assez grand pour se courber devant l'injure et présenter la poitrine à son ennemi ?

Georges a été entraîné par les circonstances ; il a été faible parce que l'homme est faible, il a semé autour de lui des larmes et des douleurs, conséquences de fautes qu'il a pleurées et cherché vainement à réparer ; il a été parfois grand, il a été souvent lâche ; en un mot, il a été l'homme dont l'intelligence, sortant des limites vulgaires, ne fait rien à demi.

Il est arrivé à cet âge où l'on ne peut plus vivre sans cette considération conventionnelle qui entoure l'homme dont la vie a suivi la grande route tracée par le chemin de l'honneur.

Il sait ce que pèse cette considération, ce qu'elle vaut, ce qu'elle s'achète, et cependant il la lui faut ; las de vivre en dehors de l'existence faite à tous par le travail d'une position, il veut rentrer dans le monde qui l'a mis à l'index.

Mais comment?

Il est pauvre, ce qui lui reste de sa fortune personnelle lui permet à peine de vivre comme un employé des contributions directes ; cette vie, en lutte avec la gêne, dont l'équilibre matériel s'établit par le poids de quelques centimes, n'est ni celle qui lui convient, ni celle qu'il veut : ce serait descendre plus bas qu'il n'est monté.

Dans sa carrière accidentée, il a vu les choses et les hommes sous la double face de leurs vertus et de leurs vices, et il a appris tout le parti que l'on peut tirer en exploitant les uns et les autres.

L'association dont nous avons parlé avait pour but la réussite individuelle de chacun des associés, pour moyen d'exploitation des secrets que, par leur position dans la société, les membres pouvaient découvrir.

Georges avait été le fondateur de cette association. Il en était la tête, les autres en étaient les bras ; avec la fortune, les jeunes gens voulaient encore la réalisation de leurs rêves ambitieux. Georges, lui, ne voulait que la fortune : c'était la clef d'or nécessaire pour lui ouvrir les portes du monde.

Le résultat avait rapidement répondu à sa pensée ; six mois après l'association, chacun des membres, sortant comme par enchantement de l'obscurité dans laquelle il déployait inutilement ses forces impuissantes, avait pris rang dans la sphère sociale où il vivait ; mais leur ambition grandissant avec le succès, ils voulaient aller encore plus loin, et ne voyaient d'autres limites que l'impossible.

Pourquoi maintenant Georges voulait-il se retirer de l'association fondée par lui ? C'est ce que nous expliquera la suite. Nous le retrouvons dans le boudoir de son appartement de la rue Juiverie, en compagnie de de Thézieux et d'une jeune femme, fumant une cigarette, et étendue sur un divan.

— Combien voulez-vous pour quitter Lyon? dit Georges. — Plaît-il, répondit la jeune femme. — Je vous demande quelle est la somme que vous exigez pour abandonner cette ville. — Il paraît que je vous embarrasse, dit-elle. — Répondez. — Vous voulez la vérité telle qu'elle sortit un jour du puits ? continua la jeune femme en souriant. Oui. — Eh bien! mon cher, me donneriez-vous les quarante mille francs que je vous demanderais et que vous n'avez pas, je refuserais. — Pourquoi ? — Parce que j'aime Lyon; c'est une bonne ville, où une fille d'esprit... — Comme vous, interrompit de Thézieux entre deux bouffées de fumée. — Comme moi, reprit la jeune femme sans paraître blessée de l'intention épigrammatique renfermée dans l'interruption, Lyon, continua-t-elle, est une excellente ville où une femme peut fondre de l'or au creuset de la vanité des riches. — Fichtre! la belle phrase, s'écria de Thézieux, en riant aux éclats, vous l'avez pillée dans le dernier roman que vous avez lu. — Vous êtes un sot, répondit la lorette. — Merci. — Il n'y a pas de quoi; laissez-moi donc continuer; cette conversation, qui pour vous n'est qu'une plaisanterie dans laquelle vous vous épuisez inutilement pour trouver des mots spirituels, est plus sérieuse que vous ne le pensez; tenez, regardez Georges.

Celui-ci, assis dans l'angle du boudoir, avait, en effet, un air grave et solennel qui contrastait singulièrement avec la gaîté des deux autres personnages de cette scène.

De Thézieux comprit que, comme disait la lorette, cette entrevue à laquelle il n'avait attaché aucune importance, avait une portée immense pour Georges. — Je me tais, dit-il. — C'est ce que vous pouvez faire de mieux, ajouta la jeune femme. — Ainsi vous refusez, dit Georges à son tour. — Je refuse. Voyons, ne jouez pas au fin avec moi; voulez-vous que je vous dise pourquoi vous tenez tant à m'éloigner; c'est parce que je connais le projet que vous avez conçu. — Quel projet? — Celui de vous marier. — Moi! — Vous plaît-il que je vous nomme la personne? — Taisez-vous. — Soit, mais songez-y, tant que je vivrai, ce mariage ne s'accomplira pas. — Pourquoi ? — Par ce que je m'y opposerai. — Vous ? — Oui, j'irai trouver la jeune fille, et si elle vous aime, je lui enlèverai le prestige de son amour, en lui racontant certaine histoire dans laquelle vous avez joué un triste rôle; j'effraierai ses parents par la crainte du bruit et du scandale, car c'est vous qui m'avez faite ce que je suis, c'est vous qui m'avez lancée, et mon infamie rejaillit sur vous. — Comment ! est-ce donc moi qui suis la cause si vous traînez votre jeunesse dans la boue du vice? — C'est vous, Georges, dit la lorette avec un sentiment d'amère tristesse; lorsque vous m'avez connue je vivais heureuse du travail de mes mains, je ne demandais rien à Dieu que de me continuer l'existence que me faisait votre amour. Vous ne m'aviez pas achetée et je ne m'étais pas vendue, je m'étais donnée; loin de rougir de ma chûte, j'en étais fière, car nul autre plus que vous ne me semblait digne d'être aimé. Mais un jour vous vous êtes lassé de cette affection sans coquetterie, et que, dans mon ignorance, je ne savais pas ranimer en la tenant en éveil par la jalousie, et vous m'avez quittée, Georges, vous m'avez laissée seule sur le chemin que je parcourais joyeuse à votre bras; personne n'était près de moi pour me consoler, je n'avais pas de famille dans laquelle j'aurais pu pleurer ma faute et votre abandon. — Allons donc, interrompit Georges en secouant la tête avec incrédulité, vous racontez un roman qui n'est pas le vôtre, car, quinze jours après mon départ, vous preniez rang parmi les lorettes qui brillent à Lyon d'un luxe insolent. — C'est vrai;

mais savez-vous comment je me suis jetée brusquement de la vie obscure où je trouvais le bonheur dans cette existence où je pleure bien souvent ? Eh bien! écoutez-moi, ne me croyez pas si cela vous plaît, quoique je ne dise que la plus stricte vérité. Le lendemain de votre abandon, envisageant froidement l'avenir qui s'offrait à moi, j'en fus effrayée ; le travail est léger lorsqu'on a le cœur content, c'est un lourd boulet avec une âme triste ; je sentis mon énergie brisée, et je compris que l'aiguille pèserait à ma main, je résolus de mourir. Je descendis rapidement les cinq étages de ma mansarde, me cachant sous les plis de mon manteau, comme si j'avais honte de ma mauvaise action. Il faisait nuit, il était environ dix heures du soir, la neige avait couvert la terre d'un blanc tapis, c'était l'heure du plaisir pour les gens qui n'ont autre chose à faire que d'être heureux en ce monde. Dans les voitures qui passaient rapidement près de moi, j'apercevais des jeunes femmes enveloppées dans des camails d'hermine, la tête ornée de fleurs ; elles allaient au bal, et moi j'allais mourir! Georges, vous ne savez pas ce qu'est la lente agonie du suicide, lorsqu'on a dix-sept ans, lorsqu'il faut si peu pour le bonheur, on ne se tue pas sans regrets pour le passé, sans larmes pour l'avenir. Le froid m'avait saisie, la frayeur paralysait mes mouvements, je marchais lentement ; arrivée sur le bord du parapet, d'où je voulais m'élancer dans la Saône, les forces me manquèrent, et je tombai évanouie sur les dalles. Le lendemain, je me réveillai dans un élégant appartement ; près du lit où j'étais couchée, se trouvait un jeune homme de vingt-cinq ans, à la physionomie distinguée, c'était lui qui, la veille, me trouvant étendue sans vie sur le quai, m'avait fait transporter chez lui. Je lui racontai mon histoire ; il m'offrit ses services et son amitié. Pendant les huit jours que dura la fièvre provoquée par les émotions de cette terrible nuit, il fut pour moi plein d'égards et de délicatesse ; lorsque j'allai mieux, pour me distraire de ma tristesse profonde, il me proposa quelques plaisirs, j'acceptai ; il me mena au théâtre, au bal, et insensiblement ces distractions réagirent sur mon caractère, je les avais prises avec indifférence, j'y trouvai bientôt du charme, le charme de l'ivresse qui étourdit et fait oublier. Mon sauveur devint mon amant ; mais pour lui, qui était riche et qui jouait un premier rôle dans le monde des jeunes oisifs de Lyon, il ne lui suffisait pas d'avoir une maîtresse, il fallait qu'il s'en parât, qu'elle fît honneur à sa fortune, et fût la montre de ses prodigalités ; je remplaçai la robe d'indienne, dans laquelle j'avais été si heureuse, par de splendides robes de soie, mon bonnet d'ouvrière par le chapeau de la femme élégante ; les couturières commencèrent la transformation de la chenille en papillon, la coquetterie naturelle à toute femme aidant, je fus bientôt l'une des lorettes les plus à la mode.

La lorette se tut, et porta son mouchoir à ses yeux pour essuyer une grosse larme qui se balançait au bout de ses longs cils, comme une goutte de rosée sur une feuille d'herbe.

Georges était ému et son visage s'était couvert d'une livide pâleur.

Quant à de Thézieux, il toussait et crachait, pour tâcher de dissimuler l'émotion provoquée chez lui par le récit de la lorette.

— Je crois que nous pleurons, dit la jeune femme en partant d'un fébrile éclat de rire. — Je crois que oui, répondit de Thézieux ; nous ressemblons aux habitués du parterre d'un théâtre de boulevard. — Disons des bêtises, fit la lorette, cela nous distraira. — Continuez votre récit, reprit Georges. — Il paraît qu'il vous intéresse. J'ai fini ; ma vie d'aujourd'hui, vous la connaissez ; j'ai intérêt à répandre autour de moi l'éclat et le scandale, car ce sont eux qui font notre célébrité et notre fortune : plus nous sommes élevées dans le vice, plus les hommes nous payent et nous achètent cher ; c'est notre infamie qui cote, à la bourse de leur vanité, notre amour et nos faveurs. Un jour, j'ai commis une de ces actions infâmes pour lesquelles les galères seraient une punition trop douce, et cette action m'a valu une vogue plus grande que si j'eusse fait quelques-uns de ces beaux traits dignes du prix Monthyon (1). Un jeune sous-officier s'était épris pour moi d'une folle passion ; mais, comme dit le proverbe : « Point d'argent point de Suisse. » Mon amoureux était un de ces étourdis qui viennent expier dans un régiment leurs folies de jeunesse, et, quoique appartenant à une famille riche, il n'avait d'autre ressource pécuniaire que les vingt-cinq centimes dont le gouvernement payait son héroïsme de sergent; dans toutes les chansons, gloire rime éternellement avec victoire, guerriers avec lauriers, mais jamais avec écus et lorettes; c'est vous dire que le sous-officier en était avec moi pour ses soupirs et ses déclarations; malheureusement son grade plaçait entre ses mains l'argent de sa compagnie. La tentation était grande, il ne sut pas y résister; il m'offrit une magnifique parure d'émeraudes. Du moment qu'il s'adressait ainsi à mon cœur, je dus capituler ; mais, hélas ! son bonheur dura peu. La fin du mois arrivait, et il lui fallait rendre ses comptes ou passer en jugement. Quelques jeunes officiers auxquels il avait fait part de sa fâcheuse position, espérant le sauver, se rendirent chez le joailler qui consentit à reprendre les bijoux sans dédommagement; ils vinrent ensuite chez moi, et m'engagèrent à rendre la parure ; je leur ris au nez, en leur répondant que j'avais payé cette parure avec la monnaie dont je soldais les factures de pareils articles. Pendant deux heures, ils me supplièrent en me montrant les conséquences terribles qu'aurait, pour le sous-officier, la faute qu'il avait commise; je fus inexorable, et je les mis poliment à la porte, si l'on peut faire poliment une impolitesse. Ce n'est point tout, le sergent passa en conseil de guerre, j'y fus appelée comme témoin, je déposai contre lui, et je le vis condamner à six ans de galères sans que mon visage sourcillât, sans que le remords me troublât un seul instant. Ce jour là, je m'aperçus que je n'avais plus de cœur — Oh ! c'est infâme, s'écria de Thézieux. — Vous avez raison, reprit froidement la lorette, c'est infâme; si les jeunes beaux de Lyon avaient eu un peu de ce cœur qui me manque, ils eussent dû me frapper de leur botte et me cracher au visage; mais ce procès, qui me fit si tristement célèbre, augmenta, au contraire, le nombre de mes adorateurs, et mes actions haussèrent de cent pour cent.

Un moment de silence succéda au récit de la jeune femme, qui, étendue avec nonchalance sur le divan, tournait négligemment entre ses doigts le papier d'une nouvelle cigarette ; de Thézieux la regardait avec un sentiment de dégoût, qu'il ne cherchait pas à dissimuler ; Georges la contemplait avec une expression dans laquelle il y avait plus de tristesse que de répulsion.

— Eh bien ! dit la lorette, qui comprit la double réflexion des jeunes gens, eh bien ! Georges, dans cette fille perdue, dans Aspasie la lorette sans pudeur (car, par un souvenir de mon amour pour vous, je n'ai pas voulu traîner, dans ma vie de débauche le nom que je portais), reconnaissez-vous votre petite Marie d'autrefois? J'ai bien souffert, Georges, j'ai bien pleuré ; et, plus d'une fois, dans mes orgies, une larme est tombée dans mon verre de vin de Champagne. Vous me reprochez mon existence, que pouvais-je faire ? Une femme du monde, trompée dans ses affections, trouve un refuge dans sa famille ; une fille comme moi, n'a que la double issue du suicide ou du vice ; j'ai voulu me tuer, j'ai fatalement glissé dans l'abime où je suis ; mais c'est vous qui m'y avez poussée, c'est de vous que me sont venues toutes mes souffrances, et vous croyez que j'assisterai froidement à votre félicité sans me mettre en travers , je vous hais autant que je vous ai aimé, il me faut une vengeance et je prendrai votre bonheur. Marie, répondit le jeune homme, si vous m'aviez aimé, vous ne prononceriez pas ce mot

---

(1) Cette anecdote est historique ; plus d'un de nos lecteurs pourront mettre le nom de la lorette qui en fut l'héroïne, et qui trône encore à Lyon dans toute la splendeur de sa gloire et de son infamie.

de vengeance; une femme qui aime se dévoue et ne se venge pas. — Allons donc ! s'écria la lorette avec un strident éclat de rire, vous êtes comme tous les hommes : un orgueilleux; vous pensez qu'une femme doit être heureuse de baiser les traces laissées dans sa vie par votre amour ; je comprends le dévoûment et je n'aurais pas reculé devant les sacrifices qu'il impose si vous en eussiez été digne. — Ainsi, vous refusez ce que je vous propose? — Je refuse. — Vous persistez dans vos résolutions ? — J'y persiste. — Prenez garde, c'est la guerre que vous voulez. — La guerre soit. — C'est bien, vous pouvez vous retirer.

Aspasie se leva.

— Mon Dieu ! murmura-t-elle, il n'a pas su trouver une de ces bonnes paroles venues du cœur.

Le nuage de tristesse que cette pensée avait amené sur le front de la lorette s'évanouit rapidement ; reprenant son visage insouciant, son sourire moqueur et braquant son lorgnon sur de Thézieux, qui avait assisté à cette scène sans y prendre part :

— De Thézieux, dit-elle, vous êtes un érudit. — Pourquoi ? — Répondez à ma question, vous êtes un savant, pourriez-vous me dire ce qu'était Alcibiade ? — Alcibiade fut le plus beau des Grecs, répondit le jeune homme en souriant et sans comprendre où la lorette voulait en venir. — Très-bien, continua-t-elle, mais ne raconte-t-on pas de lui certaine anecdote ? On en raconte beaucoup. — Je veux parler de celle de son chien. — Auquel il coupa la queue. — Oui. Pourriez-vous me dire pourquoi ? — Parce que ses concitoyens le oubliaient. Voulant sortir de l'obscurité il eut recours au moyen étrange de couper la queue à un magnifique chien qui faisait les délices des enfants d'Athènes. Son but fut atteint. Pendant huit jours on ne s'abordait qu'en s'adressant cette question : « Savez-vous qu'Alcibiade a coupé la queue à son chien ? » Sur ces entrefaites, comme une expédition se préparait, on songea au jeune ami de Socrate, qui avait mis par cette aventure toute la ville en émoi, et on le nomma général en chef. — Alcibiade était un homme d'esprit, dit Aspasie, je ferai comme lui — Vous voulez couper la queue à votre chien ? — Je n'en ai pas ; mais j'userai d'un procédé analogue pour ramener l'attention sur moi. Mes fonds sont à la baisse, mes adorateurs s'éloignent, il faut que je les relève les uns et que je le relève par un coup de théâtre. Demain, à midi précis, je me jetterai du pont de l'Archevêché dans la Saône. — C'est un suicide. — Du tout, c'est un bain. A midi, les rives des quais sont garnies de promeneurs, je serai quitte pour un plongeon. Tenez, de Thézieux, voilà une occasion magnifique pour vous de jouer le rôle de sauveur. — Merci.

Aspasie partit d'un bruyant éclat de rire et sortit après avoir salué de la tête.

Tandis que de Thézieux accompagnait la lorette, Georges se laissait aller à d'amères réflexions.

Son passé se dressait entre lui et son avenir.

La faute de Georges le plaçait entre un double danger: entre Aspasie, puisque c'est le nom pris par Marie dans sa vie galante, et Bernard.

Aspasie ne reculerait devant aucun éclat; Bernard, lui, ne reculerait pas devant un crime, car déjà Georges a échappé, on se le rappelle au guet-apens que lui avait tendu le frère de Marie.

Lorsque Lucien de Thézieux, qui avait accompagné la lorette, revint dans le boudoir, il trouva son ami se promenant avec agitation. — Est-ce que tu aurais peur des menaces d'Aspasie ? lui demanda-t-il. — Oui. — Allons donc, la colère des femmes ressemble à la mousse, elle tombe aussi vite qu'elle s'élève. Tu n'as de reste rien à te reprocher vis-à-vis d'elle. — N'est-ce pas moi qui suis la cause de sa chute ; n'est-ce pas moi qui l'ai poussée dans cette vie de débauche, n'ai-je pas été son premier amant, ne suis-je pas la cause... — N'exagérons rien, interrompit Lucien, tu as aimé Aspasie ou Marie comme tu voudras, et c'est le souvenir de cet amour qui te rend sévère pour toi-même et t'empêche de voir la situation sous son véritable aspect. Tu as été son pre-

mier amant, mais toute femme débute par un premier amant, car il lui serait difficile de commencer par le troisième ; à ta place, sois-en convaincu, elle en eût pris un autre qui ne t'eût sans doute point valu. Tu t'accuses d'être la cause de sa perte, tu n'as été que l'occasion, que diable ! si cette jeune fille eût été vertueuse, elle t'aurait résisté ; la vertu est comme la vieille garde : « Elle meurt et ne se rend pas. »
— Tu as peut-être raison, dit Georges, qui ne demandait qu'à être convaincu. — J'ai mille fois raison, s'écria de Thézieux enchanté du succès de sa plaidoirie. A propos, tu songes donc sérieusement à te marier. — Oui. — Oh ! mon cher, quel prosaïque dénoûment au drame de ta vie. Y aurait-il de l'indiscrétion à te demander le nom de la jeune fille ? — Je ne le sais pas. — Nous retombons en plein roman, dit de Thézieux en riant. — Ne ris pas, dit Georges, car rien n'est plus sérieux que le sentiment que j'éprouve. Il y a quinze jours environ, j'étais entré par hasard au théâtre, on jouait un opéra, lequel ? je l'ignore ; je ne regardais que d'un œil, je n'écoutais que d'une oreille. En face de la place où j'étais assis se trouvait une loge vide. Au milieu du second acte, elle s'ouvrit brusquement, je jetai machinalement les yeux ; une jeune fille, accompagnée de deux personnes, assise dans un angle et le coude appuyé sur la balustrade garnie de velours promenait curieusement ses regards de la salle à la scène. Te dire qu'elle était belle comme une vierge de Raphaël, c'est inutile, la palette d'un amoureux qui fait le portrait de la femme qu'il aime est toujours garnie des plus éblouissantes couleurs ; ce qui me séduisit ce fut moins la beauté de son visage, la grâce de sa tournure, que ce charme inconnu qui se dégage de la jeunesse en sa fleur. T'est-il arrivé quelquefois, après une nuit d'orgie, d'ouvrir une fenêtre et de respirer à pleins poumons l'air matinal ? — Très-souvent. — Eh bien ! la vue de cette jeune fille produisit sur moi un effet analogue, il me sembla que jusqu'à ce jour j'avais vécu dans un état d'ivresse, et que mon cœur s'était grisé d'amour comme on se grise de vin de Champagne. Jusqu'alors un amour avait eu pour dernière limite la possession, je compris qu'il n'était pas le dénoûment réel, que l'affection qui lui succède, sentiment plus calme par le désir éteint, renfermait le bonheur ; enfin, dans ce rêve que je fis tout éveillé, je me voyais rentrant dans le monde sous l'égide de cette jeune fille devenue ma femme.
— Et tu n'as pas cherché à savoir son nom ? — Non. — Diable, tu manquais les principes d'homme à bonnes fortunes. — C'est que pour la première fois j'aimais de cet amour béni par Dieu, qui a pour but le mariage. Et cette pensée de mariage fut le coup de tonnerre qui me réveilla dans mon rêve. Quels seraient mes titres pour me présenter aux parents de cette jeune fille et lui demander sa main ? la fortune que j'ai acquise dans notre association. — Mon cher, tes titres qu'on cote à la bourse en valent bien d'autres, ils sont surtout estimés par les parents qui à la personne leur proposant un mari posent toujours la même question : « Qu'a-t-il ? » — Je le sais, dit Georges, mais je ne veux pas être forcé à rougir devant elle, si elle me demande l'origine de ma fortune. — Pourquoi en rougir ? — Parce qu'il me serait impossible de l'avouer. — D'accord, cependant tes scrupules me paraissent, permets-moi le mot, absurdes. Crois-tu qu'un notaire ou un négociant consente à expliquer les moyens dont il s'est servi pour doubler ses capitaux ? Non. Eh bien ! quelle différence existe-t-il entre nous et les industriels ? une seule : c'est que leur titre de notaire et de négociant couvre les procédés équivoques dont ils usent pour arriver promptement. Je suis aussi scrupuleux que toi sur le point d'honneur, je ne voudrais pas en affaire des richesses acquises par des voies illégales ; cependant ma conscience est fort calme parce que je trouve qu'il n'y a rien dans notre association qui ne soit parfaitement honorable. Qu'avons-nous fait ? nous nous sommes patronés les uns les autres pour, en sortant de l'obscurité où nous croupissions, arriver à la renommée et à la fortune qui la suit toujours. Fabre, grâce à notre concours individuel, aux réclames habiles que je lui fais dans la société où je vis, est devenu un avocat distingué, la plaidoirie qu'on lui eût marchandée à cent francs lui est payée deux mille francs ; de Serrières touche vingt-cinq francs d'honoraires par visite au lieu de dix francs qu'il demandait auparavant, et qu'il ne touchait pas toujours, et ainsi des autres ; cet argent n'est-il pas loyalement acquis ? De Serrières, Fabre, Monce, Martin ne sont-ils pas des jeunes gens pleins de mérite et de talent, à la hauteur de la place que nous leur avons faite à l'aide de la camaraderie ? Nous avons mis en pratique un précepte évangélique : « Aide-toi le ciel t'aidera, » et si nous gagnons des millions, ce que j'espère bien, je vivrai fort heureux sans que le remords vienne troubler mon sommeil.

Lucien de Thézieux s'était levé à la dernière période de sa tirade ; Georges l'imita, et prenant son bras, ils sortirent ensemble.

— Mon cher, dit le premier, la résolution que tu avais prise ce soir de quitter notre association et d'aller vivre en province par cause ton mariage, était une résolution à laquelle tu as bien fait de renoncer, car elle n'avait pas le sens commun. Quel que soit ton futur beau-père, le brave homme préférera chez son gendre quelques billets de banque aux honneurs sans profit d'une place. Quant à la jeune fille, elle t'aimera pour toi-même, ce qui vaudra mieux. — Malheureusement, ce mariage, dans lequel j'ai mis toutes mes espérances, n'est pas encore accompli. — Et pourquoi ne s'accomplirait-il pas ? — Il y a mille obstacles. — Les amoureux sont habiles à les faire naître, je me charge de les renverser. — Je ne sais pas le nom de la jeune fille. — Rien ne sera plus facile que de nous le procurer ; où demeure-t-elle ? — Je l'ai vue entrer plusieurs fois dans l'hôtel de la rue Puzy, portant le numéro dix. — Très-bien, le concierge du numéro dix aura ce soir ma visite. — Prends garde de me compromettre. — Si j'agissais pour moi, je ne répondrais de rien ; mais, étranger à cet amour, je le traiterai en affaire que dans mon amour-propre je jure de mener à bonne fin. — Adieu.

Les deux jeunes gens se serrèrent cordialement la main ; ils se trouvaient alors sur la place du Change ; Lucien prit la rue qui aboutissait au Pont-de-Pierre, et Georges entra dans la rue Saint-Jean.

Arrivé sur la place, il se promena pendant quelques instants de long en large ; les événements de cette soirée fournissaient en ample matière à la réflexion.

Il était environ minuit, la masse noire de l'église se dessinait en silhouette sur le ciel clair d'une nuit d'hiver.

Nous profiterons du moment de halte opéré par notre héros pour raconter rapidement l'histoire de l'église Saint-Jean : la façade de ce monument n'offre pas des qualités irréprochables, elle pèche par l'ensemble ; ce défaut capital dans les œuvres artistiques tient à ce qu'il fut construit à de longs intervalles ; ainsi la partie supérieure, partant de la galerie, est lourde, elle écrase de sa masse pesante la partie inférieure ; son seul mérite est d'avoir une rosace, dont les vitraux sont un véritable chef-d'œuvre de couleur. L'abside, au contraire, que l'on aperçoit du quai, est remarquable par son élégance pleine de dignité, cachet particulier de l'architecture byzantine.

Le baron des Adrets a laissé sur cette église des traces de son passage et de sa courte domination à Lyon ; les statues qui ornent le cintre des trois portes de la façade sont presque toutes décapitées, et cette mutilation n'a pas été réparée depuis trois siècles qu'elle a eu lieu.

Malgré le défaut d'ensemble que nous reprochons à ce monument, il offre cependant un aspect grandiose ; les quatre tours placées aux quatre extrémités produisent un heureux effet, l'une d'elles renferme une célèbre cloche du poids de dix-huit mille kilogrammes, qui, dit-on, s'entend à vingt-huit kilomètres à la ronde. Pendant la Révolution, les républicains tentèrent vainement de l'enlever ; il eût fallu démolir le clocher, et on y renonça.

Si l'on pénètre dans l'intérieur, on est saisi d'un sentiment profondément religieux à l'aspect de ces nefs qui s'élancent à une hauteur prodigieuse et qui semblent, par leur élévation, proclamer la grandeur de Dieu pour lequel on les à construites. Le temps a couvert les pierres de cette teinte grisâtre qui sied si bien aux monuments; la lumière glisse à travers des vitraux de couleur et éclairant sans éblouir, dispose l'âme à cette douce mélancolie nécessaire à la prière.

C'est surtout le jour des grandes solennités que l'église Saint-Jean prend un aspect digne de la divinité à laquelle elle est consacrée. On sait combien est éclatante la pompe de la liturgie catholique ; l'archevêque officie escorté d'une armée de prêtres aux chasubles ruisselantes d'or, tandis que la voix des enfants de chœur se mêle aux accents graves de l'orgue, que l'encens, s'élevant en fumée, parfume le sanctuaire ; ce jour-là l'église est toujours trop étroite, la foule se serre, se presse, s'étouffe, et d'élégantes jeunes femmes étalent leur toilette dans la galerie qui circule gracieusement autour de la nef principale.

Malheureusement, Saint-Jean, comme Notre-Dame de Paris, est éloigné du centre de la ville, et ce n'est que les jours dont nous parlons que le public s'y porte.

Ce qu'il y a de plus remarquable dans l'intérieur de ce monument est sans contredit la chapelle de Saint-Louis, exécutée d'après les ordres du cardinal de Bourbon, archevêque de Lyon; elle fut achevée par Pierre de Bourbon et Anne de Beaujeu, son épouse, dont les chiffres P A se voient sur la muraille. Les sculptures, datant du quinzième siècle, auteur de tant et de si belles choses, font les délices des connaisseurs (1).

Puisque nous parlons de sculptures, nous ne devons pas passer sous silence la boiserie du chœur tirée de la célèbre abbaye de Cluny.

A droite et à gauche du maître-autel, on remarque deux croix qui sont un monument précieux pour l'histoire ecclésiastique, car elles rappellent le concile général tenu en 1274, et dans lequel l'union des deux églises grecque et latine fut résolue ; union chimérique qui dura peu.

L'église de Saint-Jean possède aussi une grande quantité de précieuses reliques ; elle a entr'autres un morceau du bois de la vraie croix, et le cœur de saint Vincent-de-Paul.

Nous ne pouvons oublier l'horloge située dans la chapelle à gauche du chœur, et qui eut une grande célébrité par son mécanisme ingénieux ; célébrité qui a disparu par les découvertes faites dans l'art mécanique.

Enfin, si, en sortant de l'église, on se place au dernier pilier près de la porte, on remarque dans les colonnes une légère inclinaison en mémoire de celle du Christ sur la croix. Ce fut la propre du quinzième siècle, éminemment religieux, de rappeler, jusque dans les plus petits détails de ses églises, la pensée de Dieu.

En somme, l'église de Saint-Jean a d'incontestables beautés, quoique inférieure au point de vue artistique, aux cathédrales du Nord.

Le défaut capital, défaut commun, à Lyon, à presque tous nos édifices publics, est que cette église se trouve enclavée dans des maisons particulières, qui l'étouffent, l'écrasent et empêchent de pouvoir l'admirer dans son ensemble ; du reste, ces constructions ne sont point de date récente : la première, qui est sur la même ligne que le portique, fut élevée par Leydrad, à l'époque où Charlemagne ordonna qu'un séminaire fût annexé à chaque cathédrale. Pendant de longues années on est resté fidèle à la pensée de l'empereur chrétien ; ce n'est que depuis deux ans environ que le petit séminaire de Saint-Jean a été transporté dans l'ancienne Manécanterie.

Une autre construction est celle du palais archiépiscopal, élevé par le cardinal de Bourbon à la fin du quinzième siècle ; cette maison, à laquelle on a donné le nom orgueilleux de palais, ne brille par aucun caractère architectural, elle est indigne de l'illustre personnage qui l'habite ; les améliorations qu'y a apportées Soufflot sont insignifiantes, et ne lui ont point donné un cachet de grandeur en harmonie avec celui de l'église.

La cour de ce palais est tristement célèbre dans les annales historiques.

C'était à l'époque de la Saint-Barthélemy, qui promena son poignard assassin dans la France entière.

Trois cents protestants s'étaient réfugiés dans la cour du palais, ils étaient venus, comme les condamnés antiques, demander asile et protection à ce Dieu au nom duquel on les égorgeait ; mais la haine religieuse, qui servait de voile à la haine politique, fut implacable ; les bourreaux, ne pouvant suffire à une aussi grande besogne, on en improvisa sur-le-champ en les choisit parmi ceux dont le métier était de tuer. Des garçons bouchers firent l'office d'exécuteurs des hautes œuvres aux applaudissements de la foule; une heure après, trois cents cadavres sur lesquels la vengeance populaire s'acharna encore, nageaient dans une mer de sang (1).

La place Saint-Jean, sur laquelle se trouve la façade de l'église, est malheureusement trop étroite et peu en harmonie avec la grandeur du monument ; l'administration municipale l'a compris ; aussi depuis quelques années, elle a acquis beaucoup de maisons particulières, dont la démolition donne plus d'espace, et par conséquent rend l'église plus imposante.

Nous n'approuvons pas, en revanche, cette fontaine, aux proportions mesquines, qu'on a placée au centre de la place, et à laquelle il ne manque que de l'eau ; le groupe sculpté par Bonassieux, représente Jésus baptisé par saint Jean. Au point de vue de la statuaire, cela n'est ni beau, ni laid ; c'est tout simplement médiocre, et la médiocrité est ce qu'il y a de plus triste dans les arts. L'architecte de la ville, M. Dardel, a choisi pour ce monument le style de la renaissance, et reproduit quelques détails d'un puits attribué à Philibert Delorme ; le piédestal seul le groupe.

Georges, après quelques tours faits sur la place, prit une rue qui le conduisit sur la place Saint-Georges.

Le quartier Saint-Georges est le digne pendant du quartier Saint-Paul ; comme le second, il est habité principalement par les ouvriers en soierie ; les maisons en sont basses, l'air circule difficilement dans des rues étroites, où s'exhale une odeur méphitique : le nouveau quai, portant le nom d'un homme qui a joué un rôle assez important à la Chambre des députés, M. Fulchiron, sans changer la physionomie de ce quartier, l'a rendu plus sain en y apportant un vent rafraîchi par l'eau de la Saône; sur ce quai se trouve l'abside de l'église Saint-Georges, petit monument qui appartient au style ogival du XVe siècle, et qui a été habilement réparé par M. Bossan, architecte ; une élégante flèche s'élève au-dessus du clocher.

Près de l'église, et sur le quai même, se voit un immense bâtiment, orné de deux tours parallèles et dont la vue nous rappelant la pensée de la tour de Nesle à laquelle Alexandre Dumas a donné par son drame une immorale célébrité, nous a fait frissonner bien souvent pendant notre jeunesse ; ce monument n'a rien cependant de terrible et, comme tous ceux qui se trouvent sur la rive droite de la Saône dans le rayon de l'église Saint-Jean, il a une origine purement religieuse ; il fut une commanderie de Malte : aujourd'hui un teinturier en habite le rez-de-chaussée et des tisseurs les étages supérieurs. Fragilité des grandeurs humaines !

Georges gravit rapidement deux étages de la maison dans laquelle demeurait l'abbé Duméry.

La vieille Marguerite, en lui ouvrant la porte, fit un geste qui prouvait que le visiteur n'était pas dans ses bonnes grâces : la vieille gouvernante se fût signée volontiers comme s'il eût été le diable en personne.

— Henry y est-il ? demanda-t-il. — Que lui voulez-vous ? répondit Marguerite d'une voix rogue, car elle prévoyait que

---

(1) Le cardinal de Bonald a fait peindre et poser à ses frais, dans la chapelle dont nous parlons, de magnifiques vitraux de couleur.

(1) Disons à l'honneur du clergé, qu'il ne prit point part à cette affreuse tuerie, et qu'elle eut lieu pendant l'absence de l'archevêque.

la visite de Georges la ferait coucher deux heures plus tard, et, par conséquent, porterait atteinte à ce qu'elle avait de plus cher, c'est-à-dire à ses habitudes. — Cela ne vous regarde pas, reprit le jeune homme; Henry y est-il, oui ou non ? — Oui.

Sans en entendre davantage, notre héros, qui connaissait les êtres de la maison, se dirigea vers la chambre du jeune abbé.

Celui-ci, douillettement enveloppé dans sa robe de chambre, lisait son bréviaire assis dans une causeuse placée près d'un feu dont les tisons se consumaient dans la cendre.

L'ensemble de cette chambre, éclairée par la lumière douce d'une lampe recouverte d'un abat-jour vert, et dont chaque meuble enveloppé de sa housse grise se trouvait placé méthodiquement, prêt à passer l'inspection d'une sévère ménagère, traduisait plus éloquemment que nous ne pourrions le faire les habitudes austères, la vie calme et tranquille de celui qui l'habitait.

Le jeune prêtre avait relevé la tête à l'entrée de Georges, Notre héros s'arrêta un instant sur le seuil, et contempla Henry qui le regardait avec un doux sourire qui allait si bien au visage du jeune prêtre.

— A quoi songes-tu donc ? demanda le second. — A ton bonheur, dont le parfum s'exhale de tout ce qui t'entoure, répondit Georges. — C'est vrai, je suis heureux, dit le jeune prêtre en offrant une chaise près de lui à son ami. —
— Tu devrais bien me donner ton secret. — Il est simple, et le voici en deux mots : se contenter de ce qu'on a et de ce qui est. — Oui, mais si on n'a rien, et si ce qui est, est le malheur, il est difficile d'être heureux dans de telles conditions. — Alors on espère, l'espérance est l'illusion du bonheur, et le cœur de l'homme se nourrit plutôt d'illusion que de réalité. — Tu joues sur les mots ; crois-tu donc que l'espérance te donnerait ces joues satinées sous lesquelles le sang court chaud comme le vin dans le pressoir, et cet embonpoint qui fait craquer la ceinture. — Voilà ce qu'on nous reproche à nous autres prêtres, répondit Henry en riant, notre visage vermeil et notre ventre rebondi. Notre santé est le résultat de notre sobriété, on engraisse plus vite à manger peu qu'à manger beaucoup. Crois-tu donc que notre vie soit exempte de peines physiques ? Aujourd'hui, par exemple, j'ai passé six heures dans mon confessional avec un froid digne de la Sibérie ; mais les peines physiques ne sont rien avec le contentement de soi-même, avec une conscience calme ; ce qui réagit sur le tempérament et enlève aux joues ses belles couleurs, ce sont les émotions de l'âme, les passions auxquelles les hommes du monde livrent leur cœur ; l'ambition fait plus maigrir que les privations matérielles. — Et tu n'ambitionnes rien ? — Comment ! tu connais ma vie ; tu sais, ajouta plus bas le jeune prêtre, la grande douleur qui l'a traversée, et tu me demandes si je suis ambitieux. L'ambition ne va qu'à un cœur vide ; ce que je désire, c'est de marcher droit dans la carrière que j'ai prise ; ce que j'espère, c'est de voir le ciel s'ouvrir devant moi à ma dernière heure. — Étrange chose que la destinée, murmura Georges ! voilà deux amis de collège qui, il y a quinze ans, débutaient ensemble dans la vie : tes premiers pas se sont heurtés à une douleur, et tu t'es relevé plus fort, plus grand, de victime tu t'es fait martyr ; moi, au contraire, j'ai préparé chacune de mes souffrances, et lorsqu'elle m'atteignait, loin de me purifier, elle me rendait plus mauvais ; tu es arrivé à la foi, je suis arrivé au scepticisme ; tu prêches le pardon, j'enseigne la haine. — Allons, mon ami, c'est doucement le jeune prêtre, cesse de blasphémer la société, qui n'a fait que te rendre le mal que tu lui as fait ; reviens à des sentiments meilleurs ; car, on peut te dire de toi que Dieu a dit à Magdeleine repentante : « Il te sera beaucoup pardonné parce que tu as beaucoup aimé. »

Georges ne répondit pas ; le langage de son ami, plein de cette onction que donne la religion, avait sur lui une grande influence, il le forçait à rougir de ses fautes et le rendait meilleur.

— Mon cher Henry, lui dit-il, tu m'as fait oublier le motif de ma visite. — Je le devine, et je vais te répondre. Ce matin, à dix heures, conformément aux mesures prises hier avec M. Raymond, j'ai conduit Madame Brunel à Montluel, chez la sœur de l'excellent médecin, qui l'a accueillie comme une vieille amie sur la recommandation de son frère ; j'ai laissé la jeune femme sinon heureuse du moins plus calme par la pensée de sentir près d'elle une affection sincère. A mon retour, je suis allé chez M. Brunel. — Comment ! tu as eu ce courage ? — Quel courage y avait-il donc dans cette démarche ? — Tu t'exposais à être au moins mal reçu. — C'est ce qui m'est arrivé. M. Brunel est un de ces hommes, esprit fort de bas étage ayant un souverain et injuste mépris pour tout ce qui porte le costume ecclésiastique. Mais, sans me laisser effrayer par son accueil plein d'une impertinence grossière (car nous sommes des soldats de paix et de conciliation, combattant *pro aris et focis* et il ne nous est pas permis de déserter), j'ai cherché inutilement à lui faire comprendre que si son cœur n'était pas assez grand pour le pardon, il devait à la société, il se devait à lui-même de ne pas laisser dans la misère une femme portant son nom et un enfant qui était le sien. — Et tu n'as rien obtenu ? — Rien. M. Brunel a été inflexible comme tous les égoïstes. — Alors l'affaire se traitera entre nous. — Comment, est-ce que tu voudrais le provoquer ? — Non, pareil rôle serait de ma part plus que ridicule ; un amant, je te demande pardon de ce mot, un amant ne peut imposer des conditions au mari de sa maîtresse ; mais j'ai entre les mains des moyens puissants devant lesquels il cèdera. — Quels sont ces moyens ? — C'est mon secret. — Toujours des mystères ! Georges, dit amicalement le jeune prêtre, tu ne peux donc pas te décider à vivre de la vie normale de tous. Tu enveloppes ton existence d'un voile épais, et malheureusement les hommes interprètent désavantageusement ce qu'ils ne peuvent expliquer. — Aussi cette position durera-t-elle peu ; j'ai précisément un projet qui tend à me la faire abandonner. — Tant mieux. — Je voudrais même te consulter à ce sujet. — Voyons. — Je songe à.... me... marier, dit notre héros en mettant un intervalle entre chaque mot de sa phrase, car il s'attendait à voir Henry bondir d'étonnement. — Mais, contre son attente, il vit la figure du jeune prêtre exprimer un sentiment d'agréable surprise. — Voilà une bonne idée. — Tu ne la trouves pas absurde ? fit Georges étourdi. — Pourquoi ? — Parce que j'ai bien péché. — A tout péché miséricorde ; tu feras un mari modèle, tu as un excellent cœur, c'est la première chose nécessaire pour rendre une femme heureuse. Tu as un peu, à tes dépens, plus encore aux dépens des autres, acquis l'expérience nécessaire pour ne pas gâter ton bonheur par une sévérité trop grande à l'égard d'une jeune fille, dont plus d'un sot travestit les étourderies et les inconséquences en vices et en défauts. Marie-toi, mon ami, je te retiens d'être le prêtre qui bénira ton union. — J'y ai toujours compté. — A propos, il te manque cependant une chose. — Laquelle ? — Une fortune. Quoique dégagé des biens terrestres par ma profession, je suis loin de nier l'influence de la richesse sur le bonheur, dans un ménage surtout, dont les dépenses vont toujours s'accroissant avec la famille. — J'ai dix mille francs de rente, répondit Georges. — Toi ! — Dans six mois j'en aurai vingt, et, si je le veux, dans un an je serai millionnaire. — Tu plaisantes, tu es ruiné. — Je dis l'exacte vérité. — Mais comment as-tu acquis, où peux-tu acquérir une si colossale fortune ? — C'est mon secret. — Encore : Tu es plus incompréhensible qu'un roman d'Anne Radcliff.

Cette fois Georges put jouir à son aise de l'étonnement dans lequel cet aveu avait plongé le jeune prêtre, il le regardait en souriant et s'amusait à tourner entre ses doigts un médaillon qu'il avait pris machinalement sur le guéridon placé à côté de lui.

Ce médaillon s'ouvrit, et notre héros tressaillit imperceptiblement à la vue d'un portrait qu'il renfermait. — Quelle est cette miniature ? demanda-t-il. — Diable, me voilà compromis, répondit Henry. Heureusement que l'explication de

ne portrait chez moi ; se trouve sur le portrait même. Ouvre le double fond, continua-t-il.
Georges fit ce que lui disait Henry et il lut l'inscription suivante gravée sur une plaque d'or :

HENRIETTE DE LAPORTE,
SOUVENIR D'AMITIÉ A MON BON TUTEUR.
LYON LE 1ᵉʳ NOVEMBRE 1840.

— Comment, dit-il, c'est.... — Ma pupille, la fille de l'infortunée Marie. — Elle est belle. — Moins belle que sa mère. — Si je ne me trompe, lorsque je la vis pour la première et la dernière fois, c'est-à-dire en 1834, elle était idiote. — C'est vrai, mais la vue de sa mère mourante lui rendit la raison, ou plutôt Dieu fit passer l'intelligence de la mère dans le cerveau de l'enfant. — Et il ne lui est rien resté de son idiotisme. — Rien, au contraire, Henriette est une de ces femmes d'élite qui, par les qualités du cœur et de l'esprit, occupent le premier rang partout où elles se trouvent ; seulement, cela tient sans doute aux circonstances dramatiques dans lesquelles elle a recouvré la raison, elle a un naturel porté à la mélancolie. — Quel âge a-t-elle ? — Seize ans environ ; malgré sa grande jeunesse, beaucoup de jeunes gens, alléchés par sa fortune, se sont présentés à moi qui, d'après les volontés testamentaires de sa mère, peux seul disposer de sa main. — Ah ! fit Georges avec une intonation dans laquelle il y avait une interrogation. — Je les ai tous refusés, excepté un seul, qui a trouvé dans la famille d'Henriette de chauds protecteurs. — Tu le nommes ? — Le vicomte de Lussan. — Je ne connais pas, dit Georges, auquel ce nom ne rappelait aucun souvenir. — Le vicomte de Lussan, étant patronné vigoureusement par la famille d'Henriette, il ne m'appartenait pas de me mettre en opposition avec elle ; j'ai consenti à sa demande à deux conditions : la première, que les renseignements pris sur M. de Lussan seraient satisfaisants ; la seconde, qu'il plairait à Henriette. — Eh bien ? — Les renseignements ont été à l'avantage de M. de Lussan ; un banquier honorable, chez lequel se trouve placée la plus grande partie de ses capitaux, m'a fait les meilleurs rapports sur le jeune homme, qui, quoique maître par la mort d'une de ses tantes d'une assez brillante fortune, l'a toujours sagement dépensée en se contentant des revenus. — Quel est le nom de ce banquier ? — M. Rancey. — M. Rancey ! dit Georges avec une joie maligne, alors l'épithète d'honorable est celle qui lui convient le moins. — Pourquoi ? — Parce que M. Rancey est un fripon, et que dans cette circonstance les bons renseignements donnés par lui sur M. de Lussan, ont fort bien pu lui être payés. — Tu es sûr de ce que tu me dis ? — Parfaitement, continua Georges ; M. de Lussan a-t-il eu le bonheur de remplir la seconde condition que tu mettais au mariage de ta pupille ? — Oui, c'est un garçon de vingt-sept à vingt-huit ans, joli cavalier, possédant les usages du grand monde qui voilent souvent la nullité de l'esprit ; Henriette l'a trouvé aimable, et la première impression lui a été favorable. — Y a-t-il eu des paroles échangées ? — Oui. — — Le mariage a été fixé. — Pas encore, et ce que tu viens de me dire de la moralité de M. Rancey pourrait bien le retarder. — Voyons, Henry, j'ai une proposition à te faire ; quelqu'étrange qu'elle puisse te paraître, tu aurais tort de la repousser, car elle intéresse le bonheur de ta pupille. — Que veux-tu dire ? — Dans la vie retirée que tu mènes, avec ton caractère bienveillant et ton excellent cœur, tu vois peu de monde et tu es exposé à être la dupe des malhonnêtes gens qui savent cacher un vice sous l'apparat d'une vertu. Veux-tu que je te prête mon concours pour les renseignements qui sont nécessaires pour savoir si M. de Lussan est réellement digne d'Henriette ? — Mais quel intérêt... — D'abord celui de t'être utile, et ensuite pour un intérêt qui m'est particulier et que je ne puis te dire. J'ai entre les mains un moyen de pénétrer jusqu'au fond des consciences, ce moyen je le ferai agir et je jure d'ici à peu de temps de te fournir sur M. de Lussan et sa famille les renseignements les plus précis. — En vérité, mon cher Georges, tu es si mystérieux, que si je ne te connaissais pas, je croirais en contractant un engagement avec toi, faire un pacte avec le diable. — Ainsi, tu acceptes ? — J'accepte, il s'agit du bonheur d'Henriette, bonheur dont je dois un jour rendre compte à sa mère, je laisse de côté mes scrupules de conscience, car je me doute fort que dans ce que tu vas entreprendre, tu ne suivras pas la ligne droite.
— Encore un mot. — Voyons ? — Je ne puis me mettre en campagne sans avoir la certitude qu'une démarche de ta part ne viendra pas contrarier mes opérations. Jure-moi donc de ne pas conclure ce mariage avant un mois. — J'en fais le serment. — Nous sommes aujourd'hui le deux octobre mil huit cent quarante, il est, continua le jeune homme en tirant sa montre, onze heures et vingt-cinq minutes ; le deux novembre mil huit cent quarante, à onze heures et vingt-cinq minutes du soir, je te relèverai de ton serment.
— Est-ce une formule cabalistique ? dit le jeune prêtre en riant.
Mais Georges ne partagea pas la gaîté de son ami ; se levant, il lui tendit la main et sortit.
Le lecteur a deviné sans doute, que la pupille d'Henry était la jeune fille que Georges avait aperçue au théâtre.

———

CHAPITRE XXXIV.
—

Un cercle. — Le vicomte de Lussan.

Georges avait deux choses à faire : la première était d'obliger M. Brunel à assurer à sa femme une rente suffisante, puisque la délicatesse de la jeune femme refusait d'accepter tout secours venant de son ancien amant ; la seconde de pénétrer dans les secrets de la vie intime du jeune vicomte de Lussan.
Espérait-il, après avoir rompu le mariage projeté entre Henriette et M. de Lussan, construire le sien sur ses débris ? Nous ne le pensons pas. Trop de distance le séparait de la marquise de la Porte : héritière d'une fortune princière et d'un nom trop aristocratique pour s'éteindre dans l'ombre d'un nom roturier ; du reste, son amour pour la jeune fille n'était pas une de ces passions violentes, qui font tout oser et tout entreprendre, et pour lesquelles les obstacles ne sont que des stimulants au courage et à l'audace. Ce qui l'avait séduit, c'était ce parfum de jeunesse qui s'exhale d'un frais visage, c'était ce charme inconnu de seize printemps dans leur floraison ; il avait rêvé en la voyant ce suave amour du foyer domestique, dans lequel la jeune fille grandit et devient femme sous le regard d'un époux, dont le cœur déjà usé par l'expérience se réchauffe et reverdit au contact d'une affection pleine de sève et d'illusions.
Renoncer à cet amour, ce n'était, on le voit, ne faire que le sacrifice d'un beau rêve.
Mais Georges, comme tous ceux qui ont eu beaucoup à souffrir de l'égoïsme et de la vanité des hommes, en était arrivé à une haine dans laquelle il enveloppait tout le genre humain ; il savait de quoi renferme souvent ce grelot qu'on s'attache au cou dans le monde, qu'on appelle vertu et honneur, et il éprouvait un plaisir secret à faire tomber les masques pour montrer le laid visage.
Il ne connaissait pas M. de Lussan, mais il lui paraissait impossible qu'il n'y eût pas dans sa famille quelques-unes de ces plaies honteuses qu'on cache soigneusement à tous les regards ; il ne s'agissait que de la découvrir, et il avait sous la main un moyen facile pour arriver à son but : l'association des six.
Les jeunes gens qui la composaient et qui tous avaient une valeur intrinsèque dans la sphère de leur position, lui étaient dévoués pour un double motif, d'abord parce que

c'était lui qui était l'âme de l'association, en second lieu parce qu'ils l'aimaient; car Georges exerçait une puissance d'affection sur tous ceux qui l'entouraient.

Entre une résolution prise et l'exécution, il n'y avait pour Georges que le temps matériel nécessaire à l'opération. Le lendemain de sa visite à Henry, il se trouvait dans le boudoir de la rue Juiverie, son plan était tracé, et il y mettait la dernière main lorsque de Thézieux entra. — Eh bien! lui demanda-t-il. — Je sais quel est le nom de la jeune fille, répondit de Thézieux. — Après. — Elle a seize ans, elle est orpheline, elle est fille du marquis de la Porte, et elle possède une fortune immense — C'est exact. Après. — Enfin elle a pour tuteur un abbé de Saint-Georges, de la volonté seule duquel dépend sa main — Très-bien. Après. — Comment! après; mais je n'en sais pas plus long, et il me semble que je n'ai pas perdu mon temps. — En ce cas, je vais compléter tes renseignements. Mademoiselle Henriette demeure chez M. le marquis d'Arguis, oncle maternel de la marquise de la Porte; elle a été demandée plusieurs fois en mariage, mais le seul prétendant sérieux est le vicomte de Lussan. — Mon ami Alfred. — Ah! c'est ton ami. — Oui, un excellent garçon, plein d'esprit, beau joueur. — Il joue? — Beaucoup. — Il est heureux. — Il gagne quelquefois, il perd plus souvent. — Donc, il perd; il faut que tu m'en fasses faire la connaissance? — Avec plaisir. — Où ont lieu vos réunions de jeu? — Au cercle — Tu m'y présenteras ce soir. — C'est que... balbutia de Thézieux. — Quoi? — Je crains que tu ne te fâches. — Parle toujours. — Eh bien! notre cercle est exclusivement composé de la jeune noblesse lyonnaise, et l'on recevrait assez mal, si on ne mettait pas à la porte, quelqu'un portant un nom roturier. — Qu'à cela ne tienne, je serai noble s'il le faut absolument, je serai pour ce soir le vicomte de Saint-Bel; c'est un emprunt que je fais à ma famille; comme c'est le seul que je lui aurai fait, ajouta Georges en souriant avec tristesse, j'espère qu'elle n'aura pas le mauvais goût de s'en plaindre. — Alors je ne vois plus d'obstacle; cependant ta toilette... — Me donne plutôt l'air d'un étudiant, interrompit notre héros, que d'un lion; la transformation est facile, tu vas voir.

Il disparut un instant dans un cabinet, et il revint bientôt dans le boudoir, transformé, comme il l'avait dit, en lion de la plus pure espèce.

— Partons-nous? — Dans un instant, j'attends quelqu'un — Une femme? — Non, Fernioul. Ainsi, continua Georges en rejetant ses cheveux en arrière et en retroussant fièrement ses moustaches, tu penses que ma toilette ne jure pas avec mon titre? — C'est ton titre qui jure avec ta toilette, tu as l'air d'un prince; si tu le désires, je te présenterai sous le nom du duc de Saint-Bel. — Non, je me contente d'être comte, répondit Georges en souriant.

Fernioul interrompit par son arrivée la conversation des jeunes gens. L'ex-voleur eut l'air très-embarrassé à leur vue.

— Pardon, dit-il, je croyais trouver M. Georges... — Tu vois que ma transformation est assez complète, fit celui-ci en s'adressant à de Thézieux, car voilà un garçon qui ne me reconnaît pas. — Tiens, c'est vous, M. Georges? dit Fernioul en écarquillant les yeux. — Moi-même. — Vous ressemblez à un banquier.

Pour un voleur, le banquier est le personnage le plus important et le plus cossu de la création; la comparaison de Fernioul était donc très-flatteuse pour celui qui en était l'objet.

— Eh bien! lui dit-il, quoi de nouveau? — Rien. — Bernard a-t-il renoncé à ses projets de vengeance sur ma personne? — Je ne sais, dans tous les cas j'ai l'œil sur lui. — J'ai sur vous d'autres projets; seriez-vous fâché de servir deux maîtres à la fois et de leur avoir ainsi un double profit? — Si ça se peut, ça n'est pas de refus. — Rien n'est plus facile, voici de dont il s'agit: Vous allez vous présenter chez M. Brunel, fabricant de dentelles, rue des Capucins, n° 7. — M. Brunel, répéta machinalement Fernioul, comme si ce nom rappelait un souvenir à sa mémoire. — Vous demanderez à lui parler en particulier, et vous lui direz, sans me nommer bien entendu, qu'ayant appris qu'il faisait la contrebande, vous venez lui offrir vos services. — Diable, diable, murmura Fernioul, çà devient difficile.

Puisant dans sa poche, il y prit un portefeuille en maroquin rouge, et en tira quelques papiers sur lesquels il lut en épelant: M. Brunel.

— Impossible, dit-il, après cette opération dont Georges avait suivi avec curiosité les détails. — Pourquoi! — Parce que chez M. Brunel se trouve un de mes amis, Antoine. — Vous connaissiez Antoine? — Beaucoup, nous avons servi ensemble. — Dans la même bande de voleurs, interrompit de Thézieux. — Et, continua Fernioul sans prendre garde à l'interruption, je lui ai joué un petit tour, dont il a pu garder le souvenir. — Quel tour? — Un jour, en plaisantant, je lui ai pris ce portefeuille, uniquement histoire de rire et d'avoir un souvenir de lui. — Ce portefeuille contenait sans doute des billets de banque. — Allons donc, un tas de chiffons inutiles, auxquels je n'ai compris goutte, seulement comme ce nom de M. Brunel est écrit pusieurs fois dessus, lorsque vous l'avez prononcé çà m'a donné l'éveil; je les ai conservés je ne sais pourquoi. — Faites voir.

Fernioul tendit le portefeuille à Georges; la figure du jeune homme, à mesure qu'il lisait, traduisait la double expression du triomphe et du contentement.

— Oh! murmura-t-il, je te défie de m'échapper. Fernioul continua-t-il plus haut, combien voulez-vous de ce portefeuille. — Hein? fit le voleur qui crut avoir mal entendu. — Je vous demande quel prix vous estimez ce portefeuille. — Il vaut bien vingt sous. — Voilà vingt francs, je le garde. — Si ça vous fait plaisir, je ne puis pas vous refuser, répondit Fernioul qui s'était jeté avec avidité sur la pièce d'or.

D'un geste, le jeune homme congédia le voleur, se retournant vers de Thézieux, après avoir soigneusement fermé le portefeuille dans un petit meuble en bois de rose, et avoir mis la clef dans sa poche.

— Quand tu le voudras, dit-il, nous partirons; la première affaire réussira, maintenant à la seconde. — Comment à la seconde, répondit de Thézieux; au fait, je ne t'ai pas demandé pourquoi tu tenais tant à être présenté à notre cercle. — M. le comte de Lussan n'aime-t-il pas la même femme que moi? fit Georges en souriant. — C'est juste. — N'est-il pas nécessaire que je cherche à le connaître, pour savoir quels sont les avantages qu'il possède sur moi, et amener la lutte sur un terrain égal? — Tu as raison. — Eh bien! que as-tu donc à être étonné? — C'est que tu enveloppes toutes tes actions d'un air mystérieux qui te fait ressembler à une énigme vivante, tu achètes vingt francs des portefeuilles que je jetterais aux ordures. — Ceci n'a aucun rapport avec M. de Lussan. — N'importe, tu descends en ligne directe de Satan, il est vrai que tu es un très-bon diable. Tu dois sentir le soufre et le roussi, ajouta de Thézieux en riant et en appliquant son nez sur l'habit de Georges; mais non, tu exhales une suave odeur d'eau de Portugal.

Les deux jeunes gens allumèrent un cigare et se rendirent au cercle, situé rue de Sarron, en suivant le quai de la Saône.

Il était environ huit heures du soir. A Lyon, cette heure est celle de la flânerie pour les commis de fabrique qui, prisonniers depuis le matin, jouissent avec délice de la liberté succédant à l'esclavage de la journée; ils parlent haut, rient à gorge déployée, s'emparent du trottoir; s'y installent en maîtres, et lancent malhonnêtement des bouffées de fumée au nez des femmes qui se rencontrent sur leur chemin. Pour tout Lyonnais, leur profession est facile à reconnaître, car quelques fils de soie accusateurs s'épanouissent toujours sur leur pantalon, ou la tache de graisse de l'allumeur de quinquets. Les magasins situés sur cette ligne sont assez élégants; les orfèvres surtout ont des étalages qui se distinguent par leur bon goût; il n'y a pas, derrière leurs vitraux, une folle profusion qui éblouit, mais un choix limité de bijoux tentateurs. Aussi que de soupirs poussés par les jolies femmes devant ce paradis terrestre de la tentation, que de regards langoureux qui vont fondre l'or dans la bourse des maris et des amants, des amants principalement, car l'or des maris est moins fusible! que de chutes commencées par un désir devant les splendides magasins de M. Grognier-Arnaud, le Froment Meurice lyonnais! Epoux, fuyez ce passage dangereux pour votre caisse; séducteurs, faites-le franchir à la beauté encore rebelle, le diable, ou si vous aimez mieux, la vanité la fera mordre à la pomme de la tentation, et comme un péché en amène un autre, si vous vous êtes montrés grands et généreux, la femme se montrera douce et faible. L'utile, sur le quai de la Saône (que les Lyonnais pur sang s'obstinent à appeler quai de Saône), est démesurément mêlé à l'agréable. Nous voulons parler des magasins d'habillements confectionnés, qui y épanouissent au soleil du gaz leurs paletots à quinze francs, et leurs vêtements complets à trois francs vingt-cinq centimes; ces magasins, dont le nombre est incalculable (car, à côté des établissements stables, il s'en élève tous les jours de nouveaux qui naissent, vivent et disparaissent dans l'espace d'une quinzaine), sont également dirigés par des juifs; l'un d'eux, homme d'esprit sans doute, à l'époque de la république qui prêta, comme toutes les choses les plus tristes, à tant de jeux de mots et de calembourgs, écrivit au-dessous de son enseigne le vers suivant:

Je suis républicain, mais non pas *sans culottes*.

Franchement, cette profession de foi en valait bien une autre. Les marchands de porcelaine, de nouveauté, de bronze, de lampes, en un mot les industriels dont les produits s'adressent au luxe, rivalisent d'élégance, et étalent leur séduction aux yeux des acheteurs; cependant leurs magasins pèchent tous par un défaut commun: les vitres sont malpropres et l'œil n'aperçoit les objets qu'à travers un nuage de poussière. La malpropreté est le péché originel de la ville de Lyon: pour s'en convaincre, il suffit d'entrer dans les allées qui servent à un immonde usage que la décence plus que les ordonnances de police devrait bannir de notre ville. Un portier parisien s'en pendrait de désespoir, mais les concierges lyonnais sont plus tolérants; il est vrai d'ajouter que, dans plusieurs maisons, leur loge est située au cinquième étage au-dessus de l'entresol: position élevée d'où, s'ils peuvent voir les récalcitrants bravant le *Sous peine d'amende*, ils ne peuvent pas, en revanche, les poursuivre de leur balai protecteur des murailles.

Le cercle dont nous parlons occupait le second étage d'une maison de la rue de Puzy, il avait la physionomie d'un café et se composait de plusieurs pièces; on avait décoré chacune d'elles d'un nom particulier: c'étaient le salon de jeu, la salle de billard, l'estaminet, le salon de conversation; pour être fidèle à la vérité historique, nous devons dire que ce dernier salon était habituellement vide. La jeune noblesse lyonnaise cause peu. Pourquoi? Peut-être ne sait-elle pas causer. Cette réflexion est un jugement téméraire, nous l'avouons, dans notre humilité de chrétien.

Voici à quelle occasion fut fondé ce cercle, que le public a surnommé assez impertinemment *le cercle des Moutards*; comme le mot était méchant, le surnom lui est resté.

Avant sa création, il n'existait à Lyon, en réalité, que deux cercles: le cercle *du Commerce* (1) et le *Jockey-Club*; le premier, composé presque exclusivement de commerçants, s'y rendant pour traiter de leurs affaires, parler politique, hausse et baisse des soies, et terminer la soirée par une modeste partie de whist; le second, composé des hommes du sport lyonnais, des banquiers aimant le jeu et pou-

vant y perdre des sommes importantes. Dans ces deux réunions, la jeunesse lyonnaise s'ennuyait, sa morgue aristocratique faisait hausser de pitié les épaules au commerçant qui, frappant sur son gousset plein d'or, prétendait que la véritable noblesse était dans la poche; ses prétentions à la dépense faisaient sourire le lion du sport dont le portefeuille était rebondi comme le ventre d'un chanoine. Entre ces deux puissances d'argent, le jeune noble, bouffi de vanité, ayant toujours à la bouche le nom de ses nobles aïeux, se trouvait perdu, anihilé, étouffé, et, en un mot, humilié. Un jour, l'un d'eux, plus érudit que les autres, cita le proverbe: « Charbonnier est maître chez lui; » le cercle naquit de ce proverbe; les jeunes nobles se cotisèrent, ouvrirent une souscription, et, quelque temps après, ils s'établissaient dans leur meubles à eux, se couchaient sur leur sofa, et pouvaient à leur aise laisser faire la roue à leurs prétentions.

Un seul obstacle se présenta.

Les jeunes gens descendant d'une famille noble, soit que leur noblesse appartînt à celle de ces marquis et de ces barons inutiles ayant vécu indolents dans leur château, sous les rois qui donnaient si facilement des brevets de colonel aux personnages titrés, soit qu'elle sortît de l'échevinage, et par conséquent eût une origine purement commerciale; les jeunes gens réellement nobles par une filiation légitime, étaient fort peu nombreux à Lyon; en comptant bien, on en eût trouvé une douzaine, et ils s'exposaient à s'ennuyer dans le vide de leurs beaux salons.

L'obstacle fut levé par un procédé fort simple.

Les nobles manquaient, on en fabriqua; les procédés de fabrication sont si peu compliqués que nous ne pouvons résister au désir d'en donner la recette à nos lecteurs qui pourront en faire usage.

Voici comment on procède.

Je suppose d'abord que vous avez vingt ans, que vous savez porter le col droit sans qu'ils vous assassine l'oreille, que votre perruquier vous dessine une raie qui, partant du milieu du front, se continue jusque derrière la tête; que votre tailleur vous fait des habits trop courts, des pantalons trop étroits, des paletots trop larges (c'est la mode), enfin que vous possédez dans toute votre personne ce petit *chic* séduisant qui sent son homme comme il faut d'une lieue, que vous savez vous glisser un morceau de verre entre la paupière supérieure pour le retenir et le nez pour point d'appui; je suppose, en dernier lieu, que votre père, estimable commerçant, vous a gagné laborieusement cinq, dix, vingt mille livres de rente dans la cassonade, le pain de sucre, ou les assurances contre le tirage au sort, et que, voulant vous reposer des fatigues paternelles, vous vous êtes promis de passer votre vie à ne rien faire.

— Comment vous nommez-vous? — Martin. — Quel affreux nom, il a une odeur de moulin, et rappelle Martin-Bâton. Voyons, cherchons. Où demeurez-vous? — Quai de Bondy. — Comme ce nom sonne agréablement à l'oreille, c'est un nom guerrier, on y entend le bruit du canon: Bom! Eh bien! passez immédiatement chez votre lithographe et faites-vous graver des cartes de visite avec le titre de *Martin de Bondy*. N'oubliez pas surtout de lui recommander de mettre *Martin* en petites lettres et *Bondy* en gros caractères. Dans six mois, vous remplacerez Martin par une simple M; puis, au bout d'un an, vous l'effacerez, et vous serez M. de Bondy gros comme le bras. Le tour est fait.

Nos lecteurs comprennent pourquoi maintenant Lyon possède une noblesse aussi étendue, comment on ne peut faire un pas dans la rue Bourbon sans écraser le corps d'une particule, ou donner du coude dans le dos d'un parchemin. Dans les champs, si vous semez de la graine de navets, il pousse des navets; dans notre ville, la terre est si fertile qu'en semant des vilains il pousse des nobles.

Nous aurions pu faire une vigoureuse satire contre cette manie et cette rage de noblesse. Mais pourquoi prendre le fouet, nous lui préférons l'éclat de rire. Si une laitière se passait la fantaisie d'empanacher la tête de son âme pour

---

(1) Ce cercle, situé rue Puits-Gaillot, en face de l'entrée des artistes du Grand-Théâtre, est admirablement organisé; il se compose de quatre cents membres; le général de division, le préfet du département et l'avocat-général en sont de droit membres titulaires. On ne peut y être admis comme membre que sur la présentation d'un abonné et nécessairement après la retraite d'un autre.

venir vendre son lait à la ville, croyez-vous que la police lui dresserait un procès-verbal? les badauds ameutés sur la route applaudiraient maître Aliboron. Eh bien! les panaches de l'âne, ce sont les titres de cette noblesse de contrebande; l'âne, c'est.....

Les ridicules de ces jeunes gens pèsent-ils de quelque poids sur votre bonheur? ils sont plus à plaindre qu'à blâmer. A une époque où être quelqu'un n'est rien, où être quelque chose est tout, où à tout homme qui met le pied sur la route des honneurs, on demande: « d'où venez-vous? à tout piéton qui marche: « où allez-vous? » ils ont pris le rôle le plus triste de la comédie qui se joue en ce monde; ils sont semblables à ces infortunés figurants, aux mains desquels on met une pique ou une hallebarde pour leur donner une contenance: seulement, au lieu de hallebarde, ils portent un titre, l'un est aussi inoffensif que l'autre.

Traînant lourdement leur existence dans l'atmosphère de la province, où les occasions de plaisirs intelligents sont rares, ces jeunes gens sont conduits fatalement aux vices qui naissent de l'oisiveté.

Qu'une journée est longue lorsque chaque heure n'amène pas avec elle un travail régulier.

Il faut voir le menu d'une journée de cette jeunesse dorée pour que le dégoût vous en vienne aux lèvres et que l'envie qu'elle excite lorsqu'on la voit faire étinceler le pavé sous les pieds de ses chevaux fringants, ou soulever la poussière sous les roues de ses équipages armoriés, soit rapidement détruite.

Il est midi, la ville est en rumeur, le soleil est arrivé au milieu de sa course, et verse à pleines mains ses rayons d'or sur la cité laborieuse. Que de travail accompli depuis cinq heures! L'enclume résonne, le battant frappe l'étoffe, la soie bout dans les chaudières, les ourdissoirs exécutent leur valse, le commis de fabrique a accompli sa *ronde* matinale et sourit à l'acheteur; cependant, le jeune noble repose encore, il soulève péniblement ses paupières, il étend les bras, il bâille, la pendule de rocailles de sa chambre à coucher sonne douze fois, il sourit et se lève.

Il s'habille, occupation grave, à laquelle il donne un grand soin; il y usera deux heures, car pour lui, la vie n'est que de choses dont l'emploi l'embarrasse et dont le placement est difficile: il use ce que d'autres occupent.

Bref, le voilà beau, pimpant, le pantalon étroit fait ressortir sa jambe cagneuse, et trahit l'absence complète du mollet, mais c'est la mode, vive la mode, mieux vaut étaler ses difformités que de les cacher; le paletot, large comme un sarrau d'ouvrier, flotte autour de son corps grêle, il y aurait dedans la place pour dix; mais c'est la mode, et vive la mode. Il flanque son lorgnon à l'œil droit; un long ruban noir, que de loin on prendrait pour une fistule, lui coupe le visage; mais c'est la mode, vive la mode; ses pieds sont brisés dans le soulier verni, il semble marcher sur des œufs; mais c'est la mode, vive la mode; enfin, le gant paille s'épanouit dans toute sa fraîcheur sur sa main armée de la canne. Oh! qu'il est beau Monsieur de.... de ce que vous voudrez; on dirait une gravure de modes.

Il sort triomphant, lorgnant à droite, lorgnant à gauche; pauvres petites femmes, tenez bien vos cœurs. Où va-t-il? il n'en sait rien; il va à la chasse de cette bête noire qu'il cherche vainement à tuer; le temps. Il commence sa journée par les visites amoureuses, midi est l'heure du petit lever de ces reines, qui ont ramassé leur couronne dans ce fumier du vice, des lorettes à la mode pour les appeler par leur nom. La vieille mère, qui cire les bottines de sa fille sur le palier, introduit le jeune homme dans le sanctuaire mystérieux, où se trouve la prêtresse de Vénus en peignoir blanc, environnée de toutes ces pommades de la Société hygiénique inventées pour

Réparer des ans l'irréparable outrage.

Quel désordre règne dans l'appartement. La lorette, semblable au guerrier dépouillé de ses armes, laisse traîner épars sur les meubles ses charmes appétissants, qui lui appartiennent en bonne justice, car elle les a achetés: ici, c'est la longue tresse de cheveux noirs, que le perruquier habile dispose en diadème; là, la jupe en crinoline, dont l'ampleur fait ressortir la finesse de la taille; sur le guéridon, le corset de satin rose prodigieusement garni de coton pour combler les vides. Oh! hommes à bonnes fortunes! combien vous êtes volés; ces conquêtes, dont vous êtes si fiers, ne sont que de vieilles citadelles démolies, dont le badigeon et le plâtre cachent les flétrissures de l'âge.

Une heure s'écoule dans une causerie insignifiante; la lorette et le jeune noble parlent d'Arthur et de Turcaret, elle rit de l'amour du premier, des prodigalités du second; le jeune homme abandonne charitablement ses amis aux railleries de la folle fille, et se levant péniblement du sofa sur lequel il s'est couché, se rend au cercle où il déjeûne.

Le déjeûner est le premier acte sérieux, car notre personnage s'inquiète beaucoup plus d'engraisser ses joues que son esprit, et s'il a mangé un bifteck cuit à point, en se couchant le soir il dira comme Titus: « Je n'ai pas perdu ma journée. »

L'intervalle compris entre les deux repas est le plus long; le plus difficile pour notre oisif, c'est son passage de Rubicon de chaque jour; il s'étend sur les banquettes, bâille, soupire et fume; de son doigt nonchalant il soulève les journaux placés sur la table, lit d'un œil distrait les chroniques locales des revues lyonnaises; et les *Faits divers* des feuilles parisiennes; parfois, lorsqu'il est dans toutes la plénitude de son intelligence, il se livre à l'étude de divination des rébus de l'*Illustration,*

Cinq heures sonnent, nouveau repas, nouvelle toilette, sa vie active commence avec les becs du gaz qui s'allument; il paraît au théâtre, de sa stalle dans laquelle il siège dans tout l'orgueil de son gant paille, il assassine avec sa jumelle d'ivoire les jeunes femmes, et lorsque le bon bourgeois se retire heureux en causant, dans la route, du spectacle de la soirée, le jeune noble, sifflottant de ses lèvres aristocratiques un refrain d'opéra, revient au cercle qui brille dans toute la splendeur de sa gloire.

Des tables de jeu sont dressées.

Autour du tapis vert dix jeunes gens sont assis, pauvres jeunes gens blasés de tout sans avoir jamais goûté de rien, qui demandent au lansquenet des émotions pour réveiller leur nature engourdie.

Le jeu est semblable à un incendie qui, commençant par la flamme d'une allumette, embrase et dévore tout, c'est une coupe de vin au fond de laquelle se trouve l'ivresse, et dont parfois la lie est la misère.

Ces visages froids, ces traits sans expression, ces masques toujours les mêmes s'animent alors d'une expression sauvage, l'œil lance de fauves regards sur le billet de banque qui s'envole, et la bouche a une grimace de damné, et la main froisse la chair sous l'élégante chemise de baptiste.

Qu'on n'oublie pas que le plus âgé de ces jeunes gens a vingt-cinq ans, que ce sont des enfants dans toute la sève et la verdeur de la jeunesse, des étourdis qui débutent dans la vie par un vice qui conduit à tous les autres vices, et l'on comprendra que dans cette société de jeunes fous doivent se trouver de ces hommes qui exploitent à leur profit l'inexpérience des autres.

A Paris, ces hommes ont reçu le nom de Grecs; à Lyon, il ne leur manque que le nom pour représenter le même type.

Physiquement (nous parlons du Grec lyonnais) il a trente-cinq ans, il est gros et replet, de longues moustaches ombragent sa lèvre supérieure; son visage blême et fatigué n'exprime d'autre sentiment que celui du dégoût né de l'abus, il se traîne péniblement plutôt qu'il ne marche, a en souverain mépris les femmes qui l'ont comblé, dit-il, de leurs faveurs; il ne va pas dans le monde; le monde l'ennuie, peut-être aussi ne veut-il pas le recevoir. D'où vient-il? Quelle est sa famille? Quels sont ses moyens d'existence? C'est là le secret que personne ne connaît. Pendant quelques mais il disparaît, il se retire, dit-il, dans ses terres pour s'occuper de la coupe de ses bois, ses terres, soyez-en sûr, ne sont pas assez vastes pour lui fournir un pot de basilic ; ses bois, il n'en a pas assez pour en faire un cure-dent.

Et cependant cet homme est adoré de la jeune noblesse lyonnaise, qu'il pille, qu'il vole ; il est vrai qu'il est pour elle d'un utile secours, il lui prête de l'argent, et facilite ses aventures amoureuses. Ce double service n'est pas aussi désintéressé qu'on pourrait le croire ; pour le premier, il prend un intérêt que la loi des usuriers reconnaît seule ; pour le second, la femme paie en marchandise la transaction de marchandise.

Il est peu de jeunes gens qui échappent au calcul de leur inexpérience par ces grecs blasonnés, les dettes qui s'élèvent à quarante mille francs sont assez nombreuses, et heureusement que les parents, en intervenant, arrêtent souvent ces étourdis sur la fausse route qu'ils suivent.

Arrivé à trente ans, le jeune noble se marie, et, dérogeant à ses idées aristocratiques, épouse assez ordinairement quelque fille de bourgeois enrichi, heureux d'entendre appeler sa fille madame la comtesse ; la fortune de la femme reconstitue celle du mari, qui, jetant son billet de confession nécessaire au mariage le voile sur ses étourderies de jeunesse, devient un homme vertueux et prend un abonnement ou une action de la *Gazette de Lyon*, journal chargé d'avoir pour lui des opinions légitimistes. A partir de ce jour, il est de toutes les sociétés de bienfaisance, il fait la quête pour sa paroisse, tient le plat à la porte des églises le jeudi-saint ; s'il voyage, il fait une visite à Henry V, et rapporte de Rome des chapelets bénis par le pape ; en un mot, il est bon père et bon époux, citoyen inutile, et fait beaucoup d'enfants à sa femme.

Maintenant que nous avons fait connaître le cercle de Perrache à nos lecteurs, nous pouvons y entrer avec de Thézieux et Georges.

Le premier présenta le second à ses amis ; le titre dont s'était affublé Georges, aida beaucoup à la bienveillance qui accueillit sa présentation. vingt mains se tendirent vers lui en semblant lui dire : vous êtes des nôtres.

Il s'assit à une table, tandis que Thézieux, qui se trouvait en pays de connaissance, faisait le tour du salon, adressant un compliment à celui-ci, un sourire à celui-là, une plaisanterie à un autre.

Tout en paraissant profondément absorbé par la lecture du journal qu'il avait pris pour se donner une contenance, Georges promenait ses regards autour de lui et recueillait avec une oreille attentive, des bribes de conversation. De Thézieux, ayant achevé sa promenade, vint s'asseoir près de lui.

— Mais, mon cher, lui dit-il, tes *parcheminés* sont des enfants, je parie que le plus âgé n'a pas vingt-cinq ans ? — Aussi a-t-on surnommé notre cercle le *Cercle des Moutards*. — Le surnom peint exactement la chose. A propos, le vicomte de Lussan est-il arrivé ? — Pas encore. — Alors tu vas me servir de cornac, et m'expliquer tes animaux. — Comment, mes animaux ? — Tes lions, si tu le préfères. — Quel est ce grand jeune homme, accoudé sur le chambranle de la cheminée, et qui a pris la pose favorite donnée par Balzac à ses héros ? — Ce jeune homme qui lorgne ? — Oui, celui qui a fourré son petit morceau de verre entre son nez et sa paupière supérieure, il est adorable ma parole d'honneur ; si j'étais conservateur du musée, je l'achèterais pour l'empailler, et il irait à la postérité sous cette étiquette : « Lion pris dans la presqu'île Perrache, en l'an de grâce 1840. » — C'est le baron de Chamillac. — Voilà un nom qui sent le marquis de Crac d'une lieue. — Tu ne te trompes guère, car le baron de Chamillac est le fils d'un épicier droguiste. — En effet, ce jeune homme a le teint couleur jus de pruneaux, signe distinctif de sa noble origine. Et comment, diable, papa a-t-il pu faire sortir un baron d'un tonneau de mélasse ? — M. Roberville..... — Qu'est-ce donc que M. Roberville ? interrompit Georges. — Le père du baron. M. Roberville a acquis une immense fortune dans l'épicerie, et il a acheté le château de Chamillac, auquel était autrefois annexée une baronnerie. — Si j'avais été M. Roberville, j'aurais appelé mon fils le marquis de la Cassonade et je lui aurais donné pour armoiries un pain de sucre avec une chandelle des six à la livre, sur un champ de riz et de vermicelle. — Ce qu'il y a de plus amusant, continua de Thézieux en riant, c'est que M. Roberville a conservé son nom roturier ; tu comprends combien ont prêté à la moquerie les lettres de faire part du mariage de son fils, conçues en ces termes : « Monsieur Roberville a l'honneur de vous faire part du mariage de son fils, M. le baron de Chamillac, avec mademoiselle de Renneville (1). »
— Que les orgueilleux sont bêtes, murmura Georges. — Que font ces jeunes gens de leur temps ? — Ils s'ennuient. — Et quand ils ont fini de s'ennuyer ? Ils recommencent. — Quelle aimable société que celle de votre cercle, je sens déjà l'envie de bâiller qui me prend. — Voilà le vicomte de Lussan. — Voyons donc un peu, fit Georges, dont toute l'attention fut réveillée par ce nom.

Le vicomte de Lussan était physiquement un fort joli cavalier, portant avec grâce le costume d'un élégant ; il entra en vainqueur dans le salon, les jeunes gens se groupèrent autour de lui, tandis qu'il se laissait nonchalamment tomber sur le divan en velours rouge, placé autour de l'appartement.

Oh ! Messieurs, dit-il en riant, je viens d'apprendre l'aventure la plus vraie et la plus incroyable, la plus gaie et la plus triste..... — Assez de Sévigné comme ça, interrompit de Chamillac, raconte ton anecdote pour que nous ayons une part de ton hilarité. — Que ceux d'entre vous qui ont encore quelques illusions au cœur, sur ces aimables filles que nous appelons les lorettes, veuillent bien se boucher les oreilles, car je déclare qu'une mère n'en permettrait pas l'audition à sa fille. — Le vers est faux. — La pensée est juste, et je m'en moque. Vous connaissez de Brènes ? — L'officier de génie, ami de Placy. — Qui n'en a pas, ajouta de Thézieux. — De quoi ? — Parbleu, du génie. — De Thézieux, si tu fais des calembourgs, je te renie pour mon ami. Le calembourg est de l'esprit déguisé en paillasse. — Et si bien déguisé, fit de Thézieux en s'immolant lui-même, que personne ne le reconnaît. — Ce bon mot te rend mon estime, reprit de Lussan, je continue : de Brènes s'était épris d'une belle passion pour Joséphine. — L'écuyère. — Oui, celle qui a toutes ses robes garnies de fourrures, pour faire croire qu'elle est entretenue par un Moscovite, tandis que son titulaire est..... — Un marchand de peaux de lapins. — Or, de Brènes voulut entrelacer les myrthes de Vénus aux lauriers de Mars. — Quelle belle phrase ! — Cela devait lui coûter vingt-cinq francs, le prix en était fixé d'avance ; le lendemain..... — Pourquoi le lendemain ? demanda un jeune homme blasonné de vingt ans. — Parce que j'aime à croire que ces Messieurs comprennent à demi-mot. — Oui, oui, va toujours, dit de Thézieux.

Le lendemain, lorsque l'aurore aux doigts de rose entr'ouvrait les portes de l'Orient, et que le brosseur de Brènes entrait dans sa chambre pour lui battre ses habits, arrivait pour notre officier de génie le quart d'heure de Rabelais. Hélas ! Joséphine, qui s'était levée, réclama la somme promise ; de Brènes se retourna brusquement dans son lit pour tenir conseil avec lui-même, la lorette sortit furieuse. Cependant le brosseur cherche vainement les bottes de notre ami de Brènes, impossible de les trouver, par la raison fort simple que Joséphine les avait emportées dans son manchon.

—Attention, Messieurs, l'intrigue se complique, dit de Chamillac. — Or, continua de Lussan, le jour même il y avait une inspection générale, et de Brènes, tout officier de génie qu'il était, ne possédait qu'une paire de bottes ; on peut avoir vingt-cinq mille francs de rente et se trouver dans la

---

(1) Historique. L'anecdote s'est passée à Lyon, il y a un an environ.

même position. — Je suis de votre avis, dit Georges, en se mêlant pour la première fois de la conversation, d'autant plus que Lucullus, le plus riche des Romains, et Alcibiade, le plus élégant des Grecs, n'avaient pas dans leur cabinet à toilette une seule paire de bottes.

De Lussan fut abasourdi par cette interruption, qui pouvait être une balourdise ou une moquerie; il jeta un regard sur le visage impassible de de son interrupteur : de Thézieux, devinant la pensée intime du jeune noble, s'empressa de lui présenter Georges.

— M. le comte de Saint-Bel, dit-il.

De Lussan et Georges s'inclinèrent en même temps.

— Il ne paraît pas très-fort, dit le premier à l'oreille de de Thézieux. — Bon, pensa le second, le vicomte de Lussan me prend pour un imbécile, c'est ce que je veux, on ne se défie que des hommes d'esprit, il se livrera à moi sans s'en douter.

Ce petit incident, qui dura à peine quelques secondes, terminé par une poignée de main échangée entre Georges et de Lussan, celui-ci reprit la parole.

— Il était donc important pour de Brènes d'obtenir de Joséphine la restitution immédiate de sa paire de bottes; il envoya chez elle son brosseur en parlementaire avec vingt-cinq francs. Une heure après, le soldat revint radieux et triomphant, la paire de bottes à la main et les vingt-cinq francs dans la poche. « Est-ce que Joséphine n'a pas voulu accepter l'argent? lui demanda de Brènes étonné. » — « Si, répondit le brosseur, mais elle me l'a donné. » — « Pourquoi ? » — « Ah ! c'est que... c'est qu'elle m'a trouvé fort bel homme, mon capitaine. » De Brènes baissa la tête sans répondre, il avait compris. — Je ne comprends pas du tout, fit un jeune noble. — Mon cher ami, répondit de Lussan, vous n'étiez pas encore levé lorsqu'on a fait la distribution de l'esprit.

Les jeunes gens partirent par de joyeux éclats de rire.

— Voyons ! qui est-ce qui fait ma partie ce soir ? demanda de Lussan.

— Si vous le voulez bien, dit Georges, j'aurai cet honneur.

— Avec plaisir.

Différents groupes se formèrent sur les divers points du salon, et bientôt, les conversations cessant brusquement, on n'entendit plus dans le silence qui leur succéda que les exclamations des joueurs.

Depuis dix-huit cent trente les loteries et les maisons de jeu ont été supprimées; le pauvre seul y a gagné, car la loterie était pour lui le gouffre dans lequel il jetait le pain de chaque jour, l'espérance de sa vieillesse; mais les maisons de jeu qui payaient patente et ouvraient leurs portes aux fils de famille, n'ont fait que changer de nom, et elles existent encore.

La police a beau lancer ses limiers à la piste de ces salons dans lesquels le jeu, dépassant les limites d'une distraction offerte à l'esprit, devient une fièvre brûlante qui tue et dévore, elle est impuissante pour découvrir tous ces lieux où le vice se cache sous les apparences du luxe et du bon ton.

Le jeu est de toutes les passions la plus terrible; il énerve l'intelligence, en l'absorbant dans sa pensée unique, la conduit rapidement à l'hébêtement et à l'idiotisme; il ouvre la porte à tous les mauvais instincts, qui d'abord n'a vu dans le jeu qu'un passe-temps, et qui, plus tard, trompé par d'habiles fripons, s'aperçoit qu'il a été dupe, ne tarde pas à devenir lui-même un grec et à corriger la mauvaise fortune, selon l'expression consacrée.

Voyez les jeunes gens que nous avons mis en scène.

Il n'y a qu'un instant, ils étaient jeunes, ils riaient de ce bon rire qui va si bien aux lèvres ; ils aspiraient la vie à pleins poumons, et lançaient insouciants les belles heures de leur jeunesse dans le néant du passé; regardez-les maintenant.

Au bruit de l'or qui danse sa ronde infernale sur le tapis vert, leur visage a changé, le rire s'est envolé, leur regard brille comme celui du chacal prêt à s'élancer sur sa proie, des rides précoces tracent leurs sillons sur leur figure pâle, et leur main crispée glisse nerveuse dans leurs cheveux hérissés, que mouille une froide transpiration.

Pauvres jeunes gens !

Ils sont morts à tous les instincts, à tous les sentiments du cœur; une seule pensée les domine, elle flambloie devant eux, elle exécute une danse fantastique au son des louis d'or. Gagner !!!

Parlez-leur de la famille, de ce sanctuaire mystérieux et chaste, où se sont écoulés, dans les caresses d'une mère, sous la surveillance attentive d'un père, les premiers jours de leur existence, et ils vous riront au nez. Pour eux la famille n'est plus qu'un banquier, dont ils épuisent la caisse ; ils jetteraient, sans sourciller dans ce feu qui les brûle, la maison où ils sont nés, la dot avec laquelle leur sœur sera une honnête épouse, une heureuse mère, s'ils le pouvaient ils emprunteraient sur la vie de leur père.

Parlez-leur de cette affection qui, à vingt ans, fait vibrer si délicieusement le cœur, qui, à soixante, donne à la vieillesse ses plus doux souvenirs : de l'amour. L'amour! allons donc ! c'est une tisanne, de l'orgeat, et ils boivent à pleines coupes l'absinthe enivrante.

Pauvres jeunes gens !

Et croyez-vous que ces mots honneur, probité, délicatesse, qui traduisent les sentiments qui constituent l'honnête homme, soient pour eux autre chose que des mots ?

Leur honneur : ils le donneraient au diable, si le diable en échange leur donnait le secret des cartes.

Leur probité : ils en rient.

Leur délicatesse : ils l'ont perdue le premier jour où ils ont joué.

Pauvres jeunes gens !

Malheur à qui met le pied sur cette pente fatale : on débute honnête homme, on finit escroc.

Georges s'assit en face du vicomte de Lussan, tirant de sa poche un portefeuille au flanc rebondi, il le plaça devant lui et jeta négligemment sans compter une poignée d'or sur la table.

Le vicomte tressaillit, un regard rapide comme l'éclair, mais que Georges saisit au passage, brilla dans ses yeux.

— Comment se porte ton père ? demanda de Thézieux, tandis que les joueurs battaient les cartes!

— Mal, répondit le vicomte.

— Ah ! M. votre père est malade, fit Georges négligemment. — Oui, Monsieur. — Et quelle est sa maladie ? — Des attaques de nerfs, dit de Lussan avec embarras. — Ah ! parbleu, j'ai votre affaire, continua Georges. — Comment? — J'ai entendu parler d'un jeune médecin qui traite ces maladies avec un rare talent. Comment diable s'appelle-t-il donc ? Serr..., aide-moi donc un peu de Thézieux. — N'est-ce pas Serrières ? — Oui, c'est cela, dit Georges. Si vous le voulez, je m'informerai de son adresse, ajouta-t-il en s'adressant au vicomte, et je vous l'enverrai. — Avec plaisir. — Quel est donc ton but en introduisant Serrières chez le vicomte ? demanda de Thézieux en se penchant à l'oreille de Georges. — D'avoir un auxiliaire dans la place ennemie, répondit celui-ci. — Combien voulez-vous jouer? dit de Lussan. — Ce qu'il vous plaira. — Cent francs ? Soit. — En cinq liés ? — Très-bien.

Georges gagna la première partie ; à la seconde, le vicomte tourna deux fois le roi. — Diable, pensa notre héros, le roi semble être bien fidèle au vicomte, est-ce que.... Voyons.

La chance continua à être favorable à de Lussan, s'animant à mesure que les bénéfices s'entassaient devant lui, devenait d'une gaité communicative ; Georges perdait sans qu'une fibre de sa figure trahit la plus légère émotion, seulement son regard était fixé sur son antagoniste avec une persévérance que celui-ci eût remarquée dans tout autre circonstance.

— Il paraît, vicomte, dit-il, que vous faites mentir le proverbe. — Comment ? — Le proverbe ne dit-il pas : Heureux au jeu, malheureux en amour. — Eh bien ? —

— Eh bien ! pourquoi cet air étonné ; j'apprends à mes dépens que vous êtes heureux au jeu, et la chronique raconte que vous êtes heureux en amour. — Est-ce que vous voulez parler de mes relations avec Aspasie ? — Ah ! vous êtes l'amant d'Aspasie. C'est bon à savoir, pensa-t-il. Non, vicomte, je veux parler de votre prochain mariage. — Qui donc vous l'a appris ? — La chronique ; et elle ajoute que vous êtes fort amoureux des beaux yeux de sa cassette. — On prétend cependant qu'elle est jolie ? — Qui ou quoi, la jeune fille ou la cassette ? — La jeune fille. — Oui, mais elle cessera de l'être le jour où elle deviendra ma femme. — Mauvais sujet! — Voulez-vous une revanche ? — Merci, répondit Georges, j'ai perdu mille francs, c'est assez pour ce soir ; et, ajouta-t-il en souriant gracieusement, c'est peu, puisque j'ai dû au jeu l'occasion de faire votre connaissance. — Il est charmant ton ami, dit de Lussan en se penchant à l'oreille de de Thézieux. — Vicomte, n'oubliez pas le médecin que je vous ai recommandé, fit notre héros, c'est un homme de talent et ils sont rares par le temps qui court. — Seriez-vous assez bon pour me l'envoyer ? — Je vous le promets.

Les jeunes gens échangèrent une poignée de main.

De Lussan fit glisser dans la poche de son gilet, avec cette volupté particulière aux joueurs, l'or amoncelé sur la table, tandis que Georges, passant son bras sous celui de de Thézieux, l'entraîna dans un angle désert du salon.

— Eh bien ? demanda le second. — Eh bien ? répéta le premier. — Es-tu content du résultat de ta soirée ? — Très-content. — Tu n'es pas difficile, elle te coûte mille francs. — J'ai joué à qui perd gagne. — Comment. — J'ai appris deux choses. — Lesquelles. — D'abord que M. de Lussan n'aime pas sa future. — Il est dans l'état normal de nos mœurs, dans les conditions où se font aujourd'hui les mariages, on aime quelquefois sa femme après, mais jamais avant, par une raison fort simple, c'est qu'on ne la connaît pas. — Très-bien. En second lieu, j'ai de fortes raisons pour soupçonner que ton vicomte n'est qu'un chevalier.... — Que dis-tu ? — Qu'un chevalier d'industrie, ajouta Georges en souriant. — Tes soupçons.... — Ne sont pas encore une certitude, mais j'ai remarqué que le roi avait pour lui une fidélité très-grande.

Pendant la conversation des deux amis, un nouveau personnage était entré dans le salon du cercle ; l'empressement avec lequel les jeunes gens s'étaient jetés à sa rencontre et entouraient la table de jeu à laquelle il s'était assis, trahissait son importance.

C'était un homme de trente ans, d'une figure spirituelle quoique un peu bouffie et d'une blancheur trop féminine, des favoris blonds à l'anglaise, des moustaches retroussées corrigeaient ce que son visage avait d'efféminé ; d'une taille au-dessous de la moyenne, il était gras et replet ; de magnifiques breloques se balançaient sur son ventre arrondi, un solitaire brillait à l'index d'une main blanche dont les ongles roses dépassaient les doigts de quelques centimètres ; en un mot, c'était le type du lion agent de change, d'un de ces heureux du siècle, contents de vivre et d'être au monde.

Georges s'était levé, et, après avoir allumé un cigare, il allait sortir, lorsque ses yeux tombèrent par hasard sur le personnage dont nous parlons ; à cette vue, il s'arrêta et parut chercher dans sa mémoire le nom qu'il devait mettre sur ce visage ; sa mémoire, infidèle sans doute, ne répondit pas à sa question, car un geste d'impatience traduisit son désappointement.

— De Thézieux, demanda-t-il, pourrais-tu me dire le nom de ce jeune homme assis en face de nous ? — Celui qui a des favoris blonds et un habit bleu ? — Oui. — Mon cher, tu vois la Providence des habitués de notre cercle. — Oh ! la Providence, le mot est joli ; je crois fort que les joueurs n'ont d'autres protecteurs que le diable. — Dans tous les cas, c'est un bon diable, car ce jeune homme, qui possède, dit-on, quarante ou cinquante mille francs de rente, a toujours sa bourse ouverte pour ses amis. — Tu le nommes ? — Le marquis de la Brosse. — Peste ! marquis maintenant, s'écria Georges en riant, je ne m'étais pas trompé. — Que diable as-tu donc à rire ? fit de Thézieux ne comprenant rien à l'hilarité de son ami. — C'est que ce nom semble avoir pour origine la sellette d'un décrotteur. — Pour le coup, tu te trompes, le marquis de la Brosse appartient à l'une des premières familles de l'Auvergne. — Tous les décrotteurs sont Auvergnats, continua notre héros dont la gaité avait pris la proportion d'un fou rire. As-tu vu, ajouta-t-il, un vaudeville dans lequel un portier s'introduit dans un salon sous l'habit de son maître et joue l'homme comme il faut, jusqu'à ce qu'un invité, soupçonnant son identité, passe derrière lui et lui souffle à l'oreille ces paroles sacramentelles du concierge : « Le cordon s'il vous plait. » A ce mot, le portier, oubliant son rôle et poussé par cette seconde nature qu'on appelle l'habitude, lève le bras en l'air et fait le mouvement d'un homme qui tire le cordon. — Je me rappelle en effet ce vaudeville, mais quel rapport..... — Je vais t'en donner une représentation.

Et Georges, se glissant derrière la chaise du marquis de la Brosse, se penche sur le dossier ; la partie touche à sa fin, cinq mille francs sont sur la table, et le marquis hésite à jeter la carte qui doit décider du sort, le plus grand silence règne autour des joueurs, les spectateurs retiennent leur haleine ; enfin le marquis se décide, il va abattre la carte qu'il tient à la main, lorsque Georges prononce tout bas un nom.

Le marquis se retourne brusquement le visage enflammé, la carte lui échappe des mains, ceux qui ont engagé des paris s'écrient que le coup est nul, et au milieu du bruit provoqué par les querelles qui s'élèvent de toutes parts, Georges peut rapidement échanger quelques mots avec le marquis.

— Il faut que je vous parle. — Où ? — Ici. — Quand ? — Tout-à-l'heure. — Ne me trahissez pas. — Je vous le promets, j'ai besoin de vous.

Georges avait repris de Thézieux, qui avait suivi tous les détails de l'incident que nous venons de raconter.

— Ah ça ! serais-tu le diable ? lui demanda-t-il. — Il n'y a rien de diabolique dans ma conduite, j'ai simplement prononcé à l'oreille du marquis de la Brosse, le nom qu'il portait lorsqu'il était à mon service.

— Comment, le marquis de la Brosse... — Est un ancien décrotteur, dont j'avais fait mon domestique, et qui est devenu un grec de première force, à ce que je suppose.

Baptistin ; car nos lecteurs ont sans doute deviné le nom prononcé par Georges à l'oreille du marquis, ne tarda pas à venir près de celui-ci.

— Eh bien ! maître Baptistin ? dit-il. — Oh ! par pitié M. Georges, appelez-moi... — Le marquis de la Brosse, soit, je le veux bien ; il paraît que vous avez réussi. — Je ne.... balbutia Baptistin.... — Seulement vous avez pris les chemins de traverse, ils sont dangereux et vous risquez fort de vous briser le cou. — Votre discrétion.... — Elle vous est acquise, à une condition cependant. — Laquelle ? — Je puis compter sur vous ? — Monsieur sait que je suis toujours à son service.

Ce mot service fit monter le rouge au visage de l'ex-domestique. Il y a certains mots, rappelant certaines choses, qui ne doivent jamais être prononcés devant les parvenus ; c'est un brutal *memento* de leur origine, c'est-à-dire de ce qu'ils voudraient voir oublier par les autres et oublier eux-mêmes.

Georges, à la vue de l'embarras de Baptistin, réprima le sourire qui l'eût encore augmenté.

— Vous connaissez tous les jeunes gens qui fréquentent le cercle ? lui demanda-t-il. — A peu près. — Quel homme est-ce qu'un certain vicomte de Lussan dont j'ai fait ce soir la partie ? — C'est un charmant garçon, plein d'esprit.... — Oui, voilà en effet l'homme que j'ai vu, mais vous ne comprenez pas ou vous faites semblant de ne pas me comprendre ; je vous demande quel homme est M. de Lussan pour son domestique. — Pour son domestique ? — Oui, ou si vous aimez mieux quels sont les défauts que recouvrent ses qualités d'apparat ? — La question est délicate. — Est-ce que vous refuseriez d'y répondre, maître Baptistin. — Monsieur, je vous en supplie appelez-moi.... — Le marquis de la Brosse, c'est convenu, mais si vous ne voulez pas que je vous arrache le masque qui couvre votre visage, soyez franc avec moi, pas de faux-fuyants, pas de mensonge. — Voyons, M. Georges, voulez-vous faire un marché avec moi ? — Lequel ? — Voici : je vous promets de répondre avec franchise à toutes vos questions ; mais, en revanche, promettez-moi de ne pas me trahir, il y va pour moi d'un intérêt immense. — Que voulez-vous dire ? — Vous comprenez que je ne suis pas arrivé à la fortune que je possède.... — Ah ! vous êtes riche ? — Vingt mille francs de rente, répondit Baptistin avec cette modestie conventionnelle de l'orgueil. — Peste ! — Vous comprenez bien que je ne suis pas arrivé à la fortune sans avoir recours à quelques procédés.... — Equivoques, ajouta Georges. — Equivoques, soit ; or, tant que je ne serai que le marquis de la Brosse, j'aurai toujours au-dessus de ma tête une épée de Damoclès. — Diable ! marquis, vous avez complété votre éducation. — Mais si, par exemple, je couvrais ma personnalité du manteau d'une famille honorable, si, en un mot, je me mariais. — Vous ? — Moi, on a vu des rois épouser.... — Quel rapport à votre mariage avec la question que je vous ai posée sur le vicomte de Lussan ? — Un très-grand rapport, le vicomte a une sœur. — Je commence à comprendre. — Je la crois assez sensible à mes faibles attraits. — Ne vous égratignez pas. — Moi, de mon côté, je l'aime ; j'ai en outre rendu au vicomte de tels services, qu'il fera à peu près tout ce que je voudrai ; et comme je veux épouser sa sœur, il m'y aidera. — Parfaitement raisonné. — Mais, si je réponds à vos questions, dont j'ignore le but, je vous livre mon cher beau-frère, et je ruine mes espérances. — En aucune façon, si je suis appelé à faire usage des secrets que vous me confierez, je vous jure de ne jamais faire connaître la source d'où je les ai tirés. — Dans ce cas.... — Vous acceptez ? ajouta Georges. — Et si je refusais ? — Si vous refusiez, je vous appellerais de votre propre nom, et je vous ferais jeter à la porte de ce cercle par vos nobles amis. — Vous avez des façons d'agir trop aimables, pour qu'on vous résiste. — Bien plus, continua Georges, je vous promets de vous aider dans vos projets de mariage avec la sœur du vicomte. — Vous le détestez donc bien ? — Qui ? — Le vicomte. — Puisque je songe à lui donner un beau-frère tel que vous. — Oui, répondit Baptistin avec cynisme. — Vous vous rendez justice. — « Connaissez-vous vous-même » a dit un philosophe grec, je mets ce précepte en pratique ; ce précepte ? Que vous a-t-il donc fait ? — Qui ? — Le vicomte. — Maître Baptistin, fit Georges avec hauteur, sont-ce vos vingt mille francs de rente qui vous donnent le droit de m'interroger ? — Non, mais ma complicité avec vous. — Vous avez profité depuis que vous êtes sorti de chez moi. — Vous me flattez. — Alors c'est convenu, demain vous viendrez chez moi. — A quelle heure ? — Dix heures. Où demeurez-vous ? — Voici ma carte.

Les deux jeunes gens se levèrent.

— Monsieur le marquis, dit Georges de façon à être entendu, je suis enchanté de l'occasion m'ait permis de renouveler connaissance avec vous. — Croyez que de mon côté je suis heureux de cette circonstance, M. de Saint-Bel, répondit Baptistin sur le même ton.

Et tendant la main à Georges, qui la serra avec cordialité, M. de la Brosse reprit sa place à une table de jeu.

Maître Baptistin n'était pas un homme vulgaire, et en s'élevant il s'était mis à la hauteur de sa position.

Il n'y avait rien en lui qui trahît le bout de l'oreille d'aliboron ; en se couvrant de la peau de lion, il en avait pris les allures, le ton, l'impertinence, les ridicules ; le parvenu ressemble assez ordinairement à une pierre fausse montée magnifiquement ; en l'examinant de près on voit que ce qu'on avait pris d'abord pour du diamant n'est que du strass. Un mot, un geste, un regard suffisent pour faire deviner l'origine de certains personnages qui éblouissent par leur luxe et leurs grands airs.

Baptistin, lui, pouvait supporter l'examen sans crainte d'être découvert ; son langage, sa tournure, sa figure même décelaient l'aristocratie la plus pure, celle de la naissance.

Comment était-il arrivé à ce degré de perfection ? voilà ce que nous ne saurions dire. Il existe certaines natures qui, semblables à la cire molle, reçoivent toutes les empreintes, et se façonnent dans le milieu où elles vivent : [Baptistin possédait une de ces natures.

Il avait compris son époque à son point de vue. Au départ, il n'avait pas eu d'hésitation et de tâtonnement ; il avait marché droit et ferme, et nous avons vu qu'il était arrivé.

Au début, il avait singé le lion, et comme l'âne, voulant imiter le petit chien, il avait d'abord été souverainement ridicule ; mais de même que Talma répétait ses rôles devant un miroir, il avait, pendant un an, passé chaque matin une heure devant sa glace, à se dire bonjour, à se saluer de la main et du geste, à causer de cette causerie du bout des lèvres, qui dure ce que dure un cigarre, et qui ne laisse pas plus de trace dans l'intelligence, que la fumée du cigarre ne laisse de parfum aux lèvres.

Il était ignorant ; il lut chaque jour une page du dictionnaire de l'Académie française ; il apprit l'histoire dans les romans historiques, la mythologie, dans les *Lettres à Emilie* du sentimental Démoustier ; enfin, il apprit par cœur un recueil de citations.

Armé de ce bagage, Baptistin fut un lion au grand complet ; ses amis le traitaient de savant, parce qu'il citait à chaque instant les meilleurs auteurs français et étrangers (*Le Recueil des citations*) ; parce qu'il discutait sur les locutions françaises (*Le Dictionnaire de l'Académie*), parce qu'il nommait sans hésiter les dieux assez connus du second ordre (*Lettres à Emilie*) ; enfin, parce qu'il racontait toutes les aventures galantes attribuées aux rois et aux reines (*Les Romans historiques*).

Nous ne disons rien de son élégance, un seul mot le fera comprendre ; ce n'était plus son tailleur qui l'habillait, c'était lui qui se faisait habiller par son tailleur, et lui indiquait la nuance et la coupe de ses habits.

Voilà ce qu'est Baptistin lorsque nous le retrouvons.

CHAPITRE XXXV.

Les batteries. — Mademoiselle Henriette de la Porte.

Le lendemain, Georges déjeûnait, à neuf heures du matin, en compagnie de Serrières, dans son appartement de la rue Juiverie.

Sur un geste de Georges, le domestique sortit.

— Vous ne rentrerez que lorsque je vous appellerai, lui dit-il.

Lorsque la porte fut refermée, Georges alla ouvrir pour s'assurer si le domestique n'était pas dans l'antichambre.

— On cause mieux les portes ouvertes, continua-t-il en reprenant sa place à table et en allumant un cigarre. Ah ça ! mon cher Serrières, ajouta-t-il, vous ne vous doutez pas du motif pour lequel je vous ai invité à déjeûner ? — En est-il un autre que celui que vous m'avez donné dans votre lettre d'invitation ?

Le médecin déplia la lettre en question et lut :

« Mon cher Serrières,
» En votre qualité de médecin vous devez être gourmet (tous les médecins le sont) ; seriez-vous assez
» bon pour venir ce matin même, à neuf heures, goûter
» un vin de Bordeaux sur lequel je désirerais avoir vo-
» tre opinion. »

« Eh bien ! mon opinion est que votre vin est délicieux, dit Serrières en faisant voluptueusement claquer sa langue contre son palais. — Vous trouvez ? — C'est un vin qui date de la comète : je m'y connais. — Voulez-vous en accepter un panier. — Comment ! mais pour vous être agréable, j'en accepterais trois, six, dix. — Eh bien ! mon cher, le vin n'est que le prétexte de notre déjeûner. — Bon prétexte, et le motif ? — Le voici : connaissez-vous le vicomte de Lussan ? — Non. — Son père, le comte de Lussan est malade. — Est-ce une consultation que vous désirez ? — Pas tout-à-fait. J'ai parlé de vous au vicomte de Lussan ; je lui ai dit que vous possédiez un talent spécial pour les maladies nerveuses dont il prétend son père atteint. Il m'a prié de vous adresser à lui. Présentez-vous donc, ce matin même, en mon nom, à l'hôtel du comte de Lussan ; mais, cependant, ne vous donnez pas comme mon ami : je suis censé vous avoir rencontré dans le monde, et nos relations ne sont que celles qui s'établissent entre gens du même bord. Si le vicomte de Lussan connaissait notre amitié, il pourrait avoir des soupçons. — Quels soupçons ? — Mais des soupçons sur la cause qui me fait vous introduire dans sa famille. — Alors, ce n'est pas pour la maladie du comte ? — Non ; que M. de Lussan père vive ou meure, peu m'importe ; ce que je désire, c'est que, tout en tâtant le pouls et en faisant tirer la langue à votre malade, vous lui posiez certaines questions qu'explique votre qualité de médecin. — Je commence à saisir. — Les peines morales ont une réaction sur l'état physique ; tel homme n'est malade que parce qu'il a été malheureux et a eu dans sa vie une immense douleur ; pour comprendre le caractère réel d'une maladie, il faut qu'un médecin en connaisse l'origine, d'où il s'en suit qu'il peut interroger sans indiscrétion. — La mission dont vous me chargez, interrompit Serrières, rentre dans la sphère de mon rôle dans l'*Association des Six*; je l'accepte et je vous promets de la remplir, lorsque vous m'en aurez fait connaître le but. — Impossible.— Pourquoi ? — Parce que cette affaire m'est purement personnelle ; dans cette circonstance, ce n'est pas l'*Association* que vous servirez, c'est moi ; il ne s'agit pas d'intérêt relatif à l'*Association*, il s'agit de mon bonheur. — S'il ne dépend que de moi, je vous promets de vous y faire arriver promptement.

Le jeune médecin alluma un cigare.

— A propos, dit-il, n'oubliez pas mon panier de vin de Bordeaux. — Mon domestique le portera, ce matin, chez vous. — Ce sont mes honoraires ; je le boirai à la réussite de votre projet.

Lorsque Serrières fut sorti, Georges passa dans son boudoir. Il ouvrit le tiroir du meuble en bois de rose dans lequel il avait mis le portefeuille de Fernioul, et, se plaçant devant une table, il lut avec attention les papiers qu'il renfermait.

Nos lecteurs ont sans doute oublié dans quelles circonstances Fernioul s'était emparé de ce portefeuille ; si leur mémoire est infidèle, nous leur conseillerons de relire le chapitre XVII de cet ouvrage.

Les premiers coups de dix heures sonnaient à peine, que le timbre de la porte retentit, et que Baptistin entra dans le boudoir, précédé du domestique.

— Bravo ! dit Georges, le marquis de la Brosse est plus exact que n'était Baptistin. L'exactitude est la politesse des rois, répondit Baptistin qui brillait dans le monde par ses citations. — Est-ce que vous avez la prétention d'être prince, fit Georges en riant. Au fait, vous vous êtes délivré un marquisat, rien ne vous empêche de l'échanger contre un duché.

Baptistin ne répondit pas ; se plaçant devant une glace, il jeta un regard complaisant sur sa toilette d'un goût exquis et d'une fraîcheur irréprochable ; elle se composait d'un pantalon noir retombant sur des souliers vernis ; d'un gilet de velours noir sur lequel on voyait serpenter une chaîne en or, légère comme un fil ; d'un habit bleu retenu par un bouton, et d'un pardessus marron aux revers et au collet de velours. Un diamant, gros comme un noyau de cerise, monté en épingle, maintenait l'harmonie des plis d'une chemise en fine baptiste.

— Promettez-moi, dit Georges, de me répondre avec franchise, ma discrétion est à ce prix. — Interrogez. — Depuis combien de temps connaissez-vous le vicomte de Lussan ? — Depuis six mois environ. Et vous êtes lié avec lui. — Très-lié ; le vicomte est mon ami intime. — Entre marquis et vicomte, il n'y a que comte ; voilà une liaison qui ne fait pas l'éloge de M. de Lussan ; vous aimez les citations, en voici une dont vous pourrez faire l'application : « Dis-moi qui tu fréquentes, je te dirai qui tu es. » — Mais je crois que M. de Lussan a tout gagné à me fréquenter, pour me servir de l'expression de votre proverbe, répondit Baptistin. — Je serais curieux de connaître les bénéfices qu'il a pu tirer de votre connaissance. — Ne serait-ce que les quarante mille francs que je lui ai prêtés, et qu'il lui eût été impossible de se procurer, ce serait, ce me semble, déjà assez ; toutes les connaissances ne sont pas aussi productives ; — Comment ! vous lui avez prêté quarante mille francs ? — Quarante mille cinq cent soixante, dit Baptistin en lisant ce chiffre sur son portefeuille. — Je vous soupçonne d'être un homme de beaucoup trop d'esprit... — Monsieur me flatte. — Votre modestie s'effarouche. Eh bien ! employons d'autres termes, je vous crois trop fripon pour prêter autrement que d'après le procédé des usuriers, c'est-à-dire « à qui prête gagne. » Si vous avez fait un crédit de quarante mille... — Cinq cent soixante, interrompit Baptistin. — Ne m'interrompez pas pour dire des niaiseries en croyant faire de l'esprit, fit sèchement Georges, si vous avez prêté quarante mille francs au vicomte de Lussan, c'est que vous le savez riche. — Lui ? — N'a-t-il pas des capitaux placés chez M. Rancey, banquier ? — Tenez, M. Georges, avec ses capitaux, M. de Lussan n'aurait pas pu louer une stalle pour la représentation de ce soir au Grand-Théâtre. — Alors il est ruiné ? — Pour aujourd'hui. — Comment ! pour aujourd'hui ? — Oui, parce que dans quelques jours, il épouse mademoiselle la marquise de la Porte, dont la dot s'élève à près d'un million. — Et c'est sur la dot que vous comptez être remboursé ? — Oui. — Avez-vous des titres de créance ? — Oui. — En règle. — Parfaitement en règle, ce sont des billets à mon ordre. — Passez-les au mien, je vous les achète dix mille francs. — Dix mille francs ! mais je vous ai dit que M. de Lussan me devait.... — Quarante mille cinq cent soixante francs, je me rappelle le chiffre ; si le mariage ne se fait pas, que valent ces billets, que vous froissez avec tant de colère entre vos mains ? — Rien, répondit tristement Baptistin. — Eh bien ! vous voyez que le marché que je vous propose eût eu un excellent pour vous. — Qui donc pourrait empêcher ce mariage ? — Moi. — Vous. Et c'est pour que je vous aide que vous avez recours à moi, c'est payer trop cher le plaisir de vous rendre service : je refuse. — Vous refusez ? — Oui. — Je vous accorde cinq minutes de réflexion, dit Georges avec un impassible sang-froid.

Tandis que notre héros, qui avait allumé un cigare, s'amusait, étendu sur le canapé, à suivre les tourbillons de fumée qui s'évanouissaient en montant en spirale vers le plafond, Baptistin se promenait avec agitation ; tout-à-coup, il porta la main à la poche de son habit comme s'il cherchait une arme ; Georges vit le mouvement : étendant négligemment le bras vers la table placée près de lui, il en tira un pistolet dont il se mit à faire jouer les batteries.

Baptistin pâlit, et, la main crispée qui avait froissé sa chemise, retomba inerte.

— Eh bien ! dit Georges, les cinq minutes sont écoulées, qu'avez-vous résolu? — Je refuse. — Encore... vous êtes entêté, mon cher Baptistin, dit notre héros en se levant et en prenant du bout des doigts le cordon d'une sonnette de la cheminée. — Qu'allez-vous faire? — Dire à mon domestique d'aller chez le premier commissaire de police, et de le ramener avec les quatre hommes et le caporal nécessaires à l'arrestation d'un voleur. — Vous voulez me faire arrêter? — Du tout, c'est vous qui le voulez, ne confondez pas. — Mais on n'arrête pas sans preuve. — Vous avez raison; aussi remettrai-je au commissaire de police ce chiffon de papier, qui, de la prison, vous conduira aux assises, et des assises aux galères.

Georges montra à Baptistin le papier en question; celui-ci bondit pour s'en emparer, mais il s'arrêta devant la gueule béante d'un pistolet, et retomba, pâle et tremblant, sur un fauteuil heureusement placé derrière lui.

Notre héros, toujours impassible, ferma précieusement le papier dans un tiroir dont il mit la clef dans sa poche.

— Eh bien! M. le marquis, faut-il encore que je sonne pour faire avancer votre escorte? dit-il. — Parlez, Monsieur, répondit Baptistin, je vous appartiens, que dois-je faire? — Passer d'abord à mon ordre les billets du vicomte.

Baptistin prit la plume, et d'une main à laquelle l'émotion enlevait sa fermeté, apposa sa signature au dos des billets.

— Parfait, dit Georges; en échange, voici les dix mille francs que je vous ai promis. Allons donc! continua-t-il en riant à la vue de la terreur empreinte sur le visage de Baptistin, remettez-vous, mon cher marquis de la Brosse; de quoi diable vous plaignez-vous? de ce que je vous paie dix mille francs des billets hypothéqués sur les probabilités d'un mariage, qui aurait fort bien pu manquer. — Mais le mien, soupira Baptistin d'un air piteux. — C'est juste; j'oubliais que vous devez épouser la sœur du vicomte. Eh bien! qui vous en empêche? — Vous. — Comment, moi? — La réussite de votre projet ruine le mien. — En aucune façon; vous avez foi en ma parole? — Oui. — Je vous jure alors de vous aider de tout mon pouvoir à l'accomplir, et vous promets, à moins de circonstances indépendantes de ma volonté, que je ne dirai rien du concours que vous me prêtez. — Bien vrai? fit Baptistin, dont la figure s'épanouit. — Depuis quand mettez-vous en doute ma parole?

Rassuré par cette promesse, le marquis de la Brosse reprit son visage insouciant, et repoussa le manche d'un poignard qu'il avait tiré de sa poche.

— Vous le voyez, dit Georges en souriant d'un sourire moqueur, entre nous-mêmes, il suffit de parler pour s'entendre. — Aussi je suis prêt à faire ce que vous voudrez. — Pour ce qui concerne le vicomte de Lussan, vous n'avez qu'à rester tranquille. — C'est facile. — Mais j'ai une autre mission à vous confier, pour laquelle il me faut un homme discret et habile; j'ai compté sur vous. J'ai eu avec une femme du monde quelques relations assez intimes. Le mari de cette femme, après la découverte de sa faute, l'a chassée avec son enfant, sans leur assurer par une pension l'existence matérielle. Voici maintenant ce que vous avez à faire : Vous vous rendrez chez cet homme, et vous le forcerez à déposer chez un notaire un capital suffisant, pour que sa femme et son enfant puissent vivre honorablement avec la rente qu'il produira. — Ah! diable! cela me paraît difficile. — Tranquillisez-vous, je vous fournirai des armes.

Et Georges présenta à Baptistin un paquet de lettres.

— Des lettres, dit celui-ci. — Vous savez par expérience qu'un homme qui ne tremblerait pas devant la gueule d'un pistolet, peut trembler devant un chiffon de papier. Avec ces lettres, vous obtiendrez de M. Brunel.... — Qu'est-ce que M. Brunel? — Le mari en question. Vous obtiendrez, dis-je, de M. Brunel, à l'aide de ces lettres, tout ce que vous exigerez de lui, par exemple cinq mille francs de pension pour sa femme; il vous suffira de le menacer, en cas de refus, de porter cette correspondance chez le procureur du roi. — Il serait nécessaire que je sache au moins substanciellement ce qu'elle renferme. — C'est naturel. M. Brunel est, à Lyon, fabricant de dentelles, mais, pendant trois mois de l'année, il se retire dans une maison de campagne, où il s'occupe à faire la contrebande des dentelles. — Alors ce monsieur n'est autre chose qu'un contrebandier : cela me met à l'aise pour traiter l'affaire avec lui. — Cette correspondance, signée de son nom, est adressée au lieutenant de la bande, dont il dirigeait les opérations de Lyon. — J'ai compris. — Encore un mot. Présentez-vous chez M. Brunel comme l'un des parents de sa femme. — Je ne connais pas sa famille. — Voici des notes qui vous donneront tous les renseignements nécessaires à ce sujet. — Très-bien. — Il est de toute nécessité que mon nom ne soit pas prononcé dans votre entretien avec M. Brunel. Quand vous reverrai-je? — Demain; j'irai ce soir même chez M. Brunel.

Le marquis de la Brosse sortit.

Quelques secondes après, Georges se dirigeait vers la rue de Puzy.

Arrivé en face de l'hôtel portant le nº 10, il entra dans une maison, et s'adressant au concierge :

— Avez-vous des appartements à louer, lui demanda-t-il. — Oui, Monsieur, répondit le concierge sans quitter la vieille paire de souliers qu'il raccommodait, nous avons le premier, sept pièces avec cave et grenier. — Autre chose. — Nous avons le troisième, composé de trois pièces seulement, mais sans cave ni grenier. — Montrez-moi cet appartement. — Benjamin! hurla le concierge.

Un enfant de six ans, sale et mal peigné, accourut à ce cri, portant sur ses bras un pauvre chien, à la queue duquel il avait attaché une casserole.

— Benjamin surveille la soupe qui est sur le poêle. Si Monsieur veut me suivre.

Georges, qui n'avait prêté qu'une médiocre attention à ces détails suivit le concierge.

— Oh! Monsieur, continua celui-ci tout en gravissant lentement les marches des escaliers, je suis un bienheureux père; si vous saviez combien Benjamin est un charmant enfant, il apprend tout ce qu'il veut : malheureusement il ne veut rien apprendre.

Notre héros ne répondit pas.

— Bien sûr, c'est quelque aristocrate, murmura le concierge, qui, moralement et physiquement, avait quelques tendances à être un sans-culotte.

La première chose que fit Georges en entrant dans l'appartement, fut d'ouvrir les fenêtres, l'étage était assez élevé et dominait l'hôtel situé en face, qui était séparé de la rue par une cour dans le sable de laquelle se tordaient quelques accacias rabougris.

— A qui appartient cet hôtel? demanda-t-il au concierge. — Au marquis d'Arguis. — Très-bien; qui est-ce qui habite cette chambre aux rideaux bleus dont la fenêtre est garnie de pots de fleurs? — C'est mademoiselle de la Porte, la nièce de M. d'Arguis, une jolie demoiselle, qui a l'air un peu triste; on a bien raison de dire que la fortune ne fait pas le bonheur, car mademoiselle de la Porte a, dit-on, des millions et ne rit jamais, et moi, qui n'ai pas le sou, je ris toujours.

Le concierge termina sa réflexion par un de ces bruyants éclats de rire qui font trembler les vitres et agacent les oreilles des personnes délicates.

— Voici, continua-t-il, le salon, avec une cheminée à la prussienne, deux placards, une alcove; si vous voulez voir les autres pièces? — C'est inutile. — L'appartément ne vous convient pas? — Au contraire, je le trouve délicieux. — Sans le voir? — Je m'en rapporte à vous. — Quelle singulière manière de visiter les appartements, murmura le concierge, abasourdi par les façons de Georges. Le prix?—Cinq cent soixante francs; mais je crois qu'en marchandant Monsieur l'aurait pour cinq cents. — Je ne marchande pas. — Monsieur trouve peut-être que c'est trop cher? — Non, puisque je le prends. — Quel drôle de corps, murmura le concierge. — Cet appartement est-il libre? — Oui, Monsieur. — Dans une heure, on apportera mes meubles. — J'espère que Monsieur sera content, notre maison est admirablement tenue, il est défendu d'avoir des chiens qui font sur le palier.... Monsieur me comprend. Puis, nous n'avons ici aucune de ces femmes, qui.... de ces dames que... enfin de ces dames qui portent des dentelles, tandis que leur papa tire le cordon... Monsieur me comprend. Quant au concierge, que je représente, il est inutile d'en faire l'éloge, la probité, l'honnêteté... — C'est bon, interrompit Georges, qui, pendant ce monologue, était resté accoudé à la fenêtre. Retenez bien ceci : je n'aime pas les concierges curieux et bavards, je les paie largement en les priant de se taire sur mon compte. Voici vingt francs d'étrennes, tous les mois vous en aurez autant, si vous êtes tel que je désire.

Le concierge regardait d'un œil ébahi la pièce d'or qui brillait dans sa main noire et calleuse; d'un geste rapide, il ôta son bonnet de laine, et s'inclina devant Georges qui sortit avant qu'il fût revenu de son étonnement.

Deux heures après, le marteau des tapissiers résonnait dans l'appartement.

Le soir, il y avait émeute dans la loge du concierge; toutes les commères du quartier s'y étaient donné rendez-vous. le sujet de la conversation était, on le devine, le nouveau locataire.

Le concierge avait naturellement la parole.

— Bien sûr, disait-il, que c'est quelque prince qui voyage incognito. — Ou un milord anglais. — Ou un *boyeau* russe, fit une lingère d'en face qui avait des prétentions à l'érudition. — Ou bien encore un dentiste, ajouta une marchande d'herbes. — Vous n'y êtes pas, reprit le concierge, c'est un prince, à preuve qu'il avait sur la poitrine une décoration en or suspendue au cou par un large ruban moiré.

La décoration, dont parlait le savant concierge, n'était autre chose que le lorgnon de forme nouvelle de Georges.

L'histoire des locataires, racontée par leur portier, est aussi véridique que celle de Napoléon du père Loriquet.

Jusqu'à onze heures, il y eut des attroupements de commères devant la maison; malheureusement pour leur curiosité, Georges ne rentra qu'à minuit.

Les tapissiers sont de grands enchanteurs, un coup de leur baguette fait d'un taudis un boudoir, il est vrai qu'ils sont moins désintéressés que ces bonnes fées qu'on rencontrait autrefois sur sa route, à la condition cependant d'être prince, car ces charmantes magiciennes avaient des goûts aristocratiques et pratiquaient peu l'égalité dans la répartition de leurs faveurs.

Georges avait payé royalement, il avait été servi de même.

Si le concierge avait pu jeter un regard curieux dans l'appartement, ses soupçons sur la position sociale de son nouveau locataire se fussent changés en certitude, et, plus que jamais, il eût prétendu que c'était un prince voyageant incognito.

Cependant, notre héros regarda à peine les meubles qui l'entouraient, et les fauteuils qui tendaient leurs bras potelés, en furent pour leurs frais d'agacerie; il se dirigea vers la fenêtre, l'ouvrit doucement et, appuyant ses coudes sur le rebord en pierre, il laissa tomber sa tête entre ses mains.

Il n'y a guère que les amoureux ou les poètes, qui, à une heure du matin, veillent au lieu de dormir du sommeil prosaïque sans doute, mais nécessaire au corps dont il retrempe les membres dans le repos, et qui est si aimé, que puisqu'on en fait l'emblème de la mort, nous devons en conclure qu'après tout la mort est une bonne chose.

Amoureux et poète se ressemblent; le second découle quelquefois du premier, et l'amour mène tout droit à la poésie.

Georges, jusqu'alors, était simplement amoureux.

La nuit était noire, la rue déserte, les maisons ressemblaient à de vastes mausolées; parfois, le pas du piéton attardé ou la marche régulière et lourde d'une patrouille, interrompaient ce silence, les réverbères se balançaient à leur corde huileuse dans l'atmosphère d'un épais brouillard.

Tout dormait dans la ville industrielle, hommes et bêtes, machines et métiers, la nappe était mise à ce grand banquet de la vie, où pauvres et riches ont leur place, où le pain est le sommeil, les hors-d'œuvres les songes agréables.

Qui sait même si les heureux, à cette heure, ne sont pas les habitants des mansardes; pour eux, le sommeil, auquel ils sont arrivés par la fatigue, est plus que le repos, c'est l'oubli, c'est l'instant fortuné où le forçat quitte la lourde chaîne qui lui brise les membres pendant le travail; aussi croyons-nous qu'on dort mieux sous la grossière couverture de laine, que sous l'édredon et la courtine de soie.

Les minutes, ces fractions minimes du temps avec lesquelles les hommes mesurent leur courte existence, s'envolaient pour Georges emporté dans une délicieuse rêverie.

A quoi songeait-il ?

Regardez.

En face de lui se trouve une fenêtre qu'éclaire la clarté douce d'une lampe recouverte d'un abat-jour vert ; d'épais rideaux de damas bleu, relevés de chaque côté par des torsades en soie, ornent, sans le voiler aux regards de Georges, une délicieuse chambre de jeune fille.

Au fond se détache, sur le velouté d'une tapisserie verte, un lit au linge blanc, trop grand pour être la couchette d'un enfant, trop étroit pour deux amants : c'est le lit chaste d'une vierge.

A la tête est placé un prie-dieu, car la dernière comme la première pensée de la jeune fille est pour Dieu, qui la protège et veille sur elle ; sur le dossier de ce meuble de velours grenat sont brodées à la main les initiales des deux mots, dont l'ange Gabriel salua la mère de Jésus, A M (AVE MARIA). Au-dessus du prie-dieu, suspendu à la muraille, est un Christ en ivoire, chef-d'œuvre d'un artiste inconnu ; le corps légèrement incliné s'affaisse sur lui-même, le sang coule des blessures, la tête, sous sa couronne d'épine, a une admirable expression de souffrance et de résignation ; derrière la grimace provoquée par la contraction des muscles, on devine le sourire du Dieu qui pardonne à ses bourreaux, et ses lèvres ouvertes semblent dire ces paroles de l'Evangile : « Heureux celui qui souffre, car le royaume des cieux lui appartient. »

Nous n'irons pas plus loin dans la description de la chambre dont Georges, de son observatoire obscur, ne laisse échapper aucun détail ; nous la compléterons en deux mots : le goût sévère et décent en avait corrigé le luxe.

Près de la fenêtre se trouvait assise devant une table, sur laquelle était placée une lampe, une jeune fille dont le visage était éclairé par la lumière que réfléchissait l'abat-jour.

Cette jeune fille était mademoiselle de la Porte, la fille de la malheureuse femme tuée pendant l'émeute de 1834, et la pupille de l'abbé Henry Duméry.

Henriette (car on se rappelle que par un délicat souvenir de son premier et unique amour, la marquise de la Porte avait donné à son enfant le nom de celui qu'elle avait si saintement aimé) ; Henriette était trait pour trait le portrait de sa mère.

C'était le même visage, pâle et triste, les mêmes yeux bleus au long et doux regard, les mêmes cheveux blonds, qui, dans l'admirable désordre du déshabillé, retombaient en boucles touffues autour d'un cou attaché à des épaules arrondies, dont la blancheur eût fait pâlir le marbre sans la teinte rose qui les animait.

Malgré ses seize ans, âge de l'insouciance et de la gaîté, Henriette avait un caractère naturellement enclin à une mélancolie, que la moindre contrariété faisait dégénérer en tristesse ; elle regrettait sa mère, qu'elle n'avait point connue, car l'intelligence lui était venue au moment même, où la marquise de la Porte mourut. D'une nature expansive et aimante, elle était allée se briser le cœur contre l'affection glaciale et raide du marquis et de la marquise d'Arguis, chez lesquels elle vivait en attendant que son mariage débarrassât ses parents d'une tutelle qui leur était à charge.

Jusqu'au jour où nous faisons la connaissance de la jeune fille, elle n'avait aimé qu'une seule personne, son tuteur, cet excellent abbé Duméry, qui, reportant sur l'enfant une partie de l'affection immense qu'il avait eue pour la mère, n'avait jamais à lui dire que de douces et bonnes paroles. Malheureusement, le titre de tuteur de l'abbé n'avait une valeur réelle que relativement aux affaires d'intérêts ; mais son âge, sa position, lui avaient naturellement interdit de prendre près de lui Henriette ; il était la providence de la jeune fille ; c'était vers lui qu'elle se réfugiait pour pleurer dans ses jours de tristesse.

Henriette, que nous avons laissée assise devant une table, la tête appuyée mélancoliquement sur ses mains, la releva, et Georges vit deux larmes glisser sur ses joues pâles. Prenant ensuite une plume, elle écrivit une longue lettre, dont voici la substance :

« Ma chère Diane,
» En quittant le pensionnat, nous nous étions promis
» d'entretenir une longue correspondance ; c'est toi qui,
» la première, as manqué à cette promesse.
» On me dit que j'ai cinquante mille francs de rente,
» que *je suis la plus belle dot* de Lyon, et qu'avec ma
» fortune je puis avoir domestiques, chevaux, équi-
» pages.
» Que m'importe ?
» En face de la fenêtre de ma chambre se trouve celle
» de la mansarde d'une grisette. A cinq heures du ma-
» tin, elle est au travail, à onze heures du soir sa lu-
» mière laborieuse brille encore.
» Eh bien ! j'échangerais volontiers ma fortune con-
» tre sa misère. Elle est heureuse, et je suis malheu-
» reuse, elle chante et je soupire, elle rit et je pleure.
» On va me marier.
» Non, je me trompe, un jeune homme s'est pré-
» senté pour épouser mes cinquante mille francs de
» rente.
» Bref, la présentation a eu lieu.
» Mon futur se nomme le vicomte de Lussan. Son
» seul titre à ma bienveillance est sa liaison avec quel-
» qu'un dont le nom te fera rougir : M. Lucien de Thé-
» zieux.
» Le vicomte de Lussan est un joli *monsieur* qui a un
» excellent tailleur, de belles dents, et, dit-on, beau-
» coup d'esprit ; mais je le crois bien avare sur cet arti-
» cle, car, pendant toute la soirée, il n'a mis en circu-
» lation que des gros sous et pas une pièce d'or.
» Je ne sais ce qui a suivi la première entrevue, dans

» laquelle M. le vicomte de Lussan m'a fait l'honneur
» de me trouver jolie ; depuis ce jour, il est reçu dans la
» maison, il m'envoie des bouquets et me tourne des
» madrigaux. C'est ce qu'on appelle faire sa cour.
» Bouquets et madrigaux me semblent fades et sans
» odeur.
» Après tout, je suis injuste peut-être. M. de Lussan
» à l'air bon, il fera sans doute un excellent mari.
» Mais j'espérais trouver en mon époux un homme au-
» quel j'aurais pu donner tous les trésors d'affection
» amassés dans mon cœur, et quelque chose me dit que
» M. de Lussan n'est pas cet homme. »

Henriette écrivit cette lettre en s'interrompant plusieurs fois pour essuyer ses larmes ; lorsqu'elle l'eut achevée, elle s'agenouilla pendant quelques instants sur son prie-dieu.

Elle se releva plus calme, la prière est le baume de la douleur ; sa main détacha la première agrafe de sa robe.

Georges ferma alors sa fenêtre, respectant le mystère du coucher de la jeune fille.

— Pauvre enfant, murmura-t-il, tu souffres et tu pleures ! J'ai été la cause innocente de la mort de ta mère, providence qui t'eût protégée contre le malheur ; je la remplacerai près de toi, et si le rêve égoïste que je fais ne s'accomplit pas, si ton bonheur ne peut venir directement de moi, je saurai m'immoler ; ce sacrifice, je le sens, douloureux pour moi, sera une expiation de mes fautes. Que peut contenir la lettre qu'elle a écrite ce soir ? ajouta-t-il ; il faut que je la lise.

Le lendemain, en effet, Georges prenait lecture de la lettre adressée par Henriette à son amie.

Comment se l'était-il procurée ?

Par un procédé simple et facile, et vieux comme le monde.

On disait un jour à Philippe, roi de Macédoine, que la ville de Thèbes était imprenable. — Un mulet chargé d'or peut-il y entrer ? demanda-t-il. — Oui. — En ce cas, Thèbes est à moi.

C'est triste à dire pour l'humanité, les consciences capitulent toutes devant l'or ; il y en a de plus ou moins chères : voilà tout.

Et pour en revenir à la lettre en question, nous ajouterons que tous les employés de la poste ne sont pas incorruptibles.

Cependant Diane reçut la lettre d'Henriette.

CHAPITRE XXXVI.

La rue Bât-d'Argent. — M. Rancey. — Les secrets de famille. — Un meurtre.

La rue Bât-d'Argent est une de ces rues étroites, qui avoisinent la place des Terreaux ; elle est exclusivement réservée au commerce de toilerie en gros, qui occupe les rez-de-chaussées.

Elle a l'aspect triste de tout quartier commerçant, qu'évite avec soin le flaneur et l'élégant, dans la crainte de ternir leurs bottes vernies dans les ruisseaux boueux, que ne dessèche jamais un rayon de soleil.

Les murs sont tapissés de toiles rouges, sur lesquels est écrit, en lettres noires ou blanches, la raison sociale ; le seuil de chaque boutique est encombré de pièces de toile superposées les unes sur les autres et s'élevant en colonnes ; à côté est un un banc de bois sur lequel le patron, en costume de magasin, c'est-à-dire vêtu d'un habit râpé, le nez orné de lunettes, la plume sur l'oreille, guette l'acheteur en fumant son cigare et en rabâchant ses aventures de voyage, qu'il entremêle de calembourgs, vieux comme le monde, usés comme son habit, mais qui ont le privilége d'épanouir sa figure par un sourire empreint de fatuité.

A travers les fenêtres, garnies de barreaux en fer, on voit les commis, qui, sous l'œil vigilant du maître, font assaut d'activité, tandis que derrière une espèce de grillage embelli de rideaux verts fanés, on aperçoit une tête chauve inclinée sur un registre : c'est le caissier, l'homme chiffre, honnête vieillard, dont la vie, sans ambition, s'est passée calme, tranquille, régulière dans l'atmosphère d'un unique magasin ; le jour où, à huit heures précises, il ne sera pas assis sur son fauteuil de paille, vieil ami de trente ans, c'est que ce jour-là il sera mort.

Au numéro 25, sur une porte tournant sur pivot mobile au bruit d'un carillon de sonnettes, on voyait, à l'époque où se passe ce récit. une plaque de cuivre sur laquelle était écrit : RANCEY, BANQUIER.

Le cabinet de M. Rancey était situé au fond du couloir, l'entrée en était plus difficile que celle du cabinet d'un ministre ; le banquier avait cet orgueil raide et inflexible du capitaliste qui n'estime un homme qu'en proportion de sa fortune, et du parti qu'il peut tirer de lui.

Cependant un jeune homme de notre connaissance, un membre de l'Association des Six, Julien Serrières, y pénétra sans même se donner la peine de frapper.

Le banquier, assis devant un magnifique pupitre, douillettement enveloppé dans une robe de chambre en cachemire rouge. garnie de velours, releva brusquement la tête, prêt à foudroyer d'une parole l'insolent qui se permettait d'entrer ainsi dans son sanctuaire ; mais, à la vue du jeune médecin, l'expression de colère se dissimula derrière un sourire empreint d'une bienveillance protectrice.

Ah ! c'est vous. M. Serrières. dit-il, qu'est-ce qui me vaut l'honneur de votre visite ?
— Un motif grave pour lequel je vous prie de vouloir bien m'accorder un entretien. — Je suis à vos ordres.

M. Rancey, se levant, ouvrit un guichet qui communiquait avec le premier bureau.

— M. Maurice. dit-il à l'employé qui s'était empressé d'accourir, je n'y suis pour personne.

Et après cet ordre donné d'une voix brève, M. Rancey, fermant le guichet, donna un tour de clef à la serrure.

— Maintenant, je suis tout à vous, mon jeune médecin, fit le banquier en accompagnant ses paroles d'un sourire amical. — Monsieur, dit Serrières, mademoiselle de la Corrèze.... — Comment va-t-elle ? interrompit M. Rancey. — Plus mal. — Ainsi il n'y a plus d'espoir de la sauver. — Non, car il y a près d'elle des gens intéressés à ce qu'elle meure. — Que voulez-vous dire ? — Ceci : Mademoiselle de la Corrèze est empoisonnée.

M. Rancey pâlit légèrement.

— Monsieur, dit-il en reprenant son assurance, avant de porter une pareille accusation, il faut avoir des preuves. — Aussi me suis-je tu tant que je n'ai eu que des probabilités ; aujourd'hui que j'ai des preuves, je parle.
— Les médecins se trompent quelquefois. — Les chimistes ne se trompent pas, et en faisant l'analyse de cette potion. ils y trouveront vingt gouttes de laudanum, c'est-à-dire deux fois plus de poison qu'il n'en faut pour tuer la personne jouissant de la santé la plus robuste.

De pâle qu'il était, M. Rancey devint livide, il étendit précipitamment la main vers le flacon que lui présentait le médecin ; mais celui-ci prévit le mouvement, et il déjoua le projet du banquier, en replaçant le flacon dans la poche de son habit, qu'il boutonna pour plus de sûreté.

Un moment de silence succéda à cette scène ; pendant ce court intervalle, les deux hommes s'examinèrent comme si chacun d'eux cherchait à lire dans les yeux de son interlocuteur.

— Mais, dit M. Rancey, dans ce fait, où vous croyez voir un empoisonnement, il n'y a tout au plus qu'une erreur de la part du pharmacien qui a préparé la potion.
— Pareille erreur ne peut se renouveler deux fois de suite, et j'ai la conviction morale que mademoiselle de la Corrèze a bu au moins deux potions pareilles à celle-ci. — Vous n'êtes pas conséquent avec vous-même, puisqu'une telle quantité de laudanum suffit pour tuer une personne bien portante, comment mademoiselle de la Corèze n'a-t-elle pas été tuée par la première. — Parce que le corps s'habitue au poison, et que, depuis trois mois, je traite votre tante avec du laudanum.

Il n'y avait rien à répliquer. M. Rancey se mordit les lèvres, une vive agitation se trahissait sur son visage, tandis que Serrières, froid et impassible, ressemblait au juge d'instruction interrogeant un coupable. — Je cherche vainement, et je ne trouve pas, fit M. Rancey comme se parlant à lui-même. — Que cherchez-vous ? — L'assassin, puisqu'il y a un empoisonnement ; ma tante, bonne et inoffensive créature, n'a pas un seul ennemi.
— Il n'y a pas que les ennemis qui tuent, répondit avec fermeté le jeune médecin. il y a aussi les héritiers qui assassinent pour hâter l'heure de l'héritage. — Monsieur, s'écria Rancey, avez-vous calculé toute la portée de ces paroles ? — Oui. — Et savez-vous quelles sont les personnes qu'elles atteignent ? — Je le sais. — Alors, c'est moi que vous accusez ? — Oui.

Au lieu de l'explosion de colère que devait nécessairement provoquer chez le banquier cette accusation aussi nettement formulée, il baissa la tête, tandis que de sa main crispée il froissait le gland de soie de sa robe de chambre.

Mais à la vue de Serrières, qui suivait sur son visage toutes ses émotions, par une volonté énergique, il rendit à sa figure son expression habituelle.

— Monsieur, dit-il, quelqu'infâmes que soient vos suppositions, je ne m'en offense pas, je fais la part du zèle trop ardent auquel vous entraine votre conscience d'honnête homme. Plus que vous, j'ai intérêt à connaître le coupable, car le soupçon que vous avez eu, quelque absurde qu'il soit, d'autres peuvent l'avoir, et j'ai à conserver intacte la réputation honorable que je me suis acquise par trente ans de probité. — Vous trouverez, par conséquent, tout naturel qu'en sortant d'ici j'aille faire ma déposition au procureur du roi.

Un nuage passa sur les yeux du banquier ; il voulut se lever, mais les forces lui manquèrent, il chancela et retomba lourdement sur son fauteuil.

— Monsieur, reprit-il, faites ce que vous jugerez convenable ; cependant songez au scandale que va amener l'enquête provoquée par votre déclaration, et lors même, ce qui arrivera, que je sortirais pur et innocent, rappelez-vous que le scandale laisse toujours quelque tache. S'il ne s'agissait que de moi, peu m'importerait ; mais je suis père, et je ne puis penser sans douleur à mes enfants, dont le père aura été accusé d'assassinat. — Vous avez raison, Monsieur, je n'y avais pas réfléchi. — Oh ! Monsieur, continua le banquier, qui vit, dans l'émotion avec laquelle Serrières avait prononcé ces quelques mots, l'espérance de le détourner de son projet, oh ! Monsieur, c'est au nom de mes enfants, au nom de votre père que je vous supplie de retarder votre déposition, qui, non-seulement me ruinerait en retirant de moi le crédit nécessaire à mes opérations, mais qui encore ferait jaillir sur ma famille la boue du déshonneur. Je le répète, plus que vous j'ai intérêt à découvrir l'assassin. Eh bien ! cherchons-le ensemble, et lorsque nous l'aurons trouvé, je vous le jure. je serai le premier à le livrer à la justice.

Quoique, dans sa conviction intime, Serrières accusât M. Rancey d'être l'assassin de mademoiselle de la Corrèze, dont la mort n'était profitable qu'à lui seul, puisqu'il était, par sa femme, son héritier direct, cependant l'accent plein de larmes du banquier, son visage sur lequel il y avait plus de tristesse que d'effroi, ébranlèrent les soupçons du jeune médecin. — Si je m'étais trompé, murmura-t-il.

On eût dit que M. Rancey, à l'aide d'une double vue, suivait les pensées de son interlocuteur, car un sourire semblable à un rayon de soleil sur un ciel d'hiver, glissa rapidement sur ses lèvres pâles.

— Il hésite, se dit-il, il est à moi; frappons un grand coup. Monsieur Serrières, continua-t-il, le service que vous me rendez est de ceux que l'on n'oublie pas, et qui donne un titre inaltérable à la reconnaissance de celui qui le reçoit; cependant, comme je suis banquier, et que j'ai été dans ma vie de banquier amené à voir toutes les affaires se traiter par des chiffres... — Que voulez-vous dire ? — Ne donnez pas à mes paroles un sens injurieux, je vous en supplie. La fortune est une de ces choses dont en ce monde on dit beaucoup de mal, et pour laquelle on se donne le plus de mal : il est d'une bonne philosophie de mépriser les richesses lorsqu'on n'en a pas ; il est d'un sot de ne pas les acquérir lorsque l'occasion s'en présente. — Monsieur, je ne comprends pas... — Ne donnez pas, je vous le répète, un sens injurieux à mes paroles. Vous me sauvez la vie, car je ne survivrais pas au scandale d'un pareil procès ; permettez-moi de reconnaître, d'une façon brutale sans doute, le service que vous me rendez... — Expliquez-vous. — C'est que c'est difficile, je crains d'éveiller votre susceptibilité d'honnête homme. — Enfin, parlez. — Ce procès, par le coup qu'il porterait à mon crédit, me ferait perdre au moins un million : acceptez cent mille francs. — Monsieur !... — Vous le voyez bien, Monsieur, vous vous emportez, et cependant, remarquez-le, je ne paie pas votre silence; dans huit ou dix jours, lorsque nous aurons épuisé toutes les recherches nécessaires pour connaître le coupable, si nous n'avons pas réussi, vous serez libre de faire votre déposition ; ce n'est point un complice que j'achète, je n'en ai pas besoin, c'est un ami, dont l'amitié me fait gagner un million, auquel j'offre une modeste gratification.

Tous les soupçons du jeune médecin sur la culpabilité du banquier lui revinrent plus grands à cette étrange proposition.

Du reste, M. Rancey ne s'était point abusé sur l'effet défavorable qu'elle devait produire dans l'esprit de Serrières ; mais habitué à voir les consciences s'amollir devant la puissance de l'or, il jouait, dans cette circonstance, le tout pour le tout.

Aussi ne quittait-il pas du regard le visage du jeune médecin, qui semblait livré à une profonde réflexion.

— J'accepte, dit Serrières.

M. Rancey essaya vainement de comprimer un soupir qui s'échappa bruyamment de sa poitrine, c'était un soupir de triomphe.

— Demain, à huit heures, les cent mille francs seront chez vous. — Pardon, si au lieu de vous remercier, je mets deux conditions à l'acceptation de vos propositions. — Lesquelles ? — D'abord, vous ferez immédiatement transporter dans une maison de santé mademoiselle de la Corrèze, dont l'état n'est point tellement désespéré, qu'il n'y ait pas encore quelques chances de la sauver. — Vous devancez mes désirs. — En second lieu, vous allez me faire une lettre, dans laquelle vous expliquerez le motif pour lequel vous me donnez les cent mille francs. — Mais cette lettre est ma condamnation. — Comment ? n'êtes-vous pas innocent ? — Quelle que soit mon innocence, c'est une charge que j'élève contre moi. — Cette lettre n'est-elle pas aussi compromettante pour moi, puisqu'elle me fait votre complice ? — C'est juste. — Ecrivez.

Serrières dicta, tandis que le banquier écrivait.

« A M. Serrières, docteur-médecin,

» Je vous supplie de garder le silence sur les soup-
» çons que vous m'avez manifestés sur l'empoisonne-
» ment de ma tante ; un éclat pourrait compromettre
» mon crédit et porter un grave préjudice à mes spécu-
» lations ; laissez-moi chercher le coupable, lorsque je
» l'aurai découvert, je vous jure de le faire connaître à
» la justice.
» Comme le service que je réclame de vous est un de
» ceux qu'on ne saurait trop payer, je vous prie de vou-
» loir bien accepter la modeste somme de cent mille
» francs, que demain, à huit heures, vous pourrez faire
» toucher dans mes bureaux. »

— C'est bien, dit le jeune médecin, qui, debout derrière le banquier, suivait chaque trait de plume. Maintenant signez.

M. Rancey signa.

Serrières plia le papier et le mit dans son portefeuille.

— Je fais ce que vous voulez, dit M. Rancey, quoique je ne comprenne pas.... — Quoi. — Dans quel but vous m'avez fait écrire cette lettre ? — *Verba volant, scripta manent.* — Vous parlez latin ? — Oui, lorsque je suis de bonne humeur. — Et vous êtes... — Fort content de ma journée... Peste ! elle me vaut cent mille francs, je suis convaincu que vous, qui êtes banquier, vous n'en avez pas souvent fait d'aussi belle. — Cette journée est encore meilleure pour moi, répondit M. Rancey. — Comment ? — Elle m'a prouvé que l'amitié n'était pas un vain mot. Il est intéressé, ajouta-t-il en lui-même, je n'ai rien à craindre de lui. — Vil coquin, murmura Serrières. A propos, n'oubliez pas votre promesse, continua-t-il en élevant la voix. — Demain, à huit heures, les cent mille francs... — Il ne s'agit pas de cela, mais de mademoiselle de la Corrèze, que vous m'avez promis de faire transporter. — Dans une maison de santé ; je vais donner, à l'instant, des ordres si son état le permet. — Parfaitement.

A peine Serrière eut-il quitté le cabinet du banquier, que celui-ci tomba sur son fauteuil, le visage contracté.

— Maladroit ! s'écria-t-il, en donnant un violent coup de poing sur son pupitre, j'ai manqué d'être pris.

Au même instant, la porte qui mettait en communication, par un escalier en spirale, le bureau de M. Rancey avec ses appartements situés au premier étage, s'ouvrit avec fracas, et madame Saint-Aulaire, pâle comme un spectre, s'avança vers son gendre.

— J'étais là, dit-elle en montrant la porte, j'ai tout entendu, et je puis vous nommer l'assassin de ma sœur : c'est vous.

Nous avons connu madame Saint-Aulaire alors que portant assez allègrement la cinquantaine, elle était la maîtresse du jeune commis de son mari, et que, demandant à l'art les ressources et les secrets pour réparer les outrages du temps, elle était encore une femme n'ayant pas dit son dernier mot à la beauté. Dix années écoulées ont bien changé la pauvre femme, c'est que ces dix années ont été une longue expiation d'une faute ; et que sa conscience, bourrelée de remords, a, chaque nuit, amené à son chevet de sinistres apparitions.

Dans la disposition d'esprit où se trouvait M. Rancey, la voix de sa belle-mère le fit tressaillir, et il se leva brusquement comme si devant lui se fût dressé le pâle fantôme de sa conscience.

— L'assassin, c'est vous, répéta madame Saint-Aulaire en étendant vers le banquier sa main osseuse.

Elle était horrible à voir cette vieille femme aux longs habits de deuil ; car elle n'avait pas voulu les quitter depuis la mort de son mari ; des mèches de cheveux blancs s'échappant de dessous sa vaste coiffe, retombaient autour d'un visage décharné, à l'expression dure et repoussante ; les lèvres, n'ayant plus pour soutien les dents dont sa bouche était dégarnie, s'enfonçaient démesurément, mettant en présence le nez et le menton ; ses yeux bleus, devenus gris sous l'impression de la colère, lançaient ces regards fauves du chat prêt à s'élancer sur sa proie.

Madame Saint-Aulaire ressemblait à ces bohémiennes nomades disant la bonne fortune aux jeunes filles, et dont le type nous a été légué par Callot, qui fut leur compagnon et leur historien.

— Silence ! murmura Rancey, effrayé de l'éclat que sa belle-mère avait donné à sa voix. — Oui, vous avez raison, car derrière cette cloison en planche, il y a tout une population d'employés pour lesquels vous êtes un demi-dieu de probité et d'honneur, et qui, dans leur admiration pour vos vertus, vous ont donné le surnom de « Rancey l'honnête homme; » ah! ah! ah! l'honnête homme! répéta madame Saint-Aulaire dans un strident éclat de rire. — Silence ! dit le banquier, qui, ayant repris son assurance, reprenait avec elle son audace.

Il ne suppliait plus, il ordonnait.

Madame Saint-Aulaire ne prit point garde à l'intonation de ce mot dont M. Rancey avait fait d'abord une prière, et dont il faisait maintenant un ordre. — Asseyez-vous, dit-elle. — Que voulez-vous? — Que vous m'écoutiez. — Plus tard. — Obéissez, répéta la vieille femme.

Le banquier s'assit.

— Parlons bas, continua madame Saint-Aulaire, car un mot entendu de cet entretien ferait crouler l'édifice de votre réputation, qui, après tout, est la mienne et celle de mes enfants. Il est donc vrai que le crime est aveugle, et vous avez cru que je ne verrais rien de ce qui se passait autour de moi. — Que voulez-vous dire? fit Rancey. — Taisez-vous, infâme ; lorsque je parle, vous devriez être à genoux devant moi comme devant votre juge. — Madame, continua le banquier, cela m'afflige de vous le dire, mais vous êtes folle. — Folle ! oh oui ! je devrais l'être, car j'ai vu le meurtre dans ma maison, j'ai vu l'honnête homme qui m'avait donné son nom mourir assassiné par le misérable dont j'avais fait mon amant et le mari de ma fille. — Vous êtes folle, je vous le répète, dit le banquier en se levant, et je vais donner des ordres pour qu'on vous conduise dans une maison de santé avec mademoiselle de la Corrèze. — Et moi, s'écria madame Saint-Aulaire en posant vivement la main sur le bouton de la porte qui mettait en communication le cabinet de M. Rancey avec ses bureaux, si vous faites un pas pour sortir, je vous accuse devant tous.

Le banquier fut effrayé de l'énergique volonté qui brillait dans le regard de la vieille femme, il recula; une sueur froide imprégnait son front, ses jambes se dérobaient sous lui, et il tomba lourdement sur son fauteuil.

— Vous ne savez donc pas, dit madame Saint-Aulaire, qu'il y a une chose qu'une femme met au-dessus de l'honneur, c'est la vie de ses enfants; et c'est parce que je veux les sauver, parce qu'entre eux et vous je veux dresser une barrière infranchissable, que je parle aujourd'hui. Si je me suis tue le jour de la mort de mon mari, si je ne vous ai pas arraché votre masque d'honnête homme pour montrer à tous votre visage d'assassin, c'est que j'avais à respecter le bonheur de ma fille, la réputation de ses enfants. Au crime accompli il n'y avait plus de remède, mon mari était mort tué par mon amant dont je me trouvais en quelque sorte la complice, puisque c'est moi qui l'avais élevé assez haut pour que le crime lui fût profitable; j'ai gardé le silence, j'ai passé des nuits sans sommeil, offrant à Dieu, en expiation d'une faute dont votre insatiable avidité avait fait sortir un meurtre, mes remords et mes pleurs. Regardez-moi en face, Rancey, si vous l'osez, j'ai soixante ans, et j'ai l'air d'en avoir quatre-vingts ; chaque ride n'est pas le résultat de l'âge, mais la trace de mes larmes. Vous ne me comptez pas au nombre de vos victimes, et cependant c'est vous qui m'avez tuée ; votre amour est devenu un poison bu goutte à goutte, et qui me conduira au tombeau. Mais ne parlons pas de moi ; quelles que soient les douleurs par lesquelles j'expie ma faute, l'expiation est encore au-dessous d'elle. Où vous arrêterez-vous donc dans votre route ? Que vous avait fait ma sœur ? Elle était riche, n'est-il pas vrai ? et elle avait le tort de vivre trop longtemps. Si je ne vous avais pas fait l'abandon de ma fortune, son sort eût été le mien ; ma mort vous était inutile, et vous m'avez permis de vivre. Eh bien ! vous avez commis une sottise ; votre ambition a mal calculé, car cette faible femme, à laquelle vous octroyiez si généreusement de s'éteindre à petit feu de la blessure que vous lui aviez faite, sera l'obstacle qui s'élèvera entre vous et vos nouveaux crimes, et je vous défie de le briser. Écoutez bien mes paroles, Rancey, elles sont graves, sérieuses, réfléchies : au premier soupçon qui s'élèvera dans mon esprit, je vous accuse.

— Il faut des preuves, répondit cyniquement le banquier. — J'en ai, répondit froidement madame Saint-Aulaire, et, pour vous écraser, en vous accusant, je m'accuserai moi-même. Mais, comme vous n'hésiteriez pas devant un meurtre qui vous assurerait mon silence, aujourd'hui même, je déposerai entre les mains de mon notaire mon testament. — Votre testament ? — C'est juste; par contrat, je vous ai tout donné ; mais, par mon testament, je vous léguerai quelque chose dont vous êtes plus digne que d'une fortune. — Quoi ? — L'échafaud ! Mon testament sera votre accusation.

Rancey, pâle, menaçant, s'avança vers madame Saint-Aulaire ; ses mains crispées se levèrent comme s'il eût voulu l'écraser sous son poing.

La vieille femme ne recula pas, ses yeux ne se baissèrent pas devant le regard chargé de menace du banquier ; ses lèvres s'entr'ouvrirent dédaigneusement et laissèrent tomber une épithète sanglante.

— Assassin ! murmura-t-elle.

Et, droite, ferme comme la statue du commandeur, elle se dirigea lentement vers la porte, par où elle était entrée; arrivée sur le seuil, elle s'arrêta, et se retournant lentement :

— Souvenez-vous, dit-elle.

La porte se referma ; Rancey, debout, frappa violemment du pied en jetant au ciel une imprécation dans un énergique et prosaïque juron ; la pendule de son cabinet sonna onze heures.

C'était l'heure à laquelle le banquier donnait sa signature.

Son visage reprit son expression habituelle d'orgueil et d'arrogance.

Il se drapa majestueusement dans sa robe de chambre, et ouvrit la porte de son cabinet :

— La signature, Messieurs, dit-il de cette voix sèche du patron parlant à ses employés.

Il se fit alors dans les bureaux un mouvement inaccoutumé.

Le cabinet se remplit de la foule de ces commis si servilement polis devant leur chef, si insolents vis-à-vis de leurs subordonnés.

Chacun défila à son tour devant Rancey, qui, dans ce travail, oubliait les mille émotions qu'il venait de subir.

A travers la porte ouverte on entendait le bruit de l'argent que compte si prestement le garçon de banque: l'écu sautillait sur l'écu, on eût dit une danse arrangée par un habile maître de ballet.

Ce bruit fit sourire Rancey.

Pour lui, c'était ce qu'est pour le soldat l'odeur de la poudre; il se sentait vivre ; à ce bruit métallique le courage lui revenait.

Le bonheur qui a protégé de son voile épais ses premiers crimes, l'a-t-il donc complétement abandonné?

Le seul ennemi qu'il ne peut séduire par l'appât de l'or, est madame Saint-Aulaire; mais n'est-elle pas nécessairement son alliée? n'est-elle pas solidaire de l'honneur, de la réputation, de la fortune de M. Rancey?

Le soir, il se montra au théâtre, avec Mathilde, éblouissante de jeunesse, de toilette et de bonheur.

Le sourire de l'homme content de lui épanouissait ses lèvres, et Mathilde, se penchant sur son épaule, laissait deviner à tous son amour qu'elle appelait et qui était, en effet, « sa plus belle parure. »

Au parterre, un père de famille, assis à côté de son fils, lui montrait du doigt le banquier.

— Vois-tu, mon enfant, lui disait-il, voilà un homme que j'ai connu à ses débuts, il était pauvre, aujourd'hui il a deux ou trois millions, il a épousé la fille de son patron; il s'est fait lui-même ce qu'il est; apprends, par cet exemple, mon enfant, qu'avec de la bonne volonté, de l'intelligence et surtout de la probité on arrive à tout.

Une bonne nuit au doux sommeil, aux rêves d'or (c'est le mot propre), réparèrent complètement les émotions qu'il avait éprouvées la veille; il se leva frais et dispos, et se fit la barbe en fredonnant un air d'opéra. Il s'arrêta court au milieu d'une roulade: il venait de songer qu'il avait le matin même à payer cent mille francs à Serrières.

La réalité qu'il avait déjà oubliée, commençait à montrer le bout de l'oreille.

Il fit la grimace, mais il se consola en se citant à lui-même le proverbe : « Plaie d'argent n'est pas mortelle. »

A huit heures, il fit son entrée dans ses bureaux.

Les commis, laborieusement penchés sur leur pupitre, étaient à leur poste ; on n'entendait que le grincement monotone de la plume sur le papier.

De ce pas grave et digne d'un magistrat en représentation, M. Rancey franchit lentement le long couloir sur lequel donnaient les différents bureaux, s'arrêtant parfois pour adresser ici une remarque, là un reproche : les compliments étaient ce dont il usait le moins.

Il entra dans son cabinet.

Ses journaux et sa correspondance étaient sur le guéridon. Il déchira les bandes des premiers, lut la cote de la bourse et les rejeta pêle-mêle.

Puis il brisa le cachet de ses lettres, qu'il parcourut rapidement, les classant par ordre d'après leur importance.

Mais tout-à-coup son front se plissa, ses lèvres se contractèrent.

D'où vient cette subite colère?

Lisons la lettre sur laquelle le banquier attache un regard inquiet:

« Monsieur,

» La nuit porte conseil.

» Or, pendant la nuit qui s'est écoulée entre hier et aujourd'hui, j'ai beaucoup réfléchi.

» Je me suis posé cette question :

» Si un homme venait t'accuser d'assassinat, que ferais-tu?

» Je me suis répondu :

» Innocent, je le jetterais à la porte comme un vil calomniateur; coupable, j'achèterais son silence.

» Hier, je vous ai accusé, vous ne m'avez pas jeté à la porte, et vous m'avez offert cent mille francs pour me taire.

» De cette proposition, j'en ai déduit les deux corollaires suivants:

» Le premier, que je suis beaucoup plus honnête que je ne le croyais, car n'avais jamais été mis à l'épreuve, et, je le sens, un million n'imposerait pas silence à ma conscience, lorsque le devoir lui dit de parler.

» Le second, que puisque vous avez voulu m'acheter, c'est que vous êtes coupable.

» Jamais je ne serai le complice d'un assassin.

» Cependant, comme je puis me tromper, comme vous m'avez fait comprendre le préjudice que pourrait porter à votre fortune et à votre considération une trop prompte déposition de ma part, je vous accorde quinze jours.

» Cherchez donc le coupable. Puissiez-vous le trouver.

» C'est ce que je vous souhaite.

« SERRIÈRES. »

Ainsi le précipice que M. Rancey avait cru combler en y jetant cent mille francs, s'ouvrait de nouveau sous ses pieds, et, cette fois il y était forcément entraîné, et il devait y tomber et s'y briser.

Cet homme qui le frappait si impitoyablement ne pouvait être, et ne devait être que l'instrument d'une vengeance.

M. Rancey avait beaucoup d'ennemis; ses richesses, sa prospérité dans ses spéculations avaient nécessairement fait naître autour de lui des inimitiés.

Mais quel était cet ennemi?

Il chercha et ne trouva pas.

Une pensée éclaira le chaos de ses réflexions. Lors de sa visite à Georges, auquel, on se le rappelle, il était venu proposer une association de grecs, il s'était rencontré avec Fabre, et le jeune avocat connaissait déjà le secret de l'empoisonnement de mademoiselle de la Corrèze; car ce fut par la crainte de voir divulguer ce secret que le banquier signa un billet de deux cent cinquante mille francs.

Etait-ce donc de Fabre et de Georges que partait le coup qui le frapait?

Cette supposition était absurde, car il fallait trouver un motif à la haine des jeunes gens, et M. Rancey les connaissait à peine; cependant cette idée, vague d'abord, prit de la consistance, et, malgré lui, par un instinct naturel, il y était toujours ramené.

M. Rancey n'avait rien à redouter de ces jeunes gens. Si Serrières leur avait fait part de ses soupçons, ils ne possédaient pas de preuves, et on ne peut accuser, ni condamner sur de vagues probabilités.

Un seul homme était à craindre : le jeune médecin.

Il était nécessaire qu'il disparût. Disparaître, dans le langage de certains hommes, est le synonyme de mourir.

C'est dans ce sens que M. Rancey prenait ce mot.

La mort de Serrières fut donc résolue.

C'était bien Georges qui tendait autour du banquier des filets dans lesquels celui-ci devait être pris.

Mais ce que M. Rancey ignorait, c'était le but qu'il se proposait.

M. Rancey était le banquier du vicomte de Lussan ; il avait indignement menti à l'abbé Duméry, en lui disant que M. de Lussan avait dans sa maison trois cent mille francs.

Le noble vicomte ne possédait rien..... que des dettes.

Comme les fripons s'entendent aisément entre eux, il lui avait été facile d'obtenir du banquier, d'abord ce mensonge qui facilitait son mariage, puis vingt-cinq ou trente mille francs pour arriver jusqu'à l'heure du contrat, sans dégénérer dans ses habitudes de luxe et de dépense.

Il était donc fort utile à Georges de tenir en sa puissance la plus redoutable auxiliaire de M. de Lussan.

Les circonstances l'avaient servi à souhait.

M. Rancey avait commis un de ces crimes qui conduisent un homme à l'échafaud par le couloir d'une cour d'assises.

Serrières avait découvert l'assassinat et deviné l'assassin. M. Rancey s'était maladroitement livré en offrant cent mille francs au jeune médecin, pour prix de son silence.

En réalité, le banquier ne devait ou plutôt ne croyait devoir redouter que Serrières. En le faisant disparaître, et en s'emparant de cette accusatrice lettre qu'il lui avait écrite, toute accusation était impossible.

Dans la soirée de ce jour, les six jeunes gens étaient réunis dans la chambre de leurs délibérations secrètes.

Une heure du matin sonnait et ils allaient se retirer, lorsque le timbre de la porte sonna trois fois.

Fernioul, le visage ruisselant de sueur, les habits en désordre et tachés de boue, se précipita dans l'appartement.

— Messieurs, dit-il, quel est celui d'entre vous qui se nomme M. Serrières ? — C'est moi, répondit le jeune médecin. — Enfin, j'arrive encore à temps, fit Fernioul. — Expliquez-vous, dit Georges. — C'est que, balbutia l'ex-voleur en jetant un regard d'envie sur un fauteuil vide. — Vous êtes fatigué ? — Ereinté, je n'osais pas vous le dire. — Asseyez-vous alors.

Fernioul se laissa tomber dans le fauteuil.

— Nous vous écoutons, dit Georges. — Voilà, répondit Fernioul, vous m'aviez ordonné de surveiller Bernard, et jusqu'à ce jour je n'avais pas pu... — Je vous demande pardon, Messieurs, fit Georges, il s'agit d'une affaire purement personnelle, et je... — Du tout, interrompit Fernioul. — Comment ? — Vous allez voir. Lorsqu'on me paie, je m'acquitte de ma mission ; j'ai de la probité, quoique j'aie été condamné trois fois pour vol. — Trêve de réflexion. — Un peu de patience ! Bernard vivait comme un particulier qui a de quoi ; il dormait, mangeait et buvait bien, ce qui devait fort peu vous intéresser. Ce soir, je me trouvais avec lui dans le garni ; je m'étais couché et je sommeillais doucement, lorsque je vis entrer un homme, vêtu d'une blouse bleue, le visage noirci ; mais, à sa démarche embarrassée, je devinais de suite que ce personnage était un *monsieur* déguisé, et je me mis instinctivement à ronfler, de façon cependant à pouvoir entendre la conversation. — Vous vous nommez Bernard ? dit le Monsieur. — Oui, dit celui-ci. — Vous avez été domestique ? — Oui. — Vous avez été au service de M. Brémont, fabricant ? — Oui, après, que me voulez-vous ? dit Bernard. — Vous allez le savoir : j'ai d'abord voulu vous prouver que je vous connaissais. — Je ne me cache pas. — De quoi vivez-vous ? — Qu'est-ce que cela vous fait. — Vous n'avez pas le sou. — Je ne vous demande rien. — Eh bien ! moi, je viens vous proposer de gagner dix mille francs. — Vous ! — Moi !... — Il paraît qu'il y a un habit noir caché sous votre blouse. — Que vous importe ! Voulez-vous gagner dix mille francs, — Si je le veux ?... Que faut-il que je fasse ? — Quel est cet homme ? dit le Monsieur en me désignant. — C'est un ami. — Il peut nous entendre. — Allons donc ! il dort comme un sonneur.

Il est de fait que je m'étais mis à ronfler à en faire trembler les vitres.

— Il existe, continua le Monsieur, un homme que je hais. — Je comprends. — Quoi ? — Vous voulez vous en débarrasser ? — Oui. — Pour dix mille francs ? — N'est-ce pas assez ? mettons vingt mille. — Diable ! comme vous y allez ; vous êtes au moins banquier.

J'avais ouvert doucement un œil, et j'aperçus le Monsieur qui pâlissait malgré la teinte noire dont il avait couvert son visage. — Acceptez-vous ? — J'accepte. — Et quand toucherai-je la somme ? — Après le coup fait. — Et quand se fera le coup ? — Ce soir. — Parlez-moi d'un homme tel que vous pour mener rondement une affaire. Maintenant, il me faudrait certains détails.

Je compris que c'était le moment le plus essentiel de la conversation, d'autant plus que votre nom, M. Georges, avait été prononcé. Le Monsieur donna tous les renseignements nécessaires ; il dit que la personne dont il voulait se débarrasser se nommait M. Serrières, qu'elle demeurait place Bellecour, numéro 5 ; il dépeignit son visage, sa toilette très-exactement ; ma foi, ajouta Fernioul en regardant le jeune médecin, il n'y a pas à s'y tromper. — Ce jeune homme, continua le Monsieur, est appelé par les devoirs de sa profession à sortir souvent la nuit ; il vous sera, du reste, facile de provoquer sa sortie en l'envoyant chercher par un commissionnaire. — Ça va comme sur des roulettes, répondit Bernard, votre homme sera ce soir *ad patres* ; mais après le coup fait, où vous trouverai-je ? — Sur le quai de Saône, où je vous attendrai jusqu'à trois heures du matin. — Et qui me garantira que vous y soyez ? — Ceci. — Des diamants ? — Une parure qui vaut vingt mille francs, et dont vous pourriez difficilement vous défaire : aussi, je crois que vous lui préférerez vingt billets de banque que je vous donnerai en échange. — En effet, j'aime mieux des billets. — Mais, si l'envie vous prenait de vous sauver avec les diamants, je vous avertis que vous ne ferez pas deux lieues sans être arrêté, car demain je dépose une plainte de vol, et si, pour vous justifier, vous dites ce qui s'est passé entre nous, on ne vous croira pas ; la position dont je jouis dans le monde me met au dessus d'une pareille accusation. — Vous êtes un homme de précaution. — En effet, car avec les billets de banque, je vous donnerai un passeport qui vous permettra de passer en Suisse. — Excellent homme !

Après une conversation qui dura encore un quart-d'heure, le Monsieur partit. Je laissai s'écouler cinq minutes ; alors je fis semblant de m'éveiller, et j'aperçus Bernard qui aiguisait, en sifflotant, un magnifique couteau-poignard.

Il m'était impossible, continua Fernioul, de vous avertir, car le plus pressé était de ne pas perdre de vue Bernard.

A minuit, il sortit.

Je le suivis sans qu'il s'en aperçut.

Il se dirigea vers la place Bellecour, et tira le cordon d'une sonnette qui se trouvait à la porte du n° 5, une fenêtre s'ouvrit au second étage : « M. Serrières y est-il ? demanda Bernard » — « Il n'est pas encore rentré, répondit une voix. »

Il se mit alors à se promener de long en large ; me rappelant par quelques mots de la conversation, que M. Serrières était de vos amis, je suis accouru pensant le trouver peut-être chez vous.

— Eh bien, dit Georges en s'adressant au jeune médecin, qu'en pensez-vous ? — Je pense que ce soir je ne rentrerai pas chez moi. — Ce n'est qu'éloigner le danger, qui se présentera de nouveau, et, comme cette fois vous ne serez pas prévenu, vous succomberez. Avez-vous deviné le personnage qui a offert vingt mille francs à Bernard pour vous tuer ? — Certainement, il n'y a qu'un seul homme pour lequel ma vie vaille ce prix. Oh ! l'affreux scélérat, continua le jeune médecin, demain j'irai faire ma déposition au procureur du roi, je ne serai tranquille que lorsque je le sentirai sous les verrous. — Du tout ; vous allez tranquillement rentrer chez vous. — Oh ! tranquillement, le mot est joli. Quelle admirable perspective, que celle d'un assassin qui m'attend à ma porte. Vous êtes charmant, ma parole d'honneur. Tranquillement ! — Raisonnons. — Oui, j'aime mieux cela, ne déraisonnons pas. — Bernard ne fera pas usage du pistolet, dont le bruit est compromettant, il se servira du poignard. — Oh ! je n'ai de sympathie ni pour l'un, ni pour l'autre, et être expédié dans l'autre monde par un coup de feu ou un coup d'épée, ne me séduit pas. — Contre le poignard il est une arme défensive. — Laquelle ? — La cotte de mailles que j'ai essayée devant vous, et que la meilleure lame de Tolède n'entamerait pas. — Et vous voulez que je m'en affuble ? — Oui. Comprenez bien qu'il est nécessaire pour la réussite de mon projet, que M. Rancey soit à moi complètement. — Mais il vous appartient, pour peu que vous le désiriez, demain il sera en prison. — Mon cher ami, je ne me soucie pas de servir d'agent à la police des hommes; si M. Rancey ne se fût pas trouvé être sur ma route un obstacle, qu'il faut briser pour arriver à mon but, je l'aurais laissé poursuivre sa vie de crimes et d'assassinats. — Enfin, que voulez-vous faire ? — Venez, je vous l'expliquerai.

Les deux jeunes gens entrèrent dans le cabinet de toilette de Georges, qui, en quelques mots, mit Serrières au courant de son projet, le jeune médecin, tout en murmurant, endossa sous son paletot une cotte de maille fine et serrée.

Georges mit dans ses poches, et donna à son ami des petits pistolets connus sous le nom de *coup de poing*, véritables joujoux, de dix centimètres de long, dorés, ciselés, canelés, et qui tuent fort lestement un homme.

Après ces préparatifs, les jeunes gens rentrèrent dans la salle des délibérations, où les autres membres fumaient en causant.

Fernioul, accroupi dans un angle, avait tiré, entraîné par l'exemple, des entrailles d'une profonde poche, sa *blague*, sa pipe et s'était mis à fumer.

— Messieurs, dit Georges, soyez assez bons pour nous attendre; dans une demi-heure au plus, nous serons de retour. Quant à toi, continua-t-il en se retournant vers Fernioul, reste, la soirée te vaudra dix mille francs.

Ces quelques mots furent plus doux à l'oreille du voleur, que ne l'est pour le dilettante une symphonie de Beethowen.

Georges et Serrières sortirent ensemble.

Il était une heure du matin; les rues étaient désertes; Serrières chancela sur le pavé humide; Georges glissa rapidement son bras sous celui du jeune médecin.

— Vous tremblez ? lui dit-il. — J'ai froid. — Ou peur? — Eh bien! oui; pourquoi ne l'avouerai-je pas ! il y a un certain courage à avouer qu'on a peur, et c'est le seul que je possède pour le moment. Je ne suis pas taillé en héros d'aventures nocturnes.

Les deux jeunes gens étaient arrivés à l'angle de la rue Louis-le-Grand.

— Maintenant, dit Georges en s'arrêtant, à bas votre manteau. — Pourquoi? — Parce que quand Bernard vous attaque il est nécessaire qu'il vous reconnaisse, et enveloppé comme vous l'êtes, vous ressemblez à tout le monde.

— Hélas! soupira le jeune médecin en obéissant à son ami.

— Allons, courage! — C'est le mot qu'on dit le plus facilement, et la chose qu'on a le moins.

Serrières se redressa comme un enfant qui rassemble ses forces pour boire d'un trait un breuvage amer, et d'un pas assez ferme, entra sur la place Bellecour et se dirigeant vers le portail de la maison qu'il habitait, Georges resta en arrière pour observer.

Le jeune médecin n'avait pas fait dix pas, qu'un homme se plaça devant lui.

Êtes-vous M. Serrières ? — Oui répondit celui-ci. — Médecin ? — Oui.

Au même instant, le bras de Bernard, armé du couteau que Fernioul lui avait vu aiguiser, s'abattit avec rapidité sur la poitrine de Serrières qui chancela sous la violence du coup, et fut obligé de se retenir à la muraille pour ne pas tomber. La cotte de mailles était bonne, la lame brisée vola en éclats.

Bernard regarda avec étonnement l'arme rompue entre ses mains; mais, en homme qui croit peu aux prodiges et s'en effraie encore moins, il jeta loin de lui le manche inutile de son poignard, et s'élança pour saisir le jeune homme dans ses bras d'hercule.

Deux mains, s'appliquant aussitôt sur ses robustes épaules, le poussèrent vigoureusement en avant; il tomba la face contre terre, et se fit, à l'angle d'un trottoir, une large blessure au front; le sang jaillit en abondance, et lui couvrit le visage.

— Debout, misérable, s'écria Georges, car c'était lui qui était arrivé juste au moment où la lutte offrait un sérieux danger à Serrières. — Georges ! murmura Bernard. — Debout, dit celui-là de cette voix impérative qu'il prenait dans les grandes circonstances.

L'assassin se leva, et se trouva ainsi placé entre les deux jeunes gens, ayant chacun à la main un pistolet.

— Que me voulez-vous ? demanda-t-il. — Que tu achèves ta besogne. Ce soir, tu as reçu, dans ton garni, un homme qui t'a donné vingt mille francs en diamants, pour tuer M. Serrières, médecin. — Oui, répondit Bernard, devenu timide et tremblant devant la gueule des pistolets. — Connais-tu cet homme ? — Non. — Peu importe. D'après vos conditions, cet homme t'attend dans ce moment sur le quai de la Saône, où, en échange des diamants, dont il te serait difficile de te défaire, il doit te remettre vingt mille francs en billets de banque, avec un passeport pour passer à l'étranger.

— C'est vrai. — Tu vas aller à ton rendez-vous, tu donneras à ton complice les diamants et tu prendras les billets, en lui disant que tu as assassiné M. Serrières. — Mais s'il refuse, dit Bernard, qui avait repris son sang-froid. — Pourquoi ? demanda Georges. — Parce qu'il lui faut une preuve du meurtre. — C'est-à-dire un cadavre. Eh bien ! tu lui diras que tu as jeté M. Serrières dans la Saône; la blessure que tu as au front atteste qu'il y a eu lutte : cet homme te croira. Nous allons te suivre à dix pas de distance et te surveiller, et aussi vrai que tu es un coquin, je te jure que si, après avoir fait ce que je te dis, tu cherches à nous échapper, je te fais sauter la cervelle. — Je souffre, murmura-t-il en portant la main à sa tête. — Hâtez-vous donc, répondit Georges, afin que nous puissions vous faire donner les soins que réclame votre état.

Bernard marchait en avant.

Serrières et Georges le suivaient à dix pas.

Arrivés sur le quai, ils aperçurent la silhouette d'un homme se promenant enveloppé dans un manteau qui lui couvrait une partie du visage.

Il faisait un brouillard épais.

Les deux amis se dissimulèrent dans l'obscurité en se collant aux murs d'une maison.

Ils virent alors Bernard aborder le promeneur silencieux.

Les deux hommes échangèrent quelques mots à voix basse.

Puis Bernard tira de sa poche un écrin, et reçut en échange un portefeuille; le promeneur voulut s'éloigner, Bernard le retint; ouvrant le portefeuille, il compta les billets de banque, et les examina à travers la lumière que projetait un réverbère.

Les billets étaient bons; Bernard respira et rendit la liberté à son complice inconnu.

M. Rancey disparut dans une de ces rues étroites qui aboutissent sur le quai.

Bernard essaya de se sauver, mais ses jambes se dérobèrent sous lui, et il fût tombé, si Georges et Serrières n'étaient arrivés à temps pour le soutenir chacun par un bras.

Dix minutes après, les jeunes gens rentraient dans la chambre des délibérations des *Six*.

A la vue de Bernard, Fernioul tressaillit, une pâleur blafarde couvrit son visage.

Georges s'en aperçut.

— Ne craignez rien, lui dit-il, Bernard ne touchera pas à un cheveu de votre tête.

Serrières se dépouilla de sa cotte de mailles et donna les premiers soins au blessé; ses yeux s'ouvrirent, il promena curieusement son regard autour de lui, la douleur qu'il ressentit à la tête, lui rappela le souvenir de ce qui venait de se passer.

— Êtes-vous mieux ? lui demanda Paul Martin. — Oui, dit Bernard, qui tressaillit à ce son de voix. — Buvez, continua le jeune homme.

Bernard but en regardant Paul Martin.

— Comme il lui ressemble, murmura-t-il. Monsieur, continua-t-il, quel âge avez-vous ? — Vingt-cinq ans. — Paul aussi aurait vingt-cinq ans, ajouta Bernard, comme en se parlant à lui-même. — Vous me connaissez donc ? — Moi !... — Vous venez de dire mon nom ! — Vous vous appelez Paul ? s'écria Bernard. — Oui. — Comme lui, toujours comme lui. Votre mère doit bien vous aimer, M. Paul. — Je n'ai pas de mère. — Pauvre jeune homme ! alors votre père. — Je n'ai pas de père. — Vous êtes orphelin. — Que vous importe ! Pourquoi ces questions ? — Pardonnez-moi, dit Bernard avec des larmes dans la voix, si vous saviez tout ce que votre vue éveille en moi de doux et de tristes souvenirs ; elle me rappelle un frère que j'ai perdu, il y a quinze ans, en arrivant à Lyon. Pauvre petit Paul ! Pauvre petite Marie ! — Quel nom venez-vous de prononcer ? — Celui de la sœur de mon petit Paul. — Moi aussi, j'avais une sœur qui s'appelait Marie, dit Martin comme si le jour se faisait dans son esprit, et un frère qui s'appelait Bernard, il y a de cela quinze ans environ. — Bernard ! il s'appelait Bernard ! vous êtes mon frère, mon Paul.

Bernard oublieux de sa blessure, s'était levé, et ouvrait les bras à Paul Martin qui recula instinctivement.

— Mon frère était un honnête homme, répondit-il froidement, et vous êtes un assassin.

Paul Martin, enfant abandonné, qu'avait recueilli, on se le rappelle, un honnête ouvrier, avait souvent rêvé à cette heure de sa vie, où il retrouverait le frère et la sœur qu'il avait perdus ; mais il n'avait jamais pensé les retrouver dans cette classe de la société, où la prison et le bagne récoltent leurs pensionnaires.

Au lieu d'une immense joie, c'était une immense douleur ; au lieu de sauter au cou de son frère, il le reniait.

Bernard retomba anéanti sur sa chaise.

Paul Martin le contemplait silencieusement.

— Oh ! oui, tu as raison, Paul ! de ne pas me reconnaître ; lorsque tu m'as quitté j'étais un cœur brave et honnête, mettant toute ma joie à élever la petite famille que ma mère m'avait léguée, et aujourd'hui... Que veux-tu Paul ?... j'ai bien souffert, j'ai bien pleuré avant de descendre aussi bas... mais Dieu m'a enlevé ce qui faisait ma force et mon courage..... toi d'abord..... puis Marie. — Qu'avez-vous fait de ma sœur ? demanda Paul Martin. — Ta sœur... elle est... Oh ? non , c'est trop horrible..... — Parlez... je le veux. — Oui, tu as raison, il vaut mieux boire d'un seul trait une coupe de poison. Eh bien ! ta sœur est..... — Silence, dit Georges, en saisissant le bras de Bernard et se plaçant entre lui et Paul.

A la vue de cet homme, Bernard tressaillit, son œil s'injecta de sang, et sa voix, prête à laisser échapper un mot, ne rendit plus qu'un son rauque et inarticulé.

C'est que, pour Bernard, Georges était le mauvais génie de sa sœur ; c'était lui qui l'avait faite si infâme, que le nom qu'elle portait était une honte.

Georges avait tout entendu : témoin silencieux de la reconnaissance, il était intervenu à temps.

— Laissez-le parler, dit Paul Martin. — Je vous le défends, dit Georges, en s'adressant à Bernard. Paul, ajouta-t-il, oubliez-vous que vous avez eu un frère et une sœur, car tous les deux sont maintenant indignes de votre affection. — Qu'est devenue Marie, répéta le jeune homme, ma petite Marie que j'aimais tant ? — Elle est morte. — Morte ! s'écrièrent en même temps Paul et Bernard. — Elle doit l'être pour vous, continua Georges, car entre son passé et son présent, elle a mis une barrière infranchissable. Paul, jusqu'à ce jour, nous n'avons été liés que d'intérêt ; voulez-vous de mon amitié, fit-il d'une voix émue en tendant la main. — N'accepte pas, interrompit Bernard.... son amitié est fatale, car c'est lui qui est la cause... — Silence ! dit Georges. Oui, Paul, j'ai été la cause innocente qui vous a séparé de votre frère. — Comment ? — Le soir où Bernard arriva à Lyon, répondit notre héros, il se logea dans un garni de la rue du Bessard.

Un nouveau personnage s'était glissé derrière le groupe formé par Georges, Bernard et Paul Martin ; ce personnage n'était autre que Fernioul, qui, remis de l'émotion éprouvée à la vue de l'homme livré par lui à l'*Association des Six*, semblait prendre un grand intérêt à la conversation.

— Cette même nuit, continua Georges, une aventure galante m'avait conduit dans une maison de la rue du Bessard, située à côté de celle où s'était logé Bernard ; il était environ une heure du matin, ma maîtresse, par un excès d'amour dont elle s'est corrigée depuis, venait de s'empoisonner, lorsque son ancien amant entra. — Quel roman ce racontez-vous là, interrompit Paul Martin, et quel rapport a-t-il... — Vous allez me comprendre. A la vue de cette femme qui se tordait en poussant des cris de douleur, cet homme, devenu furieux, m'accusa d'être l'assassin, et se précipita sur moi. J'avais vingt ans alors, la force manquait à mon courage ; terrassé sous le bras vigoureux de mon adversaire frappant à coups redoublés, je serais mort sans Bernard, qui, réveillé par mes cris, accourut et mit aussitôt l'avantage de mon côté.

Georges, à ces mots qui lui rappelaient le souvenir du service que lui avait rendu Bernard, lui tendit une main que celui-ci serra avec effusion ; Paul Martin, entraîné par le mouvement, en fit autant : une larme glissa sur les joues du frère de Marie.

— Bernard, devait payer chèrement son dévouement pour moi qu'il ne connaissait point alors, car dans son absence, quelques escrocs, redoutant sans doute que le bruit occasionné par la lutte ne provoquât une descente de la police, s'enfuirent en emmenant avec eux le petit Paul. — Moi ! s'écria Paul Martin. En effet, je me rappelle tout maintenant, je criais, je pleurais, je demandais mon frère. Quelques hommes en blouse me prirent par la main : « Viens, me dit l'un d'eux, nous allons te conduire vers ton frère. » Nous gravîmes une côte rude ; arrivés en haut à l'angle de plusieurs rues, ils me quittèrent en me disant : « Attendez-nous, » et ils ne revinrent pas. — Que voulez-vous, dit Fernioul en se mêlant à la conversation, vous aviez alors les jambes moins longues qu'à présent, et vous nous embarrassiez dans notre marche. — Comment ! misérable, ce fut toi ! s'écria Bernard en serrant les poings, prêt à s'élancer sur Fernioul. — Eh bien ! où est le mal, continua tranquillement le voleur. Le petit garçon a prospéré, à ce qu'il paraît, puisque le voilà aujourd'hui en *Monsieur*, avec un habit noir et un chapeau de soie ; sans moi vous en auriez fait un ouvrier, peut-être un assassin comme vous : c'est donc de la reconnaissance que vous me devez. — Laissez-nous, dit Georges en s'adressant à Fernioul, vous reviendrez demain et vous toucherez la somme promise.

Celui-ci sortit en murmurant :

— Quelle drôle de chose que le hasard, comme on se retrouve : c'est comme dans les romans de M. Victor Ducange. C'est toi ! C'est moi ! Mon frère ! Dans mes bras ! Je m'en vais fumer une pipe là-dessus. Ah bon ! ah bien ! elle est cassée, je n'ai pas de chance ! une pipe noire comme la soutane d'un curé, parfumée comme une petite maîtresse.

Et pour se consoler, Fernioul, puisant dans une vaste *blague* en cuir noirci et gras, en tira une pincée de tabac qu'il roula dans ses doigts, en lui donnant l'aspect et le volume d'un pruneau, puis il la glissa délicatement entre sa mâchoire et sa joue gauche, qui s'enfla sous cette fluxion subite. Ses yeux s'épanouirent. Pour Fernioul, une *chique* était du hatchis qui lui ouvrait le paradis de ses rêves. — Terminons, dit Georges à Bernard, qu'avez-vous dit à celui qui vous avait chargé d'assassiner Serrières ? — Je lui ai rapporté vos propres paroles. — Très-bien ; qu'a-t-il répondu ? Rien. — Il vous a donné vingt mille francs ? — Le compte y est, plus un passeport pour la Suisse. — En règle ? — Parfaitement en règle, le gaillard connaissait mon signalement. — Vous partirez demain matin, dit Georges. — Pour aller où ? — Parbleu, en Suisse, où avec les vingt mille francs que vous avez, vous tâcherez de vivre en honnête homme. — Il n'y a que les niais qui ne sont point honnêtes lorsqu'ils ont la fortune pour l'être, répondit sentencieusement Bernard. — A propos, avez-vous de l'argent pour vos frais de voyage. — Je ferai changer un billet de banque. —

Du tout, vous pourriez vous compromettre ; voici deux cents francs, maintenant partez. — Paul, dit doucement Bernard à l'oreille de Paul Martin. — Que me voulez-vous ? répondit celui-ci. — Je vais partir, il est probable que nous ne nous reverrons plus. — C'est probable. — Je voudrais bien t'embrasser.

Paul Martin se jeta dans les bras de son frère. — Défie-toi de Georges, murmura tout bas le second. — Pourquoi ? — Parce qu'il porte malheur à tous ceux qui l'aiment.

Bernard sortit. Paul Martin, pensif, s'avança vers Georges.

— Savez-vous quelles sont les dernières paroles que m'a dites Bernard ? lui demanda-t-il. — Non. — « Défie-toi de Georges, il porte malheur à tous ceux qui l'aiment. » — Il a raison. — Tout-à-l'heure, vous m'avez offert votre amitié ? continua Paul Martin. — Vous la refusez maintenant. — Voilà ma réponse.

Et le jeune homme tendit loyalement sa main à Georges.
— Qu'est devenue ma sœur ? murmura-t-il tout bas. — Vous le saurez plus tard ; mais voulez-vous un conseil ? — Oui. — Oubliez que vous avez une famille. — Ah ça ! dit Moncé, en s'adressant aux deux jeunes gens, que diable faites-vous donc, vous jouez une comédie à laquelle il est difficile de comprendre quelque chose ; on dirait le dénouement d'un drame à la fin duquel tout le monde se reconnait ; ma parole d'honneur, je crois, en vérité, que Martin a embrassé l'assassin. — Serrières, dit Georges, pendant quelque temps, vous allez me faire le plaisir de mourir.

« Quand on est mort c'est pour longtemps,

fredonna Serrières. — Ou si vous le préférez, vous allez faire vos malles pour un voyage.

« Je n'y puis rien comprendre.

chantonna d'une voix de ténor léger le jeune médecin, dont la gaité folle était provoquée par la pensée du danger passé.
— Il est nécessaire pour la réussite de mon projet, que M. Rancey croie être débarrassé de vous. Or, si demain les journaux annonçaient qu'on a retiré votre cadavre.... — Du sein des flots de la Saône agitée.... interrompit Serrières. Tiens, je fais des vers comme M. Jourdain faisait de la prose sans m'en douter. — M. Rancey, continua Georges, ne se mettra plus en garde contre moi, et se livrera lui-même. — Mais c'est une réclame magnifique pour notre docteur, que cette nouvelle, dit de Thézieux. — Mon cher, ajouta Moncé, je publierai après demain votre article nécrologique dans le *Courrier de Lyon*. — J'adresserai une pièce de deux cents vers à la *Gazette médicale de Lyon*, fit Maître Fabre en se levant et en déclamant :

Pleurez ce médecin, dont le talent sublime...

O rage ! ô désespoir ! pas un seul mot qui rime.

Séance tenante, les six jeunes gens rédigèrent la Chronique locale suivante, qui parut le lendemain dans les principaux journaux de Lyon :

« Cette nuit, M. Serrières, docteur-médecin, l'une des
» gloires scientifiques de Lyon, a été jeté à la Saône au
» moment où il traversait le pont de l'Archevêché ; les qua-
» lités du cœur de M. Serrières éloignent toute idée de
» vengeance, etc., etc. Le meurtrier n'a pas encore été
» arrêté, mais notre police si active, si intelligente,
» etc., etc. »

M Rancey bondit de joie en lisant cette chronique, dans son journal, à huit heures du soir.

. . . .

A la même heure, le *mort-vivant*, Serrières, assis dans le coupé d'une diligence de Paris, serrait de près une voyageuse blonde et sentimentale. — Oh ! Madame, lui disait-il, la lune est dangereuse en diable. — Monsieur... — Elle est pour moi ce qu'est l'odeur de la poudre pour le soldat. — Comment ? — Elle m'inspire des idées de conquête.

. . . .

Georges avait gagné la partie.

CHAPITRE XXXVII.

Lion et Lionne.

Quelques jours après les aventures que nous avons racontées dans les précédents chapitres, il se passa un événement qui fournit une ligne à la *Chronique locale* des journaux de Lyon ; et qui servit pendant huit jours d'élément de conversation aux lions et aux lionnes.

Une femme se jeta, en plein jour, du pont de l'Archevêché dans la Saône.

Si cette femme eût été une pauvresse en haillons, cherchant dans la mort la fin de ses souffrances et de ses humiliations, la chose eût paru si naturelle, qu'après l'oraison funèbre de : « Pauvre femme ! » personne n'eût songé à elle. Mais l'héroïne de l'anecdote s'était jetée dans son humide linceul, enveloppée d'un suaire en dentelles, et ruisselante de diamants et de bijoux.

Ce n'était donc ni le besoin, ni la faim qui pouvaient servir d'explication à ce sinistre projet, le logographe prenait des proportions appétissantes, et les plus habiles croyaient en avoir trouvé le mot, en donnant le nom de ce dieu qui a pour tout costume un bandeau sur les yeux et un carquois sur les épaules.

On se trompait étrangement ; ce qui ressemblait tant à un suicide était simplement un plongeon, et il nous suffira de nommer l'héroïne pour que nos lecteurs soient de notre avis ; elle s'appelait Aspasie.

Aspasie était une fille d'esprit, qui tirait un admirable parti de ses lectures.

Certain soir, pendant que son perruquier la coiffait, elle avait lu, sur la papillotte qu'elle roulait entre ses mains, l'histoire de la queue du chien d'Alcibiade ; elle l'avait trouvée une excellente recette pour ramener la popularité qui s'en va.

Se fiant donc à la Providence, mais plus encore aux mariniers, elle avait exécuté le projet dont elle avait fait part à Georges, avec un courage digne des femmes de Sparte ; et elle s'était précipitée dans les eaux perfides de la Saône, par un beau soleil d'hiver et sous les yeux de trois cents badauds échelonnés sur les rives pour voir glisser un radeau sous l'arche du pont.

Ce qui devait arriver arriva.

Les badauds, enchantés de se trouver spectateurs d'un événement qui n'était pas sur le programme de leur flânerie, se mirent à crier comme des sourds, et transformèrent leurs bras en télégraphe ; les mariniers, alléchés par la perspective des vingt-cinq francs de sauvetage, s'élancèrent dans leur barque ; l'un d'eux saisit Aspasie par cet ornement qui fut si fatal à Absalon, et, cinq minutes après, la lorette, évanouie, était transportée à la pharmacie Gavinet.

L'évanouissement, provoqué par la chute, ne résista pas à un flacon de sels anglais, que le pharmacien fit glisser sous le nez de la lorette. Aspasie ouvrit les yeux, et les promenant lentement sur les personnages qui l'entouraient, partit d'un immense éclat de rire à la vue de leur visage inquiet.

— L'émotion a déterminé un transport au cerveau, dit gravement le médecin : il faut opérer une saignée.

Aspasie se leva.

— Monsieur, j'aime la plaisanterie lorsqu'elle s'arrête à point, et je veux bien croire, par respect pour votre science, que vous vous êtes amusé à me faire peur de votre lancette, comme le maître d'école s'amuse à faire peur des verges à l'écolier indiscipliné. Je me porte fort bien, seulement j'éprouve le besoin de changer de vêtements, car, je le sens, le froid me saisit ; vous me permettrez donc de me retirer, et pour vous prouver que je ne vous en veux en aucune façon, je vous invite à déjeûner.

— A déjeuner ! — Je meurs de faim ; aimez-vous le bordeaux ? — Beaucoup. — J'en ai d'excellent ; et le champagne ? — Beaucoup. — Vous êtes un homme charmant ; veuillez avoir l'obligeance de faire avancer un fiacre. Quel est celui d'entre vous qui m'a retirée de l'eau ? continua Aspasie en se retournant vers le groupe qui se tenait au bout de la boutique. — C'est moi, Madame, répondit un marinier aux robustes épaules et à la large carrure. — Tenez, voilà ma bourse ; votre bras, docteur.

Et la lorette, le sourire aux lèvres, s'élança, suivie du médecin, dans ce fiacre, qui partit au trop monotone de ses deux haridelles.

— Eh vérité, Madame, dit le docteur, qui, poussé par la curiosité, avait accepté le déjeûner offert par Aspasie ; votre suicide me semble une plaisanterie. — Dites une spéculation. — Comment ? — D'abord, êtes-vous un homme vertueux ? — Madame, j'ai soixante ans, c'est l'âge de l'indulgence. — Ou du rigorisme ; on devient très-sévère pour les péchés... lorsqu'on n'en peut plus commettre. Ne vous fâchez pas de mon épigramme ; savez-vous ce que je suis ? — Je le devine, dit le docteur en souriant. — Je vous sais doublement gré d'avoir accepté mon invitation.

Le fiacre s'arrêta au numéro 26 de la rue de Puzy.

La rue de Bourbon, qui doit aux lorettes lyonnaises sa célébrité, n'existait pas encore.

Pourquoi ce quartier est-il devenu le quartier-général des femmes galantes ?

Par la raison fort simple que ces dames ayant pour banquiers les commerçants des Terreaux, ceux-ci aiment assez avoir loin du domicile conjugal le nid de leurs infidèles amours.

La camériste d'Aspasie était une véritable soubrette d'opéra-comique, à la lèvre épaisse et rouge, aux yeux vifs, au nez retroussé, qui semblait aspirer la vie à pleins poumons ; en un mot, une fille d'Eve aux dents blanches, la bouche ouverte et prête à croquer la pomme ; elle faisait son stage auprès d'Aspasie, et elle était à bonne école pour apprendre comment on trompe, et comment on se moque de ceux qu'on trompe ; en attendant que le hasard sous la forme d'un gant paille et d'une botte vernie, lui ouvrit le paradis terrestre de ses désirs, elle aidait Madame à duper ses amants ; elle mentait à en rendre jaloux un dentiste, et elle adorait les artilleurs à en rendre jaloux les cuirassiers.

Cette charmante enfant, toute pétrie de vices, se nommait Annette ; elle poussa un cri à la vue de sa maîtresse encore toute ruisselante.

— Eh bien ! qu'as-tu donc ? demanda Aspasie. — Il est arrivé un malheur à Madame. — Ce n'est rien, je t'expliquerai tout cela plus tard, y a-t-il du feu dans ma chambre ? — Oui, Madame. — Viens me déshabiller ; vous permettez docteur.

Quelques minutes après, le médecin était assis dans la chambre d'Aspasie devant une table, dont l'élégance et le luxe excitaient l'appétit.

Aspasie avait une robe de chambre en cachemire blanc à revers de velours vert, retenue à la ceinture par une chaîne cordelière ; elle avait à la hâte relevé ses cheveux humides ; cette coiffure de fantaisie rendait la jeune femme plus séduisante en découvrant les lignes pures de son visage couvert d'une légère teinte de pâleur. Nonchalamment étendue sur ce petit meuble coquet, auquel on a donné le nom assez peu euphonique de *ganache*, elle présentait, à la flamme du foyer, ses pieds coquettement chaussés de brodequins russes garnis de cygne.

— Annette. — Madame. — Je n'y suis pour personne, je suis dangereusement malade, et mon docteur est près de moi. Vous voyez, continua Aspasie en se retournant vers le médecin, que je ne commets qu'un demi-mensonge, et comme les mensonges sont classés dans la catégorie des péchés véniels, je ne suis coupable que d'un demi péché véniel. — Vous avez de l'esprit, dit le médecin. — Cela vous étonne. Est-ce que vous seriez comme ces bons bourgeois honnêtes et vertueux qui, ne pouvant nous refuser la beauté parce qu'ils la voient, nous refusent l'esprit parce qu'ils ne nous connaissent pas. — Non. Mais ce qui m'étonne, c'est qu'une femme d'esprit consente à vivre comme vous. — Pourquoi ? — Parce que si entre deux éclats de rire il se glisse une réflexion, elle doit être triste comme une pensée de mort. — Docteur, parlons d'autres choses.

Annette rentra, et remit à sa maîtresse plusieurs cartes de visite.

— Décidément, s'écria Aspasie en riant, Alcibiade est un grand homme, j'achèterai sa statue. Voyez ! sa recette opère, il y a juste une heure et demie que je me suis jetée à l'eau, et voilà déjà, parmi ces cartes de visite, dix noms d'adorateurs qui, depuis six mois, ignoraient le chemin de mon appartement.

— Madame, dit le médecin en se levant, me permettez-vous de venir vous voir lorsque je passerai dans votre quartier ? — Comment, si je le permets, je vous en prie. Mais, docteur, il est juste que je sache le nom de mon nouvel ami. — Est-ce que je ne vous l'ai pas dit ? — Non. — je m'appelle Raymond. — Adieu, Madame. — Adieu, docteur.

Après le départ du médecin, Aspasie roula près du feu un tête-à-tête, elle s'y coucha, s'enveloppa d'un cachemire, car un frisson nerveux agitait son corps.

Appuyant le doigt sur un timbre placé sur la cheminée, elle sonna.

Madame a sonné, dit Annette. — Je ne suis visible pour personne, excepté pour.... — Pour.... ? — M. le vicomte de Lussan.

Un coup de sonnette, plus violent que les autres, fit passer un sourire sur les lèvres décolorées.

— Enfin ! murmura-t-elle.

Au même instant, Annette, ouvrant la porte du boudoir, annonça :

— M. le vicomte de Lussan.

Le jeune vicomte était l'amant en titre de la lionne.

Il se précipita vers le canapé sur lequel Aspasie était étendue, et prenant la tête de la jeune femme entre ses mains, il la couvrit de baisers.

— Est-ce donc vrai, dit-il, ce que je viens d'apprendre ? tu as voulu mourir ?

La lionne ne répondit pas.

— Que te manque-t-il ? continua le jeune homme, ne t'ai-je pas fait la vie douce et bonne ? n'ai-je pas satisfait tes moindres caprices ? Mais réponds-moi donc. — Assieds-toi Alfred, dit Aspasie en montrant de son pied mignon un tabouret de moquette.

Le noble vicomte s'y installa, et posa amoureusement sa tête sur les genoux d'Aspasie.

— Tu m'aimes, dis-tu, reprit la lorette. — Si je t'aime ! — Eh bien ! il m'en faut une preuve. — Parle. — Je ne te demanderai pas de te ruiner pour moi ; d'abord parce que c'est déjà fait ; en second lieu, parce que je ne trouve pas que ce soit là une preuve d'amour ; un homme qui se ruine pour une femme n'est qu'un vaniteux, qui veut que les autres lui portent envie. Quand te maries-tu ? — Comment, tu sais..., s'ébabutia le jeune homme. — Voyons, réponds ! quand te maries-tu ? — Avant, je te poserai une question : Est-ce la nouvelle de mon prochain mariage qui t'a fait prendre la fatale résolution de te tuer ? — Non, c'est le comme le couplet final d'un vaudeville, dit Aspasie en riant ; loin d'être hostile à ce mariage, je veux qu'il se fasse, car c'est là la preuve d'amour que j'exige de toi. Mademoiselle de la Porte t'a trouvé peut-être joli cavalier, mais tes airs vainqueurs, tes allures d'homme à bonnes fortunes lui ont souverainement déplu, de plus tu as un rival. — Un rival ! s'écria le vicomte. — Oui, mon cher, un rival. — Aimé. — Je l'ignore, mais c'est un homme d'esprit qui voit froidement la position, et qui ne craindra pas d'égrener avec la jeune fille le chapelet d'un candide amour. — Son nom ? — Pourquoi ? — Mais pour que j'aille le trouver, et lui demander son heure et ses armes. — Un duel, mauvais moyen, vicomte ; ton rival manie l'épée comme saint Georges, et mouche une bougie à vingt-cinq pas. — Enfin, son nom. — C'est mon secret. Tu es ruiné, vicomte ? — Complétement. — Mademoiselle de la Porte est riche ? — Elle a quarante mille francs de rente. — Jolie fortune pour redorer ton blason. — Résumons la situation : tu m'aimes et j'exige comme preuve de cet amour que tu épouses mademoiselle de la Porte.— Quelle drôle de preuve ! Ne m'interromps pas. D'un autre côté, tés chances auprès de la jeune fille sont à peu près négatives ; enfin, tu as un rival habile et actif qui gagne chaque jour le terrain que tu perds. Comment penses-tu sortir de la situation ? — En laissant tranquillement les événements suivre leur cours. — Et, dans ta confiance naïve, vaniteuse, tu échoueras ; et, je te le jure, vicomte, du même coup, tu perdras ta femme et ta maîtresse ; c'est-à-dire, ta fortune et ton amour ; car je te jetterai ignominieusement à la porte.

Le vicomte de Lussan pâlit affreusement.

Il aimait Aspasie, comme on aime de pareilles femmes, avec rage, avec passion, avec ivresse, la perdre était ce qu'il redoutait le plus, et si elle l'eût exigé, il lui eût, sans hésitation, sacrifié son mariage, qui était, dans sa position de fortune, la seule chance possible pour reconstruire son avenir.

En se mariant, il n'avait point pensé rompre avec sa maîtresse ; bien au contraire, la dot de mademoiselle de la Porte devait lui permettre d'entretenir plus fastueusement Aspasie. Sa conscience ne lui eût fait aucun reproche, et il se fût justifié de sa conduite par l'exemple de ses amis. Dans la classe riche de la société, le double ménage est aujourd'hui l'état normal ; il est inutile d'ajouter que le mari, avare chez lui, est prodigue chez sa maîtresse ; que c'est sur sa femme qu'il fait peser les boutades de sa mauvaise humeur, et que ses sourires sont pour sa maîtresse, à laquelle il donne le cachemire et la parure qu'il a refusés à la mère de ses enfants.

Lyon est la ville où l'on parle le plus de vertu, et où on la pratique le moins ; sous des mœurs en apparence sévères, rigoristes mêmes, se cachent des vices honteux ; l'infidélité maritale est un fait prouvé par la quantité innombrable de filles entretenues, qui tirent des hommes mariés seuls leur existence et leur luxe.

La peine du talion n'est cependant point appliquée par les femmes, elles sont généralement vertueuses. Peut-être que la vie monotone du foyer domestique, dans laquelle les enferme l'égoïsme de leur mari, éteint chez elles cette ardeur des sens, cette imagination dangereuse qu'alimente le plaisir ; elles sont honnêtes, comme certains hommes sont probes, parce que l'occasion manque à la chute. Nous les voudrions seulement moins sévères pour celles qui ont succombé ; la vertu est semblable à une cuirasse qui n'est déclarée bonne que lorsqu'elle a supporté le choc d'une rude attaque.

Aspasie, après une scène de haute comédie, amena M. de Lussan à servir ses projets, et il fut convenu qu'après avoir séduit les domestiques, le vicomte, pour briser tout obstacle, enlèverait mademoiselle de la Porte.

Les lèvres d'Aspasie portèrent, dans un baiser, ce mot d'amour aux lèvres de son amant.

Il sortit, et la lorette s'enfonça dans une profonde rêverie. Un violent coup de sonnette la fit tressaillir. — Annette.

— Madame ? — Je n'y suis pour personne.

La sonnette carillonna de nouveau.

— On y va ; mon Dieu, dit la folle soubrette en faisant rouler de ses lèvres une bruyante cascade d'éclats de rire, est-il pressé de se faire mettre à la porte.

Aspasie s'assit et prit machinalement un ouvrage en tapisserie ; l'aiguille avait à peine passé deux fois dans le canevas, qu'après un bruit de voix la porte de la chambre s'ouvrit avec fracas, et Georges entra en poussant devant lui la soubrette.

— J'en étais sûr, s'écria-t-il : règle générale : toutes les fois que ces dames font dire qu'elles ne sont pas chez elles, c'est qu'elles y sont. — Je vous assure, Madame, balbutia Annette, qu'il n'y a pas de ma faute, ce Monsieur est entré comme un ouragan. — C'est bien, laissez-nous, dit Aspasie. Nous sommes seuls, Monsieur, continua-t-elle en se retournant vers Georges, qui s'était assis et s'amusait à épousseter sa botte avec la badine qu'il tenait à la main. — Marie, dit le jeune homme... —Marie est morte, interrompit la lorette, appelez-moi Aspasie. — C'est un nom grec comme votre amant. — Que voulez-vous dire ? — Que votre amant est un fripon. — Je le sais. — Et vous en êtes enchantée, car vous profitez de ses friponneries. — Je vous ferai remarquer que, quelle que soit la femme à laquelle un homme bien né parle, il est toujours poli. — L'aimez-vous ? — Qui ? — Le vicomte de Lussan, votre amant ou plutôt l'un de vos amants. — Tâchez de parler sans impertinence. Que vous importe mon amour pour M. de Lussan ? — Beaucoup. — Comment ? — M. de Lussan va se marier. — Il y a un mois que j'ai appris cette nouvelle. — Si M. de Lussan se marie, vous le perdez. — Du tout, je le garde. — C'est juste, j'oubliais que, dans votre monde, il existe une foule de petites scélératesses que la loi n'atteint pas, et qu'une femme comme vous spécule sur l'argent que son amant touchera dans une bonne dot. On ne regrette que l'amant qui s'en va en emportant sa bourse, il ne lui en veut pas si, en partageant son cœur en deux affections, il se sert de l'argent de sa femme pour entretenir sa maîtresse ; je vous demande pardon de n'avoir pas prévu cette infamie ; le but que je me proposais en venant ici est donc manqué ; je pensais, en vous apprenant le futur mariage de votre amant, que vous useriez de votre influence sur lui pour le lui faire rompre. — Bien au contraire. — Ah ! — Je regrette beaucoup de ne pouvoir vous être agréable, dit Aspasie en souriant. — J'arriverai au même résultat par un autre chemin, reprit Georges. — Vous ignorez peut-être que j'aime la jeune fille que doit épouser M. de Lussan. — M. le vicomte de Lussan, tout gentilhomme qu'il est, n'aura pas la politesse de vous céder sa place. — Je l'en chasserai. — Je ne le crois pas. — Mademoiselle de la Porte ne l'aime pas. —Ce n'est pas là une raison : dans le monde, les jeunes filles prennent fort bien leur mari comme nous prenons nos amants, sans amour ; et voilà pourquoi elles sont infidèles toujours comme nous. — Avez-vous donc oublié ce que je vous ai dit ? — Quoi ? — M. de Lussan est un chevalier d'industrie. — Si on n'épousait que les honnêtes gens, il y aurait trop de célibataires. — J'ai entre les mains les preuves de ce que j'avance, et je puis rompre le mariage, mais il me répugne d'en user, je n'aime pas à faire l'ouvrage de la police. — Alors, gardez vos preuves. — Je me retire, Aspasie, dit Georges en se levant, ne vous en prenez qu'à vous du mal que je vais faire à M. de Lussan. — M. de Lussan triomphera. — Je l'en défie. — Et moi, je vous le jure, car c'est moi, Georges, entendez-vous, c'est moi qui veux que ce mariage s'accomplisse. — Quel intérêt avez-vous ?... — Pas d'autre, dit Aspasie, que celui de me mettre en travers de votre bonheur, de briser votre amour puisque vous avez brisé le mien, et de vous rendre une des mille tortures que j'endure et qui me viennent de vous. — Marie, dit Georges avec douceur. — Marie est morte, morte de son premier amour, il n'y a plus qu'Aspasie la lorette, la femme sans cœur qui se vend et se prostitue. Et vous voulez que je vous serve de marchepied pour atteindre votre but ! Le marchepied croulera sous vos pieds et vous tomberez brisé sur la poussière. Une femme ne connaît pas les sentiments conventionnels de punch mitigé d'orgeat, elle adore ou hait, elle se dévoue ou se venge. Marie vous a aimé autant qu'Aspasie vous déteste, et sa haine ne sera pas une haine impuissante. Allons, Georges, l'homme fort et puissant, qui écrasez les obstacles qui vous embarrassent, relevez le gant que je vous jette, c'est votre bonheur qui est en jeu, et il le faut, dussé-je le déchirer avec mes ongles et mes dents. Mais rappelez-vous bien ceci : dans le drame qui va se passer, M. de Lussan n'est que l'acteur complaisant qui joue le rôle que j'ai tracé ; il n'est que l'instrument, je suis la tête, et c'est de moi que vous viendront vos larmes et vos souffrances.— Oh ! ce doit être quelque chose d'infâme que ce que vous avez fait, s'écria Georges. — Si infâme ! que mademoiselle de la Porte, dit Aspasie en ricanant, cette jeune fille chaste, l'appui de vos rêves, sera heureuse d'abriter son honneur sous le nom de de Lussan l'escroc, car je l'aurai jeté dans la fange des ruisseaux. — Misérable! quel est donc votre projet, dit le jeune homme en saisissant le bras de la lorette qui pâlit malgré elle. — Vous me faites mal, dit-elle, vous me mettriez sur un chevalet, que je me tairais et que vous ne m'arracheriez pas mon secret. — Mais vous n'avez donc pas de cœur. — Regardez sous la semelle de vos bottes, c'est vous qui me l'avez écrasé. — Aspasie, prenez garde! c'est la guerre, et je la fais impitoyable. — Vous aurez en moi une adversaire digne de vous. — C'est votre dernier mot. — Oui.

Georges sentait la colère le gagner, le sang affluait à ses tempes, et son regard fouillait dans les yeux de la lorette comme pour y chercher sa pensée; Aspasie, pâle comme un suaire, s'était levée, la lèvre railleuse, sans que ses paupières se baissassent devant l'interrogatrice contemplation du jeune homme.

La scène se termina par une lâcheté que la colère dicta à Georges.

Tirant de sa poche une bourse en filet, il y prit deux pièces d'or et les jeta sur le guéridon qui le séparait de la lorette.

— Madame, dit-il, lorsque je fais faire une commission à mon décrotteur, je le paie; je vous ai pris deux heures, et les heures sont votre gagne-pain; voilà deux louis! est-ce assez?

Aspasie tressaillit imperceptiblement.

— C'est assez pour ma servante, répondit-elle froidement; pour moi, je me paierai de vos insultes par votre malheur.

Et, se penchant vers la cheminée, elle sonna.

— Annette, continua-t-elle, en faisant glisser dédaigneusement les pièces du guéridon sur le parquet, Monsieur te prie d'accepter ces médailles pour la manière un peu brusque dont il t'a chiffonnée en entrant ici. Maintenant, ajouta-t-elle avec un geste plein de dégoût et de mépris, sortez! Monsieur.

Et tandis que le jeune homme sortait précédé de la soubrette, la lorette, tombant sur le fauteuil, prit sa tête entre ses mains et murmura d'une voix grosse de sanglots :
— Oh! l'infâme!

Puis, se relevant avec la souplesse d'un tigre qui s'élance sur sa proie:

— Annette! s'écria-t-elle, mon châle, mon chapeau, une voiture. — Mais Madame n'est pas coiffée. — Qu'importe! Une heure d'avance pour Georges est la victoire perdue pour moi.

Cinq minutes après, Aspasie, enveloppée dans un cachemire, était étendue au fond d'un fiacre.

Le cocher fouettait ses chevaux, le pourboire était bon; mais les chevaux, comme toutes les haridelles de fiacre, ignoraient le galop. Un instant le cocher crut qu'ils allaient renouveler le prodige de Rossinante, qui

Galopa, dit l'histoire, une fois dans sa vie.

Vain espoir! Les chevaux de fiacre sont les invalides de la race chevaline, ils trottent encore quelquefois, mais ne galopent plus.

CHAPITRE XXXVI.

Le Théâtre. — La Lionne en cage.

Le même soir, le hasard réunissait au Grand-Théâtre les principaux personnages de notre drame.

Rien n'est triste comme les choses qui, par essence, doivent être gaies et qui ne le sont point.

Tel est à Lyon le Grand-Théâtre.

Le Grand-Théâtre ne se nomme grand que par opposition au petit, appelé les Célestins : le premier avait pour domaine, à cette époque, la comédie, le grand opéra, l'opéra-comique et le ballet; le second, les vaudevilles et le drame.

Notre imparfait a pour raison d'être la date à laquelle se passent les événements de ce récit. Nous sommes en 1840, que nos lecteurs veuillent bien se le rappeler.

Depuis, le Grand-Théâtre a supprimé la comédie, qui se jouait d'ordinaire devant les banquettes, les pompiers et le commissaire de police de service; Melpomène, triste et honteuse de n'être écoutée que d'une oreille, s'en est allée emportant dans les plis de son manteau, les chefs-d'œuvre de Molière, Regnard, Collin d'Harleville, Beaumarchais, etc., dont les noms, écrits encore en lettres d'or dans les cartouches du plafond, semblent un amer reproche; mais le directeur, enchanté, a biffé un article coûteux au budget de ses dépenses, le conseil municipal a dit <i>amen</i>; le public, par son apathique indifférence, a répondu <i>Resquiescat in pace</i>, et la comédie, cette charmante fille, née de l'esprit français, que nous envient les autres nations, et dont le fin sourire brille en Italie, en Angleterre, en Espagne, en Russie, c'est-à-dire aux quatre points cardinaux de l'Europe civilisée, n'a pas eu à Lyon, pour conduire son deuil, les trois officiers du convoi de Malborough.

Les deux théâtres de notre ville ressemblent à deux fils de famille avant la révolution de 93 ; le Grand-Théâtre est le gentilhomme jetant l'or par les fenêtres, mangeant avec des danseuses la part du patrimoine qui revient au cadet par l'orgueil aristocratique à tonsuré ; car de tout temps le premier a vécu du second, l'or qui entre par une porte s'en va par l'autre, et les Célestins ne s'enrichissent que pour payer les dettes de leur frère aîné.

Nous avons dit que le Grand-Théâtre était triste, en voici les principaux motifs:

Le plaisir qu'on éprouve à entendre un opéra est un plaisir purement conventionnel, créé par la mode, car sur deux cents spectateurs, vous en trouverez cent quatre-vingt-dix-neuf et demi pour lesquels l'orchestration, c'est-à-dire l'œuvre capitale du maître, est un chaos dans lequel leur intelligence musicale ne voit que ténèbres; esclaves de la mode jusque dans leur plaisir, ils dissimulent leurs bâillements, et n'ont pas le courage d'avouer comme Alceste qu'ils préfèrent la chanson populaire,

J'aime mieux ma mie ô gué

aux cinq actes d'un opéra.

Nous avons emprunté aux Italiens le mot <i>dilletante</i>, titre dont s'affublent volontiers les ignorants : cette expression me semble équivoque, comme le mot <i>honnête</i> qui peint la position sociale d'une femme et non l'état d'honnêteté dans lequel elle vit. La science que couvre le mot dilletante ressemble beaucoup à la vertu d'une femme honnête qui a un amant.

Le plaisir des oreilles n'existe donc pas en réalité pour le plus grand nombre des spectateurs dans une représentation au Grand-Théâtre. Reste le plaisir des yeux.

A Paris, le véritable charme est dans le coup d'œil magnifique qu'offre l'aspect de la salle; les femmes se parent pour le théâtre comme pour le bal, les diamants scintillent au reflet du lustre; il y a dans cet ensemble de femmes élégamment habillées, d'hommes fraichement gantés, un parfum de bonne compagnie qui dispose l'esprit au plaisir.

A Lyon, au contraire, la négligence des spectateurs pour leur mise dépasse les limites de la convenance que des hommes bien nés doivent respecter; le commerçant passe de l'arrière-boutique de son magasin au théâtre sans s'arrêter un instant devant la glace de son cabinet à toilette, il entre au théâtre comme il entrerait au café, oubliant que la présence d'une femme exige de la part d'un homme ce respect extérieur qui se traduit dans nos mœurs par l'habit noir.

Les dames lyonnaises, comme les appelle fort galamment Loyse Labé, imitent leurs maris ; leur toilette de théâtre n'est pas même la toilette élégante qu'elles portent dans leur intérieur ; elles restent pendant toute une représentation encapuchonnées dans leur chapeau, emmaillottées dans leur châle, un manchon sur les genoux ; est-ce donc à dire qu'elles ne sont point coquettes, et le sentiment de coquetterie, inné chez toutes les femmes, est-il inconnu à Lyon ? Le motif qui leur inspire une telle sévérité dans leur habillement est trop honorable pour que nous ayons le courage de les blâmer, malgré le préjudice que cette sévérité porte à nos plaisirs.

Depuis quelques années, le luxe de la lorette lyonnaise a grandi dans des proportions tristement significatives pour l'immoralité de notre ville. Née d'hier, elle brille aujourd'hui de tout l'éclat de son insolente fortune; elle s'empare en souveraine de tous les lieux dont l'argent ouvre les portes ; elle traine les dentelles de sa robe dans la poussière des promenades, elle trône au théâtre éblouissante de parures ; briller est une des conditions de son existence, car c'est la vanité qui la désire et l'enrichit.

Ce luxe n'était-il pas un défi porté à la femme honnête ? Que devait-elle faire ? Accepter la lutte, c'était se mesurer avec une adversaire indigne d'elle, s'exposer au soupçon le plus injurieux, à être prise pour une de ces filles. La femme honnête, sacrifiant sur l'autel du devoir sa coquetterie de femme, adopta le costume sévère, symbole des qualités de la mère de famille, elle fut simple, modeste ; elle laissa « la ceinture dorée » à la courtisane, et se contenta « de la bonne renommée. » Lorsque, dans les promenades, on la voit suivre d'un regard protecteur les jeux de ses enfants blonds et roses, qui gambadent devant elle, ses yeux semblent dire ce que disait un jour la mère des Gracques en montrant ses enfants : « Voilà ma plus belle parure. »

La morale y a gagné sans doute, mais le théâtre y a perdu son plus grand attrait.

A cette époque, du reste, quelques uns de nos lecteurs s'en souviennent sans doute, la coupe de la salle était assez vicieuse ; à partir des premières, s'élevaient trois rangs de loges étroites, qui ressemblaient à la façade d'une maison particulière, et on eût dit, en voyant les spectateurs, de bons bourgeois prenant l'air à leur fenêtre.

On jouait, ce soir là, *Robert-le-Diable*.

Il y avait foule.

Le motif de cette influence était le début d'une première danseuse dans le *pas des nonnes*. Étrange fantaisie du librettiste qui, s'il eût donné des cavaliers à ses danseuses, eût été dans l'obligation de leur choisir des capucins ou des moines.

Les Lyonnais avaient à se prononcer sur les *pointes* et le *ballon* de la danseuse comme on dit en argot de théâtre.

Nos compatriotes ont, de tout temps, été fort amoureux du mollet des danseuses, la chose du monde qui ressemble le plus aux illusions s'envolant à tire-d'ailes lorsqu'on veut les saisir, comme le mollet des danseuses reste dans le maillot après la représentation.

Dans une loge d'avant-scène se trouvait Richard le commis infidèle et le successeur de M. Brémont. La fortune lui avait souri, et Richard, voyant tout le bénéfice qu'on pouvait tirer du titre d'honnête homme, pris dans le sens assez élastique que lui donnent les commerçants, s'était jeté à plein collier dans la religion ; il était de toutes les confréries, de tous les bureaux de bienfaisance, ce qui ne l'empêchait pas d'avoir une loge à l'année. Cette loge, qui lui coûtait cinq cents francs, lui rapportait vingt mille francs ; c'était pour lui une Capoue sensuelle dans laquelle il endormait les acheteurs et les représentants des maisons de Paris, jeunes gens, pour la plupart, qui, entrainés par le plaisir qu'offrait Richard à ses commettants, se liaient d'abord d'intérêt avec lui espérant plus tard se lier d'amitié ; mais l'amitié avait pour thermomètre les affaires, elle s'arrêtait avec elles.

Richard s'était marié ; il avait épousé la fille du receleur, nommé le père Michel, devenu fou, dans une circonstance connue de nos lecteurs.

La jeune fille était juive ; le jeune commerçant exigea que son abjuration fût publique ; aussi, ce mariage, qui n'avait d'autre raison d'être que la passion de Richard repoussé comme amant et accepté comme mari, lui fit-il le plus grand honneur ; on vanta son désintéressement, on le loua d'avoir arraché aux flammes éternelles une pauvre âme égarée sur le chemin de la vérité.

Dans une loge, sur la droite, étaient M. le marquis d'Arguis et sa femme au visage impassible, on eût dit deux portraits de famille descendus de leur cadre ; la deuce figure d'Henriette, animée par le plaisir, et belle par la seule beauté de la jeunesse en sa fleur, faisait un étrange contraste. Elle était, comparée à son oncle et à sa tante, le mois de mai comparé aux mois de novembre et de décembre.

Un peu plus bas, le banquier Rancey, assis auprès de Mathilde, semblait prêter une grande attention à ce qui se passait sur la scène, mais sa pensée était ailleurs, et ses mains, crispées autour de sa jumelle d'ivoire, trahissaient une préoccupation mal dissimulée.

Enfin, dans le fond d'une baignoire, Georges, en compagnie de Thézieux, promenait son regard sur le public comme s'il cherchait quelqu'un.

— Tout est-il prêt pour ce soir ? demanda Georges. — Oui. — Qui est-ce qui vient avec moi ? — Moi et Fernioul. — Qui donc te proposes-tu donc d'enlever ? — Tu le verras. De Thézieux se leva pour faire un tour dans la salle. — Si tu rencontres M. de la Brosse, envoie-le-moi.

Resté seul, Georges baissa l'un des rideaux de la loge de façon à voir ce qui se passait dans la salle ; sans être aperçu lui-même des spectateurs.

La loge de M. le marquis d'Arguis, placée en face de celle de notre héros, s'ouvrit, et le vicomte de Lussan y entra, tenant à la main un magnifique bouquet de roses blanches qu'il offrit gracieusement à mademoiselle de la Porte. Henriette paya d'un sourire cette galanterie, mais, sans jeter un regard sur le bouquet, elle le plaça sur un fauteuil vide et se remit à suivre l'opéra.

Le vicomte, après quelques paroles polies, salua et se dirigea vers la loge de M. Rancey.

Eh bien ! dit le banquier en serrant la main du jeune homme, il paraît que vos affaires sont en bon chemin, à quand le mariage ? — Il n'est pas encore fixé. — Votre future est charmante, dit Mathilde avec ce sourire ravissant dont une femme parfume un compliment sincère — Je le crois bien, reprit M. Rancey, elle le serait à moins, un million de dot. — Taisez-vous, monsieur le banquier, fit la jeune femme en menaçant son mari de son éventail ; les plus beaux chiffres du monde ne valent pas une belle fille qui vous aime. N'est-ce pas M. de Lussan ? — L'amour est un cuisinier qui vous fait faire maigre chère, si l'or de la dot ne lui ouvre pas crédit chez les fournisseurs, reprit M. Rancey. — M. de Lussan, ajouta Mathilde, ne croyez pas un seul mot de ce que dit M. Rancey ; il veut se faire passer pour ce qu'il n'est pas, pour un homme mettant l'argent avant tous les sentiments ; je vous le dénonce, moi, pour le plus tendre, le plus affectueux et le plus amoureux des maris. — Peste ! répondit de Lussan, voilà un éloge rare dans la bouche d'une femme. — D'autant plus rare qu'il est mérité, reprit la jeune femme. — Que pensez-vous du ténor ? demanda Rancey. — Je pense, dit le vicomte, que ce pauvre Robert-le-Diable, pendant qu'il était en train de perdre au jeu, aurait dû, au moins, conserver une chose. — Laquelle ? — Sa voix. — C'est joli, mais c'est méchant.

La porte d'une loge de l'amphithéâtre, qui s'ouvrit et se referma bruyamment, vint détourner de la scène l'attention des spectateurs ; toutes les lorgnettes se braquèrent sur la jeune femme, ruisselante de diamants, qui s'installait dans son fauteuil : cette femme était Aspasie.

La lorette lyonnaise, bien différente, dans cette circonstance, de la lorette parisienne, qui, dans sa vie extérieure, se modeste, le plus qu'il lui est possible, sur les femmes du monde ; la lorette lyonnaise aime le tapage qui se fait autour d'elle, et elle saisit toutes les occasions qui peuvent la faire remarquer. Ainsi, à cette époque, son entrée au théâtre s'opérait toujours au moment le plus intéressant de la situation musicale ou dramatique ; l'ouvreuse augmentait le désordre provoqué par cette entrée, en accourant avec empressement pour placer un tabouret sous les pieds de la jeune femme, et la débarrasser du manteau d'hermine ou de soie, dont elle s'enveloppe, afin de préserver, à la sortie, ses épaules nues du contact du froid.

Plus d'une fois le parterre protesta par ses murmures contre l'inconvenance d'une pareille entrée, qui prenait chaque jour des proportions plus scandaleuses. Les loges ayant été supprimées, elles furent remplacées par des stalles, et la femme honnête se trouva ainsi exposée au voisinage de ces filles, dont les yeux jouaient le télégraphe pendant le spectacle.

Le scandale cessa par ordre de la préfecture de police ; le sergent de ville fut le dragon chargé de veiller à la porte de ce jardin des Hespérides. On s'attendait à une insurrection, à une prise d'armes, à des barricades ; les reines détrônées protestèrent d'abord par leur absence ; cette protestation, toute pacifique, ne porta nulle atteinte à la constitution nouvelle qui régissait le théâtre ; Lays et Phrynée se résignèrent à accepter les stalles de parquet mises à leur disposition. Et cette victoire de la morale sur d'indécentes réclames en faveur du vice, fut remportée sans effusion de sang. Peut-être, dans leur colère, les lorettes déchirèrent-elles quelques mouchoirs de dentelle, ce ne fut qu'un article de plus porté au budget des amants sous le titre de dépenses imprévues.

L'anecdote du plongeon d'Aspasie avait circulé dans le monde des habitués du théâtre, et ceux qui l'ignoraient l'eurent bientôt apprise, car elle devint l'objet de toutes les conversations de la salle : les lorgnettes étaient braquées sur elle, et un sourire moqueur errait sur toutes les lèvres.

Aspasie supporta sans embarras cette contemplation, jouant d'une main avec son éventail, dont Boucher eût signé la peinture, de l'autre elle puisait dans un sac de bonbons que lui avait remis l'ouvreuse, ce Mercure galant des hommes à bonnes fortunes, assez riches pour payer leurs amours.

La lorette était vêtue d'une robe de taffetas rose, garnie de volants d'Angleterre ; des boutons de perles blanches, fermant le corsage, descendaient jusqu'à la ceinture ; ses cheveux, relevés à la Marie Stuart, coiffure originale que la mode n'avait pas encore adoptée, étaient ceints d'une rivière de diamants de l'eau la plus pure ; démesurément décolletée, elle semblait nue aux personnes qui, placées au-dessous d'elle, n'apercevait que le haut du corps.

— Que dit donc mon journal, s'écria M. Rancey, je crois y avoir lu qu'aujourd'hui même Aspasie s'était jetée à l'eau. — Il dit la vérité, répondit de Lussan. — Comment, et elle ne s'est point tuée ? — Il y a apparence que non, puisque la voilà, fit le vicomte en souriant. — Ah ! je tiens l'article, dit le banquier qui avait ouvert son journal, je lis : « Aujourd'hui, mademoiselle A..., l'une des femmes les plus » élégantes du monde galant de notre ville, s'est précipitée » du pont de l'Archevêché dans la Saône ; on ne sait pas » encore s'il faut attribuer cet événement à un suicide ou » à un accident. » — Oh ! l'article est délicieux ; elle est adorable la naïveté du journaliste se demandant si une femme qui se *précipite* dans l'eau se suicide. — Tiens, c'est vrai, je n'avais pas remarqué cette balourdise. Comment diable se fait-il qu'un journaliste, qui est payé pour écrire sa langue, ne la connaisse pas. — Par la même raison, mon cher Rancey, qu'un banquier, qui est censé être un honnête homme, est souvent un fripon. — Et un noble, qui passe pour spirituel, un sot, ajouta le banquier. — Vous êtes prompt à la riposte, dit le vicomte. — C'est qu'aussi vous êtes prompt à l'attaque. — Sans rancune, n'est-ce pas, mon cher, fit M. de Lussan en tendant sa main au banquier.

— Sans rancune, répondit M. Rancey, en serrant la main qu'on lui présentait. Pour en revenir à Aspasie, continua-t-il, elle en a été, à ce qu'il paraît, quitte pour la peur ; son immersion n'a été qu'un bain d'où elle est sortie plus célèbre et plus belle. — La Saône est, du reste, une excellente rivière, qui fait peu de victimes. Avez-vous connu M. Serrières ? — Le médecin, dit le banquier en pâlissant imperceptiblement. — Oui. Vous savez que les journaux ont annoncé que, victime d'un guet-à-pens, il avait été jeté à la Saône. — Je me rappelle, en effet, l'avoir lu. — Eh bien ! un de mes amis a rencontré, à Paris M. Serrières gros et bien portant. — Impossible, murmura M. Rancey, dont l'anxiété devenait visible, votre ami aura été abusé par une ressemblance. — Pas du tout ; il a dîné avec le noyé. — C'est étrange, balbutia M. Rancey dont les traits se décomposaient malgré ses efforts pour conserver une physionomie impassible.

Le vicomte, qui, tout en causant, avait les yeux fixés sur la loge d'Aspasie, était trop absorbé dans cette contemplation pour prendre garde à l'émotion singulière que son récit produisait sur le banquier. La lorette, donna, avec son éventail, un signal qui fit se lever rapidement le jeune homme.

— Mon cher ami, dit-il, pardonnez-moi de vous quitter aussi brusquement...... — Pas d'excuse, interrompit le banquier, il n'en est pas besoin entre gens liés comme nous. Le vicomte salua Mathilde qui, tout entière au spectacle, avait prêté une médiocre attention à la conversation de nos deux personnages.

— Eh bien ! qu'as-tu fait ? demanda Aspasie à de Lussan, caché dans la pénombre de la loge. — Laisse-moi d'abord te dire que tu es ravissante ce soir. Oh ! pas de fadaises, je t'en supplie, le temps est trop précieux pour que tu t'amuses à me tourner des madrigaux et je ne prenne quelque plaisir à les entendre. — Alors, interroge, je répondrai ; c'est le meilleur moyen de m'éviter de dire des choses inutiles. — La femme de chambre ? — Très-bien. — Achetée. — Très-bien. — Ce soir, au souper qui suivra le spectacle, elle versera dans le verre de mademoiselle de la Porte quelques gouttes de narcotique. — Bravo ! — De plus, voici deux clefs qui m'ouvriront, la première le portail de la cour, la seconde la porte de la maison. A une heure du matin, une voiture stationnera place Bellecour ; aidé d'un de mes amis, j'y transporterai la jeune fille. — Quel est cet ami ? — De la Brosse ; un fripon qui me prête à usure l'argent qu'il vole au jeu. — Les fripons qui ont tout à perdre et rien à gagner sont d'excellents complices. Où conduirez-vous la jeune fille ? — Chez un de mes amis qui a mis à ma disposition une petite maison de campagne qu'il possède à Vaise. — Le plan est dressé, il faut le suivre ; l'occasion perdue ne se retrouve pas ; maintenant quitte-moi ? — Pourquoi ? — Parce qu'il est essentiel qu'on ne nous voie pas ensemble ; je t'attends demain matin pour me dire ce que tu auras fait, et te dire ce qu'il te restera à faire.

Un sourire de triomphe passa sur les lèvres d'Aspasie ; son regard tombant par hasard sur mademoiselle de la Porte dont le frais visage reflétait, avec la fidélité du miroir, les émotions intimes qu'éveillait en elle la musique de Meyerbeer, le sourire de la lorette prit une expression de colère et de vengeance.

Georges avait suivi, avec sa jumelle, les pérégrinations du vicomte de Lussan dans les différentes loges du marquis d'Arguis, du banquier et de la lorette ; il avait vu le sourire de cette dernière, le regard plein de haine jeté par elle à la jeune fille, et il avait tressailli à la pensée d'un danger qu'il prévoyait sans le connaître, et par conséquent sans savoir comment il pourrait en préserver l'innocente enfant autour de laquelle s'agitaient tant de mauvaises passions.

Paul Martin, en entrant dans la loge, le tira des réflexions dans lesquelles il était plongé.

— Je vous dérange, dit Paul Martin. — Du tout. — Comment trouvez-vous cette jeune fille en robe blanche qui bat la mesure avec son bouquet ?

Georges désignait mademoiselle de la Porte.

— Adorable! s'écria Paul-Martin, le type le plus pur d'un ange. — Et cette femme? continua Georges en montrant Aspasie. — Belle comme un ange, mais un ange déchu.... N'est-ce pas Aspasie? — Oui. On raconte d'elle une singulière histoire, dit Georges en suivant sur le visage de Paul-Martin l'impression produite par son récit: on prétend que son frère, qui jouit de la réputation d'un homme très-honorable et qui l'aime beaucoup, continue de la voir malgré le scandale de sa conduite. — Cet homme est un lâche, répondit gravement Paul-Martin; si j'étais le frère d'une pareille femme.... — Que feriez-vous? interrompit Georges. — Je la tuerais. — Vous êtes sévère. — Une famille est un arbre dont on doit couper les branches qui se pourrissent. — Pauvre garçon, qu'il ignore toujours qu'Aspasie est sa sœur. Êtes vous libre ce soir? reprit-il. — Libre comme l'air. — En ce cas, je dispose de vous. — De quelle manière? — Je vais vous le dire : j'attends ici un jeune homme auquel j'ai à confier une mission que lui seul peut remplir, mais comme je me défie de lui, j'ai besoin de quelqu'un qui, jusqu'à ce qu'il soit rentré chez lui, ne le perde pas de vue. Puis-je compter sur vous. — Parfaitement, seulement quelques explications me seraient nécessaires. — Je ne puis pas vous en donner. — Pourquoi? — Parce que j'ignore précisément ce que vous me demandez; quels sont les événements auxquels vous allez vous trouver mêlé? je ne sais; les événements surgissent des circonstances. Il faut que je m'absente ce soir de Lyon, et on pourrait mettre à profit mon absence pour..., mais je me fie à votre intelligence pour comprendre ce que vous aurez à faire. — C'est un logogriphe que vous me proposez, peut-être le devinerai-je en chemin; je vous ai donné ma parole, je la maintiens. — Merci. Êtes-vous armé? — Toujours. Deux pistolets et mon poignard.

On frappe à la porte de la loge.

— Voici notre homme, dit Georges.

C'était, en effet, Baptistin ou plutôt M. le marquis de la Brosse qui entrait, le sourire aux lèvres. — Vous désirez me parler, dit-il? — Oui, répondit Georges. — Est-ce relativement à M. Brunel? — Non. Savez-vous si ce soir M. le vicomte de Lussan se propose d'accompagner Aspasie? — Je l'ignore. — Il faut qu'Aspasie sorte seule du théâtre, et pour cela vous allez me faire le plaisir d'emmener à l'instant même M. de Lussan. Je le veux, ajouta Georges en se penchant à l'oreille de Baptistin. — Très bien, répondit de la Brosse; est-ce tout ce que vous avez à me dire. — Oui. Si l'envie de me trahir vous prenait, songez que je tiens votre position entre mes mains. — Mon intérêt vous répond de ma discrétion et de mon dévouement, fit Baptistin en se retirant. Diable! pensa-t-il, la situation se complique, comment en sortirai-je? Bah! laissons les événements suivre leur cours, en m'attachant à la double fortune des rivaux, je réussirai avec celui qui réussira. — Suivez ce jeune homme et ne le perdez pas de vue, dit Georges à Paul Martin. — Je me constitue son ombre, répondit Paul Martin en sortant.

Au même instant de Thézieux entra.

— Oh! mon cher, s'écria-t-il, que je te raconte l'aventure la plus incroyable et la plus vraie, la plus amusante et la plus triste. Figure-toi.... — Tu me raconteras tout cela une autre fois, ce qu'il y a de plus pressé, c'est de nous rendre à notre poste. — Déjà! — Le cinquième acte touche à sa fin, nous n'avons pas une minute à perdre.

Les deux jeunes gens s'enveloppèrent dans leur manteau; en sortant du théâtre ils se dirigèrent vers un fiacre stationnant devant la façade.

Le cocher, caché sous les plis d'un vaste carik gris, fumait tranquillement sa pipe, assis sur le siége; à la vue des jeunes gens, il fit un mouvement imperceptible pour montrer qu'il les avait reconnus.

Est-ce vous, Fernioul? demanda Georges. — Oui.

La foule sortant avec impétuosité du théâtre, Georges et de Thézieux se cachèrent derrière une colonne pour surveiller ce qui allait se passer.

Aspasie, enveloppée dans une pelisse de taffetas blanc bordé de cygne, s'avança jusqu'aux premières marches du péristyle.

— Le numéro 57, dit-elle d'une voix brève. — Voilà, s'écria Fernioul en ouvrant la portière.

Aspasie entra dans le fiacre; la portière se referma rapidement; mais au lieu de remonter sur le siége, Fernioul jeta son carik sur les épaules de Georges', qui prit les rênes des chevaux, ayant à ses côtés de Thézieux. Quant à Fernioul, il s'assit philosophiquement sur la tablette du caisson placée sur le derrière de la voiture qui partit aussitôt.

La lorette, plongée dans les réflexions provoquées par les événements d'une journée commencée par un suicide et terminée par un enlèvement dont, à son insu, elle était l'héroïne, n'avait rien vu de ce qui s'était passé; le froid qui la saisit la tira de sa rêverie, et il lui sembla alors que le temps écoulé depuis sa sortie du théâtre avait suffi deux fois pour que le fiacre parcourût la distance des Terreaux à la rue de Puzy.

Elle baissa le vasistas, et poussa un cri d'effroi en voyant que la voiture roulait sur une grande route; elle allait s'élancer par la portière, lorsque Fernioul, averti par son cri, sauta dans la voiture, et se plaçant à côté d'elle, la tint clouée sur la banquette.

— Que me voulez-vous? demanda Aspasie. — Que vous vous taisiez, si cela est possible, afin que vous m'évitiez l'embarras de vous mettre un bâillon, répondit Fernioul.

Les façons quelque peu brusques de Fernioul, sa voix, à laquelle l'abus de l'eau-de-vie avait donné un ton rauque inspirèrent à la lorette un effroi naturel, elle crut à un guet-à-pens ayant pour but de la dépouiller des diamants qu'elle portait, et dont la valeur pouvait s'élever à dix ou douze mille francs.

Le danger apparaissant sous sa forme réelle, la lorette sentit sa frayeur diminuer, et elle se résigna à une perte purement matérielle, que la générosité de ses amants ne tarderait pas à réparer.

— Monsieur, dit-elle, c'est à ma bourse que vous en voulez. — Ah! fi, répondit Fernioul avec un geste plein d'une dignité comique. — Comment, ce n'est pas pour me voler que vous m'avez enlevée? — Non. — Pourquoi alors? — Je n'en sais rien. — Qui êtes-vous? — Le domestique de celui qui nous sert de cocher. — Et il se nomme? — Il vous le dira lui-même, car nous voilà arrivés.

La voiture, en effet, venait de tourner à droite, et après avoir gravi pendant quelques minutes une pente raide, elle s'arrêta au portail de la maison de campagne appartenant à l'*Association des Six*.

De Thézieux descendit, ouvrit le portail, et la voiture entra dans la cour.

L'obscurité était trop profonde pour qu'Aspasie pût distinguer les personnages mystérieux qui avaient pris part à son enlèvement, dans lequel elle ne vit plus qu'une aventure amoureuse.

Fernioul offrit galamment sa main à la lorette, qui s'élança à terre.

— Conduisez Madame à la chambre verte, dit Georges qui, affublé de la houppelande grise de cocher, était méconnaissable.

Aspasie, qui avait tressailli au son de cette voix, suivit Fernioul qui la précédait, portant une des lanternes de la voiture.

La chambre verte était ainsi appelée à cause de la couleur de son ameublement. Deux lampes Carcels, aux globes de verre dépoli, jetaient dans l'appartement une douce clarté; le bois pétillait dans la cheminée, près de laquelle était dressée une table.

La frayeur d'Aspasie, à la vue de ces préparatifs, cessa complètement, elle se débarrassa de sa pelisse, et s'assit près du feu.

— Si Madame a besoin de quelque chose, elle n'a qu'à

sonnez, dit Fernioul, je viendrai prendre ses ordres. — Dites à votre maître que je l'attends, répondit la lorette, il faut que ce mystère ait une fin.

Fernioul se retira en ayant soin de donner un tour de clef à la serrure.

Cette mesure de précaution n'échappa pas à la lorette, elle tressaillit malgré elle, et commença à trouver que son aventure prenait des proportions trop dramatiques. Le silence grave et solennel qui l'entourait et que n'interrompait pas le plus léger bruit, agit sur son imagination plus que ne l'avaient fait les ténèbres. Se levant avec précipitation, elle saisit le cordon de la sonnette : la porte s'ouvrit, Georges entra.

— Georges! s'écria Aspasie. — Donnez-vous donc la peine de vous asseoir, répondit tranquillement le jeune homme en prenant un siége. — Oh! c'est un affreux guet-apens. — Du tout, c'est tout simplement une partie dans laquelle j'ai gagné la première manche. J'ai fait comme les grands seigneurs d'autrefois qui, lorsqu'ils rencontraient un obstacle sur leur route, le supprimaient par un procédé fort simple : ils obtenaient de la complaisance du roi, fort complaisant dans ces sortes d'affaires, une lettre de cachet pour la Bastille, dans laquelle on enfermait l'obstacle pendant un certain laps de temps. — Ainsi, je suis votre prisonnière ? — Mon Dieu oui ; vous m'avez dit que vous unissant à votre amant vous briseriez le projet que j'ai conçu d'épouser mademoiselle de la Porte ; vous avez ajouté que vous étiez la tête et que M. de Lussan était le bras : j'ai coupé la tête. — Bien joué, Georges. — Il en résulte que vous voilà condamnée à faire des vœux pour un mariage que votre espérance était de rompre ; car, je vous le jure, vous ne serez libre que le jour où je serai l'époux de mademoiselle Henriette.

Un sourire étrange glissa sur les lèvres d'Aspasie.

— Votre captivité, continua Georges, sera douce, je ferai tout pour l'embellir. — Vous aurez beau dorer les barreaux, ce sera toujours une cage. — Vos ordres seront ici respectueusement suivis ; ordonnez, et l'on vous obéira. Je regrette seulement de ne pouvoir mettre des femmes à votre service, car je me défie de leur fidélité et de leur discrétion ; vous serez donc dans la cruelle nécessité de vous priver d'une femme de chambre que je remplace par un domestique mâle. — Vous prenez admirablement les choses. Je dois vous l'avouer, je craignais de vos quelques scènes de désespoir et de haute tragédie, vous vous conduisez en femme d'esprit, et vous agissez comme ces chevaliers qui, vaincus, remettaient leur épée, le sourire aux lèvres, à leurs vainqueurs. — Votre comparaison est inexacte. — Comment ? Je suis le vainqueur qui, après la victoire, remet son épée dans le fourreau. — Que voulez-vous dire ? — Georges, tirez les verroux de cette chambre, ils sont inutiles, il y a une heure que M. de Lussan a fait de Mademoiselle de la Porte ce que vous avez fait de moi, car cette soirée est celle des enlèvements : il a enlevé la femme que vous aimez.

— Oh! vous mentez, s'écria le jeune homme, qui se leva pâle, les mains crispées, le regard foudroyant. — Regardez mes yeux, regardez mes lèvres qui sourient ; si vous savez lire au fond d'une pensée de femme, vous y verrez la joie du triomphe.

Georges contempla quelques instants Aspasie, une sueur froide perla sur son front, son cœur bondit, puis une prostration complète abattit toute son énergie, son regard voilé de larmes se baissa, et il tomba sur sa chaise écrasé par ce coup de massue morale : il avait compris qu'Aspasie disait la vérité.

— Triple niais! s'écria-t-elle, tu as voulu lutter avec moi, mais la lutte n'était pas égale, j'avais pour moi ma vengeance, tu avais toi, ton amour, tu n'avais qu'un bouclier qui protége, moi une épée qui tue. — Oh! mon Dieu, murmura Georges, vous n'aurez pas permis qu'une telle infamie s'accomplisse. — Dieu! fit la lorette en haussant les épaules, le diable était pour nous. Veux-tu que je te dise ce que de Lussan aura fait demain de l'honneur de cette jeune fille ?

l'honneur, mot stupide que vous autres sots avez placé chez nous dans une chose matérielle, de telle sorte que le premier homme ivre ou brutal peut te ravir à une femme. Eh bien! demain, l'honneur de Mademoiselle de la Porte sera traîné sur la claie de l'opinion publique, et dans notre siècle corrompu, il n'y aura pas dans toute la ville de Lyon un homme assez courageux pour braver un préjugé populaire en épousant la jeune fille, car la réhabilitation ne peut venir que de celui qui a été le flétrisseur : l'infamie rapporte plus que la vertu.

Toute l'énergie de Georges lui était revenue, et avec elle ce calme plus effrayant que la colère, parce qu'il est le résultat d'une résolution inexorable. — Aspasie, dit-il, savez-vous où de Lussan a conduit Mademoiselle de la Porte ? — Non. — Et si vous le saviez, vous refuseriez de me le faire connaître ? — Oui. — Très-bien.

Georges s'avançant vers la cheminée, secoua le gland d'or du cordon de sonnette.

Fernioul entra.

— Vous allez servir le souper de Madame. — Oui, Monsieur. — Vous lui obéirez comme à moi-même. — Oui, Monsieur. — Seulement, si Madame voulait sortir, vous emploierez tous les moyens pour la retenir, tous, même la violence. — Oui, Monsieur. — Songez que vous me répondez d'elle. — Pour vous comme pour moi, continua Georges en s'adressant à Aspasie, je souhaite que le projet de M. de Lussan ait échoué. — J'espère que non, répondit la lorette avec un sourire railleur, vos menaces ne me font point peur, et je vous eusse trouvé homme d'esprit de me les épargner.

Georges sortit.

Tandis que Fernioul plaçait sur la table un succulent souper, Aspasie prêtait une oreille attentive au bruit extérieur, elle entendit le portail de la cour s'ouvrir et se refermer, puis le roulement sourd d'une voiture, et tout rentra dans le silence. Alors elle jeta les yeux sur le valet improvisé et partit d'un large éclat de rire à la vue de la laide figure, mélange d'audace et de cynisme, de Fernioul, qui, surpris de cette bruyante hilarité, s'arrêta net dans son service, et resta campé debout, la bouche béante, le regard fixe, une assiette à la main, une serviette sous le bras. — Ainsi mon garçon, dit la lorette en aspirant de ses lèvres roses une écrevisse, c'est toi qui es mon geôlier ? — J'ai cet honneur. — Combien te donne ton maître pour faire ce métier peu honorable ? — Il me donnera le double de ce que vous m'offriez pour que je vous laisse partir, quelle que soit la somme dont vous payeriez votre liberté. — Il est donc riche ? — Faut croire. — Tu lui es dévoué ? — Jusqu'à me faire tuer pour lui, et à vous tuer pour lui obéir. — Peste! quel dévouement. — Si je le voulais, cependant, dans cinq minutes tu m'aurais ouvert la porte de cette prison.

Aspasie congédia le valet improvisé et ferma la porte aux verroux. Quel sera, se dit-elle, le dénouement de la comédie jouée ce soir ? Qui triomphera de Georges ou de moi ? Si de Lussan n'est pas un sot, Georges est vaincu.

CHAPITRE XXXIX.

St-Nizier. — Partie perdue et regagnée.

Mademoiselle Henriette de la Porte, conduite par la femme de chambre gagnée par le vicomte de Lussan, s'était rendue clandestinement chez une tireuse de cartes qui, bien instruite, fit une vive impression sur son esprit et lui remit un flacon dont elle devait boire le contenu à son coucher ; à son réveil, suivant la sorcière, celui que le destin lui réservait pour époux serait au chevet de son lit. La liqueur était un narcotique qui devait la livrer à M. de Lussan.

Paul Martin, obéissant aux ordres donnés par Georges, s'était mis sur les traces du marquis de la Brosse. Il le vit aborder de Lussan, lui prendre le bras et le forcer, en quelque sorte, à sortir avec lui du théâtre.
Paul Martin sortit avec eux.
Après quelques tours de promenade faits sur la place de la Comédie, les deux jeunes gens entrèrent dans un café, et se firent servir à souper.

— Voilà une excellente idée, pensa Paul Martin qui les avait suivis ; imitons-les. Un bon souper rend plus facile à supporter les fatigues d'une nuit sans sommeil, et Dieu seul sait si je dormirai pendant celle-ci.

Tout en surveillant du regard de la Brosse, confié à sa garde, Paul Martin se mit en devoir de faire honneur au repas qu'un garçon avait dressé sur une table située en face de celle à laquelle était assis de Lussan ; mais, hélas ! sa joie fut brisée par la sortie des deux jeunes gens, et il lui fallut laisser, sans y toucher, une magnifique poularde, dont les flancs rebondis renfermaient de savoureuses truffes au fumet tentateur.

S'enveloppant dans son manteau, afin de ne point être reconnu, il les atteignit sur la place des Terreaux, et s'approcha assez près d'eux pour saisir au vol quelques bribes de leur conversation.

— Diable ! mon cher, disait la Brosse, l'entreprise est périlleuse. — Qui ne hasarde rien n'a rien, répondit de Lussan. — Je connais le proverbe ; remarquez seulement que, dans cette circonstance, vous me faites une position singulière. — Si nous réussissons dans l'entreprise, c'est vous qui empochez tout le bénéfice en épousant mademoiselle de la Porte ; si nous échouons, c'est-à-dire si nous sommes pris, je partage les chances de votre mauvaise fortune, sans prendre une part de la bonne. — Vous aurez le plaisir d'avoir obligé un ami. — J'estime peu cette satisfaction toute morale ; et, puisque vous avez mis l'amitié en avant, je vous citerai, en réponse à votre proverbe, celui-ci : Les bons comptes font les bons amis : donc en échange du service que je vous rends, j'en exige un de vous. — Parlez. — Vous savez que j'aime votre sœur. — Oh ! vous l'aimez, dit de Lussan en accompagnant sa réflexion d'un sourire d'incrédulité. — Si vous le préférez, reprit de la Brosse, votre sœur me plaît ; plusieurs fois je vous ai parlé du bonheur que j'aurais d'entrer dans votre famille par un mariage, et vous avez toujours renvoyé la réalisation de cette espérance aux calandes grecques ; aujourd'hui, je vous demande une réponse nette et catégorique : voulez-vous, oui ou non, faciliter par tous les moyens, mon union avec votre sœur ? — Je ne refuse pas ; cependant..... — Oh ! pas d'hésitation, dit de la Brosse d'une voix ferme : oui ou non ? — Tranchons nettement la question : si, par moi, vous épousez mademoiselle de la Porte, par vous, j'épouse votre sœur.

M. de Lussan hésitait ; dans sa vie de désordre et d'inconduite, il avait commis plus d'une de ces fautes qui frisent de près l'infamie ; mais les conséquences ne devaient et ne pouvaient en rejaillir que sur lui, qui en était l'auteur moralement et matériellement responsable ; accepter la proposition de de la Brosse, c'était faire un pas immense dans le vice ; c'était sacrifier sa sœur à lui-même, car, quoique le vicomte ignorât l'origine de l'ex-valet, qu'il n'avait connu que sous son titre d'emprunt de marquis de la Brosse, par les relations qu'il avait eues avec lui, il avait pu juger combien son âme était pétrie de vices.

— Vicomte, dit Baptistin, rompant le premier le silence, vous réfléchissez trop longuement pour que votre réflexion ne me soit pas défavorable. Adieu. — Où allez-vous ? — Me coucher. Je vous souhaite une bonne nuit. — Vous plaisantez ? — Je n'en ai pas l'air. — Vous êtes vif. — Plus que vous, qui mettez une heure à chercher, sans la trouver, une phrase honnête pour me donner mon congé. Adieu. — Un moment. — Vous acceptez ? — Oui, dit de Lussan avec un soupir. — Quelle caution, demanda de la Brosse, m'offrez-vous de cette promesse ? — Ma parole. — Elle est bonne ; mais les affaires ne se traitent pas sur parole. — Que voulez-vous ? — Remettez-moi certaine lettre de change qui se trouve dans votre portefeuille, et que vous avez retirée juste assez à temps de la circulation pour ne pas aller aux galères. — Ne rougissez pas comme un rosière ; qui est-ce qui n'a pas fait un faux billet une fois en sa vie ? Voyons, donnez. — Jamais. — Bonsoir, vicomte.

De Lussan prit un papier dans son portefeuille et le remit à de la Brosse.

— Diable ! vicomte, dit ce dernier, vous paraissez peu empressé à devenir mon beau-frère. Ce billet sera le cadeau de noces que je vous ferai le jour de mon mariage. — Etes-vous, maintenant, décidé à m'aider ? — Comment, mais je vous appartiens corps et âme. — La voiture ? — Je vais la chercher. — Quelle heure est-il ?

Comme si l'horloge de l'Hôtel-de-Ville eût entendu la question, il sonna une demie.

— Minuit et demi, répondit de la Brosse. — Il n'y a pas une minute à perdre ; à une heure, vous stationnerez à l'angle de la place Bellecour et de la rue de Puzy. — C'est convenu.

Les jeunes gens échangèrent une poignée de main et se séparèrent. De Lussan prit la rue Saint-Pierre, et de la Brosse, revenant sur ses pas, se dirigea du côté de la place de la Fromagerie.

Paul Martin se trouva dans la position de l'âne de Buridan, placé entre deux sacs d'avoine, il hésita un instant ignorant lequel suivre de de Lussan ou de la Brosse ; s'en tenant aux instructions qu'il avait reçues de Georges, et sachant, par ce qu'il avait entendu de la conversation, que les jeunes gens s'étaient donnés rendez-vous, il suivit le dernier.

— Quels admirables coquins couvrent ces habits noirs, murmura-t-il en marchant à quelque distance de de la Brosse, et en amortissant le bruit de ses pas pour ne point éveiller les soupçons de l'ancien valet de Georges. La nuit sera féconde en aventures, ajouta-t-il, et je ne regretterai rien, si ce n'est la volaille aux truffes que j'ai payée sans la manger.

Le jeune homme donna à ce souvenir quelques coups de langue passés sur ses lèvres vierges du parfum des truffes si regrettées.

Pour trouver l'étymologie du nom de la place de la Fromagerie, on n'a pas besoin de la science de Ménage, elle est dans le marché aux *fromages* établi, hélas ! depuis longtemps sur cette place.

Nous avons laissé échapper l'exclamation hélas ! sous notre plume, elle est un regret, une tristesse, un blâme.

La ville de Lyon est-elle donc si riche en monuments pour rendre inabordables à la curiosité des étrangers ceux qu'il possède ? Et lors même qu'elle serait riche comme Paris, comme Rome, serait-ce une raison pour jeter une perle de son écrin dans le fumier, et la sacrifier impitoyablement à un bien-être matériel.

L'église de Saint-Nizier, qui tire son nom de l'évêque célèbre qui y est enseveli, a une origine antique. Elle remonte à saint Pothin ; car ce fut dans ces lieux, alors solitaires et marécageux, que Pothin, apportant la *bonne nouvelle* de l'Asie-Mineure, réunissait les chrétiens et leur enseignait la religion du Christ. — Détruite par les Sarrasins, cette église fut relevée par Leydrade ; tombée plus tard en ruines, la piété des fidèles fit, au XIVe siècle, par sa générosité, sortir de la poussière le monument qui existe, chef-d'œuvre d'architecture ogivale, que nous préférons de beaucoup à l'église de Saint-Jean.

La façade en est élégante, malheureusement, des deux clochers à forme de pyramides, placés sur les ailes, et qui donnent à l'ensemble plus de légèreté, l'un n'est pas terminé. A quoi faut-il l'attribuer ? est-ce négligence, incurie, impuissance financière ? Il y a environ cinq ans que les travaux, commencés pour cette construction nécessaire à la physionomie générale du monument, qui, dans l'état actuel, ressemble à une jolie fille à laquelle il manque un œil, ont été brusquement arrêtés sans que, dans l'indifférence artistique où nous vivons, personne s'en soit inquiété. Le portail est l'ouvrage d'un architecte dont le talent eut une heureuse influence sur l'architecture, de Philibert Delorme; l'œuvre répond au nom qui l'a signée, c'est le plus bel éloge que nous puissions en faire; mais, comme dans l'église Saint-Jean, ce que nous admirons le plus dans l'église Saint-Nizier, c'est l'abside qui se voit de la place de la Fromagerie; rien de plus élégant, de plus coquet, de plus riche (1).

Cette église est un monument doublement précieux, au point de vue de l'art et au point de vue historique; on eût dû lui laisser son caractère religieux, ne pas la prostituer en la plaçant entre un double marché dont les poissardes mêlent leurs cris aux chants sacrés, l'odeur fétide de leurs poissons à l'encens.

Que dire aussi des prêtres qui, profitant de la position commerciale de leur église, lui ont formé une ceinture de boutiques adossées contre la muraille? On les loue fort cher, dit-on; serait-ce donc une pensée de lucre qui a inspiré un pareil sacrilége? Le Christ chassa les vendeurs du temple réservé à la prière, et vous les y établissez.

La religion chrétienne est grande, belle, voilà pourquoi il faut l'honorer, pourquoi elle ne doit pas se faire marchande, pourquoi elle ne doit pas descendre de son piédestal et venir salir son front d'or dans la fange de la spéculation: tout l'argent qui entre dans votre caisse ne remplace pas le respect qui s'en va; car, si vous voulez qu'on vous respecte, commencez par vous respecter vous-mêmes.

En matière de religion, le culte extérieur est nécessaire à l'homme, qui, corrompu par ses besoins, son travail, la paresse de son esprit, veut voir en toute chose une forme matérielle et saisissable; nous n'avons-nous jamais blâmé le luxe déployé dans nos cérémonies religieuses; nous le comprenons et nous l'approuvons; il n'ajoute rien à la grandeur du Dieu auquel il s'adresse, mais il est un symbole agissant directement sur les masses.

Si un homme intelligent, qui n'a qu'à descendre au fond de son cœur pour y trouver la pensée de Dieu, ne peut pas assister à une cérémonie de l'église sans se sentir vivement impressionné par la vue imposante de la vaste nef, dont les vitraux de couleurs scintillent à la lumière de mille cierges, des prêtres en chasubles ruisselantes d'or, de l'autel couvert de riches dentelles, des urnes d'argent d'où s'élance l'encens en colonnes parfumées; quel sera l'effet produit par le même spectacle sur l'ouvrier, qui, lui, n'a vu le luxe qu'à travers ses rêves; qui le respecte, parce qu'il traduit extérieurement la haute position de celui qui le possède? L'ouvrier s'agenouillera dévotement sur la dalle, et s'inclinera devant la toute puissance de ce Dieu invisible, pour l'adoration duquel rien n'est assez beau, ni assez riche. On peut dire, avec raison, du culte extérieur, ce que Voltaire, dans sa boutade philosophique, a dit, à tort, de la religion elle-même: « S'il n'existait pas il faudrait l'inventer. »

Nous séparons complétement de cette question purement religieuse la question artistique horriblement sacrifiée au lucre; nous ne parlerons pas, au point de vue de l'art, de cette élégante église de Saint-Nizier, double berceau de notre religion et de la liberté; car ce fut dans l'église Saint-Jacques que se tinrent, au XIIIᵉ siècle, les assemblées d'où sortirent l'indépendance des communes; nous ne revendiquerons pas, les archives de l'histoire à la main, les titres nombreux qu'elle a à notre respect; nous ne rappellerons pas qu'elle fut le tombeau où dort le grand évêque qui lui a donné son nom; qu'elle fut la cathédrale de Lyon jusqu'au IXᵉ siècle; qu'importe l'art et l'histoire? Mais, au nom de la religion, nous dirons: Cela est infâme et sacrilége; car vous avez fait du temple du Seigneur, un caravansérail, un bazar où se débitent chaque jour des mensonges mercantiles et des injures, dont le bruit se mêle aux prières du prêtre à l'autel.

L'église de Saint-Nizier a perdu la majesté qui convient à un temple dédié à Dieu; pour y arriver, il faut traverser les cloaques impurs et nauséabonds des immondices d'un marché de légumes, de poisson, de viande pendues aux murailles mêmes de l'église.

Allons, Messieurs les fabriciens, songez qu'une église ne se gère pas comme une maison de commerce; biffez au budget des recettes un article énorme, sans doute, car vos locations sont chères; armez-vous de verges pour chasser les marchands qui profanent la maison sainte de leurs mensonges, de leurs cris, de leur cupidité; l'art y gagnera un chef-d'œuvre, la religion de la dignité. Rappelez-vous que le Christ en se retirant, pour s'y recueillir, au jardin des Oliviers, nous a enseigné qu'à la prière il faut le calme, la tranquillité, la retraite.

Arrivé sur la place de la Fromagerie, de la Brosse souleva le marteau d'une porte cochère, qui s'ouvrit rapidement. —

— Est-ce vous, mon bourgeois? demanda une voix. — Oui.
— Vous vous êtes bien fait attendre. — La voiture est-elle attelée? dit de la Brosse. — Oui.

Ce dialogue rapide ne dura que l'espace mis par les interlocuteurs à entrer dans la maison, dont le portail se referma aussitôt.

Paul Martin, qui se trouvait quelques pas en arrière, n'avait rien saisi de la conversation qui pût le tenir au courant de la situation.

— Que faire? murmura-t-il. Est-ce que mon gaillard m'échapperait? Attendons quelques minutes, avant de tenter quelque escalade pour m'introduire dans cette maison. Fumons un cigare pour tuer le temps.

Déjà Paul Martin caressait amoureusement de ses lèvres la feuille jaune d'un pur Havanne, lorsque le portail s'ouvrit.

Le jeune homme se colla contre la muraille et observa.

Un valet d'écurie sortit le premier tenant par la bride un cheval attelé à une vieille voiture; sur le siège était assis un cocher enveloppé dans un vaste carrick couleur chocolat.

Paul Martin, qui avait reconnu de la Brosse dans le cocher, s'élança alors à la poursuite de la voiture, et s'assit sur le caisson de derrière.

— Que signifie cette mascarade? dit-il; est-ce que nous irions au bal masqué.

La voiture roula pendant dix minutes, et s'arrêta à l'angle de la rue de Puzy et de la place Bellecour. Paul Martin sautant légèrement à terre, se cacha derrière le tronc d'un tilleul de la promenade; et, malgré les ombres épaisses de la nuit, il put tout observer sans être vu.

Quelques secondes après, un coup de sifflet partit du fond de la rue de Puzy; le cocher y répondit par le même signal. Paul Martin aperçut alors de Lussan portant dans ses bras une jeune fille qui semblait évanouie; le jeune homme ouvrit la portière, plaça son fardeau dans l'intérieur de la voiture, et y monta bientôt après.

— En route! s'écria-t-il.

De la Brosse, par quelques coups de fouet, invita Cocotte à mettre toute son agilité au service de l'entreprise. Cocotte, touchée de ce procédé, galopa comme un cheval de course.

— Diable! diable! pensa Paul Martin, qui avait repris sa place sur le caisson de la voiture, l'intrigue se complique; je nage en plein roman. Cela ressemble, comme deux gouttes d'eau, à un enlèvement. Mais quel rôle dois-je jouer dans ces événements? Si Georges m'avait donné au moins quelques renseignements, je saurais où je vais... Il m'a dit de m'inspirer des circonstances. Joli conseil! Si je le suivais, je brûlerais la cervelle à mes compagnons de route, qui me font l'effet de deux scélérats de la plus belle espèce.... Ne précipitons rien.

---

(1) Dans l'intérieur, remarquable par les proportions grandioses de la nef, se trouve une statue de l'enfant Jésus de Coisevox. Legendre-Héralde a sculpté les douze apôtres autour du maître autel, rappelant ainsi l'ancien nom de cette église, qui se nommait, au IVᵉ siècle, l'*Église des Apôtres*.

« Quand on est mort c'est pour longtemps », dit la chanson... Avant de tuer, il faut retourner dix fois la lame de son poignard.

Cette réflexion fit porter au jeune homme sa main à la poche où se trouvaient habituellement ses armes, afin de s'assurer si elles étaient à leur place ; dans ce mouvement, sa main, appuyant sur la poitrine, il sentit son cœur qui battait avec violence.

— Aurais-je peur, se demanda-t-il... Allons donc, un honnête homme en impose à dix coquins... Oui, mais je puis tomber dans un guet-apens. S'il m'était possible d'avertir Georges ? Comment ?

La voiture, pendant ce monologue, suivait, en la remontant, la route qui borde la rive droite de la Saône, et elle était arrivée en face de l'Ecole-Vétérinaire.

La vue d'un ouvrier, qui passait sur le quai, inspira à Paul Martin une idée subite.

S'élançant de son siége improvisé, il aborda l'inconnu.

— Voulez-vous gagner cent, deux cents, trois cents francs, ce qu'il vous plaira ? lui demanda-t-il. — Certainement, répondit l'ouvrier en ouvrant de grands yeux étonnés. — Est-ce une plaisanterie ? ajouta-t-il ; car la réflexion, succédant à l'étonnement, lui fit croire à une mystification. — Non, reprit Paul Martin. — Que faut-il faire ? — Peu de chose.

Le jeune homme déchira à la hâte une feuille de son calepin sur laquelle il écrivit l'adresse de Georges qu'il signa de son nom.

— D'abord, reprit-il, vous allez suivre cette voiture ; vous prendrez exactement le nom de la rue, et le numéro de la maison où elle s'arrêtera. — Jusqu'à présent, c'est facile. — Ensuite, vous vous rendrez, sans perdre une minute, une seconde, à l'adresse écrite sur cette carte, vous la remettrez à la personne dont elle porte le nom, et vous lui direz de venir à l'instant me rejoindre. — C'est compris. Mais, qui est-ce qui me répondra que tout ceci n'est pas une mystification, comme je le disais tout-à-l'heure. — Cette bourse, répondit Paul Martin en jetant à son interlocuteur une filoche au ventre rebondi, et on vous en donnera le double, le triple.

Quelque rapide qu'eût été ce dialogue, le temps qu'il avait pris avait donné une avance assez grande à la voiture, qui avait disparu dans l'obscurité, et dont on n'entendait plus que le roulement sourd.

— Une dernière observation, dit Paul Martin. — Parlez. — Il est nécessaire que les personnes qui se trouvent dans ce fiacre ne s'aperçoivent point de votre présence ; vous ne prendrez donc vos notes que lorsque vous pourrez le faire sans être vu. — Très-bien.

Paul Martin, suivi à quelque distance de l'ouvrier, s'élança à la poursuite de la voiture, et s'installa, de nouveau, sur le caisson, au moment où le cheval franchissait la porte de Vaise.

— Mon bourgeois, demanda de la Brosse, en donnant, par forme de plaisanterie, à sa voix le ton mielleux d'un cocher qui veille à son pourboire, quelle route faut-il prendre ? — Prenez le quai, répondit de Lussan.

Le cheval, arrêté par les obstacles de la route, assez mal entretenue, marcha, pendant quelques minutes, au pas.

— Arrêtez ! cria le vicomte.

La voiture s'arrêta.

De Lussan descendit, et ouvrit le portail d'une petite maison d'un étage, séparée du quai par un jardin.

Paul Martin se jeta vivement contre la muraille dont l'ombre le protégeait, et il aperçut l'ouvrier, qui, par un motif analogue, en faisait autant.

La voiture entra ; Paul Martin se glissa dans la cour, et de Lussan referma le portail.

— Ouf ! s'écria de la Brosse en descendant de son siége, nous voilà enfin arrivés. Comment va la jeune fille ? — Elle est toujours endormie, répondit de Lussan. — Pourvu que la vieille sorcière ne se soit pas trompée dans la dose d'opium. — Non. J'ai senti sa respiration, ce n'est qu'un sommeil. — Aidez-moi d'abord à transporter la jeune fille sur un lit.

De Lussan ouvrit la porte donnant sur le perron, et revint auprès de de la Brosse, qui avait pris la jeune fille dans ses bras.

Paul Martin mit à profit l'occasion qui lui était offerte ; se couchant à plat ventre pour n'être point vu, il rampa le long du mur, et entra dans la maison par la porte ouverte.

Les deux jeunes gens, portant la jeune fille, entrèrent bientôt après lui.

De Lussan alluma les bougies des candélabres placés sur la cheminée.

Il avait transporté Henriette dans la petite maison d'un jeune lion de ses amis ; nul autel n'était plus digne de l'ignoble sacrifice qu'il voulait faire à sa fortune.

— Dites donc, de Lussan, avez-vous chaud ?

Le vicomte ne répondit pas ; placé, les bras croisés, devant le lit sur lequel était couchée Henriette, il contemplait la jeune fille dont le lourd sommeil n'avait pas été interrompu, et dont les lèvres roses semblaient sourire à un beau rêve.

— Si j'allumais le feu ? dit de la Brosse. — Faites ce que vous voudrez.

La flamme s'élança en pétillant, et donna une physionomie animée à l'appartement.

De la Brosse s'installa dans un fauteuil, plaça ses deux pieds sur les chenets, et resta quelques instants dans un profond silence.

— Je ne sais ce que j'éprouve, dit de Lussan, mais jamais la vue de cette enfant ne m'a inspiré une pareille émotion ; je me reproche cet enlèvement, j'ai des remords.... En un mot, pour être sincère, je crois que je l'aime. — Aimez-la à votre aise, vicomte ; mais auparavant épousez-la. Songez qu'elle a cinq cent mille francs dans chaque main. Causons un peu, mon cher, quel a été votre but en enlevant cette jeune fille ? — De la compromettre, et de briser ainsi les obstacles que sa famille, instruite de ma position, pourrait mettre à mon mariage. — L'idée était bonne, puisque nous avons réussi. Mais que vous proposez-vous de faire, lorsque, demain matin, la jeune fille se réveillera. — Je la reconduirai moi-même chez ses parents, auprès desquels je me justifierai en rejetant sur la violence de mon amour cet enlèvement dont je m'empresserai de répandre le bruit, afin de lui donner les proportions d'un scandale, qui ne pourra être étouffé que par un mariage. — Ainsi, la jeune fille sortira d'ici aussi pure qu'elle y est entrée. — Oui. — Vicomte, vous êtes un niais. — Que signifie.... — Cela signifie, vicomte, que, si vous associez des idées chevaleresques à des actes d'une loyauté douteuse ; que si vous respectez mademoiselle de la Porte après l'avoir enlevée, vous commettez une maladresse, et manquez votre but. Vous avez un rival ; il se nomme Georges Duval, ou, si vous le préférez, de St-Bel, car c'est sous ce dernier nom qu'il vous a été présenté, il y a quelques jours, au cercle, par de Thézieux. — Le comte de St-Bel, répéta de Lussan. — Georges, continua de la Brosse, vous brûlera la cervelle pour avoir enlevé la femme qu'il aime, et l'épousera ensuite à la grande joie des parents ; car lui seul est assez fort pour braver l'opinion publique, qui flétrira la jeune fille, et lui imposera silence. Vous aurez tiré pour lui les marrons du feu. — Que faire ? — Ce que vous feriez si vous étiez réellement amoureux de mademoiselle de la Porte ; il faut que demain sa réhabilitation ne puisse venir que de vous ; à ce titre seul Georges vous permettra de vivre. Mon cher, ma fortune est liée à la vôtre ; si vous réussissez, je réussis ; si vous vous ruinez, je me ruine ; car, ce soir même, Georges, qui me connaît, et que je redoute précisément pour ce motif, m'a ordonné de veiller sur vous ; en vous servant, je le trahis, et sa vengeance me poursuivra comme vous. La victoire est entre nos mains, ne la laissez pas échapper par des scrupules maladroits.

En disant ces mots, de la Brosse prit un des candélabres placés sur la cheminée, et ouvrit la porte.

— Où allez-vous? s'écria le vicomte. — Je vais chercher une chambre où je puisse me reposer. Vicomte, continua-t-il, je vous laisse seul ; allons, plus d'hésitation.

De Lussan s'agenouilla devant Henriette ; cette muette contemplation, le silence qui l'entourait, la beauté de la jeune fille firent monter à son cerveau des vertiges fiévreux ; son sang s'alluma, sa tête se perdit, et, se levant à moitié ivre, il se précipita vers le lit.

Mais au même instant, les rideaux de la fenêtre placée près du lit s'ouvrirent avec fracas, et Paul Martin apparut, un pistolet à chaque main. Se plaçant entre la jeune fille et le vicomte, qu'il repoussa brusquement :

— Un pas en avant et je vous tue, dit-il.

CHAPITRE XXXIX.

Partie gagnée et perdue. — Suite.

Nous n'avons pas à raconter à nos lecteurs comment, grâce à l'obscurité, Paul Martin avait pu se glisser derrière les rideaux de la fenêtre.

De sa cachette, il avait entendu la conversation des deux jeunes gens, elle l'avait mis au courant de la situation, et lui avait expliqué le rôle qu'il devait jouer ; si, contenant son indignation, il ne s'était pas montré plus tôt, c'est que, comprenant que sa mission était de veiller sur la jeune fille si lâchement sacrifiée, il avait craint de compromettre le succès de sa protection, et que chaque minute de retard donnait à Georges le temps d'arriver.

A la vue de Lussan, dont les yeux brillants de désirs trahissaient l'infâme projet, Paul Martin n'avait plus hésité ; confiant en son courage et au bon droit qu'il défendait, il s'était montré calme, sévère et digne.

Le vicomte, vigoureusement repoussé, avait roulé sur le parquet en jetant un cri d'effroi ; ce cri fit accourir de la Brosse, dont le visage se couvrit de pâleur lorsqu'il aperçut Paul Martin, car la qualité de l'ancien valet de Georges n'était pas le courage.

De Lussan était brave ; remis de l'émotion qu'il avait éprouvée à l'apparition de Paul Martin, rassuré par la présence de son complice, il se releva et s'avança vers le protecteur improvisé d'Henriette, qui, un pistolet à chaque main, le regard plein de fierté et de mépris, n'avait pas quitté sa position auprès du lit.

— Qui êtes-vous? lui demanda-t-il. — Un homme, répondit Paul Martin, qui vous défend de toucher à un cheveu de cette jeune fille. — De quel droit ? — Je suis l'ami de Georges Duval, votre rival, et c'est ce titre d'amis qui me fait un devoir de veiller sur cette jeune fille, qu'il aime. — Une fois, deux fois, sortez d'ici, Monsieur, si vous ne voulez pas que je vous brûle la cervelle, dit de Lussan en dirigeant un pistolet vers la poitrine de Paul Martin, qui en fit autant de son côté. Il chercha à gagner du temps par une longue discussion dans l'espérance que Georges arriverait.

Le jour, commençant déjà à paraître, jetait dans l'appartement une blanche lumière, qui faisait pâlir les bougies.

Paul Martin ne pouvait plus retarder une rixe dont le résultat douteux l'inquiétait, il laissait au pouvoir de Lussan la jeune fille sur laquelle il devait veiller.

Tout-à-coup, une vitre de la fenêtre vola en éclats, Georges s'élança dans la chambre, où sa présence changeait complètement la position. Son aspect était effrayant; ses yeux noirs lançaient des éclairs de colère, ses lèvres étaient pâles, sa toilette était en désordre, ses habits tachés de boue, sa main déchirée par une large blessure qu'il s'était faite en brisant la vitre, inondait ses vêtements de sang.

A la vue d'Henriette étendue sur le lit, son regard s'adoucit, ses lèvres crispées, se détendirent dans un sourire d'amour, et les larmes, montant de son cœur à ses yeux, glissèrent sur ses joues.

— Pauvre enfant! murmura-t-il.

Puis la pensée de la jeune fille le ramenant à celle du danger qu'elle avait couru, et du protecteur qui l'avait sauvée, il prit la main de Paul Martin, et, de cette voix à laquelle l'émotion donne un tremblement sympathique :

— Paul, dit-il, merci ; vous m'avez conservé plus que la vie, plus que l'honneur ; vous m'avez conservé le bonheur : soyez béni.

De Lussan, les bras croisés, contemplait cette scène sans émotion apparente ; désarmé par Georges, toute lutte était devenue impossible ; mais, trop fanfaron de bravoure pour fuir, il attendait avec impassibilité les événements qui devaient nécessairement surgir de la situation.

De la Brosse, plus prudent, s'était glissé, au milieu du tumulte, derrière les rideaux de la fenêtre qui le dérobaient aux regards de notre héros.

Georges s'avança vers le vicomte.

— Monsieur, dit-il, je savais que vous étiez un vil fripon, car vous m'avez volé au jeu ; mais je ne vous croyais pas descendu assez bas pour spéculer avec une fille entretenue sur le déshonneur d'une femme que vous vouliez épouser par un scandale.

— Si je vous traitais comme vous méritez de l'être, je vous cracherais au visage, et je vous frapperais du talon de ma botte, mais je vous méprise trop pour me salir en vous touchant. — Vous avez beau jeu pour m'insulter, répondit de Lussan, continuez, Monsieur, je vous écoute ; je ferai l'addition de ces insolences, et je vous présenterai la facture que je vous forcerai bien à acquitter. — Monsieur, répondit Georges, on ne se bat pas avec des hommes tels que vous, on les tue. Si vous avez compté sur le scandale de cet enlèvement pour forcer les parents à vous accorder la main de mademoiselle de la Porte, vous vous êtes trompé, car ce scandale n'existera pas. Il est quatre heures du matin ; mademoiselle de la Porte va rentrer, conduite par moi à l'hôtel du marquis d'Arguis, aussi pure qu'elle en est sortie, ignorante de toutes les infamies qui ont glissé près d'elle sans la souiller. Si, maintenant, vous dites un seul mot de ce qui s'est passé cette nuit.... — Vous me tuerez, interrompit de Lussan en souriant dédaigneusement. Mon cher Monsieur, vous devenez monotone avec vos menaces. — Non, Monsieur, je ne vous tuerai pas, je vous laisserai faire cette besogne vous-même. — Ah ! bah ! et comment vous y prendrez-vous pour me forcer à me suicider ? — En déposant au parquet une plainte en escroquerie. — Contre qui ? — Mais parbleu, contre vous, M. le vicomte de Lussan, dit Georges en appuyant avec emphase sur le titre ; contre vous, qui n'êtes qu'un fripon, et qui, s'il vous reste encore un peu de cœur, pour ne pas salir votre blason sur les banquettes de la police correctionnelle, n'aurez d'autre moyen que de vous faire sauter la cervelle ; je vous donnerai pour compagnon votre complice de ce soir, un de mes anciens laquais que j'appelais Baptistin, que vous appelez le marquis de la Brosse, et qui s'est sagement esquivé, ajouta le jeune homme en promenant ses regards autour de lui.

Le vicomte de Lussan fut anéanti ; son courage, ferme devant la gueule d'un pistolet, tomba devant la pensée du déshonneur que l'on pouvait jeter sur son nom.

— Monsieur, dit Georges, je vous accorde deux minutes pour sortir de cette maison ; ce temps passé, je vous jette par la fenêtre : choisissez.

Puis s'approchant du lit, il prit le bras de la jeune fille, dont il tâta le pouls ; le battement en était régulier.

Déjà de Lussan avait fait un pas vers la porte, lorsqu'un coup de pistolet partit de derrière les rideaux ; Georges, le visage labouré par une balle, après avoir tournoyé quelques instants sur lui-même, tomba sans connaissance sur le parquet.

— A moi, de Lussan! s'écria de la Brosse, qui, de la

cachette où il s'était glissé, avait lâchement déchargé, presque à bout portant, son pistolet sur Georges.

Les deux jeunes gens se précipitèrent sur Paul Martin avant que celui-ci, surpris et effrayé, ait eu le temps de faire usage de ses armes. La lutte dura peu ; de la Brosse frappa Paul en pleine poitrine d'un poignard : perdant son sang par une large blessure, il roula à côté de son ami.

— Allons, à l'œuvre, et vite maintenant! s'écria de la Brosse. — Que voulez-vous faire, demanda de Lussan épouvanté de l'accent de de la Brosse. — Parbleu, je veux en finir, répondit celui-ci en levant déjà sur Georges son poignard ruisselant de sang.

Mais le vicomte ne lui laissa pas accomplir son projet ; le repoussant vigoureusement, il le fit tomber en arrière.

— Que diable avez-vous donc? demanda de la Brosse en se relevant. — J'ai, répondit le vicomte avec dégoût, que je vous défends de toucher à ces deux hommes. — Ah! ça, êtes-vous fou? Comment, je vous sauve par un coup de maître, et voilà que, au beau milieu de mon œuvre, vous m'arrêtez par des scrupules d'enfant. Tant que Georges vivra, il se dressera, entre votre passé et votre avenir, une barrière infranchissable; mort, vous marchez au bonheur et à la fortune; et vous hésitez? — J'ai horreur d'un assassinat. — Avez-vous aussi horreur de la Cour d'assises? — Oui. — Eh bien! vous avez à choisir entre votre vie et celle de Georges; comme charité bien ordonnée commence par soi-même, puisque vous avez gagné la partie, c'est à vous d'en prendre l'enjeu. — N'importe, je ne prêterai jamais la main à un meurtre.

De la Brosse se promena quelques instants en haussant les épaules avec mépris ; s'arrêtant en face de de Lussan, qui contemplait tristement les corps des jeunes gens nageant dans une mare de sang.

— Etes-vous bien convaincu, dit-il, que Georges est un homme ne reculant devant aucun danger, et qui fera tout pour rompre le mariage duquel dépend votre avenir ? — Oui, répondit de Lussan. — Le moyen le plus simple de nous débarrasser de lui était celui que j'allais employer : les morts sont d'une discrétion à toute épreuve ; ce moyen vous répugne, n'en parlons plus ; mais il en est un autre qui en est le diminutif : que Georges et ce jeune homme ne soient libres que lorsque nous n'aurons plus à les redouter. — Cette idée est bonne, mais comment l'exécuter ? — Mon pauvre ami, un fétu de paille, placé sur votre route, vous embarrasse. Y a-t-il, dans cette maison, un endroit solitaire où l'on puisse enfermer deux personnes qu'on a intérêt à ne pas laisser échapper ? — Le pavillon qui donne sur le quai, et dont les fenêtres ont des barreaux de fer. — Parfait! mes deux gaillards seront là comme des grands seigneurs à la Bastille. Pourriez-vous me donner des cordes ? — De Lussan, fouillant dans les meubles et les placards, y trouva un volumineux paquet de ficelle qu'il remit à de la Brosse.

Celui-ci, s'agenouillant, garotta les deux jeunes gens, leur lia les bras et les jambes, et leur plaça ensuite un foulard sur les lèvres.

Le vicomte regarda, sans y prendre part, cette opération, que de la Brosse accomplit tranquillement.

Nos lecteurs ont connu Baptistin à ses débuts dans la carrière du vice ; ils le voient : le valet fripon a fait des progrès ; l'assassinat, comme moyen de réussite, ne lui répugne plus.

Les deux jeunes gens transportèrent les corps de Georges et de Paul Martin au premier étage d'un petit pavillon situé à l'angle du jardin ; les fenêtres de cette vaste chambre, dans laquelle se trouvaient, pour tout ornement, les instruments aratoires du jardinier, étaient garnies de barreaux de fer ; un grillage en fil de fer, aux mailles serrées, était placé entre les barreaux et les vitres, dont le verre, couvert d'une épaisse couche de crasse, ne laissait pénétrer dans l'intérieur qu'une lumière blafarde.

La position isolée de ce pavillon expliquait toutes ces mesures de précaution prises contre les vagabonds à l'existence nomade, qui établissent leur quartier-général dans les faubourgs de Lyon.

Les murs blanchis à la chaux, de cette chambre transformée en prison, étaient fendus par de larges crevasses béantes, qui trahissaient peu de solidité dans la construction ; les araignées avaient étendu aux angles du plafond leurs toiles légères, et une armée de gros rats noirs, qui s'étaient enfuis lorsque de Lussan avait mis la clef à la serrure, y avaient élu leur domicile.

De la Brosse improvisa rapidement un lit avec deux bottes de paille, et, aidé du vicomte, y déposa côte à côte Georges et Paul Martin, toujours évanouis.

Pendant ce temps, Henriette était sortie du lourd sommeil, résultat du laudanum que la tireuse de cartes avait mis dans la potion qu'elle avait bue en se couchant.

En ouvrant les yeux, elle fut étrangement surprise à la vue des objets inconnus qui l'entouraient.

Il était environ cinq heures du matin, le jour, qui commençait à naître, jetait, à travers les rideaux de soie, une lumière incertaine dans l'appartement.

Henriette passa la main sur son front comme pour en chasser le cauchemar qui l'oppressait, elle s'assit sur son séant, et promena avec anxiété ses regards autour d'elle.

La chambre était en désordre, les meubles, renversés dans la lutte, jonchaient le parquet.

La jeune fille voulut crier : la voix, paralysée par la frayeur, s'arrêta sur ses lèvres.

Elle se jeta à bas du lit.

La porte s'ouvrit, de Lussan et de la Brosse entrèrent.

Le premier était hideusement pâle, le visage du second respirait un sauvage triomphe.

Le premier mouvement de la jeune fille, à la vue d'un visage connu, fut un mouvement de joie ; elle se précipita au devant du vicomte ; puis elle recula avec horreur : les habits des deux jeunes gens étaient couverts de taches de sang.

Du sang ! il y en avait partout : sur le parquet, sur les meubles, aux tentures, aux rideaux.

L'intelligence d'Henriette, qui s'était d'abord arrêtée, comme l'aiguille d'une pendule, suspendant la vie et le sentiment, lui revenait, et, semblable à un flambeau dont la lumière éclaire des spectres repoussants, elle jetait un jour sinistre sur un monde de pensées effrayantes.

Que s'était-il donc passé pendant son sommeil ?

Pourquoi et comment se trouvait-elle dans cette maison, dans cette chambre maudite ?

Interroger, elle n'osait pas.

Et qui interroger ? Le vicomte ?

Le vicomte ne pouvait que mentir.

A la vue de la jeune fille, qu'il ne s'attendait pas à trouver éveillée, il s'était arrêté sur le seuil de la porte, le regard baissé, honteux, confus, comme un écolier surpris en maraude.

Le premier mot, dans cette étrange position, où tout était mystère pour Henriette, était le plus difficile à dire, ce fut elle qui le prononça.

— Où suis-je, Monsieur ? demanda-t-elle. — Croyez, Mademoiselle, que les circonstances seules....., balbutia le vicomte, sans pouvoir achever sa phrase. — Répondez-moi donc, reprit Henriette.

De Lussan se tut.

— Mon Dieu, Mademoiselle, dit de la Brosse venant en aide à l'embarras de son ami, rien n'est plus facile. — Qui êtes-vous ? dit la jeune fille en laissant tomber un regard d'écrasant mépris sur la Brosse. — Je suis... je suis...

L'impertinence que de la Brosse allait laisser échapper, dans un mouvement d'impatience, fut arrêtée sur ses lèvres par le regard sévère de la jeune fille.

— Monsieur, reprit-elle en s'adressant à de Lussan, je vous ai fait l'honneur de vous demander où je me trouvais. — Chez moi, répondit le vicomte, à qui l'assurance était revenue.

La jeune fille qui, devant un danger inconnu, avait d'abord éprouvé un sentiment d'effroi naturel, recouvra bientôt l'énergie d'un cœur haut placé, et, se sentant forte de sa vertu en face de deux misérables :

M. de Lussan, dit-elle, il y a, dans tout ce qui s'est passé cette nuit, un mystère que je ne comprends pas, mais qui voile une infamie ou un crime.

Et la jeune fille montrait du doigt le sang qui souillait les habits du vicomte.

— Cette infamie, continua-t-elle, quelque chose me dit que votre but était de me la faire partager ; Dieu est juste, et il ne le permettra pas. Quant au crime, c'est vous qui l'avez commis, il rejaillira sur vous. — Mademoiselle, répondit le vicomte, si je suis coupable, c'est de vous aimer jusqu'à avoir commis une faute que, plus tard, je l'espère, mon amour me fera pardonner. Je vous aime, et cet amour je l'avais rêvé dans un mariage que certains motifs pouvaient rompre. Alors, perdant la tête en voyant l'illusion s'enfuir devant moi, j'ai conçu la pensée coupable de vous enlever, afin de rendre impossible le refus de vos parents après cet enlèvement. Je vous ai respectée comme on respecte un ange ; vous avez dormi sur ce lit, pure, comme vous eussiez dormi dans votre chambre ; et, je vous le jure, mes lèvres n'ont pas même souillé votre front. Tels sont mes torts ; la faute que j'ai commise aujourd'hui, je la réparerai demain ; l'époux fera oublier les torts de l'amant, et je vous aimerai tant, que, l'indulgence venant avec l'amour, vous me pardonnerez sans doute.

De Lussan était sincère ; sa voix était émue, son regard suppliant.

— Monsieur, répondit Henriette, vous ne me dites qu'une partie de la vérité. — Je vous jure..... Quel est ce sang qui tache le parquet ?

Le vicomte pâlit.

Vous voyez bien, continua la jeune fille, que, dans les événements de cette nuit, il y en a un que vous n'osez avouer. Vous m'aimez, dites-vous ; mais, avant de disposer de moi, ne deviez-vous pas vous assurer si vous étiez aimé ? Je suis votre victime et non votre complice. On ne vole pas le cœur d'une femme, on le mérite. Vous ne m'aimez pas, Monsieur ; on ne salit pas la femme que l'on aime ; on ne lave pas, dans un mariage, la robe tachée de la jeune fille. Je ne vous aime pas, je vous hais. Et, si les lois du monde sont assez barbares pour me forcer à devenir votre femme, si je ne puis me relever du déshonneur que vous m'avez jeté qu'en vous donnant ma main, n'espérez jamais un pardon ; entre mon cœur et vous, se trouvera toujours le souvenir de cette nuit.

Henriette était belle, belle de la beauté de la pudeur outragée ; sous son regard limpide et fier, sous sa parole énergique, elle tenait, terrassés, le vicomte et de la Brosse, qui, honteux, n'osaient lever les yeux sur elle.

— M. de Lussan, reprit-elle, veuillez avoir la bonté d'aller chercher un fiacre. — Je vais avoir l'honneur de vous reconduire moi-même chez M. le marquis d'Arguis. — Je vous défends ; votre présence m'accuserait d'une faute dont je suis innocente. — Cependant,.... — Obéissez, si vous ne voulez pas que je reprenne à pied le chemin de l'hôtel.

De la Brosse sortit, et revint bientôt après annoncer qu'un fiacre était aux ordres de mademoiselle de la Porte.

Le vicomte voulut offrir son bras à la jeune fille ; par un mouvement dédaigneux, elle le repoussa et sortit lentement.

Le roulement de la voiture annonça son départ aux jeunes gens.

— Pauvre enfant ! soupira le vicomte plongé dans une mélancolique réflexion.

— Allons, partons, dit de la Brosse ; un bon déjeûner, que je vous offre, remettra un peu de gaîté dans votre esprit.

Cocotte fut attelée à la voiture ; au moment où de la Brosse allait donner le premier coup de fouet, de Lussan le retint.

— Et les prisonniers ? demanda-t-il. — Eh bien ! — Que vont-ils devenir ? — Ne vous inquiétez pas de leur sort, je m'en charge. — Quand leur rendrons-nous la liberté ? — Le lendemain de notre double mariage. — Et jusque-là... — Je les traiterai convenablement ; arrivé à Lyon, je m'occuperai de leur trouver un geôlier. — C'est bien, répondit de Lussan en retombant dans sa tristesse.

La voiture partit, et elle roulait sur le quai de Bourgneuf, lorsqu'un sourire plein de fiel, résultat d'une pensée mauvaise, effleura les lèvres de de la Brosse. Il se pencha vivement en avant, et jeta dans la Saône une clef qui s'enfonça avec rapidité dans le courant.

De Lussan, trop absorbé dans ses réflexions, n'avait rien vu.

— Bah ! ajouta de la Brosse en se parlant à lui-même, j'en reviens à ma première idée : rien n'égale la discrétion des morts.

La clef jetée à l'eau était celle de la prison de Georges et de Paul Martin, que de la Brosse condamnaient ainsi froidement à mourir de la plus hideuse mort : de faim.

CHAPITRE XL.

Deux agonies. — Il lui sera beaucoup pardonné parce qu'elle a beaucoup aimé.

Ulysse, à ce que raconte la mythologie, se fit attacher au mât de son navire, après avoir bouché avec de la cire les oreilles de ses compagnons, afin que son équipage échappât aux dangereuses séductions des syrènes.

Fernioul, qui probablement ignorait toutes les précautions prises par le père de Télémaque, affronta bravement le danger des sourires d'Aspasie, et ces sourires firent tomber de ses mains la lourde clef du geôlier.

Voilà pourquoi à neuf heures du matin, la lorette rentrait dans son appartement de la rue Puzy, conduite par le geôlier même que Georges lui avait donné.

Le vicomte de Lussan, exact au rendez-vous, se trouvait au salon.

— Qu'as-tu donc, vicomte ? dit Aspasie, tu es pâle comme un mort. — D'où viens-tu ? riposta de Lussan. — De la campagne, répondit la lorette en riant. — Tu plaisantes. — Non. — Alors, explique-moi... — Hier, à la sortie du spectacle, j'ai été enlevée. — Enlevée, par qui ? — Par ton rival. — Georges Duval. — Tu le connais ? — Oui. — Depuis quand ? — Depuis hier.

Ces demandes et ces réponses s'étaient croisées avec la rapidité particulière au dialogue qui précède une conversation dans laquelle chacun des interlocuteurs, ayant beaucoup à dire, parle plus qu'il n'écoute.

— Vicomte, dit Aspasie, nous pourrions parler ainsi une heure sans apprendre ce que nous tenons à savoir. Je te cède galamment la parole, et je te prie de me raconter tout ce qui s'est passé sans oublier aucun détail ; je te narrerai après mes aventures, commencées assez dramatiquement, et terminées d'une façon grotesque.

Le vicomte obéit.

Aspasie suivait son récit avec un intérêt toujours croissant, approuvant parfois d'un signe de tête, laissant quelquefois échapper un mot de satisfaction ; mais, lorsque de Lussan arriva à la scène où de la Brosse avait tiré un coup de pistolet sur Georges, la lorette pâlit.

— Oh ! c'est lâche ! s'écria-t-elle. — Je le sais, répondit de Lussan ; pour mon compte, j'aurais été incapable d'une pareille lâcheté. — La blessure est-elle dangereuse ? — Je ne crois pas ; la balle n'a fait qu'effleurer l'épiderme du visage, cependant la douleur a été assez vive pour provoquer un évanouissement subit.

De Lussan continua le récit des événements que nos lecteurs connaissent, sans qu'Aspasie l'interrompît de nouveau.

— Vicomte, dit-elle lorsqu'il eut achevé, tu es maître de la position, à toi d'en profiter. Il faut que ce soir l'histoire de l'enlèvement de mademoiselle de la Porte soit dans toutes les bouches ; il faut que la calomnie, grossissant le scandale, jette sa bave sur la jeune fille. Allons, vicomte, sonne la curée à ces chiens qu'on appelle les hommes du monde, pour que chacun emporte à ses babines sanglantes un os de la réputation de mademoiselle de la Porte.

Hélas ! le soir de ce même jour, la chronique scandaleuse s'était emparée de l'aventure, et la colportait du théâtre aux coulisses, des coulisses aux salons ; les fausses dévotes y trouvèrent le texte d'une magnifique philippique contre l'immoralité de notre siècle, l'homme d'esprit un jeu de mots, le commis-voyageur un calembour, et la lorette un éclat de rire ; mais personne n'eut une parole d'indulgence, un mot de pitié pour cette pauvre enfant, dont l'honneur était traîné sur la claie de l'opinion publique.

Henriette, agenouillée devant le prie-dieu au-dessus duquel se trouvait le portrait de sa mère, priait et pleurait.

Lorsqu'elle était entrée à l'hôtel, le marquis d'Arguis l'avait accueillie froidement.

La jeune fille avait raconté, le front haut, le regard assuré, ce qui s'était passé.

— Le vicomte de Lussan est un misérable ! avait dit gravement le marquis d'Arguis ; mais lui seul peut effacer la tache faite à notre blason, préparez-vous à l'épouser.

Le marquis d'Arguis avait parlé comme le monde, parce qu'il était comme le monde : vieux, orgueilleux, égoïste.

Georges et Paul Martin étaient étendus évanouis sur la paille de leur prison.

Le sang s'échappait à larges flots de leurs blessures.

De la Brosse les a froidement condamnés à mourir. Seront-ils sauvés ?

L'évanouissement de Georges cessa le premier ; le jeune homme ouvrit les yeux, une obscurité profonde régnait autour de lui ; cependant il aperçut près de lui son malheureux ami qui ne donnait plus aucun signe de vie.

Il voulut crier, le bâillon placé sur sa bouche l'en empêcha. Il voulut l'arracher : ses mains étaient liées derrière son dos. Il essaya de se lever : la douleur, qu'il éprouva aux jambes, lui apprit qu'elles étaient garottées.

Il étouffait, le bâillon interceptait l'air nécessaire à la respiration.

Il se traîna par soubresauts jusqu'à l'angle opposé de la chambre.

L'espace parcouru comprenait cinq pas à peine, il mit un quart d'heure à le franchir.

La balle du pistolet de de la Brosse lui avait labouré le front en traçant une large blessure qui s'était cicatrisée d'elle-même, car le contact du froid avait glacé le sang sur les lèvres de la plaie ; les efforts faits par notre héros la rouvrirent, et le sang se remit à couler sur son visage.

Les souffrances étaient atroces, et les cris, les soupirs qu'elles provoquaient se trouvaient arrêtés par le bâillon.

Georges, dans cet instant, eût béni comme un sauveur l'homme qui lui eût enfoncé un poignard dans la poitrine.

Il se heurta à un instrument tranchant ; se servant de son front, comme les insectes se servent de leurs antennes, il le promena sur l'instrument pour le reconnaître ; son cœur bondit, tout son être, toute sa vie furent absorbés dans une pensée unique de joie et de triomphe ; il allait briser ses liens, être libre, peut-être !

Oh ! la liberté est plus que la richesse, plus que tous les trésors des mines du Pérou, plus qu'un trône, plus qu'une couronne ; c'est la jouissance de toutes les beautés dont Dieu a embelli notre monde ; c'est l'air avec son parfum, le soleil avec ses éblouissantes clartés, la terre avec ses fleurs, ses fruits, ses neiges, sa robe verte et son manteau d'hermine ; c'est plus de joies qu'il ne s'en trouve renfermées dans tout l'or des deux mondes. La liberté, c'est...., c'est la liberté ; il n'y a pas un synonyme à ce mot, à cette chose, dont la synthèse est Dieu lui-même.

L'instrument qui avait éveillé ce sentiment de bonheur infini, était la bêche du jardinier.

Georges parvint à s'asseoir sur le parquet, tournant alors le dos à l'instrument qu'il retenait en équilibre avec sa tête, il frotta sur le tranchant les cordes qui lui liaient les mains.

Ce travail dura trois heures ; trois mortelles heures dont Georges compta les secondes avec les battements de son cœur. Parfois, la bêche oscillait et menaçait de tomber à terre ; alors il s'arrêtait, pâle, inquiet, tremblant comme si sa tête eût été sur le billot de la guillotine, et qu'il eût vu le bourreau lâcher la corde retenant le couteau. Si la bêche tombait comment la relever ?

Il suivait avec l'oreille le bruit du tranchant déchirant lentement le chanvre ; il calculait, avec la double vue de la pensée, le resultat obtenu et le résultat à obtenir ; une sueur froide se mêlant au sang chaud de sa blessure lui inondait le visage.

Il avait oublié les souffrances, le passé, l'avenir, il jouait sa vie sur une chance, sur un coup de dé.

Tout-à-coup la bêche tomba.

Georges eût entendu retomber sur lui le couvercle d'un cercueil, qu'il n'eût point éprouvé une émotion plus grande.

Son cœur cessa de battre, son intelligence tournoya comme l'aiguille d'une montre dont le grand ressort se brise ; il devint fou, fou de douleur, de découragement.

A cette prostration morale succéda la rage du désespoir.

Ses forces, épuisées par sa blessure, le long évanouissement qui l'avait suivi, la perte de son sang, lui revinrent comme par enchantement ; semblable à Samson enveloppant dans ses bras nerveux la colonne soutenant la toiture de la salle où les Philistins célébraient leur victoire dans un festin, Georges, par un effort suprême, brisa les cordes déjà usées par la bêche ; ses mains étaient libres, il les porta vivement à sa bouche, et arracha le bâillon qui l'étouffait.

Il poussa un cri de joie, hymne de reconnaissance à Dieu, et dans lequel tout son cœur passa par ses lèvres.

Il aspira à pleins poumons l'air bienfaisant qui, circulant dans tout son corps, y apporta la vie et le bien-être.

Restaient les cordes qui lui liaient les pieds.

S'armant de la bêche, il les coupa.

Il se dirigea lentement vers son malheureux ami, étendu sans mouvement sur sa couche de paille, et le débarrassa de son bâillon.

Paul Martin fit entendre un léger soupir ; Georges tressaillit, car il avait craint un instant de ne plus trouver qu'un cadavre.

Il traîna, plutôt qu'il ne porta le corps du jeune homme vers la fenêtre, qu'il ouvrit afin de distinguer plus facilement les objets. Un bruit étrange frappa alors son oreille ; c'était comme un mélange de cris d'angoisses, d'effroi, de colère, d'imprécation ; mais, dominant le tout, on entendait le mugissement grave, solennel, terrible des ondes en courroux ; Georges, trop préoccupé du sort de Paul Martin, ne fit aucune attention à tout ce bruit, que l'obscurité rendait encore plus effrayant.

S'agenouillant devant le corps de Paul Martin, il le souleva doucement de son bras droit, tandis que, de sa main gauche, il déchirait les vêtements tachés de sang qui couvraient la poitrine du jeune homme.

Paul Martin ouvrit les yeux, et, les promenant lentement autour de lui, il aperçut la silhouette de Georges agenouillé près de lui.

— Où suis-je ? demanda-t-il d'une voix éteinte. — Près de moi, près de votre ami, répondit Georges. — Ah ! fit Paul Martin avec un soupir. Sa tête, s'inclinant doucement sur sa poitrine, il tomba dans un assoupissement provoqué par l'affaiblissement et la douleur, et qui tenait à la fois du sommeil et de l'évanouissement.

La question de Paul Martin : « Où suis-je ? » avait éveillé, dans l'esprit de Georges, un monde de pensées effrayantes. Cette question si naturelle, il ne se l'était point faite encore à lui-même ; en face du danger, il n'avait vu que le danger, et il ne s'était point demandé d'où il venait, par quel concours de circonstances il se trouvait prisonnier ; quelle était sa prison, et le but que s'étaient proposé ses assassins ? Georges avait surmonté ses douleurs physiques, par cette puissance morale qui prend sa source dans une volonté énergique, née du désespoir ; mais il était faible comme un enfant, et son intelligence elle-même, ce flambeau qui éclaire, vacillait dans son cerveau creux.

Se levant avec angoisse, et laissant retomber Paul Martin sur le parquet, il marcha vers la fenêtre ; se cramponnant d'une main défaillante aux barreaux, ses yeux plongèrent avec avidité dans l'obscurité.

Il recula épouvanté, ses cheveux se dressèrent humides de sueur, son corps fut agité d'un tremblement nerveux ; il crut qu'il devenait fou ; portant vivement la main à son front, il effleura sa blessure, la douleur physique qu'il éprouva lui fit comprendre qu'il était bien éveillé, et que le spectacle qui l'avait effrayé n'était point un rêve de son imagination en délire.

Il revint se mettre à la place que la frayeur lui avait fait abandonner, et, l'œil fixe et terne, il regarda.

Oh ! c'était horrible et beau à la fois ! C'était horrible, parce que la mort planait au-dessus du tableau ; c'était beau comme la tempête, derrière laquelle on devine la puissance divine.

La fenêtre donnait sur la Saône. Mais la Saône n'était plus cette rivière aux eaux azurées, reflétant dans son cristal les joyeuses villas qui peuplent ses rives, caressant de sa vague molle et nonchalante la yole légère qui porte deux amants ; elle s'était transformée en un torrent furieux aux ondes limoneuses.

La plume de l'historien, le pinceau du peintre sont impuissants à rendre un pareil spectacle, parce que, ce qui en constitue la beauté, est ce qui leur échappe. Comment peindre la vie et le mouvement ? Comment traduire ces mille bruits, ces mille cris, se fondant dans le rugissement grave et terrible de l'onde, qui s'élève en montagne floconneuse et retombe en se brisant avec éclat ? Comment faire passer sous les yeux des lecteurs, avec la rapidité de l'éclair, ces mille épisodes de désespoir, d'angoisses, de douleurs de malheureux luttant vainement contre l'eau qui, les enveloppant dans ses vagues, comme dans un suaire humide, les jette dans le cercueil commun de son vaste lit.

En présence d'un tel spectacle, ces paroles, que Bossuet laissa tomber devant le cercueil d'un prince : « Dieu seul est grand, mes frères ! » sont les seules qui viennent au bout de notre plume. Oh ! vanité humaine, que tu es petite ! que tu es niaise ! Tu parles de ta puissance, de ta force, tu montres avec orgueil ces travaux superbes, pour lesquels il t'a fallu des milliers d'ouvriers et des millions d'écus. Regarde ! Qu'est devenu ton monument ? où était-il ? Quelques pierres de ses fondations attestent encore qu'il a existé ; mais, dans quelques jours, les derniers vestiges en auront disparu, et les voyageurs chercheront vainement ses traces dans la poussière, comme les pèlerins cherchent dans les campagnes brûlées par le soleil d'Orient la place, *ubi Troja fuit*, où fut la superbe Troie, que les Grecs mirent dix ans à conquérir, et dont la cendre tiendrait aujourd'hui dans le creux de la main.

Il était environ quatre heures du matin.

La nuit ajoutait à cet horrible spectacle son silence solennel, ses ténèbres épaisses.

Le ciel lui-même s'était mis en harmonie avec l'ensemble sinistre du tableau ; de noirs nuages se heurtaient dans l'espace, et de larges raies, rouges comme du sang, brillantes comme la flamme, se dessinaient sur le fond sombre de l'atmosphère.

Georges, les doigts crispés aux barreaux, l'œil hagard, pâle comme un cadavre, le visage couvert du sang qui coulait de sa blessure, regarda d'abord sans rien voir, et tout son être, effrayé par un danger inconnu, s'agita dans un tremblement nerveux.

Insensiblement ses yeux s'habituèrent à l'obscurité ; les objets, aux formes vagues, incertaines, se dessinèrent, et il vit se dérouler devant lui un panorama mouvant qui défilait avec la rapidité d'un convoi lancé à triple vapeur sur un chemin de fer.

Partout où put s'étendre le regard de Georges, il ne vit que la Saône, qui, semblable à une louve en furie, écumait, sautait ; et, sur ce gouffre mouvant, disparaissant sans cesse et reparaissant sans cesse, jamais le même et toujours le même, des bras, des jambes, des cadavres, des arbres, des meubles, des troupeaux entiers de bœufs et de chevaux, des arbres déracinés, des canots surchargés de passagers, et exécutant une valse folle. Parfois le flot s'entr'ouvrait, et tout disparaissait. Le spectacle interrompu un instant, recommençait plus terrible ; de nouveaux acteurs succédaient aux acteurs du drame sur lequel la Saône avait baissé son voile humide ; et c'étaient les mêmes scènes, les mêmes péripéties. Les noirs nuages, servant de plafond à ce vaste théâtre où se jouait cette tragédie, ressemblait aux anges de la destruction planant les ailes déployées. Ajoutez à cette mise en scène, les cris de rage, de désespoir, l'anathème jeté aux pieds de l'athée à la face du Dieu qui châtiait, les prières, les larmes, les sanglots, tout cela se perdant dans les hurlements de la Saône écumante, et vous aurez une vague idée du panorama que, pendant un quart d'heure, Georges vit défiler devant lui.

Hélas ! que de dévoûments ignorés ! que d'actes de courage inconnus ! que de fortunes détruites ! que de richesses perdues ! Un enfant échappe à sa mère, elle se précipite pour le retenir, elle tombe, et le même cercueil les réunit ; un fils, portant sur son bras son vieux père évanoui, de l'autre, enveloppant le tronc noueux d'un robuste chêne, lutte contre les flots qui l'enveloppent ; le chêne craque, oscille, chancelle, et, tout-à-coup, ses racines, déchirant la terre, il est précipité au milieu de l'onde ; le fils et le père ont été entraînés dans la chute commune, séparés en ce monde, ils se retrouveront dans le sein de Dieu. Ils ont vingt ans tous les deux, fiancés d'hier, époux d'aujourd'hui, ils sourient à la nouvelle vie qui commence pour eux, et leur amour habillard construit de délicieux châteaux en Espagne, assis près de la vaste cheminée où le sarment flamboie. Que leur faut-il pour être heureux ? presque rien, il leur faut vivre. Leur modeste fortune suffit à leur ambition ; leur chaumière, qui mire, la coquette, ses murs blancs tapissés de lierre, dans le miroir de la Saône, roulant à ses pieds, a cinq bœufs gras et forts dans son étable, du grain dans ses greniers, du vin dans ses caves. Oh ! pauvres fous ! vous ignorez donc que rien n'appartient à l'homme sur cette terre, ni les richesses acquises, ni sa vie elle-même : écoutez ! c'est la Saône, qui, aujourd'hui, s'est faite la pourvoyeuse de la mort et de la destruction, elle frappe à votre porte ; vous poussez les verroux, naïfs orgueilleux, elle passe par la fenêtre ; la voilà qui mord les murailles, elle serit et étrangle la chaumière dans ses anneaux humides, et tout croule, pierre, chevaux, bestiaux, le vin du cellier, la moisson de l'automne ; les cadavres des jeunes époux, si heureux, si gais, s'en vont dans le courant, qui passe et fait le niveau.

Georges, épouvanté, recula de nouveau, et, laissant tomber sa tête entre ses mains, il se mit à pleurer.

Le pavillon, dont les eaux frappaient la muraille, oscillait déjà ; une vague plus forte pouvait le renverser.

Que faire ?

La porte eût-elle été ouverte, quelle chance restait-il aux deux jeunes gens ? Comment fuir ?

Georges prit la bêche, et, retrouvant dans son désespoir une énergie momentanée, il frappa à grands coups contre la porte de chêne, qui tomba bientôt avec un craquement effroyable ; mais le jeune homme avait vainement usé ses forces : l'eau s'élevait jusqu'au seuil de la porte même. Le pavillon se trouvait isolé au milieu d'un grand lac aux ondes furieuses.

Il n'y avait qu'une seule chose à faire : se résigner et mourir.

Si Georges eût été seul, malgré sa faiblesse, il se fût précipité dans la Saône; mais abandonner Paul Martin, victime de son dévouement, était une lâcheté dont il était incapable.

Revenant près de son ami, il le souleva dans ses bras.

— Oh! murmura-t-il, Bernard avait raison, je porte malheur à tous ceux qui m'aiment; j'ai été le mauvais génie de sa famille: c'est par moi que Bernard est devenu assassin, que sa sœur, Marie, est devenue fille entretenue, que Paul, son frère, va mourir. Oh! mon Dieu, pardonnez-moi.

— Georges, dit faiblement Paul Martin. — Que voulez-vous, mon ami, répondit notre héros. — Où suis-je? — Près de moi. — Comme il fait sombre ici. Oh! je souffre. — Courage. — Ça va mieux; aidez-moi à me lever.

Paul Martin fit quelques pas, appuyé sur le bras de Georges.

— Je me souviens maintenant, dit-il : On vous a lâchement tiré un coup de pistolet, vous êtes tombé; alors, vos deux assassins se sont précipités sur moi; et, après une lutte de quelques instants, j'ai senti comme la lame d'une épée qui me déchirait la poitrine, et je me suis évanoui. Que s'est-il donc passé depuis? — Il s'est passé une chose horrible, infâme! s'écria Georges. Les lâches! profitant de notre évanouissement, nous ont enfermés dans cette chambre, d'où nous ne pouvons plus sortir et où il nous faudra lentement voir venir la mort. — Que dites-vous?

Georges amena Paul Martin devant la fenêtre.

— Regardez, dit-il avec désespoir. — L'inondation, s'écria Paul Martin. — Oui, l'inondation! reprit Georges avec un accent dans lequel il y avait de la fièvre. L'inondation, qui entraîne tout ce qui se trouve sur sa route, hommes et choses, et qui, dans quelques heures, aura fait de ce pavillon notre tombeau. — Il faut fuir, dit Paul Martin. — Vous sentez-vous la force de nager? — Oui. — Alors, à la grâce de Dieu, venez.

Ils s'avancèrent vers la porte.

Paul Martin, livré à lui-même, fit quelques pas en chancelant; mais, tout-à-coup, étendant les bras en avant, comme s'il cherchait un point d'appui, il roula à terre.

— Mon ami, dit-il, je suis trop faible, je le sens; mais vous, qui êtes fort, ne vous sacrifiez pas inutilement pour moi; partez, laissez-moi. — Non, nous serons sauvés ensemble. — Sauvés, et par qui? — Par nos amis. — Les amis! dit Paul Martin, est-ce que vous croyez une amitié capable d'affronter les périls qu'il faudrait courir pour arriver jusqu'à nous? — Qui sait? — Oh! je comprends la vengeance, reprit Paul Martin en passant à un autre ordre d'idées; je voudrais vivre, ne fut-ce qu'une heure pour punir les misérables qui, de sang-froid, nous ont condamnés à une pareille mort, je serais impitoyable.

Georges, accablé de lassitude, écrasé sous le poids de l'émotion, s'était laissé tomber à côté de son ami, le froid engourdissait les membres des deux jeunes gens, leurs blessures les faisaient atrocement souffrir; mais la pensée, surexcitée par le danger, veillait triste et inquiète, semblable à la lampe d'un sépulcre, et recueillait les mille bruits extérieurs.

Ni l'un ni l'autre n'osaient rompre le silence, chacun gardait pour soi ses angoisses et ses craintes, tout espoir s'était envolé: leur position n'avait d'autre issue que la mort.

Mille pensées, qui se heurtaient dans l'esprit de Georges et qui le frappaient au cœur comme des coups de poignards, furent une dure expiation de son passé, de laquelle jaillit le repentir; il demanda pardon à Dieu, il s'inclina devant cette puissance supérieure qui le brisait au moment où le bonheur lui apparaissait dans sa vie accidentée, semblable à un oasis au milieu du désert.

Au délire de son imagination succéda un affaiblissement complet de ses facultés intellectuelles et physiques, il s'évanouit de nouveau.

Lorsqu'il revint à lui, il faisait jour; mais le ciel, chargé de nuages, ne laissait tomber qu'une lumière vague qui donnait une teinte encore plus terrible au tableau.

Le pavillon, ébranlé dans ses fondations, chancelait, de larges crevasses s'ouvraient béantes sur les murailles qui, en s'écroulant, devaient écraser les jeunes gens sous la toiture.

L'espoir d'être sauvés n'était plus possible, les malheureux pouvaient calculer le temps qui leur restait à vivre.

Georges, se soulevant péniblement sur le coude, promena lentement ses regards autour de lui, il aperçut Paul Martin dont le visage avait déjà la teinte verdâtre du cadavre, il le crut mort et remercia Dieu d'avoir épargné à son ami les angoisses d'une agonie.

Au dehors, on entendait toujours les mugissements de la Saône se mêlant à un effroyable concert de cris, de souffrance, de désespoir, d'imprécations, de prières; et les crevasses de la muraille allaient s'ouvrant comme la gueule d'un monstre.

Un instant notre héros eut la pensée de se précipiter dans la Saône pour en finir d'un seul coup.

Cette pensée était une faute aux yeux de Dieu, devant lequel il devait bientôt comparaître, il la repoussa par la prière.

Paul Martin fit un mouvement.

— Oh! je souffre, murmura-t-il, je brûle, j'ai soif.

Georges se traîna sur les genoux jusqu'au seuil de la porte, prit de l'eau dans le creux de la main, et revenant près de son ami :

— Buvez, lui dit-il.

Les lèvres brûlantes de Paul Martin aspirèrent avec délire l'eau jaunâtre et chargée de limon.

— Oh! que cela fait du bien, murmura-t-il.

Ses yeux, jusqu'alors fermés, s'ouvrirent peu à peu. Dans l'état de faiblesse où il était, il ne distingua d'abord que vaguement les objets qui l'entouraient, mais insensiblement la perception devint plus nette, et il poussa un cri d'effroi à la vue du visage de Georges penché sur le sien.

Georges était, en effet, effrayant.

Nous avons dit que la balle lui avait labouré le front; cette plaie ouverte avait rejeté à droite et à gauche les chairs du front qui pendaient sanglantes, laissant à nu l'os du crâne, le sang avait collé ses longs cheveux sur les tempes, et, glissant le long de la figure, avait, en se coagulant, formé un masque rouge, sillonné de raies blanches, traces des larmes versées; ses lèvres bleuies par le froid, crispées par la souffrance se détachaient plus hideuses sur ses dents blanches, enfin ses yeux fixes et ternes semblaient prêts à s'élancer hors de leur orbite.

— C'est donc fini, dit tristement Paul Martin. — Oui, répondit Georges. — Plus d'espoir! — Non. — Alors il faut nous résigner à la volonté de Dieu. Avoir vingt-cinq ans et mourir, c'est cruel cependant. Oh! pardonnez-moi, reprit Georges en sanglottant.

Le pavillon craqua avec un bruit sinistre, et une large fissure partant du parquet s'éleva en zigzag le long de la muraille jusqu'au plafond.

Les deux jeunes gens, se tenant par la main, se trouvèrent debout comme par enchantement.

— Voyez, dit Paul Martin.

Et du doigt il montrait la fissure qui s'élargissait peu à peu.

— C'est la mort, répondit Georges, encore un coup pareil et le pavillon croulera. — Oh! je ne veux pas de cette agonie, s'écria Paul Martin, je préfère la mort prompte et rapide.

Le jeune homme fit un pas en avant.

— Que voulez-vous faire? — Me jeter à l'eau. — Et Dieu! dit Georges avec un geste sublime de résignation. — Dieu! répéta Paul Martin. Comment voulez-vous que j'y croie ? — Oh ! ne blasphémez pas. — Tenez, Georges, je me suis fait tout-à l'heure plus brave que je ne suis, j'ai peur de cette mort qui vient à nous lentement, qui nous suce une à une les gouttes de notre sang, qui étouffe un à un les battements de notre cœur. — Du courage, répondit tristement Georges, nous avons peu de temps à attendre.

Et il montrait les crevasses se multipliant à l'infini sous les coups de la Saône battant en brèche la muraille.

Le plafond s'affaissait en craquant sourdement, une pierre énorme s'en détacha et tomba à deux pas des jeunes gens.

— Oh ! c'est horrible ! s'écria Paul Martin, qui, retrouvant, en présence du danger, de nouvelles forces, s'enfuit vers la fenêtre, où il se tint debout en se cramponnant aux barreaux.

Le spectacle qui s'offrit à ses yeux ne fit qu'augmenter son effroi.

La Saône couvrait les quais et roulait écumante, entraînant dans ses eaux furieuses des arbres déracinés, des poutres, des meubles, des bestiaux, des hommes, des femmes, des enfants ; un service de sauvetage, organisé sur la rive gauche, faisait de vains efforts pour arracher à la rivière quelques-unes de ses victimes.

Un pan de muraille s'écroula ; l'eau, entrant par l'issue qui lui était offerte, se précipita dans la chambre, les jeunes gens en eurent bientôt à la hauteur de la cheville. Comme l'avait dit Georges, ils avaient peu de temps à attendre.

Tout-à coup le visage de Paul Martin s'illumina, ses regards brillèrent, un sourire de joie infinie glissa sur ses lèvres pâles.

— Entendez-vous ? s'écria-t-il. — Quoi ? — C'est le refrain de la chanson des *Six*. — Oh ! vous vous trompez, dit Georges avec anxiété. — Non, écoutez.

Les deux jeunes gens, suspendant en quelque sorte leur haleine, tendirent une oreille avide, mais insensiblement leurs figures, animées un instant par l'espoir, se décomposèrent et se teignirent d'une expression de tristesse navrante.

— Rien, toujours rien ! murmura Paul Martin ; oh ! cependant j'avais bien entendu. — Pauvre ami ! c'est le cri de votre cœur qui espère encore. Non ! cette fois, je ne me trompe pas, nos amis nous cherchent ; écoutez.

En effet, Georges entendit le refrain de la chanson des *Six*.

— Sauvés ! s'écria Paul Martin. — Merci, mon Dieu ! dit Georges en s'agenouillant par un mouvement spontané de reconnaissance.

Lorsqu'il se releva, la force était revenue à son corps, l'énergie à son âme ; il avait tout oublié, souffrances physiques, douleurs morales ; abattu devant le danger, sans lutte possible, résigné devant la mort sans issue, il se retrouva fort, brave, énergique en présence d'un péril qu'on pouvait combattre.

Les voix qui chantaient devinrent plus distinctes, elles approchaient du pavillon, c'était un signal, les jeunes gens y répondirent afin de guider les recherches de leurs amis, et ils répétaient à pleins poumons la phrase finale de l'air.

Au même instant, ils aperçurent un radeau qui, manœuvré par huit bras vigoureux, luttait contre le courant en s'accrochant aux maisons.

C'étaient les membres de l'*Association*, ils y étaient tous, Lucien de Thézieux, Monce, Serrières, Fabre ; oh ! les nobles cœurs qui n'ont point oublié leurs amis ; oh ! les dignes jeunes gens qui jouent courageusement quatre existences pour en sauver deux. Oh ! le grand courage que celui qui sauve, combien il est plus sublime que celui qui tue ! combien d'honneur plus la médaille qui orne la boutonnière d'un brave marinier qui a arraché un homme à la mort, que la croix de la Légion-d'Honneur du soldat qui a pris une redoute en tuant de sa main dix ennemis. Tous les deux, il est vrai, ont rempli noblement leur devoir, mais le premier a fait un heureux, le second des victimes.

A la tête du radeau se tenait une femme enveloppée dans un long châle, le visage pâle, les yeux étincelants, qui semblait commander l'équipage et diriger les recherches, cette femme, c'était Aspasie.

Aborder de front le pavillon était impossible, les jeunes gens le tournèrent et vinrent reprendre le courant à quelques brassées au-dessus ; de Thézieux, s'armant d'un câble, le lança à Paul Martin et à Georges tendant les mains à travers les barreaux de la fenêtre afin de le saisir ; mais le radeau, entraîné par la violence de la rivière, glissa avec la rapidité d'une flèche.

Georges et Paul Martin poussèrent un cri de rage.

Le pavillon criait, craquait, oscillait ; les pierres, s'en détachant une à une, tombaient dans le gouffre avec un bruit sinistre, les crevasses s'élargissaient, et la Saône, semblable à un monstre qui lèche sa victime avant de la dévorer, caressait les murailles de son écume blanche.

Les jeunes gens recommencèrent cinq fois la même manœuvre ; cinq fois le radeau fut emporté par le courant, et les mains de Georges et de Paul Martin se crispèrent dans le vide en croyant saisir le câble sauveur.

Cependant les forces des jeunes gens s'épuisaient en face du danger qui grandissait à chaque instant, et le découragement succédait déjà à l'énergie ; quant à Georges et Paul Martin, leurs angoisses s'augmentaient en raison directe de l'espérance qu'avait éveillée en eux la vue de leurs amis.

— Allons, Messieurs, s'écria de Thézieux, du courage ! — Je n'en puis plus, fit Monce en essuyant son front sur lequel ruisselait la sueur. — Ni moi, ajouta Fabre en abandonnant le harpon qu'il tenait à la main. — Ni moi, répéta Serrières.

Le radeau, livré à lui-même, s'en allait rapidement à la dérive.

— Oh ! vous êtes tous des lâches ! s'écria Aspasie qui s'emparant d'un harpon l'accrocha à la muraille d'une maison et arrêta ainsi le radeau. Vous êtes tous des lâches ! continua-t-elle, nous sommes venus ici pour sauver Georges et nous le sauverons. Si c'est la mort qui vous épouvante, c'est la mort que vous trouverez dans votre indigne fuite, car je vous le jure, je couperai moi-même les cordes qui retiennent les planches de ce radeau, si vous persistez dans votre résolution d'abandonner Georges.

— Essayons encore une fois, dit Serrières. — Laissez-moi diriger la manœuvre, dit Aspasie. — Que voulez-vous faire ? — Vous le verrez.

Les jeunes gens remontèrent le courant ; lorsqu'ils furent à quelques brassées au-dessus et en face du pavillon :

— Laissez aller le radeau ! s'écria Aspasie. — Mais il va se briser contre le pavillon, répondit Monce. — Nous n'avons que ce moyen pour aborder : c'est la seule chance, il faut la courir. — A la grâce de Dieu ! s'écrièrent les jeunes gens en levant ensemble leurs harpons.

Le radeau glissa avec vitesse et tomba perpendiculairement à la muraille du pavillon qui oscilla sous le choc.

Georges et Paul Martin étaient sauvés.

Le radeau fut dégagé et remis au courant, il partit comme un trait.

Au même instant le pavillon s'écroula avec un horrible fracas.

Aspasie s'était agenouillée aux pieds de Georges.

— Georges, dit-elle en pleurant, pardonne-moi ; je t'avais perdu, je t'ai sauvé.

Le jeune homme laissa tomber sur la lorette un regard plein de mépris.

— Oh ! pardonne-moi, reprit-elle, si tu savais ce que j'ai souffert, si tu savais combien j'ai pleuré. Ma vengeance a été infâme, mais elle venait de mon amour qui est grand ; car je t'ai aimé, Georges comme personne n'a été aimé sur terre : ton amour eût dû me préserver de l'existence méprisable dans laquelle je me suis plongée, j'ai été trop faible contre la douleur, et j'ai demandé l'oubli à l'ivresse et au mouvement. Oh ! pardonne-moi.

C'était un étrange et effrayant spectacle que celui de ce

radeau volant sur la Saône aux flots écumants, de cette femme belle dans sa douleur, comme Magdeleine pécheresse, agenouillée devant un homme, dont les traits étaient livides sous le masque de sang qui les couvrait!

Son regard s'adoucit, le mépris qui l'animait fit place à un sentiment de tendre commisération et de douloureuse pitié.

— Marie, dit-il, je te pardonne. Puisse Dieu te pardonner comme moi. — Oh! merci, Georges, s'écria Aspasie en se levant; ton pardon est l'absolution de mon passé, je ne veux pas le recommencer, car j'en ai honte. Adieu! sois heureux.

Et d'un bond rapide la lorette s'élança dans la Saône, l'eau s'ouvrit et se referma sur elle ; son corps revint quelquefois à la surface, puis une dernière vague l'emporta, et il ne reparut plus.

Georges, malgré sa faiblesse, avait voulu se précipiter pour sauver la jeune femme, ses amis le retinrent ; c'eût été exposer inutilement sa vie.

— La fin couronne l'œuvre, dit Paul Martin ; à pareille existence il fallait une pareille mort. — Oh! taisez-vous, répondit Georges, taisez-vous et priez. — Pour Aspasie, la lorette. — Non, reprit Georges à voix basse, pour Marie, pour votre sœur.

Cette dernière scène brisa les forces factices qui avaient animé les deux jeunes gens.

Émus par une pensée commune, ils se tendirent la main et tombèrent évanouis.

CHAPITRE XLI.

L'inondation de 1840 — Le Masque noir.

L'inondation de 1840! Que de souvenirs tristes et douloureux ce titre rappelle à la mémoire des Lyonnais.

Après avoir été dévoré par le feu des incendies allumés pendant les émeutes de 1831 et 1834, Lyon allait être englouti par les eaux. Le Rhône et la Saône, ces deux fleuves qui font la richesse de notre ville en portant au midi et au nord les produits de son industrie, devaient être les instruments de ruine et de désolation choisis par Dieu.

L'an 40, comme on appelait par abréviation l'année 1840, avait, depuis longtemps, été annoncée par les devins d'almanachs comme une année funeste; ces prédictions, dont les esprits forts s'étaient moqués, avaient jeté dans la classe ouvrière de vagues et tristes pressentiments, qui nuisirent sérieusement aux transactions du petit commerce et furent sinistrement justifiées par les événements.

Le mot justifié dont nous nous sommes servi est un mot impropre, car on avait annoncé la sécheresse, et ce fut l'inondation qui vint à sa place.

Un astronome d'un immense talent, dont la science déplore la perte depuis quelque temps, aurait lu dans les astres que l'été de 1840 mettrait à sec nos rivières, et découvrirait au pied du Pont-de-Pierre, une table de marbre sur laquelle était écrite cette devise effrayante: *Qui me verra, pleurera !*

Nous n'osons accuser de charlatanisme cet astronome dont la France s'honore ; mais qui, comme tous les savants, se laissa entraîner à l'erreur par les mirages trompeurs de la science. Il fut tristement humilié par l'éclat de rire qui accueillit sa prédiction, car l'été de l'année 1840 fut doux et bienveillant, son soleil éclaira sans brûler.

L'année touchait à sa fin, deux mois encore, et 1841 fermait la porte aux prophéties menaçantes.

Des pluies torrentielles inondèrent la ville pendant les derniers jours d'octobre ; le Rhône, grossi subitement par ses affluents, sortit de son lit et se répandit sur les quais. Mais, ce n'est encore là qu'une de ces crues auxquelles Lyon est habitué, et contre lesquelles il peut se précautionner ; la population curieuse se promène, les gamins improvisent des ponts en bois pour passer d'une rue à l'autre, et prélèvent un impôt sur la curiosité publique; malheur à celui qui veut se soustraire à la dîme exigée! La planche, retirée adroitement sous ses pieds, le jette dans le ruisseau dans lequel il barbote aux applaudissements de la foule.

A la comédie doit succéder bientôt le drame, et aux éclats de rires les sanglots.

Le premier épisode qui fait comprendre aux Lyonnais la gravité de la position et du danger, est la rupture de la digue des Charpennes.

Cette digue, qui encaissait le Rhône sur la rive gauche, protégeant ainsi le terrain plat des Brotteaux, est enlevée par les eaux furieuses qui, se précipitant par l'issue qu'elles se sont creusée, renversent sur leur passage les maisons et les monuments. La population effrayée se sauve ; mais, surprise à l'improviste, perdant le calme en face du danger imprévu, elle laisse derrière elle bien des victimes.

Les Brotteaux ne sont plus qu'un vaste lac ; sur les toitures des maisons, on aperçoit des malheureux auxquels le temps de fuir a manqué, et qui tendent vers le public accouru sur la rive droite des mains suppliantes.

Avec l'heure du danger a sonné l'heure du dévouement, et il s'élèvera à la hauteur de sa mission; les grands cœurs et les nobles courages sont moins rares qu'on ne le pense ; si l'inondation de 1840 compte de nombreuses victimes, elle compte aussi ses héros.

Cependant la Saône grossit de son côté, les nouvelles qui arrivent de Mâcon et de Châlon sont effrayantes ; le danger, loin de diminuer, est double, et l'inondation du fleuve s'augmente de celle de la rivière.

Bientôt tout l'espace compris entre le Rhône et la Saône, depuis la colline de la Croix-Rousse jusqu'à la presqu'île Perrache, est envahi par les eaux des deux fleuves qui sont ainsi réunis, s'élèvent à un, deux ou trois mètres, les magasins sont inondés, et les richesses qu'ils renferment perdues.

La ville est consternée, le ciel noir laisse tomber une pluie fine, triste comme des larmes, les flots roulent et se brisent dans les rues avec l'éclat de douloureux sanglots.

Que de scènes de désespoir, d'angoisses, de douleurs ignorées!

Dans une pauvre mansarde, aux murs nus et froids, des enfants grelottent sur la paille qui leur sert de couchette, et demandent du pain à travers leurs pleurs ; leur mère cherche à les endormir avec ses caresses, tandis que leur père, robuste ouvrier à la large carrure, l'œil hagard, les cheveux en désordre, regarde l'eau qui bondit écumante dans la rue étroite. Accablés de fatigues, les enfants se sont endormis, leurs cris ont cessé ; ils se réveillent bientôt et leur première parole est : « Père, j'ai faim. »

Hélas ! l'ouvrier est laborieux, tant que le travail a marché, il a apporté chaque matin la nourriture nécessaire à sa famille ; mais, lorsque le fléau a arrêté dans son mouvement la vie industrielle, tout-à-coup le pain a manqué ; vivant au jour le jour, il n'a pas pu amasser pour le lendemain incertain.

De grosses larmes roulent sur ses joues brunies par le soleil ; tout son courage, toute son énergie sont brisés, il n'y a pas d'issue à cette fatale position; si, comme autrefois, la ville était dans son état normal, il irait lui, le courageux travailleur, qui a toujours demandé au travail l'existence de sa famille, et rien à l'aumône, il irait à l'angle d'un carrefour, le rouge d'une sainte indignation au front, tendre la main aux riches pour ses enfants qui pleurent, et qui lui crient : « Père, j'ai faim! »

Mais la ville est emprisonnée ; la Saône et le Rhône sont des sentinelles impitoyables qui veillent au seuil de chaque porte ; les riches eux-mêmes, qui ouvrent leur bourse pour soulager l'infortune, n'existent plus, leurs fortunes sont livrées au hasard et au caprice des événements ; une lame peut jeter à terre leurs maisons superbes dont chaque pierre est une parcelle de leurs richesses laborieusement acquises par le travail ; et cinq minutes après ils seront plus pauvres, plus misérables que ceux à qui ils faisaient l'aumône.

L'ouvrier baisse la tête, les larmes qui coulent de ses yeux sont des larmes de sang, il voit sa position dans son affreuse vérité ; si Dieu ne fait pas retirer les eaux, il faut se résigner à mourir. Comprenez-vous un père disant à ses enfants : « Vous êtes jeunes, vous avez de longues années à
» vivre, au bout desquelles vous eussiez peut-être trouvé,
» par votre travail, le bien-être et le bonheur ; mais le pain
» manque et je ne puis vous en procurer ni par la sueur
» de mon front, ni par l'aumône humiliante ; souffrez,
» enfants, c'est la volonté de Dieu ; mourez, Dieu le
» veut. »

Et tandis que l'ouvrier sanglottait, la femme s'était agenouillée près de la fenêtre, et elle priait avec toute la ferveur du désespoir et de l'angoisse maternelle.

Tout-à-coup, une fenêtre du même étage de la maison en face s'ouvrit, et un homme, complètement habillé de noir, ayant sur le visage un de ces masques auxquels on a donné le nom de loup, apparut aux regards étonnés des ouvriers comme une vision fantastique.

— Du pain, s'écrièrent-ils ensemble en tendant les mains vers l'inconnu, du pain pour nos enfants.

Le masque noir fit un signe de la main, et disparut un instant ; bientôt on le vit reparaître ; il plaça en travers de la rue une planche, en lui donnant pour point d'appui les tablettes des fenêtres, puis, sans hésitation, sans qu'un mouvement trahit la moindre émotion, il marcha droit et ferme sur ce pont suspendu à cent pieds au-dessus de la rue, la planche oscillait et craquait sous ses pieds (1).

Arrivé à la mansarde, le masque noir, s'élançant d'un bond léger sur le parquet, tira d'un vaste panier des provisions abondantes qu'il déposa sur une table boiteuse.

Les enfants se précipitèrent avec avidité sur un pain blanc à la croûte dorée, et leurs dents s'enfonçaient gourmandes dans le gras d'une aile de volaille.

Le masque noir (nous continuerons à donner ce nom au personnage que nous avons mis en scène), les bras croisés, contemplait les bambins dont la joie éclatait en joyeux éclats de rire ; ses yeux brillaient derrière son loup de velours.

Il était de haute taille, de longs cheveux noirs retombaient sur ses épaules ; un habit noir, boutonné jusqu'au menton, un pantalon collant en tricot, de la même nuance que l'habit, dessinaient avantageusement ses formes élégantes.

L'ouvrier et sa femme s'étaient agenouillés devant lui.

— Oh ! soyez béni, disait le premier, pour le bonheur et la vie que vous nous avez apportés. — Nous prierons Dieu pour vous, ajoutait la seconde ; et nos prières seront entendues de Dieu, car nous les ferons avec le cœur. — Relevez-vous, mes amis, répondit le masque noir ; si l'inondation continue, je reviendrai avec de nouvelles provisions.

Et déjà il s'avançait vers la fenêtre, et allait disparaître, l'ouvrier le retint.

Monsieur, lui dit-il, la reconnaissance d'un pauvre homme tel que moi est bien peu de chose ; mais je puis me dévouer et vous donner ma vie en échange de celle que vous avez rendue à mes enfants, disposez de moi et à l'heure et au jour que vous le désirez, je suis à vous. — Monsieur, reprit la femme, j'ai une grâce à vous demander. — Laquelle ? — Otez un instant ce masque pour que les traits de notre bienfaiteur restent gravés dans notre cœur. — Mes amis, vous exagérez le service que vous me devez, répondit le masque noir, je n'ai fait que ce que tout homme de cœur doit faire dans des circonstances pareilles. Dieu m'a donné un peu de fortune, et m'a fourni aujourd'hui l'occasion de m'en servir utilement : quant à ôter ce masque, je ne le puis ; un serment me lie, et la vanité qui me le ferait dénouer, serait un sentiment bas et méprisable. N'enlevez pas au bienfait ce qui en constitue le véritable mérite : le mystère dont il s'entoure.

La jeune femme, prenant ses enfants par la main, les plaça en face du masque noir.

— Voyez, mes enfants, leur dit-elle en leur montrant l'inconnu, regardez bien cet ange que le bon Dieu vous a envoyé ; tous les soirs et tous les matins, nous prierons ensemble pour que le bon Dieu lui donne en ce monde le bonheur qu'il mérite.

Le masque noir sourit tristement, et se baissant, il déposa un baiser sur le front des bambins qui le regardaient avec étonnement, puis, tendant une main à l'ouvrier et à sa femme :

— Votre main, dit-il, c'est celle d'honnêtes gens, l'espèce en est rare, et c'est déjà une récompense pour moi d'en avoir rencontré sur ma route.

A ces mots, le bienfaiteur inconnu disparut par la fenêtre, et franchit d'un pied assuré le pont volant se balançant au-dessus de l'abime, où la moindre hésitation l'eût précipité et broyé.

On comprend qu'il nous est impossible de raconter les mille épisodes de ces quelques jours de désolation, pendant lesquels on eût dit que Dieu, se dressant dans sa toute-puissance, punissait une ville coupable.

Suivons le masque noir, dont le souvenir est resté dans la mémoire de tous ceux qui assistèrent à ce grand drame, et que nous rencontrerons partout où il y a du danger, des malheureux à secourir, des victimes à sauver.

Nous sommes au 3 novembre.

Il y a trois jours que l'inondation a commencé, et toujours elle grandit, toujours elle augmente.

La digue de la Vitriolerie a été renversée, et un torrent rapide a enlevé toutes les maisons de Béchevelin ; celles de Vaise sont baignées jusqu'à la hauteur du premier étage, beaucoup s'écroulent et disparaissent dans les flots.

Il est minuit.

Une yole légère glisse sur la surface des eaux en courroux, le masque noir la dirige, repoussant les poutres, les meubles, les tonneaux dont le choc eût brisé sa frêle embarcation.

Affronter un pareil danger, c'est plus que du courage, plus que de la témérité, c'est tenter Dieu et le défier, mais le masque noir s'est donné une mission à remplir, il a cuirassé son cœur contre la frayeur, son corps contre la fatigue, et il marche à son but sans s'inquiéter de la mort, qui peut l'arrêter en chemin.

La ville ne dort pas.

Les ténèbres qui empêchent de voir le péril le rendent plus terrible, car il s'augmente des angoisses de l'incertitude.

Que sera le lendemain ?

Mais le lendemain appartient-il aux infortunés qui veillent la paupière rougie par les larmes, l'âme serrée par l'effroi, le cœur palpitant, l'oreille inquiète, écoutant le bruit des flots qui grondent, des maisons qui croulent, des victimes qui agonisent !

Demain, peut-être, le Rhône et la Saône auront jeté le suaire humide de leurs eaux sur la grande ville, si fière et si riche de son industrie.

Demain, Lyon, couché dans la poussière, ne sera plus, peut-être, qu'un immense tombeau de cent mille cadavres.

Des torches de résine, jetant, avec une épaisse fumée, une lumière rougeâtre, ont été allumées dans toutes les maisons, afin de servir de fanal et d'éviter, si cela se peut, de nouveaux malheurs ; cette illumination fantastique, se reflétant dans les flots mouvants, donne au spectacle que le masque noir a sous les yeux, un aspect sinistre.

---

(1) Pendant l'inondation, ce moyen fut souvent employé pour des secours. — Tous les détails et tous les incidents que nous racontons sur l'inondation de Lyon sont historiques et puisés à des sources certaines.

L'eau, passant par-dessus le tablier des ponts en fil de fer, retombe en cascades écumantes et bruyantes.

Les bateaux à laver, détachés de la rive, heurtent avec violence contre les piles ; la passerelle Saint-Vincent craque et se rompt, ses débris sont précipités dans le fleuve avec le bruit du tonnerre et emportés rapidement par le courant ; le pont du Palais résiste quelque temps encore, puis il se tord, se balance, et est jeté dans le gouffre dévorant.

Rien ne devait manquer à la splendeur de cet effrayant tableau ; tout-à-coup, une fabrique d'orseille, située près de l'Observance, devient la proie d'un violent incendie.

La flamme s'élance brillante, lumineuse, des gerbes d'étincelles s'élèvent en tourbillonnant dans le ciel noir, la rivière semble embrasée, ses flots se teignent en rouge, on dirait un fleuve de feu et de sang.

Cependant le masque noir promène ses regards sur la surface de la rivière éclairée par l'incendie, ce qu'il cherche, (disons-le vite, car c'est, au milieu des tristes événements que nous racontons, un bonheur pour nous que d'avoir à dire un de ces dévouements qui font l'honneur de l'époque qui les vit s'accomplir ;) ce qu'il cherche parmi ces débris, multipliant à chaque instant les dangers de sa position : c'est une victime à sauver et une existence à conserver.

Depuis trois jours on ne circulait plus dans la ville qu'à l'aide de canots ; l'eau avait envahi tous les rez-de-chaussée. Un grand nombre de boutiquiers furent victimes de leur imprévoyance, car, n'ayant pas retiré leurs marchandises, elles furent presqu'entièrement perdues.

L'autorité ne fut pas inactive en présence de cette calamité publique ; à la tête se trouvaient deux hommes de mérite et de talent : M. Jayr, préfet du Rhône, et M. Terme, maire de la ville ; le premier qui, depuis, devint ministre des travaux publics, le second, qui refusa le portefeuille de l'instruction publique, parce qu'il préféra, aux satisfactions orgueilleuses de l'ambition, le bonheur de rester le maire et le député d'une grande cité qu'il aimait et dont il était respectueusement aimé (1).

Toutes les mesures furent prises afin de porter des secours aux malheureux surpris par l'inondation, et de donner le pain qui manquait à un grand nombre de familles d'ouvriers ; le dévouement individuel vint en aide aux administrateurs, et, s'il y eut beaucoup de malheurs et de victimes, il y eut aussi beaucoup de traits de courage et d'abnégation.

Parmi les hommes qui s'étaient fait remarquer, nous retrouvons Henry, l'ami intime de Georges, le modeste abbé de la paroisse de Saint-Georges.

Depuis le premier jour de l'inondation, son activité est infatigable ; dirigeant lui-même une petite barque chargée de vivres, il s'introduisait partout où il y a une souffrance à soulager, un courage à relever, donnant du pain à celui qui n'en a pas, et rendant, par de douces paroles, l'espérance à celui qui n'en a plus.

Dans notre siècle, on rencontre encore, dans l'esprit du peuple, un sentiment de malveillance contre les prêtres.

D'où vient-il ?

L'ouvrier a perdu son sens droit, sa probité morale, du jour où il a voulu étudier ce livre obscur qui a pour titre : la politique. Dans son esprit, faussé par une instruction incomplète, puisée dans des livres où on le flatte maladroitement, le prêtre est lié intimement à la sanglante révolution de 93, il en a été la cause, le principe, il représente le privilège.

On peut combattre par un seul argument cette erreur grossière, c'est que le prêtre, loin de sortir de ce qu'on est convenu d'appeler les classes privilégiées, sort du peuple. La perspective, offerte à l'ambition du fils de famille, dans la carrière de la prêtrise, est trop peu séduisante pour qu'il s'y jette ; les bénéfices, les prébendes ont été abolis ; les traitements sont légers, et permettent à peine de vivre.

Que reproche donc l'ouvrier au prêtre ?

Il lui reproche un passé dont il est innocent, des fautes qu'il n'a point commises, et que notre législation le met dans l'impossibilité de commettre ; il lui reproche (et c'est là le seul grief sérieux) ses joues vermeilles, son ventre arrondi, ignorant que la santé est beaucoup plus le résultat de la sobriété que de l'intempérance.

Mais, dans le temps de calamité et de malheur, lorsqu'il faut des hommes de cœur et de dévouement, les prêtres se sont toujours montrés au premier rang, se vengeant ainsi noblement des injures dont on les accable et prouvant que ce qui leur manque ce sont les occasions et non les vertus (1).

Henry avait plusieurs fois rencontré, dans ses courses charitables, le masque noir, souvent ils s'étaient trouvés ensemble dans la même mansarde. Un sentiment de discrétion avait empêché le jeune prêtre de demander à cet homme étrange le motif pour lequel il portait un masque, se dérobant ainsi à la reconnaissance des malheureux dont il s'était constitué la providence.

Deux jours se sont écoulés.

L'inondation a grandi encore.

Quand s'arrêtera-t-elle ?

Dieu seul le sait.

La Saône et le Rhône roulent avec la rapidité et le bruit effrayant d'une avalanche, entraînant dans leurs eaux des débris de toutes espèces.

Les victimes, on ne les compte plus.

La ville est muette ; le désespoir et l'angoisse se sont assis, compagnons assidus de chaque foyer : on pleure et l'on prie.

Parfois, à une fenêtre, on voit apparaître un visage pâle, maigre, décharné, il y a douze heures que cet homme n'a pas mangé, la charité n'est ni oublieuse, ni épuisée, mais elle est impuissante.

Ici, c'est une mère, l'œil fixe, les cheveux en désordre. Elle promène son regard inquiet sur le gouffre qui tourbillonne, dans chaque cadavre qui passe elle croit reconnaître son enfant qui a disparu de la maison paternelle.

Pauvre mère !

Elle rit, elle chante : elle est folle. Dieu l'a prise en pitié.

Pauvre mère !

Et, comme dans les événements les plus graves, les plus solennels, les plus tristes, le comique coudoie le tragique, on voit sur les quais des gamins, insouciants du danger, pêcher, à l'aide de filets improvisés, les poissons nombreux que la rupture des étangs de la Bresse a jetés dans le fleuve.

Cette pêche miraculeuse se fait au milieu d'éclats de rires, de bons mots, de plaisanteries.

Il est quatre heures du soir.

Le ciel est resté en harmonie avec la teinte lugubre du tableau ; d'épais nuages le couvrent et l'obscurcissent.

Une maison, située sur la rive droite de la Saône, un peu au-dessous du pont de l'Archevêché, à la place où se trouve maintenant le quai Fulchiron, est battue en brèche par les eaux, qui, retenues un instant par le pont, s'élancent, furieuses et écumantes, par les arches.

Tous les locataires se sont enfuis ; un seul est resté, on l'aperçoit, penché sur la fenêtre, regardant d'un œil hébété le gouffre qui creuse son tombeau.

Cet homme, c'est M. Brunel.

Pour le double métier qu'il faisait, M. Brunel avait un double logement.

Dans le quartier des Capucins, il était fabricant de den-

---

(1) M. Terme a laissé, comme administrateur, d'excellents souvenirs ; son nom se trouve uni à toutes les améliorations, à toutes les réformes utiles faites dans notre ville ; comme homme, il fut bon, affable, bienveillant, et mit sa fortune au service des malheureux.

(1) Dans la triste époque qui nous occupe, parmi les prêtres qui se distinguèrent, nous pouvons citer le curé de Saint-Nizier. Il fut décoré, et jamais la croix de la Légion-d'Honneur ne brilla sur une plus noble poitrine.

telles; dans le quartier Saint-Georges, il était chef de contrebandiers.

La maison qu'il avait choisie était admirablement disposée pour dépister les curieux; sa façade donnait sur la Saône, l'eau en baignait les murailles bâties sur pilotis. On y entrait par une allée noire, s'ouvrant sur une des mille rues, labyrinthe de la vieille ville.

Le premier jour de l'inondation, il avait abandonné sa fabrique du quartier des Capucins, pour venir se réfugier dans cette maison, car c'était là que se trouvait la fortune acquise par des voies illicites; il y avait des tonnes pleines d'or, des portefeuilles regorgeant de billets de banque.

En face de tant de richesses accumulées, M. Brunel ne sut comment les transporter seul en lieux sûrs, car il redoutait des complices et des confidents que l'avidité pouvait transformer en voleurs ou en dénonciateurs.

Il attendit.

Mais il est des circonstances où il n'est pas permis d'attendre, où les minutes sont des jours, les secondes des heures, si l'on calcule le temps par l'œuvre accomplie.

L'avare, l'œil fixé sur ce trésor qu'eût envié un prince, saturait son avarice dans cette contemplation orgueilleuse.

Deux jours s'écoulèrent ainsi. Le troisième, M. Brunel comprit, avec le danger, l'impossibilité où il était de fuir.

La maison était complétement enveloppée d'eau s'élevant à la hauteur du premier étage, et les flots, s'échappant furieux, en franchissant l'obstacle du pont, qui les retenait un instant, devaient nécessairement faire crouler les murailles.

M. Brunel, dans sa vie, n'avait eu qu'un but : acquérir; et afin d'arriver plus tôt à la fortune, il avait quitté la grande route, où l'on marche sous le soleil de l'opinion publique, pour se jeter dans les sentiers détournés abrégeant le chemin, mais bordés de précipices dangereux; en un mot, l'intègre fabriquant de dentelles s'était doublé d'un contrebandier.

Le but atteint, M. Brunel n'avait pas tardé à être rapidement corrompu par ses richesses; en voyant les consciences, en apparence les plus farouches, s'amollir et se fondre aux rayons de l'or; en voyant que tout peut s'acheter, parce que tout se vend, les hommes et les choses, il ne crut plus qu'à une puissance, qu'à un seul Dieu : l'or, qui règne et gouverne en ce monde; et, comme Archimède disait : « Donnez-moi un point d'appui, et je me charge de soulever le monde, » dans l'orgueil de ses richesses, il s'était dit : « Avec de l'or, j'achèterais l'univers. »

Dieu le punit par où il avait péché.

Il avait sous sa main assez d'argent pour le remuer à la pelle, assez de billets de banque pour les relier en volumes et en faire une bibliothèque, et cependant il se sentait pauvre et faible; cette puissance, dont il était si fier, tombait devant une puissance plus grande; il serrait dans ses bras ses sacs d'écus, il baisait ses billets de banque, qui allaient être engloutis dans son cercueil; il pleurait et sanglottait, et s'élançait à la fenêtre en poussant des cris d'angoisse.

Quelques mariniers avaient tenté de le secourir, mais leurs canots avaient été repoussés par le courant au milieu de la Saône; et, après quelques efforts aussi infructueux, ils avaient été obligés de renoncer à leur projet.

M. Brunel vit alors qu'il n'y avait plus aucun espoir; et, le regard terne, il contemplait l'onde écumante, quand il aperçut un homme qui, monté sur une barque légère, se dirigeait vers la maison.

Dix fois la barque fut rejetée par la violence des flots au milieu du fleuve, dix fois elle revint à la charge; enfin, elle parvint à entrer dans le courant rapide qui glissait au pied des murailles de la maison.

Prise de flanc par les flots, elle exécuta, en descendant le fleuve, une valse infernale, puis, au bout de quelques secondes, homme et barque, tout disparut dans la Saône.

M. Brunel avait suivi avec anxiété les détails de ce spectacle, dont l'issue était pour lui la vie ou la mort, et auquel le personnage masqué et vêtu de noir, qui en était le héros, donnait un caractère fantastique.

Lorsque la Saône, en s'ouvrant, engloutit ce sauveur mystérieux, M. Brunel, attéré, tomba à genoux au milieu de l'appartement.

Mais, tout-à-coup, le masque noir, ruisselant d'eau, les habits en désordre, apparut sur le rebord de la fenêtre, et d'un seul bond, s'élança sur le parquet.

— Sauvé, je suis sauvé, s'écria M. Brunel en se levant avec un mouvement de folle joie. — Pas encore, répondit le masque noir en se plaçant devant lui. — Que voulez-vous dire? — Vous êtes riche. — Est-ce de l'or que vous désirez? puisez dans ces coffres, prenez dans ces caisses.

Le masque noir repoussa dédaigneusement du pied les sacs d'argent que M. Brunel avait mis devant lui.

— Vous êtes riche, reprit-il, et cependant j'ai vu votre femme grelottant de froid dans un grenier, j'ai vu votre enfant presque mourant de faim. — Cette femme m'a trompé, répondit sourdement M. Brunel. — N'y a-t-il donc pas un pardon pour chaque faute? Pourquoi avoir frappé le moins coupable? Votre femme a été entraînée par sa jeunesse, par son tempérament de créole; mais c'est vous qui lui avez présenté l'homme qui, trahissant les devoirs de l'amitié, a lâchement souillé votre maison hospitalière; c'est vous qui, riant de ses terreurs, à la première vue de cet homme, lui avez, pour ainsi dire, imposé une liaison que, par instinct, son cœur repoussait. Vous eussiez dû tuer l'infidèle ami, qui a répondu à votre confiance par la plus infâme trahison, et pardonner à la malheureuse femme, dont le repentir et les larmes ont durement expié la faute.

Il y avait dans l'accent du masque noir une émotion que M. Brunel ne tarda pas à partager; ce dernier écoutait l'étrange personnage qui se trouvait devant lui avec un sentiment de respect mêlé de crainte; le loup, qui couvrait une partie du visage de l'inconnu, donnait à ses paroles une solennité qu'augmentait encore le danger de la situation.

— Dieu, continua le masque noir, pardonne à celui qui pardonne, soyez clément comme il est clément, puisqu'il m'a envoyé vers vous afin de vous sauver; tendez une main à la femme légère, dont le dévouement de l'avenir réparera les erreurs du passé; ouvrez-lui le cœur et la maison d'où vous l'avez chassée, et le bonheur reviendra avec elle. — Qui donc êtes-vous? murmura M. Brunel, vous qui connaissez tous les détails d'événements que je ne croyais connus que de ma femme, de moi et de..... — Qui je suis? interrompit le masque noir, je suis le seul homme dont le devoir était de vous sauver aujourd'hui, ou de mourir avec vous. Regardez.

Et le masque noir ôta le loup qui lui cachait le visage.

Un éclair de colère passa dans les yeux de M. Brunel.

— Monsieur, continua le masque noir, j'ai rempli la moitié de mon devoir, en venant jusqu'à vous; voulez-vous que je le remplisse jusqu'au bout, en vous arrachant à une mort inévitable? — Que signifient vos paroles? — Elles signifient que, si vous me refusez le pardon que je vous demande pour votre femme, je vous laisse périr, et puisse Dieu, qui vous jugera, ne pas être impitoyable pour vous, comme vous l'êtes pour elle. — Ah! vous m'imposez des conditions. — Non, c'est une prière que je vous adresse du fond du cœur, au nom de votre honneur que vous compromettez, en abandonnant une femme que nul n'eût soupçonnée avant votre abandon; au nom de votre bonheur que votre vanité immole, car vous aimez Louise. — Pauvre Louise! dit M. Brunel.

La maison chancela.

— Nous n'avons pas une minute à perdre, dit le masque noir, descendez en vous-même, et dites-moi si vous vous sentez assez fort, assez sûr de vous pour pardonner. — Je vous le jure, dit M. Brunel, et j'essaierai d'oublier. Maintenant, dit le masque noir, venez, je reçois votre serment de rendre votre affection à votre femme, recevez le mien de vous sauver ou de mourir avec vous.

En disant ces mots, le masque noir, déroulant une échelle

de soie, l'attacha à la fenêtre, puis, passant une corde autour du corps de M. Brunel, il la noua à sa ceinture.

Il descendit, M. Brunel le suivit.

— Savez-vous nager? demanda le premier. — Non, répondit le second. — Alors, à la grâce de Dieu! s'écria le masque noir, en s'élançant dans la rivière, où il entraîna M. Brunel.

Les flots, s'ouvrant, engloutirent les deux corps; on les vit reparaître un instant à la surface, puis disparaître.

Que Dieu les protége!

. . . .

L'inondation est terminée.

Le Rhône et la Saône sont rentrés dans leurs lits.

Quel triste spectacle offre la ville!

Les rues sont encombrées de débris et couvertes de limon.

Une foule curieuse s'y précipite, et se rend sur les lieux où les sinistres ont été les plus grands; mais cette foule est triste, grave, recueillie, comme celle qui suit un cercueil; la douleur se lit sur les visages, et sur vingt personnes, vous en rencontrerez dix en vêtements de deuil : les victimes ont été nombreuses, nul n'en sait le chiffre, nul ne le saura.

Vaise ressemble à une ville renversée par un tremblement de terre; ce n'est que pans de murailles, amas monstrueux de poutres entassées pêle-mêle, tas de graviers et arbres déracinés. Que d'infortunés sous ces ruines! chaque pierre couvre un cercueil! des familles entières ont disparu!

La perte matérielle s'élève à quinze millions.

La charité, que l'effroi et la souffrance personnelle ont paralysée un instant remplit noblement sa mission envers le malheur; elle ouvre les portes de ses habitations aux infortunés sans asile et sans pain.

Le cri de détresse, poussé par Lyon, est entendu de l'Europe entière; des souscriptions s'organisent au nord, au midi, au sud, à l'est et à l'ouest : l'Italie, l'Angleterre, l'Allemagne, l'Espagne, la Russie, envoient des secours, et réparent, par leur générosité, tous les malheurs qui peuvent être réparés.

Mais l'année 1840 restera dans les souvenirs des Lyonnais comme une année fatale et maudite.

Les salons de la préfecture sont envahis par un public nombreux qui vient assister au dernier épisode de ces tristes évènements : on distribue les récompenses.

Le rapport de M. Terme, maire de la ville, rapport qui fait honneur à celui qui l'a écrit, a mis au jour bien des actes de dévouement qu'une sage et bienveillante administration veut récompenser afin d'en encourager de nouveaux.

Tout-à-coup, les flots serrés de la foule sont traversés par deux hommes qui portent en quelque sorte le masque noir.

— Messieurs, dit l'un de ces hommes, ouvrier dont la large figure respire la franchise et l'honnêteté, voilà celui qui pendant ces quelques jours a fait plus à lui seul que tous les autres. — Il a sauvé mon enfant! s'écria une femme. — Je lui dois mon fils, ajouta un second. — Je l'ai vu arracher dix victimes à la Saône, reprit un troisième. — Vive le masque noir! cria la foule avec enthousiasme. — Messieurs, continua l'ouvrier, je vous demande au nom de la ville entière une récompense digne d'un pareil homme.

Le masque noir semblait vivement ému, et semblait chercher à esquiver cette ovation spontanée.

— Vive le masque noir! hurla le public avec un tonnerre d'applaudissements. — Monsieur, dit un des administrateurs en détachant de sa poitrine la croix de la Légion-d'Honneur, si quelque chose peut consoler un peu des malheurs que nous déplorons tous, c'est la vue d'un homme tel que vous, et l'exemple que vous avez donné. Permettez-moi de vous offrir cette croix dont l'institution a eu pour but de récompenser tous les courages et tous les dévouements. — Bravo! cria la foule. — Messieurs, répond le masque noir, je vous remercie de l'honneur que vous voulez me faire; mais je ne l'accepte pas : le masque qui me couvre le visage vous dit que je tiens à rester inconnu, et que si, pendant l'inondation, j'ai été assez heureux pour arracher quelques infortunés à la mort, j'ai désiré me soustraire à leur reconnaissance. Cette croix que vous me donnez, accordez-moi de l'attacher moi-même sur la poitrine d'un homme que j'ai rencontré toujours à mes côtés au milieu des dangers, il la mérite mieux que moi, il en est plus digne.

Et le masque noir, se dirigeant vers la foule, prit par le bras l'abbé Duméry, et plaça la croix de la Légion-d'Honneur sur la soutane du modeste prêtre, qui rougit et baissa les yeux.

— Vive l'abbé! s'écria la foule émue de cet incident.

Lorsque Henry, revenu de sa première émotion, leva les yeux pour répondre, le masque noir avait disparu.

CHAPITRE XLII.

Les lettres. — Le contrat.

« Le comte et la comtesse de Lussan ont l'honneur de
» vous faire part du prochain mariage du vicomte Alfred
» de Lussan, leur fils, avec mademoiselle Henriette, mar-
» quise de la Porte.
» Lyon, le 30 novembre 1840. »

« Le comte et la comtesse de Lussan ont l'honneur de
» vous faire part du prochain mariage de leur fille, ma-
» demoiselle Lucile de Lussan, avec M. le marquis de la
» Brosse.
» Lyon, le 30 novembre 1840. »

Lettre de Baptistin (dit le marquis de la Brosse) à un de ses amis.

« Mon cher,
» Lorsque tu recevras cette lettre, je serai marié.
» Ne va pas croire que j'épouse une roturière. Fi donc,
» ma noblesse est encore trop nouvelle pour me mésallier ;
» j'épouse la fille du comte de Lussan, une vieille tête à
» perruque qui compte dix quartiers (je parle du père et
» non de la jeune fille, qui, sans être jolie, n'est pas mal,
» et qui, sans être riche, m'apporte une dot convenable), etc.

» L'union fait la force. »

« Demain, 1er décembre, quatre heures du soir, vous
» êtes invité à vous rendre au bureau central des délibéra-
» tions secrètes.
» Vous êtes prié d'y venir en toilette de bal ; et de vous
» munir d'armes nécessaires pour une expédition.
« Le Président de l'Association DES SIX à Messieurs Paul
Martin, Monce, Serrières, Fabre, de Thézieux. »

Le Masque noir à Monsieur l'abbé Duméry.

« Demain, Monsieur, vous mariez votre pupille, made-
» moiselle de la Porte, à M. le vicomte de Lussan.
» La réunion pour la signature du contrat a lieu à six
» heures, à l'hôtel du marquis d'Arguis.
» Je désirerais y assister.
» Pour quel motif ?
» Vous le saurez.
» Au nom du bonheur de votre pupille, ne signez rien
» avant mon arrivée.
» Il est de toute nécessité que vos invités ignorent ma ve-
» nue.
» Je compte sur vous.
» Je vous le répète, il y va du bonheur de mademoiselle
» de la Porte, et vous en avez répondu au lit de mort de la
» marquise, sa mère.

» LE MASQUE NOIR »

Le vicomte de Lussan à Monsieur Rancey, banquier.

« Mon cher Ami,

» Expédiez-moi sur-le-champ vingt ou trente mille francs
» dont j'ai besoin pour les glisser galamment dans la cor-
» beille de noce de ma future.

» Demain, à sept heures du soir, je signe le contrat;
» cela fait, je vous liquiderai mon crédit; j'espère que vous
» ne me volerez pas trop.

» Adieu, tout à vous,
» ALFRED, vicomte DE LUSSAN. »

» P. S. — N'oubliez pas que votre présence est néces-
» saire à la cérémonie de la signature; vous seriez bien ai-
» mable, si vous nous ameniez votre charmante femme;
» pour la déterminer, dites-lui qu'il y aura bal. »

———

Ainsi le vicomte de Lussan triomphait, et il était arrivé à son but en suivant le plan de campagne tracé par Aspasie.

Qu'était donc devenu Georges, puisqu'il laissait s'accomplir le mariage de mademoiselle de la Porte?

Personne ne l'avait vu depuis le premier jour de l'inondation; il avait même circulé, au sujet de cette disparition, certaine chronique qui prétendait qu'il avait péri, entraîné par les flots.

Nous n'avons pas expliqué par quel concours de circonstances, Aspasie avait été amenée à la pensée de sauver Georges, pensée qu'elle avait exécutée si heureusement.

Quelques mots rapides combleront cette lacune dans notre récit.

Aspasie n'était point une nature mauvaise. Quoique corrompue extérieurement par la vie de dissipation qu'elle menait, il y avait au fond de son cœur de nobles sentiments étouffés sous le fumier du vice. En frappant Georges dans le bonheur qu'il rêvait, en sacrifiant à sa vengeance Henriette, innocente enfant, dont la seule faute fut de se trouver sur son chemin, Aspasie n'était impitoyable que parce qu'elle aimait encore Georges et faisait à tort retomber sur lui la responsabilité de l'existence honteuse, dans laquelle elle s'était plongée pour l'oublier.

Le récit de de Lussan l'effraya sur l'issue de cette vengeance, remise entre les mains d'un misérable tel que de la Brosse, qui avait un intérêt particulier à faire disparaître Georges, le seul homme connaissant son passé, et pouvant le lui jeter à la face.

L'inondation qui envahit tout-à-coup les quais, épouvanta Aspasie qui savait que la maison dans laquelle Georges était prisonnier, se trouvait sur les rives de la Saône.

Sans perdre une seconde, elle se rendit chez de Lussan.

— Il est trop tard, répondit froidement le vicomte, maintenant la maison doit être engloutie. — Oh! je le sauverai! s'écria Aspasie.

Et, ivre de douleur, mais forte, pleine d'énergie et de courage, elle se fit conduire chez de Thézieux, et elle lui raconta la position que courait son ami.

De Thézieux aimait Georges, comme on aime un frère; il réunit rapidement les membres de l'*Association*, et les jeunes gens se rendirent par la rive droite en face de Vaise, là, ils prirent un radeau, et accompagnés d'Aspasie qui les avait suivis et ne voulut pas les abandonner au moment critique, ils commencèrent leurs recherches.

Nos lecteurs savent le reste.

Maintenant, chaussons la botte vernie, prenons le gant paille et l'habit noir pour nous rendre à l'hôtel du marquis d'Arguis, où se signe le double contrat des deux mariages du vicomte de Lussan et du marquis de la Brosse.

. . . .

Ce soir-là, la rue de Puzy a une physionomie inaccoutumée.

Le bruit et le tumulte en ont remplacé la tranquillité classique.

Les équipages armoriés se pressent autour de la porte de l'hôtel du marquis, et les cochers, valetaille plus insolente que ses nobles maîtres, se disputent le pas en se jetant du haut de leurs sièges de grossières injures.

Le grand salon de réception est placé au premier étage, deux valets, à la livrée du marquis d'Arguis, se tenant au seuil, prennent le nom des invités, et ouvrant la porte à deux battants, le jette d'une voix retentissante avec l'énumération des titres.

Au milieu du murmure confus des conversations, règne un je ne sais quoi de guindé, de faux, le scandale qui a précédé le mariage du vicomte est le sujet de tous les entretiens, et les regards s'attachent curieusement sur Henriette, triste et malheureuse héroïne de cette chronique de boudoir.

Henriette, vêtue de blanc, une couronne de fleurs d'oranger sur les cheveux, est assise entre son oncle et sa tante, que viennent saluer les invités; derrrière elle, debout et souvent adossé sur le dossier du fauteuil de la jeune fille, se trouve l'abbé Duméry; son costume religieux semble assez déplacé au milieu de ces robes décolletées et de ces jeunes femmes dont le sourire est plutôt celui du démon que des anges, car il provoque le désir et la sensualité, mais l'abbé Duméry est le tuteur d'Henriette, son devoir et sa mission ne cesseront que lorsqu'il l'aura remise entre les bras de l'époux choisi par lui.

La croix de la Légion-d'Honneur brille sur la soutane du jeune prêtre, c'est la récompense méritée du dévouement qu'il a montré pendant l'inondation, triste époque dont on est à deux pas, et que la population légère et indifférente a déjà oubliée. Le visage d'Henry est pâle, on y lit une émotion profonde: le spectacle qu'il a sous les yeux lui rappelle d'amers souvenirs, car entre la noce d'Henriette et celle de sa mère il y a plus d'un point de ressemblance.

Mademoiselle Lucile de Lussan, la fiancée du marquis de la Brosse, est une jeune personne de vingt ans, ni grasse, ni maigre, ni fraîche, ni pâle, ni laide, ni jolie, qui, si l'on classait les hommes comme les marchandises, eût été comprise dans l'article *pacotille*.

Elle sourit sans embarras aux compliments banals que les éternels complimenteurs de salon lui déchargent à brûle-pourpoint au visage. Elle est heureuse! Sans adorer son futur, le marquis de la Brosse, elle ne le hait point, et le mariage, qui n'est pour elle que l'émancipation de la jeune fille par la liberté d'action que lui donne l'usage, accordent à la femme mariée, lui donne ce qui plait à son esprit orgueilleux: le titre de marquise.

Le vicomte de Lussan et le marquis de la Brosse papillonnent de belle en belle, faisant les honneurs du salon, leur sourire est moins celui du bonheur que celui du triomphe.

Cependant, ce triomphe a été chèrement acheté, il a coûté la vie à deux hommes, Georges et Paul Martin, les jeunes gens le croient du moins, car ils ignorent le dévouement d'Aspasie. Il est vrai qu'ils ont été admirablement servis par les circonstances, l'inondation est arrivée juste à point pour effacer toute trace de leur crime. Leur conscience seule est le juge au tribunal duquel ils comparaissent; mais, c'est un juge corrompu depuis longtemps et qui les absout puisqu'ils ont réussi.

Nous rencontrons parmi les invités beaucoup de nos connaissances.

M. Rancey d'abord, un gracieux embonpoint étoffe sa tournure et donne à sa démarche une dignité imposante; sa figure, légèrement colorée, respire sous la couronne de cheveux gris qui orne sa tête, l'orgueil content de lui-même, et l'importance née des richesses. Il parle peu, et écoute d'une oreille les conversations qui se croisent autour de lui, approuvant parfois d'un sourire et d'un geste.

A quelques pas de lui, assise sur une banquette, Mathilde, sa femme, cause avec quelques jeunes femmes; la richesse de sa toilette, les diamants dont la couvrent mettent en relief sa beauté et la fortune de son mari. Les yeux de Mathilde suivent avec amour l'heureux Rancey, car elle l'aime comme aux premiers jours de son mariage.

Le comte de Saint-Bel, malgré ses quatre-vingts ans, est resté un vert galant. Se traînant péniblement à l'aide d'une longue canne à pomme d'ivoire, il adresse aux jeunes femmes quelques-unes de ces plaisanteries grivoises semblables à celles qu'il faisait pendant sa jeunesse à la cour de Louis XV, et il les accompagne d'un petit éclat de rire cassé, sardonique, qui se termine souvent par une toux sèche. La comtesse de Saint-Bel était morte depuis deux ans, l'âge dessèche le cœur et le rend égoïste; aussi le comte, sous prétexte que la douleur était contraire à sa santé, avait-il pleuré sa femme pendant deux jours, et s'était consolé par ordonnance du médecin.

Nos lecteurs n'ont sans doute pas oublié une jeune femme que nous avons mise en scène dans plusieurs chapitres de cet ouvrage: la comtesse de Sennecey.

Hélas! dix-sept ans se sont écoulés depuis la dernière fois que nous l'avons vue, car c'était au bal de noces de la mère d'Henriette; à cette époque, notre adorable comtesse avait trente ans, et elle en a aujourd'hui quarante-sept.

Sa beauté s'est enfuie avec la jeunesse, ses cheveux grisonnent, et les rides, cet acte baptistaire que le temps écrit impitoyablement sur le visage, a tracé de longs plis sur son front jadis si blanc, si uni, et dessiné (qu'on nous pardonne la familiarité du mot) *la patte d'oie* au-dessous de ses yeux autrefois si vifs, si brillants.

Mais la comtesse était plus qu'une jolie femme, elle était une femme d'esprit, et elle a su vieillir, chose plus difficile que la conquête du monde. En renonçant à être belle, elle n'a pas renoncé à être aimable; une couronne seule est tombée de sa tête, mais elle a conservé le sceptre de l'esprit uni à la grâce: elle règne et gouverne encore.

Un bon mot d'elle tue ou fait une réputation, s'il est une épigramme ou un compliment; cependant, préférant être aimée à être crainte, le mot méchant n'est qu'une arme défensive dont elle frappe qui l'attaque; elle est bonne, indulgente, et sa cour de reine se compose de toutes les jeunes femmes, briguant ses sourires et ses compliments.

Appuyée sur le bras d'un jeune homme qu'elle protège, elle parcourt le double rang de banquettes sur lesquelles sont assises les danseuses, s'arrêtant de loin en loin pour dire une bonne parole, ou complimenter une jeune femme sur sa toilette.

Lorsqu'elle fut arrivée près de l'abbé Duméry, qui était resté à la même place, elle quitta le bras de son cavalier et s'avança vers le jeune prêtre.

— Monsieur, lui dit-elle, permettez-moi de vous adresser mes compliments. — Sur quoi, Madame? répondit Henry. — Mais sur cette croix que j'aperçois briller à votre poitrine. — Mon Dieu, Madame, c'est là un honneur dont j'étais indigne, et que, je vous l'assure, je n'ai accepté qu'à contre-cœur. — Et vous avez eu tort, dit vivement la comtesse; ce qui rend honorable les décorations, c'est de les voir porter par des gens qui en sont réellement dignes. Oh! je sais ce que vous allez me répondre: la croix de la Légion-d'Honneur ne va bien que sur la poitrine d'un soldat. Eh bien! moi, Monsieur, je vous dirai que vous vous trompez; je la préfère à la soutane d'un prêtre; sur l'habit d'un militaire il y a tant de décorations, qu'elles semblent faire partie du costume. D'ailleurs n'êtes-vous pas, vous aussi, un soldat de cette vaillante armée qui combat pour la cause sainte, et qui a pour général en chef: Dieu lui-même. Je vous demande bien pardon, ajouta la comtesse en souriant, de vous jeter à la face d'aussi dures vérités, mais mon âge me permet de tout dire, et vous êtes condamné à m'entendre, sous peine de commettre le péché véniel de l'impatience. A propos, est-il vrai, comme je l'ai entendu raconter, que M. Georges Duval, votre ami, soit mort pendant l'inondation?

— Hélas! répondit Henry, dont les yeux se remplirent de larmes, tout me porte à le croire. Depuis le premier jour de l'inondation, personne ne l'a vu, et toutes les recherches que j'ai fait faire et que j'ai faites moi-même à ce sujet, ont été infructueuses.

— Pauvre jeune homme! c'était une tête légère, mais un cœur d'or. A quelle heure se signe le contrat? — Dès que la personne que j'attends sera arrivée. — Serait-il indiscret de vous demander son nom? — Je l'ignore. — C'est une plaisanterie? — Non; je ne la connais que sous le surnom qu'on lui a donné, elle s'appelle le *Masque noir!* — Le *Masque noir!* vous le connaissez? — Nous nous sommes rencontrés quelquefois pendant l'inondation. — — Est-ce que tout ce que l'on raconte de lui est vrai? — Quoi donc? — Mais, qu'il a accompli, pendant ces quelques jours, des prouesses de toute espèce. — Oui, Madame, je l'ai vu moi-même arracher à la mort plus de dix victimes. — Quel étrange personnage! Vous ne soupçonnez en aucune façon le motif pour lequel il porte un masque sur son visage? — J'en suis réduit, comme tout le monde, à des suppositions; la seule vraisemblable, et qui fait honneur au *Masque noir*, est qu'il a voulu se dérober à la reconnaissance et à la réputation que lui mérite sa noble conduite.

— Il va venir? — Oui, Madame. — Vous l'avez invité? — Il s'est invité lui-même. — Comment? — Lisez.

L'abbé Duméry donna, à madame de Sennecey, la lettre qu'il avait reçue du *Masque noir*. — Je ne sais, monsieur Duméry, dit la comtesse, mais il me semble qu'il y a dans cette lettre la menace d'un drame. — Ne trouvez-vous pas qu'il existe entre ce bal de noce et celui de la mère de mademoiselle de la Porte, plus d'un point de ressemblance?

— Hélas! Madame, répondit Henry, la remarque que vous venez de faire, je l'ai faite depuis longtemps.

— A travers les dix-sept ans qui nous séparent de ce triste événement, je crois encore voir cette pauvre Marie, et je la retrouve dans sa fille, c'est le même visage, pâle, résigné; ce sont les mêmes traits, le même regard, le même costume. Puisse le dénoûment de cette comédie, dont la mise en scène est semblable à celle à laquelle nous avons déjà assisté, ne pas être aussi terrible. — Je l'espère, Madame, et vous le dirai-je? mon espérance est tout entière dans le *Masque noir*: la marquise de la Porte, à son lit de mort, m'a confié l'avenir de sa fille; l'indigne conduite du vicomte de Lussan m'a forcé à réparer par le mariage le déshonneur dont il a flétri Henriette; mais cette réparation, exigée par les lois du monde, tue le bonheur de cette malheureuse enfant, qui ne peut pas aimer le mari que les circonstances m'ont condamné à lui donner. Le *Masque noir* a peut-être entre les mains le moyen de rompre cette union; c'est du moins ce que j'ai cru deviner dans sa mystérieuse lettre. — Tout le monde ignore qu'il doit venir? — Tout le monde, excepté vous. — Qu'est-ce donc qui me vaut cette honorable exception? — Je sais que vous avez plus que de l'esprit, que vous possédez un noble cœur.

Les domestiques, ouvrant les portes du salon, annoncèrent:

— Monsieur Timécourt.

Un mouvement, auquel succéda un profond silence, s'opéra parmi les invités.

Le personnage, tout de noir habillé, qui s'avançait gravement suivi d'un jeune homme portant sous ses bras un volumineux rouleau de papier, était le notaire accompagné de son clerc.

Tandis qu'il saluait le marquis d'Arguis et l'abbé Duméry qui étaient allés à sa rencontre, le jeune clerc déroula ses papiers sur une table placée au centre du salon.

— Messieurs, dit le notaire, je suis à vos ordres. — Commencez alors, répondit le marquis d'Arguis. — Je vous demanderais quelques minutes de retard, fit l'abbé Duméry. — Pourquoi? — Parce que j'attends quelqu'un. — Toutes les personnes nécessaires sont présentes, reprit le marquis. — Pas encore, ajouta Henry. — Cependant, dit le marquis avec hauteur. — Monsieur, fit le notaire en intervenant au milieu de la discussion dans laquelle, par l'accent des deux interlocuteurs, il devenait le germe d'une querelle, rien ne s'oppose à ce que l'on commence la lecture du contrat, pendant laquelle la personne qu'attend monsieur l'abbé aura le temps d'arriver.

— Soit, dit l'abbé Duméry.

Sur un geste du notaire, le clerc se leva, et, d'une voix

clapissante, entama la lecture des principaux articles du contrat au milieu du silence général.

Au fond de toute douleur, il y a une espérance : Henriette qui, jusqu'à ce moment, avait espéré sans savoir quoi, devint affreusement pâle, et sentit la vie se retirer d'elle.

Un quart d'heure encore, et elle était la femme du vicomte de Lussan.

— Espérez, lui dit doucement une voix.

La jeune fille, se retournant vivement, aperçut derrière elle la comtesse de Sennecey, qui lui souriait en lui tendant la main.

CHAPITRE XLIII.

Justice et réparation.

Tandis que le jeune clerc de notaire détaillait une à une les propriétés qu'Henriette apportait à son époux, les physionomies des personnages de cette scène offraient un intéressant sujet d'étude.

Les invités écoutaient avec un sentiment de curiosité, mêlé d'envie, la nomenclature des richesses qui composaient l'immense fortune de mademoiselle de la Porte.

La figure pâle et sévère d'Henry, debout près de la table, trahissait une légère inquiétude, et ses regards se tournaient souvent du côté de la porte d'entrée.

Lorsque le clerc eut achevé la lecture du contrat, le notaire invita les parties et les témoins à signer.

— Messieurs, dit l'abbé Duméry, je vous prie de retarder encore de quelques minutes cette dernière formalité. — Pourquoi donc? demanda le vicomte, qui s'était déjà emparé de la plume, et la présentait galamment à Henriette. — Pourquoi? je l'ai déjà dit à M. le marquis d'Arguis, j'attends quelqu'un, répondit Henry. — Mais ce quelqu'un, quel qu'il soit, est complètement inutile, reprit le vicomte. — Je ne crois pas. Du reste rien n'empêche que, pour ne pas perdre de temps, monsieur le notaire lise le contrat de M. le marquis de la Brosse avec mademoiselle votre sœur.

Il y eût eu mauvaise grâce de la part du vicomte de Lussan à insister plus longtemps, il se rendit au désir du tuteur d'Henriette, et supposa que le personnage attendu était sans doute quelque parent.

L'espérance qu'Henry plaçait dans l'arrivée du masque noir était bien vague, elle n'avait d'autre base que le sens qu'il avait trouvé dans le passage de la lettre où le mystérieux personnage faisait allusion au bonheur d'Henriette; mais, enfin, c'était une espérance, et il s'y cramponnait comme l'homme sur le point de se noyer se cramponne aux herbes du rivage; car le mariage de mademoiselle de la Porte avec le vicomte de Lussan lui répugnait, et il n'y avait consenti que pour obéir aux lois impérieuses de la société, qui n'admettent pas d'autre solution de réparation dans la position où de Lussan avait mis Henriette.

La lecture du contrat de mariage du marquis de la Brosse étant terminée, l'abbé Duméry n'avait plus d'excuse pour demander un nouveau retard. Huit heures sonnaient à la pendule du salon; le jeune prêtre, levant les yeux au ciel avec une expression de douloureuse résignation, prit lui-même la main d'Henriette, la conduisit près de la table, et, lui présentant la plume :

— Courage, mon enfant, murmura-t-il, il le faut.

Déjà Henriette, plus blanche que sa robe, se penchait pour signer, lorsque la porte du salon s'ouvrit, et le domestique annonça :

— Le masque noir.

Tous les yeux se tournèrent avec curiosité vers le personnage annoncé, à qui l'inondation avait fait une célébrité qu'avait encore augmenté le mystère dont il s'entourait, un murmure semblable à celui des feuilles agitées par le vent précédant l'orage, et provoqué par quelques mots échangés rapidement à voix basse, s'éleva pendant quelques secondes, puis s'éteignit dans un silence solennel.

Instinctivement les spectateurs comprirent qu'ils allaient assister à un drame : l'anxiété et l'émotion se peignirent sur tous les visages.

Le masque noir s'était arrêté à l'entrée du salon, comme pour contempler l'effet produit.

C'était un beau jeune homme à la taille élancée, à la démarche haute et fière, la tête renversée en arrière, le sourire railleur aux lèvres. Un masque en velours noir couvrait le haut de son visage, mais ses yeux lançaient des éclairs dans lesquels on devinait une menace.

Il était complétement habillé de noir, et son habit croisé sur sa poitrine.

Il s'avança lentement, se dirigeant vers la table au milieu de la stupéfaction générale, il prit le contrat.

— Ce contrat, dit-il d'une voix éclatante, est une infamie, je le déchire.

Et il jeta les mille morceaux de parchemin sur le parquet.

Tout le monde se leva à cette action, soufflet moral donné à l'assemblée entière.

Cependant le Masque noir ne recula pas devant cette protestation énergique, il resta froid, calme, et sembla attendre.

Le vicomte s'élança au devant de lui.

— Monsieur, s'écria-t-il, ôtez ce masque? — Vous l'ordonnez? — Je vous l'ordonne. — Et si je refusais? — Si vous refusiez, je vous l'arracherais en vous soufflétant, pour vous apprendre que s'il est permis à un original de jouer la comédie comme vous l'avez fait pendant l'inondation, il faut en France insulter le visage découvert. Allons? bas le masque.

De Lussan, entraîné par la colère, porta la main à la figure de l'inconnu; mais celui-ci, prévoyant ce mouvement, saisit dans sa main le poignet du vicomte, et le fit tomber à genoux.

— A bas les masques! vicomte, s'écria-t-il avec un accent plein d'une cruelle ironie. A bas les masques! c'est vous qui l'avez dit; allons, le visage découvert pour que l'on juge qui de nous deux joue ici la comédie.

D'un geste rapide, il jeta son loup de velours.

Le vicomte, agenouillé, chancela comme s'il eût vu un spectre sortant du tombeau; car l'homme qui était devant lui (nos lecteurs l'ont deviné sans doute depuis longtemps), c'était Georges que de Lussan croyait mort.

Il était pâle, une cicatrice encore rouge lui traversait le front, mais ses yeux respiraient la puissance et le triomphe.

— Georges! s'écria Henry en se précipitant dans les bras de son ami.

Un désordre immense succéda à cet incident; toutes les jeunes femmes se précipitèrent auprès d'Henriette, dont le regard, suave expression de reconnaissance, suivait l'homme qui, le bras passé sous celui de l'abbé Duméry, la contemplait avec émotion.

Au milieu de ce tumulte eut lieu une scène tragi-comique.

Le visage de Georges avait produit sur le marquis de la Brosse l'effet de la tête de Méduse; avec le sang-froid, il retrouva sa prudence habituelle; se glissant doucement vers la porte, il se préparait à en franchir le seuil : les jeunes gens de l'Association lui barrèrent le passage. — Vous ne sortirez pas, dit de Thézieux. — Pourquoi? — Parce que c'est notre consigne. — Cependant.... — Lors même que vous seriez le petit caporal, vous ne passeriez pas, dit Monce en riant.

Le marquis de la Brosse espéra s'en tirer en payant d'audace; se cambrant fièrement, la jambe droite tendue en avant, d'une main légère chiffonnant son jabot de dentelles :

— Messieurs, dit-il de sa voix la plus impertinente, vous êtes sans doute bien spirituels; mais je n'ai ni le temps ni l'envie de chercher à comprendre votre plaisanterie ; je vous prie donc de me laisser passer, et de terminer une comédie qui commence à devenir inconvenante.

Mais Paul Martin, caché derrière le groupe formé par ses amis, saisissant brusquement le marquis de la Brosse au collet, le repoussa en arrière.

— Tu ne sortiras pas, vil coquin, s'écria-t-il, nous avons des comptes à régler ensemble.

De la Brosse, effrayé de l'accent avec lequel Paul Martin avait parlé, devint blême, une sueur froide ruissela sur son front et il tomba inanimé sur un fauteuil.

— Henry, dit doucement Georges, tu m'as manqué de parole. — Comment ? Tu m'avais promis de ne pas laisser s'accomplir ce mariage avant que j'eusse pris les renseignements sur le vicomte. — Je t'ai cru mort. — J'ai été bien prêt de l'être ; grâce à Dieu, j'ai été sauvé et j'arrive encore à temps pour réparer tout le mal que tu allais faire sans t'en douter. — Quel est donc ton projet ? — Tu vas le connaître. — Mais pourquoi ce masque ? — Regarde mon front. — Eh bien ! — Ne vois-tu pas une cicatrice ? — Oui. — Tu sauras bientôt dans quelle circonstance j'ai été blessé. Obligé de mettre un bandeau sur ma blessure, j'eus l'idée de ce masque, sans comprendre d'abord tout le parti que je pourrais en tirer plus tard ; car, à sa faveur, personne ne m'a reconnu, et j'avais intérêt à ce que M. de Lussan me crût mort. — Pourquoi ? — Parce que, puisqu'il avait triomphé par le scandale, il m'était nécessaire de le renverser par le scandale, et il me fallait une occasion comme celle-ci, une réunion comme celle qui nous entoure pour que le vicomte tombât de son piédestal dans la boue, sous les coups de massue dont je vais le frapper.

— Georges, s'il est coupable, aie pitié de lui. — Non, point de pitié pour le misérable qui a lâchement sacrifié à son ambition l'honneur de la chaste jeune fille dont il convoitait la fortune. — J'oublierais qu'il a voulu m'assassiner.....

— Que dis-tu ? interrompit Henry. — Mais, continua Georges sans répondre, je n'oublierai pas qu'il a flétri ce qu'un homme doit avant tout respecter : la réputation d'une femme. Messieurs, ajouta-t-il en élevant la voix et en s'adressant aux invités, veuillez avoir la bonté de m'écouter.

— Avant, Monsieur, fit le marquis d'Arguis, je vous ordonne de dire qui vous êtes, et de quel droit vous êtes venu apporter ici le trouble et le désordre. — Qui je suis : je me nomme Georges Duval. — Georges Duval ! répéta le marquis d'Arguis avec un accent légèrement railleur.

— Ce nom plébéien sonne sans doute mal à vos oreilles aristocratiques, mais il est celui d'un homme de cœur, j'en ai pour garant l'amitié qui me lie à l'abbé Duméry.

Et Georges tendit affectueusement la main à Henry.

— Quant au droit que je me suis arrogé de déchirer le contrat, continua-t-il, si vous n'êtes jaloux de votre bonheur, vous me remercierez, car l'homme que vous avez choisi pour époux à votre nièce, est un infâme. — Oh ! taisez-vous, s'écria le vicomte qui, pâle de colère et de frayeur, s'était levé et s'avança les poings crispés vers Georges. — Je parlerai, vicomte, répondit tranquillement notre héros, ah ! vous m'avez dit : ôtez votre masque ; à moi de vous arracher maintenant le vôtre ! ah ! vous êtes arrivé à votre but par le scandale. Eh bien ! je vous briserai par le scandale et vous tomberez si bas, qu'il vous sera impossible de vous relever. — Malheur à vous si vous dites un seul mot. — Vicomte, je ne vous crains pas, et je vous méprise trop, pour vous faire l'honneur de me battre avec vous. Monsieur le marquis d'Arguis, savez-vous comment M. de Lussan alimente le luxe dans quelle il vit ? par l'escroquerie : le noble vicomte est un grec qui vole au jeu.

— Cet homme est fou, interrompit M. Rancey ; permettez-moi de le faire jeter à la porte par nos laquais.

Georges répondit à cette menace par un strident éclat de rire, qui fit passer un frisson dans l'âme des spectateurs.

— Monsieur Rancey, dit-il, soyez prudent, ne vous mettez pas sur la route où passe ma justice, elle pourrait vous écraser. — Vous vous croyez encore votre masque sur la figure, et vous vous amusez à intriguer, répondit le banquier ; mais nous ne sommes pas ici au bal masqué, et votre plaisanterie est de mauvais goût. Pour donner aux personnes qui nous écoutent une idée de la confiance qu'elles doivent ajouter en vos accusations, je vous répondrai simplement que monsieur le vicomte de Lussan, que vous dites sans fortune, a dans ma maison deux cent mille francs de capitaux. Ou vous êtes fou, et je vous conseille de suivre un traitement ; ou vous avez, je ne sais pour quel motif, à vous venger du vicomte de Lussan, et la vengeance qui vous aveugle vous fait déraisonner. Sortez, Monsieur, nous avons pitié de vous, nous n'aurons point recours à cette justice dont vous nous menacez, et qui pourrait vous apprendre qu'avant d'insulter les gens, il faut les connaître.

Ces paroles prononcées d'un ton sec et froid, avec la dignité magistrale que le banquier, parfait comédien, savait prendre dans les occasions importantes, produisirent dans l'esprit des spectateurs un effet nuisible à notre héros, que, jusqu'à cet instant, on avait écouté avec intérêt et sympathie ; des murmures s'élevèrent de toute part.

Le vicomte, espérant profiter de cette circonstance qui faisait tourner la chance en sa faveur, reprit son assurance ; montrant du doigt la porte à Georges :

— Sortez donc, Monsieur, toute indulgence a ses limites, n'abusez pas plus longtemps de la nôtre.

— Un instant, répondit Georges en repoussant de Lussan d'un geste dédaigneux. — C'est vous qui l'avez voulu, continua-t-il, en s'adressant à Rancey. — Intègre banquier, bas le masque, montrez-nous votre visage de fripon.

A cette insulte, les murmures devinrent plus violents : Rancey jouissait dans le monde de la réputation d'un honnête homme ; aux yeux du plus grand nombre, Georges ne fut plus qu'un fou, et déjà quelques gens se levaient afin de prêter main forte au vicomte pour l'expulser du salon.

Mais il n'eut pas l'air de s'apercevoir de ces intentions hostiles.

M. Rancey, dit-il, en élevant la voix, il y a trois heures que mademoiselle de la Corrèze est morte, morte empoisonnée, et l'assassin c'est vous.

Un cri d'horreur de la salle entière répondit à cette accusation.

— Moi ! s'écria le banquier avec un geste sublime d'indignation. — Oui, vous. Suis-je encore fou ? Qui de nous avait un masque sur la figure ? Est-ce vous, ou moi ? Qui de nous deux jouait un rôle ? Est-ce vous ou moi ? Ah ! vous avez voulu protéger le misérable dont vous vous êtes fait maladroitement le compère : à genoux, infâme ! qui avez usurpé l'estime du monde, et qui, vous drapant dans votre loyauté d'emprunt, m'avez tout-à-l'heure parlé fièrement. Pourquoi me parlez-vous ? Pourquoi êtes-vous pâle ?

Rancey était en effet plus pâle qu'un cadavre, il chancelait, tout tournait autour de lui ; cependant, rappelant à son aide son talent d'artiste, il ramena le calme sur son visage, et d'une voix dans laquelle néanmoins on devinait un léger tremblement :

— Cet homme est ivre, s'écria-t-il, qu'on le chasse. — Tout-à-l'heure j'étais fou, maintenant je suis ivre, mais on ne me chassera pas, parce que je suis venu ici pour rendre à chacun sa place ; on ne me chassera pas, car, contre vous tous, nous sommes six hommes de cœur et de courage, et nous ne nous retirerons pas avant d'avoir dit la vérité, avant qu'une grande et solennelle réparation soit faite à mademoiselle de la Porte. Messieurs, continua Georges, en s'adressant aux invités, je vous demande pardon du drame auquel je vous force d'assister ; on vous a conviés à une noce, je vous convie à une réhabilitation, il faut que mademoiselle de la Porte, flétrie par un misérable, puisse relever la tête, il faut que ceux d'entre vous qui l'ont accusée lui fassent amende honorable, et comme je n'ai rien avancé que je ne puisse prouver, comme il faut que vous me croyez : j'ai traité d'assassin M. Rancey, je vais en fournir les preuves... Serrières !

Le jeune médecin, se détachant du groupe formé à la porte d'entrée, vint se placer auprès de Georges.

A la vue de ce nouveau personnage, le peu d'assurance qui restait au banquier s'évanouit et il tomba sur un fauteuil, les traits bouleversés, le regard fixe.

— Me reconnaissez-vous ? demanda Serrières.

Pour toute réponse, le banquier fit entendre un sourd gémissement.

Serrières continua : J'étais le médecin de mademoiselle de la Corrèze ; je la traitais par le laudanum, lorsqu'un jour je m'aperçus que la dose de ce médicament qui est, vous le savez, un poison violent, avait été augmentée dans des proportions telles que la mort eût dû nécessairement s'ensuivre, si ma malade n'eût pas été préservée par l'habitude qu'elle avait de prendre du laudanum. Ce fait, que j'attribuai d'abord à la maladresse et à l'imprévoyance des personnes qui servaient mademoiselle de la Corrèze, se renouvela plusieurs fois : j'eus des soupçons ; j'en fis part à M. Rancey, mais au lieu de le voir partager mon inquiétude, il chercha à la calmer, et, sur ma menace de déposer au parquet une accusation d'empoisonnement, il me supplia de retarder une démarche qui pouvait, sinon le compromettre, du moins nuire à sa position, en laissant les suppositions s'égarer. Pareille conduite me fit deviner quel était le véritable assassin ; tous mes doutes cessèrent lorsque M. Rancey m'offrit cent mille francs à la condition de me taire, je feignis d'accepter, et j'exigeai une lettre qui pût me servir d'arme contre lui ; dans la fausse position où il se trouvait, M. Rancey accepta : cette lettre, la voici.

Le lendemain, continua Serrières, au lieu de toucher la somme dont M. Rancey espérait payer mon silence, je lui écrivis une lettre par laquelle je lui disais qu'accepter ses offres, c'était être son complice, et que je refusais, ne voulant pas vendre ma conscience. Il y a trois heures, mademoiselle de la Corrèze est morte dans la maison où je l'avais fait transporter, elle est morte empoisonnée, en nommant son assassin, et l'assassin c'est vous, fit le jeune médecin en tendant la main du côté de Rancey, c'est vous que j'accuse devant cette société que vous avez trompée par vos allures hypocrites, c'est vous que j'accuserai demain devant la justice du pays, dont l'arrêt, s'il est juste, livrera votre tête au bourreau.

Un frémissement général suivit ces paroles que le jeune médecin avait prononcées avec une verve partant du cœur ; toutes les personnes assises près de Rancey se levèrent et se reculèrent avec dégoût, le banquier resta seul comme le criminel sur la sellette du tribunal, la tête baissée, le regard terne.

Ce n'est point tout, dit Georges, lorsqu'au bruit provoqué par ce mouvement eût succédé un silence solennel, laissez-moi achever la biographie de ce misérable. Quand M. Rancey eut compris qu'il s'était trompé, et qu'au lieu de trouver un complice dans M. Serrières, il avait rencontré un honnête homme, plaçant sa conscience au-dessus d'une fortune, il voulut se défaire de ce dangereux confident. Ce n'était qu'un nouveau crime à ajouter à un crime, un second meurtre à un premier. Monsieur Rancey acheta un assassin, car, hélas ! dans notre société corrompue, il y a toujours des *bravi* de bas étage mettant leur poignard au service de qui les paie. Un soir que M. Serrières rentrait chez lui, il fut assailli par le bravo à gages ; mais nous avions prévu le guet-apens, nous étions deux contre lui, nous le terrassâmes, et il nous apprit la vérité ; en échange de cet aveu, nous lui rendîmes la liberté après lui avoir fait signer cette lettre :

« Je reconnais avoir reçu de M. Rancey la somme de vingt
» mille francs pour assassiner le docteur Serrières. Grâce à
» Dieu, ce meurtre ne s'est point accompli, et je signe cette
» lettre pour que M. Serrières en fasse l'usage qu'il lui plaira. »
» *Signé*, BERNARD. »

— Je vous le jure, Messieurs, ajouta Georges, nous n'avons dit que la plus stricte vérité, nous avons même écarté certains détails trop odieux. Si nous avons menti, que cet homme se lève et ose nous regarder en face.

L'émotion des assistants était à son comble.

Les jeunes femmes frissonnaient dans leur toilette de bal et serraient convulsivement leur éventail. Elles étaient pâles comme des visions, on eût dit ces nymphes des ballades allemandes, dansant au clair de lune autour d'un grand lac argenté.

Georges, droit, le regard sévère, la voix vibrante, le geste impérieux, ressemblait à un être supérieur, tenant dans ses mains les secrets que chaque famille cache, comme des plaies honteuses aux regards du monde.

M. Rancey avait reçu le surnom de Rancey *l'honnête homme*; sa loyauté était devenue proverbiale ; il était riche à millions, il était une de ces puissances d'argent qui règnent et gouvernent au XIXe siècle ; et il tombait de son piédestal, déchiré, écrasé, brisé sous les coups de fouet et de massue de notre héros.

Et tous ceux qui, il y a cinq minutes, briguaient un de ses sourires, et une parole de ses lèvres de millionnaire, s'éloignaient de lui : il sentait le bagne et l'échafaud.

Au milieu de l'effroi général, car chacun des spectateurs de cette scène dramatique tremblait pour lui-même devant Georges, dont le regard semblait fouiller dans les plis les plus profonds des consciences, Henriette le contemplait avec un sentiment d'admiration ; la vie était revenue avec l'espérance, un pâle et doux sourire, semblable à un rayon de soleil après l'orage, épanouissait ses lèvres.

— Sortez donc, dit Georges en prenant Rancey au collet et en le forçant à se lever, sortez si vous voulez que le marquis d'Arguis, pour lequel votre présence ici est une insulte et une souillure, ne vous fasse pas jeter à la porte par ses laquais.

Le banquier s'avança en chancelant, puis, tout-à-coup, relevant la tête, il s'enfuit en courant.

Un cri d'angoisse détourna de cet incident l'attention des assistants ; ce cri avait été poussé par Mathilde, la femme de Rancey : elle venait de tomber du haut-mal.

D'après les ordres de Serrières, les domestiques la transportèrent dans une chambre voisine, où le jeune médecin les suivit, afin de donner à la malade les secours de son art.

L'émotion des assistants suivait une progression ascendante.

Les jeunes femmes, de pâles qu'elles étaient, devinrent livides, cependant aucune ne quitta la place.

La femme, malgré sa nature extrêmement bonne, aime tout ce qui surexite sa sensibilité.

— Messieurs, continua Georges, je vous ai prouvé quelle foi vous deviez avoir dans la moralité de M. Rancey ; eh bien ! M. Rancey a menti lorsqu'il a dit que M. de Lussan avait dans sa maison une fortune de deux cent mille francs ; M. de Lussan n'est qu'un chevalier d'industrie, ne possédant d'autres ressources que celles qu'il tire du jeu, et de plus c'est un vil assassin ; comme je n'avance rien sans preuves, je vais vous faire entendre mon témoin, vous ne m'accuserez pas de l'avoir corrompu, car c'est l'ami intime du vicomte de Lussan, M. le marquis de la Brosse.

Celui-ci s'avança et fut obligé d'assister au récit des événements, dans lesquels il avait joué un si triste rôle.

Tout-à-coup on entendit la décharge d'une arme à feu.

— Qu'est-ce donc, demanda l'abbé Duméry. — Monsieur, répondit de Thézieux, le vicomte de Lussan est mort.

— Le malheureux !

— Il a bien fait, dit le comte de Lussan d'une voix grave et sévère, que Dieu lui pardonne. Viens, ma fille, ajouta le vieillard en se levant, viens, ton frère en mourant nous a légué le déshonneur, notre place n'est plus ici.

Tout le monde s'écarta respectueusement devant le vieillard à tête blanche qui, la honte au front, la douleur dans les yeux, sortit lentement appuyé sur le bras de sa fille.

CHAPITRE LXIV.

Conclusion.

Le vicomte de Lussan avait non-seulement compromis Henriette en l'enlevant ; mais, par la chronique qu'il avait livrée à la malignité publique, il l'avait flétrie en se réservant le beau rôle, et aux yeux de la Société, la jeune fille avait paru moins à plaindre que coupable.

Le monde est un grand troupeau de moutons de Panurge, suivant tête baissée l'exemple qu'on lui donne, aussi prompt à faire le mal que le bien, bon ou mauvais d'après l'inspiration du moment ; il n'avait pas eu une parole de pitié pour Henriette, il l'avait jugée sévèrement, il l'avait blâmée, calomniée ; Georges, en se posant en accusateur des misérables qui avaient spéculé sur le déshonneur d'Henriette, avait parlé avec la chaleur communicative d'une âme indignée, aussi les personnes qui l'avaient écouté partagèrent-elles son indignation, et, sous l'influence de l'émotion provoquée par les incidents dramatiques que nous avons racontés, elles exprimèrent à mademoiselle de la Porte leurs regrets d'avoir ajouté un seul instant confiance aux paroles d'un misérable, qui s'était fait justice lui-même en se tuant.

Les jeunes femmes embrassaient Henriette, tandis que les hommes lui présentaient leurs excuses ; la jeune fille, heureuse et fière, recevait les caresses des premières et écoutait les seconds, la rougeur au front, le cœur délicieusement ému. Oh ! l'estime du monde est une bonne chose, elle est une atmosphère nécessaire aux hommes d'honneur, les gens corrompus eux-mêmes la désirent, et comme ils n'y ont point droit, cherchent à l'usurper en couvrant leur visage d'un masque menteur ; voilà pourquoi il y a tant d'hypocrites, tant de tartuffes.

Georges contemplait avec joie son ouvrage ; le regard d'Henriette, qui se croisait souvent avec le sien, avait une expression de suave et chaste reconnaissance : si c'était là la seule récompense que le jeune homme devait tirer de son dévouement, elle était déjà assez grande, et il s'en fût contenté quoique son cœur en désirât une autre.

Les invités se retirèrent rapidement, il ne resta plus, dans les vastes salons du marquis d'Arguis, que les amis intimes de la famille.

Le marquis avait suivi avec une apparente indifférence le drame qui venait de se jouer ; cependant, plus d'une fois, son visage impassible avait exprimé le mépris et la colère ; il avait tous les ridicules, tous les travers de l'ancienne noblesse, il était froid, sévère, orgueilleux ; mais, au fond, il était un homme de cœur et d'honneur ; aussi, fut-ce avec émotion que, prenant la main de Georges, il lui dit :

— Monsieur, je vous dois de n'avoir point commis, en croyant faire mon devoir, une faute que j'aurais regrettée toute ma vie. — Comment reconnaître le service que vous nous avez rendu ? — Vous le pouvez, répondit Georges. — Comment ? — Je n'ose. — Osez. — N'êtes-vous pas de mes amis ? — Votre bienveillance m'encourage. — En démasquant à vos yeux M. de Lussan, j'avais, il faut vous l'avouer, un autre but que celui de sauver mademoiselle de la Porte d'un mariage malheureux pour elle, déshonorant pour sa famille... j'espérais...

Georges s'arrêta et regarda la jeune fille, qui l'écoutait avec anxiété.

L'abbé Duméry saisit ce regard.

— Mon ami, dit-il, aurais-je deviné la vérité ? — Oui.

— Alors, ce sera moi qui parlerai pour toi. — Monsieur le marquis, continua Henri, j'ai l'honneur de vous demander la main de votre nièce pour mon ami Georges Duval.

Le marquis, étonné de la demande, ne répondit pas.

— Monsieur le marquis, dit Georges, j'aime mademoiselle Henriette comme elle mérite d'être aimée ; si vous désirez son bonheur, et que ce bonheur dépende de moi, je vous le jure, je la rendrai heureuse. Je n'ai d'autre titre que ce que j'ai fait ; je ne suis hélas ! ni noble, ni riche... cependant je possède... — Monsieur, interrompit gravement le marquis, votre demande m'honore. Je regrette de ne pouvoir y répondre comme vous le désirez ; mais j'ai l'orgueil ou les préjugés de la noblesse, et, pardonnez-moi cette expression, il n'y a jamais eu, dans notre famille, de mésalliance... la médiocrité de votre fortune ne serait pas un obstacle ; votre naissance en est un insurmontable à mes yeux.

Georges baissa la tête, le désespoir et le découragement se lurent dans ses yeux. Un profond silence suivit les paroles du marquis, silence plein de tristesse, car toutes les sympathies des spectateurs étaient pour Georges.

Le comte de Saint-Bel, abandonnant le fauteuil dans lequel il était assis, arriva, en se traînant, aidé de sa canne, en face du marquis d'Arguis.

— Bravo, marquis, dit-il, je vous approuve ; on a voulu écraser la noblesse en 93, il faut que la noblesse proteste contre la roture qui s'élève par l'industrie, en lui fermant la porte de ses alliances. Mais, pour étouffer le scandale provoqué par le vicomte de Lussan, il est nécessaire que votre nièce se marie, et cela le plus promptement possible. Croyez-vous que le blason des comtes de Saint-Bel vaille celui des marquis de la Porte ? — Oui. — Croyez-vous que ma fortune puisse être comparée à celle de votre nièce ? — Oui. Où voulez-vous donc en venir ? — Attendez. Si je vous demandais la main de mademoiselle de la Porte, vous me l'accorderiez. — Oui. — Eh bien, je vous la demande.

Les invités accueillirent cette étrange proposition par un murmure de douloureux étonnement ; plusieurs d'entre eux avaient assisté au bal de noce de la mère d'Henriette, qui avait eu avec celui dont nous parlons plus d'un point de ressemblance. Le dénoûment devait-il donc en être le même, la jeune fille était-elle donc, comme sa mère, destinée à la couche d'un vieillard ?

Henriette, dont le visage radieux trahissait l'espérance, pâlit tout-à-coup et se renversa en cachant sa figure entre ses mains.

Georges, le regard chargé de colère, s'avança vers le comte de Saint-Bel ; Henri lui prenant le bras le retint.

Quant au comte, promenant son regard sur les principaux personnages de cette scène, il souriait en devinant les sentiments intimes de chacun.

— Eh bien ! marquis, dit-il, j'attends. — Et à votre âge, on n'a pas de temps d'attendre, ajouta Georges en accompagnant sa remarque d'un sourire plein de mépris. — Vous avez raison, mon jeune ami, reprit le comte, vous êtes aussi spirituel que brave. — Monsieur le comte, répondit le marquis d'Arguis, je suis de votre avis ; il faut clore par un prompt mariage ces tristes événements ; je vous remercie et j'accepte. — Et moi, je refuse, dit Henri avec énergie. — Vous ? En quelle qualité ? — En qualité de tuteur de mademoiselle de la Porte, j'ai promis à sa mère de veiller sur son bonheur... — C'est sans doute pour ce motif que vous lui donniez le vicomte de Lussan, interrompit le comte de St-Bel. Je vous en fais mon sincère compliment. — Trêve de raillerie, je m'oppose à ce mariage. — Je ne crois pas. Si vous voulez bien vous donner la peine de m'écouter pendant quelques secondes, vous verrez que vous signerez au contrat des deux mains. J'ai demandé la main de mademoiselle Henriette et je l'ai obtenue ; mais, j'en dispose en faveur de mon petit-fils, qui sera, après ma mort, le vicomte de Saint-Bel. — Votre petit-fils, dit le marquis d'Arguis ; vous n'en avez pas. — Vous vous trompez, j'en ai un, il est brave, beau, spirituel, et j'ai l'honneur de vous le présenter.

Le comte de Saint-Bel, prit à ces mots la main de Georges.

— Mademoiselle, continua le comte, pardonnez-moi la frayeur que je vous ai faite ; et toi, mon ami, ajouta-t-il en s'adressant à Georges, en échange du bonheur que je te donne, oublie que j'ai été pour toi sévère et cruel.

Le jeune homme se précipita dans les bras de son grand père.

— Mon enfant, mon pauvre enfant, murmurait le comte en pleurant, tu ne me quitteras plus ; tu demeureras avec moi, tu occuperas dans l'hôtel la chambre de ta mère, pour laquelle j'ai été si inexorable, nous parlerons souvent d'elle, tu me fermeras les yeux, je quitterai cette terre plus heureux puisqu'il m aura été possible de réparer un peu le mal que j'ai fait.

Georges, par un sentiment d'orgueil facile à comprendre, n'avait jamais parlé, qu'à quelques amis intimes, des liens de famille qui l'unissaient au comte de Saint-Bel, qui, lui-même, honteux de l'alliance de sa fille avec M. Duval, avait dit qu'elle était morte pendant la révolution. Cette reconnaissance fut donc un coup de théâtre que personne ne prévoyait.

Les jeunes gens de l'*Association* vinrent serrer la main à Georges et le complimenter.

— Te voilà vicomte et millionnaire, lui dit de Thézieux. — Avant j'étais votre ami, répondit Georges, je ne l'oublierai pas. — A quand la noce ? s'écria joyeusement le comte de Saint-Bel. — Quand vous voudrez, riposta le marquis d'Arguis. — J'invite la fiancée, ma petite-fille, pour la seconde contredanse, dit le comte. — Moi, je vais m'occuper d'obtenir des dispenses pour que la cérémonie religieuse ait lieu dans l'église de Saint-Georges, ajouta Henri, je veux moi-même bénir ce mariage. — Bien pensé, monsieur l'abbé, riposta le comte.

Pendant ce temps, deux chaises de poste roulaient rapidement sur la route de la Suisse ; à vingt kilomètres de Lyon, elles s'accrochèrent et furent renversées par le choc. Chacun des deux voyageurs qui occupaient les voitures, en sortit légèrement froissé.

— Eh ! c'est ce cher Rancey, s'écria le premier. — Monsieur le marquis de la Brosse, répondit le second. — Où allez-vous ? — En Suisse. Et vous ? — Moi aussi. Qu'allez-vous y faire ? — J'y vais pour quelque recouvrement... pour une faillite... les hommes sont si fripons... — A qui le dites-vous ? répondit le marquis de la Brosse. — Et vous, quel motif vous conduit à Genève ? demanda M. Rancey. — Moi, je vais y étudier la botanique, j'adore les simples. — Est-ce un jeu de mot. — Je crois que oui.

Des deux chaises de poste, celle du marquis était complètement brisée.

— Acceptez une place dans la mienne, dit Rancey. — Avec plaisir. — Postillon, doubles guides, si vous n'épargnez pas les chevaux.

Et la voiture partit en soulevant un nuage de poussière.

L'astre discret des amants, se levant au ciel, éclaira la fuite des deux fripons.

Bon voyage.

. . . .

Quelques jours après les événements qui précèdent, nous retrouvons Georges à l'hôtel du marquis d'Arguis, qui a repris, pour la seconde fois, sa toilette de fête.

Les lustres versent des torrents de lumière sur les jeunes femmes aux épaules nues, fraîches comme les fleurs tressées dans leur chevelure, la joie est sur tous les visages, dans tous les regards.

Mais, plus belle qu'elles toutes, Henriette les domine par la seule magie de sa jeunesse et de son bonheur qui illuminent ses seize ans.

Sa toilette est simple cependant, elle se compose d'une robe de taffetas blanc dont la double jupe est relevée, de chaque côté, par un camellia blanc ; dans ses cheveux lissés sur le front, une seule fleur, un camellia blanc, et, à sa ceinture, un bouquet de fleurs d'oranger.

Georges la suit du regard, il lui sourit à travers la foule des danseurs qui encombrent les salons, il a à peine écouté les articles du contrat que l'on vient de signer, et par lequel Henriette lui apporte des millions.

L'abbé Duméry, qui a assisté au repas, s'est retiré à l'ouverture du bal, le cœur content d'un bonheur qu'il a consacré comme prêtre, et dont il est doublement heureux, car il est l'ami de Georges, et il a aimé la mère d'Henriette.

Le comte de Saint-Bel a tenu sa promesse, il a dansé avec sa petite-fille la seconde contredanse, et en tombant fatigué dans son fauteuil à la dernière mesure de la Trénis, il avoue naïvement que ce plaisir n'était plus de son âge. A quatre-vingt-dix ans il se trouvera encore fort jeune.

Tandis qu'Henriette dansait en véritable pensionnaire qui, sortie la veille du couvent, fait ses débuts dans le monde, Georges, assis dans l'angle du salon, causait avec ses amis de l'*Association*.

— Ainsi tu nous abandonnes, dit de Thézieux. — Je suis un égoïste, répondit notre héros, je veux me livrer tout entier à mon bonheur. — L'association est morte, murmura Paul Martin. — Pourquoi ? — Parce qu'en vous perdant, elle perd l'âme qui l'animait. — L'esprit reste. — N'importe, lorsque dans une chaîne un anneau se détache, la chaîne est rompue. — Allons donc, dit Georges en souriant, pourquoi ce découragement qui, je l'avoue me flatte ! Mais un homme, quelqu'habile qu'il soit, ne laisse après lui qu'une place que peut remplir un autre. Notre *Association* était comme un royaume dont j'étais le chef et vous les sujets. Eh bien ! lorsque le roi meurt, sa mort entraîne-t-elle nécessairement après elle la chute du royaume. On crie : *Le roi est mort vive le roi !* Remplacez-moi, et tout sera dit. — Qui de nous peut vous remplacer, répondit Serrières. — Lequel d'entre nous aura cette audace qui vous faisait aborder les entreprises les plus périlleuses, et cette énergie qui nous conduisait au succès ? On peut être bon soldat et mauvais général : telle armée, victorieuse sous un capitaine, se laisse battre sous un autre. — Vous avez de vous une trop mauvaise opinion. Entre Georges Duval et le vicomte de Saint-Bel, reprit notre héros en souriant, il y a une différence complète : le premier était brave jusqu'à la forfanterie, courageux jusqu'à l'audace, et la mort était une chance néfaste devant laquelle il ne reculait pas : le second est lâche, poltron, égoïste, il a le bonheur et craint de le laisser échapper. Enfin, voulez-vous que je vous fasse ma confession entière : dans notre association, ce qui me séduisait, c'était moins la perspective ouverte à mon ambition, que la puissance qui me permettait de me venger d'une société dont les ridicules préjugés m'avaient mis à l'index pour quelques peccadilles de jeunesse. J'appelais la lutte et le combat, parce que la victoire qui en résultait était une joie pour mon cœur froissé et humilié. Aujourd'hui, je suis heureux, j'ai tout pardonné, tout oublié ; si je restais avec vous, vous ne trouveriez plus en moi l'homme d'autrefois. — Alors, il me faut renoncer à être député, soupira de Thézieux. — Ambitieux ! — Que veux-tu que je sois, moi ? je ne suis pas amoureux. — Ingrat ! — Que signifie cette épithète ? — Que tu oublies bien vite ceux qui t'aiment et que tu as aimés. — Explique-toi. — Tout est dans un nom : Diane. — D'où sais-tu ?... — Est-ce que les secrets d'une femme n'appartiennent pas à son mari.

— Je ne comprends pas. — Henriette est l'amie de pension de Diane, et depuis le jour où elles ont quitté leur pensionnat, elles ont entretenu une correspondance suivie, dans laquelle elles se sont confessées mutuellement : voilà comment je sais que tu as fait la cour à Diane. — C'est vrai. — Et que tu en es aimé. — Diane m'aime ! dit de Thézieux avec vivacité. — Est-ce que tu es assez modeste pour en douter ? — Elle ne me l'a jamais dit. — Ces choses ne se disent pas, elles se devinent.

De Thézieux, dont le caractère était d'une légèreté qui frisait la frivolité, devint tout-à-coup sérieux, et eut l'air de réfléchir profondément.

— A quoi songes-tu ? lui demanda Georges étonné. — Une question, je te prie, fit de Thézieux. — Je t'écoute. — Es-tu heureux ? — Comme celui qui quitterait l'enfer pour entrer au paradis. — Tu ne regrettes rien ? — Si. — Quoi ? — De n'avoir pas compris plus tôt que le bonheur se trouvait sur la ligne droite du devoir. — On dit cependant tant de mal du mariage. — On en médit comme de l'Académie, tant qu'on n'y est pas entré. — Ma foi, s'écria de Thézieux, je me décide. — A quoi ? — A couronner toutes mes folies par un acte de haute sagesse : je me marie. — Es-tu fou ? — Alors le mariage est une nouvelle folie. — Réfléchis un peu avant de prendre une résolution aussi sérieuse. — Toutes les fois que je réfléchis, j'accouche d'une sottise. J'aime Diane, tu m'as dit que j'en étais aimé, elle est jolie, je ne suis point mal, elle a dix mille francs de rente, moi quinze, elle a dix-sept ans, j'en ai vingt-huit ; si de cette association de choses excellentes en elles-mêmes, il n'en sort pas un bonheur, ce sera avoir la main malheureuse.

Les autres jeunes gens de l'*Association* s'étaient discrètement mis à causer entre eux en voyant la conversation de Georges et de Thézieux prendre un caractère intime ; ce dernier se retournant vers eux :

— Messieurs, leur dit-il avec le plus grand sang-froid, j'ai l'honneur de vous faire part de mon prochain mariage. — Ah ! bah ! — Pas possible. — Vous plaisantez. — *Tu quoque.*

Ces quatre exclamations jaillirent en même temps.

— Oui, Monsieur, continua de Thézieux dont le visage avait repris l'expression insouciante qui lui allait si bien, je me marie. Que voulez-vous ? je subis la loi de ma destinée : Georges est mon soleil, je suis son satellite ; il est mon Oreste, je suis son Pylade ; j'ai modelé ma vie sur la sienne, et je m'en suis toujours trop bien trouvé pour ne pas continuer ; lorsqu'il mange, j'ai faim ; lorsqu'il boit, j'ai soif ; lorsqu'il dort, j'ai sommeil ; il se marie, j'ai envie de me marier.

— Est-ce sérieux ? demanda Serrières. — Sérieux comme une page de Leibnitz, répondit de Thézieux. — Vous avez donc renoncé à la députation, reprit Monce. — Oui, mon ambition est plus élevée. — Qu'espérez-vous ? — Être père ; un pair a toujours le pas sur un député. — Mauvais calembourg, dit Paul Martin en hochant la tête. — Mais bonne pensée, reprit Georges ; l'ambition ne vaut pas le bonheur. — Et si le bonheur se trouve précisément dans l'ambition, ajouta Monce. — Ce bonheur là ressemble à celui de l'avare, les angoisses augmentent avec les richesses qu'il entasse. — Baisse la tête, fier Sicambre, adore ce que tu as brûlé, et brûle ce que tu as adoré, déclama de Thézieux d'une voix pompeuse. — Décidément, le mariage corrompt les hommes. — A ce compte, j'espère vous voir bientôt tous corrompus, dit Georges. Quoi qu'il arrive, le vicomte millionnaire désire rester pour vous ce qu'était Georges Duval.

Dix mains s'empressèrent de serrer celle que Georges tendait à ses amis.

Le bal touchait à sa fin.

Les invités se retiraient un à un, emportant, chacun avec eux, un peu de la gaité et de l'entrain de la fête.

Les musiciens, fatigués, s'endormaient sur leur pupitre, et les fausses notes se glissaient dans les accords, comme un mauvais calembourg dans la conversation de savants académiciens.

Les bougies, dont la flamme rasait le cristal des bobèches, s'éteignaient peu à peu.

L'âme du bal s'exhala dans une valse. Les musiciens après avoir bu, avec cette voracité qui leur est particulière, un dernier verre de punch, fermèrent leurs instruments et se retirèrent.

L'atmosphère descendit à zéro degré.

Il n'y avait plus, dans les vastes salons, que le marquis et la marquise d'Arguis, le comte de Saint-Bel, Georges et Henriette.

Henriette avait courageusement combattu, c'est-à-dire dansé comme une pensionnaire en vacance ; sa toilette, comme la cuirasse d'un vaillant guerrier, portait les marques du combat. Mais la figure de la jeune fille avait perdu son caractère enjoué, elle se tenait debout, grave, sérieuse, devant les fauteuils de son oncle et de sa tante.

Le comte de Saint-Bel, assis, la tête appuyée sur le pommeau de sa canne, souriait d'un sourire de satyre libertin ; un regard suppliant de Georges arrêta sur ses lèvres les grivoiseries prêtes à s'en échapper.

Le marquis d'Arguis rompit le premier le silence qui s'était établi entre les différents personnages que nous avons mis en scène.

— Mon enfant, dit-il, je vous remets entre les mains d'un époux que je crois digne de vous ; la mission que la mort de votre mère m'avait confiée, se termine là : soyez heureuse.

— Mon bon oncle ! murmura Henriette dont l'émotion allait croissant. — Adieu, ma fille, continua la marquise d'Arguis, ne nous oubliez pas dans votre bonheur. — Oh ! jamais.

Et Henriette s'élança dans les bras de la marquise d'Arguis, qui l'embrassa tendrement.

Le vieux comte de Saint-Bel, toujours incorrigible, suivait du regard cette scène de larmes, en fredonnant de ses lèvres moqueuses l'air du *premier pas*, dont il marquait la mesure avec sa canne.

— Venez, Henriette, dit à son tour Georges, en jetant sur les épaules de la jeune femme un manteau d'hermine.

Quelques secondes après, les deux époux et le comte de Saint-Bel étaient dans leur équipage, qui partit au galop.

L'hôtel de Saint-Bel se trouvait à l'extrémité de la rue de Puzy, du côté de Perrache, le trajet fut court et silencieux. Henriette, enveloppée dans sa sortie de bal, s'était blottie dans un angle et feignait de dormir, pour échapper à l'embarras que provoquait en elle le regard de Georges, dont les yeux ne la quittaient pas. Le vieux comte se frottait les mains.

Arrivé à l'hôtel, Georges serra affectueusement la main à son grand-père, qui embrassa au front sa nouvelle petite-fille, et les deux époux, précédés d'un domestique, se dirigèrent vers la chambre nuptiale.

Ici notre tâche est finie.

Le bonheur se lève dans la vie si accidentée de Georges, et comme l'a dit Jean-Jacques : « Le vrai » bonheur ne se décrit pas, il se sent, et se sent d'au- » tant mieux, qu'il peut le moins se décrire, mais qu'il » est un état permanent. »

FIN.

Les **MYSTÈRES DE LYON** formeront 3 parties à 90 centimes.

EN VENTE :

LA

GUERRE D'ORIENT

Par le Vte DE CHEZELLE

1 volume de 10 feuilles, format in-18, prix : 1 fr.

SOUS PRESSE :

LES

DIAMANTS LITTÉRAIRES

Format in-16, prix : 1 fr. le volume.

Francis LINOSSIER.

LES
MYSTÈRES DE LYON.

90 centimes.

PARIS
F. CAJANI, 25 rue Fontaine-Saint-Georges.
DUTERTRE, 20, passage Bourg-l'Abbé.

LYON
F. CAJANI, 9, rue Trois-Maries.
BALLAY et CONCHON, 6, quai de Retz.

Et chez tous les libraires de France et de l'Etranger.
1856.

Imp. H. STORCK, pl. du Plâtre, 8, Lyon.

www.ingramcontent.com/pod-product-compliance
Lightning Source LLC
Chambersburg PA
CBHW051904160426
43198CB00012B/1739